Edward Neill hat in Italien und England Musik und Geisteswissenschaften studiert. Seit 1966 beschäftigt er sich mit Leben und Werk Niccolò Paganinis. Er hat die italienische Bruckner-Gesellschaft gegründet und gehört zu den Gründern der italienischen Mahler-Gesellschaft sowie des Istituto degli Studi Paganiniani. 1978 erhielt er für seine erste Paganini-Biographie den Preis der Dante-Alighieri-Gesellschaft. Edward Neill hat zahlreiche Artikel, Sendungen und Bücher verfaßt und lebt in Genua.

W0083876

Dieses Buch wurde auf chlor- und säurefreiem Papier gedruckt.

Vollständige Taschenbuchausgabe Februar 1993
Droemersche Verlagsanstalt Th. Knaur Nachf., München
© 1990 für die deutschsprachige Ausgabe
Paul List Verlag in der Südwest Verlag GmbH & Co KG, München
© 1990 Edward Neill
Originalverlag De Ferrari Editore, s.r.l., Genua
Aus dem Italienischen von Cornelia Panzacchi
Umschlaggestaltung Adolf Bachmann, Reischach
Umschlagfoto Bildarchiv Preußischer Kulturbesitz, Berlin
Druck und Bindung Ebner Ulm
Printed in Germany
ISBN 3-426-02458-6

2 4 5 3 1

Edward Neill

Niccolò Paganini

Vorwort zur deutschen Ausgabe

Ein Kapitel meines Buches ist den Beziehungen Paganinis zu Deutschland gewidmet. Paganini hielt sich von Januar 1829 bis Februar 1831 in Deutschland auf. In diesen zwei Jahren gab er in vierzig Städten an die hundert Konzerte. Er stellte damit so etwas wie einen Rekord auf, der auch heute, da wir über weitaus bessere Transportmöglichkeiten verfügen, kaum zu überbieten wäre. Dabei muß man bedenken, daß Paganini ausschließlich mit der Kutsche reiste.

Der Violinist hatte Frankfurt am Main zu seinem Stützpunkt in Deutschland erwählt. Hier hatte er eine Wohnung angemietet und konnte, als alleinerziehender Vater, seinen Sohn Achille der Obhut einer befreundeten Familie anvertrauen, wenn er in anderen Städten Konzerte zu geben hatte. In Frankfurt lernte er auch den deutschen Violinisten Karl Guhr kennen, der über Paganinis Technik ein sehr wichtiges Traktat schreiben sollte: *Über Paganini's Kunst, die Violine zu spielen*, das kurz darauf ins Italienische übersetzt wurde. Ein weiterer wichtiger Beitrag aus Deutschland stammt aus der Feder von Georg Harrys, der einige Zeit lang als Sekretär und Impresario Paganinis fungierte. Es handelt sich um die Schrift *Paganini in seinem Reisewagen und Zimmer*, die in anekdotischer Form den »privaten« Paganini schildert.

Ich bin der Ansicht, daß Paganini von den deutschen Orchestern, die sich alle durch ein sehr hohes Niveau auszeichneten, sehr viel gelernt hat. Dank seines Aufenthaltes in Österreich und danach in Deutschland konnte er seinen symphonischen Stil verfeinern. Damit leistete er auch einen wichtigen Beitrag zur Entwicklung der italienischen Musik, die, zum großen Nachteil der Instrumentalmusik, zu seiner Zeit noch von der Oper dominiert wurde. Aus der deutschen Musikkultur übernahm Paganini auch die Funktion des Kapellmeisters, eines Dirigenten also, der nicht mehr gleichzeitig die 1. Violine spielte, sondern sich ausschließlich auf die Angabe von Tempo, Phrasierung und Dynamik konzentrieren konnte.

Wichtig waren für Paganini auch die Begegnungen mit zeitgenössischen deutschen Musikern: mit Spohr zum Beispiel, den er bereits einmal in Triest getroffen hatte; mit Hummel und Meyerbeer, mit Spontini, der in Berlin Generalintendant war, mit Robert Schumann, der die erste Bearbeitung für Klavier der

Capricci lieferte, und mit Clara; er lernte Mendelssohn kennen, mit dem er Kammermusik spielte, sowie Wilhelm Speyer, einen guten Violinisten, mit dem er die Salons frequentierte und Musik von Beethoven spielte.

Von historischer Bedeutung waren die Begegnungen mit Goethe und Zelter in Weimar. Der große deutsche Dichter sollte über den italienischen Violinisten ein Urteil abgeben, das wohl mehr als positiv zu nennen ist und sich dabei in erster Linie auf seine poetische Intuition stützt.

In Berlin, wo er mehrere Konzerte zu geben hatte, sah sich Paganini anfangs einer kritischen Situation gegenüber, da in der Stadt eine antiitalienische Stimmung herrschte. Sie hatte vielleicht eine gewisse Berechtigung, da ihre Ursache die Diskussion um die Notwendigkeit war, Opern mit deutschen Texten zu schreiben, eine Streitfrage, die in gewisser Weise vom späten Mozart aufgebracht und von Carl Maria von Weber wieder aufgenommen worden war. Paganini wurde aber bald aus dieser Diskussion herausgehalten, zu der Rellstab die polemischsten Beiträge lieferte, denn seine Kunst war von rein instrumentaler Art, auch wenn er sich teilweise von Opernarien (zum Beispiel von Rossini, Paisiello, Weigl) inspirieren ließ. In diesem Zusammenhang soll daran erinnert werden, daß Friedrich Wilhelm III. Paganini, vielleicht auf Anraten Spontinis, zum Hofkapellmeister ernannte und so eine für den italienischen Violinisten etwas mißliche Situation behob. Der Berliner Musikkritiker Adolf B. Marx schildert in seinen *Erinnerungen* Paganini mit großer Sympathie.

Schließlich kommt man nicht umhin, den Beitrag des Malers J. P. L. Lyser (mit dem Pseudonym L. P. A. Burmeister) zur Ikonographie Paganinis zu erwähnen. Lyser war in Hamburg der erste, der Paganini sowohl privat als auch bei Konzerten nach dem Leben skizzierte. Die Zeichnungen dieses musikliebenden Malers stellen ein einzigartiges und außergewöhnliches Zeugnis dar, dessen Bedeutung von Heine unterstrichen wird.

Die Einzelheiten dieses zweiten Aufenthalts in Deutschland fügen sich wie Mosaiksteinchen in das komplexe Bild seiner »meteorengleichen« Karriere ein und tragen zu einem besseren Verständnis von Paganinis künstlerischer und menschlicher Persönlichkeit bei.

Ich möchte an dieser Stelle der Übersetzerin, Frau Cornelia Panzacchi, danken, die sich auch um die originalgetreue Wiedergabe der deutschen Texte bemüht hat. Ebenso gilt mein Dank dem Paul List Verlag für die Sorgfalt, die er auf die Realisierung dieses Buches verwandt hat.

Genua, im März 1990

Vorwort zur italienischen Ausgabe

Das vorliegende Buch hält sich in weiten Teilen an meine 1978 erschienene Biographie Paganinis, enthält aber eine Fülle neuen Materials, das ich in der Zwischenzeit gesammelt habe. Es muß jedoch gesagt werden, daß Paganini als historische Persönlichkeit immer »unvollständig« bleiben wird, da wir heute wissen, daß viele Dokumente, die uns Aufschluß über seine Person und sein künstlerisches Schaffen hätten geben können, verschollen oder verlorengegangen sind.

Die große Reisefreudigkeit dieses Mannes, der es schaffte, innerhalb eines einzigen Jahres über 150 Konzerte in immer wechselnden Städten zu geben, hat zur Folge, daß sich seine Spuren von Zeit zu Zeit verlieren, und bringt auch den geduldigsten und pedantischsten Biographen gelegentlich in Verlegenheit, zumal es dieser heute zwar leichter hat, große räumliche Entfernungen zu überwinden, um den Geschicken seines Objekts zu folgen, aber die große zeitliche Distanz, die zwischen ihm und dem Protagonisten der Biographie liegt, nicht ohne weiteres überbrücken kann. Daher rührt wohl auch die häufig festgestellte Tendenz, dort, wo die Fakten fehlen, Phantasievolles einfließen zu lassen, so daß Paganini oft genug wie der Protagonist eines Kolportageromans erscheinen muß.

Der Autor des vorliegenden Werkes hat sich dagegen darauf beschränkt, alle möglichen Ereignisse um Paganini festzuhalten und zu überprüfen; er hat zeitgenössische Sekundärliteratur hinzugezogen und Hypothesen nur dann übernommen, wenn sie ein vernünftig erscheinendes Maß an Zuverlässigkeit zu enthalten schienen.

Das Werk Paganinis, das vorzugsweise anhand der Autographen überprüft worden ist oder, wenn diese nicht zugänglich waren, anhand von handschriftlichen Kopien, wird im Anschluß an die Biographie aufgeführt.

Abgesehen von den wenigen Werken, die zu Lebzeiten Paganinis von Giovanni Ricordi um 1820 gedruckt wurden, sind die meisten bis mindestens 1850 unveröffentlicht geblieben, als Schonenberger begann, einen Teil davon in Paris zu veröffentlichen. In späterer Zeit gaben andere Verleger weitere Werke, auch solche von geringerer Bedeutung, in Druck. Das *Istituto Nazionale per la Storia della Musica* hat erst kürzlich begonnen, einige bisher unveröffentlichte Werke korrekt herauszugeben. Die Datierung einiger Werke ist auch heute noch problematisch, selbst wenn der Vergleich mit anderen, zuverlässig datierbaren Werken und das Herausarbeiten von Stilanalogien es ermöglichen, Entstehungsdaten zumindest annähernd zu bestimmen. Wir haben es daher vorgezogen, solche bisher noch undatierten Werke immer unter Berücksichtigung des Datums der Erstaufführung zu analysieren. Es konnte meist mit Hilfe von Ankündigungen, Plakaten und Rezensionen zuverlässig ermittelt werden, wenngleich letztere oft leider die Tonart der besprochenen Stücke verschweigen. Aus diesem Grund werden die von Paganini vorgetragenen »Programme« hier häufig zitiert, zumal sie auch ein wichtiges Zeugnis seiner Konzertaktivitäten darstellen, die man, ohne zu übertreiben, als frenetisch bezeichnen kann. In allen genannten Fällen befassen wir uns in erster Linie mit den Werken von größerer musikalischer Bedeutung. Wir werden dabei bemüht sein, ihren jeweiligen Charakter hervorzuheben, hoffen aber, daß es uns gelungen ist, jene absurde musikalische Topographie zu vermeiden, die den Leser nur abschrecken kann.

Der Mensch Paganini wird so in enger Verbindung mit dem Musiker Paganini gesehen, wobei aber energisch der Versuchung widerstanden werden soll, allzu leichtfertige Ausflüge ins Feld der Phantasie zu unternehmen.

Wenn man die Situation bedenkt, in der sich, zumindest in Italien, in der ersten Hälfte des 19. Jahrhunderts die Instrumentalmusik befand, so kann es keinen Zweifel daran geben, daß Paganini dazu beitrug, sie zu verändern; er stellte wohl in dieser Hinsicht weniger eine Ausnahme dar, die die Regel bestätigte, als eine Ausnahme, die die Regel veränderte. Nur das »Phänomen« Paganini war wohl in der Lage, nicht nur den musikalischen Geschmack der Zeit so stark zu prägen, sondern auch die Technik des Violinspiels, so daß die geltenden Regelkanons plötzlich weit weniger unumstößlich erschienen und man sich sogar Gedanken darüber machte, ob das, was man über das Wesen der Violine zu wissen glaubte, nicht von Paganini widerlegt worden war.

Paganini, der wohl eigentliche Begründer des Virtuosentums, konnte sogar Einfluß auf ein Instrument ausüben, das ihm so fern lag wie das Klavier. Moscheles, Schumann, Liszt und Brahms, die Klavierbearbeitungen seiner Stücke schrieben oder sich von ihm inspirieren ließen, sind dafür unanfechtbare Zeugen.

An dieser Stelle möchten wir auf den wichtigen, 1982 erschienenen *Catalogo Tematico* hinweisen, der von M. R. Moretti und Anna Sorrento herausgegeben wurde.

Der Mythos des Diabolischen, der Paganini in den Augen

seiner Zeitgenossen umgab und der ihm nicht wenig schadete, hat seine Wurzeln im Grunde in jener romantischen Vision, die es vorzieht, eine ungewöhnliche künstlerische Begabung lieber als »diabolisch« denn als »engelhaft« zu bezeichnen. Das Konzept des »Göttlichen« scheint sich doch eher für gesetztere Dinge zu eignen.

Ein altes russisches Märchen (das von Strawinsky vertont wurde) erzählt die Geschicke eines Geigers, der einen Pakt mit dem Teufel schließt. Der Geiger gibt dem Teufel sein Instrument und erhält dafür ein Buch, das alle Antworten enthält. Aber dies ist ein Märchen. Paganini schloß mit niemandem einen Pakt, noch kann er je bereit gewesen sein, seine Violine gegen übernatürliche Kräfte zu tauschen. Er war zu sehr Genueser, um sich zu solch einem Geschäft herzugeben...

In der Zeitspanne eines halben Jahrhunderts entstanden, stellen sechs Konzerte, viele Variationen, die *Capricci*, achtzehn Quartette und eine Vielzahl von Kammerwerken, in denen die Gitarre oft eine Haupt- oder wichtige Nebenrolle spielt, den erstaunlich umfangreichen Beitrag eines italienischen Musikers zur Musikgeschichte seines Landes und ganz Europas dar. In diesem Sinne nimmt Paganinis genuesische oder italienische Identität eine wahrhaft internationale Dimension an. Es ist wohl kein Zufall, daß Paganini, ebenso wie einige seiner berühmten Genueser Vorgänger und auch Nachfolger, den Tod fern von der Heimat findet. Auch dies ist ein Zeichen dafür, daß der Tod weiter schaut als bis zur Kirchturmspitze.

Für die erhaltene Unterstützung dankt der Autor:

Giuseppe Burroni, Alberto Cantù, Alma Brughera Capaldo, Marcello Conati, Domenico Corsi, Marcello De Angelis, Siro Dodero, Duilio Donati, Hugh Ferguson, Manuela Gualerzi, Edith Hänfling, Franz Löbl, Paul-Gilbert Langevin, Pierluigi Mascia, Federico Mompellio, Leo Morabito, Luigi Pilon, Salvatore Pintacuda, Giorgio Piumatti, Danilo Prefumo, Edward Sainati, Silvia Berri Scanu, Oscar Shapiro, Adriano Sebastiani, Andrea Sommariva, Giampiero Tintori, Bruno Tonazzi, Gaspare Nello Vetro

und den Institutionen:

Archivio di Stato di Genova, Archivio di Stato di Parma, Archivio di Stato di Reggio Emilia, Biblioteca Casantense, Biblioteca Nazionale (Florenz), Biblioteca della Provincia (Turin), Casino dei Nobili (Bologna), Comune di Genova, Conservatorio di Musica »N. Paganini« (Genua), Goethe-Institut (Genua), Istituto Mazziniano (Genua), Library of Congress (Washington), Museo del Teatro Regio di Parma, Musée de l'Opéra Comique (Paris), Museo del Teatro alla Scala.

KAPITEL I

Die Vorfahren Paganinis stammten aus Carro, einem Dorf, das einige Zeit zur Republik Genua gehörte und später an die Provinz La Spezia abgetreten wurde. Auch heute noch trifft man in Carro zahlreiche Familien an, die den gleichen Namen führen wie der Musiker. Im Val di Vara gelegen, ist diese Gemeinde der Geburtsort mehrerer berühmter Männer gewesen – darunter ein Heiliger[1] und mehrere Persönlichkeiten des Klerus sowie ein Orgelbauer, ein gewisser G. B. Paganini.

Der ebenfalls aus Carro stammende Emanuele Paganini führt heute in Genua eine Musikalienhandlung.

Niccolòs Großvater väterlicherseits, Giovanni Battista, im Jahre 1720 in Carro geboren, ging nach Genua, wo er 1745 Maria Angela Teresa Gambaro aus Montesignano heiratete und mit ihr in den Vico dei Parmiggiani zog. Aus dieser Ehe gingen zwei Kinder hervor: Giovanni Francesco Maria und Francesco Antonio Maria (1754), der Vater Niccolòs. Dieser letztere, der Antonio gerufen wurde, heiratete Teresa Bocciardo (1760), die ihm sechs Kinder schenkte: Carlo (1778), Biagio (1780), der im Alter von einem Jahr starb, Angela (1781), ebenfalls früh gestorben, Niccolò (1782), Nicoletta (1786) und Domenica, auch Dominica genannt (1788). Die vielköpfige Familie lebte im Vico Fosse del Colle, einer Straße, die später, nach der Neuordnung der Stadt, Passo di Gattamora genannt wurde. Ihre Hausnummer war die 38. Das Gebäude steht heute nicht mehr, aber es sind noch einige Photographien erhalten.

Paganini wurde am Tage nach seiner Geburt, dem 27. Oktober 1782, in der Kirche San Salvatore getauft, wie es aus dem Pfarrregister der Zeit hervorgeht, aus dem hier der Eintrag vollständig wiedergegeben wird.

> Nicol. Paganino Antonii f. Jo. B. et Ter. Jois Bocciardo con. natus heri et hodie a me Prep. batz. Suscip. Nicolao Carrara q. Bartholomei, et Columba M. Ferramolla uxore.

Es kann von Nutzen sein, an dieser Stelle festzuhalten, daß in diesem Jahr vier weitere bedeutende Musiker geboren wurden: Auber, Coccia, Field und Mazas.

Obwohl kein Zweifel an der Richtigkeit des Geburtsdatums des Musikers besteht, das im übrigen von der Taufurkunde bestätigt wird, haben fast alle Biographen der Vergangenheit dieses Datum mit 18. Februar 1784 angegeben. Der Verantwortliche für diesen Fehler war niemand anderes als Paganini selbst, der sich anläßlich seiner Heirat jünger machen wollte. Er schrieb am 22. Juni 1821 an den Freund Luigi Germi[2]:

> Was die Taufurkunde betrifft, so möchte ich nicht, daß daraus hervorgeht, daß ich schon in das vierzigste Lebensjahr eingetreten bin. Wenn Du Dich mit dem Pfarrer von S. Salvatore verständigen könntest, ob es möglich ist, mich unterhalb der Vierzig zu plazieren, würde mir das große Freude machen; schau also, ob Du nicht den günstigsten Weg hierzu findest, und wenn es Dir gelingt, so sollst Du wissen, daß Du mir damit einen großen Trost spendest.

Man möchte kaum glauben, daß Germi, der ja auch Anwalt war, sich für eine Handlung dieser Art hergegeben hat, die die Fälschung eines offiziellen und damit öffentlichen Dokuments erforderlich machte.

Jedenfalls galt das Datum von 1784 als korrekt, da es von Paganini bereits in der ersten biographischen Notiz angegeben wurde, die er 1828 Peter Lichtenthal diktierte[3] und die dieser in der *Leipziger Musik-Gazette* zwei Jahre später veröffentlichte; in ihr heißt es:

> Nicolò Paganini, geboren in Genua in der Nacht von S. Simone [San Simeone] als Kind von Antonio und Teresa Bocciardi [Bocciardo], beide Musikdilettanten...

Diese falsche Datierung wird in die offizielle Biographie von Schottky[4] übernommen und auch in die von Fétis[5] aufgezeichnete autobiographische Notiz, die dieser in der *Revue Musicale* (1831) veröffentlicht, sowie in alle weiteren Broschüren, die dem Leben Paganinis gewidmet sind und die im 19. Jahrhundert den Druckerpressen übergeben wurden.

Paganinis Eitelkeit hätte wohl besser zu einer alten Jungfer auf der Jagd nach einem späten Ehemann gepaßt.

Die Informationen, die Paganini über die eigenen musikalischen Leistungen liefert, müssen also korrigiert und um zwei Jahre zurückdatiert werden. Andererseits spiegelt das biographische Material, das Paganini seinen Biographen zur Verfügung gestellt hatte, eine »Wirklichkeit« in eigenem Recht, die sich darüber hinaus teilweise durch einen Vergleich mit seinen gesammelten Briefen[6] korrigieren läßt, in denen Paganinis Bekenntnisse offenbaren, daß Paganini zwischen dem »öffentlichen« und dem »privaten« Aspekt seines Lebens unterscheidet. Aus dem Abstand von mehr als einem Jahrhundert gelesen, verrät uns Paganinis Briefwechsel die »andere Seite der Medaille« und zieht Dinge und Ereignisse ans Licht, die in den offiziellen Informationsquellen fehlen und von denen er selbst ein verfälschtes Bild gegeben hatte. In anderer Hinsicht gehören die Briefe Paganinis wahrscheinlich zu den am wenigsten interessanten, die je von einem Musiker geschrieben worden sind. Ein Großteil des Briefwerks handelt von Geldfragen. Von der Musik und seinen Zeitgenossen ist wenig die Rede (Haydn, Mozart, Beethoven, Kreutzer, Rode, Viotti, Spohr werden nur flüchtig erwähnt, aber Rossini ist einigermaßen gut vertreten). Jedenfalls geht das »Genuesertum« Paganinis aus jenen Briefen siegreich hervor, insofern als sie von jemandem zu stammen scheinen, dem es stärker darum zu tun ist, das verdiente Geld gewinnbringend anzulegen, als darum, über die Musik und über Dinge, die sie betreffen und die zweifellos eine – wenn auch geringe – Erwähnung verdient hätten, zu schreiben. Die *palanche*[7] gingen vor.

Diese und andere typisch ligurische Verhaltensweisen Paganinis, die dem Violinisten nicht immer zur Ehre gereichen, vor allem dann, wenn man sie mit denen anderer zeitgenössischer Persönlichkeiten vergleicht, helfen immerhin, ein zweifellos vielschichtiges Bild von ihm zu zeichnen, auch wenn es uns lieber wäre, die Briefe – vor allem jene, die Paganini in den Augen der Menschen unserer Zeit diskreditieren – wären vernichtet worden.

Wenn die Rede auf den Vater, Antonio, kommt, sind die Bezugnahmen im allgemeinen negativ und widersprüchlich. Er war in der Tat ein einfacher *ligaballe*, ein Packer am Hafen, der, um seine Einkünfte zu verbessern, sich auch dem Glücksspiel zuwandte, mit Musikinstrumenten handelte und der in einem Dokument von 1789 als *suonatore*, als »Musikant« bezeichnet wird. In seinem 1817 niedergeschriebenen Testament beschreibt sich Antonio selbst als »vordem Packer von Beruf und heute Hausbesitzer«. Der Umstand, daß er Besitzer eines Landhauses war, das Niccolò fälschlich als »Häuschen in Romairone« bezeichnet, das sich aber in Wirklichkeit in San Biagio im Val Polcevera befindet, könnte uns zu der Annahme verleiten, daß die Einkünfte des Vaters nicht so bescheiden waren, wie es seine Beschäftigungen vermuten lassen.

In den wenigen Andeutungen, die Niccolò über den Vater macht, finden wir nichts, was Hinweise auf seine Persönlichkeit geben könnte. In der bereits zitierten biographischen Notiz Lichtenthals gab Niccolò an, daß der Vater ein »Mann mit einem unharmonischen Ohr« sei, womit er vielleicht meinte, daß er unmusikalisch gewesen ist. Später wird er gegenüber Schottky die tyrannischen Methoden Antonios erwähnen, der den Sohn zwang, »von morgens bis abends« Geige zu spielen. Es ist jedenfalls sicher, daß sich Niccolò im Alter von fünfeinhalb Jahren mit der Mandoline vertraut gemacht hatte. »Ungefähr in jener Zeit«, fährt Paganini fort, »erschien der Erlöser meiner Mutter im Traum und sagte ihr, sie dürfe sich eine Gnade erbitten, worauf sie bat, ihr Sohn möge ein großer Geigenspieler werden, was ihr gewährt wurde.« Auch wenn diese Episode frei erfunden erscheinen mag, gibt es keinen Zweifel daran, daß Niccolò zu seiner Mutter Teresa immer große Zuneigung hegte und es ihr nie an etwas fehlen ließ, wie es einige Briefe bezeugen. Obwohl sie eine Frau von einfachster Herkunft und nahezu Analphabetin war, wird sie vom Sohn als »Musikdilettantin« beschrieben, was vielleicht insofern zutraf, als sie gerne eine Art von volkstümlichem Gesang pflegte, den auch heute noch die Genueser Frauen kennen.

Die Art von Aufmerksamkeit, die Niccolò der Mutter angedeihen ließ, lernen wir in einem Brief kennen, den er ihr am 28. November 1816 aus Verona schrieb:

> . . . Ich bin guter Dinge, aber ich werde es noch mehr sein, wenn Ihr es Euch bei Tisch gutgehen laßt. Ich wünsche, daß Ihr Euch guten Monferrater Wein kauft und Euch von guten Dingen ernährt und die ganze Familie bei guter Laune haltet, sonst werde ich unzufrieden sein. Mir fehlen nicht die Mittel, um Euch soviel Geld zukommen zu lassen, wie Ihr braucht.

In einem vorausgegangenen Brief, den er aus Venedig an die Mutter schickte, hatte Paganini dem Wunsch Ausdruck gegeben, eine »monatliche Pension [auszusetzen], damit Ihr Euch mit den Dingen versehen könnt, die zu Eurem Unterhalt notwendig sind«. Der mit 16. Oktober 1816 datierte Brief beginnt mit den Worten: »Carissima signora madre«, »Liebste Frau Mutter«, und bezeugt den großen Respekt, den Paganini für sie empfand. Von anderer Art waren hingegen die Beziehungen zu den übrigen Verwandten, gegenüber denen der Violinist eine vorsichtige und mißtrauische Haltung an den Tag legte, die zum Teil durch die nicht seltenen und gelegentlich aggressiven Geldforderungen gerechtfertigt erscheint. In der Korrespondenz mit Germi fallen Bemerkungen folgender Art auf: »Was meine Schwester Dominica angeht, so tue, was Dir richtig erscheint; was Du tust, wird für mich gut getan sein. Man sollte nie Gutes tun, um keine

Undankbaren zu sehen«, oder: »Hilf ruhig ein bißchen dieser Kuh [*sic*] von Dominica.«

Offensichtlich vertrauten seine Schwestern auf sein Vermögen, um ihre bescheidene Lage etwas zu verbessern. Andererseits erlebte Dominica anläßlich ihrer Hochzeit im Jahr 1806 mit einem gewissen Passadore, daß ihr eine *Serenade C-Dur für Violine, Violoncello und Gitarre* gewidmet wurde und daß sie im Testament zusammen mit der Schwester Nicoletta mit bedeutenden Legaten bedacht wurde. Darüber hinaus hatte der Violinvirtuose die Studien des Neffen Carlo, des Sohns von Nicoletta, weitgehend allein finanziert und sich mit Rat und Vorschlägen an seiner Erziehung beteiligt.

Auch dem Bruder Carlo, der vor ihm starb, verweigerte Paganini die finanzielle Hilfe nicht. Carlo vor allem teilte seine Liebe zur Musik, sogar auf professionellem Niveau, da er an seiner Seite im Orchester von Lucca und später die 2. Violine in dem des Theaters Carlo Felice spielte, ein Amt, das er nur ein Jahr lang ausübte, da er am 15. Oktober 1830 starb.

In einem Brief, den er im Jahre 1823 in Mailand an Germi schrieb, drückt sich Niccolò folgendermaßen aus:

> Sage meinem Bruder, daß er mir schreiben soll, und das ohne Scheu, denn wenn die kälteste Zeit des Winters vorbei ist, wird es nicht schwer für mich sein, ihn hierher kommen zu lassen, um meine Quartette[8] auf der Gitarre zu spielen, die er so sehnlich zu hören wünscht. Inzwischen bin ich dabei, nach einer guten Violine für ihn zu suchen; inzwischen kannst Du ihm, wenn Du meinst, einen Deiner alten Bögen leihen, mußt ihm aber seine abnehmen, die ganz mit Messing verknotet sind.

Carlo Paganini war wohl kein sehr mitteilsamer Mensch; zumindest war er kein begeisterter Briefschreiber, denn in einem 1824 ebenfalls an Germi gerichteten Brief bittet Niccolò darum, ihm »ein Tintenfaß, damit er schreibt und mir Nachricht gibt« zu kaufen. Im gleichen Jahr beauftragte Niccolò Germi, »ihm auf meine Rechnung hundert Genueser Lire auszuzahlen«. Nach dem Tod des Bruders wird Niccolò der Witwe Cecilia eine Pension von »Lire 240 jährlich« aussetzen, außerdem eine Leibrente von 100 Louisdor.

Später wird er Berlioz 20000 Francs und Germi 50000 Lire schenken, Summen, deren Kaufkraft heute der von einigen zehn Millionen Lire entspricht.

Der »Geiz« Paganinis könnte also auch unter einem anderen

Blickwinkel gesehen werden. Wie alle Genueser achtete er sehr auf die kleinen Ausgaben, war aber mit großen Beträgen großzügig. Er ließ seine Einkünfte Früchte tragen, legte sie unter anderem zum bescheidenen Zinssatz von 5 % an, investierte aber auch in Aktien. Im Bewußtsein seines außergewöhnlichen Talents gelang es ihm manchmal, den Preis der Karten für seine Konzerte zu verdoppeln, selbst wenn er damit Skandale verursachte und sich Kritik zuzog. Andererseits kam es kaum vor, daß er sich weigerte, Wohltätigkeitskonzerte zu geben, solange sein Gesundheitszustand es ihm erlaubte.

Unter seinen Genueser Freunden sticht besonders Germi hervor, der in allen Angelegenheiten sein Ratgeber und Vertrauter war und mit dem er eine sehr ausführliche Korrespondenz unterhielt, die heute noch ein wertvolles Dokument darstellt, das es uns ermöglicht, neben dem »offiziellen« auch den »anderen« Paganini zu entdecken und zu skizzieren. Germi, der zudem ein ausgezeichneter Violinist war, erfreute sich später der Widmung verschiedener Kompositionen Paganinis wie jener der *Variationen über die Arie »Nel cor più non mi sento«*, der *Quartette Nr. 9 und 14 für Violine, Viola, Violoncello und Gitarre* sowie der *60 Variationen über »Barucabà« für Violine und Gitarre*.

Eine andere Persönlichkeit des Musiklebens war der Kunstmäzen Marchese Gian Carlo Di Negro (1769–1857), der den noch sehr jungen Niccolò in sein Herz schloß. Der Genueser Patrizier, der übrigens auch literarische Ambitionen hatte, die von Manzoni verspottet wurden, führte Paganini in die bessere Gesellschaft ein und stellt ihn Rodolphe Kreutzer vor, der sich auf der Durchreise in Genua aufhielt. Es ist wahrscheinlich, daß Di Negro seinen Einfluß benutzt hat, um Paganini vor der Abreise nach Parma in öffentlichen Konzerten in Genua auftreten zu lassen.

Der Marchese, der zu jener Zeit in der Via Lomellini wohnte, ließ später die gleichnamige kleine Villa bauen, in der eine Marmorbüste Paganinis aufgestellt wurde, das Werk des Bildhauers Paolo Olivari; die Büste ist verschollen. Der Violinvirtuose nahm an der feierlichen Einweihung teil, die 1835 stattfand. Di Negro war auch Präsident des Istituto Musicale die Genova, das sich heute Konservatorium N. Paganini nennt. Einer Verwandten des Gönners, einer gewissen Emilia Di Negro, wird Paganini die *Sonata concertata für Gitarre und Violine* widmen, die ungefähr auf 1804 datiert werden kann.

Kehren wir nun zu den ersten Schritten Niccolòs auf dem Gebiet der Konzerte zurück. Hierzu berichtet die bereits zitierte autobiographische Notiz folgendes:

Ab dem Alter von achteinhalb Jahren spielte Niccolò Paganini in einer Kirche ein Konzert von Pleyel[9], nahm dann innerhalb von sechs Monaten 30 Stunden bei Maestro Costa, Spieler der ersten Geige in Kirchenmusikstükken. Von da an, bis ungefähr zu seinem elften Lebensjahr, spielte er immer bei Gottesdiensten aller Art. Im Alter von elfeinhalb Jahren gab er ein großes Konzert im Theater Sant'Agostino, bei dem die Bertinotti[10] sang.

Abgesehen von den frühen Unterweisungen, die er vom Vater und einem Geigenspieler aus der Gegend, einem nicht näher zu identifizierenden Cervetto oder Servetto, erhielt, war Paganinis erster wichtiger Lehrer mit Sicherheit der 1762 in Genua geborene Giacomo Costa, unter dessen Führung sich der junge Violinist verbessern konnte, wenngleich sich der Unterricht auf dreißig Stunden beschränkte. Aber es ist klar, daß kein Lehrer einem solchen Schüler auf Dauer gewachsen gewesen wäre. Paganini selbst wird später Schottky anvertrauen, daß ihm bei Costa die Art, »den Bogen in einer Weise zu führen, die gegen die Natur ist«, nicht gefiel. Diese Aussage ist wichtiger, als sie scheinen mag, vor allem, wenn man die eigenartige Haltung in Betracht zieht, die Paganini beim Geigenspiel einnahm. Eine reiche Ikonographie porträtiert ihn immer wieder, wie er die Geige nach unten geneigt hält, in einem Winkel, der beinahe das Streifen des Körpers durch den Ellenbogen zur Folge hat, während sich der Körper in einer entspannten Haltung befindet.

Seine Art, die Geige in den Arm zu nehmen, reduzierte nicht nur die erforderliche Muskelkraft auf ein Minimum, sondern erlaubte sicher auch die raschen Fingerbewegungen auf den Saiten bis hin zum Steg, und das unter Verwendung eines Bogens, der größer als normal war. Nun rät aber die französische Schule, ganz zu schweigen von der Methode Ševčík,[11] daß die Geige in fast horizontaler Position gehalten werden soll und der rechte Arm so weit angehoben wird, bis er sich mit den Saiten auf gleicher Höhe befindet, eine Haltung, die beim Spiel eine nicht unbeträchtliche Anstrengung der Muskeln erfordert. Indem er eine andere und »natürlichere« Positur bevorzugte, verband sich Paganini im Grunde mit der italienischen Schule des 18. Jahrhunderts, die, wie es zahlreiche Gemälde und Lithographien zeigen, ausnahmslos die Neigung des Instruments nach unten bevorzugte, die als natürlicher galt.

Der gute Costa zählte zu seinen Schülern auch Francesco Gnecco (1769–1811), der für kurze Zeit Paganini Instrumentalunterricht erteilte.

Gnecco, der als Verfasser von Opern ein umfangreiches Werk hinterließ (seine Oper *La prova d'un opera seria* hatte sowohl in Italien als auch im restlichen Europa sehr großen Erfolg), beherrschte mehrere Instrumente und war sicher für seinen jüngeren Kollegen eine wichtige Hilfe; dieser vergaß nicht, ihn in seinen autobiographischen Notizen zu erwähnen. Gnecco starb, kaum älter als vierzig, als armer Mann in Mailand.

Ein Freund und Studienkollege war Giovanni Serra (1788–1876), der eine Karriere als Violinist und Dirigent anstrebte und ebenfalls Schüler Costas war. Serra hatte ab 1809 als Nachfolger seines Vaters Antonio die Leitung des Theaters Sant'Agostino inne. Er wurde später von der Stiftung zum Direktor des Theaters Carlo Felice ernannt (1828), und ab 1852 leitete er das Civico Istituto di Musica. Serra, Autor verschiedenartiger Musikkompositionen, machte sich vor allem durch seine zahlreichen Konzerte für Violine und Orchester einen Namen; wenn sie auch nicht mit denen Paganinis zu vergleichen sind, offenbaren sie dennoch ein beachtliches Talent und eine Tendenz zur Virtuosität, die der Vision seines berühmteren Studienkollegen ziemlich nahe kommen.

Camillo Sivori (1815–1894) war ein Freund Paganinis und erhielt von diesem wesentliche Ermutigung, auch wenn Paganini nicht mit Kritik sparte. Er widmete ihm ein paar harmlose Kompositionen, außerdem ein »kleines Konzert, das er einige Male öffentlich aufführen ließ, wobei er ihn selbst auf der Gitarre begleitete«. So berichtet es Belgrano[12], der behauptet, daß Sivori Paganinis eigenhändige Abschrift besessen habe.[13] Sivori machte eine glänzende Karriere in Italien und im Ausland, wo man ihn, der nicht vergaß, sich als Paganinis Schüler zu bezeichnen, sogar »den kleinen Paganini« nannte.

Als Komponist war er weniger als mittelmäßig begabt, auch wenn man in seinen *12 Etudes-Caprices für Violine solo, op. 25* einige Analogien zur Technik Paganinis feststellen kann (siehe besonders die siebte, die Pizzicato, ausgeführt von der linken Hand, bei gleichzeitigem Bogenspiel vorschreibt).

Bis heute ist keine Komposition Sivoris in das übliche Violinrepertoire aufgenommen worden, und dies zu Recht. Sein Lehrer war jener Agostino Dellepiane (1786–1835) gewesen, den Paganini oft in seinen Briefen erwähnt und der mit ihm im Orchester von Lucca spielen wird; Paganini wird ihm die *6 Sonaten für*

Violine und Gitarre, op. 2 widmen, die Ricordi 1820 veröffentlicht hat.

Unter den Genueser Violinisten, die Zeitgenossen Paganinis waren, gab es eine Frau, die 1794 geborene Caterina Calcagno, die mit großem Erfolg auch außerhalb Genuas auftrat. Sie spielte am Mailänder Konservatorium im Jahre 1814, als Paganini selbst zahlreiche Konzerte in dieser Stadt gab. Die Kritik bezeichnete sie als »Schülerin des berühmten Paganini«, doch ist über diese Violinistin nichts bekannt, was dies belegen würde.[14]

Costa, Gnecco, Serra, Sivori, Dellepiane und Germi: all diese Persönlichkeiten, die von Paganini geschätzt und in seinen autobiographischen Notizen erwähnt wurden, zeigen, daß sich Genua zu jener Zeit einer guten musikalischen Tradition mit der Violine als besonderem Schwerpunkt rühmen konnte, einer Tradition, die fortgesetzt wurde. In diesem Zusammenhang soll auch an La Rosa und Verme erinnert werden, die beide Lehrer von großem Einfluß waren. Der erstere, von seinen Schülern gebeten, ein Urteil über Jan Kubelik nach einem in Genua gehaltenen Konzert abzugeben, antwortete lakonisch: »U ras-cia e stun-a« [»Er kratzt und spielt falsch«]; der zweite achtete besonders auf die Probleme der Intonation, so sehr, daß sich sein Unterricht fast ausschließlich auf diesen Punkt konzentrierte und eine allmähliche Ausdünnung seiner Schülerschar verursachte. Auch die beiden Serras, Vater und Sohn, begannen ihre Laufbahn als Violinisten und widmeten sich später mit gleichem Erfolg dem Dirigieren.

Die Genueser Violinschule jener Zeit blickte vor allem nach Frankreich und Piemont: also zu Kreutzer und Rode auf der einen Seite und zu Viotti auf der anderen, und auch im Repertoire Paganinis waren einige Stücke von ihnen enthalten. In technisch-didaktischer Hinsicht läßt sich bei Paganini eine Ableitung von Locatelli und Tartini vermuten. Damit erreichten Technik und Intonation, gepaart mit seinem Genie, bei Paganini höchste Vollkommenheit. In ihm war der Sinn für Intonation so perfekt, daß es, wie seine Zeitgenossen betonten, genügte, daß sein Bogen eine beliebige Saite der Geige streifte, damit er ohne Zögern den Ton treffen konnte.

Die ersten Konzerte des jungen Virtuosen werden auf die Jahre 1794–95 datiert. Am 26. Mai 1794 nahm er an einem vokal-instrumentalen Konzert in der Kirche S. Filippo teil und erregte »ungeteilte Bewunderung«.

Am 1. Dezember des gleichen Jahres spielt er in der Chiesa delle Vigne. Im Jahre 1795 hält er ein »wohlklingendes Konzert« in der Kirche S. Filippo. Leider teilen die sehr allgemein gehaltenen

Rezensionen der zeitgenössischen Kritiker nicht mit, welche Stücke gespielt wurden.

Am 25. Juli 1795 druckte die *Gazzetta di Genova* eine Anzeige folgenden Wortlauts ab:

> Am kommenden Donnerstag wird ein Konzert im Theater S. Agostino stattfinden. Dies wird von dem Genueser Nicolò Paganini gegeben werden, einem Jüngling, der in seiner Heimat bereits bekannt ist für seine Geschicklichkeit im Umgang mit der Violine. Da er beschlossen hat, nach Parma zu reisen, um sich dort unter der Leitung des renommierten Professors Signor Rolla in seinem Berufe zu vervollkommnen, und da er nicht in der Lage ist, für die so entstehenden vielfältigen Ausgaben allein aufzukommen, hat er sich Mut gemacht und dieses Mittel ersonnen. Er bittet nun seine Landsleute, ihm bei seinem Plan zu Hilfe zu kommen, und lädt sie zu einer Unterhaltung ein, von der er hofft, daß sie ihnen gefallen werde.

Es ist nicht angegeben, was Paganinis Repertoire bei diesem allein zu seinen Gunsten organisierten Konzert war, aber fast alle Autoren geben in diesem Zusammenhang die *Variationen über »La Carmagnole«* an, die erste wichtige Komposition aus seiner Feder. Der Umstand, daß er bei der Komposition an die französische Revolutionshymne gedacht hat, ist von großer Bedeutung und muß in Zusammenhang mit der Sympathie für die Jakobiner gesehen werden, zu der sich die Genueser in dieser Zeit bekannten, eine Sympathie, die auf gemeinsame republikanische Ideale zurückzuführen ist. Noch bevor die Franzosen nach Ligurien kamen, hatte die Bevölkerung von Genua offen ihre Übereinstimmung mit den Prinzipien, die die Revolution inspiriert hatten, gezeigt. Von einem oligarchischen Regime aristokratischen Typs regiert, war die Republik Genua von inneren Kämpfen und Zwistigkeiten zerrissen. Da die Revolution das Ende der Republik bedeutet hätte, sahen die weltlichen und kirchlichen Machthaber in ihr eine große Gefahr. Der Wiener Kongreß verfügte 1815 dann die Auflösung der Republik, und Ligurien wurde dem Königreich Piemont und Sardinien einverleibt.

Wenn das Volk Hymnen auf die Revolution sang, in der Illusion befangen, daß es in ihr die Lösung aller Probleme finden würde, reagierte der Adel, indem er in seinem Einflußbereich konterrevolutionäre Bewegungen organisierte.

Wenn das Volk auf den öffentlichen Plätzen die »Carmagnole« sang und stolz die phrygische Mütze trug, reagierte der Adel, indem er das Lied »Es lebe Maria, Tod den Jakobinern« anstimmte und verlangte, daß die englischen Contredanses getanzt würden, als Geste der Dankbarkeit gegenüber den Engländern, die durch die Blockade des Hafens von Genua die konterrevolutionäre Bewegung unterstützt hatten. Chroniken aus dieser Zeit berichten, daß derjenige, der dabei ertappt wurde, daß er die phrygische Mütze trug und revolutionäre »Slogans« ausrief, eine Geldstrafe zahlen mußte und manchmal ins Gefängnis gesteckt wurde.

Es ist also verständlich, daß Paganini als Kind des Volkes die »Carmagnole« gehört hatte und daß sie ihn zur Komposition von vierzehn Variationen angeregt hat, wobei er außerdem eine Mode mitmachte, die unter anderen Genueser Komponisten herrschte. Zu diesen ist Luigi Degola (1771–1862) zu zählen, Autor eines »Lyrischen patriotischen Akts« mit dem Titel *Der Triumph der Freiheit*, der im Teatro S. Agostino aufgeführt wurde als »eine Veranstaltung zugunsten der Bürgerin Teresa Bertinotti, Prima Donna«. Auch Gaetano Isola (1754–1813) komponierte zu Versen von Gaspare Sauli ein »Patriotisches Melodram, um das Wiedererstarken der Freiheit feierlich zu begehen«, das ebenfalls im Theater S. Agostino aufgeführt wurde und den »freien Bürgern Liguriens« gewidmet war. Dieses Werk wurde von dem berühmten Sopranisten Luigi Marchesi (1754–1829) interpretiert, der sich zu dieser Gelegenheit auf der Bühne mit phrygischer Mütze zeigte. Die Daten der Aufführungen dieser Melodramen sind unbekannt, aber man darf annehmen, daß sie nach 1797 stattgefunden haben, dem Jahr, das die Ankunft der Franzosen in Genua bezeichnet und kurz darauf die Entstehung der neuen Ligurischen Republik. Man kann sich hier nicht auf das verlassen, was aus der von Lichtenthal aufgezeichneten »Autobiographie« hervorgeht, noch auf die Lügenmärchen, die Paganini Schottky auftischte.

Was die *Variationen über* »*La Carmagnole*« betrifft, möchte ich auf eine merkwürdige Einzelheit verweisen. Der Titel dieses Revolutionsliedes wurde von dem Namen einer Samtjacke mit zwei Reihen von Knöpfen abgeleitet, die in Marseille Bauern einführten, die von Carmagnola, einem Dorf in der Umgebung von Turin, nach Frankreich ausgewandert waren. Sie galt bald als Symbol des »Proletariats« der Zeit, und die gleichnamige Hymne wurde von den Föderierten aus Marseille nach Paris gebracht und dem berühmten »Ça ira« zur Seite gestellt.

Die *Variationen* Paganinis sind ein kostbares Dokument; sie legen Zeugnis ab für das frühreife Talent ihres Urhebers, denn sie enthalten bereits Spuren einiger Besonderheiten, die für seinen späteren Stil bezeichnend sein werden. Wir finden hier in der Tat die typische Gegenüberstellung zweier Klangfarben, die in den alternierenden Läufen auf der E-Saite und auf der IV. Saite realisiert wird, gleichsam wie in Dialogform, daneben den ausführlichen Gebrauch der Doppelgriffe und von »Effekten« wie »Drehorgel« und »Spinett«, die eindeutig zur Ausführung auf dem Steg bestimmt sind. Die Begleitung für Gitarre ist allerdings erst rudimentär, da sie in Akkordmanier durchgeführt ist und sich identisch alle vierzehn *Variationen* hindurch wiederholt.

Nach einem kurzen Präludium, das keinerlei Beziehung zum Thema aufweist, führt die Violine das Motiv der »Carmagnole« aus, das eine genaue Replik des Originals darstellt, mit Ausnahme der Tonart, die A-Dur statt G-Dur ist.

Es folgen die vierzehn Variationen, alle im ⅝-Takt und in derselben Tonart.

Das gleiche Verfahren wird später in den *Variationen über »O mamma, mamma cara« aus dem »Karneval von Venedig«* wieder aufgegriffen werden. Es fehlt jedoch einer der Hauptbestandteile der Technik Paganinis: das mit der linken Hand ausgeführte Pizzicato, das erst in *Le Streghe* systematisch eingeführt werden wird.

Anhand dieses ersten Stücks läßt sich unschwer folgern, daß die Kenntnisse Paganinis, was die Harmonik angeht, noch ziemlich lückenhaft gewesen sein müssen. Die Erfordernis, sie zu vervollkommnen, macht eine Reise Paganinis nach Parma notwendig, wo er unter der Leitung erfahrenerer Lehrer studieren kann. In der Tat wurde Genua für Paganini langsam »zu eng«. Die Entscheidung, die Stadt zu verlassen und eine neue, kulturell besser entwickelte Umgebung aufzusuchen, war wohl mehr als richtig.

1 M. A. Gianelli, Bischof von Bobbio, im Jahre 1922 von Papst Pius XI. heiliggesprochen.
2 L. G. Germi (1785–1870), Anwalt, Rechtsdozent an der Universität Genua und Violinist.
3 P. Lichtenthal (1780–1853), Arzt, Musikwissenschaftler und Komponist. Von 1810 bis zu seinem Tod lebte er in Mailand als Zensor der Region Lombardo-Veneto. Er verwandte sich dafür, die Musik Mozarts in den Mailänder Salons bekannt zu machen. Er war außerdem Musikkorrespondent der *Leipziger Musik-Gazette*, in der er auch Rezensionen von Paganini-Konzerten veröffentlichte. Die hier im Text zitierte biographische Notiz wurde in italienischer Übersetzung mit dem Titel »Autobiografia di Paganini da lui stesso dettata all'Autore di questo Almanacco, prima della sua partenza per

Vienna, il giorno 28 febbr. 1828, a Milano«, [Autobiographie Paganinis, von ihm selbst dem Verfasser dieses Almanachs vor seiner Abreise nach Wien am 28. Februar 1828 in Mailand diktiert] im *Almanacco Musicale, Storico, Estetico, Umoristico del Dottore Pietro Lichtenthal* [Musikalischer, Historischer, Ästhetischer, Humoristischer Almanach des Doktor Peter Lichtenthal] 1853 in Mailand veröffentlicht.

4 J. M. Schottky (1794–1849); *Paganinis Leben und Treiben* [im Original deutsch], Prag, 1830. Obgleich sie von Paganini geschätzt wurde, der Schottky »Herr Biograph« nannte, ist diese Biographie als unzuverlässig anzusehen.

5 J. F. Fétis (1784–1871), belgischer Musikwissenschaftler, Gründer und Direktor der *Revue Musicale*, in der er am 11. September 1831 eine von Paganini aufgenommene biographische Notiz und einige Rezensionen seiner Konzerte veröffentlichte.

6 Der erste Band mit den gesammelten Briefen Paganinis wurde von A. Codignola herausgegeben, der ihn unter dem Titel *Paganini intimo* (Genua, 1935) veröffentlichte. Der zweite Band, der etwa hundert Briefe enthält, die später aufgefunden wurden, wurde von E. Neill veröffentlicht (Genua, 1982). Weitere Briefe wurden, ebenfalls von E. Neill herausgegeben, in den *Quaderni dell'Istituto di Studi Paganiniani*, Nr. 4, Genua, 1984, veröffentlicht.

7 Genueser Ausdruck für »Geld«.

8 Es handelt sich hier um die fünfzehn *Quartette für Violine, Viola, Violoncello und Gitarre*, die von Paganini um das Jahr 1820 komponiert worden waren.

9 Es handelt sich hierbei wahrscheinlich um das *Konzert für Violine und Orchester, op. 17* (1787–88).

10 Teresa Bertinotti (1776–1854), Sopranistin. Sie heiratete Felice Radicati (1775–1820), einen Turiner Violinisten und Komponisten, den Paganini 1814 in Bologna kennenlernte.

11 O. Ševčík (1852–1934), böhmischer Violinist und berühmter Lehrer. Seine Methode, die nach Paganinis Zeit entwickelt wurde, fand Verbreitung in ganz Europa. Es erübrigt sich zu sagen, daß diese wie auch andere Methoden das genaue Gegenteil der Vorschriften Paganinis, zumindest was deren Ausführung in Konzerten betrifft, darstellen.

12 L. T. Belgrano: *Le imbreviature di Giovanni Scriba*. Genua, 1882.

13 Die Abschrift, von der hier die Rede ist, wurde nicht wieder aufgefunden, vielleicht wegen der beträchtlichen Streuung von Dingen aus Paganinis Besitz, die in die Hände von Dritten gelangten.

14 Die Calcagno ist in den musikalischen Monographien, die F. Regli in *Storia del violino in Piemonte*, Turin, 1863 veröffentlicht hat und in denen es einen Abschnitt über die ligurischen Violinisten gibt, nicht erwähnt.

KAPITEL II

Auf den Rat hin, gute Lehrer zu suchen, brachte ihn sein
Vater, als er zwölf Jahre alt war, nach Parma, wo er dem
Hofe, Rolla und dem Maestro Paër empfohlen wurde. Als er
im Zimmer Rollas ein neues Konzert von diesem fand,
spielte es Paganini vom Blatt: Rolla war davon überrascht,
und anstatt ihn die Violine zu lehren, riet er ihm, bei
Maestro Ghiretti, Neapolitaner, Violinist bei Hofe und berühmter Kontrapunktist sowie Lehrer von Paër selbst, den
Kontrapunkt zu lernen. In der Tat erhielt Paganini von ihm
drei Lektionen wöchentlich, sechs Monate lang. Ghiretti
vervollkommnete ihn im Kontrapunkt, indem er ihn ihn
mit seiner Feder, ohne Instrument lehrte, widmete es dann,
um ihn zu vervollkommnen, seinem Niveau, [und] er verliebte sich sehr darein, und er überhäufte ihn mit Komposi-
tionslektionen, so daß er unter [seiner Aufsicht] eine Menge
Instrumentalmusik komponierte. Zwei Violinkonzerte, in
jener Zeit von ihm komponiert, wurden von ihm bei einem
Konzert im Gran Teatro ausgeführt, nachdem er in der
Sommerresidenz des Herzogs von Parma, in Colorno und in
Sala gespielt hatte und von ihm freigebig beschenkt wurde.
Der Besitzer einer Violine von Guarnerio sagte ihm: Wenn
Ihr dieses Violinstück vom Blatt spielt, schenke ich Euch das
Instrument, und Paganini verdiente es sich.[1]

Die Reise Paganinis nach Parma sollte gegen Ende des Jahres
1795 stattfinden. Er wurde vom Vater begleitet und, wie Conestabile[2] behauptet, auch vom Marchese Di Negro. Letzterer Umstand ist jedoch nicht weiter wesentlich, auch wenn Di Negro
sich vermutlich darauf verwandt hat, einige Empfehlungsschreiben für den jungen Violinisten zu erhalten.
  Wenn man nun die verschiedenen Persönlichkeiten durchgeht,
die von Paganini erwähnt werden, so begegnen wir als erstem
Alessandro Rolla (1757–1841), zur damaligen Zeit Dirigent des
Herzoglichen Orchesters, ein berühmter Violinist. Später finden
wir ihn in Mailand wieder, wohin er 1802 zog und wo er Direktor
des Theaters der Scala und Violinlehrer am Konservatorium war.
Die Beziehung zwischen den beiden Musikern muß allerdings in
Hinblick auf ihre spätere Bedeutung betrachtet werden. In der
Tat hatte Paganini um das Jahr 1814 herum Gelegenheit, Rolla
öfter zu treffen, und es ist nicht auszuschließen, daß dieser durch

seine persönliche Vermittlung Paganini ermöglichte, an der Scala zu spielen. Rolla wird in vielen Briefen Paganinis erwähnt – auch dies ein Zeichen einer engen und herzlichen Beziehung.

Gasparo Ghiretti (1754–1797) galt nicht nur als ausgezeichneter Violoncellist, sondern auch als ausgezeichneter Didakt. Er war, was den Bereich der Theorie betrifft, eine große Hilfe für Niccolò, der seiner Lehren in der oben erwähnten »Autobiographie« gedenkt.

Ebenfalls ein Schüler Gasparo Ghirettis war Ferdinando Paër (1771–1839), der Paganini Stunden in Kompositionslehre gab. Als Hofkapellmeister befand sich der Musiker aus Parma zu diesem Zeitpunkt auf dem Höhepunkt seines Erfolgs und galt als einer der wichtigsten Vertreter der Oper vor Rossini. Im Jahre 1797 verließ er Parma und begab sich nach Wien, wo er das Amt des Direktors der Hofoper annahm. Später begegnen wir ihm im gleichen Amt in Paris, wo er Gelegenheit findet, seinen ehemaligen Schüler aus der Zeit in Parma zu treffen. In einem Brief vom 28. August 1831, den Paganini an Paër schickte (Sammlung Charaway), unterzeichnete er als »Euer dankbarer Schüler«.

Die Studien, die er unter der Leitung von Paër und Ghiretti in Parma unternahm, zeigen, daß Paganini hinsichtlich Harmonik und Komposition noch einiges zu lernen hatte. Dieses spezifische Wissen eignete sich Paganini dank seiner angeborenen Musikalität und der vollständigen Beherrschung des Instrumentes in etwa einem Jahr an und übersprang somit leichtfüßig einen »Kurs«, der an sich ein mehrjähriges Studium am Konservatorium erfordert hätte.

Von den Werken, die er in dieser Zeit schrieb, ebenso wie von den Konzerten, die er in Parma und Umgebung hielt, ist nichts weiter erhalten als jene Worte, die der Violinist Lichtenthal anvertraute. Es ist gut möglich, daß die Werke verlorengegangen sind oder von ihrem jungen Autor vernichtet wurden.

Paganini kehrte gegen Ende des Jahres 1797 nach Genua zurück. »Nach seiner Rückkehr in die Heimat«, erfahren wir durch Lichtenthal, »komponierte er schwierige Musik, studierte dabei ständig die gewagten, von ihm erfundenen Passagen, um sie beherrschen zu können, und schrieb weitere Konzerte und Variationen.« Die Behauptung, er »komponiere schwierige Musik«, hat einige Autoren vermuten lassen, daß Paganini zu diesem Zeitpunkt an der Komposition der *Capricci* arbeitete. Diese wurden jedoch erst 1818 von Ricordi gedruckt. Und die Kalligraphie Paganinis in der autographen Fassung zeugt von einer sicheren und erfahrenen Hand und nicht von der eines jungen Musikers, der gerade eben sein Studium abgeschlossen hat. Andererseits gibt es keine anderen Schriftproben Paganinis vom Ende des 18. Jahrhunderts, die erlauben würden, eine exakte graphologische Analyse zu Vergleichszwecken vorzunehmen. Auch findet sich in seinen Briefen kein Hinweis auf die *Capricci*, die Paganini übrigens nie selbst in der Öffentlichkeit gespielt hat.

Im Jahre 1797 besetzen die napoleonischen Truppen Genua: ein Ereignis, das die politische Lage der Stadt erschüttert; gleichzeitig verhindert die Blockade der englischen Truppen die Versorgung auf dem Seeweg. Die Bevölkerung leidet Hunger und muß sich von Mäusen, Katzen, Fledermäusen und anderen unappetitlichen Tieren ernähren.

Die Handelsaktivitäten sind auf ein Mindestmaß beschränkt. Der Hafen ist lahmgelegt. Die hohen Abgaben, die Napoleon der Bevölkerung aufgezwungen hat, mehren die Unzufriedenheit. Dennoch sind nur wenige Bluttaten zu beklagen, abgesehen von ein paar sporadischen Scharmützeln mit den Bauern des Hinterlands, die von den I Viva Maria, einer Bewegung des Adels, gegen die Franzosen aufgehetzt worden waren. Jener, der zumindest theoretisch und ideologisch als Retter der Unterdrückten galt, erwies sich als Tyrann, jedenfalls bis zu dem Zeitpunkt, als die Ligurische Republik geschaffen wurde.

In einer derart wirren und in finanzieller Hinsicht sicher unerfreulichen Situation denkt Paganini zu Recht, daß dies nicht der richtige Moment ist, um sein Talent, das durch die in Parma absolvierten Studien noch verbessert wurde, zu entfalten. Daher fällt er den Entschluß, sein Glück anderswo, in ruhigerer Umgebung zu versuchen. So fährt Paganini in seiner »Autobiographie« fort:

> Mit siebzehn Jahren machte er eine Reise durch Oberitalien und die Toskana und hielt sich lange in Livorno auf, um Musik für Fagott zu komponieren, für einen schwedischen Dilettanten, der sich darüber beklagte, keine schwierige Musik zu finden. In die Ankündigungen seiner Konzerte ließ er immer die Erklärung schreiben, daß er jedes Musikstück, das man ihm vorlegte, ausführen werde. Als er sich einmal zu seinem Vergnügen, ohne Instrument, in Livorno befand, lieh ihm ein Mr. Livron eines, damit er ein Konzert von Viotti spielen konnte, und er machte es ihm dann zum Geschenk.

Was die Reise in Oberitalien betrifft, so unterlief Paganini offensichtlich ein Irrtum, wenn er seine Tournee um Jahre vordatierte, sofern er hier nicht die Reise nach Modena meinte, die er 1801 unternahm.

Livorno bleibt aber das wahrscheinlichste Ziel seiner Reise, da die Stadt aus dem napoleonischen Einflußgebiet ausgespart war. Er kam dort 1800 mit einem Empfehlungsschreiben an, das an den britischen Konsul, den Oberst Archibald MacNeill, gerichtet war, welcher »mich höflich empfing und mir half, einen Konzertsaal zu finden, mir versichernd, daß ein großes Publikum dorthin kommen werde«.

Soweit die Informationen, die er an Schottky weitergab; außerdem teilte er ihm noch folgende Begebenheit mit: Da er nicht die Möglichkeit in Betracht gezogen hatte, bei einer privaten musikalischen Gesellschaft (der Società Degli Esercizi Musicali) ein Konzert zu geben, »rächte« sich diese, indem sie die Musiker des Orchesters, das Paganini begleiten sollte, am Betreten des Theaters hinderte. Dieser Zwischenfall zwang Paganini, das Programm zu ändern; er spielte allein oder mit einer ad hoc zusammengestellten Begleitung. Der Auftritt dauerte drei Stunden, und der Erfolg war beispiellos. Natürlich änderten seine Gegner ihre Meinung, und am folgenden Tag fand das Konzert wie vorgesehen mit Orchesterbegleitung statt. »Bei dieser Gelegenheit«, stellt Paganini laut Schottky fest, »entschuldigten sich meine Gegner und sagten, daß sie mich für zu jung gehalten hatten, als daß ich schon in der Lage gewesen wäre, das zu leisten, was ich in der Tat vollbracht habe.«

Auch in diesem Fall wissen wir nichts über das Programm der Konzerte, die Paganini in Livorno gab. Zumindest ist bekannt, daß sein Repertoire Konzerte von Kreutzer, Rode und Viotti und Stücke eigener Komposition umfaßte.

Im Dezember 1800 begegnen wir Paganini in Modena, wo er im Theater Rangoni auftritt. Endlich haben wir auch etwas genauere Informationen über die Programme:

5. Dezember 1800
Violinkonzert von Rode
Lodoiska-Symphonie, von Paganini mit Harmonien versehen
Variationen über »La Carmagnole«
Konzert von Kreutzer

21. Dezember 1800
Zwei Konzerte von Paganini
Spanischer Fandango, in dem die Stimmen verschiedener Vögel nachgeahmt werden.

Leider werden für die Konzerte von Rode und Kreutzer, ebenso wie für die Paganinis, weder die Tonart noch die Opus-Nummer angegeben, so daß es unmöglich ist, sie zu identifizieren, zumal Rode dreizehn Konzerte geschrieben hat und Kreutzer neunzehn. Es ist jedoch interessant zu erfahren, daß die *Variationen über »La Carmagnole«*, die Paganini zum erstenmal in Genua vor seiner Abreise nach Parma gespielt hatte, Teil seines Repertoires geblieben waren. Der Komponist schien also sein Jugendwerk weiterhin zu schätzen. Später wurden sie aus seinem Repertoire genommen, denn nach der vom Wiener Kongreß 1815 dekretierten Eingliederung Liguriens in das Königreich von Piemont und Sardinien hätte ihre öffentliche Aufführung eindeutig eine Provokation dargestellt.

Von der *Lodoiska-Symphonie*, die der gleichnamigen Oper von Kreutzer (1791) entnommen ist, kennt man nur das Arrangement für Gitarre, dessen Handschrift den Titel »Lodoviska-Symphonie, Arrangement für französische Gitarre von Nicolò Paganini« trägt. Es handelt sich hier offenbar um einen späten Sinneswandel bei Paganini, der die Gewohnheit annehmen wird, bereits geschriebene Themen und Kompositionen zu verwenden, um sie für andere Instrumente umzuschreiben. Die *Lodoiska-Symphonie* muß demnach in der Zeit nach dem Konzert in Modena entstanden sein, in einer Periode also, in der das Arrangement für Sologitarre noch nicht geschrieben war.[3]

Was den *Spanischen Fandango* betrifft, so sind davon weder eine Handschrift noch Kopien erhalten. Doch wurde dieses Werk später bei einigen Konzerten im Ausland wieder gespielt, und es könnte den Kompositionen zugerechnet werden, die nicht niedergeschrieben wurden, sondern die Paganini dank seiner Routine aus dem Augenblick heraus improvisierte. Im übrigen vergnügte er sich bei den ersten Konzerten, die er in Lucca gab, damit, auf der Geige die Stimmen verschiedener Tiere nachzuahmen, womit er Gelächter, aber auch den Unwillen des ernsthaften Publikums erregte. Eine solche Neigung zur Imitation verrät einen weiteren Aspekt der Technik Paganinis, die sich darin mit einer im 17. und 18. Jahrhundert ziemlich verbreiteten Praktik verbindet. Man möge nur an das *Capriccio stravagante* von Carlo Farina denken, an die *Sonata representativa avium* von Ignaz von Biber oder an das *Konzert für Flöte und Streicher D-Dur*, auch *Il Cardellino* genannt, von Vivaldi. Es ist nicht feststellbar, ob Paganini diese Stücke bekannt waren. Sollte er sie nicht gekannt haben, so weisen seine diesbezüglichen musikalischen Experimente doch auf seinen angeborenen Sinn für Humor hin.

In einigen Konzerten hatte er die Kadenz durch die Nachahmung eines Eselsschreis ersetzt, und in Ferrara wird er das gleiche Kunststück ausführen und es einem Zuschauer widmen, der eine Sängerin auspfeift, die er begleitet. Bei diesen Gelegenheiten, in diesen Episoden verrät sich das »unorthodoxe« Verhalten Paganinis, eine wohltuende Abweichung von einer Norm, die verlangt, daß ein Künstler um jeden Preis ein »ernsthafter« Mensch sein muß.

Nach dem Aufenthalt in Modena erfolgte 1801 die Rückkehr nach Genua, wo er sich nur kurz aufhielt. Darüber steht in der »Autobiographie«:

> Nachdem er sich wieder in die Heimat begeben hatte, widmete er sich der Landwirtschaft, und für einige Zeit fand er Gefallen daran, die Gitarre zu zupfen.

In den Monaten, die er in Genua verbrachte, bevor er sich nach Lucca begab, zog er sich in das Landhaus in San Biagio zurück, um den dazugehörigen Garten zu kultivieren, der – Ironie des Schicksals – für einige Zeit, nachdem seine Leiche unter strenger Geheimhaltung nach Genua gebracht worden war, seine sterblichen Überreste beherbergen sollte. Die wichtigste Aktivität in dieser Zeit war die Rückkehr zum Gitarrenspiel, das er bereits in sehr jungen Jahren gepflegt hatte. Das Interesse für dieses Instrument, ebenso wie für die Mandoline, wird später in einem guten Hundert von Kompositionen seinen Ausdruck finden, in denen die Gitarre als Hauptstimme fungiert (siehe die *Ghiribizzi*, die Sonaten und verschiedene Einzelstücke) oder als gleichrangige Stimme wie in den Sonaten, in denen sie die Violine begleitet, in den Trios und den Quartetten.

Darüber hinaus nahm Paganini die Gitarre überallhin mit, da er dieses Instrument – auch weil es leicht zu transportieren war – als ein wichtiges Arbeitsmittel ansah; er benutzte es, um Akkorde und Harmonien darauf auszuprobieren, die er dann verwendete, um die Begleitung seiner Werke für Violine und Orchester auszuarbeiten. Man kann auch von einem Einfluß des Gitarrenstils auf seine Kompositionen für Violine sprechen; es möge genügen, auf das Pizzicato mit der linken Hand hinzuweisen sowie auf bestimmte Begleitungen für Orchester, die oft für das Pizzicato der Streicher konzipiert sind. Ebenso offenbart sich der Einfluß des Gitarrenstils eindeutig in den langsamen Sätzen seiner Konzerte. Andererseits ist auch das Gegenteil wahr: Die typischen Passagen in Form absteigender Tonleitern, die sich in vielen Werken für Gitarre an Phrasenenden finden, weisen auf eine Herkunft aus der Technik des Geigenspiels hin. Zweifellos bestand eine Interaktion zwischen den beiden Kompositionsstilen, wobei aber festzuhalten ist, daß in jedem Fall, sofern sie beteiligt ist, der Violine der Löwenanteil zukommt.

In der Tat beschränkt sich in den Duetten die Gitarre fast immer darauf, mit Akkorden oder Arpeggien zu begleiten, und hat selten Gelegenheit, in den Vordergrund zu treten. Als Gitarrist wurde Paganini sehr geschätzt. Berlioz[4] schrieb, daß er diesem Instrument »ungeahnte Effekte« zu entlocken verstand.

Der Aufenthalt in Genua hatte also den Vorteil, eine Zeit der Reflektion zu ermöglichen und zudem die Vertrautheit mit einem Instrument zu fördern, das ihn, wie die Violine, nicht nur »physisch« auf seinen Reisen, sondern auch in seinen Kompositionen begleitete.

Der nachfolgenden Periode seines musikalischen Schaffens, die er in Lucca verbrachte, müssen in der Tat seine ersten Werke für Violine und Gitarre zugeschrieben werden.

1 Nach der »Autobiographie«, die Paganini Lichtenthal diktierte, op. cit. Es geht aus diesem Text nicht hervor, ob die Geige, die Paganini von dem Maler Pasini geschenkt bekam, jene Guarneri del Gesù (1742) war, die er später mit einem Legat der Stadt Genua vermachte. Pietro Berri behauptet, daß diese Geige dem Violinisten von dem Mäzen Livron verehrt worden sei.

2 G. C. Conestabile: *Vita di Nicolò Paganini.* (Nuova edizione con aggiunte e note di F. Mompellio), Mailand, 1936.

3 Diese Symphonie, die erst kürzlich in einer von R. Chiesa revidierten Version gedruckt wurde (Mailand, 1987), besteht aus 166 Takten. Es handelt sich hierbei wahrscheinlich, wenn man von den Sonaten absieht, um die am höchsten entwickelte Komposition Paganinis.

4 H. Berlioz: *Les soirées de l'orchestre.* Paris, 1852.

KAPITEL III

Vier Jahre vor der Krönung Napoleons in Mailand begab sich Paganini nach Lucca für das berühmte Hochamt von Santa Croce; als er gemäß den Statuten geprüft wurde, machten sich alle über seinen langen und straff gespannten Bogen lustig; aber nach der Probe bekam er großen Beifall, so daß die anderen Kandidaten und Konzertmusiker nicht mehr wagten, sich hören zu lassen. Bei einer großen nächtlichen Kirchenmesse rief sein Konzert eine solche Begeisterung hervor, daß alle Mönche nach draußen liefen, um dem Volk zuzurufen, still zu sein.

Soweit die zitierte »Autobiographie«.

Aus den Notizen, die er Schottky diktierte, erfahren wir, daß er auf dieser Reise nach Lucca nicht vom Vater begleitet wurde, sondern vom Bruder Carlo, da Niccolò die Haltung des Vaters ihm gegenüber als allzu autoritär und tyrannisch empfand. Die Reise bot Carlo zudem die Möglichkeit, sich in Lucca um eine Stelle im Orchester zu bewerben, die er dann auch erhielt.

An dem berühmten und großen Hochamt von Santa Croce konnten nur Musiker teilnehmen, die sich vorher einer Prüfung unterzogen, wie es Niccolò in seiner »Autobiographie« andeutet. Der »lange und straff gespannte Bogen«, der seine Prüfer zum Lachen brachte, ist ein Element, das wiederum auf die Tradition Tartinis hinweist, wie auch die Neigung der Geige nach unten typisch für die italienische Schule des 18. Jahrhunderts ist.

Das erste Konzert fand am 14. September 1801 in der Kathedrale statt, und es wird in recht unschmeichelhafter Weise vom Abt Chelini[1] kommentiert, der es als eine regelrechte Profanation ansah.

Auf dem Platz San Martino war das ganze Bataillon von Lucca aufgestellt, das ziemlich klein war, da eine größere Anzahl von Soldaten desertiert war. Am Morgen des Fests begab sich die Regierung mit dem Festzug zur Singmesse. Die Musik dauerte sehr lange, denn man hatte die Indiskretion begangen und war gegenüber dem Prälaten unhöflich genug, dort ein Konzert abhalten zu lassen (was ungebräuchlich war), das von einem gewissen Paganini, einem Genueser Jakobiner, gegeben wurde, der sofort nach dem Kyrie Eleison anfing zu spielen, und dieses Konzert dauerte

28 Minuten. Dieser gewisse Herr zeigte wohl große Geschicklichkeit, aber er bewies weder Vernunft noch Ernst in Dingen der Musik. Er ahmte mit der Geige den Gesang der Vögel nach, die Flöten, die Trompeten, die Hörner, so daß sein Konzert als Opera buffa endete, die alle zum Lachen brachte, die seine Geschicklichkeit und Sicherheit bewunderten. Darin hatte er weder Vernunft noch Ernst, denn die Nachahmung der Vögel und anderer Instrumente mit der Geige zeugt gewiß von der Kunstfertigkeit eines Spielers, aber da die Imitation sich vom eigentlichen Sinn des Spiels entfernt, ist sie nichts weiter als eine Jugendtorheit, die nur in einer Musikschule vorgeführt werden sollte – und auch dort nur mit Mäßigung – und auf keinen Fall an einem geheiligten Ort. Dieses Konzert hatte jedoch einen sehr großen Erfolg und so die ganze Musik, waren doch die Jakobiner die ersten, die es sagten und die meinten, daß es noch nie in S. Croce eine ähnliche Musik gegeben hatte; und wenn einer Schlechtes davon sagte, so lief er Gefahr, ins Gefängnis zu kommen.

Obwohl der Autor dieses Berichts offensichtlich gegen Paganini eingenommen ist, muß er den großen Erfolg des »Genueser Jakobiners« zugeben, der sich wieder einmal auf Kosten der Spießer amüsiert hatte. Aus historischer Sicht aber stellt dieser Bericht einen weiteren Beweis für die »provokative« Haltung des jungen Paganini dar, der damit im Handstreich die Sympathien der Jakobiner von Lucca gewann, die später die napoleonische Herrschaft, die in Lucca mit Fingerspitzengefühl von Elisa Bacciocchi ausgeübt wurde, akzeptierten.

Jedenfalls wird das »skandalöse« Konzert vom 14. September Niccolò eine Reihe von Einladungen für Konzerte im November und im Dezember einbringen.

Wie es oft bei einer so beweglichen Persönlichkeit vorkommt, besitzen wir keinerlei Informationen über die drei folgenden Jahre (1802–1805). Keine direkte oder indirekte Quelle hilft uns, diese Lücke zu schließen; die Briefe des Violinisten setzen nicht vor 1813 ein.

Im Januar 1805 ist Paganini sicher in Lucca, wo er ein Gesuch an die Verwaltungsorgane der Republik richtet, in dem er sich mit folgenden Worten um die Anstellung als Konzertmeister im Orchester von Lucca bewirbt:

Der Geist, den die Nation von Lucca bei der Förderung der Wissenschaften und schönen Künste gezeigt hat, und die rückhaltlosen Bemühungen ihrer vortrefflichen Vertreter, diese [Förderung] zu unterstützen, haben den Bürger Paganini dazu ermutigt, Euch, ehrenwerten Bürgern Magistraten, seine Dienste als Erster Geiger der Kapelle der Musiker der Republik anzubieten, ohne aber die Rechte verletzen zu wollen, die sich andere möglicherweise erworben haben, und mit der besonderen Verpflichtung, zwei junge Luccheser in der Beherrschung der Violine zu unterrichten und, soweit dies möglich ist, zu perfektionieren. Der ehrerbietige Bittsteller verlangt für seine Entlohnung nicht mehr als das, was Eure Weisheit, Bürger Magistraten, festlegen wird und was sich einfach auf einen angemessenen Unterhalt und außerdem eine alljährliche Beurlaubung für einige Zeit aus dem Staatsdienste beschränken könnte, natürlich nur, sofern dies ihn nicht an der Ausübung seiner Pflichten hindert. Während sich der bescheidene Unterzeichnete Eurer Herzensgüte, Bürger Magistraten, anvertraut, hat er die Ehre, Euch seines Respekts und seiner Hochachtung zu versichern.

Nicolò Paganini[2]

Das Gesuch wurde von einer anderen Person, vielleicht von einem Schreiber oder jemandem, der die Bürokratensprache beherrschte, geschrieben, enthält aber die Unterschrift Paganinis in dessen eigener Handschrift.

Das Amt für Innere Angelegenheiten und Finanzen der Republik Lucca antwortete auf Paganinis Ersuchen positiv und begründete dies folgendermaßen:

Der obengenannte Paganini ist unter die Musiker des Nationalen Orchesters in der Eigenschaft eines Ersten Geigers aufgenommen, ohne daß dadurch die Rechte des derzeitigen Leiters, Professor Romaggi, eingeschränkt werden; dieser wird in den Musikstücken, die das Orchester spielt und an der beide beteiligt sind, die erste Stelle einnehmen, und der genannte Paganini, der bei solchen Stücken mitspielen soll, wird dann Stimmführer der 2. Violine sein. Dem genannten Professor Paganini wird, beginnend mit dem heutigen Tag, die monatliche Summe von zwölf Scudi[3] angewiesen. Er wird verpflichtet sein, zwei aus Lucca stammende Schüler aufzunehmen, welche mit Zustimmung der beiden Ältesten Abgeordneten, die wiederum der Exekutive vorherige Nachricht geben müssen, über die Familie des Palasts bestimmt werden.[4]

Die Ernennungsurkunde führt das Datum 22. Januar 1805.

Zwischen den Zeilen läßt sich aus diesem Vertrag, dessen Bedingungen nicht allzu hart sind, bereits jener jakobinische Geist herauslesen, der wenig später von Elisa Bacciocchi bestätigt und gefördert werden wird. In diesem Vertrag werden in der Tat nicht nur die »künstlerischen Freiheiten«, sondern auch die Rechte der Älteren respektiert. Es handelt sich hier auch aus anderen Gründen um ein interessantes Dokument: Beispielsweise fällt die Verpflichtung auf, gemäß einem alten und vernünftigen Brauch Schüler auszubilden; dadurch hat auch ein relativ kleines Orchester die Möglichkeit, eine gewisse stilistische Kontinuität aufrechtzuerhalten.

Zweifellos gehörten zum Orchester von Lucca zahlreiche Genueser Violinisten, die – aus den bereits angesprochenen historischen Gründen – in die Toskana geflohen waren. Giuseppe Romaggi zum Beispiel ist vermutlich ligurischer Abstammung. Sein Nachname ist nämlich ein Toponym von Romagi, einem Dorf, das im Hinterland von Chiavari gelegen ist.[5]

Zieht man die ökonomische Situation des jungen Violinisten in Betracht, so stellte das soeben zugesprochene Amt für ihn einen wahren Segen dar; darüber hinaus ermöglichte es regelmäßige und systematische Kontakte mit dem Orchester. Von Lazzaro Rebizzo[6] zu diesem Umstand befragt, antwortete Bartolomeo Quilici[7] folgendes:

> Er war weder eifersüchtig noch neidisch, und außer daß er es auf sich genommen hatte, Schüler zu nehmen, respektierte er auch die anderen Musiker, obwohl ihm diese in vielem unterlegen waren, und manchmal ermunterte er sie mit seinen Ratschlägen und in sehr verbindlicher Weise und ohne viel Aufwand um die eigene künstlerische Überlegenheit zu machen, in der Ausübung des eigenen Berufes andere Methoden zu versuchen; obwohl zu jener Zeit einige Musiker nicht sehr erfahren in ihrer Kunst waren, verstand er es dennoch, ihre Unerfahrenheit zu tolerieren, und es geschah niemals, daß sie getadelt wurden. Außer daß er sich mit der Partie der Violine befaßte, widmete er sich auch jedem anderen Saiteninstrument. In der Tat gab er regelmäßig mit viel Erfolg dem Signor Angelo Torre Unterricht im Violoncellospiel.
> Er bemühte sich auch, aus Gründen der Freundschaft zum Professor Francesco Bendettini, der mittlerweile in der Königlichen Hofkapelle den 1. Kontrabaß spielt, darum, ihn

dazu zu bewegen, eine neue Methode des Kontrabaßspiels anzunehmen, mit der dieser dann sehr gut zurechtkam. Professor Delle Piane und Professor Giovanetti waren zwei gute Violinschüler, für die er eigens mit höchster Meisterschaft einige Musikstücke schrieb.[8]

Paganini ist zu diesem Zeitpunkt wenig älter als zwanzig. Wir erfahren hier zum erstenmal etwas über seine Haltung als Didakt, die von einer traditionellen Lehrweise ausging, jedoch weitgehend von seiner musikalischen Begabung, von seiner unfehlbaren Technik und von einer Art von Kommunikation zwischen Lehrer und Schüler bestimmt wurde, die zu dieser Zeit noch ziemlich selten war und ohne jegliche Pedanterie auskam.

Dies zeigt, daß Paganini von seiner Persönlichkeit her einem Unterrichtsstil zuneigte, bei dem die Freude am Spiel und der Respekt vor dem Schüler eine große Rolle spielten, und daß er keinen Wert darauf legte, trockene akademische Lektionen zu erteilen.

Wie es auch später immer wieder der Fall sein wird, gelang es ihm, in nur wenigen Lektionen eine falsche Bogenhaltung zu korrigieren (sowohl bei der Violine als auch bei anderen Instrumenten) und bei der Leitung des Orchesters, die damals dem Konzertmeister oder dem Solisten oblag, Hervorragendes zu leisten.

Während Paganini mit den ihm anvertrauten musikalischen Aktivitäten beschäftigt ist, trifft am 14. Juli 1805 Elisa Bacciocchi in Begleitung ihres Mannes Felice (ursprünglich Pasquale genannt) und einer ansehnlichen Eskorte in Lucca ein. Elisa (ihr wirklicher Taufname war Marianna), eine 1777 geborene Schwester Napoleons, galt in Paris als exzentrische Frau mit kulturellen Interessen. Nicht besonders schön und von burschikosem Temperament, hatte sie ihrem berühmten Bruder, zumindest nach dessen Aussage, einiges Kopfzerbrechen verursacht. Nach ihrer Heirat mit einem korsischen Offizier, einem Waffengefährten Napoleons, war sie vom Bruder dazu ausersehen worden, das Fürstentum von Piombino und Lucca zu regieren, während der Schwester Paolina das weniger bedeutende Herzogtum Guastalla zugefallen war. Nachdem sie sich in der Stadt und auf ihren zahlreichen Fürstensitzen eingerichtet hat, bemüht sie sich sofort, ihrem Herrschaftsbereich ein napoleonisches Gepräge zu verleihen. Sie gründet eine Akademie der Künste und reorganisiert das Theater- und Musikleben von Grund auf. Darüber hinaus verändert sie die urbane Struktur der kleinen toskanischen Hauptstadt. Ihre Reformmanie führt dazu, daß sie Ämter, die bisher von den verschiedenen Kapellmeistern nach dem Senioritätsprinzip innegehalten wurden, neu besetzt. Dies hatte unter anderem zur Folge, daß Giuseppe Romaggi wieder auf den Rang des Konzertmeisters zurückversetzt wurde und Paganini auf den des Stimmführers der 2. Violine. Zum Kapellmeister wurde Domenico Puccini (1771–1815) ernannt, der Großvater Giacomos. Paganini wurde zudem ein neues Amt anvertraut: das des Operndirektors.

Da Felice Bacciocchi gern Geige spielte, wurde Paganini gebeten, ihm Stunden zu geben. Zu diesen Aufträgen kamen weitere Anerkennungen. Elisa ernannte ihn zum »Kammervirtuosen« – eine sehr begehrte und prestigeträchtige Auszeichnung, die für außerordentliche Verdienste verliehen wurde. Außerdem erfolgte (vielleicht für Paganini mit weniger Freude verbunden) die Ernennung zum Hauptmann der Ehrengarde, die dem Violinisten das Privileg garantierte, bei öffentlichen Empfängen der Fürstin in Uniform aufzutreten.

Es läßt sich unschwer denken, daß die Begeisterung, mit der Paganini derartige Aufgaben und Ämter übernahm, sich in Grenzen hielt. Jedenfalls geschah die Ernennung zum Operndirektor nicht zufällig. Als ehemaliger Konzertmeister und damit abwechselnd mit Romaggi mit der Orchesterleitung betraut, hatte er zweifellos sein Talent unter Beweis gestellt, was der Bacciocchi und ihren Ratgebern nicht entgangen sein konnte. Diese Erfahrung als Dirigent wird nicht einmalig bleiben, denn viele Jahre später wird er die Premiere von Rossinis *Matilde di Shabran* leiten, da er in letzter Minute den plötzlich erkrankten Dirigenten ersetzen muß.

Über die Aktivitäten Paganinis in Lucca hier die Zusammenfassung, wie sie die »Autobiographie« bringt:

> Da er bei den zwei Konzerten spielen mußte, die dort wöchentlich gegeben wurden, improvisierte er über einen Baß, den er für das Klavier schrieb, zu dem er sich ein musikalisches Thema ausdachte. Eines Tages (es war Mittag) wollte der Hof ein Konzert für Violine und Englischhorn für den Abend. Der Kapellmeister lehnte es ab, da ihm keine wesentliche Zeit mehr blieb; als Paganini [darum] gebeten wurde, komponierte er es mit Orchesterbegleitung in zwei Stunden, und es machte Furore, als es von Paganini und Professor Galli vorgetragen wurde. Um Abwechslung bei den bei Hofe gespielten Sonaten bemüht, nahm er eines

Abends zwei Saiten von der Violine ab (die zweite und die dritte) und improvisierte eine Sonate mit dem Titel *Scena amorosa*, wobei die IV. Saite den Mann (Adonis) und die E-Saite [die erste] die Frau (Venus) vorstellte; und daher also entstand bei ihm das Spiel auf einer einzigen Saite, denn auf die Glückwünsche der Herrscherin, die ihn fragte, ob er auch auf einer einzigen Saite spielen könne, [antwortete er ihr]: »Gewiß« [...], und komponierte eine Sonate mit Variationen, die er bei dem großen Konzert vortrug, das am Tage von S. Napoleone (13. August) gegeben wurde, und schrieb dann weitere ähnlicher Art. (NB. Die Fürstin Elisa, die manchmal ohnmächtig wurde, wenn Paganini spielte, entfernte sich oft, um andere nicht um das Vergnügen zu bringen, ihn anzuhören.)
Er dirigierte in Lucca noch eine ganze Oper mittels einer Violine mit zwei Saiten und gewann damit eine Wette um ein Essen für fünfundzwanzig Personen.

Aus diesem Bericht treten einige Details von großer Bedeutung hervor, die erlauben, das Bild des späteren Paganini genauer zu zeichnen. Wenn man sie systematisch auflistet, können diese Elemente folgendermaßen zusammengefaßt werden:

(a) »Über einen Baß improvisieren« – im 19. Jahrhundert bezeichnete dieser Ausdruck eine Weise der Ausführung, die nicht vorherbestimmt war, sondern die völlig der Phantasie überlassen blieb; als Beweis hierfür mag gelten, daß Paganini später berühmte Sängerinnen, zum Beispiel eine Giuditta Pasta, begleitete, ohne als Vorbereitung auch nur eine einzige Zeile zu schreiben;

(b) »in wenigen Stunden ein Konzert für Violine und Englischhorn improvisieren« – dies weist sehr stark darauf hin, daß Paganini bereits die Fähigkeit besaß, mit Leichtigkeit zu komponieren, ohne der Leichtfertigkeit zu verfallen;

(c) die Fähigkeit, Stücke auf nur zwei Saiten oder auf der G-Saite zu spielen, so wie er es auch in der *Sonata Napoleone* tun wird, die er kurz darauf komponiert, ebenso wie in anderen gleichartigen Kompositionen;

(d) eine besondere Wirkung auf das weibliche Publikum (siehe die Ohnmachten Elisas) durch Einsatz harmonischer Klänge (sowohl natürlicher wie künstlicher und doppelter), die nervöse Störungen hervorrufen können, vergleichbar mit jenen »mörderischen« Tönen, die die Glasharmonika hervorbringt, für die auch Mozart einige Stücke schrieb;

(e) die bereits angesprochene Bravour in der Leitung und im Arrangieren von Opern, beispielhaft gezeigt bei der Aufführung der *Heimlichen Ehe* von Cimarosa (Lucca, 1807), über die wir später sprechen werden.

In der autobiographischen Notiz verschweigt Paganini natürlich die eigene Beziehung zu Elisa Bacciocchi. Es ist jedoch offenkundig, daß er als regelmäßiger Gast an ihrem Hof und als Lehrer ihres Gatten die Möglichkeit hatte, mit der Fürstin einen Umgang zu pflegen, der über die rein offiziellen und formellen Anlässe der Bankette und Empfänge hinausreichte und der zweifellos in eine Liebesbeziehung einmündete. Die Einzelheiten dieser Liaison erzählte Niccolò später seinem Sohn Achille, der sie an den eigenen Sohn Attila weitergab, der sie wiederum Sante Bargellini mitteilte, der einen Artikel darüber verfaßte.[9]

Über diesen Aspekt von Paganinis Liebesleben sind Romane geschrieben worden, die leider jeder Grundlage entbehren. Ohne ein Minimum an Dokumentation gibt es keine Zuverlässigkeit; wenn diese fehlt, dann müssen die Hypothesen zumindest von Tatsachen ausgehen. Eine Tatsache war es, daß Elisa im Unterschied zur Schwester Paolina, die von Canova unsterblich gemacht wurde, alles andere als attraktiv war und einen despotischen und autoritären Charakter hatte; allerdings war sie bekannt als die »Semiramis von Lucca, nicht nur wegen ihrer Begabungen, sondern auch wegen der Leichtfertigkeit ihrer Sitten«. Man könnte also die Hypothese wagen, daß sie es gewesen war, die um Paganini warb, und nicht umgekehrt. Eine Sache aber ist sicher, nämlich, daß sich in diesen Jahren Paganinis Interesse an den Frauen verstärkte. Er selbst erwähnt »eine Dame von hoher Herkunft«, die als Madame Frassinet, eine Hofdame Elisas, identifiziert werden kann, der er später einige Sonaten für Violine und Gitarre widmete.

Unter den Frauen, denen er seine Stücke widmete, war auch Eleonora Quilici, der er nicht nur das Opus 3 widmete. Er bedachte sie in seinem Testament, in dem er ihr ein damals beträchtliches Legat vermachte. Im Jahre 1835 geschrieben, führt das Testament Paganinis dieses »verspätete« Legat auf, das vielleicht auf eine der ersten Liebesbeziehungen des Violinisten zurückzuführen ist.

Als er in Lucca weilte, wohnte Paganini in einem Gebäude, das sich links von der Kirche San Frediano befand[10] und in dem die Familie Quilici lebte, mit der er eng befreundet war. Die noch sehr junge Eleonora (zu jener Zeit wenig älter als dreizehn, da sie 1791 gestorben ist) unterwies Paganini sicherlich in Musiklehre und Gitarre; anders kann die oben erwähnte Widmung nicht erklärt werden. Es wäre im übrigen schwer, Widmungen von musikalischen Werken an Menschen zu rechtfertigen, die sich nicht für Musik interessieren oder sie nicht pflegen, mit Ausnahme von Widmungen an »Mächtige« zum Zwecke, sich ihre Gunst zu sichern.

Der Zeit in Lucca schreibt Niccolò nur zwei Werke zu: das *Duetto amoroso* und die *Sonata Napoleone*. In Wirklichkeit sind die Kompositionen, die aus dieser Zeit stammen, viel zahlreicher; zu ihnen gehören verschiedene Stücke für Violine und Gitarre, deren Besonderheiten wir hier kurz aufzählen werden. Zunächst das *Duetto amoroso*, ein unbedeutendes Stück, das in zehn Teile gegliedert ist, die folgende Überschriften tragen: Beginn – Gebet – Einwilligung – Schüchternheit – Zufriedenheit – Streit – Frieden – Signale der Liebe – Zeichen zum Aufbruch – Trennung. Es ist ein Stück für Violine und Gitarre.

Trotz der Überschriften, die an ein »symphonisches« Gedicht en miniature und an eine sehr versteckte Form von Impressionismus erinnern mögen, ist es eine Komposition, die man besser vergessen sollte. Im übrigen schrieb nicht nur Paganini, sondern schrieben auch einige seiner Zeitgenossen (einschließlich Beethovens) Werke, die ihres Genies eindeutig nicht würdig waren und zahlreicher sind als die, die vom heutigen Publikum angenommen werden.

Von ganz anderem Niveau ist die *Sonata Napoleone*, die eigens für den Namenstag des Bruders von Elisa geschrieben wurde und die das erste Stück darstellt, das auf der IV. Saite ausgeführt wird, die zu diesem Zweck um eine kleine Terz höher gestimmt werden muß, um Effekte zu erzielen, die sonst nicht möglich wären. Es handelt sich hierbei um einen Kunstgriff, der bereits den Violinisten und Komponisten der Barockzeit bekannt war und der zu Unrecht als Scordatura bezeichnet wurde. In Wirklichkeit müßte der Begriff Hyper-Accordatura heißen, denn bei anderen Streichinstrumenten wie dem Kontrabaß versteht man unter Scordatura eine Stimmung in aufsteigender und nicht in absteigender Richtung. Paganini »hyper-akkordiert« die Geige nicht nur, um saubere harmonische Klänge zu erhalten, sondern auch, um eine größere Klangbrillanz durch die stärkere Spannung der Saite zu erzielen. Später wird die Hyper-Accordatura als fester Bestandteil in zahlreiche Werke Paganinis aufgenommen werden. Zu ihnen zählt auch das *Konzert Nr. 1*, bei dem alle vier Saiten der Violine um einen Halbton höher gestimmt werden.

Es ist schwer zu sagen, ob Paganini die anderen drei Saiten

entfernt hat, um zu verhindern, daß die bei der IV. Saite erzeugte Spannung sich negativ auf die drei anderen auswirkt. Wahrscheinlich war dies aber der Fall, da ihm das Spiel auf einer einzigen Saite ansonsten erlaubt hätte, die übrigen Saiten einfach außer acht zu lassen.

Die *Sonata Napoleone* ist die erste bekannte Komposition für Violine und Orchester und wichtig, um Paganini als engagierten Musiker kennenzulernen. Offenbar erforderte der besondere Anlaß (der Namenstag Napoleons) ein Werk von bedeutenden Dimensionen, das feierlich vor einem großen Publikum aufgeführt werden konnte, so daß eine einfache Sonate für Violine und Gitarre zu bescheiden gewesen wäre. Im übrigen wurde am gleichen Tag an der Mailänder Scala eine Oper des bereits erwähnten Francesco Gnecco gegeben, *La Prova d'un opera seria*, die mit »gutem Erfolg« aufgeführt wurde, wie die zeitgenössische Mailänder Chronik berichtet.

Die Sonate Paganinis beginnt mit einem Adagio für Orchester allein, das als Introduktion fungiert; es folgen ein Larghetto und ein Andantino, in denen das Thema vorgestellt wird. Bei den drei Variationen, die den Hauptteil der Komposition darstellen, ist die Verwendung von Flageoletts interessant, die sich mit Grundtönen abwechseln, ein Verfahren, das schon in der früher entstandenen *Carmagnole* auffiel. In der dritten Variation entdeckt man dann bemerkenswert schnelle Läufe in Zweiunddreißigstel-Quartolen wieder. Ein Finale im großen Stil schließt die Arbeit ab. In diesem ersten Stück für Violine und Orchester zeichnen sich klar die Paganinischen Ornamente ab und zeigen eine Tendenz hin zu einem ziemlich organischen Ganzen, das in späteren Werken erweitert oder modifiziert werden wird. Es fällt hier vor allem die Vorrangstellung der Streichinstrumente auf, in der die Trennung zwischen obligaten und verstärkenden Instrumenten deutlich ist, die für das ganze Gefüge einschließlich der Kontrabässe Geltung hat. Offensichtlich wollte Paganini im Zuge einer Gewohnheit des 17. und 18. Jahrhunderts, die wiederum auf das Concerto grosso zurückzuführen ist und in der man zwischen Concertino und Ripieno unterscheidet, so die Verstärkungsinstrumente, vor allem in den Tutti, in den Vordergrund stellen, während die obligaten die Aufgabe hatten, ständige und gleichzeitig differenzierte Präsenz dort zu zeigen, wo die Linie des Solisten vom Ripieno überflutet wird.

Die Blasinstrumente in dieser Partitur sind Flöten, Oboen, Klarinetten, Fagotte, Hörner (in Es) und Posaunen. Die Pauken und die große Trommel vervollständigen die Liste der Instrumente. Der Gebrauch dieses letzten Instruments bei Paganini wurde oft kritisiert, aber es diente ihm dazu, die Schwerpunkte zu markieren und den Rhythmus zu synchronisieren. Es soll daran erinnert werden, daß die gleiche musikalische Konstellation später, wenn auch mit geringfügigen Änderungen, in den *Streghe* und im *Konzert Nr. 1 für Violine und Orchester* übernommen werden wird.

Der *Sonata Napoleone*, einem Werk großen virtuosen Schaffens, werden andere, etwas bescheidenere Werke für Orchester zur Seite gestellt. Zu diesen zählt die *Sonate C-Dur für Solovioline*, auch als *Duo Merveille* bekannt, ein Titel, den ein Verleger vorgeschlagen haben muß (in anderen Ausgaben trägt sie den Titel *Merveilles de Paganini*). Die Zugehörigkeit zur Schaffensperiode von Lucca oder zu jener darauf folgenden in Florenz, wohin sich Elisa 1809 als Herzogin des Großherzogtums Toskana begab, wird durch die Widmung »Sonate für Solovioline, gewidmet Ihrer Hoheit, der Prinzessin Elisa, von Niccolò Paganini« bestätigt. Es handelt sich um eine kurze Komposition von nur 47 Takten, die auf zwei Zeilen untergebracht sind – zumindest ist dies in einem zeitgenössischen Druck der Fall; die obere Zeile ist dem Bogen vorbehalten, die untere dem Pizzicato. Dem Maestoso im ¾-Takt zu Beginn folgt ein Allegro brillante im ¼-Takt, das weit entfernt ist von jeder klanglichen Angeberei, die den formalen Interessen Paganinis fernlag; er verstand diese Sonate Wiener Art als ein »zu spielendes« Stück ohne jeglichen Bezug, das nur sehr leicht interpretiert, wiewohl mit einiger Anstrengung verfolgt werden sollte; dies war zumindest in den folgenden Konzerten der Fall.

Trotz der relativ geringen Bedeutung der *Sonate C-Dur* ist sie deshalb von Interesse, weil sie das erste Stück darstellt, in der die Kombination des Spiels mit dem Bogen und des Pizzicatos mit der linken Hand durchgeführt wird, eine Kombination, von der man später besser durchdachte Beispiele kennenlernen wird.

Der Aufenthalt in Lucca begünstigte zweifellos eine segensreiche Rückkehr zu den Kompositionen für Violine und Gitarre; die ersten Stücke, die Paganini veröffentlichte, widmete er Dellepiane (op. 2) und Eleonora Quilici (op. 3).

Es existieren jedoch noch andere Werke für die gleiche Besetzung, deren Bedeutung keinesfalls geringer ist, vor allem dann nicht, wenn man jenen Sinn für Ganzheit berücksichtigt, der sich in Sammlungen von sechs (oder Vielfachen von sechs) zeigt, wie man sie bei den Komponisten des 17. und 18. Jahrhunderts findet, die die Verwendung von symbolischen Zahlen (wie 3, 6, 12,

24, 36) als allgemein üblichen und unveränderlichen Bezugspunkt nahmen.

Der Luccheser Periode müssen die *36 Sonaten für Violine und
Gitarre* zugeschrieben werden, die erst kürzlich entdeckt worden
sind.[11] Obwohl sie im *Catalogo Tematico*[12] nur sehr ungenau
beschrieben werden, sind diese Sonaten aufgrund einiger historischer Hinweise eindeutig datierbar; diese Anhaltspunkte sind
den beiden Herausgeberinnen entgangen, die zwar emsig im
Auffinden der Fehler der anderen, aber nicht der eigenen sind. In
der Tat helfen einige Widmungen, annähernd sichere Datierungen zu bestimmen: Eine Partitur ist der Prinzessin Napoleon
Elisa gewidmet; nicht Elisa Bacciocchi ist gemeint, sondern die
Tochter, die am 3. Juni 1806 geboren wurde. Andere Sonaten,
die Felice Bacciocchi oder der Frassinet gewidmet sind, können
nur der gleichen Periode angehören.

Madame Frassinet, 1779 in Paris geboren, hatte 1803 den
General Philibert Frassinet geheiratet, der in napoleonischer Zeit
einigen Wechselfällen ausgesetzt war. Im Jahr 1806 treffen wir
die Frassinet in Lucca als Gesellschafterin Elisas an. Die Frassinet, eine angenehme Sängerin und vielleicht gute Gitarristin, ist
sicher mit jener »Dame von hoher Herkunft« identisch, mit der
Paganini, wie wir über seine Biographen erfahren, eine Liebesbeziehung unterhielt. Diese Annahme wird durch Hinweise verstärkt, die Paganini in zwei Partituren von Sonaten aus dieser
Gruppe von sechsunddreißig Werken indirekt gibt. Hier finden
sich nämlich Originalüberschriften wie Andante smorfiosamente
[prüdes Andante],[13] Corrente con motteggio [Corrente mit Spöt-
telei], Adagio seducente [verführerisches Adagio], Adagio con
afflizione [Adagio mit Kummer], mit denen Paganini, vielleicht
als erster aller italienischen Komponisten, die vor oder während
seiner Zeit lebten, eine Form von ausdrucksvoller, emotionaler
»Personifikation« einführt und dabei in einigen Fällen auf die
gewohnten klassischen Formulierungen verzichtet.

Wenn man die Sammlung der *36 Sonaten* zu den Stücken
hinzuzählt, die für Dellepiane und das »Mädchen Eleonora«
geschrieben worden sind, dann erhält man die beachtliche Zahl
von achtundvierzig Werken, die Paganini im Lauf weniger Jahre
komponiert hat; angesichts der Leichtigkeit, mit der er komponierte, erscheint dies nicht weiter erstaunlich. Andererseits ist
die Bezeichnung »Sonaten« durch ihren Schöpfer als eine gewisse Übertreibung anzusehen, es sei denn, er hätte sie nach der
barocken Definition als »zu spielende Stücke« betrachtet. Angemessener wäre wohl die Bezeichnung »Sonatinen«, da sie ja nur

in zwei Sätze gegliedert sind, wobei es schon an ein Wunder grenzt, wenn in dem ersten der beiden Sätze das erste und das zweite Thema ein Minimum an Entwicklung aufweisen; wann immer dies nicht der Fall ist, greift Paganini auf das ihm übliche Aushilfsmittel des Ritornells zurück, um die kümmerliche Struktur künstlich zu verlängern. Auch die Anlehnung des zweiten Satzes an das Rondo, ein Verfahren, das er vermutlich von einer überwiegend französischen Konzerttradition übernommen hat, trägt durch die Wiederholung wenig mehr bei als ein Gefühl von Langeweile, auch wenn diese von blassen Episoden variiert wird.

In der Praxis gehören diese Kompositionen in die Kategorie der »Privatstücke«, einer Art »Gebrauchsmusik«, die ausschließlich in Privathäusern gespielt wurde. Tatsächlich spielte Paganini selbst diese Stücke nie in öffentlichem Rahmen. Da sie in handschriftlichen Kopien an mehr oder weniger dilettierende Violinisten und Gitarristen weitergereicht wurden, stellten sie vor allem ein brauchbares Übungsmittel für den unbequemen Bereich der Kammermusik dar, die in Italien, außer in den Salons der Aristokratie, praktisch nicht existent war.[14] Auch in dieser Hinsicht kann Paganini zusammen mit seinen Freunden und Lehrern (Germi, Gnecco, Dellepiane, Sivori, Serra) als wirklicher Pionier angesehen werden.

Ein weiteres Argument zur Verteidigung dieser Sonaten ist, daß sich hinter ihrer vordergründigen Einfachheit der schwer zu interpretierende Geist Paganinis verbirgt, so daß auch eine korrekte Aufführung, die dem nicht Rechnung trägt oder dies nicht erkennt, Gefahr läuft, die Sonaten in sich einstürzen zu lassen wie Kartenhäuser oder einen schlecht gelungenen Pudding.

Im März des Jahres 1808 erhält Paganini die Erlaubnis, sich nach Genua zu begeben, wo er sich kurze Zeit aufhalten wird. Die Geburtsstadt ist nur eine Etappe auf seiner Reise nach Turin. Elisa hatte ihn dorthin geschickt, damit er an den Feierlichkeiten teilnahm, mit denen die Ankunft der Borghese (Paolina Bonaparte und Camillo) begangen wurde, die die transalpinischen Regierungsbezirke in Besitz nahmen. Die Borghese kamen im April 1808 in Turin an und zogen in Schloß Stupinigi ein. Camillo Borghese, durch seine zweite Heirat zu Napoleons Schwager avanciert, wird von der Gattin auf nicht sehr schmeichelhafte Weise beschrieben.

Die Herzogin von Abrantes berichtet, daß Paolina, mit der Heirat nicht einverstanden, bei deren Ankündigung ausgerufen haben soll: »Flitterwochen mit diesem Idioten?« Es erscheint unverständlich, daß Napoleon völlig unbedeutende Männer wie Pasquale Bacciocchi, der auf Wunsch des Kaisers seinen Taufnahmen in Felice änderte (da der ursprüngliche Name Pasquale in Italien Anlaß zu nicht sehr geschmackvollen Witzen gegeben hätte [der Name Pasquale hat die Nebenbedeutung Einfaltspinsel und bezeichnet jemanden, der dumm, aber harmlos ist]), und Camillo Borghese dazu bestimmte, als »Prinzgemahl« wichtige Ämter auszuüben. Eine Erklärung mag vielleicht der Umstand sein, daß diese Männer schwache Persönlichkeiten waren und deshalb keinen politischen Einfluß hatten, so daß die Ehefrauen (Napoleons Schwestern) eine direkt von den Instanzen der Französischen Revolution abgeleitete Macht ausüben konnten. Außerdem wußte Napoleon wohl sehr gut, daß ein Prinzgemahl ein Anhängsel ist, von dem lediglich erwartet wird, daß es Kinder zeugt. In diesem eigenartigen Kontext ist eine weitere Anmerkung notwendig. Wir möchten auf die jakobinische Eitelkeit und Rhetorik hinweisen, die eine Änderung der Vornamen verlangte (Marianna wird zu Elisa, Pasquale wird zu Felice), und auf den Nepotismus, der in offenem Widerspruch zu den demokratischen Prinzipien stand, wie sie von der Revolution proklamiert wurden. Möglicherweise stellte aus diesen und vielleicht noch anderen Gründen die jakobinische Bewegung in Italien, vor allem in Ligurien, in politischer Hinsicht letztlich eine Enttäuschung dar.

In Turin läßt Paganini sich zumindest sehen, wenn wir auch keine Dokumente haben, die beweisen würden, daß er wirklich für die Borghese spielt, und über Beziehungen zwischen Paolina und dem Violinisten ist nichts bekannt. Man weiß jedoch, daß die sehr schöne Schwester Napoleons außerehelichen Abenteuern nicht abgeneigt war; mit den Worten »Ma bouche tait le secret de mon cœur« [Mein Mund verschweigt das Geheimnis meines Herzens], pflegte sie ihr Liebesleben vor Indiskretionen zu schützen. Sicher ist ihre Liaison mit dem Musiker Felice Blangini (1782–1841), die eindeutig aus den in Paris veröffentlichten Memoiren des Musikers hervorgeht.[15]

Als er nach Lucca zurückgekehrt war, um dort seine Arbeit wiederaufzunehmen, fand Paganini eine neue politische Situation vor: Elisa würde am 1. April 1809 die Herrschaft über das neu gegründete Großherzogtum Toskana ergreifen und hielt bereits die Zügel fest in der Hand. Einen Monat davor, am 9. März, dirigiert Paganini die *Heimliche Ehe* von Cimarosa am Teatro Castiglioncello in Lucca. Nerici[16] berichtet über dieses Ereignis folgendermaßen:

Heimliche Ehe von Cimarosa, vom vortrefflichen Nicolò Paganini dirigiert und von der Signora Marianna Motroni, Sopran, dem Signor Cesare Giambastiani, Tenor, einem sehr guten Dilettanten, und vielen anderen Luccheser Musikern und Sängern ausgeführt. Vor allem war für unsere Musiker der nicht kurze Aufenthalt des vorgenannten Violinisten Paganini in Lucca von größtem Nutzen. Paganini, der gekommen war, um bei dem Fest von S. Croce zu spielen, wurde von dessen Veranstaltern eilfertigst eingeladen, in unserer Stadt zu bleiben, indem man ihn im November 1807 zur »Ersten Geige« und zum Orchesterdirektor ernannte sowie zum Konzertviolinisten bei Hofe und Privatlehrer des Fürsten.

Paganini sah sich gezwungen, der Bacciocchi nach Florenz zu folgen, wo sich die Fürstin im Palazzo Pitti eingerichtet hatte; gleichzeitig verfügte sie über zahlreiche Wohnsitze in der Umgebung. Es ist allerdings sicher, daß Paganini zu Beginn des Jahres 1810 daran dachte, sich von seinen Ämtern zu trennen, um sich neue Ziele stecken zu können. Die Notizen, die er an Schottky weitergab, berichten von den Schikanen der Bacciocchi, unter denen er zu leiden hatte, und von dem »unangemessenen Lohn«, der ihm gezahlt wurde.

Die Anwesenheit des Violinisten in Florenz im Jahre 1810 wird durch einen Brief dokumentiert, den Boucher de Perthes[17] am 19. Februar des gleichen Jahres an seinen Vater schreibt und der unter anderem folgendes berichtet:

Ich habe Dir von einem Italiener erzählt, mit dem ich bei den Bacciocchi gespielt habe. Er hat hier kürzlich einige Konzerte gegeben, die einen unglaublichen Erfolg hatten. Es ist ein Genueser, der Paganini heißt und ein Autodidakt ist; trotzdem spielt er wie kein anderer. Unglücklicherweise ruiniert er alles, indem er Clownerien begeht, die seiner Kunst und seines hervorragenden Talents unwürdig sind. Ich habe ihn gehört, wie er während eines Konzerts von Viotti einen Esel, einen Hund, einen Hahn etc. nachahmte. Manchmal reißt ihm bei einem seiner Auftritte eine Saite, aber er unterbricht nicht, sondern spielt auf den übrigen dreien weiter. Er spielt Variationen auf der IV. Saite. Er leistet Vorzügliches bei den Arpeggien, bei den Doppelgriffen und bei dem Pizzicato mit der linken Hand. Genug, um darüber den Verstand zu verlieren. Die Italiener, die diese Art von »Tour de Force« lieben, klatschen ihm furios Beifall, und wenn er das Theater verläßt, folgen ihm dreihundert Leute bis in sein Hotel. Er spielt die Gitarre so, wie er die Violine beherrscht, und singt auch, wenn er mit Freunden zusammen ist, auch wenn Singen nicht seine Stärke ist. Er hat eine Stimme wie ein rostiger Wasserhahn.

Das Urteil von Jacques Boucher de Perthes muß mit einiger Zurückhaltung aufgenommen werden. Der berühmte französische Geologe und Paläontologe konnte, auch wenn er ein begeisterter Musikliebhaber war, wie es einige Anspielungen auf die Technik des Violinspiels zeigen, nicht die Besonderheiten des Stils Paganinis verstehen, der auf seinen disziplinierten Gelehrtengeist wie ein herumtollender Spaßmacher wirken mußte. Die Meinung von Boucher de Perthes greift der Anklage der Scharlatanerie vor, die später gegen Paganini erhoben wurde. Aber die Kritik von diesen Seiten kann leicht zurückgewiesen werden.

Die kartesianische Nüchternheit der Franzosen, die im Bereich der Werktreue keine Abweichung duldeten, zeigt im Grunde, daß eine Begabung, im Falle Paganinis also die Improvisation und der Sinn für Humor, die mit einem bizarren und unvorhersagbaren Verhalten gepaart ist, mit sehr viel Zurückhaltung aufgenommen wurde. Auch die übrigen Zeitgenossen Paganinis waren sicher im Unrecht, denn das Beherrschen einer außergewöhnlichen Technik kann und soll nicht als das Nebenprodukt der Begabung angesehen werden. Eher kann man die willkürliche Veränderung von Partituren kritisieren, deren Bearbeitung für Violine allerdings allzu blaß erscheint und eine Belebung durch nicht vorgesehene Ornamente gut vertragen konnte.

Das napoleonische Regime zeigt, auch wenn es reformerische und innovatorische Ideen nach Italien gebracht hatte, in der Musikkultur nicht wenige Defizite. Als Beispiel dafür mag gelten, daß ein »reaktionärer« Komponist, ein gewisser Jean-François Le Sueur (1760–1837), der von Napoleon sehr geliebt wurde, in Wirklichkeit völlig nichtssagend war und sich nur zu retten wußte, indem er einen triumphalischen und rhetorischen Kompositionsstil pflegte. Die Seriosität der Franzosen dieser Epoche konnte und wollte die launischen und oft respektlosen Darbietungen eines Paganini nicht billigen. Übrigens gibt es in der erwähnten *Sonata Napoleone* keinerlei Bezug auf den berühmten Bruder Elisas. Der Titel ist nur ein Vorwand.

Was die Konzerte von Livorno betrifft, auf die Boucher de Perthes anspielt, so erzählte Paganini Lichtenthal davon eine kuriose Episode:

Bei einem Konzert, das er in Livorno gibt, dringt ihm ein Nagel in die Wade ein, so daß er hinkend ins Theater kommt (Gelächter aus dem Publikum); als er sich anschickt zu spielen, fallen ihm die Lichter vom Pult (weiteres Gelächter); als er das Konzert beginnt, reißt ihm die I. Saite; inmitten des Gelächters des Publikums spielte er das Konzert auf drei Saiten und machte Furore.

Im Jahre 1810 entsteht in Florenz das erste Porträt Paganinis, ein Werk von Luigi Sabatelli[18].

Der Violinist, der von Natur aus ruhelos und ungeduldig ist, fühlt, daß es an der Zeit ist, die Fesseln der öffentlichen Ämter abzuschütteln. Er ist nun bekannt genug, um unabhängig zu sein und das eigene Talent außerhalb des höfischen Einflußbereiches unter Beweis zu stellen.

1 J. Chelini: *Zibaldone Lucchese* (Staatsarchiv, Lucca).

2 Dieses Dokument wurde erstmals von Domenico Corsi in *Paganini primo violino della capella nazionale della Repubblica di Lucca* (Rom, 1959) veröffentlicht.

3 Ein Scudo war ein Fünflirestück.

4 Zitiert nach Domenico Corsi, a. a. O.

5 In archivierten Dokumenten wird Romaggi als »Genueser« bezeichnet.

6 Lazzaro Rebizzo, ein Genueser, war ein Freund Paganinis und fungierte anläßlich einer späteren Konzertreise durch Deutschland als sein Sekretär. Er zog den Violinisten in die unglückliche Spekulation des Casino Paganini in Paris hinein, ohne am Schluß seine Schulden zu begleichen. Trotzdem wird ihn Paganini zu einem seiner Testamentsvollstrecker ernennen.

7 Hauptmann der Grenadiere und Mitglied jener Familie Quilici, zu der auch das »Mädchen Eleonora« (»Ragazza Eleonora«) gehört, dem das Opus 3 gewidmet ist.

8 Dieser Brief wurde von Arturo Codignola (op. cit.) aufgefunden und veröffentlicht.

9 Publiziert in: *Minerva*, Turin, 1931.

10 An den Aufenthalt Paganinis erinnert dort heute eine Steintafel.

11 Diese Sonaten sind von der Pariser Nationalbibliothek aufgekauft worden, die allerdings die genaue Herkunft nicht angibt.

12 Herausgegeben von M. R. Moretti und Anna Sorrento, Genua, 1982.

13 Ein ähnlicher Ausdruck (Allegretto smorfioso) findet sich im *Trio Nr. 3 A-Dur* von Boccherini, das Paganini vielleicht nicht unbekannt war.

14 In Italien wie auch im Ausland wurde Kammermusik zu dieser Zeit noch nicht öffentlich aufgeführt.

15 F. Blangini: *Souvenir de F. Blangini, maître de chapelle du Roi de Bavière*. Paris, 1834.

16 L. Nerici: *Memorie e documenti per servire alla storia di Lucca*. Lucca, 1880.

17 Jacques Boucher de Perthes (1788–1868), französischer Archäologe. Er bereiste Italien, unter anderem auch Ligurien. Er veröffentlichte seine Erinnerungen in acht Bänden unter dem Titel: *Sous dix rois*, Paris, 1863–67.
18 L. Sabatelli (1772–1829), florentinischer Zeichner und Graveur.

KAPITEL IV

Nunmehr von den Verpflichtungen bei Hofe befreit, unternimmt Paganini eine Konzertreise durch die Romagna und die Emilia, eine Reise, die etwa zwei Jahre dauern wird (1810–1812). Die aufgefundenen Informationen und Dokumente ermöglichen es uns, über diese Reise des Violinisten folgende tabellarische Übersicht zu geben:

1810

    29. und 30. August: Cesena
    18. und 19. September: Forlì
    23. September: Piangipane (Ravenna)
    28. Oktober und 1. November: Rimini

1811

    17. Mai: Modena
    16. Juni: Reggio Emilia
    10. August: Parma
    22. und 25. Dezember: Bologna

1812

    22. Januar: Ferrara
    16. Februar: Reggio Emilia
    9. und 17. Mai: Parma
    24. Mai: Piacenza (Datum nicht gesichert)

Gehen wir nun die Konzerte Paganinis einzeln durch. Eine erste wichtige Information bietet uns ein Theaterprogramm, das in Cesena gedruckt und als Handzettel verteilt (also nicht plakatiert) wurde und aus dem, auch wenn es ungenau ist, hervorgeht, welche Stücke Paganini am 29. August 1810 spielte:

Erster Teil

Ouvertüre für großes Orchester
Konzert für Violine des Signor Rode, von Paganini ausgeführt
Arie des Signor Maestro Morlacchi, gesungen von Signor Domenico Bartoli

Zweiter Teil

Symphonie für volles Orchester

Sonate mit Variationen einzig auf der IV. Violinsaite mit großer Orchesterbegleitung, komponiert und ausgeführt von Paganini

Thema mit Variationen für Flöte mit Begleitung, komponiert und ausgeführt von Signor Egisto Mosel.

Zu den gespielten Stücken zählte, außer dem geheimnisvollen Konzert von Rode, jene damals einzigartige Komposition Paganinis für die IV. Saite. Das Adjektiv »einzig« wurde sicher verwendet, um das Außergewöhnliche seines Vortrags zu unterstreichen.

Über das Konzert in Forlì meldete der Chronist Giuseppe Calletti folgendes:

Ein erhabener Violinspieler namens Nicolò Paganini, Genueser, ehrte am Abend des 18. September 1810 unser Theater.

Dieser unvergleichliche Mann spielte drei Konzerte, zwei davon auf allen vier Saiten, und eines nur auf der G-Saite. Die neue Art, den Bogen zu streichen und das Instrument zu halten, überraschte; die Sanftheit, die Grazie, die Harmonie, die Schwingung, die Vortrefflichkeit des Klanges verzauberten.

Das Theater war voll, und der Applaus war häufig und ungeheuer heftig. Er wurde noch zwei Abende mit der gleichen Bewunderung und dem gleichen Erstaunen angehört.

Einen so großen Musiker wird es vielleicht nie wieder geben.[1]

Von Lugo, wo ihm untersagt worden war, das örtliche Theater zu benutzen, war Paganini nach Piangipane gekommen, das in der Nähe von Ravenna liegt. Auf eine Einladung des Grafen Pietro Cappi hin gab er ein Konzert in einer Villa, die La Camera genannt wurde. Der Historiker Pompeo Raisi[2] berichtet darüber folgendermaßen:

Der berühmte und nie genug gelobte Nicolò Paganini aus Genua, der Beste unter den Violinspielern, ist überraschenderweise aus Lugo zurückgekehrt und hat in Piangipane dem Hause Cappi einen Besuch abgestattet, an einem Tag, an dem Signor Pietro ein prunkvolles Fest in der Kirche, die Pieve genannt wird, abhalten ließ, wo Paganini sich anerboten hat, ein Konzert zu geben, das er in einer Weise ausgeführt hat, die man sich nicht vorstellen kann, und am Abend hat er eine kleine Vorstellung gegeben, bei der er sich in bewundernswerter Weise hervorgetan hat. Er ist jetzt siebenundzwanzig Jahre alt und denkt daran, nach London zu gehen; wenn er dies ausführt, wird er ein wunderbarer Musiker werden, da er einen völlig harmonischen Geist hat und eine so große Begabung, daß er sich ein Genie nennen kann, nicht bloß einen Musiker.

Dieser begeisterte Bericht läßt die kritischen Informationen vermissen, die nützlich gewesen wären, um das Programm des Konzerts Paganinis zu rekonstruieren.

In Rimini angelangt, bittet Paganini um die Erlaubnis, ein Konzert im Teatro del Pubblico³ aufzuführen, eine Bitte, der stattgegeben wird. Das Konzert wird mit einem Handzettel folgenden Inhalts bekanntgegeben:

Da sich NICOLÒ PAGANINI, Violinist, auf der Durchreise in dieser Stadt befindet, ist es uns eine Pflicht, das ehrenwerte Publikum darauf hinzuweisen, daß nach vorausgegangener Erlaubnis von höchster Seite am Abend des Sonntag, dem 28. des laufenden Oktober, in genanntem Theater ein Vokal- und Instrumentalkonzert gegeben wird und daß Signor Giovanni Celli sich freundlicherweise bereit erklärt hat, dabei zwei Arien zu singen.

DAS KONZERT WIRD WIE FOLGT ABGEHALTEN WERDEN:

Erster Teil

1) Ouvertüre für großes Orchester.
2) Neueste Arie des Signor Maestro Mayer.
3) Konzert mit nur einem Satz von Signor Creutzer, von Paganini ausgeführt.

Zweiter Teil

4) Symphonie eines bekannten Komponisten für volles Orchester.
5) Arie von Signor Maestro Farinelli.
6) Polonaise mit Variationen modernen Stils und Begleitung, ausgeführt von Paganini.

Der Professor hofft, mit großem Zulauf beehrt zu werden. Der Preis der Karten wird Cent. 53 betragen, ohne aber die Großzügigkeit des ehrenwerten Publikums einschränken zu wollen.
Man wird nach dem Feuerwerk beginnen.

Wie Mengozzi[4] in Widerspruch zu dem hervorhebt, was sowohl Conestabile[5] als auch Fétis[6] berichten, brachten die Zeitungen von Rimini weder eine Besprechung des Konzerts, das am 28. Oktober gegeben wurde, noch des folgenden Konzerts vom 1. November, dessentwegen sich Paganini wieder an die Verwaltung des Dipartimento del Rubicone gewandt hatte, um die Genehmigung des Theaters zu erhalten, »dortselbst ein zweites und letztes Vokal- und Instrumentalkonzert am Abend des Donnerstag, des 19. November, auszuführen«. Von diesem Konzert ist das Programm nicht bekannt.

Kehren wir wieder zum ersten zurück, in dessen Programm die Ankündigung eines »Konzerts mit nur einem Satz« von Kreutzer und der »Polonaise mit Variationen im modernen Stil« auffallen; die *Polonaise* wird hier zum erstenmal in einem Programm Paganinis erwähnt.

Dies erlaubt uns eine ziemlich genaue Datierung dieser einigermaßen bescheidenen, wohl etwas hastig zu Papier gebrachten Arbeit, mit ritornellartigen Passagen, die ihre Dauer künstlich verlängern sollten. Die Polonaise beginnt mit einem Adagio von der Art eines Cantabile, das der Exposition des Themas als Präludium dient. Die vier Variationen, die Paganini entwirft, sind stilistisch an Manieren des 18. Jahrhunderts gebunden, nach denen sie als reine Ornamente des Themas galten. In der ersten von ihnen spielt Paganini Sechzehntelquartolen, in der zweiten Zweiklänge von Terzen, in der dritten gibt er sich dem Moll hin und in der vierten der prophetischen Rückkehr zu H-Dur mit Oktav- und Dezimen-Sprüngen. Das alles im gleichen ¾-Rhythmus mit Ausnahme des Adagio, das im ¼-Takt gehalten ist. Diese rhythmische und tonale Starrheit gab es bereits in den *Variationen über* »La Carmagnole« und auch in den *Variationen über den* »*Karneval von Venedig*«, um nicht von der früher entstandenen *Sonata Napoleone* zu sprechen, die auch nach den gleichen tonalen und rhythmischen Parametern geschrieben wurde, aber mit mehr Konsequenz.

Von November 1811 bis zum Mai des folgenden Jahres verliert sich die Spur Paganinis. Wir finden ihn am 17. Mai in Modena wieder, wo er ein Konzert gibt, von dem weder das Programm noch andere Einzelheiten bekannt sind. Von Modena begibt sich Paganini nach Reggio Emilia, wo er im Teatro della Comune ein »großes Instrumentalkonzert mit Tombola am Abend des Sonntag, dem 16. Juli 1811« gibt. Im Programmzettel steht darüber folgendes:

Die herzliche Aufnahme, die der Violinist NICOLÒ PAGANINI durch das gebildete Publikum von Reggio wiederholt erfahren hat, hat in ihm den Wunsch wachgehalten, hier ein weiteres Konzert zu geben, das sich aus folgenden Stücken zusammensetzt:

Erster Teil

1. Ouvertüre für großes Orchester.
2. Neuestes Konzert des Signor Viotti, ausgeführt von Paganini.
3. Symphonie eines modernen Komponisten.
4. Spanischer Fandango a Capriccio, in dem die Stimme und der Gesang verschiedener Vögel nachgeahmt wird, ausgeführt von Paganini.

Zweiter Teil

5. Ouvertüre für großes Orchester.
6. Sonate für Klavier und Violine mit abwechselnden Variationen, ausgeführt auf dem Klavier von Madamigella Marianna Rossi und auf der Violine von Paganini.
7. Rondo für volles Orchester.
8. Sonate mit Variationen einzig auf der IV. Violinsaite mit Orchesterbegleitung, komponiert und ausgeführt von Paganini.

Abgesehen von der vielleicht für die Zeit doch nicht so merkwürdigen Besonderheit, daß in der Konzertpause eine Tombola stattfinden sollte, erfährt man aus dem Programmzettel, daß Paganini nicht zum erstenmal in Reggio Emilia war. Wann und unter welchen Umständen er sich in der emilianischen Stadt eingeführt hat, ist nicht bekannt. Er wird jedenfalls im Februar 1812 dorthin zurückkehren.

Im Konzert von Reggio erscheint neben dem *Fandango*, dem wir schon begegnet sind, und der »Sonate auf der IV. Saite« *(Sonata Napoleone)*, ein »Neuestes Konzert des Signor Viotti«, das vielleicht als das *Fünfundzwanzigste* identifiziert werden kann, das er 1805 in London schrieb. Völlig rätselhaft ist die »Sonate für Klavier und Violine« mit abwechselnden Variationen, in der sich Paganini, vielleicht zum erstenmal, mit einer Pianistin abwechselt. Wie der Titel zu verstehen gibt, handelt es sich dabei nicht um ein Duo im eigentlichen Sinne, sondern um eine Reihe von Stücken, die von den beiden Künstlern auf der Grundlage einer vorhergegangenen Abmachung abwechselnd ausgeführt werden; um eine Art von Improvisation also, die nicht an eine schriftliche Vorgabe gebunden ist.

Nach einem Konzert, das er in Parma gab und von dessen Programm bis heute nichts bekannt ist, begibt sich Paganini für zwei Konzerte nach Bologna, die in den Räumen einer Vereinigung stattfanden, die sich Nuovo Casino di Divertimento nannte. Beim ersten Auftritt führte er ein Konzert von Kreutzer aus, von dem schon bei anderen Gelegenheiten die Rede war. Vom zweiten Konzert ist dagegen dank eines handschriftlichen Dokuments, dessen Text wir hier ungekürzt wiedergeben, das gesamte Programm bekannt:

Heute mit Orchester:

Letztes Konzert am 25. Dezember 1811
1. Symphonie des Maestro Orlandi.
2. Kavatine zum Abgang Ginevras, ausgeführt von Blasinstrumenten.
3. Arie des Maestro Orlandi, ausgeführt von Signor Bentivoglio.
4. Instrumentalduett, aus Mangel an Sängern von Signor Paganini mit der Violine ausgeführt.
5. Neueste Große Ouvertüre des Signor Radicati.
6. Sonate des berühmten Signor Paganini auf nur einer Saite.
7. Schlußterzett der Oper Trajan, nur von Blasinstrumenten ausgeführt.

Die von Paganini gespielten Werke waren die *Sonate für Bogen und Pizzicato*, die er Bacciocchi gewidmet hatte, und die *Sonata Napoleone*.

Im Programm wird Orlandi[7] genannt, den Paganini 1834 in Parma antreffen wird und von dem er eine sehr geringe Meinung hat, sowie Felice Radicati[8], mit dem er 1818 in Bologna in einem Quartett spielen wird und den Paganini selbst als »berühmten Professor« bezeichnet.

Aus den Archivdokumenten geht hervor, daß Paganini für die zwei Konzerte in Bologna zweihundert Lire erhalten hat, Bentivoglio dagegen nur fünfzehn Lire. (Das Gehalt eines Orchestermusikers dagegen überstieg zu der Zeit nicht den Betrag von drei Lire.) Wenn man diese gebührenden (oder nicht gebührenden) Unterschiede vergleicht, so kann man sich ein Bild von den hohen Bezügen machen, die Paganini in der Zeit, in der er sich nach der Luccheser Routine als Solist etablierte, zugebilligt wurden.

Am 22. Februar 1812 ist Paganini in Ferrara, um dort ein Konzert zu geben, an dem Antonietta Pallerini, eine Tänzerin, Schauspielerin und mittelmäßige Sängerin, teilnimmt, eine Frau, in die sich Giovanni Battista Gordigiani[9] trotz ihrer nicht gerade anmutig zu nennenden Gesichtszüge verliebt hatte. Als Paganini sich, vielleicht aus Freundschaft zu Gordigiani, als Begleitmusiker anbot, kannte er das Publikum von Ferrara noch nicht, das die Darbietung der Pallerini keineswegs schätzte. An einigen Stellen unterbrach Paganini das Konzert, ahmte mit der Violine den Schrei des Esels nach und widmete ihn demjenigen, der gepfiffen hatte. Die Folge davon ist eine Aufforderung der Polizei, Paganini möge die Stadt verlassen.

Anfang Mai ist Paganini in Parma und gibt im Teatro Ducale am 9. und 17. des Monats jeweils ein Konzert. Eine Woche später soll er nach Piacenza gereist sein, wo er angeblich am 24. des Monats gespielt hat. Diese Datierung wird durch nichts bestätigt, und sie müßte wahrscheinlich auf den gleichen Tag des gleichen Monats des Jahres 1818 verlegt werden.[10]

Am 16. Februar 1812 ist Paganini wieder in Reggio Emilia und spielt ein »Konzert des Signor Kreutzer«, die »Sonate mit Variationen auf der einzigen Saite«, die »Sonate mit Variationen zu Gitarrenbegleitung« und den »Variierten spanischen Fandango«.

Eine Notiz in Kursivschrift am Rande des Programmzettels lautet wörtlich: »Um das Vergnügen zu mehren, wird zwischen dem ersten und dem zweiten Teil eine Lotterieziehung stattfinden.« Abgesehen von diesem amüsanten, für uns jedoch nicht neuen Detail fällt auf, daß bezüglich des zweiten Stücks ein Fehler unterlaufen ist: anstatt »auf der einzigen Saite« müßte dort stehen »einzig auf der IV. Saite« (die *Sonata Napoleone* ist gemeint). Die Ankündigung des dritten Stücks erwähnt zum erstenmal bei einem öffentlichen Konzert die Beteiligung der Gitarre; leider wird der Name des ausführenden Musikers nicht genannt.

Über die Identität dieses Werkes lassen sich zwei Hypothesen bilden. Die erste gründet auf dem Umstand, daß der Titel der Arbeit praktisch der gleiche ist wie der eines Werkes des Camillo Sivori, das verlorengegangen ist; die zweite, sicher weniger plausible lautet, daß es sich bei dem Werk um die *Sonata Maria Luisa* handeln könnte, für die Paganini ein Arrangement für Violine und Gitarre geschrieben hatte. Jedenfalls war diese Komposition auch für die Ausführung auf der IV. Saite gedacht, etwas, was zu betonen Paganini nicht unterließ. Beide Hypothesen konnten bis heute weder bewiesen noch widerlegt werden.

1 A. Montanelli: »Nicolò Paganini a Forlì« in: *Forum Livii*, Forlì , 1929.
2 P. Raisi: *Giornale*. Das Manuskript wird in der Biblioteca Classense in Rimini verwahrt.
3 Dieses Theater heißt heute Sala dell'Arengo.
4 G. C. Mengozzi: *Nicolò Paganini a Rimini*. Rimini, 1953.
5 Op. cit.
6 Op. cit.
7 Ferdinando Orlandi (auch Orland), Opernkomponist und Gesanglehrer aus Parma (1774–1848), Schüler von Ghiretti und Paër.
8 Felice Radicati (1775–1820), Turiner Violinist und Komponist, Schüler von Pugniani. Nach einer internationalen Karriere (in Wien hatte er Kontakt zu Beethoven) lebte er in Bologna. Er heiratete Teresa Bertinotti, die laut Paganini bei seinen Genueser Konzerten gesungen hatte.
9 Giovanni Battista Gordigiani (1795–1871), Sänger und Komponist, der einige Zeit lang in Florenz wirkte, wo er Paganini kennenlernte. Dieser traf um das Jahr 1832 in Prag wieder mit ihm zusammen, nachdem der Sänger inzwischen einen Lehrstuhl an dem Konservatorium der Stadt erhalten hatte.
10 E. Papi: *Cento anni di Teatro*. Piacenza, 1912.

KAPITEL V

Nach seiner Konzertreise durch die Romagna und die Emilia geht Paganini nach Bergamo, einem – wie sich noch zeigen wird – für ihn sehr günstigen Ort, um in der Lombardei bekannt zu werden.

Am 22. Januar 1813 gibt er im Teatro Riccardi[1] »der Unterstadt« ein Konzert, das folgendermaßen angekündigt wird:

> Auf der Durchreise durch diese erlauchte Stadt gibt sich Professor Nicolò Paganini, angeregt durch die freundliche Einladung einiger Musikliebhaber, die Ehre, das verehrte und gebildete Publikum darauf hinzuweisen, daß man nach vorausgegangener Erlaubnis von höchster Stelle folgende Stücke darbieten wird:

> Erster Teil
> 1. Ouvertüre für Großes Orchester.
> 2. Kavatine des Signor Maestro Pavesi, gesungen von Signor Giuseppe Fusconi.
> 3. Konzert des Signor Kreutzer, ausgeführt von Paganini.
> 4. Arie des Signor Maestro Farinelli, gesungen von Signor Luigi Zamboni.

> Zweiter Teil
> 5. Symphonie eines bekannten Komponisten für Großes Orchester.
> 6. N.-Sonate mit Variationen einzig auf der IV. Saite der Violine mit großer Orchesterbegleitung, komponiert und ausgeführt von Paganini.
> 7. Duett des Signor Maestro Generali, gesungen von Signor Fusconi und Signor Zamboni.
> 8. Finale für Großes Orchester.

> Paganini hofft, mit großem Zulauf beehrt zu werden.
> Der Preis der Eintrittskarten wird einen Franken betragen, ohne die Großzügigkeit derer einzuschränken, die ihn überbieten wollen.

Betrachtet man das Konzertprogramm, so ist – neben einigen Interpunktionsfehlern im italienischen Original – die gewohnte Abschlußformel nicht zu übersehen, mit der an die Großzügigkeit des Publikums appelliert wird, eine Formel, die bereits Bestandteil der Inserate in den verschiedenen Programmzetteln war, deren Entwürfe fast immer von Paganini selbst geschrieben wurden.

Was das Programm betrifft, so erscheint wieder Kreutzer, einer der wenigen Autoren, die in Paganinis Repertoire zu finden sind, und die *Sonata Napoleone*, die nur mit dem Anfangsbuchstaben »N.« angekündigt wird. Der Erfolg, den er in Bergamo hatte, überzeugte Paganini, kurzfristig zwei weitere Konzerte anzukündigen. Von dem zweiten der insgesamt drei Konzerte ist uns kein Programm erhalten geblieben. Für das dritte wandte er sich an einen Freund in Brescia, der sich bemühen sollte, ihm ein Theater zu verschaffen, wie aus dem folgenden zitierten Brief hervorgeht:

Bergamo, in der Unterstadt, 8. Februar 1813

Verehrungswürdiger Freund!
Ich ersehne den Augenblick, in dem ich Euch wiedersehen werde. Am Freitag, dem 12. des Monats, wird auf allgemeinen Wunsch das dritte und letzte Konzert im Theater der Stadt stattfinden. Ich möchte ein weiteres in diesem Theater geben, und deshalb bitte ich Euch, mir den Zugang zu diesem Theater für den kommenden Freitag zu verschaffen; ich wende mich an Euch als an einen einzigartigen Förderer der Musik und wahrhaft verständigen Musikliebhaber. In gespannter Erwartung einer günstigen Entscheidung habe ich die Ehre, mich wieder zu bezeichnen als

Euren verbundenen Diener und Freund
Nicolò Paganini

P. S. Bringt mich als gehorsamen Diener Eurer Gemahlin in Erinnerung.

Seiner Gnaden
Signor Filippo Zaffarini
Direktor der Briefpost und der Pferde, Brescia.

Dieser Brief ist der erste bekannte Brief Paganinis und eröffnet die Briefsammlung. Zweifellos muß Zafferini ein einflußreicher Beamter gewesen sein, wenn es ihm gelungen ist, den Wunsch Paganinis zu erfüllen, der am 12. Februar 1813 das Konzert im Teatro della Società di Bergamo Alta gibt. Das Programm, das er ausführt, ist sehr reichhaltig und sieht diesmal keine Gesangsdarbietungen vor, wie es aus dem dazugehörigen Programmzettel hervorgeht:

Erster Teil

1. Ouvertüre für Großes Orchester.
2. Konzert des Signor Rode, ausgeführt von Paganini.
3. Symphonie eines bekannten Komponisten für Großes Orchester.
4. M.-L.-Sonate mit Variationen einzig auf der IV. Saite der Violine mit großer Orchesterbegleitung, eigens komponiert und ausgeführt von besagtem Paganini.

Zweiter Teil

5. Ouvertüre für Großes Orchester.
6. Polonaise mit Variationen, ausgeführt von Paganini.
7. Rondo für Großes Orchester.
8. Spanischer Fandango mit Variationen a Capriccio, die Stimmen und den Gesang verschiedener Tiere nachahmend, ausgeführt von Paganini.

Der Professor hofft, auch bei diesem letzten Mal durch großen Zulauf geehrt zu werden.
Der Preis der Eintrittskarten wird 1,15 Lire betragen, wobei sich ein jeder frei fühlen soll, die eigene Großzügigkeit nach Wunsch zu üben.
Man wird um sieben Uhr nachmittags beginnen.

Interessant ist, daß es Paganini vermied, bei Konzerten in derselben Stadt die gleichen Stücke zu spielen. Abgesehen von Rode, der eine Alternative zu Kreutzer darstellt, finden wir wieder die *Polonaise mit Variationen* und den *Fandango*, aber auch zum erstenmal die *Sonata Maria Luisa*, ebenso wie die *Sonata Napoleone* nur mit den Anfangsbuchstaben (»M. L.«) angekündigt. Wahrscheinlich hatte Paganini intuitiv erfaßt, daß die Napoleonische Zeit ihrem Ende zuging und ihm der explizite Hinweis auf die beiden wichtigsten Vertreter dieses Imperiums ungünstig ausgelegt werden konnte. Darüber hinaus wird Bergamo, das damals zum Königreich Italien gehörte, ein Jahr später wieder von den Österreichern besetzt, die die Stadt in das Lombardisch-Venezianische Königreich integrieren.

Die Entstehungsdaten der *Sonata Maria Luisa*, die auf die Jahre 1816 und 1836 festgelegt wurden, müssen angesichts des Konzerts in Bergamo revidiert werden. Auch die Formulierung »eigens komponiert«, die sich in der Folge häufiger finden wird, muß den Schwindeleien zugerechnet werden, die Paganini bei sehr vielen Gelegenheiten unterliefen. Wenn man jedoch dem

Umstand Rechnung trägt, daß der Komponist bei zahlreichen Gelegenheiten (Geburten, Namenstagen, Hochzeiten) Napoleon und seinen Verwandten (Elisa, deren Tochter, Felice Bacciocchi) Tribut zollte, so kann man mit einiger Berechtigung annehmen, daß die *Sonata Maria Luisa* anläßlich der Eheschließung komponiert wurde, die Napoleon durch einen Bevollmächtigten am 7. April 1810 mit der österreichischen Prinzessin vollzog. In diesem Zusammenhang scheint keine andere Hypothese zulässig.

Was die »große Orchesterbegleitung« betrifft, die in dem Programmzettel angekündigt wird, so muß man wissen, daß das Orchester alles andere als groß war und nur aus zwei Violinen, Viola, Violoncello, Kontrabaß, zwei Oboen und zwei Hörnern bestand, das heißt, eher einem barocken Kammerorchester entsprach, auch wenn die Möglichkeit für Verstärkung gegeben war.

Trotz seines klaren Aufbaus ist das Stück in der Ausführung schwierig, da eine Violinsaite um eine große Terz höher gestimmt wird, was zu einer für die damalige Zeit noch fast undenkbaren Spannung führt; dieses Verfahren war nicht nur durch die Technik Paganinis möglich, sondern auch durch den Einsatz feinerer Darmsaiten.

Wie zahlreiche andere Dokumente aus dem Nachlaß Paganinis sind auch die Partituren des Orchesters verlorengegangen, glücklicherweise aber nicht die des Solisten. Erhalten geblieben ist auch eine autographe Bearbeitung für Violine und Gitarre.

Die *Sonata Maria Luisa* beginnt mit einer Ouvertüre im Menuett-Tempo, an deren Stelle sodann ein Adagio tritt, das als freies Präludium fungiert. Es folgt die Darlegung des Themas (einer Polonaise im Andantino-Tempo), in das Paganini drei Variationen einbaut, die von einem kurzen Finale abgeschlossen werden. Dieses Werk trägt eindeutig in Form und Struktur den Stempel der *Sonata Napoleone*, die einige Jahre zuvor geschrieben worden war, und zeugt von der Vorliebe Paganinis für Übergänge IV. Saite/Flageolettöne, die auch schon bei älteren Werken auffällt *(Carmagnole, Tema variato)*. Die Grundtonart ist E-Dur, außer bei der zweiten Variation, die in der entsprechenden Molltonart steht, während der Rhythmus sowohl des Themas wie der Variationen auf einem ¾-Takt basiert.

Mit der *Sonata Maria Luisa* erweiterte Paganini sein Repertoire für die IV. Saite auf homogene und systematische Weise und zeigte dank seines Talents, was man alles aus einer armseligen, dünnen Darmsaite herausholen kann. Nach den Konzerten von Bergamo begibt sich Paganini nach Mailand, wo er im

Herbst 1813 mit einem noch nie dagewesenen Erfolg an der Scala, am Carcano und am Re auftreten wird.

Mailand, eine bekanntermaßen kunstsinnige Stadt, wird eine äußerst wichtige Etappe in Paganinis Karriere darstellen. Unter anderem konnte er hier auf die Hilfe Rollas rechnen, der sein Talent bereits in Parma erkannt hatte. Außerdem stand er in Verbindung mit Giovanni Ricordi, der im November dieses Jahres eine der ersten Lithographien Paganinis in Italien verbreiten wird.

Bemerkenswert ist auch der Umstand, daß Paganini Ricordi gebeten hatte, ihm die Partitur des Duetts für Alt und Tenor des *Tancredi* von Rossini zu verschaffen.[2]

Zu jener Zeit feierte an der Scala (die 1778 eingeweiht worden war) der Choreograph Salvatore Viganò (1776–1821) große Erfolge, der im Jahr 1811 in die lombardische Hauptstadt übergesiedelt war, nachdem er lange Zeit in Wien gearbeitet und dort Beethoven kennengelernt hatte, der für ihn *Die Geschöpfe des Prometheus* komponierte. (Im Jahre 1813 wird er dem Mailänder Publikum Beethovens Ballett vorstellen, das mit Beifall, aber auch mit Kritik aufgenommen wird. Es ist interessant festzustellen, daß die Pallerini, die Paganini in Ferrara kennengelernt hatte und die für ihre Leistung in einem anderen Ballett von der Presse mit den Worten »ein außerordentlich applaudiertes Geschöpf« gelobt wurde, Mitglied des Ballettkorps war.)

Am 25. April 1812 hatte Viganò zum erstenmal in Mailand *Il noce di Benevento* zur Musik Süßmayrs inszeniert, eines Schülers und Freundes Mozarts, der bekanntermaßen dessen unvollendetes *Requiem* fertigstellte. Das Ballett beruht auf einer alten Volkssage aus Benevento, nach der ein verzauberter Nußbaum Ort eines Hexentreffens ist. An die alte Sage erinnert heute noch eine volkstümliche Redensart: »Über das Meer, unter dem Wind, bring mich zum Nußbaum von Benevento geschwind.«

Die Musik von Süßmayr eroberte Mailand im Sturm, und die eingängigsten Melodien wurden schnell zu gepfiffenen Gassenhauern.

Es ist schwer feststellbar, ob Paganini einer Aufführung des *Noce di Benevento* beigewohnt hat, zumal er 1812 Konzerte in der Emilia gab, aber es ist nicht auszuschließen, daß er in der Zeit zwischen Ende Januar und Anfang Mai in Mailand gewesen und dort ins Theater gegangen ist. Eines aber ist gewiß: Das Thema der *Streghe* ist aus diesem Werk übernommen. Jedenfalls wurde das Stück im Herbst 1813 geschrieben und am 29. Oktober uraufgeführt, worauf zahlreiche weitere Aufführungen folgten.

Über eine von ihnen, die am Teatro Carcano am 18. November stattfand, berichtet der Rezensent des *Corriere delle Dame* folgendermaßen:

> ...am Mittwoch abend bereitete er uns mit einem Konzert großes Vergnügen, das aus Variationen besteht, die von Motiven des berühmten Balletts von Viganò *Il Noce di Benevento* und besonders von dem Teil der Hexen inspiriert sind. Er ahmte so gut die ungehörigen Bewegungen und die Hexereien, ja sogar die senilen Stimmen jener vom Teufel besessenen alten Weiber nach, daß das Lachen und Klatschen bis in den Himmel stiegen.
> Signor Paganini und seine Violine erscheinen uns wie eineiige Zwillinge, und es ist, als ob die Violine so sehr Teil seiner selbst ist, daß sie zu ihm gehört wie der Schnabel zum Vogel und der Buckel zum Buckligen...

Die *Streghe* folgen der Vorlage, jedoch mit einigen Varianten. Der Introduktion (Maestoso) für Orchester folgt ein Larghetto, das dem Solisten anvertraut wird, der in der Folge das Thema darlegt (Andante) und drei Variationen ausführt, die von einem Finale (Allegretto) beschlossen werden. Die Grundtonart des Werkes ist Es-Dur, aber die Violine ist einen halben Ton höher gestimmt; diese »Notlösung« beweist, daß Paganini die Violine als ein transponierendes Instrument behandeln wollte, wie es übrigens auch im *Konzert Nr. 1* geschehen wird; somit führte er eine Neuerung ein, die seinen Nachfolgern nicht wenig Kopfzerbrechen bereitete. Verglichen aber mit den früheren Werken für Violine und Orchester, bemerkt man in den *Streghe* eine größere Geschmeidigkeit der musikalischen Ausführung; zum Beispiel geht der Rhythmus von dem Tempo tagliato des Anfangsteils zu einem ¾-Takt, sodann zu einem ⅝-Takt über und kehrt schließlich zum ¾-Takt zurück. Es gibt aber einige Bedenken bezüglich des Umfangs des Orchesters in der Originalpartitur: Violinen, Violas, Violoncelli, Kontrabässe, zwei Flöten, zwei Oboen, zwei Klarinetten, Fagotte, zwei Hörner, zwei Trompeten, Baßposaune, Pauken, große Pauke. Eine derart umfangreiche Instrumentenliste kann nur das Ergebnis einer Überarbeitung sein, die nach den Aufführungen in Italien stattgehabt hat, denn auch die erste Fassung des *Konzerts Nr. 1*, das drei Jahre später komponiert wurde, ist für ein weitaus bescheideneres Orchester geschrieben.

Es ist jedenfalls sicher, daß *Le Streghe* eine wichtige Etappe in der Entwicklung Paganinis als Komponist darstellen: nicht nur die gewohnten Dialoge zwischen IV. Saite und Flageolettönen nehmen hier eine bevorzugte Position ein, sondern auch die berühmten Pizzicati mit der linken Hand, die in späteren Kompositionen harmonischer und weniger beiläufig sein werden. Die Klangpalette Paganinis ist also dabei, sich auszudehnen, und läßt bereits einige Lösungen erahnen, die von seinen Zeitgenossen kritisiert werden sollten, nicht zuletzt von Spohr, der die Meinung vertrat, daß die Flageolettöne nicht zur Violine gehören, da sie, wenn sie diese hervorbringt, ähnlich klingt wie eine Flöte. Diese reaktionäre Sichtweise ist den deutschen Musiker, dessen Violinkonzerte (zu Recht) dem Vergessen anheimgefallen sind, im übrigen teuer zu stehen gekommen.

Der große Erfolg, mit dem *Le Streghe* in Mailand aufgenommen wurden, strahlte auch auf das Ausland aus. Lichtenthal, Mailänder Korrespondent der *Leipziger Musik-Gazette*, veröffentlichte eine enthusiastische Rezension folgenden Wortlauts:

Am 29. Oktober gab Signor Paganini aus Genua, der als der beste Violinist unserer Zeit gilt, an unserem Teatro della Scala eine Darbietung, bei der er ein Violinkonzert von Kreutzer und sodann Variationen auf der G-Saite spielte.

Der Zulauf des Publikums war übermäßig; alle wollten dieses Wunder hören und waren davon begeistert. Signor Paganini ist der erste und größte Violinist der Welt. Er bedient sich gewisser Passagen, Sprünge, des Spiels auf zwei, drei und vier Saiten, die noch kein Violinist je gespielt hat. Er spielt (in seinem eigentümlichen Stil) in den schwierigsten Positionen zwei-, drei- und vierstimmig; er ahmt viele Blasinstrumente nach, er führt in den höchsten Registern die chromatische Tonleiter in der Nähe des Stegs aus, eine Sache, die unmöglich erscheint; er führt in Vollendung die schwierigsten Läufe auf einer einzigen Saite aus, und zum Spaß zupft er gleichzeitig die Baß-Saite, so daß man manchmal den Eindruck hat, zwei verschiedene Instrumente zu hören. Er ist also, was die Technik angeht, wie Rolla und andere berühmte Musiker versichern, der größte Konzertspieler der Welt. Ich sage, »was die Technik angeht«, weil, was das »Einfache« angeht, das »Gefühlvolle« und das »Schöne« im Spiel, so wird es überall viele Ausführende geben, die ihm darin gleichen oder überlegen sind, wie Signor Rolla. Wenn Paganini so einen erstaunlichen Erfolg hatte, ist es leicht, sich vorzustellen, warum. Einige Musikkenner haben aber zu Recht bemerkt, daß er das Konzert von Kreutzer nicht im Sinne seines Autors spielte, und an manchen Stellen war es nicht wiederzuerkennen. Umgekehrt haben seine Variationen auf der vierten Saite (die er wegen der lauten Bitten um Zugabe wiederholte) alle in Erstaunen versetzt, weil noch nie etwas gehört wurde, das dem gleichkommt.[3]

Trotz des begeisterten Tonfalls hat die Rezension Lichtenthals gegenüber den Rezensionen, die in Mailänder Zeitungen erschienen sind, den Vorzug, sich auch mit der technischen Seite der Ausführung zu befassen und so einige Details zu enthüllen, welche die geringe Werktreue erklären könnten, mit der Paganini die Musik anderer Komponisten spielte. Es ist bereits festgestellt worden, daß er in ein Konzert von Viotti, das er in Livorno gab, Tierlaute anstatt der vorgesehenen Kadenz einfügte. Diesmal ging es auf Kosten von Kreutzer; aber auch diese »anormale« Ausführung kann in gewisser Weise gerechtfertigt erscheinen, wenn man in erster Linie dem Geschmack der Zeit Rechnung trägt und darüber hinaus daran denkt, daß Paganini nicht von ihm komponierte Musik auf das Niveau seiner überragenden Technik anheben mußte. Gezwungen, einen Garten zu bebauen, der weniger üppig war als der eigene, war er sich der Notwendigkeit bewußt, dort all die Blumen zu pflanzen, die sein Talent hervorbrachte.

Und in seinen Ohren mußten die Konzerte von Kreutzer und Rode armselig klingen, waren sie doch seiner technischen Größe und seiner Begabung zur Improvisation nicht angemessen. Paganini ahnte wohl das Wissen früherer Jahrhunderte, für die Musik eine Leinwand gewesen war, auf der ein Diskurs entwickelt wurde, der individueller Sensibilität und Fähigkeit Rechnung zu tragen hatte. Andererseits wurde auch der Basso continuo aus dem Augenblick heraus improvisiert. In vielen Quartetten für Streicher und Gitarre, die letztere im Bund mit dem Violoncello, verhält er sich in ebendieser Weise, nur daß die Einsätze der beiden Instrumente wirklich »realisiert« sind, auch wenn der Geist, der sie inspiriert, auf jene alte Praktik zurückzuführen ist.

In der Rezension Lichtenthals wird der Name Alessandro Rollas so gebraucht, als stünde er in einer Gegenposition zu Paganini, vielleicht um zu zeigen, daß der Musiker aus Pavia nicht nur in Mailand eine hervorragende Position innegehabt hatte.

Im Mai 1814 kehrte Paganini, nachdem er Konzerte in Pavia und Turin gegeben hatte, wiederum nach Mailand zurück, wo er im Zeitraum von etwa einem Monat eine Serie von Konzerten am Teatro Re ausführte: am 12., 14., 19., 24., 26., 28. Mai und am 4., 7., 12., 16. Juni. (Am 24. Mai gibt die Genueser Violinistin Caterina Calcagno ein Konzert am Konservatorium.) In keiner anderen italienischen Stadt hatte Paganini eine derart frenetische Aktivität in bezug auf Konzertauftritte an den Tag gelegt wie in Mailand. Die regelmäßigen Erfolge, die er dabei verzeichnete, sind nicht allein auf den Umstand zurückzuführen, daß er ein regelrechtes Phänomen der Kunst, die Violine zu spielen, darstellte, sondern auch auf die historisch und kulturell wichtigere Tatsache, daß die Österreicher als eigentliche Träger einer Instrumental- und Kammermusik-Kultur angesehen wurden.

Es ist schade, daß eine Persönlichkeit des Risorgimento wie Verdi, eine Figur romantischer Beweihräucherung, später nicht in der Lage war, die Mailänder Salons zu erobern, in denen die Kammermusik gepflegt wurde, zu der er übrigens einen unterhaltsamen Beitrag in Form eines Quartetts leistete, das dann in Paris ausgeführt wurde. Auch das Werk Martuccis, der sich bemühte, der italienischen und ausländischen Instrumentalmusik, die eine Alternative zum Musiktheater verdischer Manier bot, zu größerer Verbreitung zu verhelfen, wurde in Mailand mit Sympathie aufgenommen. In dieses komplexe und manchmal widersprüchliche Bild fügt sich Paganini als Träger einer Instrumentalkultur von nicht geringer Bedeutung ein. Es ist richtig, daß bei seinen Konzerten die Beteiligung von Sängern unvermeidlich war. Die Mode der Zeit erforderte hybride Lösungen, Pakte und Kompromisse mit den bekanntesten und weniger bekannten Sängerkehlen. Zudem war man in einem Land, das vom Gesang und vom Belcanto beherrscht wurde, von der Idee des Symphoniekonzerts noch weit entfernt. Es kann sicherlich als ein Verdienst Paganinis angesehen werden, daß er versuchte, die Distanz zwischen der unbequemen und autoritären Anwesenheit von Sängern beiderlei Geschlechts und seiner unerreichbaren instrumentalen Kunst zu verringern.

Zu Beginn des Sommers gönnt sich Paganini eine Pause und geht nach Genua, wo der Nachhall seiner Mailänder Erfolge noch lebendig ist. In der Zeit zwischen dem 9. und dem 30. September gibt er vier Konzerte am Teatro S. Agostino, das bereits seine Debüts im Jahre 1795 gesehen hatte. Die Kritik ist begeistert. Die *Gazzetta di Genova* schreibt am 10. September:

Gestern abend hat Signor Paganini im Teatro S. Agostino das angekündigte Konzert gegeben. Die Genueser Musikliebhaber, die vor einigen Jahren Zeugen seiner ersten Erfolge wurden, als er als 10- und 11jähriger Knabe in ich-weiß-nicht-mehr-welcher Kirche ein Konzert gab, das bereits seine seltene Begabung für die Musik ahnen ließ, und die seither nichts anderes als den Ruhm seiner wunderbaren Fortschritte vernommen hatten, strömten in Massen zum Theater hin, um ihren Mitbürger zu hören, der in ganz Italien als herausragender Musikfreund gepriesen wird und als größter unter den bekannten Violinisten.

Paganini hat mit diesem Konzert die allgemeinen Erwartungen erfüllt, ja übertroffen. Er hat mit einer überraschenden Leichtigkeit und Grazie die schwierigsten Dinge gemeistert und mit der gleichen Leichtigkeit Schwierigkeiten überwunden, die für jeden anderen unüberwindbar gewesen wären. Er überzeugte aufs äußerste durch Perfektion, Sanftheit, Großzügigkeit und Maß, ohne von den neuen Stimmen sprechen zu wollen, die dieses Instrument sonst nicht hervorzubringen vermag, wie die der Flöte, das Trillern der Vögel, die Stimme der Gitarre etc., die er ihr wie durch Zauberei entlockt, und dies alles in höchster Vollendung. Paganini hat aus seiner Violine herausgeholt, was es je in der Harmonik an Lieblichstem und Schwierigstem gegeben hat. Ob jetzt die Violine vier Saiten oder eine haben mag, für seinen Zauberbogen ist es dasselbe. Im zweiten Teil, »mit der einzigen IV. Saite«, verschmolz er sozusagen die Stimmen und die Töne, wie es Raffael und Michelangelo auf der Leinwand mit dem Licht und den Farben taten. Es ist unmöglich, die Überraschung, die Freude, jene Art von Ekstase zu beschreiben, mit der die Zuhörer in völliger Stille seiner Harmonie lauschten, und den lautstarken Beifall und die begeisterten Zurufe, die dann hervorbrachen; das Orchester hat sich mit den Zuschauern zusammengetan, um ihm Beifall zu zollen. Paganini ist also ein Wunder, und sei er nun ein Teufel oder ein Engel, er ist sicherlich ein musikalisches Genie.

Wie üblich vergaß auch hier die Kritik, die ausgeführten Stücke zu nennen. Es ist nicht möglich, aus der Genueser Rezension irgendwelche Hinweise auf das Programm Paganinis im ersten Teil zu erhalten, und es ist schon viel, daß bezüglich des zweiten eine Komposition für die IV. Saite angedeutet wird (*Sonata Napoleone* oder *Sonata Maria Luisa*).

In den folgenden Konzerten, die immer in der *Gazzetta di*

Genova angekündigt werden, sind die Informationen zum Glück etwas genauer. Hier der Hinweis auf das Konzert vom 19. September:

> Es ist uns eine Freude anzukündigen, daß am kommenden Montag Signor Paganini ein weiteres Konzert geben wird. Er wird sicher neue Wunder vollbringen. Wenn man, wie er es in seinem Programm tut, ein Konzert in »d-Moll«, eine Sonate in »Es-Dur« und eine Polonaise in »b-Moll« ankündigt, so hat man damit noch nichts gesagt; man muß hören, was auf seiner Zaubergeige »d-Moll«, »b-Moll« und »Es-Dur« sind.

Die Naivität und Dummheit des unbekannten Journalisten erscheinen unglaublich; im Schlußteil der Ankündigung sagt er implizit, daß es bei einem derartigen Künstler völlig sinnlos sei, den Titel der Komposition zu nennen. Eine solche Einstellung, die zu jener Zeit in Italien weit verbreitet war, hat die Geschichte und die Kritik um die Möglichkeit gebracht, Nachforschungen über die unveröffentlichten Werke Paganinis anzustellen oder aber jene Werke zu identifizieren, die er zu Beginn seiner Laufbahn spielte.

Der Genueser Journalist schreibt von einem Konzert in d-Moll, aber welches und von wem? War es ein Konzert von Paganini oder von Kreutzer? Was die beiden Sonaten betrifft, jeweils in b-Moll und Es-Dur, so müßte es sich dabei eigentlich um die *Sonata Napoleone* und die *Sonata Maria Luisa* handeln, die Paganini bereits abwechselnd in vorhergehenden Konzerten gespielt hatte.

In der Bekanntmachung des dritten Konzerts kann man wenigstens einen Titel bestimmen, den der *Streghe*:

> Dieser außergewöhnliche Mann ist also überall gewesen und hat im Himmel die Harmonie der Engel gelernt, in der Luft die der Menschen, am Nußbaum von Benevento die der Hexen; es bleibt nichts mehr, als daß er uns in die Hölle führt, um uns besser von der der Teufel zu berichten, besser als es Tasso, Dante, Vergil und Orpheus vermochten, die seine wunderbare Violine bereits übertroffen hat.

Offensichtlich erweckte die Musik der *Streghe*, die bei Süßmayr alles andere als diabolisch war, auf der Violine Paganinis gespielt, bei dem unbekannten Rezensenten Höllenvisionen und hatte vermutlich auch beim Publikum die gleiche Wirkung. Dieser Umstand sollte von großer Bedeutung sein, und der Ruf, den

Paganini dadurch erhielt, gereichte ihm nicht zum Vorteil. Man verschmolz zwei völlig gegensätzliche Begriffe zu einem einzigen (höllisch-göttlich); Bilder, Zeichnungen und Vignetten werden ihn in der Folge in der Gesellschaft von Hexen und Teufeln abbilden, wie es von einer witzigen zeitgenössischen Ikonographie bezeugt wird. Aber der Begriff »dämonisch« oder »teuflisch«, auf Paganini bezogen, sollte in sehr positiver Weise aufgenommen werden, da er dazu geeignet war, seine unnachahmliche Technik zu beschreiben und summarisch zu erfassen. Andererseits wäre es ein Widerspruch, in diesem Zusammenhang von einer »engelhaften« Begabung zu sprechen... Der Mythos des Dämonischen ist jedenfalls ein Erbe der Romantik und findet seinen Höhepunkt im *Faust*, wo die Violine in Szene tritt, als Mephisto in einer Wirtschaft das Instrument einem stümperhaften Geiger aus den Händen reißt und einen atemberaubenden Walzer darauf spielt.

So zumindest in der Interpretation von Lenau, die von Liszt musikalisch bearbeitet wurde. Auch das indoeuropäische Volksgut überliefert nicht wenige Beispiele von Pakten zwischen Teufeln, Violinisten und Violinen, die erst kürzlich in der *Geschichte vom Soldaten* von Strawinsky, der sich von einem russischen Märchen inspirieren ließ, eine musikalische Umsetzung gefunden haben. Der doppelte Bezug auf die alten Volksmärchen und auf den romantischen Mythos, der ja – wie von Arnim und Brentano selbst erläutern – auf ersteren beruht, bestimmte diese Spannung zwischen Möglichem und Unmöglichem und führte dazu, daß Paganini in den Augen seiner Zeitgenossen deren Verschmelzung zustande brachte. So setzt sich die von Liszt ins Leben gerufene Vorstellung seiner »Transzendenz« durch, die dieser wohl formulierte, nachdem er den Violinisten gehört hatte.

Die bedingungslose Begeisterung, mit der Paganini 1814 in Genua aufgenommen wurde, zeitigte auch poetische Auswirkungen; unter den Autoren einiger ihm gewidmeter Sonette ist auch ein gewisser Luigi Germi, der anläßlich des letzten Konzerts des Violinisten in der *Gazzetta di Genova* das folgende Akrostichon veröffentlichte:

> Non ti fidar, se le cadenze, i moti,
> Il casolare delle Lamie mostri
> Coll'acero canoro, alle cui doti
> Ognor si spette né canestri chiostri
> Le scarne Suore, i cui nocenti voti

Ognor furo lanciati a danni nostri
Potrian sdegnarsi, e i lor compagni immoti
Al dileggio non star maligni mostri.
Garante mai chi ti sarà? Tu solo
A te il sarai col magico stromento
Nuove spiegando le armonie di Delo.
Innamorato allor l'orrido stuolo
Non fia chi di toccarti abbia ardimento;
Invan si nuoce a chi rapisce il Cielo.

Sei auf der Hut, wenn die Kadenzen, die Sätze
mit dem tönenden Ahorn, dessen Gaben man pflegt
in den geschlossenen Kreuzgängen,
dir die Hütte der Lamien zeigen.
Die fleischlosen Schwestern,
deren schuldige Gelübde
immer zu unserem Schaden gesprochen wurden,
könnten sich empören, und ihre reglosen Gefährten
blieben im Hohn boshafte Ungeheuer.
Wer wird dir je Bürge sein? Du wirst es
dir allein sein, durch das zaubrische Instrument,
mit dem du die Harmonien Delos' neu entfalten wirst.
Da die gräßliche Schar entrückt sein wird,
wird keiner es wagen, dich zu berühren;
dem schadet keiner, der den Himmel verzückt.

In dieser äußerst bescheidenen poetischen Arbeit zeigt Germi
unter anderem, daß er bezüglich der angedichteten Übereinkunft
Paganinis mit Teufeln und Hexen gegen den Strom schwimmt,
da sein Gedicht, das von solchen Gedanken wohl inspiriert war,
als eine Art »Gegendarstellung« betrachtet werden kann. Im
übrigen würde man von einem Rechtsanwalt, sei er auch Huma-
nist und musisch begabt, zuviel verlangen, wenn man von ihm
ein Traktat über Ästhetik erwartete.

Es gilt als gesichert, daß die Beziehungen zwischen Germi und
Paganini in ebendieser Zeit begannen. Diese Beziehungen sind
anfangs von Distanz geprägt; es sei auf den ersten Brief verwie-
sen, den Paganini an den Rechtsanwalt richtete und der mit den
Worten »Verehrter Herr Anwalt« beginnt und mit »Eurer Gnaden ergebenster und demütigster Diener« schließt. In der Folge
wird Paganini immer herzlichere und vertraulichere Wendungen
gebrauchen und schließlich zum Du übergehen.

Der Brief, den er am 12. Oktober 1814 aus Novi Ligure an
Germi schickt, leitet die umfangreiche Briefsammlung ein, die

von Codignola herausgegeben wurde, und verrät bereits die konzentrierte Aufmerksamkeit, die Paganini seinen Geschäften entgegenbrachte, mit denen Germi von nun an in der Eigenschaft eines Verwalters, Rechtsanwalts und Vertrauten betraut sein wird.

Sehr verehrter Herr Rechtsanwalt,
mit diesem Brief möchte ich Euer Gnaden bitten, in meinem Namen und an meiner Statt, indem Sie das tun, was ich tun würde, wenn ich anwesend wäre, von Signor Migone, Logenanweiser des Teatro S. Agostino, meinen Anteil an dem Mietpreis der Logen für die fünf Konzerte, die ich, wie Euer Gnaden wohl wissen, in Genua gehalten habe, zu fordern. Zu diesem Zwecke werden Sie all jene Schritte sowohl auf rechtlichem Wege wie auf jedem anderen unternehmen, um für mich die Rückzahlung meines Kredites zu erwirken.
Man wird sich auf freundschaftlichem Wege einigen, doch wenn Sie es für nötig halten, werden Sie einen Vergleich anbieten, während ich Sie in dieser Angelegenheit um größte Eilfertigkeit bitte und Ihnen die Vollmacht gebe, die Angelegenheit, wie es am besten geht, zu begleichen, und alles, was Sie in obengenannter Sache unternehmen werden, wird mir recht sein.
Ich schätze mich geehrt, daß Sie Ihre Erfahrung in meiner Sache einsetzen werden und mir dadurch erlauben, mich meiner Arbeit zu widmen, und verbleibe
Euer Gnaden ergebenster und demütigster Diener
Nicolò Paganini

Dieser Brief scheint eine regelrechte Generalvollmacht für Germi zu sein, der möglicherweise den Entwurf formulierte. In der Tat kommen in dem Text juristische Ausdrücke wie »einen Vergleich anbieten«, »rechtlich« und »begleichen« vor, die Paganini nicht kennen konnte. Man weiß, daß Germi immer all seine Erfahrung und Sorgfalt einsetzte, um die Interessen Paganinis zu vertreten.

Die ersten Schritte, die der Genueser Rechtsanwalt zugunsten Paganinis, wie es der Brief anspricht, unternimmt, betreffen die Rückzahlung eines Kredits, den der Violinist dem Logenanweiser Angelo Migone gewährt hatte, der seinerseits das bei den Genueser Konzerten eingenommene Geld ungebührlich lange zurückbehalten hatte. Das Verfahren, das Germi gegen Migone einleitet, wird zur großen Erleichterung Paganinis für ihn positiv ausgehen.

Es bleibt aber die Frage, warum sich Paganini im Oktober 1814 in Novi Ligure aufhielt. Während seines letzten Aufenthalts in Genua hatte der Violinist eine gewisse Angelina Cavanna kennengelernt und in der Folge häufig besucht, eine zwanzigjährige Modistin von »zweifelhaften Sitten«, wie Paganini sie später selbst beschreiben wird. Vorerst aber hatte er beschlossen, sie mit nach Pavia zu nehmen, wo sie mit ihm »more uxorio« zusammenleben sollte.

Damals war die einzige ohne Schwierigkeiten befahrbare Straße diejenige, die von Genua in den Piemont und die Lombardei führte. Daher also der Aufenthalt in Novi, eine Station auf der Reise nach Tortona, Piacenza und Parma, wo er einige Zeit mit Angelina bleiben wird. Über eine mögliche künstlerische Betätigung Paganinis in der emilianischen Stadt ist nichts bekannt. Es spricht viel dafür, daß er sich in der Ausübung jener Kunst des Liebens geübt hat, von der er später weitere Proben geben wird. Als Beweis mag gelten, daß das Mädchen schwanger wird. Und als die Mutterschaft nicht mehr zu übersehen ist, begibt sich Paganini in höchster Eile mit dem Mädchen nach Genua, worauf es sich nach Fumeri im Val Polcevera flüchtet und danach nach Genua zurückkehrt, wo es am 24. Juni 1815 ein totes Mädchen zur Welt bringt.

Der Aufenthalt Paganinis in seiner Geburtsstadt gestaltet sich alles andere als angenehm. Nicht genug, daß er um die Einnahmen aus seinen Konzerten kämpfen mußte (siehe das Verfahren, das Germi gegen Migone anstrengt), noch eine weitere unerfreuliche Überraschung harrt seiner. Der Vater Angelinas zeigt den Violinisten für ein Vergehen an, das wir heute als Entführung und Verführung einer Minderjährigen bezeichnen würden.

Niccolò wird verhaftet und für einige Zeit ins Gefängnis gesperrt. Auf den Rat seines Anwalts bietet er an, eine Entschädigung für die unerfreuliche Angelegenheit zu leisten – eine Summe von eintausendzweihundert Lire, die Hälfte davon in bar, die andere Hälfte in der Obhut von Dritten hinterlegt, bis einige Fragen bezüglich der Berechtigung der Anzeige geklärt sind. Diese Lösung hätte einige Vorteile für Paganini geboten, denn er wäre dadurch zumindest eine Zeitlang dem Zugriff der Justiz entzogen gewesen. Aber Ferdinando Cavanna läßt nicht locker und verlangt, daß das Verfahren weitergeführt wird, ein Verfahren, an dessen Ende Paganini unterliegen und dazu verurteilt werden wird, eine Entschädigung von dreitausend Lire im Jahre 1816, durch den endgültigen Urteilsspruch im Jahre 1820 viertausendvierhundert Lire zu erstatten. *E zü dinae!*[4]

Was das totgeborene Mädchen betrifft, so leugnete Paganini

obstinat die Vaterschaft. Er argumentierte dabei mit den »zweifelhaften Sitten der Frau«, mit der »Möglichkeit, daß ein anderer Urheber der Zeugung sein kann«, und endlich damit, daß »jede Nachforschung durch den Tod des Säuglings überflüssig geworden ist«, wie er in einem Brief vom 5. Juli 1815 an Germi schreibt. Sobald sich die Nachricht von seiner Verhaftung, natürlich verzerrt und verfälscht, im Ausland verbreitet hat, versucht er alles, um das Geschehene zu dementieren, aber gerade aus dem obenerwähnten Brief geht einwandfrei hervor, daß er, wenn auch nur für kurze Zeit, im Gefängnis gewesen war, da er Germi von der »Freiheit, die mir genommen ward« und von den »ungerechtfertigterweise für sie [Angelina] ertragenen Demütigungen durch die Polizei« berichtete.

Selbst wenn man von den unglaubwürdigen Entschuldigungen absieht, die von einem Menschen vorgebracht wurden, der in der Klemme steckte, sprechen die Tatsachen gegen Paganini.

Wenn seine Beziehung mit der Cavanna im September 1814 begonnen hatte und die Geburt im Juni 1815 stattfand (neun Monate später), darf man sich fragen, wer sonst der Vater des armen kleinen Wesens hätte sein können. Die Sache hatte schlecht begonnen, und auch die Folgen waren nicht besonders glücklich, da die arme kleine Tote wegen der Geldfrage hastig beerdigt und ebenso hastig vergessen wurde.

Nach dieser unglücklichen Episode, in der sich weder Paganini noch Angelina von ihrer besten Seite gezeigt hatten, heiratete das Mädchen einen Namensvetter des Violinisten: Giovanni Battista Paganini. *Nomina sunt omina!* Nachdem sie kurze Zeit später ihren Mann verlor, vermählte Angelina sich in zweiter Ehe mit einem gewissen Giuseppe Bruzzo.

Während der »Cavanna-Affäre« war es Paganini gelungen, zwischenzeitlich nach Mailand zu gehen, um dort ein Konzert zu geben, das zuerst für den 9. Juni angekündigt gewesen war und auf den 16. verlegt wurde. Über das Programm des Konzerts ist nichts Genaues bekannt. Die Verzeichnisse der Scala beschränken sich darauf, ein »Konzert von Paganini« in Zusammenhang mit der ersten Vorstellung der Oper *L'Impostore* von Pietro Generali[5] zu nennen. Es ist also möglich, daß Paganini bei dieser Gelegenheit Kontakt mit dem Opernkomponisten aus Vercelli aufgenommen hat und ihn in der Folge nach Genua einladen ließ, wo dann die Possen *Le lacrime d'una vedova* (1808) und, als Uraufführung, *La Contessa di Colle Erboso* aufgeführt werden.

Es scheint wahrscheinlich, daß in jenem »Konzert von Paganini«, das in den Verzeichnissen der Scala aufgeführt ist, auch das

Konzert Nr. 1 gespielt wurde, dessen Ankündigung auf einem Programmzettel, der im September 1815 in Genua gedruckt wurde, ausführlicher erfolgt. Um nicht die chronologische Reihenfolge der verschiedenen Etappen im Leben des Violinisten, der sich im August 1815 in Genua befinden wird, durcheinanderzubringen, wird hiervon später die Rede sein. Der August 1815 ist ein Monat von historischer Bedeutung; Napoleon ergibt sich nach den erlittenen Niederlagen den Engländern, die ihn ins Exil schicken, wo er, wenn auch in gedämpftem Ton, die Rhetorik des nunmehr untergegangenen Reichsimperiums weiter pflegt. Trotzdem erlebt die politische und damit leider auch die geographische Situation eine Umwälzung, die auch Ligurien betrifft. Die große Küstenrepublik, die von Napoleon in eine demokratische Republik umgewandelt worden ist, wird nun infolge eines Beschlusses des Wiener Kongresses dem Königreich von Piemont und Sardinien einverleibt. An die Stelle der republikanischen und jakobinischen Ideale treten die wenig willkommenen Neuerungen, die das monarchische Regime des Hauses Savoyen einführt. Damit beendet das neue Regime die Karriere der glorreichen Republik Genua und ihrer großen Handelstradition, die ihre Bürger, trotz innerer Kontroversen in ihrem Bemühen einig, aufgebaut hatten.

Der »Jakobiner« Paganini mußte sich also in einer neuen politischen Situation zurechtfinden, der er sich unverzüglich anpaßte. Sein Ziel war, bekannt zu werden, und er erreichte es, indem er völlig unabhängig blieb, wohl wissend, daß sich Ligurer und Piemonteser noch nie grün gewesen waren, und nicht ahnend, daß acht Jahre nach seinem Tod die Bersaglieri des Generals La Marmora[6], wahrhafte Vorgänger des Nazitums, die Stadt Genua in Schutt und Asche legen würden.

Vittorio Emanuele I. kommt am 10. August 1815 nach Genua, um dort seine Gemahlin Maria Teresa zu treffen, die zuvor in Sardinien gelebt hatte. Zur Begrüßung der Königin sind zahlreiche Veranstaltungen, auch solche musikalischer Art, vorgesehen. So erhält der Komponist Filippo Grazioli[7] den ausdrücklichen Auftrag, eine »allegorische Kantate, die auf die festliche Rückkehr Ihrer Majestät der Königin anspielt«, zu schreiben, für die er als Lohn die beträchtliche Summe von einhundertzwanzig Genueser Lire erhält.

An Stelle der gejubelten Hymnen auf die »wiedererstandene Freiheit«, die ein Jahrzehnt zuvor in Genua in Mode waren, treten nun die allegorischen und untertänigen Preislieder auf das Herrschergeschlecht. Niccolò Paganini wird damit beauftragt, die

Kantate des Grazioli zu dirigieren, und nutzt diese Gelegenheit, um zwischen dem ersten und dem zweiten Teil eine eigene Darbietung unterzubringen. Zweifellos setzt er bei dieser »gemischten« Darbietung erfolgreich jene Erfahrungen ein, die er in Lucca erwarb, als er die *Heimliche Ehe* von Cimarosa dirigierte. Für seine doppelte Leistung wird er sechsundneunzig Genueser Lire erhalten.[8]

Über das Ereignis, das auch außerhalb Genuas bekanntgegeben wird, berichtet die *Gazzetta di Genova* folgendermaßen:

> Man erwähnt ein von Paganini dirigiertes Konzert, bei dem eine *Allegorische Kantate* des Grazioli aufgeführt wurde, die von Signora Correa, Angelo Testori und Eliodoro Bianchi gesungen wurde. Paganini, dieses Wunder der philharmonischen Kunst, hat zwischen dem ersten und dem zweiten Teil ein eigenes Konzert gespielt, das eines Orpheus würdig gewesen wäre.

Das Konzert, bei dem Paganini die Doppelrolle des Dirigenten und des Solisten einnahm, fand am 29. August statt und wurde am 6. und 9. September 1815 wiederholt.

Die Rezension der ersten Aufführung sagt nichts über das Programm aus, das Paganini als Solist ausführte, aber sie spricht davon, daß das Orchester bedeutend besser als früher gewesen sei, da es nun über eine »neue Reihe hervorragender Musiker [verfügt], dank deren es sicher sein kann, zu den ersten [Orchestern] Italiens zu zählen«. Was die Behauptung angeht, daß das Orchester von S. Agostino den Vergleich mit den besten Italiens nicht zu scheuen brauche, so erscheint dies als sehr zweifelhaft. In Zusammenhang mit der zweiten Darbietung wagt der Rezensent, etwas deutlicher zu werden:

> Am Samstag abend haben Ihre Königliche Hoheit das Teatro S. Agostino beehrt, das für den Abend zwei musikalische Possen angekündigt hatte; und Paganini hat seine Kunst, das heißt seine Wunderwerke, auf einer einzigen Saite erneut unter Beweis gestellt, sofern man den eigenen Ohren trauen kann, die von einer Unendlichkeit von himmlischen Tönen verzaubert und hingerissen wurden. Ihre Majestät die Königin haben, sichtlich bewegt, mit einem »Bravo!« Ihrem Wohlgefallen Ausdruck verliehen, und dieser Stimme folgte eine wahre Flut des Applauses.

Die beiden vom Rezensenten erwähnten Possen waren *La scelta dello sposo* von Pietro Guglielmi[9] und *Le lacrime d'una vedova* von Generali. Es ist schwieriger, den Titel der von Paganini ausgeführten Komposition zu identifizieren. Da diese offenbar ein Werk ist, das für die IV. Saite konzipiert war, kann es sich dabei sehr gut um die *Sonata Napoleone* handeln, die unter einem anderen Titel geführt wurde, da der Adressat der ursprünglichen Widmung in Ungnade gefallen war.

Am 12. September reist das Herrscherpaar von Genua nach Turin ab, und Paganini kann zu seiner Musik zurückkehren. Es kann sein, daß er vor oder nach dieser Zeit die drei Quartette für Streicher komponiert hat (die einzigen, die er je für diese Besetzung geschrieben hat und die er »Seiner Majestät dem König von Sardinien und Herzog von Genua« widmet, wie es aus der Handschrift hervorgeht, die Federico Mompellio 1976 zusammen mit der ersten Ausgabe der Partitur veröffentlichte).[10]

Die handschriftliche Notiz »Opera 1a« auf dem Titelblatt läßt vermuten, daß man das Werk mit einiger Sicherheit auf die Zeit vor 1818 datieren kann, da in diesem Jahr die Druckplatten der *Capricci* hergestellt werden, mit denen die offizielle Numerierung der gedruckten Werke beginnt (sie werden in der Tat mit »Op. 1« bezeichnet). Es ist andererseits unwahrscheinlich, daß Paganini vor dem Wiener Kongreß den Savoyern die Quartette gewidmet hätte. Folglich kann als Entstehungsdatum das Jahr 1815 angenommen werden.

Die überraschende Ähnlichkeit zwischen den ersten Takten des *Quartetts Nr. 3* und den Anfangstakten des *Konzerts e-Moll, op. posth.*[11] – ein Werk, das sicherlich vor dem *Konzert Nr. 1* komponiert wurde – kann den historischen Zusammenhang zwischen den beiden Werken erhärten.

Von ihrer Struktur her entsprechen die drei Quartette für Streicher der traditionellen Einteilung in vier Sätze, von denen der erste mit einiger Vereinfachung dem Sonaten-Allegro aufgezwungen wird; der zweite ist ein Menuett mit dazugehörigem Trio, aber man muß dazu sagen, daß es sich dabei nicht um ein richtiges Menuett im Stil der Wiener Klassik handelt, sondern einfach um eine Parenthese im ¾-Takt.

Das Adagio wird dagegen von der für Paganini typischen Kantabilität geprägt; einfache Melodien von geschlossener Form dienen dem lebhaften Charakter des abschließenden Rondos als vorbereitendes Moment. Das Rondo, das fast immer auf dem Rhythmus der Polonaise basiert, stellt einen unvermeidlichen Übergang dar, den Paganini sicher von der französischen Schule übernommen hatte. Bemerkenswert ist im *Quartett Nr. 1* der Einsatz des Pizzicato in begleitender Funktion, eine Verfahrensweise, die man in vielen Werken Paganinis feststellen kann, nicht nur in seiner Kammermusik, sondern auch in den Werken für Orchester.

Beim *Quartett Nr. 2* bemerkt man eine Fortentwicklung des musikalischen Materials. Im Trio zeigt Paganini zum Beispiel eine gewisse »bukolische« Absicht, indem er der Viola und dem Violoncello Doppelklänge in der Art des tiefen Basses zuweist, die an einen Dudelsack zu erinnern scheinen. Das folgende Adagio con trasporto verwendet in den Anfangstakten ein harmonisches Gerüst, das dem der Quartette Beethovens ziemlich ähnlich ist, die Paganini zu diesem Zeitpunkt aber noch nicht gekannt haben kann.

Das *Quartett Nr. 3* ist zweifellos das interessanteste der Serie. Das Trio weist eine melodische Entwicklung aus, die eines Paganini in größter Vollendung würdig ist, während das Andante mit Variationen die Vorliebe des Meisters für diese formale Technik bestätigt, die ihn in gewisser Weise von den Beschränkungen der Sonate und des Rondos befreit. Andererseits sind sowohl bei dieser wie auch bei anderen Kompositionen der erste und der letzte Satz sicher die schwächsten.

In den Variationen legt Paganini ein Thema dar, das angeblich aus einer Opernarie stammt; in Wirklichkeit aber ist es seine eigene Schöpfung. In ihnen folgen die Instrumente in dieser Reihenfolge aufeinander: 2. Violine, Violoncello, Viola und schließlich 1. Violine (vier Variationen für vier Instrumente). Der Einsatz der 1. Violine in der letzten Variation scheint als Gegengewicht zu ihrer überragenden Stellung in den vorherigen Sätzen gedacht zu sein, so, als wollte die 1. Violine bei den anderen Instrumenten Abbitte leisten.

Diese »Spielchen« sind in einigen Kammermusikwerken des Violinisten durchaus üblich; es schien ihm Vergnügen zu bereiten, sich unterzuordnen und den Kollegen die Hauptstimmen zu überlassen. In diesem Kammermusikwerk, das als erstes für die klassische Formation des Streichquartetts konzipiert wurde, deutet Paganini bereits einige Lösungen an, die zwar zum Teil schon in früheren Stücken angewandt wurden, aber als Vorläufer derer gelten können, die später in systematischerer Weise eingesetzt werden.

Es ist nicht bekannt, was Vittorio Emanuele I. von diesen ihm gewidmeten Quartetten gehalten hat; wir können aber mit Sicherheit annehmen, daß Paganini daran interessiert war, sich auch in Piemont durchzusetzen.

Ein Geheimnis bleibt jedoch noch aufzuklären: Für den 8. September 1815 hatte Paganini, wieder am Teatro S. Agostino, ein

Konzert ankündigen lassen, bei dem er »ein neuartiges Konzert mit drei Sätzen, von ihm erst kürzlich komponiert und bisher nur einmal in Mailand an der Scala gespielt«, ausführen wollte. Nun aber erwähnt keine Rezension und keine in der *Gazzetta di Genova* aufgegebene Annonce die fragliche Veranstaltung. Es gibt also Grund, zu vermuten, daß das angekündigte Konzert abgesagt wurde. Aus den Dokumenten, über die wir bis heute verfügen, geht eindeutig hervor, daß ein »neuartiges Konzert« nicht mit jenem in e-Moll identisch sein kann, an dem nichts Neuartiges ist. An diesem Punkt wird es kompliziert. Die ersten Nachrichten über das *Konzert Nr. 1* werden von Lichtenthal gegeben, wie Danilo Prefumo[12] feststellt, der der Ansicht ist, das Stück sei, an der Scala oder anderswo, mindestens ein Jahr früher vorgestellt worden, zumal Paganini selbst Anfang September 1815 angibt, dieses Werk sei erst ein einziges Mal in Mailand gehört worden. Das Entstehungsdatum des *Konzerts Nr. 1*, von Fachleuten vorsichtig auf die Jahre 1818–19 geschätzt, muß also mindestens um drei Jahre vordatiert werden.

Was den »kleinen Bruder«, das *Konzert e-Moll*, betrifft, das auch zurückdatiert werden muß, so ist nicht gesichert, daß Paganini es vorgetragen hat. Es ist unter anderem in Form einer Handschrift für Violine und Gitarre erhalten, und man hat den Eindruck, daß es vom Autor nie orchestriert worden ist, vielleicht weil er den Part der Gitarre als Grundlage für eine spätere Bearbeitung für Orchester gedacht hat. Wir werden versuchen, von diesem posthum veröffentlichten Konzert eine knappe Analyse zu geben. Im ersten Satz, einem Risoluto, fällt das Bestreben auf, das musikalische Material innerhalb des Kanons der klassischen Sonate zu entwickeln, von dem sich Niccolò aber zu befreien versucht, wobei er auf Kosten der Zuhörer, die sich mit Wiederholungen und ungeschickten Entwicklungen konfrontiert sehen, gegen die eigene Natur arbeitet. Das Adagio dagegen bewegt sich im Rahmen jener Kantabilität, die wir von Paganini gewohnt sind und die sich einer lyrischen Inspiration hingibt, die wie immer in den Grenzen bleibt, die ihm am meisten entsprechen, denen der Monothematik.

Im Rondo, das der Polonaise auferlegt wird, fällt Paganini wieder in jene zwei Passagen zurück, die er nicht vermeiden konnte, weil er sich noch an die Schemata der Violinkonzerte der französischen Schule hielt. Von dieser merkwürdigen Treue zu jenen Vorgaben wird er nur selten ablassen, wobei es eigentlich seltsam ist, warum er nicht dem Beispiel eines Viotti Folge geleistet hat, der ihm hinreichend bekannt war. In der Tat haben die

Konzerte seines berühmten Piemonteser Vorfahren eine völlig andere Wirkung. Viotti bezieht wohl die Schemata der italienischen Schule mit ein, flicht aber »romantische« Motive hinein, die ihrer Zeit weit voraus sind; dies gilt besonders für die Violinkonzerte der letzten Periode unter Einschluß jenes mit der Opus-Nummer 22 ausgezeichneten Stücks, das von allen das am vollkommensten ausgeführte ist.

Das *Konzert Nr. 1* ist sicherlich, wenn man an die zuvor komponierten Werke für Violine und Orchester denkt, »von neuer Art«. Für dieses Werk stimmte Paganini alle vier Saiten der Violine um einen Halbton höher. Die Tonart für das Spiel des Orchesters ist Es-Dur. Die Violine dagegen spielt in D-Dur; durch die besondere Stimmung (»ipperaccordatura«) erhält man aber in der Position von D, wenn man eine Saite streicht, Es. Wieder einmal behandelt Paganini die Violine als Transpositionsinstrument; und genau aus diesem Grund ist das *Konzert Nr. 1* nachlässigerweise in D aufgeschrieben worden, der Tonart, in der es heute, sehr zu Unrecht gegenüber Paganinis ursprünglicher Absicht, ausgeführt wird. Diese Änderung erscheint durch nichts entschuldigt oder gerechtfertigt, zumal die Spannung der Saiten, wenn sie auf den höheren Ton gestimmt sind, um etwa zehn Prozent zunimmt, eine Mehrbelastung, die sowohl Darmsaiten wie auch Stahlsaiten problemlos aushalten können.

Dazu kommt, daß die Transposition des Konzerts nach D-Dur eine radikale Veränderung der Klangfarbe mit sich bringt. So hatte Paganini aus Bequemlichkeit und sicher nicht aus Zufall unter anderem Klarinetten und Hörner in Es eingesetzt, die verglichen mit jenen in B und F eine stärkere Klangbrillanz ermöglichten, welche wiederum mit der Klangfarbe der nach dem oben geschilderten Verfahren gestimmten Violine harmonierte.

Unglaubwürdig sind auch jene Behauptungen, nach denen zu Zeiten Paganinis die Stimmgabel tiefer war als der heute geltende Standard, der als international gültigen Wert 440 Hertz festlegt. Wenn auch zu Paganinis Lebzeiten die in Paris geeichte Stimmgabel den Wert von 435 Hertz aufwies, so entspricht die Differenz von fünf Hertz nicht einem Halbton, sondern, wenn man so will, einem Zehntelton. Dazu kommt noch, daß das Konzert, so wie es heute gespielt und angehört wird, von einer erweiterten Anzahl von Instrumenten gespielt wird. Die Orchestrierung der Originalversion erinnert an die Kammermusik und weist folgende Instrumentenliste auf: 1 Flöte, 2 Klarinetten, 2 Oboen, 1 Fagott, 2 Hörner, 2 Trompeten, 1 Posaune, Violinen, Violen, Violoncelli und Kontrabässe.

In der zweiten Version dagegen erscheint die Instrumentenliste ungewöhnlich erweitert und sieht zusätzlich zu den bereits
aufgezählten Instrumenten 3 Posaunen, Serpent, Schlaginstrumente (Becken, Pauke, große Trommel) vor. Die dritte Version
hat im großen und ganzen die Instrumentenliste der zweiten
übernommen. Offenbar hat Paganini, angeregt durch Kontakte
mit den großen ausländischen Orchestern, die Orchestrierung
verändert, indem er sie erweiterte, ohne die erste Version umzuschreiben, sondern indem er im Orchestermaterial Teile verdop-
pelte, um einfach in unterschiedlichen Räumen abwechseln zu
können; er behielt dabei aber die Tonart Es stets bei.

Die modernen Aufführungen, die die erweiterte Instrumentenliste übernehmen, aber die Tonart in D-Dur umgeändert
haben, werden in keiner Weise der eigentlichen Idee Paganinis
gerecht, da so zweifellos ein Ungleichgewicht zwischen diesen
beiden grundlegenden und unveränderbaren Parametern entsteht. Es ist also durch die Unwissenheit der Ausführenden und
der Verantwortlichen der betreffenden italienischen und ausländischen Musikinstitutionen ein fundamentales Mißverständnis
entstanden, und es ist überaus erstaunlich, daß noch niemandem
diese außerordentlichen Unterschiede aufgefallen sind.[13]

Was das strukturelle und inhaltliche Profil angeht, so stellt das
Konzert Nr. 1 sofort, besonders in der Introduktion, jene kräftige
Emphase in den Vordergrund, die üblicherweise die gewohnte
Einleitung zum thematischen Material prägt. Dieses Material
wird in der Folge, gemäß den klassischen Vorschriften, die hier
von der unterschiedlichen, wenn nicht gegensätzlichen Natur der
beiden Themen hervorgehoben werden, dargelegt und ausgeführt.

Die Dialektik, der Paganini die beiden Einheiten unterwirft, ist
eng an die auf diesen Rahmen beschränkte Möglichkeit gekop-
pelt, die klanglichen Elemente des Instruments durch Doppelklänge von Terzen, Sexten und Dezimen und durch alternierende
Passagen in klanglicher Gegenüberstellung und Dialogform offenbar zu machen, die im allgemeinen alle Sätze des uns hier
interessierenden Konzerts, aber auch früherer Kompositionen
beherrschen. Ein anderer eigentümlicher Aspekt dieses Konzerts
ist die Wirkung, die Paganinis Behendigkeit mittels eines Feuer-
werks von chromatischen und diatonischen Läufen und Flageo-
letttönen hervorruft, die zuweilen aller Musik des Violinisten
eine übermütige und bizarre Prägung verleihen.

Das Adagio hat die Form eines zweiteiligen Lieds und soll aus
einer dramatischen Szene inspiriert sein, die De Marini[14] rezitiert

hat und in welcher der große Schauspieler den Tod als einziges Mittel gegen seine Leiden erfleht.

In diesem Satz zeichnet sich mit äußerster Klarheit und Spontaneität jene wunderbare Kantabilität ab, zu der Paganini fähig war, wenn er sich nicht mit der Sonatenform herumschlagen mußte. Mit einer vereinfachten Struktur ohne dialektische Komplikationen konfrontiert, nimmt Paganini die beiden Episoden in Angriff, indem er eher die tonale Gegenüberstellung als die klangliche herausstellt, das heißt, indem er Themen in Moll und Dur sich abwechseln läßt, mit einer Rückkehr zu Moll in der Reprise und zu Dur im abschließenden Teil. Die Alternierung der zwei Tongeschlechter ist sicher auf Ausdrucksintentionen zurückzuführen, die darauf abzielen, völlig verschiedene Stimmungen und Atmosphären wiederzugeben, ohne auf den Einsatz einer »künstlichen« Modulation angewiesen zu sein. Dies geht auch aus zahlreichen Kammermusikwerken hervor, bei denen die Passagen oder die Variationen in Moll oder Dur nicht nur im Notenschlüssel angegeben sind, sondern auch durch spezielle schriftliche Hinweise, mit denen Paganini die Aufmerksamkeit der Ausführenden auf die Bedeutung hinlenken wollte, die ein derartiges Verändern der Tonart für den Ausdruck hat. Es ist dies ein Verfahren, das aus dem 16. Jahrhundert stammt und dem wir auch beim frühen Beethoven begegnen.

Wie in allen langsamen Sätzen später entstandener Konzerte finden wir hier im Adagio, selbst wenn es manchmal voller dramatischer Andeutungen ist, jene heitere, friedliche und einfache Kantabilität vor, die die melodische Linie Paganinis kennzeichnet und die, selbst wenn es manchmal scheint, als wäre sie einer Opernarie nachempfunden, einen eigenen Charakter aufweist, der eher an das introvertierte Moment der Persönlichkeit des Komponisten erinnert als an einen Opernkomponisten. In diesem Zusammenhang sind die Namen Bellini, Rossini – sogar Verdi – gefallen; letzterer komponierte seine erste Oper ein Jahr vor Paganinis Tod.

Das Schlußrondo widerlegt die Atmosphäre des vorhergegangenen Satzes; es stellt sich dar als ein Beweis der Virtuosität, der sich voll und ganz auf das Element der Brillanz stützt, wie es im übrigen die beste europäische und vor allem französische Konzerttradition verlangte. Aber wenn die Finali der Konzerte von Kreutzer zuweilen durch den ständig wiederkehrenden Rückgriff auf die Rhythmen und Bewegungen der Polonaise unterhaltsam erscheinen können, so hat sich Paganini hinsichtlich seiner Konzerte vor dieser Versuchung gehütet; für ihn stellt das Finale als

Gegensatz zum Adagio das extrovertierte Tempo dar, eine mit Pomp an das Publikum gerichtete Versicherung, man werde ihm nun, als Schlußpunkt einer Darbietung, die sich schon zu lange hingezogen hat, ein würdiges Ende bieten. Damit will Paganini aber nicht wie bei den Komödien des 18. Jahrhunderts (die mit der Aufforderung schlossen, man möge klatschen, wenn die Vorführung gefallen habe, und pfeifen, wenn das Gegenteil der Fall gewesen sei) beim Publikum Abbitte leisten. Der Violinist fühlt sich hier gehalten, eine Verpflichtung, die er vielleicht ohne innere Überzeugung, aber im Einklang mit den Möglichkeiten seines Instruments auf sich genommen hat, zu erfüllen. In der Tat spart er für den beschwerlichen Schlußsatz einen besonderen Effekt auf, der in den früheren Arbeiten noch nicht ausgeführt wurde, der aber in späteren Werken regelmäßig in Erscheinung treten wird, besonders in jenen, die über die formale Tyrannei des klassischen Konzerts für Violine und Orchester hinausgehen. Gemeint sind die Flageolettöne in Doppelgriffen, von denen er schon in seinen improvisierten Kompositionen einige Kostproben gegeben hatte und die die völlige Beherrschung der Technik verlangen, da es extrem schwer ist, sie hervorzubringen. Es ist im übrigen bekannt, daß der Druck der Finger auf die Saiten sehr exakt ausgeübt werden muß, da ein geringes Zuviel oder Zuwenig eine äußerst unangenehme Wirkung hervorrufen würde (einen »schmutzigen« Ton, wie die Violinisten sagen). Wenn man berücksichtigt, daß die Saiten damals gewiß nicht so perfektioniert waren wie heute, kann man sich vorstellen, daß das Hervorbringen von Flageolettönen, sowohl in einfachen wie in Doppelgriffen, äußerst schwierig war.

In seiner Ganzheit betrachtet, stellt das *Konzert Nr. 1* eine relative »Summe« sowohl der Ausdrucks- wie auch der technischen Möglichkeiten von Paganinis Kompositionsstil dar. Relativ insofern, als sich Paganini zu diesem Zeitpunkt wohl einiges Material experimentell erarbeitet hatte, aber noch nicht verstand, es voll auszuschöpfen. Auch aus anderen Werken, die die Zeit nicht zu überdauern vermochten, geht hervor, daß Paganini damals den Höhepunkt seiner Vollendung als Komponist noch nicht erreicht hatte. Jene Pizzicati mit der linken Hand, die bereits in der *Sonate C-Dur*, die Elisa Bacciocchi gewidmet ist, sowie in den *Streghe* in Erscheinung getreten sind und die in der Entwicklung von Paganinis herausragender Technik eine grundlegende Bedeutung haben, kommen hier nicht vor, während sie in den Variationen alternierend eingesetzt wurden. Es ist aber nicht schwer, sich diese »Lücke« zu erklären. Das Pizzicato mit der linken Hand war eher »Schauvorführungen« angemessen, die die »Ungläubigen überzeugen sollten«, um einen Ausdruck Paganinis zu übernehmen, als den unendlich ernsthafteren Darbietungen der Konzerte großen Stils.

Das Adjektiv »groß« ist hier nicht zufällig gewählt worden, denn es kann zu Recht für die Konzerte Paganinis verwendet werden. Bereits auf der Partitur des Jugendwerks *Konzert e-Moll* steht die Angabe »Großes Konzert«, um auf einen nicht nur inhaltlichen, sondern auch formalen Anspruch hinzuweisen und um, wenn auch vielleicht auf übertriebene Weise, eine breitere Öffnung zur Romantik zu zeigen. Aber heutzutage erschrecken Begriffe wie »Großes Konzert« oder »Symphonie für großes Orchester« niemanden mehr.

1 Im Jahre 1790 dank Bortolo Riccardi gebaut, wurde das Theater 1797 durch einen Brand zerstört, nach einigen Jahren wieder vollständig aufgebaut und hatte 1800 Plätze. Ende des 19. Jahrhunderts wurde es auf den Namen Gaetano Donizettis umgetauft.

2 Der Brief, der von dem englischen Sammler Albi Rosenthal zur Verfügung gestellt wurde, ist von A. in *Paganini e Rossini*, Bollettino del Centro Rossiniano di Studi, 1986, no. 1–3, veröffentlicht worden.

3 Die Rezension von Lichtenthal wurde von der *Leipziger Musik-Gazette* am 6. April 1814 veröffentlicht.

4 »Und runter mit dem Geld«, Genueser Ausdruck, der den Beginn endloser Ausgaben feststellt.

5 Pietro Generali (1773–1832), Opernkomponist aus Vercelli, dessen richtiger Nachname Mercandetti war.

6 Alfonso La Marmora (1805–1878), Bruder von Alessandro, dem Begründer des Bersaglieri-Korps. Als er Genua 1849 belagerte und eroberte, beging er so viele und so schlimme Schandtaten, daß danach fast ein Jahrhundert lang Bersaglieri, die die Stadt betraten, Gefahr liefen, vom Volk verhöhnt und verprügelt zu werden.

7 Filippo Grazioli (1773–1840), römischer Komponist, Studiengefährte Paisiellos, Verfasser zahlreicher Opern.

8 Die Bezahlung wird von einer Quittung belegt, die die eigenhändige Unterschrift Paganinis trägt und im Istituto Mazziniano in Genua aufbewahrt wird.

9 Pietro Guglielmi (1728–1804), Autor zahlreicher lyrischer und possenhafter Opern.

10 Istituto Italiano per la Storia della Musica. Rom, 1976.

11 Partitur (Orchesterbegleitung von F. Mompellio, Historische Erläuterungen und Apparat von E. Neill). Genua, 1973.

12 In *Liguria*, Jahrgang XLIX, Nr. 1, Genova-Savona, 1982.

13 Edward Neill: »Il Primo Concerto di Paganini« in: *Nuova Rivista Musicale Italiana*, Jahrgang XXI, Nr. 1, Turin, 1987.

14 Giuseppe De Marini (1772–1829). Er spielte mit großem Erfolg abwechselnd dramatische und andere Rollen und schuf so die Figur des »ersten komischen Schauspielers«.

KAPITEL VI

Er spielt gut, aber er überrascht nicht.
Paganini über Lafont

Nach den politischen Ereignissen, die auf die Niederlage Napoleons gefolgt waren, war Mailand im Jahre 1816 bereits Teil des Königreichs der Lombardei und Venetiens, das von den Österreichern unter Franz I. verwaltet wurde. Und in diesem Jahr befand sich der Kaiser in Mailand, um ein reichhaltiges Besuchsprogramm zu absolvieren, zu dem auch Aufführungen an der Scala gehörten.

Paganini hielt sich zur gleichen Zeit in der lombardischen Hauptstadt auf, um dort einige Konzerte zu geben und danach mit Lafont in Wettstreit zu treten.

So schreibt er am 3. Februar an Germi:

> [...] Gestern abend gab es am Teatro della Scala ein Konzert von Monsieur Lafont.
> Dieser gute Professor hat aber wohl nicht so überzeugt, daß man ihn wieder anhören wollte. Er spielt gut, aber er überrascht nicht. Seine Frau hat leidlich gut gesungen, aber weil sie Französin ist, ist ihre Aussprache nicht richtig. Das Ganze ist insgesamt nicht so gut aufgenommen worden, wie wir gedacht hatten.

Wie man feststellen kann, ist Paganinis Urteil negativ; daher vielleicht der Entschluß, sich mit dem französischen Kollegen zu messen. In Erwartung des Wettstreits widmet sich der Genueser der Kammermusik, wie aus einem Brief vom 25. Februar hervorgeht, der wieder an Germi gerichtet ist:

> Vorgestern habe ich mit dem berühmten Krommer Quintette und Quartette gespielt; dieser ist äußerst liebenswürdig, witzig, aber er spricht nur Deutsch, und deshalb braucht es einen Dolmetscher, um ihn zu verstehen. Sein Alter ist 50. Er befindet sich in der Begleitung Seiner Hoheit, um mit ihm die 1. Violine in den Quartetten zu spielen; aber ich glaube, Seine Hoheit haben noch nicht gespielt. Lafont hat zum zweiten Mal anläßlich des Konzerts eines Pianisten an der Scala gespielt, aber es waren nur dreihundert Zuhörer da; es gefiel jedoch beim zweiten Mal besser [...]

Da das Teatro della Scala immer noch vom Ballett, das herrlich dekoriert ist, mit Beschlag belegt wird, werde ich es, glaube ich, am 8. des kommenden Monats haben.[1] Die Violine Lafonts hat ein brennendes Verlangen hervorgerufen, Paganini wieder zu hören.

Lafont hatte vorgehabt, mich zu hören, aber es ging doch nicht. Ich werde mit ihm ausmachen, daß er auf meine Darbietung wartet.

Der Brief ist reich an interessanten Informationen, was bei Paganini ungewöhnlich ist. Wir erfahren, daß er Quartette mehr zum eigenen Vergnügen spielt, als um dabei seine Virtuosität zur Schau zu stellen, ein Detail, das nicht wenig zur Erhellung seiner komplexen künstlerischen Persönlichkeit beiträgt.

Es handelt sich dabei, wie bereits gesagt, um eine »private« Übereinkunft, die getroffen wurde, um musizierenden Freunden, die ihm in keiner Weise gleichen konnten, eine Freude zu machen.

Interessant ist auch der erwähnte erste Kontakt mit Franz Krommer[2], der sich als Musiker im Gefolge Franz' I. befand. Man vermutet auch, daß die gegenseitige Sympathie, die in dieser künstlerischen Beziehung mit Krommer entstand, und der Einfluß Franz' I. und des Fürsten Metternich – dem Paganini später in Rom begegnen wird – die um 1828 erfolgte Einladung, in Österreich zu spielen, zur Folge hatten. Es fällt schwer, von einem »wetterwendischen« Paganini zu sprechen, der erst als Jakobiner auftritt, um sich dann unter das Banner Savoyens zu stellen und schließlich zu den Freunden Österreichs überzulaufen. Aber unser Musiker ist keineswegs ein »politischer« Mensch, auch wenn er seinen Vorteil aus den verschiedenen politischen Situationen, die in Italien im Lauf von etwas dreißig Jahren entstehen, zu ziehen weiß.

Er ist daran interessiert, wo auch immer zu spielen, sofern ihm ein Minimum an Organisation in Theatern geboten wird, die nicht in der Provinz liegen, wie es in der ersten Zeit der Fall war. Die Erfolge, die er bereits drei Jahre früher in Mailand erzielt hatte, stellen jetzt einen weiteren Beweis seiner Virtuosität dar und dienen darüber hinaus als »Katapult« für Konzerte in Städten, in denen er sich noch nicht vorgestellt hat, vor allem im Süden Mittelitaliens. Und für die unmittelbare Zukunft bietet sich ihm das Gebiet Venetiens, das unter die Jurisdiktion der österreichischen Verwaltung gefallen war.

Bevor er sich mit Lafont[3] mißt, gibt Paganini am 7. März 1816

ein Konzert an der Scala, bei dem er »auf der Violine verschiedene Musikstücke« mit großem Erfolg ausführt, wie es die Chronisten der Zeit berichten. Vier Tage später nimmt die Scala die
beiden Artisten auf, die für diese Gelegenheit das *Concertone*
von Kreutzer ausgewählt hatten, der einer der Lehrer Lafonts
gewesen war.

Die Bezeichnung *Concertone* ist völlig unangemessen und
bezieht sich auf die *Sinfonia concertante Nr. 1 F-Dur für zwei
Violinen und Orchester*. Im ersten Teil führte Paganini ein nicht
genauer definiertes Konzert und Lafont ein ebenfalls nicht ange-
gebenes Stück aus; dann nahmen sie gemeinsam das *Concertone*
in Angriff. Hier die Beschreibung des Ereignisses, wie es Conestabile nach einer aus dem 19. Jahrhundert stammenden Übersetzung eines Augenzeugenberichts (des bereits zitierten Lichtenthal) formuliert:[4]

Der Moment der gleichzeitigen Ausführung war endlich
gekommen. Paganini zeigte sich nicht beim Stimmen des
Instruments, das aber wohl gestimmt worden sein mußte,
da das Herunterstimmen der Saiten erforderlich wurde, eine
Praktik Paganinis, die wir bereits anderswo bemerkt hatten.
Als sich die beiden Künstler zusammen dem Publikum zeigen, hallt das Theater von tosendem Applaus wieder; nachdem dieser beendet ist, stimmt Lafont sorgfältig seine Violine und wendet sich dann Paganini zu, um ihn, wie es üblich
ist, sein a hören zu lassen, aber dieser zuckt, ohne ihn
anzusehen, trotzig die Schultern und fängt im selben Augenblick mit dem Concertone an, eine Geste, die dem Publikum nicht entging. Lafont führte seine Soli aus, aber Paganini, der in den Passagen, in denen die beiden Violinen
gleich spielten, sorgfältig dem Original treu blieb, überließ
sich, als er zu den Solopassagen kam, dem Schwung der
eigenen Phantasie, was ein außerordentliches Erstaunen
hervorrief; und seine Überlegenheit stand fest, als er im
Allegro noch erstaunlichere Proben seines Stils gab, und im
Adagio, in einer Aneinanderreihung von Kadenzen, tat er
Dinge, die seinen Rivalen nur noch in Verwunderung und
Erstaunen versetzen konnten, der doch auch für seinen Teil
sein Können gezeigt und Applaus geerntet hatte und der,
obwohl er nach dem Kreutzer-Werk noch einige Variationen ausführte, dennoch nicht die Siegespalme erringen
konnte, nachdem Paganini, um seinen Erfolg zu krönen,
seine *Streghe* hatte hören lassen, die die Darbietung been-

deten; in der Folge urteilten die Einsichtigen, daß, wenn Lafont im »canto« und im einfachen Spiel Paganini beinahe gleichkam, Paganini im Feuer, in den Schwierigkeiten, in der Technik ihm unendlich überlegen war.

Weitgehend ähnlich ist die Beschreibung, die Paganini Schottky[5] mitteilte, als er die Ereignisse aus zeitlichem Abstand erinnerte. Anders dagegen ist die Version Lafonts, der, ebenfalls aus zeitlichem Abstand heraus, den Schluß zog, der Wettbewerb habe weder Verlierer noch Sieger gehabt. Wir stellen hier beide Versionen einander gegenüber und beginnen mit der Paganinis.

> Ich begann, indem ich eines meiner Konzerte ausführte, dann trat Lafont mit einem etwas langatmigen Stück auf; darauf spielten wir zusammen das Doppelkonzert von Kreutzer, das Rode und Kreutzer einmal zusammen in Paris gespielt hatten. Solange die beiden Violinen zusammen spielten, hielt ich mich Note für Note streng an den geschriebenen Text, so daß Lafont denken sollte, daß wir beide die gleiche Schule vertraten. Aber in den Solopassagen ließ ich meiner Phantasie freien Lauf und spielte in der italienischen Manier, die mir natürlicher ist. Sicher, das sollte meinem Rivalen nicht sehr gefallen, der danach Variationen über ein russisches Thema spielte, während ich das Konzert mit meiner Komposition *Le Streghe* beschloß. Lafont konnte sich vielleicht eines größeren Klangvolumens rühmen, aber daß ich auf seiner Höhe war, zeigte der an mich gerichtete Beifall. Zweifellos ist aber Lafont ein großer Künstler.

Lafont[6] sagt dazu:

> Ich spielte zusammen mit Paganini die *Sinfonia concertante* von Kreutzer. Einige Tage vor dem Konzert probten wir zusammen und mit jeder Sorgfalt diese Symphonie. Am Tage des Konzerts führten wir sie so aus, wie wir sie geprobt hatten, ohne jegliche Änderung, und wir erhielten sowohl in den Passagen, die wir zusammen spielten, wie auch in den Soli den gleichen Beifall. Als wir zu dem Cantabile in f-Moll im zweiten Solo des ersten Teils gelangten, war einer von uns entschieden im Vorteil. Diese Passage hat einen tiefen und melancholischen Charakter. Paganini führte sie als erster aus, aber seine Interpretation hatte wenig Erfolg, vielleicht weil der kraftvolle und pathetische Charakter nicht zu den Verzierungen und den brillanten Registern passen wollte, die er ihm auferlegte. Sofort danach nahm

ich die gleiche Passage wieder auf, behandelte sie aber ganz anders. Die Stimmung, die mich ergriff, bewirkte, daß ich dem Stück einen Ausdruck und eine Einfachheit verlieh, die vom Publikum erfaßt wurden, und daß ich großen Beifall erhielt.

... Ich wurde nicht von Paganini geschlagen, noch er von mir. Ich habe bei keiner Gelegenheit versäumt, seinem großen Talent Achtung zu erweisen, aber ich habe nie gesagt, daß er der beste Violinist der Welt sei, noch habe ich gegen andere Künstler ungerecht sein wollen, die so berühmt sind wie Kreutzer, Rode, Baillot und Habeneck. Und ich erkläre hier, wie ich es immer getan habe, daß die französische Schule die beste auf der Welt ist.

Die beiden Versionen weisen zum Teil übereinstimmende Aussagen auf (die Erklärungen gegenseitigen Respekts), divergieren aber bezüglich einiger Grundaussagen. Tatsächlich war der Wettbewerb an der Scala von Anfang an nicht ganz gerecht, da sich Paganini an der Scala bereits einen Namen gemacht hatte, auf Lafonts Konto dagegen nur einige, nicht sehr erfolgreiche Konzerte gingen. Folglich ist anzunehmen, daß das Publikum in gewissem Maße parteiisch war. Dazu kam, daß die Ausführungsstile der beiden Meister, wenn nicht völlig verschieden, so doch auf der Ebene der Textinterpretation unvereinbar waren.

Paganini gibt unumwunden zu, daß er sich in den Solopassagen seinem Talent überlassen hat, wobei er sie mit Verzierungen schmückte, die wiederum die größere Ernsthaftigkeit der Ausführung Lafonts störten. Man muß auch festhalten, daß Paganinis »Schiedsrichter« von Lichtenthal bereits in Zusammenhang mit den verschiedenen Darbietungen des vorangegangenen Jahres zitiert worden waren. Gegenüber der französischen Schule, die Lafont mit großer Unbescheidenheit als die »beste der Welt« ansah, die aber zu Recht, was die Nähe zur Partitur betrifft, als sehr hochstehend und einflußreich betrachtet werden muß, konnte die »Nicht-Schule« Paganinis, die sich allein auf die Begabung gründete, auf das instinktive Können und auf die Improvisation, nur ein isoliertes Phänomen jenseits und außerhalb des Vergleichs darstellen. Vergleiche von Gegensätzen sind aber nicht möglich, da sie keine Analogien aufweisen, die einen gemeinsamen Maßstab zuließen.

Auf jeden Fall hatten beide Violinisten unrecht: Lafont damit, daß ihm der Kamm schwoll, und Paganini damit, daß er das »Doppelkonzert« als einen Wettlauf ansah, bei dem der zu gewinnen hatte, der zuerst ankam.[7] Derartige Wettbewerbe, die an Radrennen erinnern, werden noch in der zweiten Hälfte des 19. Jahrhunderts veranstaltet werden.

Zweifellos wird Paganini aus dem Wettstreit mit Lafont die Lehre ziehen, nach und nach zu Werken Abstand zu nehmen, die nicht von ihm selbst komponiert wurden. Dem eigenwilligen typisch italienischen Musikgeschmack waren die Kompositionen – auch die eines Beethoven – nicht heilig, sondern wurden ihm respektlos angepaßt; für Deutsche und Franzosen hingegen galt die genaue Befolgung der Anweisungen des Komponisten als unumstößliches Gebot; für sie war das Original eine reine Quelle, aus der man mit größter Demut zu schöpfen hatte.

Wenn Paganini sagt: »Ich spielte auf italienische Weise«, versteht er darunter das Extemporieren, die Befolgung der Augenblicksinspiration, aber auch seine ganz persönliche Art, die es ihm unmöglich machte, alles, was auf dem Notenpapier geschrieben stand, als Gesetz anzusehen – zumal die Musik im Unterschied zum Gesetz nicht für alle gleich ist.

Diese enorme Respektlosigkeit ist im Grunde auf eine ziemlich veraltete Interpretationsweise des 17. und 18. Jahrhunderts zurückzuführen, bei der die Ausführung eines Stücks (nicht nur des Basso continuo) allein durch das Können des jeweiligen Musikers bestimmt wurde. Paganini fühlt sich an diese alte Bestimmung, wenn auch vielleicht nur unbewußt, gebunden, da sie, obwohl sie einen Anachronismus darstellt, seiner Natur entgegenkommt; erst nachdem er eine Weile zwischen dem 18. und dem 19. Jahrhundert geschwankt haben wird, wird er versuchen, weiter zu sehen.

Im Frühling des Jahres 1816 kann Paganini, vielleicht dank eines freundschaftlichen Entgegenkommens von Krommer, eine lange Konzertreise in Venetien antreten; und gleichzeitig, mag es nun Zufall sein oder nicht, besucht auch Franz I. verschiedene Orte derselben Region.

In der zweiten Aprilhälfte kommt der Violinist nach Venedig und gibt im »höchst vornehmen« Teatro Vendramin in San Luca am 22., 23. und 29. drei Konzerte.

Die Rezension der Konzerte Paganinis, die in der *Gazzetta Privilegiata di Venezia* vom 27. April 1816 abgedruckt wurde, soll hier in voller Länge wiedergegeben werden, um die geistlose Ignoranz zu demonstrieren, in der sich die italienische Musikkritik des vorigen Jahrhunderts gefiel, sogar wenn der Rezensent – wie der Autor des folgenden Textes – über musikalische Kenntnisse verfügt.

Dieses wundervolle Talent musikalischer Ausführung kam endlich auch nach Venedig, um sein ungeheuerliches Können zu zeigen, indem er sich bis jetzt nur zwei Male, an den aufeinanderfolgenden Abenden des 22. und 23. dieses Monats, im höchst vornehmen Teatro Vendramin in San Luca anhören ließ. Sein Ruf war seiner Ankunft vorausgeeilt, hatte seinen Namen zelebriert und hatte auch zwischen diesen Lagunen seine Vorzüge hoch gerühmt. Aber was kann das Gerücht mit seinen hundert Mündern und seinen hundert Zungen schon sagen, was dem unbegreiflichen Verdienst dieses Despoten der Violine gleichkäme? Wer Paganini hört, der findet ihn ungleich höherstehend als jedes Lob, um soviel höherstehend, wie der Berg Taurus die umliegenden Hügel überragt: Wer Paganini nicht hört, der wird nicht nur niemals wieder hören können, sondern wird sich auch niemals vorstellen können, was Geist und Hand des Menschen zu schaffen und auszuführen imstande sind, was er zu schaffen und auszuführen imstande ist. Das große Konzert von eigener Komposition, das er am ersten Abend spielte, bestach nicht nur durch die unübertreffliche Ausführung, sondern sichert ihm auch den Vorzug tiefen Wissens und erlesenen musikalischen Geschmacks; die vielen Stücke, die je sein Bogen auf der IV. Saite der Violine spielte und die das Publikum der überraschten Verzauberung anheimfallen ließen, scheinen zu beweisen, daß das Instrument auch ohne die überflüssigen drei anderen Saiten perfekt ist. Sein einzigartiges Genie umarmt alle Eigenheiten der Musik; an den schwierigsten Stellen scherzt er mit all jenen Griffen, die keines anderen Hand wagen würde; in der Zartheit wird er zu einem unwiderstehlichen Verführer, im Schwung der Phantasie wirbelt er in einem Strudel der seltsamsten Kunstgriffe, schlägt jedes Hindernis nieder, jede Begrenzung und erträgt keine Gesetze, läßt sich nur von seinem wunderbaren Geist leiten, der schöner und preisenswerter ist als jedes Gesetz; diese fremdartigen Gaben vereinigt er mit einer unvergleichlichen zeitlichen Genauigkeit, einer perfekten Stimmung; dabei verwendet er ein verstimmtes Instrument, eine Wahrheit, die jedem, die sie nicht wiederholt erlebt hat, als Übertreibung erscheinen muß.

Signor Paganini ist bereit, sich am Abend des kommenden Montags, des 29. des Monats, zum allerdings letzten Male anhören zu lassen. Diese Ankündigung ist sehr unerfreulich für jeden, der die Idee der Vortrefflichkeit zu fassen imstande ist und der fähig ist, sie wie bei dieser Gelegenheit mit seinen Sinnen aufzunehmen; es ist diese Ankündigung jedoch tröstlich für jeden, der diesen erhabenen Künstler schätzt und liebt, wie er geschätzt und geliebt zu werden verdient, und der seine eilige Abreise versteht als Ungeduld, sich unter andere Himmel zu begeben, wo ihn unfehlbar neue Lorbeeren und immer größere Erfolge erwarten werden.

Es grenzt an ein Wunder, sollte es gelingen, aus dieser Rezension zu schließen, daß zu den Stücken, die Paganini spielte, sowohl die Variationen auf der IV. Saite wie auch das *Konzert Nr. 1* gehörten.

Eine andere Etappe von Paganinis Tournee, über die wir Unterlagen besitzen, ist Triest. Hier gibt Paganini vom 1. bis zum 5. September 1816 fünf aufeinanderfolgende Konzerte, bei denen der Tenor Luigi Granci mitwirkt, wie aus dem Programm des ersten Konzerts hervorgeht:

Erster Teil

1. Introduktion für großes Orchester.
2. Rezitativ und Arie des Maestro Mosca, gesungen vom virtuosen Tenor Luigi Granci, der in Gesellschaft des Professors hierherkam.
3. Konzert für Violine, ausgeführt von Paganini.

Zweiter Teil

4. Ausgewähltes Allegro für volles Orchester.
5. Szene und Kavatine des Maestro Mayer, gesungen vom virtuosen Granci.
6. Rezitativ und Arie mit Variationen einzig auf der IV. Saite der Violine, komponiert und ausgeführt von Paganini.

Auch in diesem Fall geht aus der Bezeichnung »Konzert für Violine, ausgeführt von Paganini« nicht hervor, ob es sich um ein eigenes Werk oder um das eines anderen Autors handelt, vielleicht um ein Stück von Kreutzer. Nicht einmal die Memoiren eines Zeitgenossen, die im *Il Piccolo* von Triest veröffentlicht wurden, können zur Klärung dieser Frage viel beitragen, da die Aufmerksamkeit sich hauptsächlich auf die Variationen auf der IV. Saite (*Sonata Napoleone*) konzentriert.[8]

Paganini spielte an jenem Abend vor fast fünfhundert Zuhörern – die Einnahme betrug 240 Fiorini –, aber an den folgenden Abenden verdreifachte sich das Publikum. Der Eindruck, den der große Violinist hervorrief, war unbeschreiblich, besonders nach dem Rezitativ und Arie mit Variationen einzig auf der IV. Saite; die völlig neuartigen violinistischen Akrobatien und die machtvolle Herrlichkeit des Ausdrucks entrissen den Zuhörern Schreie der Begeisterung. Es scheint, als ob die enthusiastische Aura, die das abgezehrte, bleiche Gesicht des Musikers in der Umrahmung der langen schwarzen Haare umstrahlt, auch das Herz der Triesterinnen anrührte. Eine Dame schrieb am Tage nach dem Konzert an eine Freundin in Venedig: »Signor Paganini wühlte uns mit seiner magischen Kunst auf; er ist ein Mensch, der Zeichen des Genies an sich hat. Ich kann Dir nicht sagen, wie sehr er mir gefallen hat.«

Das kurze Zitat aus dem Brief der Dame bestätigt, daß Paganini Macht über die Herzen des anderen Geschlechts hatte, eine Information, die für uns nicht neu ist, zumal wir bereits wissen, daß schon in der Zeit in Lucca Elisa Bacciocchi in Ohnmacht fiel, wenn sie den Klängen lauschte, die der Violine des Genuesers entströmten.

Es ist nicht sehr schwer, sich ein derartiges Phänomen zu erklären. Abgesehen von der bereits erwähnten »Diabolität« der Violine zählten der Ton, die Effekte, die Klangfarben, die Paganini hervorzubringen imstande war, zu dem »Außerordentlichen«, das anscheinend besonderen Einfluß auf das weibliche Publikum hatte. Paganini galt daher bald als ein höheres Wesen, eine Art von Gott, der auf die Erde gekommen war, um seine Wunder vorzuführen. Auch läßt sich die These nicht ganz widerlegen, daß besonders die Flageoletts, die er auf seiner Violine hervorbrachte, die Eigenschaft besaßen, über das Gehör zum Gehirn vorzudringen, dort die Empfindungen zu verwirren und so einen »pathologischen« Zustand hervorzurufen, der bestimmte Hemmschwellen herabsetzen oder auch ausschalten konnte. Dieses Rätsel wurde noch nicht gelöst.

Über Paganinis fünf Konzerte in Triest berichtet nur eine einzige Rezension, die im *Osservatore Triestino* erschien und die wir im folgenden vollständig wiedergeben:[9]

Auch unsere Stadt hat dem berühmten Professor für Violine Signor Niccolò Paganini zugehört und ihn bewundert. Er ist bei fünf aufeinanderfolgenden großen Instrumental- und Vokal-Konzerten aufgetreten, bei denen sein Erfolg von Mal zu Mal zunahm, sowohl was den Zulauf als auch was den einhelligen Beifall, der ihm gezollt wurde, betraf. Dieser Umstand allein würde genügen, bekanntzumachen, welcher hervorragenden Kunst er sich zu Recht rühmen darf, zumal es in Triest bisher noch nicht vorgekommen ist, daß ein virtuoser Musiker so oft auftreten konnte und dabei jedesmal dem Publikum noch mehr Genuß verschaffte als beim vorherigen [Male]. In der Tat hat Signor Paganini nicht nur dem Ruf entsprochen, der ihm vorauseilt, sondern er hat es auch verstanden, ihn um ein Vielfaches zu übertreffen, indem er gezeigt hat, daß er das gesamte Wissen eines versierten Musikers besitzt, gepaart mit den Gaben der brillantesten Beherrschung des Schwierigen und des Überraschenden. Bei diesem wunderbaren Meister der Violine auf Einzelheiten einzugehen wäre das gleiche, wie von jenem reden wollen, was man nicht ausdrücken kann. Und wer kann es wagen, die Geheimnisse des Genies zu erklären?

Es genügt zu sagen, daß Paganini jenes äußerst widerspenstige Instrument, das bisher der Stolperstein der besten Begabungen war, völlig unter sein Joch gezwungen hat.

Um die Darbietung abwechslungsreicher zu gestalten, hat sich Signor Luigi Granci, der in Begleitung Paganinis reist, in seiner Eigenschaft als Tenor zur Verfügung gestellt und vom Publikum dafür lautstarken Applaus errungen; dies bestätigt um so mehr das Verdienst dieses Sängers, als es eine gewagte Unternehmung für einen jeden ist, gleichzeitig mit Paganini aufzutreten; bei dieser Gegenüberstellung muß sich jeder Künstler trotz seines Verdienstes in den Schatten gestellt fühlen.

Zu der Zeit, als Paganini sich in Triest befand, lebte Elisa Bacciocchi in einer Villa, die abgelegen in Campo Marzio lag. Einige Autoren nehmen an, daß Paganini der Schwester Napoleons einige Besuche abstattete, aber es gibt keine Beweise, die diese Hypothese unterstützen würden. Wie unter anderem Tonazzi[10] mitteilt, wurden die Bonapartisten, die in Triest im übrigen nicht sehr zahlreich waren, von der österreichisch-ungarischen Polizei unter strenger Bewachung gehalten, und es ist nicht sehr wahrscheinlich, daß unter diesen Umständen ein neuer Kontakt des Virtuosen mit der Fürstin zustande kam, zumal die Beziehungen der beiden sich bereits bei seinem letzten Aufenthalt in Lucca verschlechtert hatten.

Nach den Triester Konzerten kehrt Paganini nach Venedig

zurück, um dort weitere zu geben. Hier hat er Gelegenheit, Spohr zu hören, der seinerseits den Wunsch äußert, Paganini zu hören, aber dieser schlägt ihm den Wunsch ab, wie es aus der Autobiographie des deutschen Komponisten hervorgeht:[11]

> Heute früh war Paganini bei mir, um mir viel Schönes über das Konzert zu sagen. Ich bat ihn sehr dringend, mir doch nun auch etwas von sich zu hören zu geben, und mehrere Musikfreunde, die eben bei mir waren, vereinigten ihre Bitten mit der meinigen. Er schlug es aber geradezu ab und entschuldigte sich mit einem Sturze, dessen Folgen er noch in den Armen spüre. Nachher, als wir allein waren und ich nochmals in ihn drang, sagte er mir, seine Spielart sei für das große Publikum berechnet und verfehle bei diesem nie seine Wirkung; wenn er mir aber etwas spielen solle, so müsse er auf eine andere Art spielen, und dazu sei er jetzt viel zuwenig im Zuge. Wir würden uns aber wahrscheinlich in Rom oder Neapel treffen, dann wolle er sich nicht länger weigern.

Aus diesen Beobachtungen Spohrs wie aus anderen, die zuvor vorwiegend von ausländischen Musikern und Kritikern gemacht wurden, geht hervor, daß Paganini befürchtete, von bekannten Violinisten mit Strenge beurteilt zu werden, da diese sich vielleicht einer größeren Sicherheit und einer größeren Treue zum Original bei der Interpretation der Klassiker rühmen konnten, außerdem natürlich einer sicheren Hand bei der Orchestrierung. Spohr hatte zu diesem Zeitpunkt bereits außer zahlreichen Konzerten für Violine eine reichhaltige Serie von Opern, Symphonien und Kammermusikwerken geschrieben und galt in Deutschland als einer der bekanntesten Vertreter der Musik nach Mozart, obwohl, objektiv gesehen, seine Musik veraltet war. Wie Lafont, Rode und Kreutzer war Spohr das genaue Gegenteil von Paganini, da der Genueser, obwohl er diesen Violinisten sicher auch bezüglich der Technik des Violinspiels überlegen war, der Eingebung den Vorzug gegenüber der Reflexion gab und der Phantasie den Vorzug gegenüber dem Respekt vor der Vorlage. Es erscheint auch wichtig, hervorzuheben, daß die von Paganini vorgebrachten Einwände, sein Stil sei »auf das Volk zugeschnitten« und er müsse, um für Spohr zu spielen, einen »völlig andersartigen Stil« einsetzen, nichts anderes waren als die logische Konsequenz seiner Konzeption eines »italienischen Stils«, der die Normen und Regeln nicht litt, die den Regelkanon jenseits der Alpen bestimmten.

Am 16. Oktober 1816 schreibt Paganini von Venedig an seine Mutter und deutet unter anderem die Möglichkeit an, Konzerte im Ausland zu geben, die aber dann, vielleicht infolge der Cavanna-Affäre, aufgeschoben wurden:

> [...] Vielleicht werde ich den Winter in Neapel verbringen und im Frühjahr eine Reise nach Deutschland unternehmen. Mein Begleiter wird ein braver Tenor sein, ein wahrer Freund, der sich schon bewährt hat [Luigi Granci, der bei seinen Konzerten in Triest gesungen hatte].

Von den Konzerten in Venedig sind nur einige vage Spuren erhalten. Codignola[12] zitiert einen Auszug aus dem handschriftlichen Tagebuch Emanuele Cicognas, in dem ein Konzert erwähnt wird, das am 20. März 1817 im Teatro San Luca gegeben wurde; Ausführender war der »Violinspieler Paganini; er ist unerreichbar; schade, daß er ein äußerst unordentlicher Mensch ist. Man sagte damals (aber wo?), daß er in Wien im Gefängnis gewesen sei (oder in Rom) und wieder freigelassen wurde, weil er vor dem Kaiser (oder dem Papst) auf seiner Violine gespielt habe«. Wir stellen fest, daß sich die Gerüchte um seine Rolle in der Cavanna-Affäre verbreiteten und daß die Tatsachen gewaltig verzerrt wurden, wie in solchen Fällen üblich. In der Tat schlägt der Bericht Cicognas zwischen Klammern Hypothesen vor, die jeder Grundlage entbehren. Tatsächlich war Paganini zu jenem Zeitpunkt weder je in Rom noch in Wien gewesen, und er war bisher weder vom Kaiser noch vom Papst gehört worden.

Im Februar des Jahres 1817 wurde Paganini von einem gewissen Medoni vor Gericht gebracht, weil er eine Spielschuld in Höhe von sechzehn Napoleon d'Or nicht beglichen hatte. Der Prozeß fand in Venedig im Konsulat des Reiches von Sardinien statt. Nach einigen Protesten seitens Paganinis und der Vernehmung von Zeugen wurde der Violinist dazu verurteilt, die geforderte Summe zu zahlen und die Gerichtskosten zu tragen.

Paganini gibt am 27. März ein Konzert am Teatro della Fenice, aber in einem Brief an Germi vom 22. März des gleichen Jahres schreibt er von »sechs Vorstellungen am bedeutendsten Theater der Stadt, da der Finger wiederhergestellt ist«. Paganini hatte also wirklich einen kleineren Unfall erlitten, wie er Spohr gegenüber behauptet hatte.

Für den Zeitraum von April bis Juli 1817 ist nicht festzustellen, wo sich Paganini aufgehalten haben mag, aber es ist nicht auszuschließen, daß er einen kurzen Abstecher nach Mailand unternahm, um an der Scala der Uraufführung der *Diebischen*

Elster von Rossini beizuwohnen, die mit »sehr gutem Erfolg« am 31. Mai stattfand. Im Juli ist Niccolò mit Sicherheit in Genua gewesen, wo er am Teatro S. Agostino ein Konzert gab.

Von Genua reist er nach Turin, wo nicht wenige Enttäuschungen seiner harren.

1 Das Konzert fand dann aber am 7. März statt.

2 František (Franz) Krommer (1760–1831), österreichischer Komponist und Violinist, ab 1806 im Dienst Franz' I. Heute ist er vor allem wegen seiner Kompositionen für Blasinstrumente bekannt.

3 Charles Philippe Lafont (1781–1839), Violinist, Schüler von Kreutzer und Rode. Er komponierte sieben Konzerte für Violine und Orchester und verschiedene Stücke für andere Besetzungen, die heute alle in Vergessenheit geraten sind.

4 Die Rezension stammt aus Conestabile, op. cit.

5 Op. cit.

6 Erschienen in *Harmonicon*, London, 1830.

7 Der gleiche Wettlauf ereignete sich 1874, als Saint-Saëns seine *Variations sur un thème de Beethoven* für zwei Klaviere ausführte und dabei im Finale das Tempo beschleunigte. Er bereitete seinem unglücklichen Kollegen große Schwierigkeiten, als er ihm im Schluß um einen Takt voraus war.

8 Der Bericht wurde postum vom Schriftsteller Angelo Boccardi im Triester *Il Piccolo* veröffentlicht, der sich an G. C. Bottura gehalten hatte, der sich wiederum anhand von Archivmaterial über die Ereignisse am Theater von Triest informiert hatte. In *Paganini a Trieste* (Padova, 1978) hat Bruno Tonazzi widerlegt, daß Paganini für ein einziges Konzert zweihundertvierzig Fiorini erhalten haben soll; aus den Archivdokumenten geht hervor, daß sein Lohn weit unter dieser Summe lag.

9 Die Rezension wurde zum erstenmal von B. Tonazzi veröffentlich (op. cit., siehe Anmerkung 8).

10 Op. cit.

11 L. Spohr: *Selbstbiographie*. 2 Bände, Kassel und Göttingen, 1860–61.

12 Op. cit.

KAPITEL VII

Aus einem Brief Paganinis an Germi vom Dezember 1817 erfahren wir, daß Paganini bereits nach Turin gegangen war, um dort Konzerte zu geben. Im gleichen Brief wird eine Madame Taddea erwähnt, die Paganini in Genua kennenlernte und öfter besuchte, wenn er auch anscheinend wenig Erfolg bei ihr hatte. Die wichtigste Information, die wir diesem Brief entnehmen können, betrifft seine Aussichten, in der Hauptstadt Piemonts aufzutreten. Er schreibt:

> Sie wollen hier meine Violine wieder hören, und es wird mir eine Ehre sein, am Weihnachtsabend ein Konzert anzubieten, wenn sie mir für diesen heiligen Tag die Genehmigung dazu geben. Heute abend werde ich zum Teatro Regio gehen, um dies zu erfragen. Das Stück, das diesen Karneval gegeben wird, ist von Rossini und trägt den Titel *Alderamo in Palmira*.[1] Der Eunuch ist die Pisaroni[2], die Prima Donna die Bianchi[3], der Tenor...[4], der Baß ist Cipriani, und es gibt auch etwas Tanz.

Zwei Tage später, am Heiligabend, schreibt Paganini wieder an Germi:

> Ich werde am Freitag kein Konzert geben, weil die Bühne am Teatro Carignano nicht verfügbar ist. Ich werde sehen, ob die Königin mir für den zweiten [Januar] des nächsten Jahres ihr Theater überlassen wird. Gestern abend habe ich das Konzert der Dilettanten besucht, aber ich habe mich sehr gelangweilt, und ich ging nach dem zweiten Stück. Die Vorstellung am Teatro Regio wird am Samstag stattfinden; das Teatro Carignano ist geschlossen, im d'Agennes [spielt man] eine Komödie mit der Kompanie Marchoni und andere Stücke für Marionettentheater. Hier regen sich die Kaufleute und die Grundbesitzer auf, weil die Logen im großen Theater an die Adligen abgegeben worden sind.

Die unfreiwillige Muße, mit der sich Paganini abfinden muß, führt dazu, daß er kurz darauf (am 7. Januar 1818) Germi noch einen Brief schreibt, in dem er unter anderem sagt:

> [...] Es wird schwer für mich sein, in diesem Karneval Konzerte im Teatro Regio zu geben, denn dafür braucht man die Erlaubnis Ihrer Hoheiten.

[...] Ich erwarte eine Antwort vom Teatro della Scala; ich werde dann nach Mailand gehen, in der Fastenzeit aber werde ich nach Turin zurückkehren, um hier zu spielen. Der Lärm, den sie am Teatro Regio machen, führt dazu, daß man weder die Sänger noch das Orchester hört, deswegen schweige ich.

Gegen Ende Januar (1818) scheint sich die Lage immer noch nicht zum Besseren wenden zu wollen, und Paganini erwägt, nach Genua zurückzukehren. Am 21. des Monats schreibt er an Germi:

Ich hatte vorgehabt, zum laufenden Karneval heimzukehren, da ich nicht einmal in Mailand ein Theater haben kann, um Konzerte zu geben; aber jetzt habe ich mich entschlossen, hier zu bleiben, um mindestens drei Darbietungen vorzubereiten, die ich in der Fastenzeit geben werde [...]. Ich langweile mich sehr. Am Teatro Regio ist grauenhafte Musik;[5] ich gehe manchmal zu Signor Zin, [der] auch von vielen anderen Genuesern sehr gern besucht wird. [...]

Endlich, am 31. Januar, kann Niccolò Germi die drei Konzerte ankündigen, die für die Fastenzeit vorgesehen sind. Der gleiche Brief enthält auch die Nachricht von einer neuen Liebe Paganinis, die jedoch rein platonisch bleiben und zuletzt am Verzicht zugrunde gehen wird. Unter anderem steht in dem Brief folgendes:

[...] Am ersten Sonntag der Fastenzeit werde ich am Teatro Carignano ein Konzert geben [...]; Me[l]lara bräuchte zumindest noch einige Jahre, bis er eine Oper schreiben kann. Ich gehe nicht mehr ins Theater, um mich nicht langweilen zu müssen, und ich führe ein einsames Leben; seit mehreren Tagen schon halte ich die Violine in der Hand, aber es kommt meiner Fingerfertigkeit nicht zugute. Ich will aber nicht verzweifeln.
Fast alle Frauen sind mit einem gewissen Maß an Verstellung begabt, da die Erfahrung [sie] gelehrt hat, daß diese notwendig ist, um sich gegenüber den Männern zu behaupten, aber sehr selten nur fand ich in einer einzigen Person Grazie und Bescheidenheit, Einfachheit und Verschmitztheit, Gefühl und Gefühllosigkeit sowie ein engelhaftes Gesicht mit einem teuflischen Herzen vereinigt. Dies ist das physische und moralische Porträt eines jungen Mädchens in der Blüte seiner Jugend, das ich gerade erst über einen

Freund, der bereits zu seinem Opfer wurde, kennengelernt habe.

Dies war für mich ein Glücksfall, da ich bereits vor den Gefahren gewarnt war, denen sich mein Herz aussetzt, wenn es sich mit dieser neuen Helena einläßt, und so konnte ich den Pfeilen widerstehen, die jene Augen werfen und die der Seele Unruhe und Tod bringen: Doch muß ich Ihnen anvertrauen, mein Freund, daß ich, seit ich diese verführerische Kreatur gesehen habe, meine Tage in Traurigkeit verbringe, gequält von tausend unguten Gedanken, die mich in einen Zustand dauernder Niedergeschlagenheit versetzen. Meine Krise ist furchtbar, und es wird das beste sein, wenn ich mich entschließen kann, für immer einem Haus fernzubleiben, das ich nie wieder hätte betreten sollen.

Die pessimistischen Visionen Paganinis erklären sich zum Teil aus dem unglücklichen Ausgang seiner vorangegangenen Beziehung zu Angiolina Cavanna und deren Konsequenzen. Von nun an wird Paganini in seinen Beziehungen zum schönen Geschlecht immer wachsamer werden.

Am 12. und 15. Februar kann Paganini endlich die so lang erwarteten Konzerte am Teatro Carignano geben; bei dieser Gelegenheit spielt er unter anderem Variationen, die nicht genauer bestimmbar sind.

Die *Gazzetta Piemontese* vom 15. Februar veröffentlicht eine erschöpfende Rezension von Paolo Luigi Raby[6], in der aber die gespielten Stücke nicht aufgelistet werden:

Der Name Nicolò Paganinis, der vor nunmehr vier Jahren im Teatro Carignano verdienten Beifall erhielt, brachte am Donnerstag abend dem gleichen Theater erlesenen und zahlreichen Zulauf, und die Erwartung des Publikums wurde in keiner Weise enttäuscht. Wenn wir die Begabung dieses hochverehrten Professors an der Spontaneität und Herzlichkeit des Beifalls, der ihm oft zuteil wurde, messen würden, so gäbe es wenige Virtuosen, die ihm gleichkämen: Aber wenn wir auch großen Respekt vor dem Urteil des Publikums haben, so dürfen wir uns doch nicht von dem magischen Instrument verzaubern oder verführen lassen, und es ist unsere Pflicht, wenn wir uns eine Meinung bilden und diese mitteilen, die Prinzipien der Kunst dazu als Leitfaden zu nehmen.

Die Fortschritte der musikalischen Komposition können wohl so weit reichen wie der menschliche Geist, denn wir sind der Ansicht, daß man auf dem Gebiet der schönen Künste den Quell des Geschmacks und der Erneuerung nicht so leicht erschöpfen kann; aber wenn es um die Ausführung geht, so hoffen wir, nicht im Unrecht zu sein, wenn wir sagen, daß hier das Gebot *ne quid nimis* das wichtigste ist, damit das Ausgezeichnete nicht zum Feind des Guten wird.

Signor Paganini hat eine neue Art Musik geschaffen, und er wird schwerlich Nachahmer finden, denn er übertrifft alles, was man mit den Regeln der Kunst allein erreichen könnte. Oft ist seine Violine keine Violine mehr; sie ist eine Flöte, sie ist die sehr reine Stimme eines gut abgerichteten Kanarienvogels: Er meistert die kompliziertesten Schwierigkeiten mit unsagbarem Freimut; ja, gleichzeitig Komponist und Ausführender, scheint er sich bemüht zu haben, sie zu vermehren, sie bis ins Unendliche zu vergrößern, um sich stets rühmen zu können, sie besiegt zu haben. Das Auge wird verwirrt von diesen machtvollen Abfolgen; aber wenn man es befragt, so kann es keine Rechenschaft ablegen über das, was es so heftig getroffen hat. Es gibt keine Zweifel darüber, daß jene Musik die beste ist, die mit ihrer Harmonie oder Melodie sanft ins Herz dringt und dieses so mit Lieblichkeit erfüllt, daß jene Stelle, die es am meisten berauscht hat, zum Verstand aufsteigt und dort dankbare Erinnerung hervorruft oder erneuert. In den Solopassagen eines Konzerts kann es keine Harmonie geben, und deshalb ist die Melodie hier sehr wichtig, und diese kann sich nicht in einer Anhäufung von Schwierigkeiten, eine größer als die andere und sozusagen aufeinandergetürmt, entfalten und durchsetzen, so daß die Lieblichkeit des Cantabile entweder nicht zustande kommt oder nicht gehalten werden kann.

Soviel zum kompositorischen Stil Paganinis, der, wenn auch nicht dazu geschaffen, das Herz zu besänftigen, ihm trotzdem großen Ruhm einbringt und auch den nüchternsten und strengsten Kritiker zwingt, ihm den gerechten Tribut an Bewunderung zu zollen.

Der Artikel befaßt sich eher mit ästhetischen als mit musikkritischen Aspekten, eine in den italienischen Zeitungen in der ersten Hälfte des 19. Jahrhunderts weitverbreitete Praxis. Doch sollte man die Anspielungen Rabys auf einige stilistische Eigenheiten Paganinis nicht unterschätzen, zum Beispiel die Stelle, wo er an die Flöte erinnert und dabei offensichtlich an die harmonischen

Klänge denkt, die Paganini gerade zu dieser Zeit systematisierte, um die an sich beschränkte Klangpalette seines Instruments zu entfremden und auf eine »neue Art« hinzuarbeiten, die Raby anerkennt, wenn er auch das Publikum vor der Gefahr einer übermäßigen Begeisterung über den komödiantischen Aspekt von Paganinis Interpretation warnt. Tatsächlich erfaßt der Kritiker in der Rezension des zweiten Konzerts die bereits öfter angesprochene Tendenz des Musikers, *ad libitum* und nach der Eingebung des Augenblicks die Partituren anderer Komponisten zu verändern, indem er nicht vorgesehene Variationen und Ornamente einfügt. Dies geht besonders aus dem Schlußteil der zweiten Rezension (vom 17. Februar 1818) hervor:

Am Sonntag abend hat Signor Paganini, Professor für Violine, von neuem die Menge ins Teatro Carignano gelockt. Da er in der Zwischenzeit seine Methode nicht geändert hat, bewunderten wir ihn ein zweites Mal, ohne aber die Meinung zu ändern, die wir uns über die eigentümliche, neue Art gebildet hatten, mit der er das Instrument sanft und gefügig macht: Wir sagen im Gegenteil, daß die maßvolle Kadenz, die am Ende des Adagios des Konzerts auftritt, uns beinahe glauben läßt, daß er auf meisterliche Weise ein [Konzert] von Viotti ausführte, wenn er sich, auf den Luxus der reichen Schnörkel verzichtend, streng an die Noten halten würde.

Was das von Raby beiläufig erwähnte Konzert betrifft, so darf man vermuten, daß es sich um das *Konzert Nr. 1* handeln könnte, das um 1815–16 komponiert und bereits in Mailand gespielt wurde. Die Beobachtungen, die der Turiner Kritiker mitteilt, stellen einen neuerlichen Beweis der »Verfälschungen« dar, die Paganini begangen hat. In diesem Zusammenhang ist die Anspielung auf die Kadenz im Schluß des Adagios bedeutsam, da das mittlere Tempo von Paganinis Konzert keine Kadenz enthält, wie man sie üblicherweise im Allegro vorfindet. Das unvorhersehbare Verhalten bezeichnete wieder einmal das unregelmäßige Moment der Ausführung Paganinis, dem es gelang, das Publikum zu erobern, nicht aber die besser vorbereitete Kritik.

Das dritte Konzert fand nicht statt, da es von höherer Seite abgesagt wurde, wie Paganini in einem Brief vom 25. Februar 1818 Germi mitteilt:

An diesem Himmel stehen meine Sterne nicht gut. Da ich auf Aufforderung die Variationen des zweiten Konzerts nicht wiederholt habe, hat es der Herr Gouverneur für gut befunden, mir das dritte Konzert, das [am] letzten Sonntag hätte stattfinden sollen, abzusagen; morgen werde ich wissen, ob es nächsten Sonntag stattfinden wird.

Vielleicht geht die Redensart »Paganini non replica« [»Paganini antwortet nicht«] auf diese Episode zurück.

Ende Februar erhält er die Nachricht, daß seine Schwester Nicoletta[7], die in zweiter Ehe Sebastiano Ghisolfi geheiratet hatte, Mutter geworden ist und ihm den ersten Neffen schenkt, der auf den Namen Angelo Carlo hören wird.

Nicoletta war das *Quartett Nr. 1* gewidmet worden, das die Serie von sechs Quartetten einleitet, die kurze Zeit später von Ricordi gedruckt werden sollten. Es ist schwer festzustellen, ob dieses Quartett anläßlich ihrer ersten oder ihrer zweiten Heirat geschrieben wurde. Eine Überprüfung der Partitur ergibt keinerlei Hinweise auf einen derartigen Kontext im Unterschied zur *Serenade*, die der anderen Schwester, Domenica, gewidmet ist.

In jener Turiner Zeit, die hinsichtlich der Konzerte, aber nicht hinsichtlich der Kompositionen ziemlich unglücklich verlief, wird der Briefwechsel mit Germi im Zeichen einer fortschreitenden Vertrautheit, die in eine feste Freundschaft übergehen wird, immer lebhafter. Anstelle feierlicher Anreden wie »Hochgeschätzter Herr Rechtsanwalt« treten nun andere wie »Lieber Freund«, »Verehrungswürdiger Freund« und »Ganz besonderer Freund«. Germi handelte nicht nur in der Eigenschaft eines Verwalters und Anwalts in Zivilrechtsachen, sondern auch als Ratgeber in Herzensangelegenheiten, der Paganini ermahnte, vorsichtig vorzugehen.

Nach den sentimentalen Empfindungen für Signora Taddea und die »neue Helena« trifft Paganini, immer noch in Turin, ein »sehr junges protestantisches Mädchen« und bittet dessen Vater um dessen Hand, »der mir sagt, daß er dem nicht entgegenstehen wird, wenn ihre Erziehung abgeschlossen sein wird, und da das Mädchen mit mir korrespondieren kann, wäre genug Zeit, es zu erwägen«.

Auch dieses Eheprojekt ist zum Scheitern verurteilt. Aber Paganini, der bereits über dreißig ist, beginnt sich Sorgen zu machen und denkt immer öfter ans Heiraten, obwohl er weiß, daß die Ehe nicht so recht zu ihm passen will. Im übrigen wird auch eine dauerhaftere Liaison, aus der der einzige Sohn, Achille, hervorgehen wird – die mit Antonia Bianchi, einer mittelmäßigen Sängerin, die obendrein nervenkrank ist –, ein schlechtes

Ende nehmen und ebenso wie die Cavanna-Affäre mit großem finanziellen Aufwand aufgelöst werden. Es ist schmerzlich, feststellen zu müssen, daß auch Probleme moralischer Ordnung damals ebenso wie heute nur mit Geld gelöst werden konnten; in jedem Falle ist die Abwicklung eine schmutzige Sache, schmutzig wie das Geld, um das sich zum Schluß alles dreht.

Wie bereits früher und auch in späteren Phasen nimmt Paganinis Interesse an der Kammermusik in solchen Perioden teilweiser Untätigkeit zu und bringt ihn dazu, auf diesem Gebiet Neues zu komponieren. Diese Wiederkehr des Interesses geht aus einem Brief an Germi vom 11. März 1818 hervor:

> Ich hoffe, in diesem Königreich meine Violine nicht mehr erklingen zu lassen [...]. Ich würde gern wissen, wie Ihr die Violine behandelt und ob Ihr meine Quartette spielt.
> Neulich hat man mir den wohlbekannten Professor für Violine und Komponisten Borra aus Savignano vorgestellt, der sechzig Konzerte geschrieben hat;[8] es ist dies ein bejahrter Mann, der den italienischen Stil liebt und Beethoven haßt, da er bei ihm zuwenig Melodien zu finden meint. Diesem Borra gefielen meine Violinen und meine Art, mit ihnen umzugehen, sehr. [...]

Der Groll, den Paganini offenbar mittlerweile gegen die piemontesische Hauptstadt hegt, ist nicht ganz gerechtfertigt, da er sich geweigert hat, die Variationen als Zugabe nochmals zu spielen; er wird später seine Einstellung zu Turin revidieren, denn er kehrt 1836 dorthin zurück, um sich mit seinem Violinspiel bei Carlo Alberto zu revanchieren, der ihm die Legitimierung seines Sohnes Achille ermöglichte.

Wenden wir uns nun wieder seiner Tätigkeit als Komponist während der Turiner Periode zu. Aus einem Postskriptum, das er einem Brief an Germi, den er am 14. März abschickte, hinzufügte, erhalten wir eine interessante Information, die Licht auf das Problem der Datierung wirft, das für große Teile des Werks dieses Komponisten noch nicht gelöst werden konnte. Hier der Text der Anmerkung:

> Gestern habe ich ein Quartett komponiert, das sich ganz auf die 1. Violine stützt und das am Stil Carregas[9] inspiriert ist. Darin ist ein sehr ungewöhnliches Menuett und ein anrührendes Trio.

Aus dieser genauen Information, die Paganini Germi gibt, läßt sich das Entstehungsdatum des neuen Quartetts feststellen:

Es ist der 13. März 1818. Die handschriftliche Anmerkung weist es darüber hinaus als neuntes dieser Germi gewidmeten Serie aus.

Was das »sehr ungewöhnliche« Menuett aus dem *Quartett Nr. 9* betrifft, so wird es größtenteils durch einen »hinkenden« Verlauf charakterisiert, der durch Pausen von zwei Achtelnoten für die 1. Violine und von nur einer Achtelnote für die anderen Instrumente entsteht, so daß das Forte der anderen Instrumente mit der Pause der 1. Violine zusammenfällt. Das »anrührende Trio« erhält dagegen eine liebliche und einfache Kantabilität, die aus der Operntradition stammt.

Das Jahr 1818 erlebt zudem die Gravur von Steinplatten, mit denen Giovanni Ricordi fünf Werke Paganinis drucken wird. Zu den Stücken gehören auch sechs Quartette, die in zwei Bänden untergebracht sind, welche die Nummern 4 und 5 tragen. Die später entstandenen Quartette wurden zu Paganinis Lebzeiten nie gedruckt und auch nicht öffentlich gespielt, ein Schicksal, das sie mit den *Capricci* und den *Sonaten für Violine und Gitarre* (op. 2 und 3) teilen.

Wenn man die Quartette Paganinis, die bis 1818 geschrieben wurden, insgesamt betrachtet, kommt man nicht umhin zu bemerken, wie die Melodielinie der Violine die der anderen Instrumente dominiert. Dieser Aspekt von Paganinis Kammermusik sollte in seiner Bedeutung nicht unterschätzt werden, auch wenn sich seine Kammermusik nicht mit den sicher elaborierteren und bezüglich der Polyphonie viel reicheren Ergebnissen des zeitgenössischen Kammermusikschaffens jenseits der Alpen messen kann. Man kann zwischen italienischen und deutschen Quartettkompositionen keine Parallelen ziehen, da bei ersteren jegliche Tradition fehlt. Im übrigen scheint das übermächtige italienische Musiktheater, das sich im Lauf eines Jahrhunderts herausgebildet und konsolidiert hatte und seinen Höhepunkt im Barock gehabt hatte, gleichsam ausgelöscht oder zumindest auf ein Minimum reduziert. Die Berufung Verdis auf Palestrina, der mit dem Musiktheater wirklich nichts zu tun gehabt hatte, ist wenig überzeugend.

Für Paganini, der insofern Autodidakt war, als er nie systematisch Unterricht erhalten hatte, ein Manko, das er mit seinem phantastischen Instinkt ausglich, stellte das Quartett eine Möglichkeit dar, die Violine in relativer Symbiose mit den anderen Streichinstrumenten und der Gitarre sprechen zu lassen – eine Möglichkeit, die so gut wie jede andere war, was das Vergnügen der Freunde und der Dilettanten anging, und die somit auch eine gesellschaftliche Funktion hatte; es handelte sich wirklich um »Gebrauchsmusik«, die, zumindest ab dem *Quartett Nr. 7*, mittels handschriftlicher Kopien verbreitet wurde, was den Mangel an gedruckten Ausgaben wettmachte.

Die Präsenz der Gitarre in diesem Rahmen sollte nicht unterschätzt werden, da sie in der Lage ist, die Streicher mit einem – wenn auch bescheidenen – klanglichen Beitrag zu unterstützen. Außerdem bereicherte Paganini die auch heute noch sehr spärliche Literatur zu dieser ungewöhnlichen Besetzung – ungewöhnlich, weil kein Musiker zu Paganinis Zeiten sie je eingesetzt hätte, da in ihr ein unübersehbares Ungleichgewicht zwischen der Violine und den drei Instrumenten dunkler Klangfarbe, der Viola, dem Violoncello und der Gitarre, besteht.

Ein Kampf zwischen Licht und Schatten also, in dem der Schatten das Licht besiegen würde, wenn nicht die immer wache Intuition Paganinis die schwerfällige Unerschütterlichkeit der drei unterwürfigen Kollegen in ihre Schranken verweisen würde. Wenn Beethoven auch noch fern ist (und das war zumindest im ungewöhnlichen Fall Paganinis auch gut so), so bewegt sich unser Violinist in diesen quartettartigen Wettkämpfen doch in unterschiedlichsten Dimensionen und Richtungen, indem er zum Beispiel die Variationen über Themen eigener Erfindung wieder erobert oder – ein Grenzfall – Tonarten wie h-Moll im *Quartett Nr. 11* verwendet, als ob er spätere Ausführende in Schwierigkeiten bringen wollte, wie es bereits Haydn in einigen Trios mit Klavier getan hatte.[10]

In diesem und in anderen Beispielen zeichnet sich auch der Aspekt des Vergnügens ab, der in diesem »privaten« Kontext viel deutlicher ist als im öffentlichen. In der Tat sind viele Kopien, die nicht von Paganini abgeschrieben wurden, aber sicherlich mit seiner Genehmigung kopiert wurden, mit anderen Titeln überschrieben, wie um die Ausführenden zu täuschen. Einige Quartette wurden so als Divertimenti (sic!) oder Notturni betitelt, was zu erheblichen Verwirrungen bei den Musikforschern führte. Die ungenaue Bezeichnung anderer Werke für Violine und Orchester hat bei denjenigen, die sich damit beschäftigen mußten oder wollten, oft für Überraschungen gesorgt. Es scheint fast, als hätte Paganini es mit Absicht getan, um jene, die wie wir versucht haben oder versuchen, den Verlauf seines Lebens zu rekonstruieren, in die Irre zu führen.

Eines aber ist sicher: Die von Ricordi gedruckten Werke weisen eine wesentliche Dichotomie auf zwischen den *Capricci* (op. 1) und den Kompositionen, die ihnen folgten: den *Sonaten für Violine und Gitarre* (op. 2 und 3) und den *Quartetten* (op. 4 und 5), von denen hier bereits die Rede war. In der Reihenfolge abnehmender Bedeutung sind die sechs Sonaten in zwei Bänden enthalten, die jeweils Agostino Dellepiane[11] und dem »Mädchen Eleonora[12]« gewidmet sind, zwei Menschen, die er während seiner ersten Zeit in Lucca kennenlernte, noch bevor er die 1. Violine im dortigen Orchester spielte. Es handelt sich um Kompositionen, die wesentlich vereinfacht wurden und sowohl hinsichtlich der Form als auch des Inhalts mit den sogenannten Sonaten von Lucca vergleichbar sind, voller Einfachheit, aber auch Eleganz der melodischen Linie mit einer noch als traditionell zu bezeichnenden Gitarrenbegleitung.

Obwohl die Ausführung dieser Stücke relativ leicht erscheint, wäre es ein grober Fehler, wenn man sie nachlässig spielte, weil sie dann jämmerlich in sich zusammenstürzen würden. Es erscheint hingegen wichtig, bei diesen und bei anderen ähnlichen Kompositionen die Bedeutung jener vereinfachten melodischen Linie zu unterstreichen, die von einem diatonischen Einherschreiten geprägt ist, das typisch ist für die Tradition des italienischen Gesangs. Nicht selten fällt an diesen Werken irgendeine harmlose »Merkwürdigkeit« auf, wie es besonders in der *Sonate Nr. 4* (op. 2) der Fall ist, deren erster Satz den Titel »Die Synagoge« trägt, worauf der Hinweis »Andante calcando« [von *calcare*, drücken, pressen, betonen] folgt, der in einer Abschrift als »calando« [von *calare*, herablassen, hinuntersenken] interpretiert wurde... Der erste Satz, der auf einem ungewohnten ¾-Rhythmus aufgebaut ist und eine Sequenz von Zweiklängen von Sexten im Tremolo enthält, soll vielleicht eine kleine Parodie auf die eigenartige Singweise der Hebräer darstellen.

An anderen Stellen finden sich in diesen *Sonaten* (op. 2 und 3) Hinweise zu Dynamik und Ausdruck, die von bemerkenswerter Originalität sind, wie »Moderato impostamente« [sich durchsetzendes Moderato], »Allegretto-Motteggiando« [spöttelndes Allegretto], »Andante-Innocentemente« [unschuldiges Andante] sowie »Andantino-Gallantemente« [galantes Andantino]. Diese Hinweise schienen alle von dem geglückten Versuch zu zeugen, die mageren musikalischen Inhalte im Zeichen einer menschlichen (oder vermenschlichten) Beziehung ausdrucksvoller zu gestalten, ein Versuch, der im Widerspruch zur Abstraktion und Verallgemeinerung steht, die von der sogenannten klassischen Epoche gefordert wurden. Es sind harmlose Kompositionen, in erster Linie für Dilettanten bestimmt; sie bestehen aus nur zwei Sätzen, in denen sich das musikalische Material in einer so geringen Anzahl von Takten erschöpft, daß die Meister der Wiener Schule darüber nur lächeln können. Aber das ist nicht so wichtig, denn hinter solchen Stücken steht immer ein lächelnder, wenn auch nicht sehr engagierter Paganini, der stets bereit ist, den Freunden oder den »Liebhaberinnen« eine Freude zu machen.

Grundverschieden davon ist die Situation bei den *Capricci*, denen Paganini die Werknummer 1 geben wollte und die er den »Künstlern«, also den professionellen Musikern, widmete. Wer den Schöpfer dieser beiden Gruppen von Kompositionen nicht kennt, könnte aufgrund ihrer Gewichtung, ihres Inhalts und ihrer Form vermuten, sie stammten aus zwei verschiedenen Federn. Diese wesentliche Verschiedenheit bezüglich der Genres und Stile erscheint aber durch die zwei einander entgegengesetzten, nicht komplementären Adressatenkreise durchaus gerechtfertigt.

Auf der einen Seite haben wir einen Musiker, der in seinen vier Wänden zum eigenen Vergnügen sein Publikum erfreuen will, auf der anderen einen anspruchsvollen Paganini, der bemüht ist, Zeugnis von seiner technischen Überlegenheit und von seiner begeisternden Virtuosität abzulegen.

Die *Capricci* geben uns also den ersten Eindruck von den wahren Fähigkeiten Paganinis. Sie stellen die Summe der Erfahrungen dar, die der Violinist mit dem italienischen Publikum machte, das seine Botschaft annahm, ohne zu fragen, ob sich sein Stil mit einer strengen und altbewährten Tradition vereinbaren ließ. Aber die *Capricci* sind auch das Ergebnis eines kritischen Umdenkens, der Beweis eines technischen Könnens, das sich der Künstler im ersten Abschnitt seines Lebens aneignen konnte. Es sind Etüden, in denen der Violinist alles, was er damals mit seinem Instrument vollbringen konnte, umsetzte und zu einem organischen und vollkommenen Werk zusammenfließen ließ. Obwohl er hier die gleiche Symmetrie verfolgt wie in ähnlichen Werken, eine Symmetrie, die auf der Grundzahl vierundzwanzig für die Dur- und Molltonarten basiert, entfernt er sich im Grunde doch von diesem Aufbau und nimmt damit beinahe die *Etudes op. 10 und 25* von Chopin vorweg, die weit später komponiert wurden. Und es ist genau dieser Aspekt, unter dem die *Capricci* betrachtet werden müssen, weil hier das musikalische Anliegen um ein Vielfaches das didaktische übertrifft.

Violinisten und Wissenschaftler, die Gelegenheit hatten, die Handschrift der *Capricci* oder Kopien davon in Händen zu halten,[13] werden festgestellt haben, wie schwierig es ist, unleserlich geschriebene und unklare Passagen oder eilige und widersprüchliche Hinweise zu entziffern, die sicher auch dem geduldigen Graveur Giovanni Ricordi einige Schwierigkeiten bereiteten. Diesem war von Paganini, der bei anderen Gelegenheiten sehr präzise und ein guter Rechner sein konnte, in der Handschrift genau angegeben worden, an welcher Stelle das Umblättern erfolgen sollte, und er wußte auch, daß er die Ordnung der Seiten beibehalten mußte. Dies ist eine Einzelheit, deren Bedeutung nicht unterschätzt werden sollte, denn wenn Paganini auch mit Hinweisen zu Fingersätzen und zum dynamischen und expressiven Charakter geizte, so berechnete er dagegen genau den Raum, auf dem die Partitur untergebracht werden sollte. In dieser Hinsicht sind die erste und die zweite Ausgabe von Ricordi wirklich beispielhaft.

Die dritte Ausgabe, die von Guido Papini[14] durchgesehen wurde, enthält dagegen, ebenso wie alle späteren Ausgaben, Fingersätze; hier wird oft die Idee Paganinis verändert, indem man nicht nur die Schreibweise, sondern auch die Titel der Sätze ändert. Es ist leicht einzusehen, daß Fingersätze sehr subjektiv sind und nicht nur in den verschiedenen Violinschulen variieren, sondern auch durch individuelle Eigenarten der Hände bestimmt werden.

Die erste Druckausgabe war nur von Ricordi betreut worden und fand in Europa mit großem Erfolg Verbreitung. Die folgenden Ausgaben aber sind weitgehend nicht zuverlässig, da sie von der handschriftlichen Ausgabe abweichen, an der Änderungen durch Fremde niemals gerechtfertigt gewesen wären. Dennoch schien die große Verbreitung, die die *Capricci* in Europa erlebten, in gewisser Weise die zahlreichen Editionen zu rechtfertigen, auch wenn es Bearbeitungen waren, die nicht immer den Intentionen des Autors treu blieben. Jedenfalls galten die *Capricci* bei den Zeitgenossen Paganinis als nicht ausführbar. Aber wie Ole Bull[15] richtig feststellt, galt den Virtuosen jener Zeit »alles, was sie nicht verstanden oder auszuführen nicht imstande waren« als »gekünstelt«.

Von dieser ersten Bilanz der Technik Paganinis, die ihren Ausgang von einer freien Vision nimmt und sich von den Geboten der Vergangenheit gelöst hat, kann man einige Schlüsse auf die historische Stellung dieser bedeutenden Sammlung ziehen. Abgesehen vom Datum der Abgabe dieses und anderer Manuskripte an Ricordi (1817), weisen die *Capricci* außer im letzten Teil den Einsatz von Pizzicati mit der linken Hand auf, die wie üblich in das Thema mit Variationen eingefügt werden, das der gesamten Sammlung als abschließendes Moment dient und das später eine ganze Reihe von Hommagen an Paganini einleiten sollte.[16] Aber auch die zunächst von Schumann und dann von Liszt besorgten Bearbeitungen zeigen implizit, daß der klangliche Charakter der *Capricci* sich zur Transponierung auf andere Instrumente wie Klavier, Flöte und Viola eignete. Auch Paganini selbst hatte ja bei seinen ersten öffentlichen Konzerten verschiedene Instrumente nachgeahmt und dadurch oft Tadel geerntet. In den *Capricci* finden sich Passagen, die die Hinweise »die Flöte nachahmend« oder »das Horn nachahmend« tragen, sowie Fanfaren, die an andere Blasinstrumente erinnern oder an die Gitarre; letztere finden wir besonders dort, wo das Pizzicato zum Einsatz kommt.

Effekte dieser Art waren den Musikern der Barockzeit nicht unbekannt; wir finden sie bei Ignaz von Biber[17], Carlo Farina[18], und auch bei Vivaldi selbst, im schon erwähnten *Il Cardellino*. Wir finden diese Effekte aber auch in neueren Werken, etwa in Sarasates *Rossignol*, einer köstlichen Komposition, die sich ganz auf die Harmonien stützt.

Insgesamt aber schulden die *Capricci* Locatelli mehr als Kreutzer und Rode, die selbst Autoren ähnlicher Werke sind, die vor der ersten Ausgabe von Ricordi erschienen waren. Zwischen den *Capricci* Locatellis, die in Wirklichkeit vierundzwanzig – kann dies ein Zufall sein? – regelrechte Kadenzen sind, die in die zwölf Konzerte (also zwei pro Konzert) eingefügt wurden, welche unter dem Titel *L'Arte del Violino*[19] zusammengefaßt sind, und denen Paganinis besteht zweifellos eine Verbindung sowohl hinsichtlich der Erweiterung, die das Instrument im Bereich der hohen Töne erfährt, als auch hinsichtlich der Behendigkeit und der Arpeggi, die manchmal so konzipiert sind, daß der tiefe Ton als Brummbaß mitklingt. Auch wenn wir nicht wissen, ob Paganini dieses Werk von Locatelli kannte, so kann es keinen Zweifel geben, daß zwischen den beiden großen Musikern eine Art von Affinität bestand, da sie beide auf der italienischen Schule des 18. Jahrhunderts aufbauten. Wenn wir die großen italienischen Violinisten und Komponisten betrachten, die hauptsächlich im Ausland arbeiteten – ein Exil, in das sie sich freiwillig flüchteten, um nicht im melodramabeherrschten Italien zu verhungern, so gibt es – mit Ausnahme von Kreutzer und Rode – in ihrem didaktischen Werk nichts, das den geringsten Einfluß auf Paganini ahnen ließe. Violinisten großen Formats wie Campagnoli[20], Fiorillo[21] und Rovelli[22], die heute noch in den »bourbonischen« Programmen der italienischen Konservatorien ihren Platz haben, beschränkten sich darauf, Etüden vorzulegen, die in Wirklichkeit nichts anderes waren als Übungen, aus denen nur selten einmal der Funke musikalischer Eingebung leuchtet.

Ein bleibendes und bis heute ungelöstes Problem ist die Datierung der fünf Werke, die Paganini Ricordi zur Veröffentlichung übergab. Die vergleichende Analyse der Handschriften der Sonaten, der Quartette und der *Capricci* ergibt eine überraschende Ähnlichkeit der Schrift. Aber dies reicht nicht aus, um die Gleichzeitigkeit der Kompositionen festzustellen. Die handschriftliche Widmung, die auf den ersten drei Sonaten figuriert (op. 2), enthält ein französisches Wort: »Mons.r Dellepiane«; ebenfalls in französischer Sprache sind die Hinweise »I fois« und »Il fois« bei den verschiedenen Ritornellen, so wie es auch bei den *Capricci* der Fall ist. Schließlich fällt bei allen diesen Werken das Wort »Finis« auf, das vorher nicht in Erscheinung getreten war. Es ist möglich, daß Paganini aufgrund der Abmachung mit Ricordi Kompositionen neu geschrieben hat, die lange vor der Übergabe der Manuskripte entstanden waren.

Die Schrift ist, wenn sie auch stenographisch gekürzt und hastig wirkt, nahezu die gleiche und weist eine Sicherheit und eine Geläufigkeit auf, die mit der Schrift der wenigen Verbesserungen, wie sie vor allem an den *Capricci* vorgenommen wurden, nicht zu vereinbaren sind. Wenn auch diese Ricordi übergebenen Werke aus der Zeit vor 1817 stammen können, so ist dies nicht weiter bedeutungsvoll, denn jede Datierung könnte einen sehr langen Zeitraum bezeichnen, der ungefähr zwischen der Periode von Lucca und jener liegt, die seinen ersten Konzerten in Mailand vorausging.

1 Paganini ist hier ein Lapsus unterlaufen, denn er verwechselt *Aureliano* mit *Alderamo*. Die Oper Rossinis war an der Scala am 26. 12. 1813 aufgeführt worden.

2 Benedetta Rosamunda Pisaroni (1793–1872), Sopranistin und später Altistin, eine bekannte Rossini-Interpretin.

3 Carolina Bianchi, nicht mit Antonia Bianchi, einer späteren Lebensgefährtin Paganinis, zu verwechseln, die ebenfalls Sängerin war.

4 Die Auslassungspunkte stehen hier für eine Lücke im Text oder im Gedächtnis Paganinis. Der Interpret war Pietro Bolognesi.

5 Gemeint sind Werke eines gewissen Giuseppe Mellara (1778–1840), Opernkomponist aus Parma und Schüler Ghirettis, der, wie Paganini vorausahnt, seither zu Recht in Vergessenheit geraten ist.

6 Luigi Paolo Raby (1771–1852), Turiner Literat und Dichter. Er war bis 1834, als ihn Felice Romani ablöste, Redakteur der *Gazzetta Piemontese.*

7 Nicoletta Paganini (1786) war die älteste der überlebenden Schwestern Niccolòs. Sie hatte 1813 in erster Ehe Andrea Gandolfo geheiratet.

8 Giovanni Borra (nicht aus Savignano, wie Paganini schreibt, sondern aus Savigliano in der Provinz Cuneo) spielte gegen Ende des 18. Jahrhunderts zunächst die 2. Violine und später die 1. im Orchester des Teatro Regio unter der Leitung von Gaetano Pugnani, dessen Schüler er gewesen sein soll. Wenn Paganini schreibt, Borra habe sechzig Konzerte für Violine geschrieben, so erscheint das ziemlich übertrieben, da von diesem Komponisten nichts erhalten geblieben ist.

9 Filippo Carrega, Genueser Adliger und Violindilettant, dem das *Quartett Nr. 8* gewidmet wurde.

10 Siehe das *Trio es-Moll für Violine, Violoncello und Klavier* (1803), bei dem, im Unterschied zu Paganini, der österreichische Musiker den Vorteil hat, über ein Tasteninstrument zu verfügen, mit dem er die Intonation der Streicher leiten kann.

11 Agostino Dellepiane, der zunächst zusammen mit Paganini im Orchester von Lucca gespielt hatte, war später nach Genua gegangen, wo er vorwiegend in privatem Rahmen mit Germi und anderen Musikern spielte.

12 Eleonora Quilici, die Paganini in Lucca kennenlernte und die er auch in seinem Testament erwähnt, in dem er ihr eine Leibrente anwies.

13 Siehe etwa die Faksimile-Edition, die von Ricordi 1974 in einer numerierten Auflage von tausend Exemplaren gedruckt wurde.

14 Siehe die Durchsicht von S. Accardo und E. Neill der *Capricci*. Ricordi, Mailand, 1988.

15 Ole Bull (1810–1880). Der norwegische Violinist hatte bereits in jungen Jahren Gelegenheit, sich mit den *Capricci* vertraut zu machen. 1830 lernte er den Genueser Violinisten persönlich kennen, der ihn nicht wenig ermutigte.

16 Siehe dazu das Op. 35 von Brahms und die *Rhapsodie* von Rachmaninow (op. 43).

17 Ignaz von Biber (1644–1704), österreichischer Violinist und Komponist; unter anderem schrieb er eine Sonate, in der der Gesang von Vögeln nachgeahmt wird. Er war einer der Violinisten, die die Skordatur einsetzten.

18 Carlo Farina (1600–1640) aus Mantua. Er arbeitete an mehreren deutschen Höfen und ist heute wegen seines *Capriccio stravagante* bekannt, das 1626 in Dresden veröffentlich wurde.

19 *L'Arte del Violino* wurde in Amsterdam, wohin Locatelli emigriert war, im Jahre 1733 veröffentlicht.

20 Bartolomeo Campagnoli (1751–1827) aus Ferrara war nach Deutschland ausgewandert. Hier bekleidete er verschiedene Ämter. Unter anderem gab er mit großem Erfolg Konzerte. Er ist einer der wenigen Vorgänger, die Paganini erwähnt. Er tut dies in einem Brief an Germi, in dem er ihm ein Stück für zwei Violinen empfiehlt (siehe *Epistolario*, op. cit., Briefe Nr. 313 und Nr. 314).

21 Federico Fiorillo (1755–ca.1823), neapolitanischer Violinist, Sohn des Opernkomponisten Ignazio. Nach dem Umzug des Vaters nach Braunschweig in Deutschland geboren, veröffentlichte er zahlreiche Konzerte für Violine und andere Werke, unter anderem eine Violinschule (1810), die sechsunddreißig Capricci enthält.

22 Pietro Rovelli (1793–1828), Violinist und Komponist aus Bergamo, der ebenfalls nach Deutschland auswanderte, wo er als Konzertmusiker geschätzt wurde. Seine zwölf Capricci sind auch heute noch, vor allem in

technischer Hinsicht, von großem Interesse, auch wenn sie sich nicht mit den *Capricci* Paganinis messen können. Dieser hatte in seinen letzten Lebensjahren versucht, von der Witwe Rovellis dessen Violine zu kaufen (siehe *Epistolario*, Brief Nr. 296).

KAPITEL VIII

Im April 1818 ist Paganini in Piacenza; am 25. schreibt er in einem Brief an Germi:

> Ich bin im Hause von Freunden untergebracht, und hier sind sehr liebenswerte Klosterschwestern, die wunderschöne junge Damen betreuen. Einer von ihnen konnte ich auf der Treppe begegnen; aber solch ein Zufall ist selten und schwer herbeizuführen. O Gott, was für eine Freude!

Aus dem gleichen Brief erfahren wir, daß Paganini erwägt, im südlichen Italien eine Konzertreise zu unternehmen und danach eine im Ausland; außerdem bittet er um Nachrichten »über eine Hofdame, die das Quartett liebt oder die Widmung«[1]. Er war nach Piacenza gefahren, um dort den polnischen Violinisten Karol Lipinski[2] zu hören, mit dem er sich anfreundete, wie aus einem späteren Brief an Germi hervorgeht (Bologna, 1. Juli 1818):

> ... Ich vergaß etwas. Ein gewisser Lipinski, Pole und Violinist, kam eigens von Polen nach Italien, um mich zu hören; er traf mich in Piacenza und blieb fast immer bei mir, verehrte mich. Er hat mir die Quartette von Carrega,[3] von der Raggi[4] und von Germi[5] in vollendeter Form vorgespielt. Jetzt kehrt er nach Polen zurück, um ein paar Jahre nach meiner Manier zu studieren, und er sagt, daß er keinen anderen Meister dieses Instrumentes mehr hören will.

In Piacenza gab Paganini insgesamt drei Konzerte (am 10. April, am 17. April und am 24. Mai). Uns sind nur die Programme des zweiten und dritten Konzerts bekannt; im Programm vom 17. April ließ Paganini ankündigen, daß er zusammen mit Lipinski spielen werde:

> Obwohl Paganini angesichts seiner Vorhaben im Programm der Vorstellung, die er vergangenen Freitag in diesem Theater gab, das hochverehrte PUBLIKUM davon in Kenntnis setzte, daß er keine andere mehr geben werde, hat er sich auf Bitten zahlreicher Liebhaber seiner Musik und auf den Einsatz von allen Seiten hin entschlossen, eine neue Vorstellung als Zeugnis seiner Dankbarkeit gegenüber seinen Freunden und angesichts der Hochachtung, mit dem sie ihn beehren, zu geben; zusätzlich ist zu diesen Gründen hinzu-

gekommen, daß sich der befähigte Meister der Violine, Signor CARLO LIPINSKI, Pole, anerboten hat, in gefälligem Wettbewerb mit ihm zu spielen. Dies wird die philharmonische Unterhaltung, die der aus genannten Gründen dankbare Paganini dem musikverständigen PUBLIKUM VON PIACENZA anzuempfehlen wagt und die auch vom bekannten virtuosen Sänger Signor Sajni geziert werden wird, um so interessanter gestalten. Es werden folgende Stücke gespielt...

Der erste Teil des Konzerts enthielt eine Introduktion für Orchester, eine von Sajni gesungene Arie, ein Konzert von Paganini und eine Symphonie. Im zweiten Teil gab es ein »Großes Konzert für zwei Violinen«, wieder eine von Sajni gesungene Arie, eine Symphonie, »Neueste Variationen« von Paganini und eine abschließende Symphonie.

Das Konzert von Paganini war natürlich das *Konzert Nr. 1*, das auch Lipinski in seinen Memoiren[6] erwähnt. Was das »Große Konzert für zwei Violinen« betrifft, so müßte es sich dabei um das *Concertone* von Kreutzer gehandelt haben, das Paganini zuvor mit Lafont in Mailand gespielt hatte.

Weniger eindeutig ist der Hinweis auf die »Neuesten Variationen« Paganinis. In seinen Memoiren[7] sagt Lipinski über die *Variationen über Rossinis Mosè in Egitto* folgendes:

Was kann ich über die »Fantasie über den Mosè« sagen? Es ist unmöglich, sie mit Worten zu beschreiben, unmöglicher noch, es mit der Violine zu versuchen. Seine Kunst machte auf das Publikum einen unbeschreiblichen Eindruck, und die Begeisterung kannte keine Grenzen.

Es gibt hier zwei Möglichkeiten: Entweder hat sich Lipinski geirrt, oder die »Fantasie« wurde in Piacenza zum erstenmal gespielt. Bezüglich der ersten Hypothese kann man sagen, daß das Gedächtnis Lipinskis alles andere als gut war, denn er machte grobe Fehler, unter anderem gab er das Jahr von Paganinis Aufenthalt in Piacenza falsch an (1817 statt 1818); ebenso den Namen der Stadt (Padova statt Piacenza) und nannte auch den Namen der Bianchi (Antonia), der späteren Lebensgefährtin Paganinis, die in der Ankündigung nicht erwähnt wurde. Zur zweiten Hypothese ist anzumerken, daß *Mosè in Egitto* im März 1818 in Neapel uraufgeführt worden war, aber daß in der ersten Version die berühmte Arie »Dal tuo stellato soglio« noch fehlte, auf der Paganini die fraglichen Variationen aufbaute. Die zweite

Version wurde im darauffolgenden Jahr vorgestellt. Deswegen stimmen die Daten nicht überein. Andererseits war die »Fantasie« für die IV. Saite konzipiert worden, ein bedeutsames Detail, das im Programm angekündigt worden wäre, weil Paganini darauf stets sehr großen Wert legte. Das Adjektiv »neueste« gibt auch einer weiteren Mutmaßung Stoff, zumal es Paganini mit der Wahrheit nicht immer sehr genau nahm und bisweilen dieselbe Komposition unter verschiedenen Titeln ankündigte. Wenn dies nicht der Fall wäre, könnte man auch meinen, die »Neuesten Variationen« wären die über das Rondo der *Cenerentola* von Rossini, »Non più mesta accanto al fuoco«, die nicht für die IV. Saite sind, auch wenn die Violine einen Halbton höher gestimmt wird. Aber warten wir, da wir keine sicheren Beweise haben, lieber den 31. August 1819 ab, den Tag, an dem Paganini die »Variationen« am Teatro dei Fiorentini in Neapel spielte.

Wenn das Adjektiv »neueste« guten Glaubens verwendet wird, kann man eine weitere Hypothese formulieren, nämlich, daß es für die *Variationen über ein Thema von Weigl* steht, die bald darauf von Paganini bei den Konzerten in Bologna gespielt werden sollten.[8]

Die freundschaftlichen Beziehungen, die zwischen Paganini und Lipinski entstanden sind, scheinen die Pflege der Kammermusik zu begünstigen. Abgesehen von den oben erwähnten drei Quartetten widmen sich die beiden Musiker mit Hilfe eines weiteren Freundes der Durchführung seltsamer Experimente, etwa der Ausführung eines Trios für Violine, Trompete und Gitarre!

Gegen Ende April oder Anfang Mai verläßt Paganini vorübergehend Piacenza, um Konzerte in umliegenden Städten zu geben. Er schreibt dazu in einem Brief an Germi vom 1. Juli 1818:

> [...] In Parma gab ich eine Vorstellung, aber ich hatte es schlecht getroffen, und Ihre Hoheit waren krank.[9] Sofort nach Cremona abgereist, wo die Società Filarmonica, da ich ein korrespondierendes Mitglied bin, die Spesen für zwei abendliche Vorstellungen im Theater übernahm. Der Regen am Abend der zweiten kostete mich tausend Franken.
> In Mantua habe ich drei Vorstellungen gegeben [...].

Verfolgen wir die Konzertetappen Paganinis in den Städten der Emilia; wir können hierzu einige dokumentarisch belegte Kommentare geben.

Das Konzert von Parma fand am 16. Mai 1818 mit einem reichhaltigen Programm statt. Es gab (in der Reihenfolge der

Ausführung): ein Violinkonzert mit vollem Orchester, ein Rezitativ und drei Arien mit Variationen einzig auf der IV. Saite der Violine, »komponiert und ausgeführt vom Paganino« (sic). Weitere Variationen mit dem Titel *Le Streghe*, von Paganini komponiert und ausgeführt.

Ein wirklich reichhaltiges Programm also, von dem wir leider wieder zuwenig wissen; das Konzert für Violine ist nicht identifizierbar und teilt dieses Schicksal mit dem Rezitativ und drei Arien mit Variationen von Paganini. Wir könnten uns hier an eine alte, leider nicht datierbare Partitur halten, die in Leipzig beim Verleger Frederic Hofmeister erschienen ist und die den französischen Titel trägt: *Trois Airs Variés pour le Violon, pour être executés sur la quatrième Corde seule* (Drei Arien mit Variationen für Violine, um einzig auf der IV. Saite gespielt zu werden). Aber diese Komposition sieht nicht das Rezitativ vor, das ihr hätte vorangehen müssen, wenn es sich um das in Piacenza gespielte Werk gehandelt hätte, ein Rezitativ, das offenbar von Paganini improvisiert worden ist.

Diese Partitur weist eine Vorschrift für das Stimmen der IV. Saite von g zu a auf.

Jedes Thema wird unmittelbar dargelegt und zweimal variiert. (Eine Begleitung für Klavier, die sicher nicht aus Paganinis Feder stammt, ist ebenfalls separat hinzugefügt worden)[10]. Diese Komposition zeugt darüber hinaus von einer beklagenswerten Gewohnheit Paganinis, die im übrigen typisch ist für seine erste Schaffensperiode und darin bestand, daß er, wann immer es ihm möglich erschien, Ritornelle einfügte, ein Kunstgriff, dessen einziger Zweck es ist, die Dauer des Stückes zu verlängern.

Es ist nicht genau bekannt, an welchem Tag Paganini in Cremona ankam, auch wenn das Diplom, das ihm die Società Filarmonica überreichte, das Datum des 29. April trägt; die gleiche Anerkennung war unter anderem Bellini, Rossini und Mayr zuteil geworden.

Das einzige Zeugnis, das wir bis heute von den Konzerten in Mantua haben, ist eine Notiz in der *Gazzetta* der Stadt, die sich am 30. Mai 1818 darauf beschränkte, ein »Instrumental- und Vokalkonzert« und »verschiedene Musikstücke« zu registrieren. Wieder haben wir es hier mit der so oft schon beklagten Ungenauigkeit zu tun.

Zwischen zwei künstlerischen Verpflichtungen gelingt es Paganini, nach Piacenza zurückzukehren, um dort am 24. Mai 1818 sein drittes Konzert zu geben. Abgesehen von den üblichen Symphonien und Vokalstücken, deren Ausführung unbedeutenden Sängern anvertraut wird und die nach dem gewohnten Muster eingefügt werden, spielt Paganini im ersten Teil ein »Violinkonzert des Signor Kreutzer« und im zweiten eine »Sonate mit Variationen auf der IV. Saite der Violine mit großer Orchesterbegleitung«. Diese letzte Komposition könnte die gleiche sein, die er in Parma gespielt hatte, die aber nicht identifiziert werden konnte.

Nach dem Konzert in Piacenza beschließt Paganini, nach Bologna zu gehen. Unterwegs besucht er Modena, wo ihn die örtlichen Musikliebhaber bitten, am folgenden Abend im Theater zu spielen. »Die Gelegenheit war günstig«, schreibt Paganini, »da sich dort fünf gekrönte Häupter einschließlich Ihrer Königlichen Hoheiten von Sardinien befanden; aber ich habe sie nicht nutzen können.« Für die Geschichte sei erklärt, daß die »gekrönten Häupter« Franz IV., Vittorio Emanuele I. mit seiner Gemahlin und seinen Töchtern waren sowie Maria Luisa von Bourbon mit ihren zwei Kindern. Diese Persönlichkeiten waren als Gäste Franz' IV. in Modena zusammengekommen, um die Heirat Carlo Ludovicos, des Sohns von Marie Louise, mit Maria Teresa von Savoyen zu sanktionieren.

Die Worte Paganinis »ich habe sie nicht nutzen können« erscheinen unverständlich, zumal er selbst zugibt, daß »die Gelegenheit... günstig [war]«.

Ende Juni 1818 ist Paganini in Bologna. Er hat vor, hier drei Konzerte zu geben. Wir konnten nur das Programm des letzten, das am 21. Juli stattfand, auffinden. Aus dem Programmzettel dieses Konzerts geht hervor, daß Paganini nur am Ende des zweiten Teils spielte. Weitaus interessanter ist aber, daß hier zum erstenmal die *Sonate und Variationen über »Pria ch'io l'impegno«* in Erscheinung treten, die sonst stets als »Sonate mit Variationen« angegeben wurden.

Es wäre nun möglich, daß diese Variationen bereits in Piacenza gespielt wurden und nichts anderes waren als die im Programm angekündigten »Neuesten Variationen«. Auf jeden Fall erlaubt der Programmzettel des Bologneser Konzerts, diese neue Komposition Paganinis, die man auf das Jahr 1824 datiert hatte, auf das Jahr 1818 zurückzudatieren. Es bleibt noch festzustellen, wann und wo Paganini das Thema von Weigl hörte oder kennenlernte, das einer Arie aus der Oper *L'Amor marinaro* entstammt, die 1797 in Wien aufgeführt wurde. Die Arie beginnt mit den Worten »Pria che l'impegno magistral prenda«. Von genau der gleichen Arie ließ sich auch Beethoven inspirieren und flocht einige Variationen in sein *Trio für Klavier, Klarinette und Vio-*

loncello, op.11 ein, das im darauffolgenden Jahr veröffentlicht wurde. Es ist nicht auszuschließen, daß sich Paganini die Partitur Beethovens besorgt und aus deren letztem Satz eine ähnliche Idee abgeleitet hat.

Tatsache ist, daß Joseph Weigl[11] in den Jahren 1807 und 1808 und 1815 Italien besuchte, um einige seiner Opern vorzustellen, die mit gutem Erfolg aufgenommen wurden. Daher ist auch die Annahme eines direkten Kontakts zwischen ihm und Paganini nicht auszuschließen.

Die Variationen Paganinis sind nach der gewohnten Struktur aufgebaut: ein Adagio für Orchester fungiert als Einleitung, der ein Violinsolo, das hauptsächlich aus Zweiklängen von Terzen besteht, folgt. Das Thema wird im Tempo des Andante moderato dargelegt, und der Hinweis »dolce« entspricht dem melodischen Fluß der Originalarie.

Es folgen fünf Variationen. Die erste ist vor allem auf Folgen von flinken Quartolen und Terzolen aufgebaut; die zweite stützt sich hauptsächlich auf Terzen. In der dritten (Più mosso) bemerkt man eine Annäherung an die Natur des Themas, ebenso wie man es in der vierten feststellt, die jedoch von großzügigen Intervallsprüngen charakterisiert wird. In der fünften (Satz I) wird der Diskurs den Flageolettönen anvertraut (gekennzeichnet durch den Hinweis »Flöten« für die Flageolette). Ein Presto beschließt die Komposition.

Bereits die oberflächliche Prüfung dieser Variationen verrät, daß die von Paganini angenommene Formel aus dem 18. Jahrhundert stammt, als die Variationen über ein Thema so ausgeführt wurden, als seien sie Verzierungen und Verschönerungen des Themas selbst. Aber Paganini fügt dieser elementaren Prozedur neue Dimensionen hinzu, die übrigens auch der frühe Beethoven anwandte, der erst später auf Abwandlungen zurückgreifen wird (man vergleiche die 32 *Veränderungen über einen Walzer von Diabelli*).

Die neuen Dimensionen Paganinis beziehen sich vor allem auf die Klangkombinationen, die durch Zweiklänge und Doppelflageoletts entstehen und die für die Violine immer wichtiger werden.

Es bleibt festzustellen, daß im Orchester C-Klarinetten und E-Hörner eingesetzt werden, um die »Mühen« der Transposition zu vermeiden. Man muß jedoch hinzufügen, daß die uns zur Verfügung stehende Orchesterpartitur sicher das Ergebnis einer Erweiterung ist, die Paganini nach den ersten Aufführungen dieses Werks in Italien vornahm, zumal auf manchen Stimmen der Name Habeneck steht, der die Pariser Ausführung dieses Werks betreute.

Das *Konzert Nr. 1* verdeutlicht, daß Paganini, nachdem er europäische Orchester und Theater kennengelernt hatte, das Bedürfnis verspürte, die ursprüngliche Instrumentenliste zu ändern, die allzusehr der eines Kammerorchesters ähnelte; er fügte sowohl obligate als auch verstärkende Instrumente hinzu, um seine Werke besser an die akustischen Bedingungen in den großen Konzertsälen und Theatern anzupassen. Trotzdem muß jede Betrachtung dieses diachronischen Arrangements immer die erste Version einbeziehen.

Wie aus einem Brief an Germi vom 1. Juli 1818 hervorgeht, stellte Bologna für Paganini eine wichtige Etappe seiner Karriere dar; er wird sogar erwägen, sich in dieser Stadt niederzulassen. Zu seinen ersten Begegnungen gehört jene mit dem berühmten Sopranisten Girolamo Crescentini[12], der ihn zu einem Essen auf seinem Landsitz einlud, wo Paganini auch Isabella Colbran kennenlernte, die zukünftige Frau Rossinis. Die Colbran, die eine Schülerin Crescentinis gewesen war, deutete die Möglichkeit an, den Impresario Barbaja[13] für den Violinisten zu interessieren. Dieser sollte ihm eine Reihe von Konzerten in Neapel ermöglichen, »und [er] versprach mir«, schreibt Paganini, »daß ich alle Theater umsonst haben könnte, wenn ich nur Ende September hingehen würde«. Ebenfalls in Bologna trifft Paganini Rossini, mit dem er »auf dem Cembalo im Hause Pegnalver« improvisiert. Da keine gesicherten Beweise für eine frühere Begegnung der beiden Musiker vorliegen, kann dieses Zusammentreffen in Bologna als allererstes angesehen werden. Eine weitere wichtige Persönlichkeit des musikalischen Lebens in Bologna war Felice Radicati[14], 1. Violine und Dirigent des Stadtorchesters, der in dieser Funktion zusammen mit seiner Frau Teresa Bertinotti bei Paganinis Konzerten mitwirkte.[15] Mit Radicati spielte Paganini Quartette; wir erfahren dies aus einem Brief vom 20. August 1818 an Germi, in dem es unter anderem heißt: »Er begleitet sehr gut und ist ein berühmter Musiker; vorgestern spielte er ein Quartett von Haydn, und ich spielte ein anderes so, wie es geschrieben war; aber, um Dir die Wahrheit zu sagen, verströmte meine Ausführung einen gewissen Zauber, den ich Dir nicht beschreiben kann.«

Es fällt auf, daß Paganini Wert darauf legt festzustellen, daß er sehr gut in der Lage ist, Musik auszuführen, »wie sie geschrieben war«, ein Zeichen auch dafür, daß er sich die oft an ihn gerichtete Kritik zu Herzen nahm.

Die Erfolge, die er in Bologna erzielte, werden unter anderem durch die Verleihung des Patente di Accademico Filarmonico durch den berühmten Musiktheoretiker Stanislao Mattei, den Lehrer Rossinis, bezeugt.

Inmitten der Konzerte und der gesellschaftlichen Verpflichtungen schließt Paganini Freundschaft mit Annibale Milzetti, einem dilettierenden Violoncellisten, der später mit der Ausführung einiger finanzieller Aufträge betraut werden wird, und mit Doktor Pancaldi, an den er sich um medizinischen Rat wendet und der ihn zwei berühmten Ärzten der Zeit, Tommasini und Valorani, vorstellen wird. Daher können wir vermuten, daß seine Gesundheit bereits ab 1818, wenn vielleicht auch noch nicht stark, beeinträchtigt war.

Trotz des wachsamen Haltung, die Paganini gegenüber den Frauen eingenommen hatte, interessieren ihn Herzensangelegenheiten weiterhin. Nachdem er bis auf weiteres die Signora Taddea hintangestellt hat, verliebt er sich in eine junge Bologneserin, eine Marina Banti, die wahrscheinlich mit der Person identisch ist, der einige Menuette für Gitarre gewidmet sind.[16]

Aus den Briefen, die aus dieser Zeit und der Zeit nach dem Aufenthalt in Bologna stammen, geht eindeutig hervor, daß die Beziehung mit der Banti eigentlich in eine Heirat hätte einmünden sollen, aus der wie gewohnt nichts wurde. Nach dem Brief zu urteilen, den die Banti an Paganini schickte und den dieser in einem Brief an Germi vom 18. Oktober 1818 vollständig kopierte, war das junge Mädchen wirklich in den Violinisten verliebt; es unterschrieb mit »Ihre teuerste Geliebte«. Doch man sah voraus, daß ihre Familie ernsthaft versuchen würde, die Verbindung zu verhindern, da sie, so schreibt die Banti, »anderthalb Höllen in Bewegung setzen werde, damit nichts geschieht«. Und so war es dann auch. Doch überzeugt diese Liebe Paganini immer mehr davon, an eine Heirat zu denken, zumal er bei Germi anfragt, ob es möglich wäre, das Häuschen in San Biagio zu verkaufen, um in Bologna einen Hausstand zu gründen, ein weiteres Projekt, das sich in Rauch auflösen wird.

Am 4. August schreibt Paganini an Germi, um seine Abreise nach Florenz anzukündigen, und bittet ihn, ihm dorthin nachzureisen, »da ich Euch einige Dinge, mein zukünftiges Glück betreffend, mitteilen muß, und da ich auch wieder einmal das Glück Eurer teuren Gesellschaft genießen möchte«. Am folgenden Tag reist Paganini nach Florenz ab und schreibt am 11. wieder an Germi; unter anderem schreibt er in dem Brief: »Ich bereite mich für zwei Konzerte (die dieses Publikum sich so sehr gewünscht hat) am Teatro della Pergola vor; das erste davon wird in der kommenden Woche sein«, und er teilt ihm auch mit, wo sich seine Wohnung befindet, »gegenüber der Ricci-Kirche, im Bogen der Nr. 652, zweiter Stock. Wenn Ihr, wie ich hoffe, nach Florenz kommt, könntet Ihr im Leon Bianco absteigen, damit Ihr in der Nähe meiner Unterkunft wohnt.«

Soeben in Florenz angekommen, nimmt Paganini die Beschäftigung mit der Kammermusik wieder auf, wie ein Postskriptum im oben zitierten Brief an Germi beweist: »Jetzt gehe ich zum Violinprofessor Tinti, Quartette machen.«[17]

Die beiden folgenden Briefe an Germi weisen auf neue sentimentale Verwicklungen hin. Wieder tritt Signora Taddea in Erscheinung. Paganini bittet Germi, ihr mitzuteilen, »mich durchaus zu vergessen, denn die Pflicht und die Religion gebieten mir, in völliger Stille zu leben«. Im gleichen Brief, der das Datum des 16. August 1818 trägt, hatte der Virtuose auch geschrieben: »Viele Frauen wären gerne bereit, um mein Herz und um meine Finanzen anzuhalten, aber ich habe ihre Hoffnungen mit einer einzigen Geste zunichte gemacht, ich mußte sie also vom ersten Augenblick an verabscheuen.« In einem Brief vom 20. August kommt er auf diesen Entschluß zurück. »Ich glaube, Ihr werdet die Entscheidung, die ich vor einiger Zeit traf, nicht mißbilligen; ich werde alle Frauen, die ich je kennengelernt habe, zum Teufel schicken, denn sie wollen ja nichts anderes als meinen Untergang.« Es handelt sich hier allerdings nur um einen provisorischen Entschluß, denn er unterhält weiterhin die Beziehung zur Banti, ohne die Möglichkeit zu anderen Flirts zu vernachlässigen, die sich ihm immer wieder in den Städten bietet, in denen er in der Folge seine Konzerte gibt. Der Schluß, den man aus diesen offensichtlichen Widersprüchen ziehen kann, ist, daß sich hier im Verhalten Paganinis eine gewisse Bigotterie abzeichnet, denn wenn auch auf der einen Seite eine »provisorische« moralische Absicht vorliegt, so verhindert diese doch nicht bequeme Fluchten, ganz zu schweigen von der Liaison zu jener Antonia Bianchi, die ihm den einzigen Sohn Achille schenken wird.

Setzt man das Verhalten des Virtuosen in dieser Angelegenheit in Beziehung zur komplizierten Persönlichkeit Paganinis, der den Bereich der Gefühle als einen privaten ansieht, den er dem öffentlichen Bereich der Kunst hintanstellt, als ob diese beiden nur flüchtige, aber nie dauerhafte Berührungspunkte finden könnten, so erscheint einem dies nur aus künstlerischer Sicht akzeptabel. Eine derartig anspruchsvolle Persönlichkeit wie

Paganini konnte nicht umhin, gegenüber dem anderen Geschlecht Gefühle zu zeigen, denen er leider zuviel Bedeutung zumaß. Seine Abenteuer können sich mit denen, die Mozart und Da Ponte im *Don Giovanni* schildern, nicht entfernt messen. Der an sich ziemlich geistlose Mythos vom ewig Weiblichen, der mit einiger Verspätung von Goethe und Liszt wiederaufgenommen wurde, hatte für Paganini, der sich nicht bewußt war, daß der Reiz, den er auf Frauen ausübte, nichts anderes war als der Abglanz seiner Einzigartigkeit als Künstler, nur beschränkt Geltung.[18]

Häßlich, zahnlos und gespenstisch, wie ihn seine Zeitgenossen beschrieben, gelang es Paganini trotzdem, eine Art von Schlangenbeschwörer darzustellen. Und so wie sich die harmlose Schlange auf die Musik eines bescheidenen Flötenspielers hin aus einem ebenso bescheidenen Sack aufrichtet, um sich dann wieder hineinfallen zu lassen, wenn die Musik endet, verhält sich Paganini mit den Frauen, wohl wissend, das jegliche Beziehung dazu verurteilt ist, über kurz oder lang zu scheitern; daß er sich letztlich klar darüber ist, geht aus seinen oben zitierten Beschlüssen hervor.

Aus der Zeit zwischen dem 20. August und dem 1. Oktober haben wir keine Briefe. In diesem Zeitraum gibt Paganini die angekündigten Konzerte an der Pergola[19] und wird Germi treffen, der ihm in den ersten Septembertagen nachreist.

Ein erstes Konzert in Florenz fand jedenfalls, wie es aus einer Anzeige in der *Gazzetta di Firenze* hervorgeht, am 25. August statt:

> Da sich Signor Nicolò Paganini, Violinprofessor, auf der Durchreise nach Neapel in unserer Stadt aufhält, gibt er sich die Ehre, das Publikum davon in Kenntnis zu setzen, daß er am Dienstag abend, dem 25. August, ein einziges Violinkonzert im Kaiserlichen und Königlichen Theater in der Via della Pergola geben wird, bei dem auch Signora Cecconi mitwirkt.

Der einzige Bericht, den wir über dieses Konzert haben, bestätigt, daß ein »ungewöhnlicher Zulauf des Publikums« verzeichnet wurde.

Nach diesem Konzert beabsichtigt Paganini, nach Livorno zu gehen, um dort »drei Konzerte an den Abenden von Donnerstag, Samstag und Sonntag dem 27., 29. und 30. [August 1818]« zu geben, aber dieser Plan wurde wohl nicht verwirklicht, da wir keine Nachrichten darüber haben, wie sie in einer Stadt, in der

Paganini bereits bekannt war und geschätzt wurde, von der Presse verbreitet worden wären, hätten die Konzerte wirklich stattgefunden. Wir können auch vermuten, daß sich der Violinist sicher in Lucca beim Fest von S. Croce mit Germi treffen wollte, um dann nach Florenz zurückzukehren, wo er – wieder am Teatro della Pergola – am 10. September ein Konzert geben wollte.

Zu dieser Gelegenheit widmet *La Gazzetta di Firenze* dem Ereignis einen Artikel, in dem es unter anderem heißt:

> Wenn er dieses schätzenswerte Instrument spielt, gibt es keine Schwierigkeiten, die er nicht mit der gleichen Sicherheit besiegen könnte, mit der andere Leichtes meistern, gibt es keinen kraftvollen oder lieblichen Ausdruck, den er die Seele nicht erfühlen lassen kann, wenn er die Saiten der Violine berührt, die in seinen Händen – mir sei dieser Vergleich erlaubt – so viel wert ist wie ein ganzes Orchester. Es mag als Lob genügen zu sagen, daß einige unserer Musiker, die den berühmten Nardini[20] gekannt und gehört haben, der als ein Wunder seiner Kunst galt und der durch den Klang seines Instruments ein Grab unter denen der berühmten Männer und eine goldene Inschrift von Lanzi[21] errang, anerkennen mußten, daß Signor Paganini ihm überlegen ist.

Über die ausgeführten Stücke schweigt sich die Florentiner Rezension mit der gleichen Gedankenlosigkeit aus, wie sie in allen anderen italienischen Städten an der Regel war – ein Verhalten, das der zur damaligen Zeit kulturell am höchsten entwickelten Stadt wohl kaum zur Ehre gereicht.

Um die Mitte des Monats September herum ist Paganini wieder in Lucca; am 17. ersucht er die zuständige Behörde, am 18. am Teatro Pantera ein Konzert geben zu dürfen. Dem Gesuch wird stattgegeben.

Von Lucca reist er nach Pisa. Hier gibt er am 23. ein Konzert, das mit folgenden Worten kommentiert wird: »Alles, was man über dieses lebende Wunder der Kunst sagen könnte, wäre der Wahrheit bei weitem unterlegen, und trüge es auch alle Farben der Vorstellungskraft.«

Die gleichen Schwachsinnigkeiten, die gleichen Banalitäten kennzeichnen, wie wir gesehen haben, fast alle musikalischen Chroniken der Zeit; man beschränkt sich auf Lobreden, die aus der Sicht des Historikers bar jeglichen Interesses sind.

Von Pisa geht es nach Siena. Gebeten, ein Konzert zu geben,

weigert sich Paganini hier mit der Begründung: »Der größte Teil
der Sieneser war auf dem Lande.« Aber, so fährt Paganini fort,
»am Montag morgen, als ich nach Florenz zurückkehren wollte,
erschienen zwei, die mir sofort vierzig Zechinen[22] aushändigten,
und am gleichen Abend noch gab ich ein Konzert. Die Schreie
der Sieneser [sic] kann man nicht beschreiben; ich mußte ein
weiteres Konzert versprechen, das ich auf meine Rechnung am
Sonntag geben werde«. Über diese Konzerte gibt es keine weiteren Informationen.

Nach Florenz zurückgekehrt, gab Niccolò am 10. Oktober ein
letztes Konzert an der Pergola. Er hatte vor, »wegen der Ankunft
des Königs von Neapel und des Königs von Spanien«[23] nach Rom
zu reisen. Auch bezüglich dieses letzten Konzerts beschränkt sich
die Chronik darauf festzustellen, daß »Paganini wieder seine
unvergleichlichen Melodien hören ließ«.

In Florenz hatte Paganini nicht aufgehört, an Marina Banti zu
denken, »meine lieblichste Marietta«, wie er selbst sie in einem
Brief an Germi nennt; die Sehnsucht, das Mädchen wiederzusehen, bringt ihn schließlich dazu, sich nach Bologna zu begeben,
um so das Angenehme mit dem Nützlichen zu verbinden. Seine
Vermögensverwalter Milzetti und Pegnalver verwahrten dort
beachtliche Geldbeträge, die kurze Zeit später an den Bankier
Carli in Mailand überwiesen wurden.[24] Es scheint, daß der Violinist mit seinen bisherigen Geldanlagen nicht ganz zufrieden war,
zumal sein Barvermögen durch den Verkauf des Häuschens in
San Biagio vermehrt werden sollte.

»In Bologna blieb ich einige Tage«, schreibt Paganini an Germi, »und der Grund, aus dem ich herkam, war, daß ich die
Summen, die ich Signor Pegnalver anvertraut hatte, in Sicherheit bringen wollte, denn in seiner Bank gibt es eine gewisse Art
von Angestellten, Intriganten und Betrügern, die einen ehrlichen
Mann erschauern machen.« Der Aufenthalt in Bologna sollte
sich aber auch in Sachen des Herzens als wenig fruchtbar erweisen. Bezüglich der Banti wird Paganini dem Genueser Freund
schreiben: »Ich bin dem Fräulein gegenüber so gleichgültig geworden, daß ich nicht mehr an eine Heirat denke. Sie betet mich
an, aber ich kann mich nicht dazu bringen, mir eine Frau zu
nehmen.«

So entwickelten sich die Herzensangelegenheiten parallel zu
den finanziellen im Zeichen allgemeiner Unzufriedenheit. Mit
diesen Aussichten bereitet sich Paganini darauf vor, Florenz zu
verlassen und nach Rom zu reisen.

1 Die Marchesa Caterina Raggi Pallavicini, der das *Quartett Nr. 7* gewidmet ist.

2 Karol Lipinski (1790-1861) widmete sich besonders der Konzerttätigkeit und besuchte zahlreiche europäische Länder. Außer Paganini kannte und frequentierte er Liszt, Schumann und Chopin. Zu seinen Schülern gehörte unter anderem Vieniavski. Die drei *Capricci*, die er Paganini widmete, sind nicht von sehr großem Interesse.

3 *Quartett Nr. 8.*

4 *Quartett Nr. 7.*

5 *Quartett Nr. 9.*

6 Lipinski diktierte seine Erinnerungen an seine Begegnung mit Paganini dem Redakteur einer polnischen Kulturzeitschrift, der sie posthum veröffentlichte. Eine erste englische Übersetzung, von R. Halsky besorgt, erschien 1959. Vyborny verdanken wir eine Version in italienischer Sprache.

7 Op. cit.

8 Siehe unten.

9 Marie Louise, die seit einiger Zeit in Parma lebte.

10 Im 19. Jahrhundert erschien eine Ausgabe dieser Komposition bei Frederic Hofmeister in Leipzig. Einige Forscher behaupten, daß das »Rezitativ mit drei Arien und Variationen« identisch sein könne mit dem *Potpourri für Violine und Orchester*, eine ziemlich wahrscheinliche, aber nicht gesicherte Hypothese, da die Komposition in einer späteren als der analysierten Periode entstanden ist.

11 Joseph Weigl (1766-1846), Schüler Albrechtsbergers und Salieris, lernte Mozart und Beethoven kennen. In reifem Alter schrieb er keine Opern mehr, sondern widmete sich der Kirchenmusik.

12 Girolamo Crescentini (1762–1846), ein berühmter Sopranist, der in ganz Europa bekannt war. Er wurde auch von Napoleon bewundert, der ihn sechs Jahre lang in Paris behalten wollte. Als er sich von der Bühne zurückzog, ließ er sich 1814 in Bologna nieder und widmete sich dem Gesangunterricht.

13 Domenico Barbaja (ca. 1775–1841), einer der ersten großen Impresari im modernen Sinn des Wortes. Nachdem er aus seiner Geburtsstadt Mailand nach Neapel gezogen war, organisierte er den Wiederaufbau des Teatro San Carlo, das im Jahre 1816 durch einen Brand zerstört worden war. Der Auftrag wurde dem florentinischen Architekten Antonio Nicolini übergeben, und das Theater wurde in nur sieben Monaten vollständig wiederhergestellt. Barbaja veranstaltete bemerkenswerte Opernsaisons, bei denen vor allem Rossini eine große Rolle spielte.

14 Felice Radicati (1775–1820), Schüler von Pugnani, gilt als einer der Erben der Piemonteser Violinschule. Im Jahre 1815 zog er mit seiner Frau Teresa Bertinotti nach Bologna und nahm eine Stellung als 1. Violine und Orchesterdirigent sowie einen Lehrauftrag am örtlichen Liceo Filarmonico an.

15 Teresa Bertinotti (1776–1854), eine in ganz Italien und im Ausland bekannte Sopranistin, die in allen größeren Theatern sang. Sie folgte ihrem Mann nach Bologna, blieb aber dem Theater treu und unterrichtete nebenbei. Als sie mit zwei Beiträgen am Konzert Paganinis teilnahm, war sie zweiundvierzig Jahre alt. Aus Archivdokumenten geht hervor, daß sie als Gage für das Konzert zwanzig Lire erhielt und Paganini 30,80 Lire.

16 Zum erstenmal in moderner Ausgabe 1925 von Zimmermann veröffentlicht.

17 Salvatore Tinti (1755–1829), Florentiner Violinist und Komponist. Paganini
hatte ihn sicher kennengelernt, als er sich im Gefolge Elisa Bacciocchis in
der Hauptstadt der Toskana aufgehalten hatte.
18 Wie in anderen Fällen, so ist auch in diesen beiden klar, daß die weibliche
Phantasie weniger vom Aussehen beflügelt wird als vom Ruf der betreffenden Persönlichkeit.
19 Da das Archiv des Teatro della Pergola von den Verantwortlichen geschlossen wurde, konnten dort keine Nachforschungen durchgeführt werden.
20 Pietro Nardini (1722–1793), einer der wichtigsten Vertreter der toskanischen Violinschule.
21 Luigi Lanzi (1732–1810), Jesuit, Archäologe und Epigraphiker.
22 Der Zecchino war eine venezianische Goldmünze (Anm. der Übers.).
23 Ferdinando I. und sein Bruder Carlo IV. kamen am 23. Oktober 1818 in Rom
an.
24 Der Mailänder Bankier Carlo Carli war auch ein guter Violinist und besaß
eine interessante Violinensammlung. Alessandro Rolla widmete ihm einige
Kompositionen.

KAPITEL IX

Gegen Ende Oktober 1818 kommt Paganini in Rom an. »Diese Stadt überrascht auch die reichste Vorstellungskraft. Die Luft ist schwer, aber ich habe sehr viel Appetit.« Dies sind die ersten Eindrücke, die Paganini Germi mitteilt, Eindrücke, die sich noch radikal ändern werden, denn später wird er die Stadt folgendermaßen beschreiben: »Geheiligte Erde, liederliches Volk«. Diese zweifellos übertriebene Behauptung kann vielleicht mit dem seelischen Zustand des Musikers begründet werden, der beinahe drei Monate lang müßig bleiben muß, da er keine Konzerte geben kann, obwohl seine Anwesenheit in Rom vom *Diario di Roma* verkündet wird, der am 14. November schreibt: »Seit wenigen Tagen weilt hier in Rom der erlauchte Violinist Paganini. Wir warten mit Spannung darauf, daß er uns seine seltene Bravour bewundern läßt; und dies um so mehr, als wir in uns das Andenken an jenen anderen verdienstvollen Professor lebendig erhalten haben, der vor noch nicht allzu langer Zeit Rom verlassen hat und von dem wir sehr viel Gutes zu sagen wußten.«

Der »andere verdienstvolle Professor« war ein gewisser Teodoro Segura, ein in Frankreich geborener Spanier, den Paganini in Rom getroffen hatte. Der Bitte, das eine oder andere Stück auszuführen, kam der Genueser nach, tat dies aber nur einige Minuten lang. Der Spanier verdankte diese Gunst gewiß auch dem Umstand, daß er für Paganini nicht wie Spohr und Lafont einen gefürchteten Gegner darstellte; dennoch nahm der Virtuose ihm gegenüber eine vorsichtige und mißtrauische Haltung ein – wie sich zeigen wird, zu Recht, da Segura seinen Namen benutzte, um sich bei anderen hervorzutun.

Während er darauf wartet, für seine Konzerte ein freies Theater zu finden, geht Paganini häufig in die Oper; er hat so Gelegenheit, Opern von Mayr[1], Nicolini[2], Cordella[3] und Generali[4] zu hören. Über den ersten dieser Komponisten schreibt Paganini an Germi: »Mayr hat wie ein göttlicher Meister geschrieben; aber das Publikum von Rom liebt wissenschaftliche oder philosophische Musik nicht, sondern weiß nur jene Walzeropern zu schätzen, die man mit einer einzigen Flöte und einer halben Gitarre spielen kann.« Über Cordella schreibt Paganini dagegen lakonisch: »Ich sag' lieber nichts.«

Die häufigen Opernbesuche, die wir schon aus der Turiner Zeit kennen, als er ebenfalls einige Zeit lang zur Muße verurteilt war, mußten ihn als Komponisten beeinflussen. Wenn man von

seinem instrumentalen Repertoire absieht (Konzerte von Kreutzer, Rode und Viotti), so war seine musikalische Bildung mit
Sicherheit der eines modernen Konservatoriumsstudenten unterlegen.

In der Tat kommt Paganini erst später mit der zeitgenössischen transalpinen Musiktradition in Berührung, als sich seine
stilistische Reife bereits so gefestigt hat, daß äußere Einflüsse
nichts mehr verändern können. Die lyrische Oper mit all den ihr
eigentümlichen Beschränkungen stellte das einzige Mittel dar,
sich über das musikalische Schaffen in Italien auf dem laufenden
zu halten. Was den Einfluß betrifft, den die Opernmusik auf das
Werk Paganinis hatte, erkennt man ihn an Wesen und Struktur
der Themen aus seiner Feder, die alle dem Kriterium der Kantabilität genügen und deren melodischer Gehalt sich in nur wenigen Takten erschöpft. Sie entstehen aus einer Haltung, die nur
selten der Notwendigkeit einer linearen Entwicklung und der
Gegenüberstellung, wie sie oft im Allegretto von Sonaten erscheinen, Rechnung trägt. Der Umstand, daß er in den Variationen über ein Thema das Genre sah, das seiner Natur und seiner
musikalischen Ausbildung vielleicht am stärksten entgegenkam,
zeugt ferner von seiner ausgesprochenen Vorliebe für die ge-
schlossene Form, die typisch für die Opernmusik seiner Zeit,
aber auch generell für die volkstümliche Musik ist.

Wie bereits in Turin, Bologna und Florenz versucht Paganini
sich auch in Rom der Kammermusik zu widmen, sowohl ihrer
Ausführung als auch ihrer Komposition. Was ersteres angeht, so
scheitert sein Unterfangen, da es ihm nicht gelingt, drei weitere
Kollegen zu finden. Er muß sich auf das Komponieren beschränken und beschäftigt sich mit der ihm liebgewordenen Formation
des Quartetts für Streicher und Gitarre. Am 23. Dezember verkündet er in einem Brief an Germi: »Ich habe Dir nicht nur das
Quartett instrumentiert [Nr. 10], sondern ich habe Dir auch
noch ein neues in A-Dur geschrieben, das, wenn es gut ausgeführt wird, Dir hoffentlich gefallen wird, da es unter anderem ein
Largo con sentimento enthält.«

Das neue Quartett [Nr. 14] ist das vorletzte einer Serie von
sechs Arbeiten (Nr. 9–15) die »eigens für Germi komponiert und
ihm gewidmet« werden und in denen – verglichen mit jenen, die
Jahre zuvor geschrieben und von Ricordi veröffentlicht wurden –
sich eine Entwicklung in Schreibweise und Form feststellen läßt.
Überwiegend für vier Sätze konzipiert, weisen sie im ersten Satz
eine relative Nähe zum Allegro der Sonate auf, eine Nähe, die
vom Auftreten zweier thematischer Einheiten und einer ziemlich

gedrängten Entwicklung betont wird. Meistens ist der zweite und nicht der dritte Satz ein Menuett, und der letzte hat oftmals die Form des Rondos. Paganini hält zwar die Vorrangstellung der 1. Violine aufrecht, aber auch die anderen Instrumente erhalten die Möglichkeit, sich in den Vordergrund zu stellen oder mit dem Despoten in Dialog zu treten. Zu Recht macht Paganini seinen Freund Germi auf das Largo con sentimento, den dritten Satz, aufmerksam. Das Stück wird auch durch die Tonart Ges-Dur charakterisiert und ist aufgrund der sechs Vorzeichen sicher nicht leicht auszuführen. Die Gitarre wird einen Ton höher gestimmt. Ausflüge in schwierige Tonarten sind bei Paganini nicht häufig; was die Quartette betrifft, so soll an das zehnte, das in H-Dur gesetzt ist, erinnert werden, das für Streichinstrumente nur mit Schwierigkeiten zu spielen ist.

Sehen wir einmal von den Quartetten ab, so sind vom römischen Aufenthalt kaum wichtige Episoden zu berichten. Paganini besucht den Bildhauer Canova – »ein liebenswerter Mann, der zu den Malereistudenten sehr großzügig ist«. Dann denkt er fatalerweise an die Banti und eine nicht näher beschriebene Signora Lauretta zurück. Und plötzlich springt der Funke einer neuen Liebe über. Am 23. Dezember 1818 schreibt er an Germi:

> Freund, Du kannst Dir nicht vorstellen, wie schwer mich die Einsamkeit drückt, und da ich meine Ansichten über eine Heirat geändert habe, weil ich mich sehr gerne mit einem wunderschönen jungen Mädchen vermählen möchte, ohne mich um Interessen oder Gesang zu kümmern, befinde ich mich in einer Leere, die mir sehr zusetzt, und ich wünsche mir nur das Glück, jemanden zu finden, der mir zusagt, um mich dazuzugesellen. Gestern abend sah ich die allerschönste kleine Engländerin, [die] mich sofort in Liebe zu ihr entzündete; aber als ich vernahm, daß sie Jüdin sei, seufzte ich und hätte beinahe Tränen vergossen, da ich weiß, daß eine solche Verbindung beinahe unmöglich ist, und ich wette, wenn Du sie gesehen hättest, hättest Du vielleicht die Religion aufgegeben, um sie zu bekommen.

Schließlich scheint Paganini Grund zu der Hoffnung zu haben, endlich ein Konzert zu geben, aber sie wird sich ebenso zerschlagen wie die Verliebtheit; er verlegt sich jedoch darauf zu üben, »um mich für das Konzert vorzubereiten, das ich am 8. des kommenden Jahres geben werde« [Januar 1819].

Die Schwierigkeiten, denen er auf der Suche nach einem freien Theater begegnet, gehen aus einem Brief hervor, den Paganini am 22. Januar 1819 dem Cavaliere Milzetti schickt:

> Da ich hier kein Konzert [geben konnte], weil die Pfarrer nicht wollen, daß ich am Freitag spiele, und weil es mir an anderen Tagen nicht paßt und weil ich es nicht an den Tagen geben kann, an denen alle Theater offen sind, hatte ich mich entschlossen, nach Neapel abzureisen, aber verschiedene vornehme Persönlichkeiten, die sich für die überfällige Erlaubnis einsetzen, bitten mich, hierzubleiben, und deshalb warten wir einmal ab, ob es ihnen gelingen wird, den Hochwürdigsten Herrn Kardinal Litta zu überreden.

Die Erlaubnis wurde bewilligt, aber nicht vom obengenannten Würdenträger, sondern von Kardinal Albani, wie Paganini in seiner autobiographischen Notiz andeutet:

> Da es in Rom nicht erlaubt war, am Freitag des Karnevals ein Konzert zu geben, [legte] der damalige Vikar [mein Gesuch] dem Papst Leo XII. [vor], der mir die Gnade eines einzigen Konzerts erwies, [aber] angesichts der fanatischen Begeisterung, die es hervorrief, sandte er mir spontan ein schmeichelhaftes Schreiben und gestattete mir alle folgenden Freitage für meine Konzerte.

Die Konzerte fanden im Teatro Argentina am 5., 12. und 19. Februar 1819 statt; nach der autobiographischen Notiz und einem Brief zu urteilen, den Paganini am 2. Februar dem Schwager Sebastiano Ghisolfi schrieb, wurden sie mit sehr großem Erfolg aufgenommen. »Die Konzerte, die ich an den letzten drei Freitagen des Karnevals im Teatro Argentina gegeben habe, haben mir die Nettosumme von 1350 Colonnati[5] eingebracht.« Im gleichen Brief stellt Paganini einen merkwürdigen Vergleich an. »Wenn die Rechtsanwälte manchmal durch unordentliche und nicht gewinnbare Fälle um ihre Nachtruhe gebracht werden, dann werden sie übellaunig [...]. Das gleiche Übel befällt mich, wenn ich mich zu sehr mit meiner Musik beschäftige.« In diesem Zusammenhang paßt, was Doktor Bennati[6], der den pathologischen Aspekt im Wesen Paganinis gründlich studierte, über einige Phänomene schreibt, die auftraten, wenn der Virtuose Musik anhörte. »Das nervöse System und die Haut harmonieren miteinander so sehr, daß das Vergnügen, Musik zu hören, oder das tiefe Gefühl, das er empfindet, wenn er sie selbst seiner Violine entlockt, ihn so bewegt, daß sein ganzer Körper davon angenehm benetzt wird.« Das auffällige Schwitzen, auf das Bennati anspielt, ist sicher eher auf die Nerven als auf Muskeltätigkeit zurückzuführen. Andererseits erscheint die Haltung, die Paganini beim Violinenspiel einnimmt, völlig entspannt (anders als die Haltung der von Paganini abgelehnten Ševčík-Methode und anderer »moderner« Methoden), so daß man meinen könnte, die Aktivität der Nerven und damit des Gehirns überwogen. Und Bennati spricht nicht zufällig von »Bewegtheit«. Paganini selbst greift in diesem Zusammenhang auf den Begriff »Elektrizität« zurück, der ebenfalls auf den Bereich der Nerven anspielt.

Nach den drei Konzerten in Rom geht Paganini zum erstenmal nach Neapel, wo er nur ein Konzert gibt, um bald darauf wieder nach Rom zurückzukehren. Er plant jedoch, einige Monate später länger in Neapel zu verweilen und einen Abstecher nach Palermo zu machen.

Das erste neapolitanische Konzert findet am 31. März 1819 mit folgendem Programm am Teatro del Fondo[7] statt:

Erster Teil

1. Introduktion für großes Orchester.
2. Konzert mit drei Sätzen, ausgeführt von Paganini.
3. Erster Akt der *Heimlichen Ehe* des unsterblichen Cimarosa.

Zweiter Teil

4. Symphonie
5. Rezitativ und drei Arien mit Variationen einzig auf der IV. Saite der Violine, komponiert und ausgeführt von Paganini.
6. Allegro für volles Orchester.
7. Variationen Le Streghe, komponiert und ausgeführt von Paganini.

Es ist offensichtlich, daß es sich beim ersten im Programm angegebenen Werk nicht um ein Konzert von Paganini handelt, sondern um eines von Kreutzer; andernfalls hätte die Formel »komponiert und ausgeführt von Paganini« dabeistehen müssen, eine Formel, auf die Paganini nie verzichtete, weil er Wert darauf legte, seine eigenen Werke hervorzuheben. Im zweiten Teil erscheint wieder das Rezitativ und drei Arien mit Variationen einzig auf der IV. Saite, und am Schluß *Le Streghe*, die er oft in früheren Konzerten gespielt hatte. Die Rezension des neapolitanischen Konzerts wurde im *Giornale del Regno della due Sicilie* vom 1. April 1819 veröffentlicht:

Das Publikum war eher erlesen als zahlreich: Alle wahren Liebhaber der göttlichen Kunst der Harmonie waren versammelt, um den bekannten Künstler zu hören, der [zum ersten Mal] an diese Gestade [gekommen war], die zu jeder Zeit berühmt für ihre spektakulären Triumphe und unvergeßlichen Schiffbrüche waren.

Paganini begann mit einem sehr lieblichen Konzert mit drei Sätzen; und von der ersten Bewegung des Bogens an kündete er vom Traumspieler, der jedes Hindernis verachtet und kraftvoll dorthin stürmt, wohin ihn sein Genie treibt, anstatt in den Grenzen zu bleiben, die von den ewigen Regeln gesetzt werden, die allen schönen Künsten gemein sind. Und getrieben von seiner starken Einbildungskraft, stellt er sich den kühnsten Schwierigkeiten entgegen und besiegt sie mit höchster Kraft, mit seltenem Geschick und mit soviel Leidenschaft, daß man mit Plinius sagen möchte: *Impetus animi et quaedam artis libido:* Freiheit des Geistes, sinnliche Lust der Kunst am Bizarren, am Schwierigen, am Unbekannten, an all jenem, was noch nie versucht wurde. Dies ist wohl wahr, denn der, der hoffte, seinen Spuren folgen zu können, hoffte vergebens, mit ihm ans Ziel zu kommen, und erschöpfte sich umsonst in fruchtloser Anstrengung. Aber dieser ausgelassene Spieler, der gleichzeitig die Seelen sanft verzaubern kann und sie zum Wunder erweckt, hat er denn nie etwas getan, um in seiner Kunst fortzuschreiten? Wir sind nicht so verwegen, diese schwere Prüfung zu unternehmen, für die es notwendig wäre, den mechanischen Teil des schwierigen Instruments, der Violine, von Grund auf zu kennen; auch wenn wir uns nicht darauf verlegen, so scheint es uns doch, daß die schönen und glücklichen Variationen, auf der IV. Saite gespielt, als ein Fortschritt betrachtet werden müssen, für den die Kunst in der Schuld unseres Meisters steht... Aber von diesen Dingen mehr, wenn er [...] sich von neuem hören lassen wird. Für heute möge es genügen, wenn wir nicht verschweigen, daß die Begeisterung, die gestern abend in den Zuhörern geweckt wurde, den Höhepunkt erreichte, besonders bei jenen Zuhörern, die besser in der Lage waren zu beurteilen, welches Können notwendig ist, um allen Schwierigkeiten zu begegnen, die in jedem Augenblick von neuem entstanden und in jedem Augenblick gemeistert wurden.

Die Begeisterung, die er in Neapel erregte, wird ihm die Einladung eintragen, in nächster Zukunft weitere Konzerte zu geben. Unnötig zu sagen, daß in Neapel ein sentimentaler Rückfall erfolgt; Paganini verliebt sich in »ein äußerst liebenswertes Mädchen von achtzehn Jahren, schön wie ein Engel, wie eine Prinzessin erzogen, und sie hat eine göttliche Stimme, und einen Ausdruck, der so beschaffen ist, daß sich ein jeder in sie verlieben muß. Sie singt göttlich, und heißt mit Nachnamen... rate... Catalani, Tochter des ersten Advokaten von Neapel, und er ist einer der Wohlhabendsten. Das junge Mädchen würde mit Freuden meine Braut werden, aber ich weiß nicht, ob der Vater einverstanden wäre, weil die Neapolitaner ihre Töchter nicht gerne in die Ferne schicken. Wir werden sehen; auch ich werde darüber nachdenken, bevor ich mich binde. Die Freiheit ist das höchste Gut des Mannes«.

Auch an dieser Stelle soll nicht unerwähnt bleiben, daß die Sache wieder im Sand verlaufen wird. Schon seine Worte »die Freiheit ist das höchste Gut des Mannes«, verraten seine regelrechte Unfähigkeit, eine Ehe einzugehen; etwas, was sich zur Grundlage den Kompromiß gewählt hat, kann nur für denjenigen in Frage kommen, der bereit ist, das zu akzeptieren, nicht aber für jemanden, der wie Paganini die eigene Kunst als ersten Lebenszweck ansieht. Diese Einstellung, die in dieser extremen Form im Leben keines anderen Musikers seiner Zeit so hervortrat, versagte ihm jegliche Anpassungsfähigkeit. Deshalb entstehen und scheitern Beziehungen, einschließlich der mit Antonia Bianchi. Mit siebenunddreißig Jahren beginnt der Violinist jedenfalls, sich Sorgen zu machen, hin und her gerissen zwischen Freiheit und ehelichem Kompromiß; dieses Problem wird nie eine Lösung finden außer im mehr oder weniger ausgedehnten Zusammenleben, welches ebenfalls regelmäßig zum Scheitern verurteilt ist.

Paganini verläßt Neapel, um nach Rom zu gehen, wo ihn zwei Konzerte erwarten; das erste ist für den 17. April angekündigt und findet im »Teatro Todinone oder d'Apollo mit tagheller Beleuchtung« statt; an ihm wirken außer Paganini Giuditta Pasta[8], Domenico Ronconi[9] und Giovanni Bottari[10] mit.

Im ersten Teil führt Paganini ein Konzert mit drei Sätzen aus, vielleicht eines von Kreutzers e-Moll-Konzerten, und die *Sonata a violino scordato* (vielleicht das bereits genannte und allzuoft gespielte Rezitativ); im zweiten Teil steht eine interessante »Arie mit obligater Violine, gesungen von Signora Pasta und gespielt von Paganini«.

Dieser Brauch, die Violine als ein Instrument zu betrachten, das geeignet ist, eine Sängerin zu begleiten, besonders wenn sie bekannt ist wie Giuditta Pasta, erscheint heute merkwürdig genug. In Wirklichkeit war die Zusammenstellung dazu gedacht, zwei einander ebenbürtige Begabungen vorzuführen. Aufgrund von Augenzeugenberichten kann man davon ausgehen, daß Paganini mit einer freien Introduktion begann und darauf das Thema der Arie zitierte. Dieses wurde dann von der Sängerin aufgenommen und auf der Violine mit Doppelgriffen und verschiedenen Koloraturen begleitet. Als Schlußstück sah das Konzert die unvermeidlichen *Streghe* vor.

Der zweite Aufenthalt in Rom erweist sich als nutzbringender als der erste. Es gelingt Paganini, Kontakt mit den österreichischen diplomatischen Kreisen der Hauptstadt aufzunehmen, vielleicht mit Hilfe von Empfehlungsbriefen und Freundschaften, die er im habsburgischen Mailand erworben hatte. Dazu die autobiographische Notiz:

Ich ließ mich bei einem Konzert anhören, das im Palast des Grafen Kaunitz stattfand, des österreichischen Botschafters. Fürst Metternich, der in Rom weilte, konnte wegen einer plötzlichen Unpäßlichkeit an dem Abend nicht erscheinen und kam am Morgen, und um dem Wunsch des Fürsten nachzukommen, nahm ich die erstbeste Violine, die mir in die Hände kam, und nachdem ich ein Stück gespielt hatte, zeigten sich Seine Hoheit sehr zufrieden und kamen ein weiteres Mal am Abend. Die Frau des Ministers sagte mir: »Sie sind das wirkliche Fest«, und bei dieser Gelegenheit geschah es, daß ich vom Fürsten Metternich freundlich eingeladen wurde, nach Wien zu kommen, und ich versprach, daß Wien der erste Ort sein werde, an dem ich spielen würde, sobald ich Italien verlassen hätte. Diese meine Reise nach Österreich verspätete sich durch Erkrankungen, die mich befielen und den Ärzten unbekannt waren.

Die Begegnung mit Metternich war für Paganini ein Zeichen der Vorsehung, auch wenn seine erste Konzerttournee in Österreich erst 1828 stattfinden sollte.

Das private Konzert, das Paganini für den österreichischen Botschafter Kaunitz von Rittenberg gab, fand in dessen Residenz im Palazzo Braschi vor sechshundert Leuten statt, unter denen »der vornehmste römische und ausländische Adel war [...] Signor Paganini, [der] berühmte Musiker, führte dort mit überraschender Meisterschaft und universellem Beifall der gesamten erlauchten Gesellschaft ein Violinkonzert aus«. Soweit der *Diario di Roma* vom 24. April 1819.

Fürst Metternich, der ein kultivierter Mann und ein guter Violinist war, hätte nicht leichtsinnig ein Versprechen gegeben, wenn er nicht von der Einmaligkeit des Phänomens Paganini überzeugt gewesen wäre, dessen Ruhm nach Österreich und Deutschland gedrungen war, wenn auch auf indirektem Wege über die Schriften Lichtenthals und die Lithographien der Werke Paganinis, die in Wien graviert und von Ricordi von Mailand aus verbreitet worden waren. Nach anfänglichem Mißtrauen und nachdem Klatschgeschichten über ihn die Runde gemacht hatten, wird Paganini in Österreich und in Deutschland mit Begeisterung empfangen und mit Ehren und Geld überhäuft werden.

Nach dem kurzen und fruchtbaren Aufenthalt in Rom kehrt Paganini nach Neapel zurück, wo sieben Konzerte in verschiedenen Theatern seiner harren. Diese Konzerte sind zweifellos dank der Vermittlung Isabella Colbrans von Domenico Barbaja organisiert worden. Paganini hatte von Bologna aus an Germi geschrieben: »Signor Barbaja, Impresario der Theater von Neapel, hat mich dorthin von Madame Colbran einladen lassen; er versprach mir alle Theater gratis, wenn ich nur Ende September käme.« Tatsächlich aber war Paganini bereits im Mai 1819 nach Neapel gekommen und hatte die ersten drei Konzerte im Juni im Teatro San Carlo gegeben und die restlichen vier von August bis September im Teatro dei Fiorentini[11]. In einem Brief an Germi vom 20. Juli berichtet Paganini: »Es möge Euch genügen zu wissen, daß am ersten Abend, als ich im San Carlo spielte, das Publikum, um mir Beifall zu klatschen, das höchste Gebot brach, das besagt, daß man kein Zeichen der Zustimmung oder der Ablehnung geben darf, solange der Hof anwesend ist, oder daß man es erst geben darf, nachdem der Hof begonnen hat zu applaudieren. Doch es wartete nicht und applaudierte mir enthusiastisch mit nicht enden wollendem Händeklatschen und Hurrarufen und ließ mich dreimal hintereinander wieder auf die Bühne treten.«

Im *Giornale delle due Sicilie* vom 29. Juni 1819 erschien folgende Rezension des Konzerts:

Paganini spielte vor der Oper und vor dem Ballett; er ließ eine der schönsten Kompositionen von Kreutzer hören; und er wiederholte die Variationen auf der IV. Saite, die bei dem ersten Konzert so lebhaften Beifall erhalten hatten [am 31. März am Teatro del Fondo]. Obwohl das Königliche Teatro San Carlo nicht geeignet erscheint, dem Klang eines

Instrumentes förderlich zu sein, dessen Schönheit sich in einem allzu weitläufigen Saal unbemerkt verliert, siegte der renommierte Künstler über alle Schwierigkeiten der Örtlichkeit und errang den ungeteilten Beifall aller Zuhörer. Diese zweite Probe seiner Kunst hat den Ruhm, den Signor Paganini bei der ersten erwarb, in keiner Weise getrübt.

Die Rezension gibt uns die wertvolle Information, daß trotz der besonderen akustischen Bedingungen im Teatro San Carlo das Klangvolumen von Paganinis Violine »alle Schwierigkeiten der Örtlichkeit« besiegte. Die Behauptung einiger zeitgenössischer und späterer Kritiker (zum Beispiel Schumann), Paganinis Violine hätte einen »schwachen« Klang gehabt, stimmt also nicht.

Die Konzerte, die er am 17., 18. und 31. August und 7. September gab, zeugen davon, daß sich Paganini, der später nach Palermo weiterreisen wollte, in Neapel längere Zeit aufhielt. Anläßlich des Konzerts vom 31. August spielte Paganini die *Introduktion und Variationen über »Non più mesta«* (das aus dem Rondo der *Cenerentola* übernommen ist).

Diese Variationen können sehr genau datiert werden. *La Cenerentola* war am 25. Januar am Teatro Valle in Rom uraufgeführt worden. Da sich Paganini zu diesem Zeitpunkt in Oberitalien befand, hatte er der Aufführung nicht beiwohnen können. Es ist jedoch möglich, daß er dieses Werk oder die Arie des Rondos später kennenlernte – vielleicht fiel ihm auch nur die Partitur in die Hände.

Die Variationen bewegen sich in völliger Freiheit, folgen dabei aber einem sehr präzisen Schema – Einleitung, Darlegung des Themas, vier Variationen und Finale. Die Grundtonart ist D-Dur, die Solovioline wird jedoch einen Halbton höher gestimmt (Es), wie es auch bei dem *Konzert für Violine und Orchester Nr. 1* der Fall ist. Abgesehen von den »ausschmückenden« Passagen werden Doppelgriffe von Terzen, Sexten und Oktaven nur spärlich eingesetzt und erscheinen dank der Höherstimmung der Violine leuchtender. Das beweist erneut, daß Paganini gelegentlich die Violine weiterhin als transponierendes Instrument ansah; der nicht zu leugnende Vorteil dieser Vorgehensweise lag darin, einfache und doppelte Klänge, außerordentlich schnelle Oktaven und Pizzicati mit der linken Hand präzise zu spielen – »Effekte«, die Paganini sparsam angibt, ohne sich zu bemühen, ihrer Ausführung eine moderne Gestalt zu geben. Dies kann auch als ein Zeichen dafür gelten, daß die uns hier interessierenden Variationen wie ähnliche Werke dazu bestimmt waren, nur von ihm selbst ausgeführt zu werden.

»Angenehmes Klima, herrliches Panorama, ausgezeichnete Speisen und Weine, luxuriöse Kutschen, öffentliche Anlagen, so anmutig wie die Gärten der Hesperiden; liebliche Frauen, aber Paganini lebt halb wie ein Stoiker und halb wie ein vorsichtiger Genueser«, schreibt er in einem Brief vom 20. Juli an Germi.

Es ist schwer, zu rekonstruieren, was zwischen September und Dezember jenes Jahres geschehen ist, da der nächste Brief, den Paganini an Germi schickt, die Angabe »Palermo, den 31. Januar 1820« trägt. Diese Reise nach Sizilien war ja seit langem geplant gewesen.

In dieser Zeitspanne erscheinen die Werke Op. 1, 2, 3, 4, 5 bei Ricordi, der sie – nicht nur im Mailänder Raum – in Zeitungen und Zeitschriften annonciert. Die *Gazzetta di Genova* gibt den Händler bekannt, bei dem man Vorbestellungen aufgeben kann: »Ricci, Druckhändler, Strada Lucoli«. Die Preise sind: neun Franken für die *Capricci*, sechs Franken für die beiden Sonaten-sammlungen und vierundzwanzig Franken für die sechs Quartet-te. Es sind die ersten und gleichzeitig auch letzten Drucke von Kompositionen, die zu Paganinis Lebzeiten erscheinen. Erst drei-ßig Jahre später kann Achille Paganini den Pariser Verleger Schonenberger dazu bewegen, die Reihe der veröffentlichten Kompositionen zu ergänzen.

Es gilt festzustellen, daß Paganini vorhatte, in Genua selbst eine Druckerei zu gründen, um alle seine Werke drucken zu können. Dieser Plan wurde nie verwirklicht. Wichtig ist, daß er der Initiative Ricordis folgte, der diese fünf Werke übernahm und zudem dafür sorgte, daß die dazugehörigen Partituren korri-giert wurden. Für die *Capricci* zum Beispiel gibt Paganini dem Kopisten die Nummern der Druckplatten an, die den Beginn des jeweils folgenden Stückes markieren. Es grenzt an ein Wunder, daß es dem Kopisten gelang, die »Stenographie« Paganinis zu entziffern. Jedenfalls ist die erste Ausgabe von Ricordi wirklich beispielhaft und sollte auch heute noch den Interessierten unter den Violinisten als Stoff für Studien dienen. Diese Edition wurde in ganz Europa verbreitet und gelangte so zu Violinisten, die sich aufgrund der unüberwindlichen Schwierigkeiten, die die *Capricci* boten, weigerten, sie auszuführen. Und es gab weitere Ausga-ben. Die zweite Ausgabe – ebenfalls aus der Druckerei Ricordis – ist praktisch identisch mit der ersten und zeugt davon, wie gefragt die Werke Paganinis waren, auch wenn sie nur zu Stu-dien- oder Übungszwecken benutzt wurden.

Wie Paganini in seiner Widmung unzweideutig formuliert hatte, waren die *Capricci* den »Künstlern« zugedacht, den professionellen Violinisten also. Obwohl sie musikalische Inhalte aufweisen, die Chopin (Op. 10 und 25) vorwegnehmen, wurden sie von Paganini doch als Etüden betrachtet. Diese Werke markieren den Übergang vom rein didaktischen Moment zum romantischen. Wenn es Capricci für Violine von Campagnoli, Rovelli, Polledro und anderen Komponisten aus der Zeit vor Paganini gegeben hatte, so gab es Kompositionen für Klavier von Czerny, Cramer und Moscheles, die heute nur noch als Lehrer geachtet werden.

Die Tatsache, daß Schumann[12] und Liszt[13] die *Capricci* für Klavier umgeschrieben haben, zeigt, daß die musikalischen Inhalte die an die Violine gebundenen technischen Schwierigkeiten in der Bedeutung überwiegen. Später ließen sich andere Komponisten vom vierundzwanzigsten *Capriccio*[14] inspirieren, um Fantasien oder Variationen für verschiedene Besetzungen zu erarbeiten, vielleicht in Anlehnung daran, daß Paganini selbst das letzte *Capriccio* bereits als Stoff für Variationen verwendet hat.[15] Trotzdem ist das didaktische Moment von einiger Bedeutung. Aus der systematischen Gliederung der Stücke, in denen das technische Moment das phantastische dominiert, geht zweifellos hervor, daß die *Capricci* auch Etüden sind, die als regelrechte Lehrstücke der Violinschule gelten können. Fast alle Elemente der Kunst Paganinis sind in ihnen präsent: Arpeggien, staccato, martellato, legato (mit einer einzigen graphischen Lösung werden oft verschiedene Takte versehen; nur in der 24. Etüde werden mit der linken Hand Pizzicati ausgeführt). Seltsamerweise erscheinen hier nicht die Flageolettöne, die Paganini in früheren Kompositionen großzügig eingesetzt hatte.

Selten sind auch Hinweise dynamischer Art, und es fehlen nahezu jegliche Anleitungen für den Fingersatz, den Paganini – von Ausnahmen abgesehen – als rein subjektiv ansah. Bemerkenswert dagegen der Gebrauch der Doppelgriffe von Terzen, Quarten, Quinten, Sexten, Oktaven und Dezimen; es handelt sich hier um Drei- und Vierklänge, die er als ganze Akkorde ausführte und nicht gebrochen, wie es moderner Usus diktiert, weil der Steg seiner Violine weniger gebogen war und ihm gestattete, gleichzeitig drei oder vier Saiten zu berühren. Wichtig ist auch die erreichte Erweiterung, die maximal bis zu einem Sprung von siebzehn Noten reichen könnte.

Nun kann man sich leicht vorstellen, daß alle diese Schwierigkeiten, die von ihm höchst präzise gemeistert wurden, auf alle anderen Violinisten seiner Zeit abschreckend wirkten, so daß sie die *Capricci* für nicht ausführbar hielten. Aber wie später Berlioz[16] sagen wird, waren die Künstler, die Paganinis Musik ablehnten oder verachteten, unfähig, sie auszuführen.

Im Lauf der Zeit sah man die Notwendigkeit ein, die Schreibweise Paganinis zu modernisieren. Die zahlreichen Ausgaben, die im Ausland nach derjenigen von Ricordi erschienen, beschränkten sich nicht darauf, auffällige Schwierigkeiten zu beseitigen, wie zum Beispiel jene Gruppen von zwölf Noten, die unter einem einzigen Bogen zusammengefaßt waren und die nun auf Kosten der rhythmischen Auflösung durch drei Vierergruppen wiedergegeben wurden. Auch die Originaltitel einiger *Capricci* wurden geändert: Das Lento (Nr. 1) wird zum Adagio, das Posato (Nr. 5) wird zu einem Moderato assai und das Allegro (Nr. 13) zu einem Allegro ma non troppo. Es ist nicht schwer zu verstehen, daß Posato nichts anderes heißt als Tranquillo, ebenso wie Corrente (Nr. 7) nicht den Aufruf zum gleichnamigen Tanz bedeutet, sondern »fließend«.[17] In einer etwas bizarren Ausgabe[18] der *Capricci* wird die Reihenfolge aufgrund eines willkürlichen Kriteriums fortschreitender Schwierigkeit völlig über den Haufen geworfen, ein Kriterium, an das Paganini sicher nie gedacht hat, weder bei diesem Werk noch bei anderen Werken.

Auf die anderen Werke, die Ricordi gleichzeitig mit den *Capricci* veröffentlichte, wurde bereits eingegangen. Wir wiesen auf den Unterschied hin, der zwischen dem Op. 1 besteht, das »den Künstlern« gewidmet ist, und den folgenden Werken Op. 2, 3, 4, 5, die Freunden und Dilettanten gewidmet sind und der Ausführung in den eigenen vier Wänden dienen sollten, eine Bestimmung, die in seinen sonstigen früheren und späteren Kammermusikwerken deutlicher ist. Während Paganini die Verbreitung der Kammermusik in handschriftlichen Kopien gestattete, hegte er bezüglich seiner übrigen Werke, die von ihm persönlich ausgeführt wurden, die begründete Befürchtung, daß andere seine Kompositionen plagiieren oder sich ihrer in anderer Weise widerrechtlich bemächtigen könnten. Dies erklärt die Besorgnis, die der Virtuose jedesmal an den Tag legte, sobald er ein Konzert abgeschlossen hatte. Es ist kein Zufall, daß in den Partituren einiger Kompositionen – unter anderem auch in der des *Konzerts Nr. 1* – der Part des Solisten nicht angegeben ist. Diese und andere Vorsichtsmaßnahmen lassen sich nicht nur auf seine ligurische Mentalität zurückführen, der jede Form von Ausbeutung zuwider war, sondern müssen auch mit der unbestreitbaren Tatsache erklärt werden, daß es in jener Zeit kein Autorenrecht gab (man wird frühestens ein Jahrhundert später darüber sprechen). Um die fehlende Gewinnbeteiligung wettzumachen, auf der die Geschäftsbedingungen der Unternehmen dieser Branche heutzutage basieren, verlangte Paganini gepfefferte Honorare.

Während Mozart und Beethoven ihre Kompositionen an die Musikverleger verkauften und sich höchstens das Recht vorbehielten, ein Honorar für die öffentliche Aufführung ihrer Werke zu verlangen, zog Paganini es vor, sich selbst zu »verkaufen« und die Rechte an seinen Werken zu behalten, indem er sie nicht veröffentlichen ließ. Diese Beobachtungen können dazu beitragen, seine Persönlichkeit aus ökonomischer Perspektive zu beleuchten.

Auf seiner Konzertreise durch das südliche Italien begibt sich Paganini nun von Neapel nach Palermo; gemäß den verfügbaren Informationsquellen kam er im Januar 1820 dort an. Er beeilt sich, um die Genehmigung für drei Konzerte am Teatro Carolino[19] zu ersuchen. Über seinen Erfolg schrieb das *Gran Foglio di Sicilia* am 13. Februar 1820:

> Der berühmte Paganini hat drei Abende lang auf unseren Bühnen die Wunder wiederbelebt, die Europa in Erstaunen versetzt haben. Das Theater war stets vollbesetzt, und die Gefühle, die er hervorrief, waren immer die gleichen; und trotzdem bleibt uns die Sehnsucht, noch einmal die verzaubernden Harmonien zu hören, die er seiner Violine entlockt; dabei verschmilzt auf unbegreifliche Weise das Vergnügen, welches die Lieblichkeit der Töne hervorruft, mit dem Erstaunen, welches die Schwierigkeit der Ausführung weckt, die bisher auch den vortrefflichsten Meistern unbekannt war. Wir werden uns nicht darauf verwenden, Paganini zu preisen, denn sein Ruhm kann nicht mehr vergrößert werden. Vielmehr ist der Zulauf, den er in unserem Theater erfahren hat, beredtes Zeugnis des gebildeten Musikgeschmacks, dessen sich unsere Nation rühmen kann und dessen Zeugen all jene wurden, die zu uns kamen, um sein wahres und zu Recht applaudiertes Talent zu preisen.

Gebeten, ein Wohltätigkeitskonzert zu geben, dessen Einnahmen der Renovierung des Armenhauses zugute kommen sollten, willigt Paganini ein und erlebt einen weiteren triumphalen Erfolg am Teatro Carolino.

Der einzige Brief, den Paganini während dieses ersten Aufenthalts in Palermo schreibt, bestätigt den Erfolg: »Ich kann Dir die im Publikum erweckte Begeisterung nicht beschreiben«, berichtet er Germi, »die Fürstin, die nur selten applaudiert, klatschte mir zusammen mit den anderen Zuhörern Beifall und sagte, daß wenn ich auch 40 Konzerte geben würde, sie viele Meilen reisen würde, um mich erneut zu hören. Wenn ich spazierengehe, scharen sie sich um mich, kreisen mich ein... ich werde also mein Haus nur selten verlassen.« Noch interessanter ist vielleicht, daß einem Capitano Airaldi und einem Signor Bollasco eine Sendung für Germi übergeben wurde und zwar »weitere Quartette, nämlich das elfte, zwölfte und dreizehnte. Spiele sie mit Geduld, Du wirst sie nicht schlecht finden«.[20]

Sicher hatte Paganini in Palermo einen Moment der Muße genutzt und die Komposition jener Quartette vor allem hinsichtlich der Instrumentierung vervollständigt. In der Regel ging er immer so vor, daß er zuerst den Part der 1. Violine schrieb und danach eventuell die ergänzenden Stimmen hinzufügte. Seine Vorstellung von Kammermusik ließ einen Diachronismus zu, der für die Komponisten jenseits der Alpen undenkbar gewesen wäre, die ganzheitlicher komponierten.

Bei Paganini funktionierte dieses System nie, nicht einmal bei so schwierigen Werken wie dem *Konzert Nr. 5*, das ebenfalls ganz für den Solisten entwickelt und nur durch wenige, wenn auch wichtige harmonische Hinweise ergänzt wurde, die eine Rekonstruktion erlauben sollten.

In Palermo hatte sich Paganini so wohl gefühlt, daß er die Gelegenheit, dorthin zurückzukehren, kaum erwarten konnte. Er muß jedoch nach Neapel, wo er angesichts seines früheren großen Erfolgs, den er nicht zuletzt der Unterstützung Barbajas verdankte, erneut Konzerte geben will. Nach seiner Rückkehr nach Neapel im Frühjahr 1820 kämpft er wieder mit den religiösen Feiertagen. In einem Brief an Germi vom 3. Mai schreibt er: »Wegen der Novene von S. Gennaro werden die Theater hier geschlossen bleiben; bald werden sie wieder aufmachen, und ich werde am Teatro di S. Carlo eine Darbietung geben, um jenes Konzert von mir hören zu lassen, das ich bei den sechs Konzerten des vergangenen Jahres noch nicht gespielt habe.« Um welches Konzert handelt es sich? Vielleicht um das *Konzert Nr. 1*, das in Neapel noch nicht gespielt worden war. Während er darauf wartet, daß die Theater wieder aufmachen, trägt sich Paganini mit der Absicht, Quartette zu spielen, und bemüht sich in dieser Richtung, aber am 29. Mai 1820 schreibt er an Germi: »Ich versuchte, sie zu prüfen; es kamen Zeffirino mit seinem Violoncello, eine hinreichend gute Viola und eine der besten Gitarren von Neapel; aber zu meiner Überraschung hatte dieser kein

Geschick und konnte keinen einzigen Akkord erraten; wir hörten also auf, unsere Ohren zu beleidigen.« Dieser Bericht beweist nicht nur, wie anspruchsvoll Paganini auch beim privaten Spiel war, sondern, daß er die Notwendigkeit sah, seine Kammermusik durch Probespiel zu prüfen, um sie auch hinsichtlich ihrer Wirkung beurteilen zu können. Später wird er an Germi schreiben: »Meine Quartette werden vielleicht ein Opfer der Flammen werden. Hüte dich vor schlechten Gitarrenspielern.«

Und schlechte Gitarrenspieler gab es nicht wenige. Die guten wie Giuliani, Carulli und Legnani sahen sich gezwungen, ins Ausland abzuwandern, um ein Minimum an Anerkennung zu erhalten. Diese und andere Betrachtungen, auf die Paganini hier zum erstenmal hinweist, belegen das beklagenswert niedrige Niveau, auf dem sich zu jener Zeit die Instrumentalmusik in Italien befand. Selbst die Ankündigungen der Konzerte beschränkten sich darauf, eine »Introduktion für großes Orchester« zu vermerken, und es war schon viel, wenn diesem allgemein gehaltenen Hinweis die Formel »eines bekannten Autors« hinzugefügt wurde; bei Opernarien konnte man – allerdings nur in den günstigsten Fällen – die Angabe des Komponistennamens finden, etwa »von Signor Maestro Rossini«, ohne daß die Oper genannt wurde, aus der die Arie stammte. Die Instrumentalmusik konnte offenbar nur heimlich in diesen Programmen einen Platz finden, sofern der Ausführende ein Paganini war, der inzwischen von allen akzeptiert wurde, oder eine Jahrmarktnummer wie jener Sgroppo[21], der die Kunst beherrschte, auf zwei Jagdhörnern gleichzeitig zu spielen.

Diese absurde Situation war unbestreitbar die Folge des Monopols der Opernmusik, dem nur der Einfluß Österreichs entgegenwirkte und das auch nur in der Lombardei und Venetien, wo man zumindest in den vornehmen Mailänder Salons Geschmack an der Kammermusik fand.

Als sich während des Risorgimento die politischen Umstände änderten, fiel man in die Finsternis des Kitschs, der Pseudoromantik und des Pseudorevolutionären der frühen Verdi-Opern zurück. Und es erstaunt nicht weiter, wenn sich bereits vor der Ära Verdi ein Spohr beklagt, daß man, um bei den Auftritten von Sängerinnen ein paar Instrumentalstücke spielen zu können, diesen als Gegenleistung für die gewährte Gunst ein Geldgeschenk machen mußte.[21] Diese beklagenswerte Situation wird bis ans Ende des 19. Jahrhunderts weiterbestehen, bis in eine Epoche, die einen Toscanini erleben wird, der sich gezwungen sieht, bei einem Konzert nur einen Satz einer Symphonie »eines bekannten Autors« auszuführen, weil es das Publikum zu sehr ermüden würde, das ganze Stück anzuhören. Daher darf man Paganini nicht das große Verdienst absprechen, so viel Energie in die Komposition von symphonischer und Kammermusik investiert zu haben. So stellen achtzehn Quartette einen beachtlichen Beitrag dar, wenn man bedenkt, daß zu den von Ricordi gedruckten Werken (Sonaten für Violine und Gitarre sowie Quartette) andere Quartette hinzukamen, die unter Freunden, Dilettanten und Berufsmusikern in handgeschriebenen Kopien frei zirkulierten.

Ebenfalls der neapolitanischen Schaffensperiode ist die Komposition *Ghiribizzi für Gitarre solo* zuzurechnen, die Paganini nach eigener Aussage für ein neapolitanisches Mädchen »hinkritzelte«.[23] Es handelt sich um eine Sammlung von dreiundvierzig Stücken, einige davon sehr kurz, die uns bemerkenswert erscheinen, sowohl hinsichtlich der freien Komposition als auch durch einige Zitate aus den *Streghe*, dem *Don Giovanni* von Mozart (aus der Arie »Là ci darem la mano«) und schließlich aus dem Thema der *Variationen über »Nel cor più non mi sento«*, eine Arie von Paisiello.[24]

Das gleiche Thema war von Paganini bereits im *Rezitativ und Arie mit drei Variationen* (bekannt auch als *Potpourri*) eingesetzt worden und wird später bei den *Variationen für Violine solo* und den *Variationen für zwei Violinen und Violoncello* Verwendung finden.

Die Kürze und scheinbare Zufälligkeit der *Ghiribizzi*, die eindeutig für den Hausgebrauch geschrieben waren, könnte heutige Ausführende in die Irre führen, denn diese Stücke sind nicht leicht. Je »leichter« eine Komposition auf den ersten Blick erscheint, desto mehr läuft ihre Ausführung Gefahr zu scheitern. Während dieses langen Aufenthalts in Neapel – er hofft, sich von einem ruinösen Sturz zu erholen, um nach Rom gehen und dort Konzerte geben zu können – beschäftigt sich Paganini weiterhin mit Quartetten; in dieser Zeit komponiert er das letzte der Serie, das 15. in a-Moll, das er Germi schickt.[25] Es handelt sich hierbei mit Sicherheit um das faszinierendste Quartett, das Paganini je geschrieben hat. Hier wird die despotische Violine durch die Viola ersetzt. Damit nimmt Paganini eine Idee vorweg, die er erst viel später in der *Sonate für große Viola* vollständig verwirklichen wird, ein Stück ausschließlich für Viola, das Paganini schrieb, nachdem es ihm nicht gelungen war, sich mit Berlioz über die Bedingungen für ein Konzert für dieses Instrument und Orchester zu einigen.

Das *Quartett Nr. 15* läßt sofort die grundlegende Bedeutung der Viola erkennen, der die Darlegung des ersten und zweiten Themas anvertraut werden, die in D-Dur formuliert sind. Die Entwicklung und die Wiederholung sehen allerdings die Mitwirkung anderer Instrumente vor, die die dichte Beteiligung der Gitarre überlagern. Das Menuett im Kanon wird ebenfalls von der Viola begonnen und sofort um eine Oktave höher von der Violine übernommen, während im Trio die Gitarre weitgehend unabhängig im Vordergrund steht. Das folgende Rezitativ, das wieder der Viola obliegt, beweist von neuem ihre Unabhängigkeit, erinnert aber an die Ouvertüre eines dramatischen Werks und wird vom Tremolo der übrigen Instrumente unterstrichen, so daß man den Eindruck hat, einen Alt zu hören, zumal die beiden Register identisch sind. Dieses kurze Zwischenspiel geht dann in ein Adagio cantabile über, dessen Leitung wieder der Viola obliegt. Es ist schade, daß Paganini das *Quartett Nr. 15* mit dem üblichen Rondo schließen läßt, das den Zauber und den emotionalen Gehalt zerstört; wichtig sind die Hinweise »Andante sostenuto con sentimento« und »Adagio cantabile«, die dem letzten Satz vorangehen; sie werden vorgeschlagen, als gälte es, einer Form, die mittlerweile nicht mehr verwendet wird, eine Hommage zu erweisen.

Die Form des Rezitativs war von Paganini bei verschiedenen früheren Kompositionen gewählt worden, um als Einleitung für die Exposition von Themen zu dienen, über die Variationen gespielt werden. Im *Quartett Nr. 15* dagegen hat es eine andere Funktion. Beethoven hatte Rezitative in einigen seiner Werke für Klavier eingesetzt, aber völlig anders verwendet. Im Bereich der Kammermusik findet sich diese Vorgehensweise, die vor allem durch den Solisten bestimmt wird, im *Streichquartett Nr. 1 A-Dur, op. 13* von Mendelssohn wieder, das sofort an die analoge Anordnung Paganinis im einleitenden Teil des letzten Satzes erinnert. Man kann in diesem Zusammenhang unmöglich von einem Einfluß des einen auf den anderen sprechen, da das Quartett von Mendelssohn im Jahre 1827 entstanden ist. Allerdings sollte man auch nicht stillschweigend über solche Ähnlichkeiten hinweggehen, zumal sich Paganini und Mendelssohn begegneten und in Deutschland und England zusammen musizierten.

> Neulich – schreibt Paganini an Germi – sah ich ein stilles Mädchen in einer Kirche und verliebte mich sogleich in sie; ich folgte ihr, um zu sehen, wo sie wohnte; sie war die

Tochter eines Notars. Was rätst Du mir? Sie zu heiraten oder ledig zu bleiben?

Auf diese Fragen und Bitten um Ratschläge konnte der gute Germi nur negativ antworten, ebenso wie er früheren fruchtlosen Versuchen Paganinis, eine Ehe einzugehen, skeptisch gegenübergestanden hatte. Aber der Eifer, mit dem sich Niccolò auf jede scheinbar sich bietende Möglichkeit zu einer Eheschließung stürzt, überrascht uns nicht mehr, um so weniger, als er nicht mehr der Jüngste ist. Und wie immer wird auch dieses Projekt bald wieder zugunsten eines anderen fallengelassen, das selbst wiederum zum Scheitern verurteilt ist.

> Auch im Vorzimmer des Paradieses kann keiner schönere Musik machen als er; vielleicht kennt er das Reich des Andersgearteten nicht; aber höre ihn, und du wirst erstaunt sein.

Diese Worte schrieb Niccolò an Germi über Rode, von dem er einige gedruckte Werke kannte; es könnte jedoch sein, daß Rode durch Italien gereist war und im Jahre 1820 auch nach Neapel kam.

Während der ersten Monate des Jahres 1821 hält sich Paganini in Rom auf. Er gibt hier mehrere Konzerte im Teatro Valle und im Argentina, bei denen er »immer neue Beweise seiner unerreichbaren Kunst« vorlegt. Zur gleichen Zeit setzt Rossini im Teatro Apollo die Oper *Matilde di Shabran* oder *Bellezza e cor di ferro* in Szene, in zwei Akten und mit einem Libretto von Giacomo Ferretti.

Paganini, Rossini und Massimo d'Azeglio tun sich zusammen, um für den Faschingsdienstag eine Maskerade zu organisieren. Zuerst wird ein Text gemacht: *Siamo ciechi, siamo nati per campar di cortesia in giornata d'allegria non si nega carità* [Wir sind blind, wird sind geboren, um von Almosen zu leben, an einem Tag der Freude verweigert man kein Almosen]. Rossini komponiert die Musik dazu und leitet die Proben mit seinen Freunden. Massimo d'Azeglio[26] schreibt darüber:

> Es wurde entschieden, daß die Unterbekleidung von höchster Eleganz sein sollte und darüber armselige geflickte Lumpen getragen werden sollten. Eine offensichtliche und saubere Armut also. Rossini und Paganini sollten das Orchester darstellen, indem sie auf zwei Gitarren herumklimperten; sie überlegten, sich als Frauen zu verkleiden. Rossini vergrößerte mit sehr viel Geschmack seine bereits

ausladenden Formen mit mehreren Lagen Stoff, und er sah unmenschlich aus! Paganini erst, dürr wie ein Stecken und mit diesem Gesicht, das wie der Hals einer Geige aussieht, wirkte als Frau doppelt so dürr und kreuzlahm. Ich sage es nicht nur so, wir machten wirklich Furore: zuerst in zwei oder drei Häusern, in denen wir sangen, dann auf dem Corso und später nachts auf dem Fest.

Abgesehen von diesem sympathischen Streich, den das berühmte Terzett ausheckte, nahm Paganini regen Anteil an der Komposition der neuen Oper von Rossini, an der auch Giovanni Pacini mitarbeitete. In diesem Zusammenhang interessiert, was Radiciotti in seiner Rossini-Biographie geschrieben hat:[27]

> Paganini war ebenso wie Liszt ein erstaunlicher Leser. Es ist wahr, daß er einen großen Teil der *Matilde* kannte, denn wie Rossini selbst Michotte, seinem unverbrüchlichen Freund, erzählte, hatte er der Komposition der Partitur beigewohnt und Vergnügen daran gefunden, die einzelnen Stücke, sobald sie fertig waren, auf der Violine zu spielen.
> Es ist unglaublich, was er mit diesen Blättern, auf denen die Tinte noch feucht war, anstellte: Er spielte fast immer zwei oder drei Stimmen gleichzeitig, gab die Bässe wieder, ahmte die Orchestereffekte nach, improvisierte Variationen.

So erklärt sich das unmittelbare Interesse Paganinis an Rossinis Opern, von denen ihn einige zu Variationen inspirierten. Aber im Fall der *Matilde* war das Interesse Paganinis ein Wink der Vorsehung; da der Dirigent des Orchesters, Giovanni Bollo, plötzlich ausfiel und der 1. Hornist krank war, dirigierte Paganini das Werk mit seinem Bogen und imitierte gegebenenfalls das Horn mit der Violine.

Das Werk, das am 24. Februar uraufgeführt wurde und in dem die Lipparini (Matilde) und Fusconi (Corradino) die Hauptrollen sangen, wurde mit einigen Vorbehalten aufgenommen. Man kritisierte vor allem die extreme Komplexität der Situationen und die übermäßige Länge. Über den Einsatz Paganinis als Dirigent ging man nicht schweigend hinweg, sondern lobte ihn (es war nicht das erste Mal, daß er diese Aufgabe übernommen hatte). Die *Notizie del Giorno* vom April 1820 beschlossen ihre Rezension mit folgenden Worten:

> Das einzige, worum man uns stets beneiden wird, wenn anderswo die *Matilde di Shabran* gegeben werden wird, ist, daß das Schicksal uns die Gelegenheit gewährte, sie dank

des Bandes zarter und selbstloser Freundschaft vom hochbe-
rühmten Paganini dirigiert zu sehen, dessen Bogen die
Macht des Donners hat, die Lieblichkeit der Nachtigall, die
Erfahrenheit des Meisters, perfekt und unnachahmlich.

Auch Radiciotti[28] teilte die Begeisterung über Paganini und bestätigte, daß er »bewundernswert vom Blatt dirigierte«.

Nach diesem neuen Erfolg als Dirigent verläßt Paganini Rom,
um nach Neapel zurückzukehren, wo sich eine neue Liebelei
anbahnt. Dazu schreibt Paganini in einem langen Brief an Germi
(vom 22. Juni 1821):

> Endlich habe ich mich entschlossen, den Geboten meines
> Herzens und denen meiner gesellschaftlichen Stellung zu
> folgen und eine Frau zu nehmen. Ein liebenswertes junges
> Mädchen, Tochter einer sehr ehrbaren Familie, die die Vor-
> züge der Schönheit und einer strengen Erziehung in sich
> vereinigt, hat wahrhaft mein Herz angerührt; obwohl sie
> keine Mitgift hat, habe ich trotzdem für gut befunden, sie
> zu erwählen und mit ihr glücklich zu werden. Wenn nur der
> Himmel mich glücklich will! Ich könnte mir kein größeres
> Glück vorstellen. Meine Jahre werden in Seligkeit verbracht
> werden, und ich werde mich in meinen Kindern wiederer-
> kennen.

Die Absicht scheint diesmal ernst zu sein, zumal er den Wunsch
nach Ehe und Kindern schon des öfteren geäußert hat.

Paganini beauftragt Germi, ihm die nötigen Dokumente zu
besorgen, ferner Papiere, die den Besitz von Grundstücken in
Genua beglaubigen sollen und die er der Familie des Mädchens
vorlegen will. Da außerdem die Einwilligung seiner Mutter vonnöten ist (sein Vater war vier Jahre zuvor gestorben),[29] rät er
Germi, einen Trick anzuwenden, damit nicht offenbar wird, daß
seine Mutter Analphabetin ist: »Sag meiner besagten Mutter«,
schreibt er, »sie soll sich, wenn sie zum Notar geht, um ihre
Zustimmung mit einer Unterschrift zu dokumentieren, den Daumen der rechten Hand verbinden, und wenn sie gebeten wird zu
unterschreiben, so soll sie antworten, daß sie nicht kann, weil sie
sich am Finger verletzt hat. Siehst Du, so retten wir die Ziege
und den Kohl.« Im gleichen Brief bittet Paganini Germi, seine
Taufurkunde ändern zu lassen, »denn es würde mir eine große
Freude bereiten, wenn es möglich wäre, mich etwas jünger als
vierzig zu machen«.

Man mag seine Zweifel daran haben, daß Germi sich zu einer

Operation dieser Art hergegeben hat, die heute als Urkundenfälschung angesehen werden würde.

Im Brief an Germi macht sich ein ungewohnter und exaltierter Eifer bemerkbar, der auf den psychischen Zustand hinweist, in dem sich Paganini befand, als er hoffte, sein Leben durch eine unmittelbare, wenn uns auch unwahrscheinlich erscheinende Eheschließung zu krönen. Die Bitte, sein Geburtsdatum zu ändern, ist Ausdruck einer Eitelkeit, die von seinen ersten Biographen nicht bemerkt wird, denen gegenüber er behauptet, 1784 und nicht 1782 geboren zu sein.

Zwischen Juli und Oktober 1821 gibt Paganini im Teatro del Fondo drei weitere Konzerte. Das Programm des ersten (31. Juli) ist vollständig erhalten:

Erster Teil

1. Introduktion für großes Orchester.
2. Konzert mit drei Sätzen, ausgeführt von Signor Paganini.
3. Rondo »Penso alla patria« des Signor Maestro Rossini, gesungen von Signora Fabrè.
4. Rezitativ und drei Arien mit Variationen einzig auf der IV. Saite der Violine, komponiert und ausgeführt von Signor Paganini selbst.

Zweiter Teil

5. Stück für großes Orchester.
6. Kavatine »Ecco pietosa« des Signor Maestro Rossini, gesungen von Signora Fabrè, begleitet von Signor Paganini.
7. Symphonie-Rondo für großes Orchester.
8. Variationen, *Le Streghe* betitelt, komponiert und ausgeführt von Signor Paganini.

Das Fehlen jeglichen Hinweises auf den Komponisten des Konzerts mit drei Sätzen läßt vermuten, daß es sich um Kreutzer handelt. Die Erwähnung Rossinis, der in Neapel sehr bekannt und bewundert war, erlaubt uns, die Werke zu identifizieren, aus denen die zwei von der Fabrè gesungenen Arien stammen. Die erste ist aus *L'italiana in Algeri* (1813), die zweite aus *La pietra del paragone* (1812). Bei der letzteren Arie treffen wir wieder auf die Gewohnheit Paganinis, mit seiner Violine Sängerinnen zu begleiten und dabei über die Originalmelodie zu improvisieren. Diese Musik, die nie niedergeschrieben wurde, ist für uns verloren. Da das Programm keine neuen Stücke erwähnt, hat sich Paganini offenbar darauf beschränkt, das gewohnte Repertoire zu spielen.

Das folgende Konzert (31. August) wurde in recht allgemein gehaltener Form angekündigt: »Im Bestreben, jene Herrschaften, die wegen des allzu großen Zulaufs abgewiesen werden mußten [...] mit neuen Stücken zufriedenzustellen... dazwischen wird die Farce des Signor Maestro Rossini: *L'inganno felice* gegeben werden.« Auch diese sehr ungewöhnliche Praxis, zwischen den einzelnen Szenen einer Oper Instrumentalstücke zu spielen, wäre wohl von Paganini nicht akzeptiert worden, wenn es sich nicht um einen Freundschaftsdienst für Rossini gehandelt hätte.

Das dritte und letzte Konzert fand wieder am Teatro del Fondo am 11. Oktober statt. Bei dieser Gelegenheit »mißt« sich Paganini mit dem Violoncellisten Vicenzo Fenzi, »Violoncelloprofessor, Leiter des Konservatoriums S. Sebastiano«[30], in einem freundschaftlichen Wettbewerb »mit ungleichen Waffen«, nachdem er früher mit Violinisten in Wettstreit getreten war (Lafont und Lipinski).

»Die Darbietung«, so heißt es im *Giornale del Regno delle due Sicilie* weiter, »besteht aus einem Akt eines Dramas und einem Ballett. Das Nebeneinander dieser beiden ausgezeichneten Musiker wird für all jene, die die Instrumentalmusik, deren Entwicklung in letzter Zeit so weit vorangeschritten ist, lieben, von großem Interesse sein.«

Über dieses Konzert »zu zweit« haben wir außer der recht allgemein gehaltenen Ankündigung keine Informationen. Es wäre höchst interessant gewesen zu erfahren, ob Paganini und Fenzi zusammen oder getrennt spielten und welche Stücke ausgeführt wurden.

Im November 1821 verläßt Paganini zusammen mit der Verlobten Neapel, um sich nach Parma zu begeben. In etwa vier Jahren wird er nach Neapel zurückkehren, in eine Stadt, die er mittlerweile in sein Herz geschlossen hat.

---

1 Von Simon Mayr wurde die Oper *Le Danaïdi* (Libretto von F. Romani) gegeben. Die erste weibliche Rolle sang Giuditta Pasta.

2 Von Giuseppe Nicolini wurden zu jener Zeit zwei Opern aufgeführt: *L'eroe di Lancastro* (Libretto von G. Rossi) und *Giulio Cesare nelle Gallie* (Libretto von M. Prunetti). In dieser letzteren spielte auch die Pasta mit.

3 Giacomo Cordella: *Il contraccambio* (Libretto von S. Sterbini).

4 Pietro Generali: *Adelaide di Borgogna* (Libretto L. Romanelli).

5 Colonnato wurde jener spanische Scudo genannt, der die Gravur der Herkulessäulen trug.

6 Francesco Bennati (1778–1834), Arzt aus Mantua. Er lernte Paganini in

Italien kennen, behandelte ihn dort und begegnete ihm in Wien und Paris wieder. Er ist unter anderem Autor von *Studi Fisiologici e patologici sugli organi della voce umana* und von »La notice physiologique sur Paganini«, die vor der Akademie der Wissenschaften in Paris gelesen und in der *Revue de Paris* 1831 veröffentlicht wurde. Im Jahre 1845 wurde diese Notiz auch in Italien veröffentlicht (s. Anhang).

7 Das Teatro del Fondo wurde zwischen 1778 und 1779 nach Plänen des sizilianischen Architekten Antonio Securo erbaut. Nach dem Bau des Teatro San Carlo fanden hier Bälle und Aufführungen von Theaterstücken statt.

8 Die Kunst Giuditta Pastas (1797–1865) ist vor allem an die Opern Rossinis, Bellinis und Donizettis, aber auch an die weniger bekannten Autoren gebunden. Die Pasta lernte Paganini im Jahre 1819 in Rom kennen, wo sie bei einem Konzert sang, bei dem sie Paganini selbst mit seinem Instrument begleitete. Er wird sie später in London und Paris wiedersehen.

9 Domenico Ronconi (1772–1839) sang gemeinsam mit der Pasta bei dem genannten Konzert.

10 Giovanni Bottari sang komische Rollen und war ein geschätzter Interpret der Opern von Rossini und Paër.

11 Das Teatro dei Fiorentini erhielt seinen Namen nach einer benachbarten Kirche. Es war im 16. Jahrhundert gebaut worden und war das älteste Theater Neapels. Im 19. Jahrhundert gab man dort Opere buffe und Komödien.

12 Schumann war der erste, der die zwölf *Capricci* für Klavier bearbeitete; sie erschienen in zwei Heften op. 3 und op. 10 (1832 und 1833).

13 Die Bearbeitung von sechs *Capricci* für Klavier wurde 1838 geschrieben.

14 Sehr bekannt sind heute die Bearbeitungen für Klavier von Brahms, für Klavier und Orchester von Rachmaninow und – nur für Orchester – von Tommasini.

15 H. Berlioz: *Les soirées de l'orchestre.* Paris, 1852 (s. Anhang).

16 Op. cit.

17 Die Bearbeitungen, die von Enrico Polo und von Singer besorgt wurden, sind dem Original am wenigsten treu geblieben.

18 Emil Kross. Die Originalausgabe von 1912 ist vor kurzem vom Verleger Fischer in New York neu aufgelegt worden.

19 Das Teatro Carolino, im Jahre 1800 erbaut und im Jahre 1809 eingeweiht, wurde 1860 in Teatro Bellini umbenannt.

20 *Quartette Nr. 11, 12* und *13.*

21 Der Hornist Felice Sgroppo wird 1825 bei einem Konzert Paganinis auftreten.

22 L. Spohr, op. cit.

23 Die erste moderne Ausgabe der *Ghiribizzi* wurde von Roberto Porroni besorgt (Mailand, 1884). Im darauffolgenden Jahr erschien die von Ruggero Chiesa herausgegebene Ausgabe, die auch eine Reproduktion des handgeschriebenen Originals enthält.

24 Die *Introduktion und Variationen über »Nel cor più non mi sento«* beziehen sich auf Paisiellos Oper *La Molinara*, die in Venedig unter dem Titel *L'Amor contrastato* und im folgenden Jahr in Rom unter dem erstgenannten Titel aufgeführt wurde. Die *Variationen* Paganinis wurden von Karl Guhr vom Original abgeschrieben und seiner Abhandlung *Über Paganinis Kunst, die Violine zu spielen* (Mainz 1829) beigefügt.

25 Das *Quartett Nr. 15* war ursprünglich dem Marchese Crosa di Vergnani gewidmet. Das handschriftliche Original weist eine Ausbesserung und die Widmung an Germi auf.

26 M. d'Azeglio: *I miei ricordi*. Florenz, 1888.

27 G. Radiciotti: *Gioacchino Rossini, Vita documentata, opera e influenza sull'arte*. Tivoli, 1927–1928, I. Band.

28 Op. cit.

29 Antonio Paganini, der Vater Niccolòs, war am 1. April 1817 verstorben. Eigenartigerweise wird dieses Ereignis in den Briefen Paganinis nicht erwähnt. Antonio hatte durch ein Testament, das an seinem Todestag vom Notar Francesco Maria Pizzorno aufgesetzt wurde, unter anderem folgendes verfügt: »Erben und dann Besitzer aller meiner beweglichen und unbeweglichen Güter, vom Gold, Silbermünzen, Krediten und von all dem, was mir im Moment zusteht und nach meinem Tod zustehen wird, werden zu zwei Dritteln Niccolò Paganini, mein teuerster Sohn, und zu dem übrigen Drittel Carlo Paganini, mein anderer teuerster Sohn sein [...].«

30 Über Vicenzo Fenzi ist kaum etwas bekannt, außer, daß er der Lehrer jenes Gaetano Ciandelli gewesen ist, der in Neapel auch zahlreiche Unterrichtsstunden von Paganini über die Bogenführung erhielt. Niccolò hatte den neapolitanischen Violoncellisten sehr gern und wurde nicht müde, ihn für Konzerte in Oberitalien vorzuschlagen oder zu empfehlen. Aus dem »Briefregister«, das in der Library of Congress in Washington aufbewahrt wird, geht hervor, daß Paganini im Jahre 1829 zu diesem Zweck zehn Briefe an bedeutende Persönlichkeiten der Zeit schrieb, unter anderem an Polledro, der aber keinen Finger rührte, um dem jungen Schüler Paganinis zu helfen.

KAPITEL X

»Verehrungswürdiger Freund«, schreibt Paganini am 17. November 1821 an Germi, »ich empfinde großen Schmerz darüber, Dir nicht bereits früher geschrieben zu haben. Dir allein werde ich verraten, in jener Person [Carolina Banchieri] eine regelrechte ›Sans-souci‹ erkannt zu haben, die in jeder Hinsicht ihr wahres Gesicht gezeigt hat; und deshalb habe ich mich nach vier Tagen, die mir wie vier Jahre erschienen sind, von ihr befreit. Sie ist jetzt bei einer Bäuerin, die jedem gegenüber behaupten wird, seit dem Augenblick, als ich das erstemal verreiste, ihre Wärterin gewesen zu sein; und so werden sie hoffentlich das glauben, was nicht gewesen ist.«

Dieser neue Bruch erstaunt nicht, vor allem wenn man an die Cavanna-Affäre zurückdenkt. Paganini ist vorsichtiger geworden und trifft übertriebene Vorsichtsmaßnahmen, da er rechtliche Konsequenzen befürchten muß. Es ist noch ungeklärt, warum Paganini mit dem Mädchen nach Parma wollte, in die Stadt, in der er auch bei der früheren Flucht mit Angiolina Cavanna Zuflucht gesucht hatte. Diese vorgetäuschten Fluchten, die man als »sentimental, ma non troppo« beschreiben könnte (die erste aus Genua und die zweite – mit der Banchieri – aus Neapel), hatten sicher den Zweck, noch nicht legalisierte amouröse Beziehungen erst einmal zu testen.

Abgesehen davon steckt sich Paganini in Neapel mit Syphilis an, sicher nicht durch seine Beziehungen zu den diversen »Verlobten«, sondern bei Dirnen. Die Geschlechtskrankheit, die damals mit quecksilberhaltigen Medikamenten und anderen Heilmitteln behandelt wurde, setzt sich bei Paganini zuerst in leichter und dann in fortschreitend schwerer Form fest. Gewiß war sie der Grund, daß er die geplante Reise nach Österreich aufschob, die er in Rom mit Metternich vereinbart hatte.

Nach einer kurzen Reise nach Genua begibt sich Paganini in Germis Begleitung nach Mailand. Er nimmt Quartier in einer Herberge, die ihm eigentlich nicht zusagt, und wartet dort auf den Besuch seiner Mutter und seines Schwagers. »Stell Dir vor«, schreibt er am 30. April an Germi, »nachdem wir uns über die Miete einig geworden sind, haben sie mir, weil ich krank gewesen bin, 50 Lire extra für besonderen Wäscheverbrauch auf die Rechnung gesetzt und alles andere auch noch erhöht. Meine Rechnung für zwei Monate, in denen ich fast nichts gegessen und keinen Wein getrunken habe, beträgt ungefähr 400 Lire,

Medizin und Kaffee nicht mit eingeschlossen. Und ähnlich verhält es sich mit der Rechnung für meine Mutter und meinen Schwager.«

Natürlich bedeutet die Anwesenheit der beiden Verwandten für Paganini nur eine moralische, nicht aber eine medizinische Hilfe. Deshalb lehnt Paganini die Einladung des Generals Domenico Pino[1] ab, einige Zeit in seiner Villa am Comer See zu verbringen, und begibt sich in die Behandlung eines der bekanntesten Mediziners seiner Zeit, Siro Borda[2] vom Ateneo in Pavia.

Der berühmte Arzt behandelt ihn mit Quecksilber, das ihm möglicherweise half, ihn andererseits auf nicht wiedergutzumachende Weise schädigte. Unter anderem fielen ihm die Zähne aus. Borda verbietet ihm den Wein und verschreibt ihm Eselsmilch.

Von den heftigen Kuren Bordas in Schach gehalten, schreibt Paganini an Germi: »Pavia ist ein Friedhof; es gibt keine Studenten; nur wenige Leute der besseren Gesellschaft, die ich nicht kennenlernen will. Sie fahren in die Sommerfrische; die Theater sind geschlossen.«

Im Juni 1823 reist Paganini unvermittelt nach Mailand ab, um Angelica Catalani[3] zu hören:

> Das Theater war fast ganz voll, und die Eintrittskarten, die bei der ersten Veranstaltung am Teatro Carcano auf zwei Lire heruntergesetzt worden waren, da der Zulauf so gering war, kosteten jetzt viereinhalb Mailänder Lire. Ich habe sehr viel gegähnt. Ihre kräftige und bewegliche Stimme klingt wie das schönste Instrument; aber ihr fehlt das Maß und die musikalische Philosophie.
>
> Hier Sachen, die sie gut macht, zum Beispiel:
> Sie singt weit rauf und runter, und alles, was sie mit großer Kraft macht, kann sie auch mit Sanftheit machen und sehr leise; hier also entsteht der magische Effekt. Die Romanze »Caro suono lusinghiero«, eine Musik von Morlacchi, gefiel jedoch kaum.
>
> Die Catalani hätte mehr Seele, wenn sie in die Schule bekannter Meister gegangen wäre, bei Crescentini, bei Pacchierotti[4], bei Babini[5] oder bei unserem berühmten Serra.

Dieser Brief, der am 18. Juni 1823 in Mailand an Germi geschrieben wurde, übermittelt ein objektives Urteil über die Fähigkeiten einer zur damaligen Zeit sehr bekannten Künstlerin, ein Urteil, das später von der Kritik bestätigt werden wird. Aus dem musikalischen Beispiel, das Paganini zitiert, geht hervor, daß die

Stimme der Sopranistin praktisch über drei Oktaven reichte (vom a bis zum a''').

Der Brief enthält weitere interessante Informationen. Offenbar hatte Germi Paganini damit beauftragt, einige in seinem Besitz befindliche Instrumente überholen zu lassen, insbesondere eine Violine und eine Viola, die dem Geigenbauer Mantegazza anvertraut worden waren. Aus Niccolòs Beurteilung geht hervor, daß er vom Geigenbau sehr viel verstand; wenn er sich in späteren Jahren mit dem Handel von Musikinstrumenten beschäftigen wird, soll ihm diese Sachkenntnis zustatten kommen. Diesbezüglich wollen wir daran erinnern, daß Paganini in Neapel Bogenmacher und Saitenhersteller kennengelernt hatte. Er schickte die Muster, die sie ihm gaben, an Germi; diese Muster werden später Gegenstand einer Spekulation sein, an der sich auch der Genueser Anwalt beteiligen wird.

Ende Juni scheint sich der Zustand Paganinis derart gebessert zu haben, daß er erwägt, die Einladung des Generals Pino anzunehmen; er wird sich jedoch erst im Herbst 1823 an den Comer See begeben. In der Zwischenzeit nimmt Paganini erneut Kontakt mit der Familie Sivori auf und verspricht, für Camillo[6], der damals nicht älter als zehn Jahre war, einige Stücke zu schreiben.

Insgesamt verbringt Paganini in der Lombardei etwa ein Jahr, wobei er zwischen Mailand, Pavia und Villanova di Cernobbio hin und her pendelt. In Cernobbio ist er mehrere Male Gast des Generals Pino, der ihm eine Kuh und eine Eselin zur Verfügung stellt, damit Niccolò, wie es die Diät des Professors Borda vorsieht, mit frischer Milch versorgt ist. Wenn auch die Rezepte dieses Arztes zunächst Linderung zu bringen scheinen, erweisen sich ihre Folgen schließlich als verheerend, und Paganini sieht sich gezwungen, die Hilfe Bordas abzulehnen. Am 26. November 1823 wird er an Germi schreiben:

Glücklich ist der, dem gegeben ist, von dieser Welt Abschied zu nehmen, ohne in die Hände der Ärzte zu gelangen. Es ist ein wahres Wunder, daß ich noch lebe. [...]
Borda versuchte, wie er sagte, die Quecksilber-Kur; was die fünf Aderlasse angeht, so hat er sie mir verordnet, um die Ursachen meines Hustens herauszufinden. Nun frage ich, ob man nur der Nachforschung halber solche Eingriffe vornehmen soll wie an einem Körper, der ihm verkauft wurde. Ich finde in diesen Dingen die Sachverhalte der Unmoral, der Dummheit und der Betrügerei. Dazu kommt noch, daß er mir Opium in Mengen verabreichte; und während dies

den Husten weitgehend beruhigte, beraubte es mich gleichzeitig aller Fähigkeiten, das heißt, ich konnte nicht stehen, in 24 Stunden verdaute ich nicht einmal eine Tasse Schokolade, ich bekam leichtes Asthma, mein Bauch blähte sich auf, und ich hatte die Farbe einer Leiche.

In einem Mailänder Kaffeehaus trifft Paganini zufällig einen »amerikanischen« Arzt, der verspricht, ihn zu heilen, indem er ihm »Pillen und von ihm selbst hergestellte Tees« verabreicht und ihm im übrigen als Diät »schöne, gebratene Kalbssteaks und guten Wein« empfiehlt. »In wenigen Tagen ward ich wie neugeboren; und jetzt fühle ich mich ausgezeichnet.«

Der »amerikanische« Arzt war in Wirklichkeit ein aus Ungarn stammender Österreicher, ein gewisser Maximilian Spitzer, der später nach Marseille zog, um sich erfolgreich dem Okkultismus zu widmen.

Aber der Optimismus, den Paganini entwickelt, ist nur vorübergehender Natur. Während seine Leiden für den Augenblick gemildert scheinen, verschlechtern sich seine Augen erschreckend schnell, »so daß ich das, was ich schreibe, nicht durchlesen kann«, wie es in einem Brief an Germi vom 2. September heißt. Paganini wird von nun an gezwungen sein, eine Brille aufzusetzen. Er war aber bemüht, die Brille möglichst selten zu tragen, vor allem wenn er öffentlich auftrat.

Andererseits mußte er beim Spielen kaum auf die Partitur sehen, da er ein phänomenales Gedächtnis besaß. Nur um das Jahr 1830 herum erschien er manchmal mit einer seltsamen Brille mit blauen Gläsern auf der Bühne, die seinem Gesicht ein unheimliches Aussehen verlieh. Das Musizieren aus dem Gedächtnis war und ist noch heute für Musiker eine Frage der Eitelkeit. Für Paganini stellte der Gebrauch der Brille eine Beeinträchtigung dar, die er nur dann in Kauf nahm, wenn er unbedingt eine Partitur lesen mußte.

Während seines Aufenthalts auf dem Landsitz des Generals Pino zeigte sich Paganini von seiner angenehmsten und produktivsten Seite, auch in musikalischer Hinsicht. »Ich begleite sehr oft mit der Gitarre den Herrn General, wenn er die eine oder andere Sonatine spielt, die ich für ihn komponiert habe, und ich würde die Musik abschreiben lassen, um sie ihm zu schenken, wenn ich sicher sein könnte, daß Signor Botto sie an niemand anderen ausleiht«, schreibt Paganini am 26. Februar an Germi.

Um welche Sonatinen handelt es sich? Die unter dem Namen *Centone* bekannte Sammlung ist auf Notenpapier aus tschechoslowakischer Produktion geschrieben; eine handschriftliche Version, die den Titel *Divertimenti für Violine und Gitarre* trägt, wurde dagegen auf Papier der Papierfabrik Grillo in Voltri geschrieben; die Fabrik existiert übrigens heute noch. Die von Bruno Cagli vorgebrachte Hypothese,[7] der *Centone* sei direkt von den Sonatinen abgeleitet, die für den General Pino geschrieben wurden, erscheint uns sehr interessant, zumal die stilistischen Unterschiede zwischen diesem Werk und früher entstandenen Stücken für die gleiche Besetzung (etwa die von Ricordi veröffentlichten *Sonaten op. 3 und 4*) wirklich minimal sind. Gegen diese Annahme spricht andererseits, daß Paganini nur von »der einen oder anderen Sonatine« spricht, während es achtzehn Divertimenti sind (später zu Unrecht *Centone*, »der Hunderter«, betitelt). Es ist außerdem schwer vorstellbar, daß das in Prag hergestellte Notenpapier zu einer Zeit in Mailand erhältlich war, als das von den Österreichern geschaffene Lombardisch-Venezianische Königreich längst nicht mehr existierte.

Man nimmt an, daß die Beziehung zwischen Paganini und Antonia Bianchi ebenfalls im Jahre 1824 ihren Anfang nahm.[8] Einige Forscher behaupten dagegen, daß sich die beiden in Venedig kennengelernt hatten oder noch früher in Mailand, wo sich Paganini einige Zeit als Gast des Neffen des Generals Pino, Galeazzo Fontana, aufhielt. Auch in diesen Fall erweist sich die sichere oder auch nur annähernde Bestimmung eines historischen Datums als nahezu unmöglich. Der Umstand, daß die Bianchi aus Como stammte, legt jedoch die Annahme nahe, daß sie das Haus Pinos frequentierte und dort Paganini kennenlernte, zumal sie Sängerin war, wenn auch eine recht mittelmäßige. Auch diese neue Verbindung, aus der ein Sohn hervorgehen wird, soll nicht lange bestehen und nach vier Jahren unvermittelt abgebrochen werden. Es muß gesagt werden, daß ihr Scheitern dieses Mal nicht Niccolò zu Lasten gelegt werden kann, im Gegenteil; glücklich darüber, endlich das langersehnte Kind zu haben, versuchte er mit großer Geduld, die Nervenanfälle seiner Gefährtin zu ertragen.

Im April 1824 ist Paganini wieder in Mailand und gibt am 23. ein Konzert an der Scala. Die Rezension, die in der *Gazzetta di Milano* vom 26. April erscheint, spricht von einer »hartnäckigen Krankheit, [die] seit einiger Zeit den vortrefflichen Professor quält«. Der Erfolg dieses Konzerts war wie immer sehr groß, wenn man der Rezension Glauben schenken will, in der es heißt:

»Er übertraf sich selbst, indem er mit der Geschwindigkeit eines Blitzes alle nur erdenklichen Tonleitern erklomm, aus seinem Instrument ungewöhnliche Stimmen hervorzauberte, mal lieblich, mal vibrierend, mal perlend und mit jener feinsten Abstufung von Tönen gezupft, daß niemand genau wußte, wie sie hervorgebracht wurden, vielleicht nicht einmal er selbst. Der Applaus des Publikums kündete von echter Begeisterung. Wieder und wieder auf die Bühne gerufen, konnte Paganini sich angesichts des Wunsches aller Anwesenden nicht weigern, das letzte Stück mit der gleichen Kraft und Behendigkeit zu wiederholen.«

Anfang Mai 1824 kehrt Paganini nach Genua zurück. Hier gibt er am Teatro S. Agostino am 14. und 21. zwei Konzerte. Über das erste Konzert äußerte sich die *Gazzetta di Genova* folgendermaßen:

Die Violine Paganinis, die über die Menschen solch eine magische Macht ausübt, hat keine Gewalt über das Wetter, das den ganzen Tag und besonders gestern sehr schlecht war. Aber was macht das schon! Das Verlangen, ihn zu hören, war so stark, daß trotz des strömenden Regens der Zulauf gewaltig war; wunderschöne Damen schmückten alle Logen; und bereits lange bevor es beginnen sollte, blieb im Parkett kein Platz mehr frei. Paganini erschien. Seine ersten Töne erregten Bewunderung und Erstaunen, auf diese folgte Begeisterung, und der Saal hallte wider vom Beifall. Es ist uns unmöglich, mit Worten begreiflich zu machen, welchen Ausdruck, welche bis dahin nie vernommenen Töne er aus seinem wunderbaren Instrument hervorholt; die gebildetsten Dilettanten ebenso wie die erfahrensten Musiker können es nicht erklären: Das ist das Geheimnis Paganinis. Es ist uns gesagt worden, daß er, nachdem er lange Zeit krank war, noch perfekter geworden ist: wir würden aber statt dessen behaupten, daß er sein Spiel in der Lieblichkeit des Ausdrucks verfeinert hat. In dieser Hinsicht halten wir ihn für unerreichbar, ebenso wie er es mit Sicherheit in der glücklichen und unbefangenen Leichtigkeit ist, mit der er schwierigste und mühseligste Passagen ausführt; weder das Ohr noch die Augen können der Beweglichkeit, der Schnelligkeit von Hand und Tönen folgen, und dies bewirkt bei denen, die ihm zusehen und lauschen, eine Art von Verzauberung. Paganini hat sich jetzt angewöhnt, nach dem Gedächtnis zu spielen. Er stellt sich vor, er stellt sich allein mit seiner Violine in die Mitte (und man könnte ihn für einen Apoll halten) und braucht, um Interesse zu erwecken, um zu überraschen, um uns in seinen Bann zu schlagen, nicht einmal alle vier Saiten seines Instruments: mit einer einzigen, mit der tiefsten, der härtesten, der IV. Saite also, dirigiert er das große Orchester; man vermeint, einmal eine Flöte zu hören, dann wieder eine Gitarre zusammen mit einer Violine, nun ein Violoncello und sogar eine menschliche Stimme... Wenn er solche Dinge ausführt, nennen ihn die einen einen Zauberer, die anderen einen Dämon oder aber einen Engel; die Gemäßigteren ein Monster, ein Genie. Wenn die Kunst, von der Natur unterstützt, diesen Punkt erreicht, kann sie ihn nicht mehr überschreiten. Raffael, Canova und andere Italiener von unsterblichem Ruhm haben davon Zeugnis abgelegt, und wir können glücklich sein, das Wunder der musikalischen Kunst Paganinis erlebt zu haben und an unsere Mitbürger weitergeben zu können.

Diese Rezension, in der die üblichen Klischees nicht fehlen, die uns aus anderen zeitgenössischen italienischen Zeitungen bereits bekannt sind, und in der zugunsten der Emphase, der Rhetorik und der Begeisterung die Titel des ausgeführten Repertoires, die eigentlich historische Bedeutung hätten, verschwiegen werden, gibt uns zumindest eine interessante Information: Paganini spielt aus dem Gedächtnis. Man kann vermuten, daß diese »Eitelkeit« für das Publikum seiner Geburtsstadt reserviert war, denn die spätere Ikonographie bildet Paganini gegenüber einem Notenpult stehend ab, wahrscheinlich deswegen, weil seine mnemonischen Fähigkeiten nachließen.

Beim zweiten Genueser Konzert »übertraf Paganini sich selbst«, wie die Chronik berichtet, und löste eine Flut jubelnder Sonette in Genueser Dialekt aus. Unter den Autoren derartiger Machwerke, die meistens von zu vernachlässigender literarischer Bedeutung sind, ist auch Martin Piaggio[9], einer der wenigen, die in der Lage waren, Genueser Verve nachempfindbar zu machen. Deshalb geben wir hier sein Paganini gewidmetes Sonett in voller Länge, in vereinfachter Schreibweise und mit Übersetzung wieder:

> De che magia l'é fètu u to viulino?
> Che de tucalu u l'arrecuvea u cö?
> Cose ghé drentu? ün nìu de riscinö?
> O un'orchestra de flauti e chitarin?

Sensa tersa, segunda, né cantin
Inscia quarta corda ti fè cose ti vö.
Maveggie che nisciün capile pö
Atru che ün geniu cumme Paganin
Oh, che purtentu che fa straseculà!
De l'armunia gran figgiu predilettu
E chi gh'é au mundu che te pö arrivà?
Se ti vé de stu pé mi ghe scummetu
Che ün giurnu ti fè quella de sunà
Sci scignuri sensa corda e sens'archettu.

Von welcher Zauberkraft ist deine Violine,
daß sie zu spielen dir das Herz erfrischt?
Was steckt darin? Ein Nachtigallennest?
Oder ein Orchester von Flöten und Gitarren?
Ohne dritte, zweite und erste
machst du auf der vierten, was du willst.
Wunder, das niemand verstehen kann,
außer einem Genie wie Paganini,
oh, welch ein Talent, das staunen macht!
Großer Lieblingssohn der Harmonie,
wer auf der Welt kommt dir gleich?
Wenn du so weitermachst, wette ich,
wird es dir noch gelingen,
o ja, ohne Saite und ohne Bogen zu spielen.

Nach den beiden Genueser Konzerten kehrt Paganini nach Mailand zurück. Unterwegs macht er in Pavia halt und spielt am Teatro del Condominio[10]. Am 18. Juni 1824 gastiert er wieder an der Scala. Er erwägt, nach Como zu gehen und anschließend mit der neuen Gefährtin Antonia Bianchi eine Konzertreise durch mehrere Städte in der Lombardei und Venetien zu machen, wie es aus einem Brief an Germi vom 5. Juli des gleichen Jahres hervorgeht. Dieser Brief gibt auch Aufschluß über einen familiären Zwischenfall, der sich in Genua ereignet und der bei Paganini Besorgnis hervorruft. Unter anderem sind sein Bruder Carlo und sein Freund Germi darin verwickelt, welch letzterem von einem gewälttätigen Kontrahenten, von Sebastiano Ghisolfi, die Fenster seines Hauses eingeschlagen wurden. In diesem dramatischen Augenblick bittet Paganini Germi, an Carlo achtzig Genueser Lire auszuzahlen und ein gerichtliches Verfahren gegen Ghisolfi anzustrengen; bei dieser Gelegenheit nennt er seine Schwiegerfamilie – wohl nicht zu Unrecht – eine »verfluchte Verwandtschaft«. Im gleichen Brief vom 5. Juli an Germi spricht Paganini auch von Konzerten, die er in Venedig, Padua, Brescia und Bergamo geben will, die aber nur zum Teil tatsächlich stattfinden. Sicher ist, daß er im Sommer 1824 mit der Bianchi nach Venedig kommt, um Konzerte zu geben, bei denen er zusammen mit der Sängerin auftreten will.

In der Lagunenstadt erfährt Paganini, er sei von Stendhal »verleumdet« worden. In seinem Buch über *Rossini* behauptet der Schriftsteller, daß Paganini das Violinspiel nicht »in acht Jahren Studium am Konservatorium, sondern aufgrund einer amourösen Mesaventüre gelernt hatte, wegen der er ins Gefängnis geworfen wurde, wo er viele Jahre verbringen mußte«.[11] Empört über solch eine »absurde Behauptung« und »jene indiskreten Überlegungen, die daraus entstehen können«, bittet Niccolò Germi darum, »einen geeigneten Artikel zu schreiben, um meinerseits die Gegenstandslosigkeit [solcher Behauptungen] bekanntzumachen«. Inzwischen teilt er ihm die venezianische Anschrift mit: Ponte della Verona Nr. 3131, »und solltest Du mich dort nicht antreffen, so wird Dir die Besitzerin jenes Hauses meine Adresse geben«. Paganini kündigt zudem Konzerte in Udine und Triest an, und in einem merkwürdigen Brief, von dem Codignola[12] glaubt, daß er an den Maler Carloni gerichtet sei, fragt er an, ob er hundert Kopien eines »Porträts« erwerben könne, »[...] von dem zu glauben ich mir schmeichle, daß es mit Begeisterung von den Liebhabern aufgenommen werden wird, denn ich muß hier vier Konzerte am 5., 8., 12. und 16. des kommenden Monats geben«. Von den Konzerten, die Paganini erwähnt, sind uns weder Einzelheiten noch die Programme bekannt; später wird er an Germi schreiben: »Sie brachten keine großen Einnahmen, was aufgrund der übermäßigen Hitze und des Umstands, daß alle wohlhabenden Leute in der Sommerfrische waren, zu erwarten war.« In dem Brief an Carloni ebenso wie in dem an Germi fällt die große Aufmerksamkeit auf, die der Virtuose finanziellen Angelegenheiten schenkt; so beschäftigt er sich – wie die Korrespondenz dieser und späterer Phasen mit Germi beweist – intensiv mit der Möglichkeit, seine Porträts, Bögen und Musikinstrumente zu verkaufen.

Während dieses Aufenthalts in Venedig wird Paganini einem hohen Beamten aus Ragusa, Matteo Niccolò de Ghetaldi, vorgestellt, der seine Begegnungen mit Paganini in einer Reihe von Briefen, die uns erhalten geblieben sind, schildert und aus denen wir hier einige bezeichnende Stellen wiedergeben:

[Paganini] sieht nicht gut aus. Er ist von mittlerer Größe und hält sich aufrecht. Er ist mager, blaß und düster. Wenn er lacht, bemerkt man, daß ihm einige Zähne fehlen. Er lacht oft und gerne. Der Kopf ist für seinen Körper zu groß, und seine Nase hat die Form eines Schnabels; seine Haare sind schwarz und lang und immer ungekämmt. Die linke Schulter ist höher als die rechte, wahrscheinlich kommt das davon, daß er zuviel spielt. Wenn er geht, läßt er die Arme schlenkern. [...]
Zweimal hieb er mit seinem Bogen durch die Luft und nahm dabei einen furchtbaren Ausdruck an. Ich glaube, daß er ein Scharlatan ist, wenn auch ein sehr geschickter.
[...] Es ist erstaunlich, was er mit seiner Hand alles machen kann; er faltet im wörtlichen Sinn seine Finger und kann den Daumen so weit nach links strecken, daß er ihn um den kleinen Finger biegen kann; er bewegt die Hand im Gelenk so, als hätte er weder Muskeln noch Knochen. [...] Er spielte mit zwei Fingern eine Melodie und zupfte gleichzeitig mit den drei anderen die Begleitung. Manchmal hatte man den Eindruck, es würden drei Personen spielen. [...] Dann ahmte er einen Esel nach, einen Papagei und eine Amsel, alle natürlich auf wunderbarste Art. [...][13]

Dieses lebendige Zeugnis beschreibt wohl zum erstenmal Paganini aus unmittelbarer Nähe. Die extreme Biegsamkeit und Streckbarkeit seiner Finger würde nach moderner Diagnose wohl als Anzeichen des Marfan-Syndroms angesehen werden.[14]

Auch der Vorwurf der Scharlatanerie beginnt sich auszubreiten. Im 19. Jahrhundert wird in einem berühmten Wörterbuch die Figur des Scharlatans folgendermaßen beschrieben: »Der, der auf den Plätzen Wundermittel verkauft und Zähne zieht, im allgemeinen in einer Kutsche reist, auf der Diplome, anatomische Figuren, Totenschädel ausgestellt sind, und der daherschwatzt und drauflosredet, daß das einfache Volk, das sich um ihn sammelt, nur noch mit offenem Mund dasteht, und der den Leuten dann die Taschen leert. Und wegen der treffenden Ähnlichkeit nennt man so all jene, die sich mit Kreuzen, Diplomen und Zeitungsartikeln schmücken, große Töne spucken, ewig wohltönende große Worte im Munde führen, die den Einfachen schmeicheln und es sich auf diese Weise wohl ergehen lassen und ihre Börse füllen.«[15]

Der Vorwurf ist in jeder Hinsicht unbegründet, denn Paganini war immer in der Lage, all das, was er zu können behauptete, auch auszuführen, notfalls auf Kosten der Werktreue und des guten Geschmacks. Offensichtlich tolerierte die Gesellschaft seiner Zeit keine Darbietungen, die die Grenzen der Orthodoxie und einer dogmatischen Mittelmäßigkeit überschritten; alles Derartige wurde als Jahrmarktvorstellung abgetan. Im übrigen überrascht es nicht, wenn ihm das Etikett »Scharlatan« auch von gewissen ausländischen Kritikern verliehen wurde, die in ihm nicht so sehr einen Musiker als vielmehr einen vielseitigen Vorführer technischer Kunstgriffe sahen. Die Vorstellung, daß die Vermittlung des Inhalts durch den Ausdruck das Wichtigste an der Musik sei, war in der Romantik weit verbreitet, so daß die ersten Violinvirtuosen dieser Epoche oft gezwungen waren, Kompromisse einzugehen.

Paganini dagegen wollte zeigen, daß auch der rein technische Akt, der die musikalische Substanz, den Rohstoff also, aufhebt oder auf ein Minimum reduziert oder nur in kurzen Momenten aufblitzen läßt, in der Lage ist, Gefühle zu wecken. Für ihn war die Musik nicht dazu bestimmt, spezifische Botschaften zu übermitteln, sondern zu »überraschen«. Die Überraschung ist sehr wohl ein Gefühl, auch wenn dieses beim Anhören der Musik nicht über längere Zeit hin anhält.

Der Bericht Ghetaldis hebt außerdem einen bisher übersehenen Aspekt der Psyche Paganinis hervor: seine Tendenz zur Nekrophilie, die auch Pietro Berri, ein aufmerksamer Biograph Paganinis und selbst Arzt, nicht ausschließt.[16] Der Beamte aus Ragusa berichtet unter anderem: »[Paganini] spielte jeden Abend auf dem Friedhof des Lido. So gingen wir auch hin und trafen dort viele Menschen an, die in einem Kreis um ihn herum saßen oder standen und wirklich Paganini beim Spiel lauschten. Manche lachten, aber die meisten sagten unter Tränen, daß es rührend sei, daß ein so großer Musiker jeden Abend für die Toten spiele, ohne dafür einen Lohn zu erwarten.« Man stelle sich ein Publikum vor, das auf den Grabsteinen eines Friedhofs sitzt, lacht und weint, während einer Violine düstere Melodien für die Toten entströmen. Die Szene könnte eigenartiger nicht sein.

Es sei jedoch angemerkt, daß ein derart suggestives Bild eher an die Freude am Makabren als an Nekrophilie denken läßt. Das Makabre hat nichts mit einem psychopathologischen Zustand gemein, und die Musik selbst gibt hiervon oft genug Zeugnis – etwa bei Liszt, Berlioz und Saint-Saëns (bei letzterem mit mehr Sinn für Humor). Denken wir nur an die verschiedenen »Dies irae«, die zu manchen musikalischen Begräbnissen hinzugezogen werden und bei denen man nie genau weiß, wer jetzt zu Grabe getragen werden soll: der, dem das Stück gewidmet ist, der Komponist, der Ausführende oder die Musik selbst. Nichts von alldem findet sich in der Musik Paganinis. Dagegen ist seine Neigung zum Makabren augenfällig, zum Beispiel in der Tatsache, daß er auf dem Friedhof des Lido spielt oder sich in ein Krankenhaus begibt, um den Agonien der Cholerakranken beizuwohnen. Seine Musik hingegen zeugt von einem sehr ausgeprägten Sinn für das Dramatische, der sich später zu einer Form von resignierter Melancholie abmildern wird, wie zum Beispiel im Adagio seiner Konzerte oder im Rezitativ des *Quartetts Nr. 15*.

Die folgende Konzertetappe führt Paganini nach Triest, wo er bereits im Jahre 1816 aufgetreten war. Er kommt mit der Bianchi irgendwann in der Zeit zwischen Ende September und Anfang Oktober 1824 dort an und ist Gast eines Genueser Freundes namens Agostino Samengo[17], bei dem er »herrliches Quartier und [ebensolche] Tafel« genießt.

Mit Samengo, den Paganini als »berühmten dilettierenden Musiker« bezeichnet, spielt er in Momenten der Muße Duette von Spohr und von Mayseder, denn, wie er es in einem Brief vom 27. November 1824 an Germi ausdrückte, »alle anderen Komponisten sind überholt, weniger aber diejenigen, die kaum bekannt sind«.

Die drei Triester Konzerte finden am 3. und 15. November und am 10. Dezember statt, nachdem einige Schwierigkeiten überwunden waren, die Paganini mit dem Impresario des Teatro Grande auszutragen hatte, der mehr als zwanzig Prozent der Einnahmen verlangte, da er »befürchtete, daß der Zulauf zu meinen Konzerten den zu seiner Oper mindern würde«. Von den Konzerten Paganinis sind keine Programme erhalten bis auf das des Konzerts vom 15. November, das wir in voller Länge wiedergeben, da hier zum erstenmal Antonia Bianchi in ihrer Eigenschaft als Sängerin erwähnt wird.

Erster Teil
1. Vorspiel für großes Orchester.
2. Kavatine aus der *Diebischen Elster* des Maestro Rossini, gesungen von Signora Bianchi.
3. Konzert in einem Satz in E, ausgeführt von Paganini.

Zweiter Teil
4. Ouvertüre für volles Orchester.
5. Kavatine aus dem *Barbier von Sevilla* des Maestro Rossini, gesungen von Signora Bianchi.

6. Rezitativ und drei bekannte Arien mit Variationen einzig auf der vierten Saite der Violine, ausgeführt von Paganini.

Dritter Teil

7. Lebhafte Symphonie für volles Orchester.
8. Kavatine mit *Echo* aus *Pietra del Paragone* des Maestro Rossini, gesungen von Signora Bianchi und ausgeführt von Paganini.
9. Sonate für großes Orchester.
10. Larghetto und kleine Polonaise mit Variationen, ausgeführt von Paganini.

Wenn man das Programm analysiert, das mit den üblichen Verallgemeinerungen durchsetzt ist, so wird man feststellen, daß mit »Konzert in einem Satz in E« nichts anderes gemeint sein kann als das *Konzert Nr. 1*, von dem Paganini oft nur den ersten Satz spielte und das er als unabhängig von den anderen betrachtete, wie es auch aus dem *Elenco delle musiche da stamparsi* hervorgeht, in dem nur das Anfangs-Allegro verzeichnet ist. Was die »Kavatine mit Echo«[18] betrifft, kann sie als typisches Beispiel für Paganinis Vorliebe gelten, mit der Violine bekannte, weniger bekannte oder sogar gänzlich unbekannte Sängerinnen wie die Bianchi zu begleiten.

Die zeitgenössische Chronik berichtet, daß zu dem Konzert »eine große Menge von Zuhörern strömte; und bei der berühmten Sonate einzig auf der IV. Saite der Violine rief eine einsame Stimme aus der Loge Nr. 19 im ersten Rang in einem Überschwang der Begeisterung: Engel des Paradieses! Es war die Stimme des Maestro Giacomo Meyerbeer, der im Überschwang seiner Bewunderung und auf dem Höhepunkt der Gefühle dem vortrefflichen Violinisten unwillkürlich großes Lob zollte.«

Kapellmeister des Teatro Grande[19] war Giuseppe Scaramelli[20], der bereits im Jahre 1811 eine Abhandlung von historischer Bedeutung veröffentlich hatte, die einige Punkte des von Paganini verfaßten *Regolamento dell'Orchestra di Parma* vorwegnahm und in der unter anderem gefordert wurde, daß sich Dirigent und 1. Violine den Wünschen des Solisten unterzuordnen hätten, »dem es also zusteht, sein eigenes Gefühl anzugeben, und es [das Stück] nach seinem Gefallen ausführen zu lassen.«

Neben Meyerbeer, den Paganini in Deutschland wiedersehen wird, trifft der Violinist hier von neuem den »Junker« Sigismund Otto de Praun[21], ein »Wunderkind«, das im Jahre 1820 in Genua im Teatro S. Agostino gespielt hatte. Eine weitere Persönlichkeit, der Paganini in Triest begegnet, ist Eduard Jaëll[22]; ferner lernt er Josef Beneš kennen, den Direktor des Philharmonischen Orchesters von Ljubljana, der dem Genueser Violinisten ein Diplom verleiht. Die gleiche Anerkennung war Beethoven zuteil geworden, der sich für die ihm widerfahrene Ehre revanchierte, indem er dieser Institution eine handschriftliche Kopie der *6. Symphonie* überreichte. In diesem Zusammenhang berichtet Paganini in einem Brief vom 27. November 1824 an Germi:

> Für das Konzert sind die wichtigsten Mitglieder besagter Philharmonischer Gesellschaft eigens hergekommen, um meine Violine zu hören; zusammen mit anderen Philharmonikern, die aus anderen benachbarten Ländern kamen, haben sie besondere Plätze im Theater eingenommen. Ich füge Dir noch, um Dich zum Lachen zu bringen, eine scharfsinnige Antwort bei, die an jenem Abend am Theater von einem weiteren sehr vornehmen Violinmeister, einem gewissen Signor Jaëll, einem Deutschen, der hier wohnt, besagtem Benesch gegeben wurde.
>
> Er sagte ihm, nachdem er mich gehört hatte: »Wir können alle unser Testament machen.« – »Nein«, erwiderte Jaëll, »ich bin schon tot.«

Gegen Ende November 1824 schicken sich Paganini und seine Gefährtin an, Triest zu verlassen, um auf eine lange Reise nach Mittel- und Norditalien zu gehen.

Der letzte Brief, den Paganini von Triest aus an Germi schreibt, zeugt von einer nostalgischen Stimmung, die ihn meist ergreift, wenn er an seine Genueser Freunde denkt: »Wie geht es Deinem famosen Guarnieri? Was macht Freund Dellepiane? Wie geht es M[aestro] Serra? Grüße sie in meinem Namen. Gib Mainetto einen Kuß von mir; ich bitte ihn, mir Nachricht von sich selbst und von meinem Bruder zu geben und auch von einigen anderen meiner ruchlosen Verwandten. Meine Mutter hat mir nicht mehr geschrieben, und ich weiß auch nicht, wo sie die Nichten untergebracht haben. Ich möchte auch gerne wissen, welche Fortschritte Camillino Sivori gemacht hat.«

Es ist rührend, daß bei einem so vielbeschäftigten und ruhelosen Künstler wie Paganini das Interesse für die Genueser Freunde einen angemessenen Platz neben finanziellen Angelegenheiten findet, wie um einen Gegensatz zwischen Freundschaft und Geld auszugleichen. Im Grunde bleibt Genua immer ein Bezugspunkt für Niccolò, der über seine Freunde eine Art »direkten Draht« zu seiner Geburtsstadt aufrechterhält; auch wenn er sie in Zukunft nur mehr selten aufsucht, wird er sie dennoch nie ganz aus dem Gedächtnis verlieren.

1 General Domenico Pino hatte sich unter Napoleon ausgezeichnet, als er dessen Truppen nach Mailand führte. Nach dem Wiener Kongreß ging er nach Österreich und bekleidete dort wichtige Ämter. In die Heimat zurückgekehrt, ließ er sich in Cernobbio nieder, von wo aus er mit Paganini in Kontakt trat.
2 Siro Borda (1761–1824), Ordinarius für Medizin am Ateneo von Pavia, Befürworter des Aderlasses.
3 Angelica Catalani (1780–1849) war eine sehr bekannte Sopranistin und Interpretin der Werke von Mayr, Zingarelli und Cimarosa.
4 Gaspare Pacchierotti (1740–1821), Sopranist und Interpret wichtiger Werke des 18. Jahrhunderts.
5 Matteo Antonio Babini (1754–1816), Bologneser Tenor, der eine internationale Karriere erlebte. Da er seine letzten Jahre in Bologna verlebte, ist nicht ausgeschlossen, daß er Paganini dort kennenlernte.
6 Von den Werken, die Paganini Camillo Sivori gewidmet hat, erscheinen uns ein *Cantabile und Walzer für Violine und Gitarre* und eine *Sonate mit Variationen für Violine mit Begleitung von Viola, Gitarre und Violoncello* von einigem Interesse zu sein.
7 Siehe die von Bruno Cagli besorgte Faksimile-Ausgabe, Turin, 1983.
8 Antonia Bianchi (1800–1874). Sie gebar Paganini den einzigen Sohn Achille. Nach dem Scheitern der Beziehung in Wien wird sie einen gewissen Felice Brunati heiraten und nach Mailand ziehen.
9 Martin Piaggio (1774–1834), Genueser Mundartdichter, Autor der *Lunari del Signor Regina* und verschiedener phantasievoller und geistreicher Gedichte.
10 Das Teatro del Condominio wurde 1771 auf Initiative von vier Adligen aus Pavia erbaut. Später wurde es zu Ehren des Paveser Tenors Gaetano Fraschini in Teatro Fraschini umbenannt.
11 Stendhal: *Vie de Rossini*. Paris, 1824.
12 A. Codignola, op. cit.
13 B. Tonazzi: *Paganini a Trieste*. Padova, 1978.
14 Aufgrund neuerer medizinischer Hypothesen kann man annehmen, daß Paganini am Marfan-Syndrom litt. Als ein Zeichen dafür gelten die sog. »Spinnenhände«. Überflüssig zu sagen, daß Diagnosen dieser Art, die auf indirekten Beobachtungen basieren, mit großer Vorsicht behandelt werden müssen.
Sowohl das Zeugnis des Dr. Bennati als auch die Skizzen von Lyser und der Abdruck von Paganinis Hand können höchstens die Dehnbarkeit der Sehnen und die Streckbarkeit und Biegsamkeit der Finger des Musikers belegen, die im übrigen vom anatomischen Standpunkt her völlig normal waren. Die klinische Hypothese über das Marfan-Syndrom ist von Myron R. Schoenfeld in *Journal of the American Medical Association*, Vol. 239, 1978, veröffentlicht worden.
15 Rigutini und Fanfani: *Vocabolario Italiano della Lingua Parlata*. Florenz, 1875.

16 Paganinis Nekrophilie wird von Pietro Berri in seinem Werk *Paganini, Documenti e Testimonianze*, Genua, 1962, angesprochen.

17 Agostino Samengo (1771 bis ca.1837), Genueser Reeder, der einige Jahre vor dem Einfall der napoleonischen Truppen nach Triest übergesiedelt war, wo er seinem Beruf nachging und im Jahre 1803 österreichischer Staatsbürger wurde. Später kaufte und leitete er eine Kerzenfabrik. Das Haus Samengos, in dem Paganini untergebracht war, lag an der Contrada Nuova Nr. 1084 (heute Via Mazzini Nr. 6), wie Tonazzi zu berichten weiß (op. cit).

18 Die Kavatine mit Echo findet sich im IV. Akt, gesungen von Clarice; Conte Asdrubale singt das Echo (»Quel dirmi, oh Dio, non t'amo«). Das Werk war im Jahre 1812 uraufgeführt worden. Zweifellos spielte in Paganinis Version, in der die Bianchi den weiblichen Part sang, der Violinist auf seinem Instrument den Part Asdrubales.

19 Das Teatro Grande erhielt im Jahre 1819 diesen Namen, der später in die Bezeichnung Teatro Communale umgeändert wurde. Seit 1901 heißt es Teatro Verdi.

20 Giuseppe Scaramelli (1761–1844) war Violinist und von 1800 bis 1826 Direktor des Teatro Grande.

21 Sigismund Otto de Praun (1810–1830), ungarischer Violinist, Schüler von Mayseder in Wien. Er vollbrachte als Kind wahre Wunder und machte in einigen europäischen Städten auf sich aufmerksam. Wohl wegen seiner zarten Konstitution und schwachen Gesundheit starb er im Alter von nur neunzehn Jahren.

22 Eduard Jaëll war ein österreichischer Violinist, der nach Triest ging und sich dort der Konzert- und Lehrtätigkeit widmete.

KAPITEL XI

In Bologna habe ich an den ersten Weihnachtsfeiertagen zwei Konzerte am Teatro del Corso gegeben. Am Teatro Comunale habe ich den Tenor Crivelli, einen klassischen Schauspieler, in der berühmten Oper *Teobaldo e Isolina* gehört[1], aber die Frauen waren allzu jung und nicht sehr geistreich. Ich kam nach Ancona, wo ich keine Konzerte geben wollte, denn es ist eine überaus armselige Stadt. Jetzt bin ich hier inmitten der Prozessionen und singe Litaneien, denn es ist das Heilige Jahr. Die Ausländer, auch wenn es nur wenige sind, laden mich ein, Konzerte zu geben; und ich werde eins geben, wenn ich die Erlaubnis erhalte, dafür einen Saal öffnen zu lassen.

So schrieb Paganini am 22. Januar 1825 aus Rom, wohin er mit der Bianchi gereist war. Während er darauf wartet, am Teatro Argentina spielen zu können, fährt er für zwei Tage nach Florenz, »um eine göttliche Kreatur zu sehen, gut erzogen, wunderschön und auch als Sängerin hinreichend gut: die Cortesi. Ich wünschte, ich könnte mich mit einer dieses Kalibers zusammentun, aber ich weiß nicht, ob es gelingen würde. Wirkliche Übereinstimmung ist ein sehr seltenes Ding«. Das Interesse an einer neuen Sängerin, mit der zusammen er Konzerte geben könnte, und die wahrhaft bezeichnende Aussage über die Möglichkeit, sich zu vertragen (»wirkliche Übereinstimmung ist ein sehr seltenes Ding«), lassen ein Erkalten der Beziehung mit Antonia Bianchi vermuten; dies würde uns nicht weiter erstaunen, da alle seine früheren Liebschaften von kurzer, um nicht zu sagen, von sehr kurzer Dauer waren.

Paganini schreibt in allen seinen Briefen an Germi über seine Gefährtin; sein Ton ist dabei stets distanziert und zeugt nicht gerade von Zuneigung. Er nennt sie immer nur »die Bianchi« und verwendet nie ihren Taufnamen Antonia. Die Tatsache, daß er eine andere Sängerin, die Cortesi, besucht hat, kann ein indirekter Hinweis darauf sein, daß seine Gefährtin seiner Ansicht nach den ihr gestellten Aufgaben nicht gewachsen war, zumal er später aus Neapel schreiben wird, daß sie »sich im Gesang deutlich verbessert«, was wiederum bedeutet, daß die früheren Leistungen der Sängerin nicht immer zufriedenstellend waren, zumindest nicht gut genug, um die Anerkennung ihres Gefährten zu finden. Wie dem auch sei – in Rom stellt sich heraus, daß Antonia Bianchi schwanger ist, worauf Paganini wahrscheinlich schon lange gehofft hatte. Wenn die Berechnungen stimmen, fand die Zeugung im November 1824 in Venedig oder Triest statt, da das Kind im Juli 1825 zur Welt kommt.

Am 11. Februar spielt Paganini im Teatro Argentina. Diesem Konzert folgen am 12., 13. und 15. des gleichen Monats drei weitere. Eine Ankündigung teilt mit, daß die drei Konzerte im Palazzo Costa in der Via San Claudio Nr. 86 stattfinden werden, wo Paganini »die Ehre haben wird, anläßlich dreier Instrumental- und Vokalkonzerte zusammen mit Kirchenmusik, die von dilettierenden Damen und Herren gesungen wird, seine Violine hören zu lassen«.

Wir haben über das erste Konzert (ebensowenig wie über die folgenden) keine direkten Informationen. Wir erfahren aber dank de Courcy[2], daß der Musikkritiker Georg Sievers[3] das Spiel Paganinis in nicht sehr schmeichelhafter Weise rezensierte. Hier ein Ausschnitt aus der Kritik:

> Seine Ausführungen auf der IV. Saite verraten ein unermüdliches Studium, aber entbehren der Feinheit. Das gleiche gilt für die Oktaven, die er viel besser spielt als andere Violinisten. Aber auch hier fehlt der letzte Schliff. Er kann sogar Triller *all'ottava* spielen, aber sie gelingen nicht immer. Kurz, er ist kein Künstler im umfassenden Sinne des Wortes.

Der deutsche Kritiker wirft hier – nicht als erster – eine Frage auf, die bis heute kontrovers diskutiert wird, da über die Genauigkeit der Ausführung und ihre Kriterien die Meinungen geteilt sind. Es ist leider wahr, daß in Italien zur damaligen Zeit die Musikkritik, die Dilettanten, Stümpern und »Chronisten« anvertraut war, meistens über den technischen Aspekt der Ausführung hinwegging und sich darauf beschränkte, den Erfolg (oder Mißerfolg) eines Konzertes festzustellen. Paganini hatte diese ignoranten Pseudojournalisten auf seiner Seite, die eine wie auch immer geartete Analyse seines Ausführungsstils unterließen.

Nicht so die ausländischen Kritiker, die eine gute und manchmal sogar hervorragende Musikausbildung genossen hatten und alle Schwächen Paganinis unerbittlich anprangerten. Aber auch diese »Manie«, die oft bis zum Exzeß übertrieben wurde und bisweilen die Absicht verrät, all das zu treffen, was anders war als der teutonische Stil, ist im Unrecht. Früher bereits hatte Lafont behauptet, daß die französische Schule des Violinspiels die beste der Welt sei; später hatte Spohr abwertend über Paganini geurteilt. Aber im Namen welchen Prinzips? Zweifellos hat sich Niccolò bei einigen Gelegenheiten nicht von seiner besten Seite gezeigt; der Grund dafür war wohl seine jeweilige physische oder psychische Disposition, die schwankte und keine konstante Perfektion erlaubte. Von hervorragenden ausländischen Violinisten gebeten zu spielen, entschuldigte sich Paganini mehrmals mit der Begründung, seine Art zu spielen sei eine italienische Art, und deshalb könne sie ihnen nicht gefallen – eine plausible Entschuldigung, die verrät, daß er fürchtete, man werde ihm mangelnde Werktreue vorwerfen.

Während er sich in Rom aufhält, erwägt Paganini, nach Neapel zu gehen, wo er mehrere Konzerte geben soll. Der Aufenthalt in Rom trägt ihm eine weitere Ehrung ein, die ihm aber erst später verliehen werden wird. Diesbezüglich schreibt er am 27. März an Germi:

> Du sollst wissen, daß Seine Eminenz, der Kardinal Staatssekretär, ein 84 Jahre alter Mann, der meine Violine bei einem Konzert gehört hatte, das ich im Hause des Marchese Giuseppe Origo gab, gestand, daß er noch nie in seinem Leben einen so köstlichen Abend verbracht habe; er will mir durch Seine Heiligkeit eine Auszeichnung verleihen lassen; er war von den Gerüchten überrascht, denen zufolge ich das Spielen in Ketten gelernt haben soll.

Wie man sieht, haben sich die Gerüchte, die Stendhal in Umlauf gesetzt hatte und die Paganini bereits während seines Aufenthalts in Venedig beunruhigten, in verschiedenen italienischen Städten verbreitet. Niccolò bittet Germi, ihm eine »Bescheinigung« zu verschaffen, »die derartige Erfindungen widerlegt und meine bürgerliche und ehrenhafte Geburt bestätigt«. Dennoch wird die Verleihung des ersehnten Ordens um zwei Jahre hinausgeschoben, da zuerst die Hintergründe der Gerüchte eruiert werden müssen.

Paganini beendet seinen kurzen Aufenthalt in Rom und begibt sich nach Neapel, wo ihn die von Barbaja organisierten Konzerte erwarten. Das erste wird von Paganini mit folgenden Worten in einem Brief an Germi angekündigt: »Nächsten Samstag werde ich in diesem Teatro del Fondo ein Konzert geben, wie ich es mit Barbaja abgesprochen habe, dem ich ein Drittel der Einnahmen geben werde. Dafür muß er die Ausgaben für den Abend tragen und mir seine Sänger leihen; um den Reiz des Ganzen zu erhöhen, soll auch die Bianchi singen.«

In jenem Jahr (1825) wurde in Genua der Bau des Teatro Carlo

Felice vorbereitet; ein Expertenkomitee sollte sich nach Neapel begeben, um die baulichen Lösungen zu begutachten, die für das Teatro San Carlo gefunden worden waren. Das neue Theater war vom König von Piemont als Ersatz für das ziemlich bescheidene Teatro S. Agostino gedacht. Er vertraute das Projekt Carlo Barabino[4] an, einem Architekten, der alles andere als genial, aber dafür von wahrem Genueser Geist beseelt war. Als dieser Architekt die Enge des zur Verfügung stehenden Platzes konstatiert hatte, ließ er kurzerhand ein benachbartes Dominikanerkloster einreißen, und er verstand den so gewonnenen Raum so trefflich zu nutzen, daß das neue Theater ein Proszenium erhielt, das zu jener Zeit eines der weiträumigsten in ganz Europa war.

Paganini, der sich der Bedeutung dieses Projekts bewußt ist, bewirbt sich nachdrücklich um den Posten des künstlerischen Leiters des Teatro Carlo Felice; seiner Bereitschaft, dieses Amt zu übernehmen, gibt er folgendermaßen Ausdruck: »Am neuen Theater von Genua wäre ich gerne (nach meiner Tournee von ungefähr drei Jahren) nicht nur der Orchesterdirigent, sondern auch der Direktor für Veranstaltungen, die breiteste Schichten ansprechen, was die Auswahl der Virtuosen als auch der Partituren betrifft.«

Bei diesen Vorgaben kann man sich leicht vorstellen, welche Vorteile das neue Theater aus einer Zusammenarbeit mit Paganini bezogen hätte; der inzwischen sehr berühmte Name, seine Erfahrung mit Sängern und sein Talent zum Dirigieren, das er bereits unter Beweis gestellt hatte, sprachen dafür, daß das künstlerische Niveau dieser Genueser Einrichtung ein beträchtliches geworden wäre. Sein Interesse an diesem Amt ist auch zwei Jahre später noch nicht erloschen; am 14. August 1827 schreibt er aus Livorno an Germi:

Ich möchte wissen, welche die virtuosen Sänger sind, die bei der Eröffnung unseres Theaters auftreten sollen. Für besagte Eröffnung komponiert Mr. Fournier, ein exzellenter Pianist und ebensolcher Maestro, eine Opera seria, die er unentgeltlich für den Anlaß zur Verfügung stellen würde, und er würde selbst kommen, um sie zu inszenieren, wenn die Direktion und das Unternehmen damit einverstanden wären. Inzwischen schicke ich Dir das Libretto, damit Du es den Zuständigen zeigst; und zu einem angemessenen Zeitpunkt werden sie auch noch viele Musikstücke zu sehen bekommen, die der Genannte ihnen zur Begutachtung vorlegen wird.

Der Titel dieser Oper ist *Carmagnola*; es ist ein Schauspiel von der Art des *Othello*, die Musik ist ausgezeichnet, was ich beurteilen kann, weil ich verschiedene Stücke daraus gesehen habe. Es scheint mir, als handele es sich hier um eine Angelegenheit, die man nicht vernachlässigen sollte; sprich davon und sag mir, was man antwortet. Der hochgerühmte Maestro bietet sich an, Musik und Libretto nach Wunsch zu ändern; und ich bin begierig zu erfahren, welche Sänger dazu bestimmt sind, das Werk zu höchster Vollendung zu führen.

Paganini versucht also, das Werk eines unbekannten und mittlerweile aus der Musikgeschichte verschwundenen Musikers zu protegieren. Im übrigen war die Entscheidung, das Teatro Carlo Felice im Jahre 1828 mit einer – wenngleich zurechtgestutzten – Oper von Bellini (*Bianca e Fernando*) einzuweihen, sicher klüger. Ebenso war es von Vorteil, daß Giovanni Serra, ein Freund Paganinis, zum Direktor des Theaters ernannt wurde, der ein zuverlässiger und immer verfügbarer Künstler war, anders als Paganini, dessen Mobilität eine ständige Anwesenheit in Genua nicht zugelassen hätte, zumal er mittelfristig Konzertreisen ins Ausland plante.

In Neapel gibt Paganini am 16. April sein erstes Konzert, bei dem die Bianchi und andere Sänger mitwirken (Adelaide Tosi, Giuseppe Fioravanti und Morselli). Zu diesem Konzert zitiert de Courcy Lily Paltrey mit wenig schmeichelhaften Eindrücken:

Es spielte der berühmte Paganini. Er hat viel Talent, aber auch eine gute Dosis Scharlatanerie ist mit im Spiel. Unter anderem spielte er ein *Concerto militare* auf der IV. Saite. Man gab auch viele Vokalstücke, die auf lächerliche Weise gesungen wurden. Wir bekamen Lachkrämpfe.

Wieder einmal schleudert ein ausländischer Zuschauer seine Pfeile auf die besondere Ausführungsmanier italienischer Künstler und bestätigt dadurch unbewußt die stilistische Unvereinbarkeit, die zwischen italienischer und deutscher Musiktradition bestand, fast wie um die Polemiken vorwegzunehmen, die später durch die Gegnerschaft von Wagner und Verdi ausbrechen werden. Abgesehen davon kommt dem Tagebuch Lily Paltreys das Verdienst zu, auf eine neue Komposition Paganinis hinzuweisen und uns eine zumindest annähernde Datierung zu ermöglichen. Es handelt sich um das *Concerto militare* oder die *Sonata militare* auf der IV. Saite, die auf der Mozart-Arie »Non più andrai farfallone amoroso« (aus der *Hochzeit des Figaro*) basiert. Paganinis Interesse für Mozart, das stärker war als das für Beethoven, den er später als »überspannt« bezeichnen soll, wird in den *Variationen über das Thema aus »Don Giovanni«* (»Là ci darem la mano«) neuerliche Bestätigung finden. Von diesen beiden wertvollen Dokumenten ist der Part des Solisten leider nicht erhalten, so daß es unmöglich ist, eine Analyse vorzunehmen. Man kann sich aber an eine kurze Fantasie für Gitarre solo über den *Don Giovanni* halten, die in den *Ghiribizzi* enthalten ist (Nr. 20).

Nachdem er seine Konzertverpflichtungen in Neapel erfüllt hat, reist Paganini nach Palermo. Er kommt mit dem Postdampfer am 2. April 1825 dort an und bittet die Behörden um die Genehmigung, Konzerte zu geben, die mit Rücksicht auf die in früheren Jahren erzielten Erfolge sofort erteilt wird. Es sei festgehalten, daß der Dirigent des Theaters Gaetano Donizetti war. Auch wenn in den Briefen Paganinis aus jener Zeit der Maestro aus Bergamo nie erwähnt wird, kann man doch vermuten, daß in dieser Zeit die Freundschaft zwischen den beiden Musikern ihren Anfang nahm.[5] Aus dem Programm des Konzerts vom 17. Mai, das erhalten geblieben ist, geht hervor, daß Paganini ein »Konzert in einem Satz«, das *Rezitativ und variierte Melodien auf der IV. Saite* sowie die *Variationen über die Streghe* ausführte, letztere als »Der Nußbaum von Benevento« ankündigt. Als Sänger wirkten unter anderem die Lipparini, Vinter, Cercoli und Tacci mit, nicht aber die Bianchi, deren mittlerweile nicht mehr zu übersehende Schwangerschaft ihr nicht erlaubte, am Konzert teilzunehmen.

Im Juni 1825 geschieht etwas Merkwürdiges: Der Generalstatthalter beauftragt den Polizeidirektor, »Paganini zu überwachen«. Nach einigen Beobachtungen und Ermittlungen liefert der Polizeidirektor folgenden Bericht ab:

> Der Philharmoniker Nicolò Paganini ist überwacht worden, seit Ew. Exz. geruhte, hierzu Auftrag zu geben; und nichts anderes hat man bisher in Erfahrung bringen können, als daß er häufig Besuch von Domenico Testa[6] und Notar Pingitore empfängt, die ihre Hüte bereits auf die gleiche Art wie Paganini tragen. Diese Besuche scheinen, soweit man feststellen konnte, keinem kriminellen Zwecke zu dienen und finden oft im Beisein des Malers Sanzo statt, der sich zu dem einzigen Behufe, ihn zu malen, zu Paganini begibt, vielleicht in der Hoffnung, wegen der Bekanntheit seines

Modells ein gutes Geschäft mit dessen Porträts zu machen. Ich lasse die bisherige Überwachung mit Sorgfalt weiterführen, und sobald sich irgendeine Neuigkeit von Bedeutung ergeben wird, werde ich es nicht unterlassen, Ew. Exz. umgehendst davon in Kenntnis zu setzen, damit notwendige Maßnahmen veranlaßt werden können.[7]

Es ist nicht klar, warum Paganini unter Polizeiüberwachung gestellt wurde. Vielleicht lag es an seinem Aussehen, vielleicht an den Besuchen, die er von Leuten erhielt, die so ähnlich gekleidet waren wie er, oder es bestand der Verdacht, der Maestro unterhalte Kontakte zu den Karbonari, zumal er ja aus Genua stammte – ein Verdacht, der allerdings jeglicher Grundlage entbehrte, da Paganini über die Karbonari des öfteren abfällige Urteile geäußert hatte.[8]

Die drei Konzerte, die er am Teatro Carolino gab, wurden Gegenstand einer zusammenfassenden Rezension, die in der Zeitschrift *Cenere* veröffentlicht wurde und in der es heißt:

Nach sechs Jahren ist Paganini wieder in unserem Theater erschienen. Wenn er das erste Mal mit der Begeisterung der Vorahnung empfangen wurde, so ist er dieses Mal mit der Leidenschaft aufgenommen worden, die aus dem Wiedererkennen entsteht. Bei seinem Auftritt letzten Freitag spielte er für uns drei Konzerte; und dreimal hat er uns aufs neue überrascht und verzaubert. Der Applaus ist seinem magischen Spiel vorausgeeilt, hat es begleitet und beschlossen. Die Unerfahrenen haben die ganze Kraft des Gefühls verspürt; die Kenner haben um so stärker dem Ausdruck gegeben, was man ungenauerweise mit der Bezeichnung Verwunderung benennen könnte. Die Köstlichkeiten jenes Abends wären nicht vollkommen gewesen, wenn sie nicht von der Hoffnung begleitet gewesen wären, sie vielleicht ein anderes Mal wieder hören zu dürfen.

Während Paganini darauf wartet, sein viertes und für diesmal letztes Konzert in Palermo geben zu können, wird am 23. Juli 1825 der Sohn geboren, der auf den hochtönenden Namen Achille Ciro Alessandro getauft wird. Die Idee, sich für die Namensfindung von der griechischen Geschichte und Mythologie inspirieren zu lassen, war vermutlich von Foscolo anläßlich einer Mailänder Begegnung mit Paganini angeregt worden, wie Conestabile[9] zu berichten weiß, der sich wiederum an Schottky[10] hält. Die Begegnung wird folgendermaßen beschrieben:

»Gestern abend war ich bei Ihrem Konzert. Sie sind ein Gott, und Homer stand mir vor Augen, während ich Sie anhörte. Der erste – grandiose – Satz stellte das Anlegen der griechischen Schiffe in Troja dar: das Adagio, zur gleichen Zeit so edel und so anmutig, rief mir das Gespräch zwischen Briseidis und Achill ins Gedächtnis zurück; aber wann werde ich die Verzweiflung und die Klagen über dem Leichnam des Patroklos hören?«

Darauf antwortete Paganini, ohne zu zögern: »Sobald der Achill Paganini unter den Violinisten einen Patroklos als Freund gefunden haben wird.«

Zu Achille hegte Paganini eine ungewöhnlich tiefe Zuneigung; er wird ihm später auch die Mutter ersetzen. Nach der Trennung von der Bianchi – 1828 in Wien – wird er das Sorgerecht für den Sohn erhalten, den er ein wenig als sein Ebenbild betrachtet; er hofft, daß der Sohn eines Tages seine erfolgreiche musikalische Karriere wiederholen werde. Dies wird nicht der Fall sein, weil – wie so oft – das Kind von Musikern nicht so begabt ist wie seine Eltern. Achille wird seinem Vater in dessen letzten Lebensjahren jedoch liebevoll zur Seite stehen und sich nach dem Tod des Vaters darum bemühen, ihn gegenüber der Kirche zu rehabilitieren, und veranlassen, daß seine unveröffentlichten Werke gedruckt werden.

Am 16. September 1825 gibt Paganini das letzte Konzert am Teatro Carolino unter Mitwirkung eines Hornvirtuosen, eines gewissen Felice Sgroppo, der »das Jagdhorn mit außerordentlicher Meisterschaft bläst und auch zwei gleichzeitig blasen kann«.

Gegen Ende November verläßt Niccolò Palermo und begibt sich nach Neapel. Am 20. des gleichen Monats kommt er dort an. Von hier aus bittet er Germi wieder, die bereits verlangte Bescheinigung zu beschaffen, die ihm Zugang zum Orden des Speron d'Oro verschaffen soll. Seine Gesundheit ist nicht die beste; er behandelt sich mit dem Abführmittel Le Roy[11] und mit Roob[12]. Unglücklicherweise macht ihm in dieser Zeit die Bianchi sehr zu schaffen, wie aus dem folgenden Ausschnitt eines Briefes hervorgeht, den er am 17. Dezember an Germi schickt:

> [...] Du sollst wissen, daß die Bianchi, die noch bei mir ist, einen großen Fehler hat. Wegen eines Nichts gerät sie in Raserei. Neulich, eines Abends, nahm sie, weil ich sie nicht zu einem Kaufmann mitgenommen hatte, mit dem ich nur eine Viertelstunde lang sprechen wollte, meinen Kasten und warf ihn viermal zu Boden, bis er völlig zerbrochen war;

zum Glück hatte ihr mein Diener die Violine aus den Händen genommen oder, besser gesagt, gerissen und konnte sie so retten; und wie durch ein Wunder bekam ich sie heil wieder, wenn auch ziemlich lädiert.

Ein weiterer Vorfall von vorgestern abend: Die Bianchi [war] mit mir im Hause spanischer Herrschaften. Ich wurde vom Sohn und der Mutter, der Hausherrin, gerufen, um mir ein Urteil über die Originalität eines Dilettanten zu bilden, der ein Violinfanatiker war und sich dort befand; da überraschte uns die Bianchi, und – wie ich glaube – aus Eifersucht wollte sie, daß ich sie nach Hause bringe. Als ich sie fragte, warum, gab sie mir eine gewaltige Ohrfeige, begleitet von höllischem Kreischen, und schlug auf alle Anwesenden ein; es fehlte nicht viel, und sie wäre am eigenen Geschrei gestorben; und wir glaubten schon nicht mehr, daß sie wieder zur Vernunft kommen werde.

Aus diesen und ähnlichen Episoden läßt sich unschwer folgern, daß die Bianchi nicht nur eifersüchtig war, sondern auch neurotisch und hysterisch, denn »öffentliche« Auftritte der geschilderten Art verraten ein exaltiertes Temperament, das nicht mehr kontrollierbar ist. Offenbar hatte die Mutterschaft keinen besänftigenden Einfluß auf sie, sondern im Gegenteil dazu geführt, daß sie ihre Reaktionen auf irrationale Weise übertrieb, nicht ohne dem Gefährten dadurch moralischen Schaden zuzufügen. Trotzdem kann Antonia keine uninteressante Frau gewesen sein, zumal sie sich freiwillig in eine Situation begeben hatte, die von vornherein eine Ehe ausschloß – und dies in einer Epoche, die illegitime Verbindungen und die daraus geborenen Kinder verurteilte.

Wenn man den oben zitierten Brief eingehend betrachtet, fällt auf, daß Paganini schreibt, daß »die Bianchi... noch bei mir ist«. Man beachte jenes bedeutsame »noch«, das vielleicht auf die unbewußte Absicht hindeutet, sich von der Sängerin zu trennen, was einige Jahre später geschah.

Der Aufenthalt in Neapel dauerte über anderthalb Jahre. In dieser Zeit gibt Paganini nicht nur die geplanten Konzerte, sondern läßt auch Bögen anfertigen. Er rühmt sich seiner Beziehungen zu den besten neapolitanischen Bogenherstellern und bestellt siebzig Bögen bei ihnen, wobei er Sorge trägt, daß sie seinen Angaben entsprechen. Er beabsichtigt, mit ihnen Handel zu treiben, und hofft auf die Vermittlung Germis, dem er schreibt: »Ich hoffe, daß Du sie zum gleichen Preis wie die davor absetzen kannst; aber wenn diejenigen des Signor Sciaccaluga bisher geringer bezahlt worden sind, so gibt er Dir die Vollmacht, den Preis nach Deinem Gutdünken zu senken.« Und weiter: »Du sollst insgeheim wissen, daß mich die besagten Bögen nur elf Genueser Lire das Stück kosten; aber versuche, sie mit Gewinn zu verkaufen, und wenn welche übrigbleiben, werde ich sie nach Mailand schicken, wo ich sie verkaufen werde.« Das gleiche gilt für die Saiten, die Paganini bei einem neapolitanischen Handwerker in Auftrag gegeben hatte, um sie dann nach Genua zu schicken und sie zum Spekulationsobjekt zu machen.[13]

Aufgrund seines bedenklichen Gesundheitszustandes – Paganini spricht von einem »unerträglichen Husten« –, der ihn veranlaßt, sich in die medizinische Obhut des »Doktor Calisi, berühmt in Neapel« zu begeben, werden die Konzerte in San Carlo auf später verschoben.

Doch wie immer in den Zeiten der Muße widmet sich Paganini der Komposition. Aus einem Brief vom 12. Dezember 1826 an Germi erfahren wir, daß er »ein zweites mit einem obligaten Glöckchen« und ein »drittes mit Polonaise« fertiggestellt hatte. Es sind dies für uns wertvolle Hinweise auf die Entstehungsdaten (wenn nicht das Datum der Vollendung) der *Konzerte Nr. 2* und *3*. Vom *Konzert Nr. 2* in *h-Moll* wird erst ein Jahr später berichtet, daß es öffentlich aufgeführt wurde. Deshalb halten wir es nicht für angebracht, bereits an dieser Stelle ausführlich darauf einzugehen. Über den Aufenthalt in Neapel gibt es weiter nichts hinzuzufügen.

Im Mai 1827 geht Paganini nach Rom. Nachdem die Nachforschungen bezüglich seiner Vergangenheit abgeschlossen sind, erhält er endlich die versprochene Auszeichnung des Ritterordens vom Speron d'Oro, die ihm von Leo XII. persönlich verliehen wird. Daß Paganini dieses Ereignis ausdrücklich in seiner autobiographischen Notiz erwähnt, beweist, wieviel ihm diese Ehrung bedeutet, die Mozart und Morlacchi vor ihm und Liszt nach ihm erhielten. Während er sich noch in Rom befindet, nimmt ihn die Accademia Filarmonica unter ihre Ehrenmitglieder auf, vielleicht als Folge der Auszeichnung durch den Papst.

Trotz dieser Ereignisse, die sicher einen positiven Einfluß auf seine Karriere haben – sein Hunger nach offizieller Anerkennung erhielt hier reichlich Nahrung, und er konnte sich seinen Verleumdern gegenüber als rehabilitiert betrachten – verläßt Paganini Rom und trifft im Juni 1827 in Florenz ein. Das Konzert in Florenz wird folgendermaßen angekündigt:

Der Philharmoniker Cavaliere Paganini, durch die Mitwirkung von Signora Grisi und der durchreisenden Signora Bianchi favorisiert, wird die Ehre haben, seine Violine in der Ausführung eines Großen Konzerts in drei Sätzen mit einem obligaten Glöckchen, einer Militär-Sonate auf der IV. Saite der Violine sowie verschiedener Variationen einer Polonaise hören zu lassen.

Diese Ankündigung ist von großer Bedeutung, da hier zum erstenmal die Ausführung des *Konzerts Nr. 2 La campanella* erwähnt wird. Es erscheint jedoch sehr zweifelhaft, ob die Orchestrierung, wie sie auf den Partituren erscheint, die in der Biblioteca Casanatense aufbewahrt werden, zu diesem Zeitpunkt bereits fertiggestellt war; wir sind der Ansicht, daß diese Teile erst nach der Ausführung in Florenz hinzugefügt wurden, von einem Paganini also, der nach 1829 die großen internationalen Orchester kennenlernte.

In einem Artikel, der am 30. Juni 1827 in der *Gazzetta di Firenze* erscheint, verschweigt der Rezensent wie üblich die Bezeichnung des Konzerts, und es grenzt an ein Wunder, daß er »hauptsächlich eine Militär-Sonate, die vom gepriesenen Meister komponiert und von ihm selbst auf der IV. Saite ausgeführt wurde (nur er allein vermag dies zu tun)« erwähnt. Ansonsten beschränkt sich dieser Geistesriese darauf zu schreiben: »Alles überraschte, alles verzückte die Hörer.«

Kehren wir zum *Konzert Nr. 2* zurück. Wenn wir voraussetzen, daß sich die Ausführung mehr oder weniger an die Partituren hielt, die uns von Konzerten außerhalb Italiens erhalten sind, so kann man feststellen, daß seit dem *Konzert Nr. 1* eine beachtliche Entwicklung stattgefunden hat. Das neue Konzert übernimmt vom ersten mit wenigen Veränderungen die gleiche Besetzung, zumindest wenn man nach der ersten handschriftlichen Fassung der Partitur urteilt, in der die verstärkenden Instrumente nicht angegeben werden; dafür erscheinen sie in den später hinzugefügten Partituren.

Es ist interessant, daß in dem *Elenco delle musiche da stamparsi*, das Paganini entsprechend seinen Präferenzen zusammengestellt hat, das Rondo an zweiter Stelle steht, während die beiden Sätze, die ihm vorangehen, an zweiundzwanzigster und an dreiundzwanzigster Stelle stehen. Dies deutet darauf hin, daß der Komponist die Absicht hatte, aus den verschiedenen Konzerten die erfolgreichsten Sätze herauszunehmen, anstatt die Konzerte stets ganz auszuführen, da das zeitgenössische Publikum die vollständige Ausführung nur schwer durchgehalten hätte. Übrigens war nicht nur das italienische, sondern auch das europäische Publikum am stärksten von jenem Glöckchen beeindruckt, das zum erstenmal in einem Violinkonzert eingesetzt wurde und das Liszt zu seinem *Konzert Nr. 1 Es-Dur* inspirierte, in dem ebenfalls einem Glöckchen eine zentrale Rolle zukommt. Allerdings rief dieses Konzert bei der ersten öffentlichen Ausführung im Jahre 1855 in Weimar beim Publikum Empörung hervor, während das italienische Publikum dreißig Jahre zuvor diesen Effekt vorbehaltlos angenommen hatte.

Der Einsatz eines so ungewöhnlichen Instruments war bereits in der *Militärsonate* (Nr. 100) von Haydn erfolgt mit dem Zweck, eine Militärkapelle zu simulieren. Indem er das Glöckchen in die Struktur des Konzerts für Violine und Orchester integrierte, hatte Paganini mit Sicherheit einen klanglichen Gegensatz zwischen den künstlichen Harmonien des Solisten und der realistischen Wirkung eines Perkussionsinstruments, das von Natur aus reich an natürlichen Harmonien ist, schaffen wollen. Die »verwerfliche« Gepflogenheit Paganinis, den spezifischen Klang der Violine mit fremden Tönen zu verbinden oder Klänge, die von der Violintradition nicht vorgesehen waren, auf seinem Instrument zu spielen, findet auch in diesem Fall neue Wege und verwirklicht eine Idee, auf die sich Liszt wiederum beziehen konnte, als er die Triangel in sein *1. Konzert* mit einbezog. Liszt hatte auch, nachdem er das *Konzert h-Moll* gehört hatte, eine *Grande Fantaisie de Bravoure sur la Clochette de Paganini* komponiert, die unter seinen Zeitgenossen als nicht ausführbar galt, ebenso wie die *Grandes Etudes de Paganini*, die er in Anlehnung an die *Capricci* geschrieben hatte.

Der gewaltige Erfolg des Rondos hatte eine Lawine von Bearbeitungen für Klavier seitens bekannter und unbekannter Komponisten zur Folge, Bearbeitungen, die große Verbreitung erfahren haben und über die sich Paganini ärgerte, da er sich ausgenutzt fühlte. Da man von einem Urheberrecht noch nicht sprechen konnte, gab es für ihn keine Möglichkeit, von den Plagiatoren finanzielle Entschädigung zu fordern.

Im *Konzert Nr. 2* hat also der dritte Satz eine ganz besondere Bedeutung. Aber obwohl Paganini diesen letzten Teil des Konzerts bevorzugte, dürfen die übrigen nicht vernachlässigt werden. Mit anderen Augen als den anspruchsvollen des Komponisten gesehen, ist das *Konzert Nr. 2* ein Modell an Ausgewogenheit zwischen Solist und Orchester, vor allem wenn man die Verschiedenartigkeit berücksichtigt, die zwischen den Tutti und den Solopassagen besteht und die durch die stärkere oder geringere Beteiligung der verstärkenden Instrumente verursacht wird, die in den Tutti-Abschnitten erfolgt, wenn die Violine der Anweisung »tacet« folgt. In den Solopassagen dagegen läßt die Mitwirkung der obligaten Instrumente die Linie des Solisten klar hervortreten und verhindert, daß diese vom Einsatz des gesamten Orchesters übertönt wird. Im Vorspiel, das dem Einsatz des Solisten vorangeht, greift Paganini auf die gewohnte rhetorische, um nicht zu sagen vulgäre Emphase zurück, die auch den entsprechenden Satz des *Konzerts Nr. 1* prägt, und verkürzt gleichzeitig dessen Länge. Dieses Verfahren wirkt sich vorteilhaft auf die Ökonomie des gesamten Satzes aus, in dem sich der Solist ohne Zwänge irgendwelcher Art bewegen kann, als ob er eine Probe beinahe komödiantischen Könnens abgeben würde, die dazu einladen soll, das Folgende anzuhören.

Im zweiten Satz beeindruckt eine romantische Einleitung der Hörner. Sie dient als kurze Hinführung zum Part der Violine, der auch hier mit schmelzender Kantabilität ausgeführt wird. Dieser Satz offenbart die wahre Natur des Meisters, für den das Adagio den Höhepunkt seiner Schöpfung darstellt. Das Adagio basiert auf einem Thema, in dem keine wesentliche Entwicklung stattfindet, und bezieht sich somit auf eine typisch italienisch zu nennende Kompositionstradition. Die Orchesterbegleitung besteht wie immer hauptsächlich aus dem Pizzicato der Streicher, fast als ob sie eine riesige Gitarre vorstellen sollten. Diese Gepflogenheit prägt beinahe alle Adagi der Konzerte Paganinis und auch einige andere, weniger anspruchsvolle Kompositionen, und läßt das in sich gekehrte Wesen des Musikers erkennen, während sie zugleich ein treues Abbild seiner komplexen Persönlichkeit gibt.

Die melodische Schönheit des vom Solisten ausgeführten Themas ist sicher aus Opern inspiriert, aber die Art der Behandlung ist typisch für die Violintechnik, zumal die Koloraturen unmöglich von einer Sängerin ausgeführt werden könnten.

Noch zwei Bemerkungen zum Rondo. Die erste betrifft die Tonart Fis, die für ein Instrument unbestimmter Intonation ganz und gar unangebracht erscheint; doch muß es einen Grund für die Wahl dieser Tonart gegeben haben, und dieser liegt in ihrem exquisiten klanglichen Wesen. Die zweite Bemerkung bezieht sich auf den Einsatz von mit der linken Hand ausgeführten Pizzicati, der zuvor noch nie in einem Konzert für Violine und Orchester von Paganini oder von einem anderen Komponisten erfolgte. Es handelt sich hierbei allerdings um einen Einsatz, der nur im Schlußteil des Satzes erfolgt und nicht die Betonung erfährt, welche die Variationen charakterisiert.

In Florenz gibt Paganini »auf allgemeinen Wunsch« ein weiteres Konzert, das, wie die *Gazzetta* ankündigt, am 10. Juli wieder im Teatro della Pergola stattfinden soll; außerdem informiert das Blatt seine Leser, daß der »obengenannte berühmte Meister sich nach Livorno begeben wird, um in dieser Stadt ein Konzert zu geben«. In Wirklichkeit fand das zweite Konzert in Florenz am 12. Juli statt und sah drei Teile mit insgesamt zehn Stücken vor, zu denen – neben den üblichen Introduktionen für Orchester und den von der Bianchi und vom »Virtuosen Signor Gastaldi« gesungenen Opernarien – unter anderem ein »Konzert, komponiert und ausgeführt von Cavaliere Paganini«, die »Sonate mit Variationen über das Gebet des Moses, ausgeführt einzig auf der IV. Saite der Violine«, und schließlich die »Variationen mit dem Titel *La Cenerentola*, komponiert und ausgeführt von Cavaliere Paganini« gehörten. Während das Programm die Variationen genau angibt, wird die Identität des »Konzerts, komponiert und ausgeführt von Cavaliere Paganini« nicht preisgegeben. Es kann sich sicher nicht um das *Konzert Nr. 2* handeln, das erst kürzlich in der Öffentlichkeit gespielt worden war.

Nachdem er nach Livorno gereist war, schrieb Niccolò an Germi, daß er sich dort »zum Vergnügen« aufhalte. Tatsächlich aber gibt er im Teatro Carlo Lodovico oder im Teatro San Marco drei Konzerte – am 20. und 24. Juli und am 4. August. Die Programme der Konzerte vom 20. Juli und vom 4. August sind erhalten. Beim ersten spielt Niccolò wieder das *Konzert Nr. 2*, die *Sonata militare* und das *Larghetto und Variationen über eine Polonaise*, während die Bianchi Arien vorträgt.

Beim zweiten Konzert wirken sowohl die Bianchi als auch die Grisi mit; außerdem wird eine *Sinfonia della Rappresaglia* (sic) ebenjenes Signor M. Fournier gespielt, den Paganini als Komponisten einer Oper für die Einweihung des Teatro Carlo Felice in Genua empfohlen hatte. Was das von Niccolò gebotene Programm betrifft, so führt er im ersten Teil das Adagio appassionato und das Rondo brillante aus, im zweiten die *Variationen über Rossinis »Mosè«* und im dritten *Le Streghe*.

Eine kleine Anmerkung: Die *Variationen über Rossinis »Mosè«* werden mit Harfenbegleitung ausgeführt. Es ist schwer zu sagen, ob diese Begleitung von Paganini komponiert wurde; die späteren Bearbeitungen für Klavier sind zweifellos nicht sein Werk, sondern von anderen Komponisten vorgenommen.

Nachdem er Livorno verlassen hat, reist Paganini über Bologna nach Norditalien, um noch einmal Mailand und Genua zu besuchen, bevor er sich auf eine lange Konzerttournee durch Europa begibt.

Im September 1827 befindet sich Paganini in Mailand; hier muß er einige Monate warten, bis er an der Scala spielen kann. Er nutzt die Wartezeit, um nach Genua zu fahren, wo bereits die Kunde seiner Erfolge in Mittel- und Süditalien vernommen wurde. Das erste Genueser Konzert wird am Teatro Falcone gegeben, das der Residenz angegliedert ist, in der sich Carlo Felice und seine Gemahlin aufhalten, die dem Konzert auch beiwohnen; sie »sparten nach jedem von ihm ausgeführten Stück nicht mit Applaus für unseren hochwerten Herrn Professor: Applaus, den das Publikum mit lebhaftester Begeisterung wiederholte und mit wahrem Enthusiasmus wiederaufleben ließ«, wie die *Gazzetta di Genova* vom 14. November zu berichten weiß. Nach dem, was man aus der »Rezension« der Genueser Zeitung herauslesen kann, sah das Programm eine Komposition für die IV. Saite vor, das Glöckchen-Rondo, zwei Arien von Paër, von der Bianchi gesungen, und den Auftritt eines Wunderkindes, eines fünfzehnjährigen Flötisten, angekündigt als »Sig.[nor] Ciardi[14] aus Prato«. Eine Woche später gibt Paganini am Teatro Sant' Agostino wieder ein Konzert, bei dem er, laut Ankündigung der *Gazzetta di Genova,* »erneut das wundersame Rondo mit dem obligaten Glöckchen hören lassen wird und andere neue Kompositionen«. Diesem Konzert wohnen die Königin Maria Teresa und ihre Töchter bei. Anläßlich dieser Gelegenheit schreibt Martin Piaggio ein neues Sonett in Genueser Dialekt:

> Tutta Italie dà lodi a prufünxiun
> e porta ae stelle u nostru Paganini,
> tutta Europa l'aspette cun raxun
> cumme autù e prufessù ciammòu divin;
> tutti i föggi du mundu fan mensiùn
> de mavegge ch'u fa sö viulin
> e mi zeneize me ne sto au barcùn
> sensa grattà un po turna u chitarin?
> Ma pe ludalu cose ho ciü da di?
> Pe fame credde cumme possu fà?
> Bezögna andà a sentilu pe sturdì.
> L'Orfeu di Orfei u possu ben ciamà
> pe l'armunia in persun-a definì,
> ma un cume l'é nu u so duve pescà.

Ganz Italien lobt im Übermaß
und hebt in den Himmel unseren Paganini,
ganz Europa erwartet ihn,
der zu Recht göttlich genannt wird,
alle Blätter der Welt erwähnen
die Wunder, die er mit seiner Violine vollbringt,
und ich, Genueser, soll auf dem Balkon stehen,
ohne wieder auf meiner Gitarre zu klimpern?
Aber was kann ich sagen, um ihn zu loben?
Wie soll ich's sagen, damit man mir glaubt?
Man muß hingehen und ihn anhören, um sich zu berauschen.
Den größten Orpheus kann ich ihn wohl nennen,
ihn als Harmonie in Person bezeichnen,
ach, ich weiß nicht, wo einen finden, der ihm gleicht!

Nach dem Genueser Intermezzo kehrt Paganini nach Mailand
zurück, wo »die Herren Impresari des Kgl. Theaters aus
Angst, daß meine Auftritte die Einnahmen der Vorstellungen
vermindern könnten, die am zweiten des kommenden Dezember beendet sein werden, das mir gegebene Versprechen gebrochen und mir die Nutzung des Theaters an den Abenden des
20. und 30. Novembers verweigert haben«, wie er an Germi
schreibt. Die Konzerte an der Scala werden auf den 3., 5. und
den 16. Dezember verschoben.

Wie man feststellen kann, versteht Paganini sehr gut, seine
Zeit zu nutzen; für den 8., 9. und 12. November hat er, nicht
ohne beträchtliche Anstrengung, drei weitere Konzerte in Turin vorgesehen. So gelingt es ihm, in zwei Wochen in zwei
verschiedenen Städten, die nur mit der Kutsche erreichbar
sind, insgesamt sechs Konzerte zu geben. Aber Niccolò
schreibt selbst: »Ich wünsche mir Gesundheit, um solcherart
Ideen ausführen zu können.« Der Alpdruck der Krankheit lastet auf ihm, aber im Augenblick scheint alles in Ordnung zu
sein. Die Konzerte an der Scala werden mit der üblichen Begeisterung aufgenommen. Beim ersten wurde die plötzliche
Erkrankung zweier Sängerinnen, »die dazu beitragen sollten,
die musikalische Unterhaltung abwechslungsreicher zu gestalten«, von dem »Philharmoniker« mehr als wettgemacht, »der,
indem er alle vorstellbaren und unvorstellbaren Schwierigkeiten meisterte und dann zum Ernsten, zum Liebevollen, zum
Energischen, zum Pathetischen und, man kann ruhig sagen:
zum Extravaganten überging, jenen Enthusiasmus weckte, der
auf so natürliche Weise von den Dingen hervorgerufen wird,

die über den Bereich, wir wollen nicht sagen: des Üblichen, sondern des Wahrscheinlichen hinausgehen«.

Bei diesem ersten Konzert führte Paganini das *Konzert Nr. 2*, die *Variationen über Rossinis »Mosè«* und die über die *Cerenentola* aus, wobei er das *Konzert Nr. 2* als »allerneuestes« präsentierte.

Die Bianchi, die auf dem Programmzettel der Scala als Schülerin Paganinis vorgestellt wird, sang eine Arie von Paër, eine »Szene und Arie aus *Temistocle*« und »Variationen über die Herzklopfen-Kavatine« (aus *Tancredi* von Rossini), wobei sie vielleicht ähnliche Variationen Paganinis kopierte, und »weil sie eine lebhafte Stimme hat und den Ton gut halten kann, bekam sie den Beifall des Publikums«.

Das zweite Konzert, das für den 5. Dezember vorgesehen war, fand nicht statt, da Paganini einen leichten Unfall hatte, bei dem er sich den kleinen Finger der rechten Hand verletzte.

Das Konzert wurde auf den 16. Dezember verschoben. Außer der Bianchi nahmen »die dilettierenden Schwestern Amalia und Rachele Martelli und die dilettierenden Schwestern Charlotte und Martha Jouvet, elf und dreizehn Jahre alt und Schülerinnen des Professor Scotti, die sich freundlicherweise bereit erklärt haben, eine vierhändige Sonate zu spielen«, daran teil. Paganini spielt bei dieser Gelegenheit den ersten Satz des *Konzerts Nr. 1*, das Adagio cantabile und Rondo aus dem *Konzert Nr. 2* und wieder die *Variationen über »La Cenerentola«*.

Während des kurzen Turiner Intermezzos treten Paganini und die Bianchi im Teatro Carignano[15] auf, und die *Gazzetta Piemontese*, deren Redakteur damals Felice Romani[16] war, schreibt darüber: »Die perfekte Imitation verschiedener Blasinstrumente und [das Spielen] höchster Töne, die sonst nur von den singenden Engelchen erreicht werden, sind für ihn ein stets unbefangenes und tadelloses Spiel, und wenn es in der musikalischen Sprache ein Wort gäbe, das die Unterteilung der Halbtöne bezeichnete, wären wir besser in der Lage zu beschreiben, wie sehr er seine Violine beherrscht, um ihr jene magische Abstufung von Tönen zu entlocken, zu deren Schöpfer er gewissermaßen geworden ist.« Das Programm der Turiner Konzerte wird mit keiner Silbe erwähnt, aber wir haben Grund zur Annahme, daß sie den Mailänder Konzerten glichen.

In Mailand wird Paganini gebeten, ein Wohltätigkeitskonzert zu geben. Ohne zu zögern, willigt er sofort ein und schreibt in einem Brief an Germi: »Es ist mir eine außerordentliche Ehre, meinen lieben Mailändern beistehen zu dürfen.«

Diese Aussage überrascht nicht, wenn man bedenkt, daß die lombardische Hauptstadt für Paganinis Karriere einen wichtigen Ausgangspunkt darstellte und er hier während seiner zahlreichen Aufenthalte viele wichtige Konzerte in der Scala, im Carcano und im Re gab.

Aus dem gleichen Brief an Germi (19. Dezember 1827) erfährt man, daß [die Mailänder] »begierig [sind], mein drittes Konzert mit Polonaise, das noch nie gespielt wurde, und die Variationen ohne Orchester, bei denen ich selbst die ganze Harmonie forme, zu hören«.

Diese Information ist sehr wichtig, denn das *Konzert Nr. 3*, das in Neapel begonnen worden war, war nun fertiggestellt und konnte dem Mailänder Publikum vorgestellt werden. Dies ist einer der seltenen Fälle, in denen Paganini die Vollendung zweier Werke ankündigt. Was aber das neue Konzert betrifft, so haben wir keinerlei Anhaltspunkte dafür, daß er es in Mailand ausgeführt hätte. Den ersten gesicherten Nachweis für eine öffentliche Aufführung haben wir aus Wien, wo das Konzert auf dem Plakat einer seiner Veranstaltungen angekündigt wurde.

Wir werden an dieser Stelle kurz auf die wichtigsten Besonderheiten des *Konzerts Nr. 3* eingehen. Es sei sofort gesagt, daß es bezüglich der Instrumentierung dem *Konzert Nr. 2* ähnelt, was heißt, daß es eine nahezu identische Besetzung aufweist. Dies kann als Zeichen dafür gelten, daß die beiden Werke innerhalb kurzer Zeit aufeinanderfolgten, was der Brief an Germi bestätigt. Auch bei diesem Konzert wird zwischen obligaten und verstärkenden Instrumenten unterschieden, eine Art Hommage an die Gepflogenheiten des Concerto grosso im 18. Jahrhundert. Was aber das *Konzert Nr. 3* von dem vorangegangenen unterscheidet, ist die erhebliche Länge, die sich gewiß negativ auf das Publikumsurteil auswirkt. Tatsächlich war es von allen Konzerten Paganinis das am wenigsten besuchte; das Glöckchen-Rondo erzielte ganz andere Zuhörerzahlen. Das Allegro marziale ist wie immer reich an emphatischen Einsätzen des Tutti, die – ehrlich gesagt – eher lästig sind und die Paganini besser hätte weglassen sollen. Glücklicherweise bilden der Einsatz des Solisten und der Dialog der beiden Themen zusammen ein Ganzes, das mit großer Sparsamkeit die technischen Mittel ausschöpft, zu deren Träger das Instrument unter den geschickten Händen Paganinis wird.

Trotz der anfänglichen großen rhetorischen Gesten schafft das Allegro eine optimistische Stimmung und ist frei von jener Dramatik, die die früheren Konzerte durchzog. Paganini erkundet hier die klangliche Palette (von der IV. Saite bis zu den

Akkorden) mit einer Zurückhaltung, die vielleicht an dieser Stelle durch die Entfesselung, die dem letzten Satz vorbehalten bleibt, gerechtfertigt erscheint.

Das Adagio cantabile-spianato muß in erster Linie aufgrund des eigenartigen Adjektivs auffallen (*spianato*: »eingeebnet, eben, glatt, flach«), das von den Komponisten des 19. Jahrhunderts wenig gebraucht wurde, dem Paganini aber besondere Bedeutung verleiht; hierin ist er eindeutig ein Vorläufer Chopins. (Man vergleiche Chopins *Grande Polonaise Brillante précédée d'un Andante spianato*, op. 22, die übrigens im Jahre 1831 komponiert wurde, in einem Jahr also, in dem der polnische Musiker Paganini in Warschau gehört hatte.)

Das Adagio des *Konzerts Nr. 3* von Paganini nimmt diesen seltsamen Begriff wieder auf, der hier als »glatt« verstanden werden muß, wie aus dem Satz selbst hervorgeht. Dieser Satz schreitet in einer gesanglichen Entwicklung voran, begleitet von den zurückhaltenden Akkorden der Streicher im Pizzicato. Also keinerlei Aufbäumen, keinerlei Eingriffe des Orchesters, die den Spielfluß, der vom Solisten eingeleitet und beschlossen wird, stören könnten. In diesem gleichen Satz tauchen Reminiszenzen an oder Vorwegnahmen von wohlbekannten Themen auf, wie zum Beispiel das Thema des berühmten *Cantabile D-Dur für Violine und Klavier*. Und man könnte den Verdacht schöpfen, daß diese »Reminiszenzen« zeitgenössisch sein könnten.

Die abschließende Polonaise verbindet sich wieder mit der vertrauten französischen Tradition, wie sie von Kreutzer und Rode übernommen wurde – nicht nur mit ihrem Rhythmus im ¾-Takt, sondern indem sie auch in die Struktur des gewohnten überflüssigen Rondos eingeht.

Paganini ignoriert formale Kriterien und zieht es vor, auf das altbewährte Feuerwerk zurückzugreifen, das im allgemeinen Konzerte und Variationen beschließt, als ob das Publikum zur Huldigung einer Bravour hingerissen werden sollte, die in allem, was dem Finale vorausging, zurückgehalten wurde. Pizzicati, die sich mit Flageolettönen in Doppelgriffen abwechseln – eines der vielen innovativen Elemente –, bestätigen nicht nur dieses Können, sondern verweisen auf die Zukunft, in der derartige Effekte an Bedeutung gewinnen werden. Eigenartigerweise erklingt schließlich ein kurzes Zitat aus dem Thema des Glöckchen-Rondos, das in den abschließenden Teil des letzten Satzes eingefügt wurde.

Das *Konzert Nr. 3* von Paganini vereinigt in sich alle Glanzpunkte seiner vielfältigen Begabung. Nicht nur das: Wenn es mit analytischem Auge und Ohr betrachtet und angehört wird, kann es ohne weiteres mit einem großen Konzert für Violine und Gitarre verglichen werden, so daß eine Bearbeitung für diese Besetzung weniger »tosend« erscheinen könnte als die Originalversion mit Orchester. Es gibt also keinen Zweifel, daß die von Paganini oft benutzte Gitarre das Grundprinzip der Ausarbeitung darstellt, die später für Orchester umgeschrieben wurde, das ihr nicht ganz gerecht werden kann; die Ergebnisse, die als Begleitung immer nur dienende Funktion haben, erscheinen oft etwas ungeschickt.

Aus der Plazierung dieses Werkes in Paganinis *Elenco*, in dem es ziemlich weit hinten steht, geht hervor, daß es wohl nicht die Beliebtheit erringen konnte, die sich sein Schöpfer erhofft hatte.

Anders ist die Position der »Variationen ohne Orchester, bei denen ich allein die gesamte Harmonik forme«, die in dieser Hierarchie einen der ersten Plätze einnehmen (den fünften, um genau zu sein). Es handelt sich hierbei um die *Variationen über* »*Nel cor più non mi sento*« (aus *La Molinara* von Paisiello[17]).

Diese wichtigen Variationen sind uns in der Abschrift von Guhr erhalten geblieben, der sie in sein Traktat[18] einfügte. Obwohl Fétis behauptete, daß sie mehr das Werk Guhrs als das Paganinis seien, kann es keinen Zweifel daran geben, daß es sich um eine sehr treue Transkription handelt. Guhr, der Dirigent des Frankfurter Orchesters war und Paganini wiederholt getroffen und ihn gehört hatte, besaß alle Voraussetzungen, um dieses wichtige Werk des schwierigen und kaum ausgebauten Sektors der Musik für Solovioline aufzunehmen. Diese Version wird heute ohne jeglichen Vorbehalt von allen Solisten der Welt anerkannt. Es gibt aber vom gleichen Werk noch eine autographe Version für zwei Violinen und Violoncello,[19] die mit der für Solovioline nichts gemein hat. Und man könnte der Ausführlichkeit halber hinzufügen, daß Beethoven im Jahre 1796 das gleiche Thema für eine Serie von Variationen für Klavier verwendet hatte.

Die sieben Variationen Paganinis über das Thema von Paisiello stellen einen weiteren Höhepunkt der Technik des Genuesers dar und nehmen eindeutig eine Serie von Variationen für Solovioline vorweg, die Paganini einige Jahre später über das Thema der englischen Hymne »God save the King« komponieren wird.

Die auf dem Thema Paisiellos basierenden Variationen markieren den Abschied von der Monomanie der Werke, die allein für die IV. Saite bestimmt waren, und betonen die Benutzung aller vier Saiten; die Art der Ausführung scheint weniger auf

Sensationen bedacht, zielt aber immer noch darauf ab, das Unmögliche vorzuführen. Andererseits ist Virtuosentum – und dies gilt nicht nur für die Violinisten – immer bestrebt, eine umwälzende Veränderung des Ausführungskanons herbeizuführen. Dabei wird zwar auf den vorherrschenden Geschmacksrichtungen aufgebaut, gleichzeitig sollen aber das Erstaunen und die Verwunderung dessen geweckt werden, der sich als der eigentliche Interpret dieser Geschmacksrichtungen versteht – des Publikums also.

Deshalb nimmt die mehrmals gegen Paganini vorgebrachte Anklage, er sei ein Scharlatan, in dieser Perspektive geradezu einen positiven Wert an. Und aus diesem Grund kann sein »transzendentes« Werk – vielleicht unbeabsichtigt – jener Kategorie romantischer Fortschrittlichkeit zugerechnet werden, die versucht, Positionen zu überwinden, die aus einer ephemeren Sehnsucht nach dem Klassizismus, von parahellenischen Elementen gewürzt, hervorgegangen sind. Die deutschsprachige Literatur jener Zeit hatte sich auf die Suche nach einer poetischen und auch inhaltlichen Identität begeben, die das Gewohnte, wenn nicht gar das Orthodoxe, überwinden sollte. Auch eine bestimmte Art von Musik, die ursprünglich für die Salons konzipiert und dort ausgeführt worden war (etwa die von Schumann, Liszt und Paganini selbst), konnte später an die Öffentlichkeit dringen und ein breiteres Publikum gewinnen – im Falle Paganinis, indem sie Dilettanten gewidmet wurde, die die Noten austauschten, oder indem Kopisten die Abschriften von Sonaten für Violine und Gitarre in Umlauf brachten.

Der Kontext, in den sich diese »polyvalente« Praxis einfügt, ist wahrscheinlich besonders der italienische, zu einer Zeit, als die Oper die musikalische Kultur beherrschte. Aber auch im Ausland findet die Idee des Familienkonzerts, nach zahlreichen ikonographischen Zeugnissen oder auch literarischen Dokumenten wie etwa den Traktaten Berlioz' zu urteilen, breiten Anklang.

Es bestehen also in Paganini nebeneinander eine »private« und eine »öffentliche« Persönlichkeit, schon deshalb, weil Niccolò selbst dazu tendiert, zwischen diesen beiden Momenten zu unterscheiden, indem er in der Öffentlichkeit eine Form des Auftrittes pflegt, die, so gespenstisch sie auch erscheinen mag, bewirkt, daß die Phantasie des Publikums seine Bravour mit eigenen Visionen vermischt. Es ist fast so, als ob die Erscheinung mit der Musik vermengt würde und so ihre Wirkung beeinflußt. Dieser Ansicht war, wie aus seinem Aufsatz unmißverständlich hervorgeht, auch Heine.[20] Zumindest im Falle Paganinis muß aber zwischen dem sogenannten »diabolischen« Aspekt und dem rein pragmatischen Aspekt des Einsatzes der Hände unterschieden werden. Die romantische Projektion vermengt die beiden Seiten der Persönlichkeit Paganinis miteinander und erschafft einen Paganini, den es in Wirklichkeit gar nicht gab.

1 *Teobaldo e Isolina* (Libretto von G. Rossi) war 1820 in Dresden uraufgeführt worden. Die italienische Erstaufführung fand 1822 in Venedig statt.

2 De Courcy in: *Paganini the Genoese* (Norman, 1957) und *Nicolà Paganini* (Wiesbaden, 1961).

3 Georg Ludwig Sievers (1775–?), Musikkritiker, der Musikveranstaltungen in Italien rezensierte.

4 Carlo Barabino (1768–1835) entwarf auch die Pläne für den Friedhof von Staglieno.

5 Die Briefe Paganinis schweigen über die Freundschaft mit Donizetti. Es gibt jedoch einen Brief, den Codignola einsehen, aber nicht ganz abschreiben konnte. Paganini sandte ihn am 8. Oktober 1829 aus Leipzig an Donizetti, und in ihm gab er ihm Nachricht vom Sohn Achille und von den bevorstehenden Konzerten.

6 Domenico Testa, Mitglied des Senats von Palermo und Freund Paganinis, wurde der Pate Achilles.

7 Siehe für diese Episode und andere O. Tiby: »Paganini in Palermo« in: *Sala d'Ercole*. Palermo, 1949.

8 In einem Brief an Germi (3. Mai 1820) hatte sich Paganini wörtlich folgendermaßen geäußert: »Hier wird gewissen sogenannten Karbonari nicht allzu sanft das Eselchen ausgepeitscht; aber meiner Ansicht nach verdienen sie Schlimmeres.«

9 Op. cit.

10 Op. cit.

11 Um einen Eindruck von der verheerenden Wirkung dieses Abführmittels zu geben, zitieren wir eine Grabinschrift, die lautet: »Stavo bene, volli star meglio/ presi il Le Roy/ ed eccomi qua« (»Ich fühlte mich gut, ich wollte mich besser fühlen/ ich nahm das Le Roy/ und nun bin ich da«).

12 Die Roob-(oder Rob-)Kur, die sicher weit weniger schädlich als das Abführmittel Le Roy war, bestand aus der Einnahme einer Paste aus eingedicktem Fruchtsaft.

13 In Neapel arbeiteten einige Fabrikanten von Saiten für Streichinstrumente. Unter ihnen war auch jener Pirastro, der später nach Deutschland auswandern sollte und dort noch heute für seine Saiten bekannt ist.

14 Cesare Ciardi muß im Jahre 1812 in Prato geboren sein, wenn er im Jahre 1827 fünfzehn war. Im Jahre 1835 wird er wieder in Genua bei einem Konzert Paganinis am Teatro Carlo Felice spielen. Er erlebte eine Blitzkarriere. Später ging er nach Leningrad; Tschaikowsky war einer seiner Schüler. Einige Werke Ciardis, wie die *Variazioni sul Carnevale di Venezia*, die offensichtlich von Paganini inspiriert sind, zeugen von einem virtuosen Kompositionsstil, der unter anderem in einigen Passagen den Einsatz des Frullato vorsieht.

15 In diesem Theater hatte Paganini schon mehrmals gespielt.

16 Vergleiche die Rezensionen von Turiner Paganini-Konzerten, die Romani vor und nach diesem Zeitpunkt veröffentlichte.

17 *La Molinara* von Paisiello war im März 1791 an der Scala uraufgeführt und im Februar 1804 wiederaufgenommen worden. In Wien hatte sie 1795 Premiere. Die *Variationen* Beethovens stammen aus dem folgenden Jahr.

18 Op. cit.

19 Die Version für drei Streicher wird im Britischen Museum in London aufbewahrt.

20 Siehe »Nicolò Paganini« in: *Cronache Musicali*, hrsg. von E. Fubini, Florenz, 1983.

KAPITEL XII

Ende Februar 1828 bricht Paganini nach Wien auf, ausgestattet mit Empfehlungsschreiben und den Adressen der Leute, mit denen er Kontakt aufnehmen soll, wie aus dem berühmten roten Notizbuch hervorgeht. Es gibt zudem Aufschluß über die einzelnen Etappen der Reise, die er mit der Kutsche unternahm, über die Reisedauer und die unterwegs fälligen Ausgaben. Die Reise, die in Mailand ihren Anfang nahm, verlief über die Etappen Caravaggio – Breschia – Desenzano – Verona – Montebello – Vicenza – Castelfranco – Treviso – Conegliano – Pordenone – Udine – Resiutta – Pontebba – Tarvisio – Villach – Klagenfurt – Judenburg – Neuenkirchen – Neustadt – Wien. Insgesamt dauerte sie zweiundsechzigeinhalb Stunden, die Pausen für den Pferdewechsel und die Übernachtungen nicht mitgerechnet.

Am 16. März in der österreichischen Hauptstadt angelangt, nimmt Paganini sofort Kontakt mit dem Musikverlag Artaria[1] auf und quartiert sich mit der Bianchi und dem Sohn im Trattnerhof am Graben ein. Er beginnt sich auf sein erstes Konzert vorzubereiten, das für den 28. März angekündigt und auf den darauffolgenden Tag verschoben wird. Artaria arbeitet unter der Aufsicht von Kriehuber an zwei Lithographien, eine von Paganini und eine von der Bianchi, die zu Reklamezwecken in Wien verbreitet werden sollen. Das Verlagshaus fungiert auch als provisorischer Agent Paganinis, ohne dafür eine Provision zu verlangen.

Das erste Konzert findet im Großen Redoutensaal statt; hier das Programm im Originalwortlaut:

Vorkommende Stücke:

1) Ouverture aus der Oper Fidelio, von Louis van Beethoven
2) Concert für die Violine, bestehend aus einem Allegro maestoso, Andante cantabile und Rondo Allegretto (letzteres mit Glöckchenbegleitung). Componiert und vorgetragen vom Concertgeber.
3) Arie von Paër, gesungen von Signora Bianchi.
4) Sonata militare für die Violine, componiert und (auf der G Seite allein) vorgetragen vom Concertgeber. Mit Begleitung des Orchesters.
5) Rondo (Non lusingarti o barbaro) von Herrn Romani[2], gesungen von Signora Bianchi.

6) Larghetto und Variationen für die Violine über ein Rondo aus der Oper Cenerentola von Rossini, componiert
und vorgetragen vom Concertgeber.

Unglücklicherweise waren Paganinis Ankunft in Wien der übliche Klatsch und die bereits bekannten Anschuldigungen vorausgeeilt. Als Folge war der Saal während der ersten Hälfte des
Konzerts halb leer. Während der Pause aber stürzten die Musiker
auf die Straße und luden die Skeptischen ein, dem Konzert
beizuwohnen, so daß der Saal in kurzer Zeit voll besetzt war. Bei
dieser wie auch bei anderen Gelegenheiten waren die wichtigsten
Persönlichkeiten des Wiener Kultur- und Musiklebens vertreten:
Schubert, Mayseder[3], Schuppanzigh[4], Saint-Lubin[5], Herz[6], Diabelli, Johann Strauß[7], der noch sehr junge Ernst[8] und der Dichter
Grillparzer, der Paganini ein lyrisches Gedicht widmete, das den
Untertitel »Adagio und Rondo für die vierte Saite« trägt, eines
der schönsten und originellsten lyrischen Werke, die je über den
Musiker geschrieben wurden:

> Du wärst ein Mörder nicht? Selbstmörder du!
> Was öffnest du des Busens stilles Haus
> Und stöß'st sie aus, die unverhüllte Seele,
> Und wirfst sie hin, den Gaffern eine Lust?
> Stöß'st mit dem Dolch nach ihr und triffst;
> Und klagst und weinst,
> Und zählst mit Thränen ihr blut'gen Tropfen?
> Dann aber höhnst du sie und dich,
> Brichst spottend aus in gellendes Gelächter!
> Du wärst kein Mörder? Frevler du am Ich,
> Des eignen Leibs, der eignen Seele Mörder!
> Und auch der meine – doch ich weich' dir aus![9]

Die Kritik war genauso begeistert wie das Publikum. Die *Allgemeine Theaterzeitung* schrieb in ihrer Ausgabe vom 5. April
1828:

> Wer Paganini nicht gehört hat, kann auch keine Ahnung
> von ihm haben. Sein Spiel zu detailliren ist durchaus rein
> unmöglich; da wird auch ein oftmaliges Hören nicht viel
> helfen. Wenn ein neues Gestirn auf einer Bahn erscheint,
> von dem man weder Sehne noch Radius errathen kann, da
> führen oft lange, wiederholte Observationen nur zu Hypo-
> thesen. Wenn man sagt, dass er unbegreifliche Schwierig-
> keiten so rein, so sicher macht, wie man ein leichtes Thema
> spielt; wenn man ein Künstler ist, dass er Doppelgriffe,

Flageolet-Töne in den höchsten Noten, pizzikirte Noten zwischen angestrichenen, Doppelgriffe im Flageolet, unbegreifliche Staccati macht, und das alles zu den künstlichsten Passagen im schnellsten, wie im langsamsten Tempo zusammenwebt; wenn man sagt, dass die Geige unter seiner Hand klingt, wie keine menschliche Stimme schöner und rührender..., so hat man noch gar nichts gesagt was einen Zug zum Abbilde seines Spieles liefern könnte.

Die großen Erfolge können aber dennoch nicht den boshaften Klatsch zum Schweigen bringen, der sich durch Wien schlängelt und Paganini in Mißkredit bringt; es geht insbesondere um das Gerücht seines Kerkeraufenthalts, das von Stendhal in Umlauf gesetzt worden war und das er zu dementieren versucht. Er wendet sich an Marschall Vacani[10], einen Mailänder Adligen, der sich – ebenso wie General Domenico Pino – unter Napoleon ausgezeichnet hatte und dann zu den Österreichern gegangen war, und bittet ihn, ihn zu empfangen, um ihm seinen Fall darzulegen. Am 10. April schreibt Paganini dem Direktor der Theaterzeitung einen Brief, in dem er auf den freundlichen Empfang eingeht, der ihm durch das Wiener Publikum zuteil wurde, und führt aus, daß er »sich verpflichtet fühlt, dieses selbe Publikum über eine Behauptung aufklären zu müssen, die in jenem Artikel zu lesen ist, der sich anscheinend auf vage und zu Unrecht verbreitete Gerüchte stützt, verbreitet von jemandem, der ihre wahre Herkunft nicht kennt. Im Namen der eigenen Ehre und der Wahrheit muß er versichern, daß er zu keiner Zeit und an keinem Ort, unter welcher Regierung auch immer und aus jedwedem Grund, gezwungen war, ein anderes Leben zu führen als eines, das sich für einen freien Mann, einen ehrbaren Bürger und treuen Diener der Gesetze ziemt«.

Schubert hörte nicht nur das erste Konzert, wie aus dem Tagebuch seines Freundes Eduard von Bauernfeld hervorgeht:

Nach dem achten Konzert hatte er schon über 20 000 Gulden verdient. Nur ein Konzert mußte er verlegen, weil im Tiergarten zu Schönbrunn zum erstenmal eine Giraffe zu sehen war, was ganz Wien auf die Beine brachte. Denn eine Giraffe ging den Wienern doch noch über Paganini. Die fünf Gulden, die dieser Konzert-Korsar verlangte, waren mir unerschwinglich; daß ihn Schubert hören mußte, verstand sich von selbst, aber er wollte ihn durchaus nicht wieder hören ohne mich; er ward ernstlich böse, als ich mich weigerte, die Karte von ihm anzunehmen. »Dummes

Zeug«, rief er aus, »ich hab' ihn schon einmal gehört und
mich geärgert, daß du nicht dabei warst! Ich sage dir, so ein
Kerl kommt nicht wieder! Und ich hab' jetzt Geld wie
Häckerling; komm also.« Damit zog er mich fort. – Wir
hörten den infernalisch-himmlischen Geiger und waren
nicht minder entzückt von seinem wunderbaren Adagio, als
höchlich erstaunt über seine sonstigen Teufelskünste, auch
nicht wenig humoristisch erbaut durch die unglaublichen
Kratzfüße der dämonischen Gestalt, die einer an Drähten
gezogenen, mageren, schwarzen Puppe glich.

Paganinis Persönlichkeit beeindruckte das Wiener Publikum
ebenso wie das italienische, und seine Gestalt schien geradezu
nach Vignetten und Karikaturen zu verlangen. Den stärksten
Eindruck hinterließ jedoch sein außerordentliches technisches
Geschick. Wie die Wiener Chroniken der Zeit berichten, wurde
auch die Mode von dieser außergewöhnlichen Persönlichkeit
beeinflußt; so kamen Schals, Tücher, Hüte und Schuhe »à la
Paganini« auf den Markt; Gerichte wurden nach ihm benannt,
und die österreichische Münze mit dem höchsten Wert wurde
bald »Paganinerl« genannt, eine Anspielung auf den nicht geringen Preis, den das Publikum für die Karten seiner Konzerte
bezahlen mußte. Paganini hat jedoch nicht nur finanziellen Nutzen aus dem Wiener Aufenthalt gezogen. An den Freund Samengo schreibt er: »Ihr sollt wissen, daß ich, als ich hier eingetroffen
und gerade erst aufgetreten war, auf ein Publikum traf, das
erfüllt ist vom Verständnis für die Musik und von Liebe zu
jedem, der sie mit Wärme ausführt. [...] Ich fühlte mich wirklich sehr angetan von einer Zustimmung, die ich einhellig nennen kann und die schmeichelhafter ist, als ich je zu erwarten
wagte.« An Germi schreibt er: »Hier weiß man die wahre Musik
zu schätzen.«
    In Wien trifft er auf Doktor Bennati, den »einzigen« Arzt, der
in der Lage war, Paganinis Krankheit zu verstehen und zu analysieren. In dieser Zeit war die Gesundheit des Meisters alles
andere als zufriedenstellend. Die übermäßige Einnahme von
quecksilberhaltigen Medikamenten hatte bewirkt, daß ihm Zähne ausgefallen waren, er litt unter Abszessen und schmerzhaften
Infektionen. Man kann aber annehmen, daß die Pflege, die ihm
Bennati und andere in Wien konsultierte Ärzte angedeihen ließen, ihn in die Lage versetzte, weitgehend problemlos aufzutreten.
    Tatsächlich gibt er innerhalb weniger Monate vierzehn Kon-

zerte vor einem Publikum, dessen Begeisterung so übermäßig ist, daß die Polizei eingreifen muß. Das Gedränge der Zuschauer ist so groß, daß es zu hysterischen Anfällen und Ohnmachten kommt; die zeitgenössische Ikonographie illustriert diese Vorkommnisse wohl, ohne zu übertreiben.

Am Ende der Wiener Konzertserie hat Paganini die stolze Summe von 60 000 österreichischen Schilling eingenommen, die er bei der Eskeles-Bank einzahlen wird, »damit das Geld nicht müßig bleibt«.

Neben der Begeisterung lassen sich auch andere Stimmen vernehmen. In Wien wird die Operette *Der falsche Virtuos*[11] gegeben, die einzig den Zweck hatte, sich über Paganini lustig zu machen, ohne jedoch wirklich boshaft zu sein. Paganinis Ansehen schädigte sie nicht.

Am 15. Mai 1828 nimmt Paganini die Einladung an, bei der Feier des fünfundfünfzigsten Geburtstags des Fürsten Metternich zu spielen. Während des Empfangs, den Baron von Andlaw beschreibt[12], wurde zuerst ein junger Pianist gebeten zu spielen, doch die Anwesenden schenkten ihm keinerlei Aufmerksamkeit. Nach einigen fruchtlosen Versuchen gab der Pianist auf, und als die Ordnung wiederhergestellt war, bedurfte es einiger Mühe, ihn zur Wiederaufnahme des Spiels zu überreden.

Der junge Pianist war niemand anders als Thalberg. Paganini spielte dann *Le Streghe*. Im Programm eines öffentlichen Konzerts, das kurz darauf gegeben wurde, wurden auch die *Variationen über »Di tanti palpiti«* aus *Tancredi* von Rossini aufgeführt. Es ist schwer zu sagen, bei welcher Gelegenheit Paganini diese Oper von Rossini kennenlernte, die in Venedig zum erstenmal 1813 aufgeführt wurde und am 18. Dezember des gleichen Jahres in Mailand. Am 22. Oktober 1822 schrieb Paganini einen Brief an Giovanni Ricordi, in dem er ihn bat, ihm die Partitur des *Tancredi* zukommen zu lassen. Im Jahr 1829 wurde die berühmte Arie bei einem Konzert Paganinis am Teatro Valle in Rom von Giuditta Pasta und dem Tenor Ronconi interpretiert. Unter Berücksichtigung dieser Informationen kann man annehmen, daß sich Paganini bereits lange vor der Ausführung in Wien mit der Komposition seiner *Variationen* befaßt hatte.

Dem von ihm ausgewählten Thema, das aus der 5. Szene des I. Akts stammt, geht in der Oper ein Rezitativ voraus, das die Ankunft Tancredis ankündigt. Auch in den *Variationen* schickt Paganini – ob zufällig oder absichtlich, sei dahingestellt – der Darlegung des Themas ein »ausdrucksvolles Rezitativ« (Andantino) voraus. Es folgen drei Variationen, in denen sich die

Grundelemente von Paganinis Technik wiederfinden: das Pizzicato mit der linken Hand, Doppelgriffe, schnelle Läufe und Verzierungen. Am Ende, nach einer erneuten Exposition des Themas, diesmal durch das Orchester, folgt eine bündige und sehr wirkungsvolle Coda.

Die Transkription des Themas von Rossini ist weitgehend getreu, abgesehen von der Tonart: Das Original steht in F-Dur und die *Variationen* in A-Dur. Ebenso wie im *Konzert Nr. 1* werden auch für dieses Werk alle Saiten der Violine um einen Halbton höher gestimmt.

Kaiser Franz I. ernennt Paganini – vielleicht auf Anregung Metternichs – zum »Kammervirtuosen« und läßt ihm eine goldene Schnupftabaksdose übersenden. Um sich zu revanchieren, komponiert Paganini eine neue Serie von Variationen. Als Thema dafür wählt er die von Haydn komponierte Hymne »Gott erhalte Franz den Kaiser«. Die Komposition wird in Anwesenheit des Herrschers am 30. Juni vorgetragen. Am 11. des gleichen Monats hatte Paganini an Germi geschrieben:

> Ich habe eine große Sonate auf der vierten Saite komponiert, in der ich am Ende ein Thema von Haydn, nämlich die Hymne »Gott erhalte den Kaiser« variiere, die ich dieser Tage instrumentieren werde.

Er fügt hinzu:

> Von Beethoven habe ich zwei neue Quartette gehört, die von den vier besten Musikern ausgeführt wurden, die meinem Haus die Ehre gaben; aber die besagte Musik ist sehr überspannt.

Beethoven war etwa im Jahr zuvor gestorben; seine Musik wurde jetzt häufiger gespielt; auch bei Paganinis Konzerten wurden Ouvertüren und Teile der Symphonien und sogar die *Siebte* als Ganzes vorgetragen. Zweifellos erwies sich für den Genueser Virtuosen der erste Kontakt mit einer für ihn neuen musikalischen Welt als sehr fruchtbar, und das Adjektiv »überspannt«, das er in Zusammenhang mit den Quartetten Beethovens verwendet, muß *cum grano salis* interpretiert werden. Bei Paganini, dem die Problematik unbekannt war, die damals die Musik jenseits der Alpen bewegte, konnte der Kontakt mit den Quartetten Beethovens nur unbesonnene Reaktionen hervorrufen, weil sie das genaue Gegenteil seiner eigenen kompositorischen Idee darstellten. Seine Vorstellung zielte vor allem darauf ab, innerhalb der schwierigen Symbiose zwischen melodischer Linie und einer

Technik, die ihre Grenzen im Extremen suchte, ersterer immer das Hauptgewicht zu geben. Man kann wohl mit Recht annehmen, daß Paganini ein sehr schlechter Beethoven-Interpret gewesen sein muß, worauf spätere Ereignisse hinweisen. Man muß aber dazu sagen, daß die Violinmusik Beethovens ebenso wie diejenige Bachs und Mozarts nur ein bedingtes Interesse für die Violine als Soloinstrument und Objekt wesentlicher technischer Neuerungen aufweist. Dieses Desinteresse wird auch durch die im Verhältnis zum Gesamtwerk geringe Zahl von Kompositionen bewiesen, in denen die Violine auftritt; und wenn bei Mozart dieses Instrument nur eine Nebenrolle spielt (vergleiche einige Sonaten, bei denen die Violine »ad libitum« angewiesen wird oder die darüberstehende Zeile des Klaviers wiederholt). Auch in der *Kreutzer-Sonate* präzisiert Beethoven »für Klavier und Violine« und unterstreicht so die größere Bedeutung des Harmonieinstruments. Bei Paganini wird dieses Verhältnis vollkommen umgekehrt, indem die Violine den ersten Platz erhält und alle anderen Instrumente, von der Gitarre über die Streicher in der Quartett-Besetzung bis hin zum Orchester auf eine reine Begleitfunktion beschränkt werden. Im 19. Jahrhundert bestand das Bestreben der Virtuosen, allen voran Paganini, in nichts anderem, als die Violine triumphieren zu lassen.

Eine extreme Art, die Vielseitigkeit des Instrumentes zu beweisen, war das Spiel auf der IV. Saite, die bis zu einer großen Terz höher gestimmt wurde, und bei den Wiener Konzerten kann man eine besondere Beharrlichkeit feststellen, immer wieder Variationen vorzutragen, die nur für die IV. Saite der Violine konzipiert sind. Abgesehen von den Stücken, die bereits bekannt sind und die Paganini mehrmals bei Konzerten in Italien spielte, komponiert Paganini ein Werk eigens für Wien und dies in nur wenigen Tagen, zumal aus der Partitur noch die Parts des Orchesters ausgearbeitet werden mußten, die anschließend für die Proben an die Mitglieder des Wiener Orchesters verteilt wurden. Am 30. Juni wird die *Maestosa sonata sentimentale*, die auf der Haydn-Hymne basiert, zum erstenmal öffentlich ausgeführt. Paganini war dank der musikalischen Vermittlung Haydns und seines *Quartetts Nr. 3 D-Dur, op. 76* auf die Hymne aufmerksam geworden, die in diesem Quartett variiert wird. Das Beispiel Haydns regte also Paganini an, ebenso wie das Beispiel Paganinis Brahms und Rachmaninow anregen wird, als sie das *Vierundzwanzigste Capriccio*, das ja selbst eine Variation ist, wiederum variieren werden. Die Variation über die Variation also.

Der Titel, den Paganini seinem neuen Werk gibt, ist erstaunlich. Warum eigentlich »sentimental«, wenn bereits das Adjektiv »majestätisch« die Sonate hinreichend charakterisiert? Vielleicht will Paganini den Gefühlen Ausdruck verleihen, die er mittlerweile einer Stadt entgegenbringt, die ihn so gut aufgenommen hatte und wo er Auszeichnung von höchster Seite empfangen hat und die – in seinen Worten – die »wahre Musik liebt«.

Die *Sonata* sieht ein Vorspiel (Maestoso) vor, auf das ein Allegro agitato und sodann die Exposition des Themas (Larghetto cantabile) und vier Variationen folgen. Für das Vorspiel wird die IV. Saite um eine kleine Terz höher gestimmt und für den folgenden Teil um eine große Terz. Der erste Teil dieser Sonate stellt gewisserweise die Visitenkarte des Violinisten dar, indem sie sich über zwei Abschnitte verbreitet, die a capriccio ausgeführt werden und mit dem würdevollen Thema nichts gemein haben. Diese kühnen Präambeln sollen möglicherweise einen kleinen Vorgeschmack geben auf das, was kurz darauf folgt. Es scheint, als ob Paganini zumindest in diesem Kontext nicht allzu interessiert daran gewesen wäre, das gewählte Thema zu variieren, denn man hat den Eindruck, als käme es nie zum Zuge. Tatsächlich bietet das »kapriziöse« Vorspiel eine Vorführung der eigenen Fähigkeit, fast wie eine Improvisation, um dann im stilistischen und technischen Bereich der sich anschließenden Variationen eine Bestätigung zu finden. Hier klingt, wie Lobe[13] bemerkte, eine Saite so, als würde auf vieren gespielt, so groß ist die klangliche Vielfalt, die Paganini aus ihr hervorzuholen vermag. Es sei die dritte Variation in Erinnerung gerufen, in der die Harmonien der Violine gleichzeitig mit den nachgeahmten Klängen der Flöte und der Klarinette erklingen und so einen nie zuvor gehörten Glöckcheneffekt entstehen lassen. Bewundernswert ist die letzte Variation, die zum kraftvollen, synkopischen »Galopp« des Orchesters gespielt wird, der ihr einen ursprünglichen und triumphalen Ausdruck verleiht. Kurz, die *Maestosa sonata* ist des Erfolges würdig, den sie in Wien hatte. Und dieser Erfolg war, wie die *Allgemeine Theaterzeitung* berichtet, groß:

> Die Sprache ist zu arm, den Jubel zu schildern, den der Maestro in allen Herzen erweckt, wenn er in Anwesenheit der kaiserlichen Familie die Hymne „Gott erhalte Franz den Kaiser" anstimmt – die edle Melodie, die er in den schmelzendsten und zartesten Vibrationen erklingen läßt, mit zaubrischem Widerhall, die er, mit seiner Kraft ein ganzes Orchester ersetzend, in eine wahrhafte Hymne verwandelt, in den Gesang aller Völker[14].

Den Schlußworten der Rezension nach schiene Paganini fast eine »Hymne der Nationen« vorweggenommen zu haben, zu der viel später bedeutende Komponisten ungeschickte und wenig interessante Beiträge vorlegen sollten. Festgehalten sei, daß die Melodie der österreichischen Hymne von der Schweiz und von Deutschland übernommen wurde, im zweiten Fall mit den verhängnisvollen Worten: »Deutschland, Deutschland über alles«.

Anfang Juni teilt Paganini Germi die Absicht mit, nach Deutschland, Frankreich und England zu gehen; gleichzeitig unterrichtet er ihn davon, daß er sich von der Bianchi getrennt habe, »denn sie ist ein bösartiges Tier, und ich will nie wieder von ihr reden hören«. Er informiert ihn von einer neuen Komposition, die er den Wienern bei seinem Abschiedskonzert vorstellen will:

> Ich bereite gerade einige Stücke dramatischer Musik mit großer Orchesterbegleitung vor, die auf der G-Saite auszuführen sind, und die folgende dramatische Sonate *La Tempesta* ist fast fertig: 1° Präludium des Wirbelwinds, 2° Beginn des Seesturms, 3° Sturmwarnung, 4° Gebet, 5° Großer Sturm, 6° Höchster Alarm, 7° Ruhe, 8° Brillantes Finale; diese Komposition werde ich zusammen mit meinem dritten großen Konzert, das ich noch nie gespielt habe, bei einem letzten Auftritt zum Abschied von den Wienern vortragen.

Und wirklich gibt Paganini am 24. Juli 1828 im Redoutensaal das angekündigte Konzert; außer dem *Konzert Nr. 3* und den »Variationen ohne Orchester« (eigentlich: *Variationen über das Thema »Nel cor più non mi sento«*) wurde *La Tempesta* ausgeführt, ein Werk, das zunächst vielversprechend erschien, sich letztlich aber als große Enttäuschung erweisen sollte; daran konnte auch das Programm nichts ändern, in dem es mit viel Pomp beschrieben wird: »Große dramatische Sonate für Violine, genannt: Der Seesturm, nach der Idee des N. Paganini von Herrn J. Panny componiert, und von ersterem (auf der G-Saite allein) vorgetragen, mit Begleitung des Orchesters; bestehend in 8 charakteristischen Nummern. «

Die Komposition ist von äußerst geringem Interesse, weist kaum musikalische Inhalte auf und war zweifellos das mißlungene Ergebnis einer Zusammenarbeit, um die Paganini Panny[15] gebeten hatte, da es ihm unmöglich gewesen war, selbst die Orchestrierung vorzunehmen.

Die *Allgemeine Musikzeitung* schrieb über die Aufführung:

Nur die letzten zwei Variationen, die vom Maestro selbst stammten und bei denen er sich aller Fesseln ledig fühlte, vermochten die eisige Atmosphäre zu mildern und Begeisterung aufkommen zu lassen. Doch konnten diese kurzen Augenblicke das Publikum schwerlich für die zuvor ausgestandene Langeweile entschädigen.

Die Rezension stellt klar heraus, daß *La Tempesta* nur zum Teil das Werk Paganinis war, wie es ja auch im Programm angegeben wurde (»componiert von J. Panny nach einer Idee von Paganini«). Dieses mißlungene Experiment sollte Paganini veranlassen, das Ausführen der Werke Dritter aufzugeben oder zumindest auf ein Minimum zu reduzieren. Aus den Wiener Programmen geht hervor, daß er es nicht verschmähte, Konzerte von Viotti, Kreutzer und Rode vorzutragen, denen er zahlreiche eigene Änderungen hinzufügte; hiermit bewies er erneut, daß er noch nicht völlig von einer alten Gepflogenheit ablassen konnte, die ihm seit Beginn seiner Karriere schon viel negative Kritik eingetragen hatte. In Wien entdeckte Paganini seine Schwachstelle, auf der die sicher berechtigte Kritik zum Glück nicht herumritt.

Als sich das Repertoire eigener Kompositionen vergrößerte, war es nicht mehr notwendig, Werke anderer Komponisten in das Programm aufzunehmen. Diese Haltung war typisch für Komponisten, die gleichzeitig Ausführende waren; mit seltenen Ausnahmen zogen sie es fast immer vor, eigene Werke vorzutragen (man denke an Chopin, Liszt, Beethoven und Brahms). Wenn Paganini einfach nur ein Konzertmusiker gewesen wäre, hätte er sich sicher nicht der Gefahr ausgesetzt – wie viele Violinisten seiner Zeit, sein Schüler Sivori mit eingeschlossen –, als ein »geringer« Musiker zu gelten. Als Komponist und Ausführender vereinbarte er zwei verschiedene Tätigkeiten miteinander, die durchaus harmonieren, ja vielleicht einander sogar gegenseitig bedingen. Und wenn es denn stimmt, daß die Konzerte von Kreutzer, Rode und Viotti besser orchestriert sind als seine, so ist doch auch richtig, daß alles, was aus seiner Feder stammt, zur Bildung des Musikgeschmacks in Italien in der ersten Hälfte des 19. Jahrhunderts wesentlich beigetragen hat. Trotz eventueller Mängel stellt Paganinis Werk für Violine und Orchester ebenso wie sein Werk für Solovioline ein Unikum in der instrumentalen italienischen Musik des letzten Jahrhunderts dar. Und es war kein Zufall, daß das *Konzert Nr. 3*, das Paganini zuerst den Mailändern hatte darbieten wollen, zuerst den Wienern vorgetragen wurde, die es besser zu schätzen wußten. Aber die Premiere in Wien entsprach nicht den Erwartungen

Paganinis. Die Rezensenten der verschiedenen Zeitungen und Zeitschriften schwiegen sich über das Konzert aus oder stellten bestenfalls fest, daß es sich nicht um eine seiner Glanzleistungen handelte. Bei dieser Premiere, die anläßlich des Abschiedskonzerts am 24. Juli im Redoutensaal stattfand, wirkte die Bianchi schon nicht mehr mit; die entstandene Lücke wurde durch Madame Frontini ausgefüllt.

Paganini hatte nämlich in der Zwischenzeit mit der ehemaligen Gefährtin eine finanzielle Vereinbarung getroffen, die von der Wiener Magistratur sanktioniert wurde; Paganini zahlte ihr im Gegenzug für das Sorgerecht für den Sohn eine beträchtliche Summe als einmalige Entschädigung; damit wurde eine frühere, in Mailand festgelegte Übereinkunft außer Kraft gesetzt, nach der er ihr eine Pension hätte zahlen müssen. Die Bianchi war angesichts der ihr versprochenen Summe von zweitausend Scudi einverstanden, auch wenn diese den »Verkauf« des damals zehnjährigen Sohns Achille an ihren früheren Partner und die Aufgabe aller diesbezüglichen Ansprüche beinhaltete – eine vielleicht zynische und nicht gerade von Mutterliebe zeugende Haltung.

Als Entschuldigung für die Bianchi könnte man anführen, daß sie gehofft hatte, Paganini würde sie heiraten, zumal aus der wilden Ehe ein Kind hervorgegangen war. Da dies nicht der Fall war, liegt auf der Hand, daß sich Paganini trotz der hohen Kosten, die dies bedeutete, von der Gefährtin wegen ihres neurotischen Charakters unbedingt trennen wollte. Nachdem er sich von dieser Last befreit hatte und die Bianchi weggezogen war, schreibt Paganini ein erstes Testament, in dem er den Sohn Achille zum Universalerben bestimmt, um damit die ehemalige Gefährtin, die von ihm mit einer nicht unbeträchtlichen Summe »ausgezahlt« worden war, von der Erbschaft auszuschließen.

Bevor er Wien verläßt, wird Paganini die Auszeichnung zuteil, daß ihm zu Ehren eine Medaille geprägt wird, ein Werk des Schauspielers und Graveurs Joseph Lange, die außer seinem stilisierten Bildnis den Schriftzug *Perituris sonis non peritura gloria* trägt. Außerdem erscheinen, von verschiedenen Verlegern herausgegeben, zahlreiche Partituren von Arrangements, Fantasien, Märschen, Quodlibets und anderem, die von seinen Werken, besonders vom *Konzert Nr. 2* mit seinem Glöckchen-Rondo inspiriert sind. Sogar Johann Strauß komponiert und veröffentlicht einen *Walzer à la Paganini* in verschiedenen Versionen, die auch die Mitwirkung eines Quartetts vorsehen.

Der Verleger Leidensdorf veröffentlicht *Geschicklichkeits-Variationen für Violine mit Cembalo- oder Gitarren-Begleitung*, außerdem *Drei große Quartette für Violine, Viola, Gitarre und Violoncello, op. 4* und drei weitere für die gleiche Besetzung, die mit der Nummer 6 ausgezeichnet sind[16]; wahrscheinlich handelt es sich um Nachdrucke, denen die Ausgabe von Ricordi aus dem Jahre 1820 zugrunde liegt. Der gleiche Verleger gibt auch die *Paganini-Märsche* in Druck, die von einem gewissen J. Fischoff herausgegeben werden, und außerdem die *Capricci*, die der ersten Ausgabe des Mailänder Verlegers entnommen sind.

Tobias Haslinger veröffentlicht neben dem Walzer von Johann Strauß einen *Galopp à la Paganini* von M. Schwarz und ein *Wiener Quodlibet* von Joseph Lanner[17].

Der aus Italien stammende Verleger Pietro Merchetti gibt ein *Rondeau à la Paganini* (über Motive aus dem *Konzert Nr. 2)* in Druck, von Ignaz Hrachwetz herausgegeben, und die Paganini gewidmete *Air variée* von Léon Saint-Lubin.

Der weniger bedeutende Verleger J. Berman bietet *Trois Polonaises pour la Guitare* von A. F. Ursacher an.

Der große Erfolg, den das *Konzert Nr. 2* erlebte, das Paganini bei seinen Wiener Auftritten immer wieder vortrug, kann daraus ersehen werden, daß zahlreiche Verleger, unter ihnen Diabelli, Fantasien und Arrangements verbreiteten, die sich am Glöckchen-Rondo orientierten.

Tabelle von Paganinis öffentlichen Konzerten in Wien

Nr.	Datum	Ort
1	29. 3. 1828	Großer Redoutensaal
2	18. 4. 1828	dsgl.
3	20. 4. 1828	dsgl.
4	4. 5. 1828	dsgl.
5	11. 5. 1828	dsgl.
6	13. 5. 1828	Hoftheater
7	16. 5. 1828	Großer Redoutensaal
8	20. 5. 1828	Hoftheater
9	6. 6. 1828	Kärntnertor Theater
10	12. 6. 1828	dsgl.
11	24. 6. 1828	dsgl.
12	27. 6. 1828	dsgl.
13	30. 6. 1828	dsgl.
14	24. 7. 1828	Großer Redoutensaal

In Wien vorgetragene Kompositionen Paganinis
(in Reihenfolge ihres ersten Erscheinens in den Programmen)

1) Konzert Nr. 2 h-Moll
2) Sonata militare
3) Variationen über *La Cenerentola* von Rossini
4) Konzert Nr. 1 Es-Dur
5) Variationen über *Mosè in Egitto* von Rossini
6) Variationen über das Thema »Nel cor più non mi sento« aus der *Molinara* von Paisiello
7) Potpourri für die IV. Saite
8) Larghetto und kleine Polonaise mit Variationen (mit Quartett-Begleitung)
9) Violinkonzert von Kreutzer (?) mit einem Cantabile in Doppelgriffen von Paganini
10) Rezitativ mit drei Arien und Variationen
11) Le Streghe
12) Konzert von Rode (?) mit einem Adagio in Doppelgriffen von Paganini
13) Capriccio über das Thema »Là ci darem la mano« aus *Don Giovanni* von Mozart
14) Variationen über das Thema »Pria che l'impegno« von Josef Weigl
15) Adagio appassionato und Rondo brillante
16) Larghetto und Variationen über die Arie »Di tanti palpiti« von Rossini
17) Sentimentale Sonate über das Thema »Gott erhalte Franz den Kaiser« von Haydn
18) Konzert von Viotti (?)
19) La Tempesta von J. Panny, nach einer Idee von Paganini
20) Konzert Nr. 3 E-Dur
21) »Dolci d'amor parole«, gesungen von der Bianchi, mit Violinbegleitung von Paganini

Auf Anregung des Wiener Arztes Mathias Marenzeller, eines Homöopathen, der ihm zu Thermalkuren rät, begibt sich Paganini nach Karlsbad, begleitet von Josef Panny und dem Sekretär Antonio Caccia. Er kommt am 16. August dort an und nimmt im Haus Stadt Frankfurt Quartier. Er gibt hier zwei Konzerte, von denen wir nur die Anzahl der verkauften Karten kennen (203 und 252) und die Summe der Einnahmen (insgesamt 1 662,20 Florin).

In Karlsbad lernte Paganini J. N. Hummel kennen, dem er später mit der Bitte schreibt, für ihn ein Konzert in Weimar zu organisieren.

Insgesamt aber war der Aufenthalt Paganinis in Karlsbad, vorsichtig ausgedrückt, eine Katastrophe. Zum einen waren die empfohlenen Trinkkuren angesichts seines schlechten Gesundheitszustandes nicht ratsam. Außerdem hat Paganini Meinungsverschiedenheiten mit Panny und dem Sekretär Caccia und schickt schließlich beide fort. Dazu kommt eine Entzündung des Unterkiefers, die wahrscheinlich durch den desolaten Zustand seiner Zähne verursacht wurde und die alles noch komplizierter macht. Paganini sieht sich gezwungen, nach Prag zu gehen, um sich von bekannten Zahnärzten in der Hauptstadt behandeln zu lassen. Er kommt am 4. Oktober 1828 in Prag an und logiert im Hotel Das Schwarze Pferd, in dem auch Julius Schottky wohnte, der spätere Autor der ersten »offiziellen« Biographie.

Die Einzelheiten der zwei chirurgischen Eingriffe, denen er sich unterziehen muß, werden von Paganini in einem Brief vom 20. Oktober an Germi beschrieben:

> Ich machte die Trinkkur, die aber wegen einer sehr schweren Entzündung der Speicheldrüsen abgebrochen werden mußte, welche ich mir wegen der Wurzel eines linken Backenzahns zuzog, an der sich eine Fistel gebildet hatte; nicht nur das, sondern dieses Gewebe hat mir den Knochen vollständig verdorben, so daß 48 Umschläge, die anderthalb Monate lang Tag und Nacht angewandt wurden, nicht genügten, um die besagte Entzündung zu heilen... Die Chirurgen von dort versetzten mich in die Lage hierherzukommen, um diejenigen hier zu konsultieren. Ich ließ 4 der berühmtesten Professoren kommen, die sich in ihrer Meinung einigten, und setzte mich auf einen Stuhl, starr wie eine Statue, und sie operierten, mit großer Nadel, Federmesser und Scheren bewaffnet. Meine Tapferkeit überraschte die Professoren, und man hofft, daß der verfaulte Knochen sich lösen wird, oder aber sie werden ihn herauslösen, damit ich mich bald erholen kann, denn die Leute hier dürsten danach, meine Violine zu hören, und ich hoffe, daß ich gegen Ende des kommenden Novembers auftreten kann.

Dieser Brief erzählt von den Leiden, die der Musiker stoisch ertrug, als er sich äußerst schmerzhaften Operationen unterziehen mußte, zumal die operative Technik erst in ihren Anfängen begriffen war und es noch keine effizienten Methoden der Anästhesie gab.

Nunmehr eines Sekretärs ledig, »der Herz und Hirn entbehrte«, erwägt Niccolò, Lazzaro Rebizzo[18] um Hilfe zu bitten, der ihm nach Deutschland nachreisen wird. In der Zwischenzeit bleibt er in Prag bis Ende November müßig, nachdem er sich »wie durch ein wahres Wunder« erholt hat.

Das erste Konzert fand am 1. Dezember statt; vorgetragen wurden die Ouvertüre der Oper *Die Zauberflöte* von Mozart, eine Arie von Mercadante, vom Sopran Ernst gesungen, und das *Konzert h-Moll* von Paganini. Im zweiten Teil wurden die Ouvertüre des *Oberon* von Weber, eine Arie von Rossini und die *Sonata militare* gegeben, im dritten Teil eine Ouvertüre von Spontini, ein Duett aus der Oper *Sargino* von Paër, das *Larghetto cantabile* und die *Variationen über »La Cenerentola«* von Paganini.

Der Erfolg war gewaltig, aber die Kritik hatte nicht wenige Einwände. Wie ein anonymer Rezensent in einem lokalen Blatt schrieb: »Ich kann nicht verstehen, wie man derartigen Architekturen ein Ohr leihen kann, wenn man zuvor Romberg, Spohr, Lafont etc. gehört hat. Ich selbst war einmal bei einem der Konzerte Paganinis, aber er wird mich von nun an nie wiedersehen. Er ist im Gebrauch der linken Hand sehr geschickt, aber dahin kann man mit Übung kommen ohne Talent, Geist, Seele, Gefühl und Intelligenz: Es ist eine rein mechanische Bravour. Die Hauptbewegungen, die sich immer wiederholen, sind ein unerträgliches Wimmern auf dem Steg, dann, am Ende jeder Variation, ein flinkes Pizzicato mit der linken Hand; es sind Scherze, die jeder Violinist, der Spielereien dieser Art lernen will, in sechs Monaten beherrscht. Seine Kompositionen, die er in fünfzehn Jahren wohl schon zweitausendmal gespielt hat, halten [einer genaueren Prüfung] nicht stand; in ihnen spielen die große Trommel und die Tamburine, nicht weniger als die Naturtrompeten, die ersten Parts. Das sogenannte ›doppio‹, nach dem die Wiener verrückt sind, was ist es? Folgendes: einer im Orchester schüttelt zweimal ein Glöckchen: ›pic, pic‹, und er ahmt von der Bühne aus den Dudelsack auf der Violine nach. Und indem er zweimal den Bogen von unten nach oben schiebt, scheint die Musik aus sehr weiter Entfernung den Klang der Glocken nachzuahmen... sein Bogenstrich ist viel armseliger, als man sich vorzustellen vermag... In seiner Musik gibt es keine Spur des Gefühls, der Seele und der Entwicklung eines Andante in seinen glanzvollsten Punkten, und ich bin überzeugt davon, daß er im Norden wahrhaft so geschätzt werden wird, wie er es verdient. Man wird seine Gewandtheit bei einigen Kunststücken bewundern, die sinnlos und keineswegs anmutig sind, und damit basta.«

Man kommt nicht umhin, den Böhmen bezüglich bestimmter von ihnen eingenommener politischer Positionen infolge der lang andauernden Fremdherrschaft recht zu geben. Die Herrschaft der Habsburger dauerte jahrhundertelang. Nachdem sie eine provisorische Unabhängigkeit als eigenständige Republik erlangt hatte, wurde die Tschechoslowakei in den Ostblock eingegliedert, obwohl sie von ihrem Wesen her der zentraleuropäischen Kultur nahesteht. Der lauwarme Empfang, der Chopin und Paganini in diesem Land zuteil wurde und der negative Konsequenzen hatte, läßt sich als Auswirkung einer Form von radikalem Nationalismus verstehen und muß in einem historischen und nicht ästhetischen Kontext gesehen werden. Als Ausländer präsentierte sich Paganini nicht als »Feind«, aber als ein »Fremder«, der für sich beanspruchte, »Wunder zu zeigen«, und der auf eine Kultur traf, in der man seit langer Zeit nicht mehr an Wunder glaubte.

Diese Zusammenhänge hatte der Korrespondent des *Osservatore Triestino* nicht verstanden, der schrieb:

> Das Theater war gut besetzt, aber nicht allzu gut, vielleicht wegen der Preise, die mehr als doppelt so hoch waren wie jene, die zuvor in Wien verlangt worden waren. Endlich hob sich der Vorhang, und Paganini bewegte sich gedankenversunken langsam auf die Mitte der Bühne zu. Seine Gestalt schien wie von einer Krankheit gebeugt zu sein, und das Gesicht war von einer tödlichen Blässe gezeichnet, die an eine Figur von E. T. A. Hoffmann denken ließ...
>
> Der Applaus, der aus dem Zuschauerraum zu ihm aufstieg, wurde von dem Musiker nicht wahrgenommen. Das folgende Adagio cantabile brachte dem Publikum die Interpretation näher. Am Ende des Rondo allegretto erhob sich ein wahrer Beifallssturm. Mit der Ausführung der Militär-Sonate auf der vierten Saite hatte der Konzertmeister das Phlegma der Böhmen besiegt und das Publikum zur Begeisterung mitgerissen, so daß er zweimal auf die Bühne zurückgerufen wurde, was nur selten geschieht.

Aus diesem wenig parteiischen Augenzeugenbericht erhält man zwei wichtige Informationen, um ein objektives Bild von dem Empfang, den das Prager Publikum Paganini bereitete, zu skizzieren. Sicher kann man auf das »Phlegma« der Böhmen verweisen, für die ein zweimaliges Zurückrufen des Künstlers auf die Bühne – ein an sich mageres Ergebnis für den Genueser – schon sehr viel ist, so daß es als ungewöhnliche Auszeichnung gelten kann.

Graphisch dargestellt würde das erste Prager Konzert Paganinis einer Spitze des Erfolges entsprechen, nach der die Kurve für die folgenden Konzerte dann rasch abfallen würde und erst für die beiden letzten wieder leicht anstiege. Dieser Interessenabfall für die Auftritte Paganinis war zum Teil darauf zurückzuführen, daß Paganini in Prag zwei Fauxpas beging. Der erste bestand im überhöhten Preis der Eintrittskarten, der zweite darin, daß er auf den Plakaten hatte ankündigen lassen: »Paganini wird ein Konzert geben«, während er in Wien die Formulierung »wird die Ehre haben, ein Konzert zu geben« hatte drucken lassen. Den Stolz der Prager hätte er wohl nicht stärker verletzen können. Vielleicht hatte Paganini – bewußt oder unbewußt – angenommen, daß das böhmische Publikum dem österreichischen kulturell unterlegen sei, auch wenn Böhmen ein Teil des Habsburgerreiches war.

Eine andere Betrachtung zielt auf die technischen und stilistischen Unterschiede ab, die zwischen der italienischen Schule, deren höchste Entwicklung Paganini darstellte, und der slawischen bestand und noch heute besteht. Es erscheint unmöglich, plausible Parallelen zwischen Paganini und jenen Zeitgenossen zu ziehen, die im hauptsächlich böhmischen Gebiet wirkten, wie Pixis und Ondriček. Wenn man diese Musiker als Bezugspunkt nimmt, so hört man sofort, daß sie vor allem auf die Melodie achten und nur wenig auf die Technik, die als bloßes Beiwerk angesehen wird. Nicht einmal der Violinist Josef Slavík[19], der von Paganini hoch geschätzt wurde, konnte sich im europäischen Kontext durchsetzen. Gleiches gilt für Ottokar Ševčík[20], der in den Lehrplänen vieler europäischer Konservatorien heute nur noch als Didakt auftaucht. Leider muß man sagen, daß Ševčík der modernen Violinschule mehr Schaden als Nutzen zugefügt hat, da er Stellungen empfahl, die das genaue Gegenteil jener natürlicheren sind, die Paganini aus der italienischen Schule übernommen hatte und die vom Musiker weniger Muskelanstrengung verlangen. Die Methode Ševčík hat zahlreiche Violinisten praktisch ruiniert, die von ihm dazu gezwungen wurden, bei der Führung des Bogens und der Haltung des Instruments völlig unnatürliche Positionen einzunehmen.

Aber auch in kompositorischer Hinsicht hat sich die böhmische Schule – damals vielleicht dem österreichisch-deutschen Einfluß unterworfen – nicht ausgezeichnet. Als Beispiel mögen Werke von Dvořák gelten, deren Qualität umstritten ist, wie das *Konzert für Violine und Orchester (op. 53)* und andere Stücke, die Gelegenheitskompositionen, um nicht zu sagen fade, waren. Gleiches gilt für das mißbrauchte Schema der Romanze oder – noch schlimmer – des Konzerts, das Dvořák dem Publikum aufdrängte. Ähnlich auch Tschaikowsky, eine herausragende Figur des slawischen Musiklebens. Seine Begabung war eher exekutiver als kompositorischer Natur, wie man es auch an den Violinisten sehen kann, die aus der böhmischen und später der Odessaer Schule hervorgegangen sind. Paganini lieferte also den Beweis, daß die italienische oder mediterrane Schule weder den »phlegmatischen« Böhmen noch den Österreichern oder Deutschen etwas beibringen konnte, auch wenn diese sich keiner Tradition im Bereich des Konzerts für Violine und Orchester rühmen konnten. Wenn man das Gesamtwerk Bachs betrachtet, so stellen solche Konzerte nur einen geringen Anteil dar, das gilt auch für Mozart, für Beethoven und für Brahms.

Nicht daß wir hier einen Vorrang der italienischen Schule vor der österreichisch-deutschen oder der slawischen behaupteten – wir wollen nur hervorheben, wie wenig letztere zur europäischen Konzertliteratur beigetragen haben.

Kurz bevor er auf eine lange Konzertreise durch Deutschland geht, unterhält sich Paganini mit seinem Freund Gordigiani, der am Prager Konservatorium Gesang unterrichtet, und diktiert seine Biographie Schottky, dem er folgende Vollmacht erteilt:

> Ich, der Unterzeichnete, gebe Sig. Prof. Schottky die Erlaubnis, meine Biographie drucken zu lassen, und bitte ihn, alles ihm Mögliche zu unternehmen, um mich zu verteidigen und die Verleumdungen meiner Feinde zu widerlegen.

Apropos Verleumdungen: Auch in Prag hatten sich Gerüchte über Paganinis angeblichen Gefängnisaufenthalt verbreitet, aber er hatte sofort dagegen protestiert und an Marschall Vacani geschrieben und ihn gebeten klarzustellen, daß dieses Erlebnis sich nicht auf ihn, sondern auf einen polnischen Violinisten bezog, einen gewissen Duranowsky, der – so hieß es – in Mailand ein Vergehen begangen habe, für das er verurteilt worden sei. Über diese wenig durchsichtige Angelegenheit gibt es widersprüchliche Informationen, aber der Umstand, daß Paganini Duranowsky ausdrücklich erwähnt, läßt vermuten, daß diese eigenartige Episode vielleicht doch der Wahrheit entsprach.

Im Januar 1829 schreibt Paganini an Germi: »Wenn du wüßtest, wie viele Feinde sich gegen mich erhoben haben, du würdest es nicht glauben. Ich füge niemals anderen Leid zu, aber wer mich nicht kennt, stellt mich als den ruchlosesten, geizigsten, habgierigsten Menschen dar, etc., etc., und ich, um mich zu rächen, protestiere, indem ich die Eintrittskarten für die Konzerte, die ich im übrigen Europa geben werde, nochmals verteuere.«

Die Rache Paganinis wird sich bald gegen ihn selbst kehren. In

England wird die Höhe der Preise in der Tat einen derartigen Skandal entfachen, daß Niccolò sich gezwungen sehen wird, den Rückzug anzutreten und die Schuld dem eigenen Impresario und dessen Unkenntnis der örtlichen Gepflogenheiten in die Schuhe zu schieben.

Dem Aufenthalt in Prag wird die Komposition des *Centone di Sonate per violino e chitarra* zugeschrieben, eines in sich geschlossenen Werks, das in drei Heften untergebracht ist, von denen jedes sechs Sonaten enthält. Diese Serie von Werken kam in Genua durch handschriftliche Kopien unter dem Titel *Divertimenti für Violine und Gitarre* in Umlauf, ein Titel, der besser zu dem Werk und seiner Gliederung paßt als der künstlich wirkende Titel »Centone«, der sicher nicht von Paganini stammt und dem Werk möglicherweise erst später gegeben wurde.

Die achtzehn Sonaten weisen stilistische Ähnlichkeiten mit denen von Lucca auf und mit jenen, die Paganini später für Ricordi schrieb. Sie enthalten alles, was Paganini für den privaten Vortrag angebracht fand. Er zieht es hier vor, keine Neuerungen einzuführen, sondern starren und traditionellen Schemata treu zu bleiben, um den eigentlichen Adressatenkreis dieser Werke nicht hinsichtlich der Technik zu überfordern. Die Dichotomie zwischen dem »öffentlichen« Paganini, der imstande ist, mit seiner Violine »Wunder« zu vollbringen, und dem »privaten« Paganini wird immer ausgeprägter, besonders im Kontext dieser Stücke, die einheitlich sind, aber doch dazu gedacht scheinen, die Bedeutung der Gitarre zu unterstreichen. Es ist eine Art von Musik, die im Rahmen einer privaten musikalischen Soiree, von Dilettanten in einem Salon gespielt, angenehm und reizvoll wirkt, eine Musik, die damals ihre Existenzberechtigung hatte und sie noch heute hat. Paganini stellt sich aus eigenem Entschluß mit diesem sicherlich nicht minderwertigeren Teil seiner musikalischen Produktion auf die Seite der »Geringeren«, wohl wissend, daß der private und familiäre Charakter eines großen Teils seiner Kammermusik nie dazu geeignet war, offizielle Anerkennung zu erringen. Diesbezüglich muß Paganini Hochachtung ausgesprochen werden, weil er mit bemerkenswertem Einfühlungsvermögen begriff, daß zwischen dem privaten Geschmack, der an die häusliche Ausführung gebunden ist, und dem öffentlichen unterschieden werden muß. Eine derartige Unterscheidung war in Italien, das noch vom Musiktheater beherrscht wurde, bisher noch nicht vorgenommen worden.

Und keiner der zeitgenössischen Opernkomponisten, mit Ausnahme Rossinis, der in einer späten Periode auf die Instrumentalmusik zurückgreifen sollte, hatte je daran gedacht, ein Bild von sich zu vermitteln, das in irgendeiner Weise als den allgemeinen Gepflogenheiten gegenläufig erschienen wäre. Große Komponisten, die sich der Dominanz des Musiktheaters nicht anpaßten, waren dadurch gezwungen auszuwandern, so Gitarristen von Bedeutung wie Giuliani, Carulli und Legnani. Paganini, der der Gitarre einen nicht unwesentlichen Teil seiner Energien widmete, wußte, daß seine Werke für Gitarre nicht überlebt hätten, wenn sie nicht dem häuslichen Bereich zugedacht gewesen wären. Sein Ruhm gestattete es ihm, sich auf allen Gebieten der Komposition frei zu bewegen, solange nur gewährleistet blieb, daß der Violine immer dann, wenn sie beteiligt war, der Vorrang zukam. Diese Umstände bestimmten das Schicksal des *Centone* und ähnlicher Werke, die heute im Zeichen eines nostalgischen Geschmacks wieder hervorgeholt werden in Kreisen, die nicht nur um Werktreue besorgt sind, sondern sich nach Möglichkeit auch mit dem jeweiligen historischen Kontext befassen.

1 Dieser Verlag, der von den aus Blevio (Como) stammenden Brüdern Cesare, Domenico und Giovanni Casimiro gegründet wurde, hatte in Wien eine gewichtige Stellung inne. Er veröffentlichte die Werke der bedeutendsten Musiker der Zeit, außerdem Drucke und Lithographien.

2 Pietro Romani (1791–1877), Opernkomponist und Dirigent. In letzterer Funktion leitete er das Orchester des Teatro La Pergola in der Zeit, als Paganini sich in Florenz aufhielt, um dort Konzerte zu geben.

3 Joseph Mayseders (1789–1863), österreichischer Violinist und Lehrer. Er war Mitglied des Schuppanzigh-Quartetts und des Hoforchesters. Er wird Paganini die *Brillanten Variationen, op. 40* widmen.

4 Ignaz Schuppanzigh (1776–1830), Gründer des gleichnamigen Quartetts, hatte in Wien wichtige Ämter inne. Unter anderem war er Direktor der Bühnen der Stadt.

5 Léon Saint-Lubin (1805–1850), französischer Violinist, Schüler Polledros und Mayseder in Wien. Er widmete Paganini die *Brillanten Variationen über ein Thema von Hummel* (1828). *Seine Sechs großen Capricci für Violine solo, op. 42* ähneln jenen Paganinis.

6 Henry Herz (1803–1888), österreichischer Pianist, Komponist und Lehrer. Komponierte für Klavier die *Dernière Pensée Musicale de N. Paganini.*

7 Johann Strauß d. Ä. (1804–1849) komponierte und veröffentlichte 1828 in Wien sechs *Walzer à la Paganini* für Klavier, die zwar unterhaltsam, aber von geringer musikalischer Bedeutung sind.

8 Heinrich Wilhelm Ernst (1814–1865), mährischer Komponist und Violinist. Er war in Wien Schüler Mayseders und wurde, nachdem er Paganini gehört hatte, sehr von ihm beeinflußt. Er wird *Le carnaval de Venise (Variations*

burlesques sur la canzonetta »Cara mia mamma«), op.18 für Violine und Klavier- oder Quartett-Begleitung komponieren, der eindeutig von dem gleichnamigen Werk Paganinis inspiriert ist, auch wenn sein Freund Berlioz behauptet, daß die beiden gleichnamigen Werke in der Substanz und in der Technik verschieden seien. Ernst kann als einziger legitimer Erbe der Technik Paganinis gelten.

9 Zitiert nach *Grillparzers sämtliche Werke in sechzehn Bänden.* (Mit Einleitungen von Alfred Klaar.) Erster Band, S. 33 f., Verlag von Th. Knaur Nachf., Berlin, Leipzig, o. J.

10 Camillo Vacani (1784–1862) konnte Paganini in Wien bei der Lösung einiger praktischer Probleme helfen. Nachdem er unter den Österreichern gedient hatte, kehrte er im Jahre 1849 in seine Geburtsstadt Mailand zurück und wurde zum Präsidenten des Istituto Lombardo di Scienze e Lettere gewählt; sein Nachfolger in diesem Amt war Alessandro Manzoni.

11 Die Farce in zwei Akten mit dem Titel *Der falsche Virtuose, oder: das Concert auf der G. Saite* (Libretto von Meisel, Musik von F. Glaser) wurde am 22. Mai 1828 im Theater an der Wien zuerst aufgeführt.

12 Franz Freiherr von Andlaw: *Mein Tagebuch.* Frankfurt, 1862.

13 Johann Christian Lobe (1797–1881). Er begann seine Karriere als Flötist, wurde dann Musikkritiker und Essayist. Er wurde von Goethe hoch geschätzt. Er lernte Paganini wahrscheinlich in Weimar kennen.

14 Dieses Zitat mußte ebenso wie das auf Seite 202 aus dem Italienischen rückübersetzt werden; die entsprechenden Jahrgänge der Zeitungen waren nicht zugänglich. (A.d.Ü.)

15 Joseph Panny (1794–1838), Violinist und Komponist, der in verschiedenen österreichischen und deutschen Orchestern mitwirkte.

16 Dem Wiener Verleger unterlief ein Fehler, als er jenes Werk als op. 6 auszeichnete, das nach der Ausgabe von Ricordi als op. 5 geführt wird.

17 Joseph Lanner (1801–1843), Wiener Violinist und Komponist, der heute noch als der eigentliche Schöpfer des Walzers gilt. Er komponierte und veröffentlichte 1828 das Werk *Beliebtes Wiener Quodlibet* über Themen aus dem *Konzert Nr. 2* Paganinis.

18 Lazzaro Rebizzo war ein sehr guter Freund Paganinis; für seine Tournee in Deutschland wird er ihn als Sekretär einstellen. Rebizzo war eine extrovertierte, widersprüchliche und exaltierte Persönlichkeit und betätigte sich erfolglos literarisch. Später wird er Paganini in die unglückselige Spekulation um das Casino Paganini verwickeln. (Dabei läßt er Paganini für ihn Aktien kaufen, entschädigt ihn aber nicht für den entstandenen Verlust.)

19 Josef Slavík (1806–1833), böhmischer Violinist, der als Komponist zweier Konzerte für Violine und Orchester bekannt ist. Der Genueser nannte ihn den »böhmischen Paganini«.

20 Ottokar Ševčík (1852–1934), böhmischer Violinist und Lehrer. Zu seinen Schülern gehörten J. Kubelik, H. Wieniawski, S. Goldberg und W. Schneiderhan.

KAPITEL XIII

*Da das Leben sehr kurz ist, werde ich Sorge tragen,
keine Zeit zu verlieren.*

Paganini

In Dresden werde ich mich nur kurz aufhalten, da ich in
Berlin erwartet werde, wohin ich Dich bitte, Deine Briefe zu
richten. Da ich im kommenden Frühling in London sein will,
glaube ich, daß ich nicht über Paris, sondern über Hamburg
nach London reisen werde. Man sagt in Berlin, daß eine
befreundete Person vierundzwanzigtausend Scudi zu meiner
Verfügung hält, Geld, das von jenen im voraus bezahlt
wurde, die danach fiebern, mich in sechs Konzerten zu
hören; aber ich werde mindestens zwölfmal auftreten. In
zwei oder drei Jahren werde ich etwa zwei Millionen besitzen. Mein Ruhm will es so; aber was machen wir bloß mit so
viel Geld? Liebst Du das Feuerwerk? Aber nein, ich habe
einen Sohn, und ich bete zum Himmel, daß er ihn mir
erhalte.

So schreibt Paganini an Germi, bevor er die geplante Reise nach
Deutschland unternimmt, deren erste Etappe Dresden ist; hierher
hatte ihn Francesco Morlacchi[1] eingeladen, der an der Italienischen Oper dirigierte und gleichzeitig Kapellmeister der Königlichen Hofkapelle war. Paganini kommt im Januar 1829 in die
sächsische Hauptstadt und gibt dort am 18., am 23., am 28. und
am 30. Januar sowie am 6. Februar fünf Konzerte. Der Aufenthalt
in Dresden fällt sehr angenehm aus. Unter anderem trifft er dort
seinen alten Bekannten Antonio Rolla[2], den Sohn Alessandros,
der seit 1823 an der Italienischen Oper in Dresden als Konzertmeister angestellt war. Wie er aus Berlin an den Marschall Vacani
schreibt, wird Paganini »gefeiert und vom Hof großzügig beschenkt«; von der sächsischen Königsfamilie erhält er eine goldene Schnupftabaksdose und hundert Dukaten.[3] In einem Brief, den
er an den Mailänder Bankier Carli schickt und der in englischer
Übersetzung von de Courcy zitiert wird, erwähnt Paganini einige
Konzerte, die er in der Stadt gab, und beklagt das Fehlen eines
guten Dirigenten, zeigt sich aber erfreut über den freundlichen
Empfang, der ihm vor allem durch Rolla zuteil wurde. Die
gleichen Aussagen finden wir in einem Brief, den er auf französisch an seinen Biographen Schottky schreibt; daneben gibt er

seiner Sorge über die Verleumdungen Ausdruck, die auch in Deutschland in Umlauf sind. Die Reaktionen der Presse (*Abendzeitung* und *Merkur*) waren positiv, auch wenn die Rezensenten Vorbehalte vorbrachten und die jungen Violinisten davor warnten, das Virtuosentum Paganinis nachahmen zu wollen.

Von Dresden reist Paganini nach Leipzig, wo er weitere Konzerte geben sollte; das erste war für den 16. Februar vorgesehen und sollte im Gewandhaus stattfinden. Aber es gelingt ihm hier nicht, sich mit der Theaterleitung zu einigen. Paganini verlangt ein Orchester in kleiner Besetzung, um seine Ausgaben gering zu halten, will aber gleichzeitig sehr hohe Preise für die Eintrittskarten verlangen. In jener Zeit mußte der Konzertmeister für alle Ausgaben aufkommen (Miete des Theaters, Personal, Polizeiaufsicht, Beleuchtung und Steuern, außerdem noch die Bezahlung der Orchestermusiker, sofern nicht mit einem Impresario, der einen prozentualen Anteil an den Einnahmen erhielt, eine andere Vereinbarung getroffen wurde). Daher rührt die große Vorsicht, die Paganini bei dieser Gelegenheit an den Tag legt, und – in der Folge – der Verzicht, in Leipzig aufzutreten. Er reist also nach Berlin ab, wo weitere Erfolge auf ihn warten. Nachdem er in der preußischen Hauptstadt eine Unterkunft gefunden hat, schließt Paganini mit Meyerbeer und Spontini, der im musikalischen Leben der Stadt eine bedeutende Rolle spielt, einen Vertrag, dem zufolge er das Doppelamt eines Konzertmeisters und »Generalmusikdirektors« bekleiden wird. »Spontini liebt mich zärtlich«, schreibt Paganini an Germi, »und Meyerbeer hat alle Freundlichkeit auf mich verwandt.« Inzwischen war ihm Lazzaro Rebizzo nachgereist und hatte sich ihm als Schutzengel zur Seite gestellt: »Ein Freund wie Rebizzo ist ein wahrer Schatz«, fährt Paganini fort. »Die Liebe, die er für mich hegt, ist einer großen Seele würdig; und ich danke dem Himmel, daß er mir seine engelhafte Gesellschaft gegönnt hat.« Die Gesundheit Paganinis war weiterhin angegriffen; er klagt über ein Augenleiden und wiederholt mehrmals: »Es geht mir leidlich gut.« Liebevoll von Rebizzo unterstützt, bereitet er sich sorgfältig auf die Berliner Konzerte vor. In der Hauptstadt weht nämlich ein antiitalienischer Geist, genauer: ein antirossinischer Geist, der schon von dem nationalistischen Gären kündet, das später die Blüte der deutschen Oper unter Weber und Wagner prägen wird. Spontini, den der König protegiert, ist schlecht angesehen und wird oft von der Kritik angegriffen. Es erstaunt nicht, daß Weber sich von einem Affen begleiten ließ, dem er den Namen des italienischen Komponisten gegeben hatte, und daß sogar Rellstab[4], ein bekannter

Musikkritiker, Librettist und Dichter (Schubert hatte zehn seiner Gedichte vertont), wegen einer Schmähschrift, die er gegen Spontini verfaßt hatte, verklagt wurde. Trotz der wenig glücklichen Voraussetzungen wurde das erste Konzert, das in Berlin am 4. März in Anwesenheit der königlichen Familie stattfand, von der Kritik mit einstimmigem Beifall aufgenommen und konnte die Befürchtungen, die der Virtuose gehegt hatte, ausräumen. Rellstab sagt, der Applaus, der erfolgte, als Paganini die Bühne betrat, sei recht lau gewesen, da Paganini »ein Landsmann des Feindes Rossini« sei, doch dann muß er zugeben, daß am Ende des ersten Stücks das Publikum »sich in einem Zustand des Überschwangs befindet, den ich selten in einem Theater und noch nie in einem Konzertsaal beobachten konnte. Noch nie in meinem ganzen Leben hatte ich ein Instrument so weinen hören wie jenes, noch war mir je bewußt gewesen, daß die Musik derartige Töne beinhalten könne. Es sprach, weinte und sang. Nach dem abschließenden Triller stieg ein tosender Beifall empor, und die Damen beugten sich aus den Logen vor, um zu zeigen, daß auch sie klatschten, während die Männer auf ihren Plätzen blieben, um ihn zu sehen und anzurufen. Ich habe noch nie die Berliner in einem derartigen Zustand erlebt«. Nachdem er den verblüffenden Erfolg Paganinis geschildert hat, geht Rellstab zu einer Analyse des Musikers über:

> Sein Eindruck auf mich, auch durch sein Äußeres, war nicht angenehm. Es ist etwas Dämonisches an ihm. Vielleicht hätte Goethes Mephisto die Violine so gespielt, wie er es tut. Alle großen Violinisten, die ich hörte, besitzen einen persönlichen Stil: der kraftvolle Spohr, der sanfte Polledro, der stolze Lipinsky, der elegante Lafont weckten meine Bewunderung. Paganini ist ganz anders, er ist die Verkörperung der Sehnsucht, des Hochmuts, des Wahnsinns und des Schmerzes. Mit der Violine verleiht er seinen Gefühlen Ausdruck, doch die Stimmungen, die er erzeugt, zerstört er durch seine Bogenführung, die alles andere als vorbildlich ist... Seine Kompositionen sind weder zufällig noch geplant, sondern Folge eines unordentlichen Lebens, ein Vorwand, um seinen Gefühlen freien Lauf zu lassen; danach bricht er vollkommen zusammen.

Ähnlich drückt sich Adolf Bernhard Marx[5], der Musikkritiker der *Berliner Musikalischen Zeitung* aus, der unter anderem schreibt:

Nun stand er da und sogleich hastiger Anfang des Ritornells, in dem er mit einzelnen Tonfunken das Orchester leitet und durchblitzt ohne Vollendung einer Phrase, ja ohne Auflösung einer etwa ergriffenen Dissonanz; und nun der schmelzendste und kühnste Gesang, wie er nie auf einer Geige gedacht worden ist, der unbekümmert, unbewußt über alle Schwierigkeiten hinwegschreitet, in den sich die kühnsten Blitze eines höhnisch zerstörenden Humors werfen; bis sich das Auge zu tieferer, schwärzerer Glut entzündet, die Töne schneidender, stürzender rollen, daß man meint, er schlüge das Instrument wie in wahnsinniger Liebespein.

Es fällt auf, daß diese beiden Zeugnisse ausgebildeter Musikkritiker von professionellem Niveau (Marx war Dozent für Musiktheorie an der Universität Berlin) nicht nur eine Beurteilung musikalischen Charakters vornehmen, sondern sich auch mit der Gestalt und dem Aussehen Paganinis befassen; dies zeigt, wie sehr der Musiker das Publikum beeindruckte, indem er es mit einer Haltung und einem Verhalten konfrontierte, die für einen Virtuosen der damaligen Zeit ungewöhnlich waren. Später werden Zelter und Heine die Physis Paganinis beschreiben, die in den Augen der Zeitgenossen wie die eines Hexers erscheinen mußte. Aber abgesehen von diesen Urteilen, die heute keine Bedeutung mehr haben, bleibt festzustellen, daß die Vorbehalte, die einigen stilistischen Elementen entgegengebracht werden, später in einem fast vollständigen Konsens untergehen. Die deutsche Violinschule brillierte damals nicht – zumindest nicht auf der Ebene des Virtuosentums – mit berühmten Beispielen. Der Darstellung der eigenen Begabung zogen die Deutschen das gemeinschaftliche Musizieren vor, bei dem die Leistung des einzelnen in einem einheitlichen Ganzen zu verschmelzen hatte.

Paganini verkörperte das Gegenteil dieser Auffassung und wurde deshalb als abweichendes Phänomen angesehen. Daher die ständigen Verweise auf sein Äußeres, als ob dieses notwendigerweise Abbild seiner musikalischen Persönlichkeit sei. Diese Sichtweise ist jedoch erklärbar, da nicht nur seine Musik ein Porträt des Menschen abgibt, der sie geschaffen hat – wie es die deutschen Kritiker nachdrücklich betonten –, sondern auch, weil die Violine eine Art »Verlängerung« seiner selbst zu sein schien. Wenn man heute die Paganini-Ausführungen von Salvatore Accardo hört, kann man diese feine Beziehung erahnen, die zwischen ihm und dem Instrument besteht, so daß der eine und das andere nicht mehr wie zwei getrennte Einheiten erscheinen, sondern wie ein

Ganzes. Diese außergewöhnliche Gabe, die durch kein Studium und keine besondere Technik erworben werden kann, läßt das Instrument zu einem Teil des Ausführenden werden, also zu dessen »Verlängerung«, die physisch mit dem Körper und der Empfindung des Violinisten verbunden ist.

Die Erfolge in Berlin überzeugen den Musiker von der Notwendigkeit, mehr Konzerte als vorgesehen zu geben. In der Zeit vom 4. März bis zum 13. Mai gibt er insgesamt zwölf Konzerte. Das Konzert vom 29. April ist ein Wohltätigkeitskonzert, dessen Einnahmen gänzlich den Opfern der Danziger Überschwemmung zugute kommen. Anfang April hatte er an Germi geschrieben:

> Ich habe auf einheitliche Weise Variationen über das Thema »God save the King« geschrieben, die einzig auf meiner Violine ausgeführt werden sollen, um die Ungläubigen zu überzeugen.

Wie im Falle der *Maestosa sonata sentimentale* will Paganini auch mit diesen Variationen seinem Gastland eine Hommage erweisen; darin folgt er einer offenbar liebgewordenen Gewohnheit, die oft kritisiert und ihm als Opportunismus angekreidet wurde, um sich Vergünstigungen und Auszeichnungen zu erschmeicheln. Aber auch hier neutralisieren seine musikalischen Leistungen und Erfolge jegliche Mißgunst. Die Premiere des neuen Werkes findet am 29. April in Anwesenheit des Königshauses statt und erregt die übliche Begeisterung; bei dieser Gelegenheit ernennt ihn König Friedrich Wilhelm[6] zum »Kammervirtuosen«; er begründet die Auszeichnung folgendermaßen:

> Ich habe mich entschlossen, Euch, bevor Ihr meine Hauptstadt verlaßt, einen Beweis der Befriedigung zu geben, die ich bei Euren Konzerten empfunden habe. Die Natur hat Euch mit einer seltenen Begabung ausgestattet, die Ihr mit originellem Geist gepflegt habt. Die Klänge, die Ihr aus den Saiten der Violine emporsteigen laßt, gehen geradewegs zur Seele und erregen in den Herzen Eurer Zuhörer die eigenartigsten Gefühle. Ich habe Euch folglich zu meinem Hofkapellmeister ehrenhalber ernannt und gebe Euch die Erlaubnis, Euch mit diesem Titel zu schmücken.

Die Variationen, die Paganini ausführte, stellen eine der wenigen Kompositionen für Solovioline dar; später allerdings fügte er ihnen eine Begleitung für Orchester hinzu, die fast als »ad libitum« gelten kann. Diese besondere Veranlagung Paganinis, der etwas, was jeder weniger begabte Komponist für undurchführbar halten mußte, beinahe mit Gewalt durchsetzte, ist sehr aufschlußreich für den Begriff, den er von der Orchesterbegleitung hatte. Ob diese synchron mit dem Part des Solisten oder nachträglich komponiert wurde, war ihm gleichgültig; was ihn vor allem interessierte, war die Entwicklung der melodischen Idee, die sich bei ihm einzig aus der Violine entwickelte, während die Harmonik nur Beiwerk darstellte, außer in den Fällen, in denen das musikalische Material ihre Berücksichtigung erforderlich machte.

Der Titel dieser Variationen verblüfft uns; der Titel der preußischen Hymne war nämlich »Heil dir im Siegerkranz«, und es ist eigenartig, daß Paganini die Worte der englischen Hymne verwendete, wiewohl ihm seine mangelhafte Kenntnis des Deutschen sicherlich Schwierigkeiten bereitete. Aber auch für diesen scheinbaren Widerspruch gibt es eine plausible Erklärung: Die damalige preußische Hymne wurde zur selben Melodie gesungen wie die englische, und deshalb zog er es vor, den englischen Text als Grundlage für seine Variationen zu nehmen. Für seine künftigen Konzerte in London brauchte er keine eigene Hommage an den englischen Hof mehr zu komponieren. So schlug er zwei Fliegen mit einer Klappe und zog Vorteil aus einem historischen Umstand, der im übrigen nicht mehr lange Bestand haben sollte.

Als Fétis in Paris eine Studie über Paganini[7] veröffentlichte, in der er ihn zunächst »im Namen der unfehlbaren Prinzipien der Schule, der [er] angehörte« (also der belgischen Schule) angriff, wie Imbert de Laphalèque richtig feststellt,[8] gesteht er den *Variationen über »God save the King«* ohne Zögern große Bedeutung zu, weil in ihnen »Paganini all die neuen Effekte konzentriert zu haben scheint, die er entdeckt hatte, und auch die gewaltigen Schwierigkeiten, die er überwunden hatte. Das Thema«, fährt Fétis fort, »ist für drei oder vier Stimmen geschrieben; die Melodie wird mit dem Bogen gespielt, die anderen Stimmen der Begleitung im Pizzicato. Die erste Variation in Doppelgriffen weist Abfolgen von Terzen und Dezimen auf, die eine große Hand und ein unfehlbares Gespür für die Intonation erfordern. Die zweite Variation basiert auf schnellen Triolen, Passagen von Doppelgriffen und Staccato, was höchste Geschicklichkeit erfordert. In der dritten wird das Thema in einem langsamen Tempo formuliert, und die Begleitung erfolgt in äußerst schnellen Läufen auf der III. und IV. Saite. Die vierte Variation ist ganz merkwürdig, mit Pizzicati auf den hohen Saiten, während die Begleitung im Staccato auf den tiefen gespielt wird. Die fünfte ist für Doppelgriffe mit Echoeffekten geschrieben, die in der höheren Oktave erzielt werden, während das Pizzicato auf den tieferen Saiten erfolgt. Die sechste und letzte Variation besteht aus Arpeggien im Staccato, die in der Ausführung äußerst schwierig sind, da die linke Hand Positionen einnehmen muß, die über alle Maßen kompliziert sind.«

Diese summarische Analyse von einem Zeitgenossen Paganinis (Fétis wurde zwei Jahre nach dem Genueser geboren) legt zweifellos beredtes Zeugnis vom Wert dieses Werkes ab, das mit dem vorhergehenden (*Variationen über die österreichische Nationalhymne*) hinsichtlich der Schwierigkeiten vergleichbar ist und sich auch an die *Variationen* über das Thema Paisiellos anschließt, die ebenfalls für Violine solo komponiert wurden und die eine Aura technischer Exaltation umgibt, welche, da das Spiel nicht allein auf der IV. Saite erfolgt, weniger unter Beschränkungen leiden als andere ähnliche Werke Paganinis.

Die *Variationen über »God save the King«* stellen eine erholsame Ausnahme von der Regel dar, der zufolge die IV. Saite als das einzig wahre dramatische Mittel gilt, um Publikum und Kritik in Erstaunen zu versetzen; die Kompositionen Paganinis für die IV. Saite – die er zu den unglaublichsten Dingen zwingt, so als wolle man einen Bariton dazu überreden, Countertenor zu werden und dafür eine vorübergehende Kastration in Kauf zu nehmen – hätten auf Dauer eine Wiederholung dargestellt, die über kurz oder lang ihrem Komponisten geschadet hätte. Tatsächlich wird Paganini nur noch zwei Werke für die IV. Saite schreiben; und dies war gut so, denn er hätte bald die Möglichkeiten, die ihm aus der ungewöhnlichen Behandlung dieser Saite erwachsen waren, erschöpft. Wenn man bedenkt, daß die IV. Saite bis zu einer großen Terz höher gestimmt werden mußte und daß die Saiten damals Darmsaiten waren und einer übermäßigen Spannung nur schlecht standhielten und leicht rissen oder sich ausleierten (was Paganini dank seines unfehlbaren Gehörs ausgleichen konnte, das ihm erlaubte, Veränderungen des Tons sofort zu korrigieren) – wenn man diese Schwäche des Materials bedenkt, so liegt auf der Hand, daß Paganini wahre Wunder vollbringen mußte, um zu vermeiden, daß die besagte IV. Saite soweit nachließ, daß sie unbrauchbar wurde.

Dem Konzert für die Opfer der Danziger Überschwemmung wohnte auch Karl Friedrich Zelter[9] bei, ein mit Goethe befreundeter Musiker, der sich, wenngleich er als Konservativer galt, um das Berliner Musikleben verdient gemacht hatte. Als Lehrer Mendelssohns hatte er diesem Bach nahegebracht und zur Wiederentdeckung Bachs in Deutschland beigetragen. In einem

Brief, in dem er Goethe von Paganinis Konzert am 5. Mai 1829 berichtet, schreibt Zelter:

> Paganini macht hier mit seinen vermaledeiten Violinkonzerten Männer und Weiber toll und wird wohl wieder 10 000 Taler mit aus Berlin nehmen, wenn er sie nicht vorher im Pharao wieder verliert. Ich habe kein Geld, ihm für seine Künste jedesmal 2 Taler zu bringen, und [habe] nichts von ihm gehört als sein Porträt gesehn, das einem Hexensohne ähnlich ist. Das eigentliche Unglück, das er über uns bringt, besteht aber darinne, daß er uns die jungen Violinisten im Orchester von Grund aus ruiniert.
>
> [...]
>
> Am vorigen Dienstage hat mich Paganini in der Akademie besucht und unsere Produktionen vernommen, und tags darauf habe ich endlich auch ihn gehört. Es ist außerordentlich, was der Mann leistet und dabei bemerkt werden muß, daß die Wirkung seines Spiels ganz allgemein erwünscht und andern Virtuosen auf seinem Instrumente ganz unbegreiflich ist. Sein Wesen ist also mehr als Musik, ohne höhere Musik zu sein, und bei solcher Meinung dürfte ich bleiben, wenn ich ihn öfter hörte. Ich war so placiert, daß ich alle Bewegungen seiner Hand und seines Armes sehn konnte, die bei einer ziemlich kleinen Figur von besonderer Biegsamkeit, Stärke und Elastizität sein müssen, weil er gar nicht ermüdet, das Fatiganteste in seiner Steigerung wie ein Uhrwerk hervorzubringen, das eine Seele hätte. Die hundert Künste seines Bogens und seiner Finger, welche sämtlich einzeln ausgedacht und eingeübt sind, erscheinen in einer geschmackvollen Folgereihe und zeichnen ihn auch als Komponisten aus. In jedem Falle aber ist er ein vollkommner Meister seines Instruments in höchster Potenz, insofern was ihm auch nach bestem Willen nicht gelingt, wie eine kecke Variation herauskommt.

In Berlin hatte Paganini den Fürsten Anton Heinrich Radziwill kennengelernt, einen ausgezeichneten Violoncellisten und Liedkomponisten; er war ein Freund Goethes, mit dem zusammen er musizierte. Von den außerordentlichen Fähigkeiten des Genuesers ebenso wie von seinen Erfolgen beeindruckt, ebnet ihm der Adlige den Weg zu weiteren Tourneen. Nachdem er seine Berliner Verpflichtungen erfüllt hat, schickt sich Paganini an, in andere Städte zu reisen, ohne dabei seinen jungen neapolitanischen Schüler, den Violoncellisten Gaetano Ciandelli, zu vergessen, der von ihm ein Empfehlungsschreiben für Ricordi erhält. Er trifft in Frankfurt an der Oder ein, wo er am 15. Mai ein Konzert gibt; dann reist er nach Polen weiter. Bevor er Warschau erreicht, gibt er am 19. Mai ein Konzert in Poznan. Da inzwischen für den Freund und Sekretär Lazzaro Rebizzo die Zeit gekommen ist, zurückzukehren, stellt Paganini Paul David Curiol ein, einen Deutschen französischer Abstammung, der über reiche Theatererfahrung verfügt. In der zweiten Maihälfte in Warschau angelangt, findet er eine Stadt vor, die fieberhaft mit den Vorbereitungen zu den Krönungsfeierlichkeiten von Zar Nikolaus I., König von Polen, beschäftigt ist. Hier trifft Paganini auf Lipinsky, den er in Piacenza kennengelernt hatte und der bei verschiedenen Konzerten im Rahmen des feierlichen Ereignisses auftreten soll. Auch Paganini willigt ein, anläßlich der Krönung zu spielen, und erhält vom König einen mit Brillanten besetzten Ring zum Geschenk. Am folgenden Tag gibt er im Nationaltheater ein Konzert, das erste von zehn Konzerten, die ihn vom 25. Mai bis zum 14. Juli beschäftigten. Auch Chopin ist unter den Zuhörern und komponiert anschließend ein *Souvenir de Paganini*, das 1872 postum veröffentlicht wird. Auch der Lehrer Chopins ist anwesend, Joseph Elsner[10], der für die Krönung eigens eine Messe komponierte, die Chopin für ganz außerordentlich hielt. Zweifellos mußte der junge Pianist zwangsläufig in Paganini eine Figur jener romantischen Stimmung sehen, zu der er später selbst mit seiner Klaviermusik beitragen würde, und dies um so mehr, wenn man bedenkt, daß die *Etudes* auf der gleichen Grundlage zu basieren scheinen wie die *Capricci* Paganinis, nämlich der der perfekten Symbiose zwischen musikalischem Inhalt und didaktischer Absicht, die macht, daß letztere – verglichen mit vielen ähnlichen Werken anderer Komponisten – sich gegenüber der expressiven Wirkung des Werks geradezu in Luft aufzulösen scheint.

Die Konzerte Paganinis in Warschau geben Anlaß zu vorbehaltloser Begeisterung, tragen aber unglücklicherweise dazu bei, den Ruhm Lipinskys verblassen zu lassen und zu Vergleichen zwischen den beiden zu verleiten. Es kam zu Polemiken, die nicht nur von der Presse, sondern auch vom Geist der Parteilichkeit genährt wurden. In der Zeitung *Dziennik Powszechy* drückt es Lach-Szyrma[11] folgendermaßen aus:

Paganini ist in der Welt der Musik ein außerordentliches Phänomen. Allein aus eigenem musikalischen Instinkt und ohne Hilfe von Unterricht hat er einen außerordentlich hohen Grad der Perfektion erreicht, den bei einem anderen Künstler zu finden so gut wie unmöglich erscheint... Es scheint wahrhaftig, als hätte er eine völlig falsche Idee von der wahren Natur seines Instruments, weil er nicht versucht, die ihm innewohnenden Schönheiten zu enthüllen, sondern im Gegenteil bemüht ist, den Klang anderer Instrumente nachzuahmen und sogar die Schreie der Tiere. Die gleiche Tendenz weisen seine Kompositionen auf. Sie sind nicht von einem besonderen Stil geprägt, sondern sind das Produkt einer düsteren Phantasie, die nicht von den Prinzipien des guten Geschmacks gelenkt wird, und darunter leidet oft die Schönheit der Passagen. Und doch gibt er nur das Beste von sich, wenn er seine eigenen Werke spielt. Die der anderen konfrontieren ihn dagegen mit Schwierigkeiten, die er wegen der eigenartigen Natur seines Stils zu überwinden nicht in der Lage ist... Lipinsky ist das genaue Gegenteil. Dieser große Künstler hält sich streng an die Gesetze der Kunst. Er rührt nie an die Grenzen des schlechten Geschmacks und verachtet ausschmückende Schnörkel. Wenn man Paganini einen Romantiker nennen kann, so hätte Lipinsky den Titel »Klassiker« im besten Sinn des Wortes verdient. Seine Bogenführung ist der Paganinis klar überlegen, ebenso wie das Volumen und die Abgerundetheit des Klanges überlegen sind, die Ausführung des Cantabile und der Flageoletts. In den Läufen ist er mit Paganini gleich, ihm aber in den leichten »Staccati« unterlegen, in den Übergängen von der Flageoletts zu den künstlichen Flageoletts und schließlich im Pizzicato mit der linken Hand.

Geht man die Kriterien dieses unangebrachten Vergleichs kritisch durch, so kann man feststellen, daß hinsichtlich der Technik die Waage für Paganini ausschlägt. Der Rezensent deutet, vielleicht ohne es selbst zu merken, die »romantische« Qualität von Paganinis Stil an und erkennt ihm so eine größere Aktualität als Lipinsky zu. Alle Forscher, die sich mit Paganini befaßt haben, sind sich einig, daß diese Beurteilungen zu einem Bruch zwischen den beiden Musikern führten, aber diese Vermutung ist schwer zu beweisen. Lipinsky, der auch von Chopin und dem Fürsten Radziwill bewundert wurde und der damals als bedeutendster polnischer Violinist galt, gehörte offenbar einer anderen Schule an, auch wenn die Annahme berechtigt erscheint, daß er, da er einige Zeit in Piacenza mit Paganini zusammen war, von ihm beeinflußt wurde. Wir wollen auch daran erinnern, daß der polnische Violinist bereits 1827 Paganini *Drei Capricci für Violine solo* gewidmet hatte, die wahrscheinlich als Hommage an den Maestro gedacht waren.

Nachdem er eingewilligt hatte, zugunsten der Witwen und Waisen polnischer Musiker zu spielen, verließ Paganini Warschau, um nach Deutschland zurückzukehren. Am 19. Juli wurde ihm zu Ehren ein Bankett veranstaltet, und Joseph Elsner schenkte ihm eine Tabaksdose mit der Inschrift: »Dem Ritter Nicolò Paganini von den Bewunderern seines Talents«.

Am 23. Juli kommt Paganini in Breslau an und spielt zwei Tage später in der Aula Leopoldina und danach im Theater der Stadt. Da die eintausendfünfhundert Studenten der Universität von Breslau, zu der die Aula Leopoldina gehörte, das unausgesprochene Recht genossen, jedes Konzert, das in dieser Aula gegeben wurde, umsonst zu besuchen, protestierten sie geräuschvoll, als sie sich ausgeschlossen sahen, da Paganini nicht bereit war, Konzerte unentgeltlich zu geben. Das Ereignis wurde von Adolph Hesse in einem Brief vom 14. Oktober 1823 geschildert, den de Courcy in Paganinis Biographie wiedergibt:

> Die Proben waren für Samstag morgen um sieben Uhr angesetzt. Das Orchester und 1500 Studenten erwarteten Paganini, der gegen acht erschien; das Orchester spielte das erste Tutti des *Konzerts in Es-Dur* mit großer Präzision. Das Publikum war sehr erwartungsvoll. Paganini fing sofort an, indem er einige unbestimmte Töne spielte und sich auf gemeine Art über die Anwesenden lustig machte. Schließlich begannen die Studenten zu lärmen, mit den Füßen zu stampfen, zu schreien und zu pfeifen und übertönten so das Orchester. Paganini lachte; aber plötzlich bahnten sich zwei Studenten zwischen den Orchestermusikern einen Weg, ergriffen Paganini an seine Mantelschößen und drohten ihm, daß sie ihn, wenn er nicht sofort ein hervorragendes Stück spiele, »aus dem Saal jagen« würden.

Die unerfreuliche Episode hinderte Paganini nicht daran, in Breslau vier Konzerte zu geben; danach begab er sich nach Frankfurt am Main, in eine Stadt, die Bezugspunkt seiner musikalischen Aktivitäten in Deutschland bleiben wird.

Die Anzahl der Konzerte, die er in verschiedenen deutschen Städten von 1829 bis zum Beginn des Jahres 1831 gab, ist gelinde gesagt beeindruckend, vor allem, wenn man sich vergegenwärtigt, daß er nur in der Kutsche reiste, da ja damals keine schnelleren Verkehrsmittel zur Verfügung standen. Die frenetische Ak-

Erster Brief Paganinis an Germi.

Erste Lithographie von Paganini, 1813 von Rados graviert und von Ricordi vertrieben.

22. Dicembre 1810

Ottavo Concerto con Orchestra
1: Sinfonia del Sig.r Mae.o Maier
2: Cavatina del Sig.r Babbini ese:
    dal Sig.r Bentivoglio
3: Sinf: concer: a Flau: Fagot: e Corno
4: Aria esegui:to dal Sig.r Rinaldi
5: Cavat: esegui.to dal Su: Sig: Benti
6: Concerto del Sig.r Krauzer
    eseguito col Violino dal Celebre
        Sig.r Paganini

Handschriftlicher Entwurf für das Programm eines Paganini-Konzerts in Bologna (1810).

Brief Paganinis an den Verleger Ricordi aus dem Jahr 1813.

Antonia Bianchi, Mutter des Sohnes Achille.

Reggio 1828-30
Incisione di A. Bernieri derivata dal disegno di N. E. Jacob
(Milano, Civica raccolta delle Stampe A. Bertarelli)

Lithographie mit der Bildunterschrift: »Als Anerkennung des willigen jungen Mädchens von neun Jahren, Sig. Gaetana Perotti aus Campi, Pianistin, Ehrenmitglied der herzoglichen Philharmonischen Akademie von Parma. Verleger Andrea Bernieri D. D. D. Gestochen von A. Bernieri nach einer Zeichnung von N. E. Jacob.«

Karikatur, die Paganini für einen Hexenzirkel aufspielen läßt.

Mit hoher Bewilligung

wird

Nicolò Paganini,

Kammer-Virtuos Sr. Majestät des Kaisers von Oesterreich,

heute Donnerstag den 24. July 1828, Abends um 7 Uhr,

im k. k. großen Redouten-Saale,

sein

Abschieds = Concert

zu geben die Ehre haben.

Vorkommende Stücke:

1) **Ouverture** aus der Oper: Lodoiska, von Cherubini.
2) **Neuestes großes Concert** Nr. 3, für die Violine in E-Dur, bestehend in einem Tempo marziale, Cantabile affettuoso und Rondò Polacca, eigens für diese Akademie componirt und vorgetragen vom Concertgeber.
3) **Arie** aus der Oper: La Pietra del Paragone. (L'Ita le contrade), von Rossini, gesungen von Mad. Frontini.
4) **Menuett** aus der Sinfonie in Es, von Mozart.
5) **Variationen** für die Violine, ohne Orchester-Begleitung, componirt und vorgetragen vom Concertgeber.
6) **Andante** aus obiger Sinfonie.
7) **Ouverture** aus der Oper: Die Zauberflöte, von Mozart.
8) **Große dramatische Sonate** für die Violine, genannt: Der Seesturm, nach der Idee des N. PAGANINI von Herrn J. Panny componirt, und von ersterem (auf der G-Saite allein) vorgetragen, mit Begleitung des Orchesters; bestehend in 8 charakteristischen Nummern, nämlich:

    1. Annäherung des Sturmes (Preludio di Turbine).
    2. Anfang des Gewitters (Principio di Tempesta).
    3. Gebeth (Preghiera).
    4. Ermunterung der Matrosen zur Arbeit (Allarme marittimo).
    5. Großer Sturm (Gran Tempesta).
    6. Höchste Anstrengung der Seeleute (Allarme massimo).
    7. Ruhe (Calma).
    8. Schöne Zeit — Allgemeine Freude (Finale brillante).

Mad. Frontini hat aus Gefälligkeit für den Concertgeber die Gesang-Parthie übernommen.

Eintrittspreise:

In den Saal . . . . 1 fl. 30 kr. C. M.

Auf die Gallerie 3 fl. C. M.

Eintrittskarten sind in der Kunsthandlung des Herrn Diabelli und Comp. am Graben, und an der Casse zu haben.

Der Anfang ist Abends um 7 Uhr.

Ankündigung des Abschiedskonzerts Paganinis im Redoutensaal zu Wien 1828.

Königl. Sächs. Hoftheater zu Leipzig.

Montag, den 5ten October, 1829.

Großes Vokal- und Instru-
mental-Conzert,

in zwei Abtheilungen,

vom Ritter **Nicolo Paganini**, Kaiserl. Königl. österreichischer Kammer-Virtuose und Königl. Preußischer erster
Conzertmeister.

Erster Theil.

Ouverture zur Zauberflöte von Mozart.
Erster Theil eines großen Violin-Conzert aus Es, komponirt und vorgetragen vom
Conzertgeber.
Arie, von Paccini mit Chor, gesungen von Mad. Franchetti-Walzel.
Cantabile mit Doppelgriffen vom Conzertgeber und Rondo scherzoso von Kreutzer,
vorgetragen vom Conzertgeber.

Zweiter Theil.

Ouverture zur Oper Fidelio von Beethoven.
Militärische Sonate, componirt und auf der G Saite vorgetragen vom Conzert-
geber.
Arie von Rossini gesungen von Dlle. Hanf d. ä.
Violin-Variationen auf das Thema: Nel cor più non mi sento, ohne Accompagne-
ment des Orchesters, componirt und gespielt vom Conzertgeber.

Erhöhte Preise:

Parterre 1 Rthlr.
Parket 2 Rthlr.
Logen des Parterres und Ersten Ranges 2 Rthlr.
Fremdenloge Nr. 25. 2 Rthlr.
Ein gesperrter Sitz daselbst 3 Rthlr.
Logen des Zweiten Ranges 1 Rthlr. 12 Gr.
Fremdenloge Nr. 38. 1 Rthlr.
Ein gesperrter Sitz daselbst 2 Rthlr.
Erste Gallerie 1 Rthlr. 12 Gr.
Ein gesperrter Sitz daselbst 2 Rthlr.
Zweite Gallerie 1 Rthlr.
Ein gesperrter Sitz daselbst 1 Rthlr. 12 Gr.
Dritte Gallerie Mittelplatz 12 Gr.
Seitenplatz 8 Gr.

Freibillets ohne Ausnahme sind bei der heutigen Vorstellung nicht gültig.

Anfang halb 7 Uhr.

Einlaß halb 6 Uhr.   Ende halb 9 Uhr.

Dienstag, den 6. October: **Die Stumme von Portici**, große Oper in fünf Abtheilungen mit Tanz, nach dem
Franz. La Muette de Portici des Scribe. Musik v. Auber,
für die Bühne bearbeitet v. Freih. v. Lichtenstein.

Ankündigung eines Konzerts im Leipziger
Hoftheater 1829.

Karikatur Paganinis, den Teufel in den Schlaf geigen, während Hexen und Zauberer zu ihren Klängen tanzen.

Achille Paganini als Kind.

Niccolò Paganini in seinen letzten Lebens-jahren.

Pariser Konzertankündigungen für Aufführungen am 20. 3. und am 1. 4. 1831.

KING'S  THEATRE

SIGNOR

PAGANINI'S

Sixthand Last,

GRAND CONCERT:

THIS EVENING
MONDAY, JUNE, 27th 1831.

PROGRAME

PART I

Overture in D . . . . . **Romberg**
Duetto signor Rubini, and Signor Santini, . . **Genesalt.**
Grand Concerto in E flat. composed & performed by Signor **Pagnini.**
    1. Allegro Maestoso,
    2. Adagio Appassionato
    3. Ronde Brilliante

Aria signor Petralia . . . . . **Rossin.**
Overture Euranthe. . . . . . **Weber**

PART II

Sonata wth Variations on a Tema by Haydn. composed & performed
    ON ONE STRING
  the Fourth String by Signor **PAGANINI,**
Duetto, Signor Rubini and Signor Santini, . . **Rossini.**
Cavantina, signor Petralia, Mercandante·
Prelude and Variations on the Tema " Nel cor plu nonmissento ".
  without orchestral accompaniment by
SIGNOR PAGANINI.
Overture Zaira, Winter.

   Conductor - - Signor M. Costa
   Leader. - - Signor Spagnuleti

The Prices of Boxes will be the same as on Opera Nights.
  ORCHESTRA AND STALLS.............. £1 1s 0d.
  ADMISSION to the PIT.............. 0 10 6
  ADMISSION to the GALLERY.............. 0 5 0
To commence at Half past EIGHT o Clock, and the Doors to open One Hour before the Performance

※ BOXES, STALLS, and TICKETS, may be had at the Box-Office, Haymarket

J. H. COX, Printer, 14, Garden Row, London Road, Southwark

Ankündigung des Londoner Konzerts vom 27. 6. 1831.

THE RIVAL SCRAPER
Collection of Heads by M.D. N° 97
London Published July 3rd 1834 by I. M. Cau at 18 Haymarket

Englische Karikatur von 1834: »Die konkurrierende Kratzerin«;
die zweite Person von links ist Paganini.

Plakat für ein Konzert im Covent Garden Theatre am 6. 7. 1832.

Plakat des Abschiedskonzerts Paganinis im Covent Garden Theatre am 17. 8. 1832.

mio caro amico

Beethoven spento, non c'era che Berlioz che potesse farlo rivivere. ed io che ho gustato le vostre divine composizioni, degne di un genio qual siete credo mio dovere di pregarvi a voler accettare in segno del mio omaggio, Ventimila franchi i quali vi saranno rimessi dal sig.e Barone De Rothschild dopo che gli avrete presentato l'acclusa. Crederemi sempre

il Vostro aff.o Amico
Paganini

Parigi Li 18. Decembre 1838

Faksimile des Briefes Paganinis an Berlioz vom 18. 12. 1838
(»Nun, da Beethoven tot ist ...«)

Empfehlungsschreiben Paganinis vom 5. 8. 1839 für Giovanni Serra.

tivität dieses Musikers kann auch aus den längeren Pausen in seinem Briefwechsel mit Germi ersehen werden. Dem Maestro bei allen seinen Reisen zu folgen wird zu einem unmöglichen Unterfangen, zumal es schwierig ist, anderthalb Jahrhunderte später eine verläßliche Dokumentation zusammenzustellen.

Zweifellos fühlte Paganini sich in Frankfurt am Main wohler als in jeder anderen Stadt, die er besuchte; bevor er Frankfurt gegen Ende September 1829 verläßt, will er sich öffentlich für den guten Empfang und andere Freundlichkeiten erkenntlich zeigen und veröffentlicht in der *Oberpostamtszeitung* vom 27. September eine Danksagung. In dieser deutschen Stadt hatte Paganini eine Wohnung, die ihm zusagte und wo er der Hauswirtin den kleinen Achille anvertrauen konnte. Zudem verringerte die Möglichkeit, sich auf französisch verständlich zu machen – Französisch war in Frankfurt sehr verbreitet –, das Risiko, bei der »Öffentlichkeitsarbeit« mißverstanden zu werden. Wichtig war für Paganini auch die Begegnung mit Karl Guhr, dem Dirigenten des Operntheaters und der Museumsgesellschaft. Dieser ausgezeichnete deutsche Violinist, der 1787 in Militsch in Schlesien geboren war, analysierte als erster die Technik Paganinis und machte sie zum Gegenstand seines bereits erwähnten Traktates. Da das Vorwort dieses Werkes das Datum 1829 trägt, kann man schließen, daß er von dem Augenblick an, da er Gelegenheit hatte, Paganini zu beobachten, beschloß, der Nachwelt ein wichtiges Zeugnis zu erhalten. Diese Schrift ist auch deshalb wichtig, weil sie zwei Kompositionen des Genueser Meisters vollständig wiedergibt, von denen eine sonst verloren gewesen wäre. Wie Imbert de Laphalèque richtig feststellt, kommt das Traktat von Guhr der Biographie von Fétis um einige Jahre zuvor und hat daher historische Bedeutung. Wir haben bereits darauf hingewiesen, daß alle Rezensionen – auch jene, die von Musikern und besonders von Violinisten geschrieben wurden – sich kaum mit den technischen Aspekten des Paganinischen Stils befassen. Guhr dagegen beachtet peinlich genau selbst kleinste Einzelheiten und bietet so ein sehr eingehendes und anschauliches Bild, das eine genaue Rekonstruktion ermöglicht.

Inzwischen hatte noch ein anderer Violinist, Spohrs Freund Wilhelm Speyer[12], Gelegenheit gehabt, Paganini beim privaten Spiel zu beobachten. Er schrieb darüber am 17. September 1827 an Spohr folgendes:

> Zuerst habe ich ihn während der Proben und in verschiedenen Konzerte gehört und schließlich privat, als er mit einer

Dame die *Sonate in F-Dur* von Beethoven spielte... Seine Ausführung war sehr interessant, aber das Seltsamste dabei war, daß er bei der Wiederholung des ersten Teils des Rondos das Thema in Flageoletts und Oktav-Doppelgriffen spielte! Er begann das Thema des Adagio mit der Bogenspitze, was beweist, daß er nicht traditionellen Vorschriften folgt. Trotz der zahlreichen Verzierungen in Zweiunddreißigsteln und Vierundsechzigsteln spielte er so schnell wie sonst niemand, den ich je hörte. Seine Werke sind sehr eindrucksvoll, und obwohl sie – zumindest zum Teil – vom alten Stil geprägt sind, sind sie nichtsdestoweniger originell. Er spielte ein wunderbares Adagio in c-Moll, und er erzählte mir mit großer Hochachtung von Dir; dann sang er mir das Thema von *Liebe ist zarte Blüte*, das er bei einem Deiner Berliner Konzerte gehört hatte, und versicherte mir, daß er nie vergessen wird, wie beeindruckt er war, als er es hörte.

Im Hause Speyer, das Paganini gern zusammen mit Guhr besuchte, lernte er den Schweizer Komponisten Schnyder von Wartensee[13] kennen, der uns wichtige, aus unmittelbarer Anschauung gewonnene Zeugnisse hinterläßt über die Art und Weise des Meisters, Musik anderer Komponisten vorzutragen. Paganini spielte aus Beethovens *Trio Nr. 1 g-Moll* den Part der Violine vom Blatt; als er am Schluß angelangt war, tat er so, als ob er die Partitur zerreißen wollte, und sagte: »Wenn ich Beethoven wäre, dann würde ich diese häßliche Seite vernichten.« Bei ähnlichen Gelegenheiten spielte er auch seine Quartette mit Gitarre und ließ sich von anderen Musikern begleiten.

Paganini behält, als er sich für seine Konzerte in andere Städte begibt, die Wohnung in Frankfurt, wo er auch den Sohn zurückläßt. Er reist nach Darmstadt, wo ihm der Großherzog Ludwig I. das Theater der Stadt zur Verfügung stellt. Bevor er mit seinem eigentlichen Programm beginnt, wirkt er bei der Aufführung einer Oper von Spontini, *Nurmahal*, mit. Bei seinem folgenden Konzert trägt er das *Konzert Nr. 1*, die *Sonata militare* und die *Variationen über das Thema »Nel cor più non mi sento«* vor. Darauf begibt er sich mit seinem Sohn Achille nach Weimar, um dort am 29. September Goethe zu begegnen; diese Begegnung wird sowohl durch einen Eintrag in Goethes Tagebuch als auch durch das Zeugnis des Schriftstellers Friedrich von Matthieson dokumentiert. Nach diesem historischen Besuch fährt Paganini nach Leipzig, wo er beim ersten Mal nicht hatte spielen können. Hier lernt er Friedrich Wieck und die kleine Clara kennen, die spätere Pianistin und Komponistin. Das Mädchen spielt auf einem alten Klavier vor und empfängt die Komplimente Paganinis, der Ratschläge gibt und empfiehlt, »beim Spiel nicht so unruhig zu sein und sich nicht so viel zu bewegen«. Paganini lädt Vater und Tochter zu Proben und Konzerten ein und bezeugt eine außerordentliche Sympathie für das begabte Mädchen, das ihm von einem Vater vorgestellt worden war, der begierig war, das Urteil einer Persönlichkeit zu hören, von der ganz Deutschland sprach.

Nur wenige Rezensionen seiner Konzerte in Leipzig sind erhalten geblieben, und das wenige, das wir haben, befaßt sich stärker mit seiner äußeren Gestalt als mit seiner Art zu spielen. Dies ist bei einem Artikel der *Musikalischen Zeitung* der Fall und gilt auch für Rezensionen eines Konzerts in Dessau. Von hier aus begibt sich Paganini erneut nach Weimar, um am Hoftheater zu spielen (Dirigent: Johann Nepomuk Hummel). Anwesend bei diesem Konzert war Goethe, der durch die Meinung Zelters und seine eigene Begegnung mit Paganini neugierig geworden war, ihn zu hören; er wird darüber an Zelter schreiben, daß er sich wie vor einer »Flammen- und Wolkensäule« gefühlt habe. Im gleichen Brief aber gibt Goethe zu, daß ihm »die Basis fehle«, um ein Phänomen zu beurteilen, das ihm nur den Eindruck von »etwas Meteorischem« gegeben hatte.

Nachdem er in Weimar gewesen war, begibt sich Paganini in den Süden, nach Nürnberg, und dehnt dann seine Konzertreise auf andere bayerische Städte aus. In Bayern begegnet er Helene von Dobeneck, der Tochter Anselm Feuerbachs, eines großen bayerischen Juristen. Aus dieser Begegnung entsteht ein Liebesverhältnis, das, wie wir uns bereits denken können, kein Happy-End finden wird. Man stelle sich vor, daß die schöne Adlige, die mit dem Baron Ludwig Friedrich von Dobeneck verheiratet war, von einer so heftigen Leidenschaft für den Violinisten ergriffen wurde, daß sie sich von ihrem Mann scheiden ließ, um dem Musiker zu folgen! Aus uns unbekannten Gründen von ihm verlassen, wird sie bis ans Ende ihrer Tage in Zurückgezogenheit leben. Wir werden auf diese Episode, die sich in den kommenden Monaten entwickeln wird, noch zurückkommen; jetzt folgen wir Paganini auf seiner erfolgreichen Reise durch Bayern. Nach Nürnberg finden wir ihn in Regensburg, in München und in Tegernsee wieder, wo man ihn mit Lorbeer bekränzt. In der hübschen kleinen Stadt am See, der von den bayerischen Alpen umgeben ist, spielt Paganini für die Königin Friederike Wilhelmine Caroline von Baden, die wegen des außerordentlichen Anlasses der bäuerlichen Bevölkerung, die von allen Seiten herbeigekommen war, um den Maestro zu hören, gestattet, dem Konzert beizuwohnen.

In München gibt Paganini erneut ein Konzert und reist sodann nach Augsburg ab, wo er zwei Konzerte gibt; Anfang Dezember 1829 gelangt er nach Stuttgart. Hier trägt er mit Erfolg eine neue Komposition vor, die er bereits in Magdeburg und in München gespielt hatte: die *Variationen über das neapolitanische Liedchen* »*O mamma, mamma cara*«, die er dem Wiener Musiker Karl Fradl widmet, der eines von Paganinis Konzerten dirigiert hatte. Fradl, der mit Paganini befreundet war, hatte bei der Niederschrift des in Wien abgefaßten Testaments des Violinisten als Zeuge dessen Unterschrift bestätigt.

Das neue Werk Paganinis, das wie gewohnt einen Titel erhält, der noch nicht definitiv ist, mag uns zuerst in Erstaunen versetzen. Tatsächlich handelt es sich um nichts anderes als um das Thema des *Karnevals von Venedig*, das schon von Kreutzer verwendet worden war und das mit Neapel überhaupt nichts zu tun hatte. Es ist unklar, warum Paganini seiner Komposition diesen Titel gab. Es kann sein, daß er das fragliche Thema, das in ganz Italien bekannt ist, in Neapel gehört hat, aber seltsam bleibt, daß er sich nach Jahren und ausgerechnet in Deutschland daran erinnert. Dieser Widerspruch wird durch die Formulierung der Ankündigung auf den Londoner Plakaten noch verstärkt, auf denen die Komposition vorgestellt wird als: »Die vielbewunderten Variationen über das volkstümliche neapolitanische Liedchen ›Der Karneval von Venedig‹, die die Tollheiten und Merkwürdigkeiten eines Karnevals in Venedig beschreiben.« Obwohl das Thema mittlerweile so volkstümlich war, daß es sogar auf Drehorgeln gespielt wurde, war es ursprünglich ein Werk des Giovanni Cifolelli, der es um 1746 als Thema einer Contredanse geschrieben hatte, die seinen Namen trug (*La Cifolella*).

Durch die »Kontamination« von Sakralem und Profanem, von Verfeinertem und Volkstümlichem hatte das Thema in allen Schichten eine sehr große Verbreitung erfahren.[14] 1816 hatte es Kreutzer in seinem Ballett *Le Carneval de Venise* verwendet und quasi der »Hochkultur« zurückgegeben, aus der es ursprünglich stammte. Es ist schwer zu sagen, wo und unter welchen Umständen Paganini es zum erstenmal hörte, aber es ist eine Tatsache, daß er für volkstümliche oder volkstümelnde Motive sehr empfänglich war, wie aus mehreren seiner Werke hervorgeht, den *Variationen über die* »*Carmagnole*« zum Beispiel oder später denen über *Barucabà*, die einen idealen Stoff für Variationen abgeben werden. In Paganinis Verzeichnis, das die Stücke in der Reihenfolge ihrer Beliebtheit aufführt, nimmt dieses Werk den zwölften Platz ein und erhält den passenderen Titel *Einleitung und Variationen über das Thema »Karneval von Venedig«*; der Bezug auf das »volkstümliche neapolitanische Liedchen« bleibt hier ausgespart. Die Variationen wurden als op. 10 postum von Schonenberger in Paris gedruckt und stellen, zumindest aus quantitativer Sicht und zur Zeit ihrer Vollendung, den wichtigsten Beitrag Paganinis zu dieser Form dar, die ihm so sehr entsprach. Insgesamt sind es zwanzig Variationen; fast jeder geht ein freies Vorspiel voraus, und sie weisen die Charakteristika der bereits angesprochenen *Variationen über »God save the King«* in bemerkenswert erweiterter Form auf. Wir finden in ihnen wieder das Pizzicato mit der linken Hand, das sich mit dem Bogenspiel abwechselt, sowie ganze Passagen, die für die IV. Saite bestimmt sind, die zwei typischen Elemente von Paganinis Stil also. Sogar der Autor selbst war von seinem Werk begeistert, wie es aus dem Brief hervorgeht, den er am 12. Dezember in Karlsruhe an Germi schrieb: »Die von mir komponierten Variationen über das anmutige neapolitanische Liedchen »Mamma, mamma cara« übertreffen alles Bisherige. Ich selbst kann es Dir kaum beschreiben.«[15]

Die intensive Beschäftigung mit den Konzerten hatte Paganinis Aktivitäten als Komponist stark eingeschränkt, und es ist ein Wunder, daß es ihm überhaupt gelang, ein so umfangreiches Werk wie die *Variationen über den »Karneval von Venedig«* fertigzustellen. Aus Leipzig hatte er Germi geschrieben: »Ich habe den ersten Satz eines Konzerts in d-Moll geschrieben und ein Adagio in d-Moll mit einem Tom-Tom-Schlag am Ende; aber diese vermaledeiten Konzerte erlauben es mir nicht, das Rondo zu schreiben, doch ich habe das Motiv bereits festgelegt.«

Wir haben also die Bestätigung, daß Paganini im Jahre 1829 mit der Komposition des *Konzerts Nr. 4* beschäftigt war, das erst viel später vollendet wurde. In dem bereits erwähnten Brief aus Karlsruhe spielt Paganini auf die erlebten Erfolge an und schreibt unter anderem: »Die Wirkung meiner Töne ist so zauberhaft, daß sie die höchstgestellten Persönlichkeiten in Raserei versetzen und nicht minder die Damen.« Zu diesen gehörte auch Helene, die begonnen hatte, ihm feurige Briefe zu schreiben, und die, wie Paganini berichtet, »die Familie verlassen will, um sich mit mir für das Leben zu verbinden; aber da sie die Tochter eines in Deutschland allzu bekannten Mannes ist, des Ratgebers Seiner Majestät, werde ich das Glück, sie zu besitzen, der Religion und meinem Ruhme opfern«. Bereits aus diesen Worten geht ziemlich deutlich hervor, daß Paganini eine Heirat oder jede andere Form eines längeren Zusammenlebens ausschloß, um, auch im Hinblick auf frühere bittere Erfahrungen, Skandale zu vermeiden, die ihm zweifellos geschadet hätten.

Nach Frankfurt in sein »Hauptquartier« zurückgekehrt, widmet sich Paganini in den ersten Monaten des Jahres 1830 der Komposition und teilt dies Germi folgendermaßen mit:

> Ich habe das Konzert in d-Moll abgeschlossen, und ich habe ein anderes angefangen, das mein Lieblingswerk werden wird, aber ich habe keine Zeit, es zu beenden, da ich noch das andere instrumentieren muß... Ich habe auch eine Sonate mit Variationen in B-Dur auf der G-Saite geschrieben, die ich ebenfalls instrumentieren muß.

Wenn man weiß, daß sich Paganini über einen Zeitraum von ungefähr zweieinhalb Monaten (vom 20. Januar bis zum 1. März) der Konzerte enthielt, kann man sich gut vorstellen, wie stark er von der Komposition in Anspruch genommen war; das *Konzert Nr. 4* war noch nicht abgeschlossen, er hatte ein fünftes angefangen und zudem eine *Sonate mit Variationen B-Dur* für die IV. Saite über ein Thema von Rossini. Diese Komposition, die in London fertiggestellt und im Jahre 1831 zum erstenmal öffentlich vorgetragen wurde, ist wahrscheinlich mit jener *Sonata amorosa galante* identisch, von der uns nur die Orchestrierung erhalten geblieben ist; aus diesem Material kann man die folgende Gliederung erschließen: ein Allegro giusto am Anfang, gefolgt von einem Recitativo ad libitum, einem Adagio cantabile und schließlich einem Recitativo sostenuto (più mosso). Und die Variationen? Da der Part des Solisten fehlt, der uns allein Aufschluß über die Behandlung der IV. Saite geben könnte, ist es nicht möglich, darüber Aussagen zu treffen. Das *Konzert Nr. 5* erlebte ein ähnliches Schicksal, da es nie instrumentiert wurde, obwohl die Linie des Solisten durch einige Vorschläge die Harmonien betreffend ergänzt wurde – eine systematische Gedächtnishilfe aus der Feder Paganinis; die Vervollständigung des Werkes wird zunächst dem Sohn Achille, Giusto Daccie und Romeo Franzoni anvertraut werden; auf der Grundlage dessen, was sie erarbeiteten, wird Federico Mompellio dann seine Orchestrierung aufbauen.

Nachdem er sich eine Zeitlang dem Komponieren und mondänen Vergnügungen hingegeben hat (»Ich rechne damit, einen Walzer mit einer der lieblichsten Damen zu tanzen«, schrieb er an Germi), nimmt Paganini im März 1830 seine Konzerttätigkeit wieder auf. Bei dem Konzert, das er am Ostersonntag gibt, ist Schumann anwesend, der es folgendermaßen beschreibt:

> Als ich diesen zuerst hören sollte, meinte ich, er würde mit einem nie dagewesenen Ton anfangen. Dann begann er so dünn, so klein! Wie er nun locker, kaum sichtbar seine Magnetketten in die Massen wirft, so schwankten diese herüber und hinüber. Nun wurden die Ringe wunderbarer, verschlungener; die Menschen drängten sich enger; nun schnürte er immer fester an, bis sie nach und nach wie zu einem einzigen zusammenschmolzen, dem Meister sich gleichwiegend gegenüberzustellen, als Eines vom Andern zu empfangen.

Später wird Schumann, der lange Zeit unter dem Eindruck von Paganinis Vortrag steht, in seinem *Carnaval* die Erinnerung an den Violinisten wachrufen; ferner wird er Liszt darin vorgreifen, daß er einen Teil der *Capricci* für Klavier umschreibt. Bei den letzten drei Frankfurter Konzerten spielt Paganini das *Konzert Nr. 4 d-Moll*, wie es aus einer Ankündigung in einer Frankfurter Zeitung hervorgeht. Dieses wertvolle Dokument erlaubt uns also, das Datum der ersten öffentlichen Ausführung des neuen Konzerts, das er Anfang Februar des gleichen Jahres in Frankfurt vollendet hatte, genau zu bestimmen: Sie fand am 26. April 1830 statt.

Das *Konzert Nr. 4* weist in seinen Sätzen Allegro maestoso, Adagio flebile con sentimento und Rondo galante (Andantino gaio) alle charakteristischen Merkmale der früheren Konzerte auf, verdient aber aufgrund der akrobatischen Leistungen des Solisten, die, verglichen mit denen anderer Konzerte, knapper ausfallen, einen eigenen Platz. Der erste und der zweite Satz weisen eine Reihe von Passagen auf, die auf der I. Saite gespielt werden, und geizen nicht mit Doppelgriffen. Dem ersten Satz geht das gewohnte Vorspiel voran, das – offenbar von Opernmusik inspiriert – vom Orchester ausgeführt wird, welches an den Solisten übergibt und sich im folgenden darauf beschränkt, eine leichte Untermalung zu den Pizzicati der Streicher zu liefern. Diese wurden wiederum wie üblich so konzipiert, daß es zu keinen Überkreuzungen mit der Melodie kommt. Der zweite Satz enthält eine kurze Einleitung, die in den allerersten Takten alle Merkmale eines Trauermarsches aufweist, so daß man sich an die Eröffnung des ersten Satzes von Chopins *Sonate b-Moll* (1839) erinnert fühlt. Auch hier wird das Thema der I. Saite, wie bei Paganini üblich, vom Pizzicato der Streicher begleitet. Es ist ein Thema, das auf majestätische Weise lyrisch wirkt, von einer verhaltenen und beseelten Lieblichkeit, die darauf ausgerichtet zu sein scheint, die Gefühle direkt mit jener Unmittelbarkeit und jener Einfachheit zu treffen, die alle Adagi Paganinis kennzeichnen. Der dritte Satz, der auf der Form des Rondos aufbaut, hat dagegen einen völlig anderen Charakter. Der ausgeprägt rhythmische Verlauf und die Betonung der einzelnen Töne, die mehrmals angeschlagen werden und förmlich zu springen scheinen, rufen sofort die Erinnerung an das Glöckchen-Thema des *Konzerts Nr. 2* wach – ein Thema, das noch lange in den Ohren Paganinis und in denen seines Publikums und der Liebhaber seiner Musik nachklingen sollte. Die Triangel betont diese sicher nicht zufällige Ähnlichkeit. Abgesehen vom Einsatz von Flageoletts im abschließenden Teil des Satzes, der von einer sehr geschmackvollen Episode, von den Fanfaren der Blechbläser eingeleitet, markiert wird, werden in diesem Konzert die »Kunstmittel« Paganinis in geringerem Maße als zum Beispiel in den Variationen eingesetzt.

Vom strukturellen Aspekt her ist die Besetzung in der gleichen Art wie die der früheren Konzerte aufgebaut und weist wieder die gewohnte Unterscheidung zwischen obligaten und verstärkenden Instrumenten auf. Leider ist die Partitur nicht einsehbar, da ihr Besitzer dies nicht gestattet. Im *Elenco* Paganinis nimmt das *Konzert Nr. 4* einen der letzten Plätze ein; und tatsächlich wird es von ihm nur selten öffentlich gespielt – was zeigt, daß das Publikum Kompositionen, die auf Variationen beruhen, bevorzugt.

Nach den drei Konzerten in Frankfurt begibt sich Paganini nach Koblenz, Bonn, Köln, Düsseldorf, Elberfeld und, gemäß einer mit Spohr getroffenen Vereinbarung, nach Kassel. Der deutsche Violinist, dem es zuvor nicht gelungen war, Paganini in Italien zu hören, hat nun Gelegenheit, ihn kennenzulernen und ihn zu beurteilen. Dies geht aus einem Brief hervor, den er am 5. Juni 1830 an seinen Freund Wilhelm Speyer schickt, der ihm bereits seine Eindrücke von Paganini mitgeteilt hatte:

...Paganini habe ich in seinen beiden zu Kassel gegebenen Konzerten mit dem höchsten Interesse gehört. Seine linke Hand, die immer reine Intonation und seine G-Saite sind bewunderungswürdig. In seinen Kompositionen und seinem Vortrag ist aber eine so sonderbare Mischung von höchst Genialem und Kindischem und Geschmacklosem, weshalb man sich abwechselnd angezogen und abgestoßen fühlt. Der Totaleindruck, besonders nach öfterem Hören, ist bei mir nicht befriedigend gewesen, und ich habe keine Sehnsucht, ihn wieder zu hören.

Das negative Urteil, das im Schlußsatz enthalten ist, weist deutlich auf den gewaltigen Unterschied hin zwischen den beiden deutschen Violinisten und dem Genueser, dessen Stil in scharfem Gegensatz zum Stil Spohrs stand. Wiederum zeigt sich die Unvereinbarkeit der strengen und disziplinierten deutschen Schule mit der »Schule« Paganinis, die sich jede Willkür erlaubte, jedoch in der Technik unübertroffen blieb. Unter diesen Voraussetzungen traf Paganini eher den Geschmack des Publikums als den der Kritik und der Fachleute, welche – besonders wenn sie selbst Violinisten waren – nicht anders konnten, als die eigenen Fähigkeiten und die eigene Technik mit denen Paganinis zu vergleichen.

Von Kassel aus reist Paganini nach Norden weiter und gibt in Hannover drei Konzerte. In der Zwischenzeit hatte er aufgrund einer finanziellen Angelegenheit, in der es schließlich zu einem Rechtsstreit gekommen war, Curiol entlassen. Da er dringend einen neuen Sekretär braucht und den Freund Rebizzo, von dem er sich hatte trennen müssen, vermißt, stellt Paganini George Harrys[16] ein, den er nach seiner Ankunft in Kassel kennengelernt hatte. Harrys hatte lange beim Militär gedient und war zum Inspektor der Militärkrankenhäuser ernannt worden. Er hatte dieses Amt aufgegeben, um sich der Literatur zu widmen. Der Virtuose stellt ihn für einen begrenzten Zeitraum ein und verpflichtet sich, ihn mit zwei Prozent an den Nettoeinnahmen der Konzerte zu beteiligen und ihm außerdem auf Reisen ein Tagegeld zu zahlen. Harrys, ein Literat von einigem Format, liefert Paganini den französischen Text zu einer unbedeutenden Komposition, einem *Canto patriotico*. Wichtiger aber ist, daß er ein Erinnerungsbüchlein schreiben wird, das den Meister in verschiedenen Situationen, öffentlichen wie privaten, porträtiert und das ein seltenes, lebendiges und dabei ernstzunehmendes Zeugnis darstellt, an dessen Authentizität nicht zu zweifeln ist. Es ist bekannt, daß alle zeitgenössischen Biographen Paganinis, sei es, weil sie unter seinem direkten Einfluß standen, sei es, weil es ihnen an objektivem oder zumindest überprüfbarem Material fehlte, es nicht immer sehr genau nahmen und die Nachwelt in die Situation brachten, Tausende von Daten überprüfen und vergleichen zu müssen und sich in eine Fehlerjagd zu stürzen, die oft ergebnislos bleibt. Die Erinnerungen Harrys' dagegen beschreiben Paganini aus einem Blickwinkel, wie ihn nur der haben konnte, der tagtäglich mit ihm zusammenlebte.

Anfang Juni verläßt Paganini Hannover und begibt sich nach Celle; hier gibt er ein Konzert und reist dann nach Hamburg weiter. In der Hansestadt wohnt er der Aufführung von Webers *Oberon* bei. Am 12. Juni gibt er sein erstes Konzert. Unter den Zuschauern ist auch Heinrich Heine. Der deutsche Dichter wird eine amüsante Beschreibung von Paganinis Erscheinung auf der Bühne geben, aus der wir hier einige Passagen zitieren:[17]

Endlich aber, auf der Bühne, kam eine dunkle Gestalt zum Vorschein, die der Unterwelt entstiegen zu sein schien. Das war Paganini in seiner schwarzen Gala. Der schwarze Frack und die schwarze Weste von einem entsetzlichen Zuschnitt, wie er vielleicht am Hofe Proserpinens von der höllischen Etikette vorgeschrieben ist. Die schwarzen Hosen ängstlich schlotternd um die dünnen Beine. Die langen Arme schienen noch verlängert, indem er in der einen Hand die Violine und in der anderen den Bogen gesenkt hielt und damit fast die Erde berührte, als er vor dem Publikum seine unerhörten Verbeugungen auskramte. In den eckigen Krümmungen seines Leibes lag eine schauerliche Hölzernheit und zugleich etwas närrisch Tierisches, daß uns bei diesen Verbeugungen eine sonderbare Lachlust anwandeln mußte; aber sein Gesicht, das durch die grelle Orchesterbeleuchtung noch leichenartig weißer erschien, hatte alsdann so etwas Flehendes, so etwas blödsinnig Demütiges, daß ein grauenhaftes Mitleid unsere Lachlust niederdrückte. Hat er diese Komplimente einem Automaten abgelernt oder einem Hunde? Ist dieser bittende Blick der eines Todkranken, oder lauert dahinter der Spott eines schlauen Geizhalses? Ist das ein Lebender, der im Verscheiden begriffen ist und der das Publikum in der Kunstarena, wie ein sterbender Fechter, mit seinen Zuckungen ergötzen soll? Oder ist es ein Toter, der aus dem Grabe gestiegen, ein Vampir mit der Violine, der uns, wo nicht das Blut aus dem Herzen, doch auf jeden Fall das Geld aus den Taschen saugt?
Solche Fragen kreuzten sich in unserem Kopfe, während Paganini seine unaufhörlichen Komplimente schnitt; aber alle dergleichen Gedanken mußten stracks verstummen, als der wunderbare Meister seine Violine ans Kinn setzte und zu spielen begann. [...] Schon bei seinem ersten Bogenstrich hatten sich die Kulissen um ihn her verändert; er

stand mit seinem Musikpult plötzlich in einem heiteren Zimmer, welches lustig unordentlich dekoriert, mit verschnörkelten Möbeln im Pompadourgeschmack: überall kleine Spiegel, vergoldete Amoretten, chinesisches Porzellan, ein allerliebstes Chaos von Bändern, Blumengirlanden, weißen Handschuhen, zerrissenen Blonden, falschen Perlen, Diademen von Goldblech und sonstigem Götterflitterkram, wie man dergleichen im Studierzimmer einer Primadonna zu finden pflegt. Paganinis Äußeres hatte sich ebenfalls, und zwar aufs allervorteilhafteste, verändert: er trug kurze Beinkleider von lilafarbigem Atlas, eine silbergestickte, weiße Weste, einen Rock von hellblauem Sammet mit goldumsponnenen Knöpfen; und die sorgsam in kleinen Löckchen frisierten Haare umspielten sein Gesicht, das ganz jung und rosig blühete, und von süßer Zärtlichkeit erglänzte, wenn er nach dem hübschen Dämchen hinäugelte, das neben ihm am Notenpult stand, während er Violine spielte.
In der Tat, an seiner Seite erblickte ich ein hübsches junges Geschöpf, altmodisch gekleidet, der weiße Atlas aufgebauscht unterhalb der Hüften, die Taille um so reizender schmal, die gepuderten Haare hochauffrisiert, das hübsche runde Gesicht um so freier hervorglänzend mit seinen blitzenden Augen, mit seinen geschminkten Wänglein, Schönpflästerchen und impertinent süßem Näschen. In der Hand trug sie eine weiße Papierrolle, und sowohl nach ihren Lippenbewegungen, als nach dem kokettierenden Hin- und Herwiegen ihres Oberleibchens zu schließen, schien sie zu singen; aber vernehmlich ward mir kein einziger ihrer Triller, und nur aus dem Violinspiel, womit der junge Paganini das holde Kind begleitete, erriet ich, was sie sang und was er selber während ihres Singens in der Seele fühlte.

Das zumindest im zweiten Teil phantastische Porträt Heines entspricht einer von den deutschen Kritikern begründeten Tradition, hat aber den Vorzug, von einem Dichter geschrieben zu sein. Der erste Eindruck von Paganinis Aussehen erinnert an zahlreiche frühere Beschreibungen (leichenähnliches oder teuflisches, wenn nicht gar marionettenhaftes Aussehen), wird dann aber wie durch einen raschen Szenenwechsel völlig verwandelt und beschwört eine phantastische Szene aus dem 18. Jahrhundert herauf, die von der Musik suggeriert zu werden scheint. Bedeutend realistischer sind die berühmten Zeichnungen Lysers (der die Pseudonyme Fritz Friedrich und L. P. A. Burmeister hatte)[18], der ein außerordentlich begabter Künstler war. Er war zunächst Musikkritiker, Literat und Zeichner gewesen, war aber früh völlig taub geworden und hatte die Musik aufgeben und sich ganz auf das Zeichnen konzentrieren müssen. Heine schätzte ihn sehr und schrieb über ihn: »Ich glaube es ist nur einem einzigen Menschen gelungen, die wahre Physiognomie Paganinis aufs Papier zu bringen; es ist ein tauber Maler, namens Lyser, der, in seiner geistreichen Tollheit mit wenigen Kreidestrichen den Kopf Paganinis so gut getroffen hat, daß man ob der Wahrheit der Zeichnung zugleich lacht und erschrickt. ›Der Teufel hat mir die Hand geführt‹, sagte mir der taube Maler, geheimnisvoll kichernd und gutmütig ironisch mit dem Kopfe nickend, wie er bei seinen genialen Eulenspiegeleien zu tun pflegte. Dieser Maler war immer ein wunderlicher Kauz; trotz seiner Taubheit liebte er enthusiastisch die Musik und er soll es verstanden haben, wenn er sich nahe genug am Orchester befand, den Musikern die Musik auf dem Gesichte zu lesen, und an ihren Fingerbewegungen die mehr oder minder gelungene Exekution zu beurteilen; auch schrieb er die Opernkritiken in einem schätzbaren Journale zu Hamburg. Was ist eigentlich da zu verwundern? In der sichtbaren Signatur des Spieles konnte der taube Maler die Töne sehen. Gibt es doch Menschen, denen die Töne selber nur unsichtbare Signaturen sind, worin sie Farben und Gestalten hören.«[19]

Von Hamburg begibt sich Paganini nach Bremen, Braunschweig, Bad Ems und Wiesbaden und läßt sich dann für ungefähr drei Monate aus gesundheitlichen Gründen in Baden-Baden nieder. Am 4. August 1830 schreibt er an Germi: »Jetzt bin ich hier, um auf Anraten des berühmten Professors Himily aus Göttingen eine Trink- und Badekur zu machen, und ich werde noch den ganzen kommenden September hierbleiben.« Da er im gleichen Brief angibt, einen »sehr braven jungen Schweizer als Diener, gut erzogen; er spricht und schreibt vier Sprachen, nämlich Italienisch, Französisch, Deutsch und Englisch«, eingestellt zu haben, müssen wir daraus folgern, daß ihn Harrys verlassen hatte, vielleicht weil er nicht mit auf die Reise gehen wollte, die Paganini nach Frankreich unternehmen wollte, »wo sie mich mit Ungeduld erwarten«. Die Reise, die der Violinist bereits im Februar angekündigt hatte, wurde dann nicht nur wegen der Konzertverpflichtungen, die Paganini noch zu erfüllen hatte, sondern auch aus Gesundheitsgründen verschoben. Seine Augen wurden immer schwächer, so daß er sich an einen Augenarzt wandte, der ihm eine Trinkkur empfahl, die nach der damaligen Lehrmeinung Linderung bringen sollte.

In Baden-Baden trifft er Lafont, der, wie Paganini schreibt, »nachdem er mich gesehen und umarmt hat, sich nicht mehr anhören lassen will«. Die Zeit hatte offenbar den alten Streit ausgelöscht, und die Begegnung verlief in jeder Hinsicht herzlich. Die Bemerkung über Lafonts Rückzug von der Bühne ist als reines Phantasieprodukt zu betrachten, da bewiesen ist, daß dieser bis zu seinem Tode, der 1839 durch einen Kutschenunfall eintrat, Konzerte gegeben hat.

Paganini bedauert auch in Baden-Baden noch, daß Rebizzo nicht mehr bei ihm ist. (»Achille spricht immer von ihm«, schreibt er am 30. August, »sein Name erklingt in Berlin, in Warschau und überall, und nicht wenige junge Fräulein fragten mich nach ihm.«) Der Freund und Exsekretär hatte offenbar den gleichen Ruf als »Herzensbrecher« wie Paganini, woraus man schließen kann, daß die beiden Protagonisten nicht weniger amouröser Eskapaden waren. In Herzensangelegenheiten war Paganinis Situation ziemlich unsicher, und seine Haltung blieb eine vorsichtige. »In Frankfurt am Main«, schreibt er an Germi, »bat ich um die Hand des lieblichsten Mädchens. Sie ist die Tochter eines Kaufmanns, der allerdings nicht reich ist; er ist jedoch wohlhabend. Nun, da ich darüber nachdenke, daß sie allzu jung und allzu schön ist und die Musik nicht liebt oder sie zumindest nicht in der Seele spürt und sich mir nur aus einem falschen Interesse hingeben könnte, fange ich an, den Gedanken fallenzulassen.«

Dieser neue Eheplan Paganinis, der wie üblich scheitert, verrät den Leichtsinn, mit dem er Herzensangelegenheiten behandelt. Damals war er ja bereits in Helene verliebt, die für ihn eine tiefe und ehrliche Zuneigung empfand, wie aus einem Brief hervorgeht, den sie ihm auf französisch geschrieben hatte (einer von vielen, aber der einzige, dessen Inhalt ganz erhalten ist, da ihn Paganini selbst kopierte). Trotz der Bedenken, denen er Germi gegenüber Ausdruck verliehen hatte (Helene war die Tochter eines einflußreichen Mannes und darüber hinaus mit einem bayerischen Adligen verheiratet), zögerte Paganini nicht, ihre leidenschaftlichen Gefühle zu erwidern und einige Zeit in ihrer Gesellschaft zu verbringen. »Ihre Briefe, von denen ich mehr als vierundzwanzig besitze, sind druckreif und [verraten] ein Gefühl, das um ein Vielfaches jenes von Abälards Heloïse übertrifft. Ich habe sie alle in Frankfurt; und wenn Du willst, schicke ich Dir die Kopien.« Paganini sendet Germi die Abschrift des Briefes, den er zuvor unter der Nummer 19 inventarisiert hat (auch dieses ein merkwürdiges Detail). Der betreffende Brief, der das

Datum des 7. August trägt, fleht Paganini an, ein Lebenszeichen zu geben, und »sich nicht hinter diplomatischem Schweigen zu verstecken«. Der Violinist gibt der Versuchung nach und begibt sich inkognito nach Ansbach, wo er, wie er Germi schreiben wird, »um nicht erkannt zu werden, auf halbem Weg haltmachte, und unter einem erfundenen Namen mit dem Titel eines Architekten S. M. des Königs von Preußen blieb ich wie durch ein Wunder drei Tage lang in einem Hotel unbeobachtet und wurde dort von der obengenannten Baroneß besucht; und ich reiste gleichfalls des Nachts dort ab, um mich wieder nach Baden zu begeben. Die Gefühle dieser Dame trafen mich so tief, daß ich sie respektieren und lieben mußte. Sie hat ihren Vater dazu bewegt, die Scheidung zu bewilligen, in der Hoffnung, meine Braut zu werden, und hat erklärt, auf alle meine Reichtümer verzichten zu wollen und nichts anderes zu wollen als nur meine Hand. Was sagst Du zu alldem? ... Es ist sehr schwer, eine Frau zu finden, die mich so sehr liebt wie Elena! Es ist wahr, wenn sie die Sprache meiner Musik hören, bringen die Schwingungen meiner Töne sie alle zum Weinen, aber ich bin nicht mehr jung und auch nicht mehr schön; im Gegenteil – ich bin außerordentlich häßlich geworden. Denk darüber nach, und sag mir, was Du davon hältst. Sie räsoniert so, wie sie schreibt; ihre Art zu sprechen, ihre Stimme ist eindringlich. Sie kennt die Geographie wie ich die Violine.«

Es wäre sehr interessant, die Antwort Germis zu erfahren, die man sich aber ohne weiteres als negativ vorstellen kann, wenn man den Verlauf betrachtet, den die unglückliche Angelegenheit nahm. Und doch hatte Paganini zum erstenmal in seinem Leben die konkrete Möglichkeit, eine Verbindung mit einer Frau einzugehen, die sich ihm mit absoluter Hingabe gewidmet hätte; aber frühere Erfahrungen, Angst vor einem Skandal, Vorurteile religiöser Art und sein Pessimismus werden auch diesmal über sein Herz siegen. (Helene wird jedenfalls erreichen, daß die Scheidung ausgesprochen wird, damit sie Paganini heiraten kann; als sie aber sehen muß, daß alle Bemühungen zwecklos sind, durchlebt sie eine religiöse Krise und entschließt sich, den Schleier zu nehmen. Da sie sich ihrer Berufung nicht sicher ist, zieht sie sich zurück und bereist Europa; sie wird ihre Tage einsam in Treviso beenden.)

Inzwischen neigt sich der Aufenthalt in Baden-Baden seinem Ende zu. Paganini bemerkt: »Lafont kam mit der Familie, zahlend, zu meinem Konzert am 8. dieses Monats; und ohne sich hören zu lassen, reiste er ab und kehrte nach Frankreich zurück.

Er wird nicht mehr nach Rußland gehen, weil er meinen Aufenthalt in Paris zu genießen gedenkt.«

Man muß dazu bemerken, daß auch Paganini vorhatte, nach Rußland zu reisen, wie aus einem Brief an Germi hervorgeht: »Paris, London und Rußland werden meine Million vervollständigen.« Wie man sieht, wuchsen die Einkünfte des Maestro in den Himmel; wenn man die veränderten Lebenskosten berücksichtigt, würde heute eine ähnliche Ziffer mehreren Milliarden Lire entsprechen.

Von Baden-Baden fährt Paganini erneut nach Frankfurt am Main. Im November gibt er hier zwei Konzerte, das erste zusammen mit dem Freund Guhr, das zweite zu wohltätigen Zwecken. Ungeduldig, endlich nach Paris abzureisen, wie er es bereits wiederholt in seinen Briefen an Germi geschrieben hatte, sieht er sich zu einem weiteren Aufschub genötigt, weil Achille an Röteln erkrankt; außerdem teilt ihm gegen Ende Januar 1831 Germi mit, daß sein Bruder Carlo gestorben und die Mutter krank sei. Niccolò antwortet folgendermaßen: »Der Hingang meines armen Bruders, die hartnäckige Krankheit meiner Mutter und der Umstand, daß ich im vergangenen Jahr nur zwei Monate gearbeitet habe, machen mir viel aus... Die gegenwärtige Zeit ist nicht eine der günstigsten, aber da das Leben sehr kurz ist, werde ich Sorge tragen, keine Zeit zu verlieren.«

Anfang Februar 1831 ist Paganini in Karlsruhe: »Ich werde Dir nicht«, schreibt er am 8. Februar an Germi, »von dem Zauber sprechen, der meiner Geige bei dem Konzert, das ich hier am 5. gab, entsprang... Heute noch werde ich nach Straßburg weiterreisen und dort ein Konzert geben, um dann Paris zu besuchen und ihren und meinen Wunsch zu befriedigen... Meinem Achille geht es gut... Ich habe das Zimmer voller Leute, die auf mich einstürmen, um mir eine gute Reise zu wünschen.«

Paganini reist eilig von Karlsruhe ab und begibt sich nach Straßburg, um neue Triumphe zu feiern. Die lange und arbeitsreiche Tournee durch Deutschland hatte ihn nicht nur finanziell, sondern auch mit Erfahrungen bereichert, mit neuen Begegnungen und der – von ihm nur teilweise erwiderten – leidenschaftlichen Zuneigung einer schönen und gebildeten deutschen Adligen, mit Anerkennungen und Auszeichnungen, aber vor allem mit einer Definition, die eine deutsche Zeitung über ihn geprägt hatte: »Mit Paganini beginnt eine neues Zeitalter der Violine.«

Tabelle der von Paganini in Deutschland und Polen gegebenen Konzerte

Legende: A = Datum des Konzerts, B = Ort, C = Nummer

A	B	C
1829		
18. 01.	Dresden	1
23. 01.	Dresden	2
28. 01.	Dresden	3
30. 01.	Dresden	4
06. 02.	Dresden	5
04. 03.	Berlin	6
13. 03.	Berlin	7
19. 03.	Berlin	8
30. 03.	Berlin	9
06. 04.	Berlin	10
13. 04.	Berlin	11
16. 04.	Berlin	12
25. 04.	Berlin	13
29. 04.	Berlin	14
05. 05.	Berlin	15
09. 05.	Berlin	16
13. 05.	Berlin	17
15. 05.	Frankfurt/Oder	18
19. 05.	Posen	19
23. 05.	Warschau	20
29. 05.	Warschau	21
30. 05.	Warschau	22
03. 06.	Warschau	23
06. 06.	Warschau	24
10. 06.	Warschau	25
13. 06.	Warschau	26
15. 06.	Warschau	27
04. 07.	Warschau	28
14. 07.	Warschau	29
25. 07.	Breslau	30
28. 07.	Breslau	31
01. 08.	Breslau	32
03. 08.	Breslau	33
26. 08.	Frankfurt/Main	34
31. 08.	Frankfurt/Main	35
04. 09.	Frankfurt/Main	36
07. 09.	Frankfurt/Main	37

08. 09.	Darmstadt	38
14. 09.	Frankfurt/Main	39
16. 09.	Mainz	40
19. 09.	Mannheim	41
21. 09.	Frankfurt/Main	42
23. 09.	Mainz	43
05. 10.	Leipzig	44
09. 10.	Leipzig	45
12. 10.	Leipzig	46
14. 10.	Halle	47
15. 10.	Leipzig	48
17. 10.	Magdeburg	49
20. 10.	Halberstadt	50
21. 10.	Magdeburg	51
24. 10.	Magdeburg	52
26. 10.	Dessau	53
28. 10.	Bernburg	54
30. 10.	Weimar	55
02. 11.	Erfurt	56
04. 11.	Rudolfstadt	57
06. 11.	Coburg	58
07. 11.	Bamberg	59
09. 11.	Nürnberg	60
12. 11.	Nürnberg	61
16. 11.	Regensburg	62
20. 11.	München	63
21. 11.	München	64
23. 11.	Tegernsee	65
26. 11.	München	66
28. 11.	Augsburg	67
30. 11.	Augsburg	68
03. 12.	Stuttgart	69
05. 12.	Stuttgart	70
07. 12.	Stuttgart	71
09. 12.	Karlsruhe	72
1830		
19. 01.	Würzburg	73
01. 03.	Frankfurt/Main	74
11. 04.	Frankfurt/Main	75
26. 04.	Frankfurt/Main	76
12. 05.	Koblenz	77
14. 05.	Bonn	78

16. 05.	Köln	79
18. 05.	Köln	80
19. 05.	Düsseldorf	81
20. 05.	Elberfeld	82
22. 05.	Elberfeld	83
25. 05.	Kassel	84
28. 05.	Göttingen	85
30. 05.	Kassel	86
03. 06.	Hannover	87
05. 06.	Hannover	88
06. 06.	Hannover	89
08. 06.	Celle	90
12. 06.	Hamburg	91
16. 06.	Hamburg	92
19. 06.	Hamburg	93
25. 06.	Bremen	94
28. 06.	Bremen	95
01. 07.	Braunschweig	96
06. 07.	Braunschweig	97
24. 07.	Bad Ems	98
26. 07.	Wiesbaden	99
08. 08.	Baden-Baden	100
08. 11.	Frankfurt/Main	101

1831
05. 02.	Karlsruhe	102

Verzeichnis der von Paganini in Deutschland und Polen ausgeführten Kompositionen

1) Adagio cantabile e spianato (aus dem Konzert Nr. 3)
2) Adagio appassionato und Rondo brillante
3) Allegro aus dem Konzert B-Dur von Viotti[20]
4) Cantabile in Doppelgriffen und Grande Fantasia brillante Es-Dur
5) Konzert Nr. 1 Es-Dur
6) Konzert Nr. 2 h-Moll
7) Konzert Nr. 4 d-Moll
8) Kleine Polonaise mit Variationen
9) Präludium und Rondo brillante
10) Sonata militare
11) Variationen über das Thema »Nel cor più non mi sento«

242

12) Variationen über den *Mosè*
13) Variationen über die österreichische Hymne
14) Variationen über den *Karneval von Venedig*
15) Variationen über *Don Giovanni*
16) Variationen über *Le Streghe*
17) Variationen über das Thema »Pria che l'impegno«

1 Francesco Morlacchi (1784–1841) war in Dresden ein bedeutender Dirigent. Er begründete die Konzerttradition, die den Werken seiner Zeitgenossen gewidmet war.
2 Antonio Rolla (1798–1837) hatte Paganini vor 1822 in Italien kennengelernt, bevor er nach Dresden ging, um dort eine Stelle als Konzertmeister im Orchester der Italienischen Oper anzunehmen, die Polledro frei gemacht hatte.
3 De Courcy (op. cit.) zufolge förderte die sächsische Königsfamilie mit Erfolg die Kammermusik. König Anton von Sachsen war selbst ein guter Komponist und hinterließ zahlreiche Instrumentalwerke.
4 Heinrich F. L. Rellstab (1799–1860) war Redakteur der *Vossischen Zeitung* und Mitarbeiter verschiedener Musikzeitschriften. Seine Bedeutung als Librettist sollte nicht unterschätzt werden.
5 Adolph B. Marx (1795–1866) war für einige Zeit Musikredakteur der *Berliner Allgemeinen Musikalischen Zeitung*. In seinen *Erinnerungen*, die 1856 in Berlin veröffentlicht wurden, schreibt er in anekdotischer Manier über Paganini.
6 Friedrich Wilhelm von Preußen hatte laut zeitgenössischen Berichten ein so »taubes [Ohr], daß ihn nur ein Kanonenschlag beeindrucken könnte«.
7 Fétis, op. cit.
8 Imbert de Laphalèque, op. cit.
9 Carl F. Zelter (1758–1832), der heute nicht nur als Freund und Vertrauter Goethes bekannt ist, sondern auch als Anreger der Renaissance der Bach-Musik. Außerdem war er der Lehrer Mendelssohns, Nicolais und Meyerbeers. Als Komponist war er allerdings unbedeutend. Die nachfolgenden Aussagen über Paganini sind zitiert nach *Der Briefwechsel zwischen Goethe und Zelter*, Leipzig, 1918, Bd. III. Das erste Zitat stammt aus dem Brief Nr. 666 von Zelter an Goethe (Karsamstag 1829), das zweite aus dem Brief Nr. 668 von Zelter an Goethe, der nach dem 28. April und vor dem 1. Mai 1829 geschrieben wurde.
10 Joseph Xaver Elsner (1766–1854) gründete in Warschau ein berühmtes Konservatorium. Der »Vater der polnischen Musik« ist heute meist nur als Lehrer Chopins bekannt.
11 Christian Lach-Szyrma (1790–1878), polnischer Journalist, der nach 1830 nach London auswanderte.
12 Wilhelm Speyer (1790–1878). Nachdem er sich in Paris unter der Anleitung Baillots perfektioniert hatte, kehrte er nach Frankfurt zurück. Als sein Vater, ein Bankier, starb, übernahm er dessen Geschäfte, beteiligte sich aber weiterhin am musikalischen Leben der Stadt.

13 Franz X. Schnyder von Wartensee (1786–1868). Der aus Luzern stammende Komponist zog nach Frankfurt, wo er bis zu seinem Tode unterrichtete. Er ist heute vor allem als Glasharmonika-Spieler bekannt. Sein Zeugnis über Paganini wird im Anhang wiedergegeben.

14 Dieses musikalische Motiv ist auch in Deutschland verbreitet. Es ist die Melodie des Liedes »Mein Hut, der hat drei Ecken/drei Ecken hat mein Hut/ und hätt' er nicht drei Ecken/so wär' es nicht mein Hut.« Siehe hierzu E. Neill: »Paganini e la musica popolare« (II) in: *Quaderni dell'Istituto di Studi Paganiniani*, Nr. 2, Genua, 1974.

15 Dem Beispiel Paganinis folgend, schrieben andere Komponisten ähnliche Variationen (für Violine und Orchester): O. Bull, W. H. Ernst, F. Ghys, C. Sivori; (für Harfe:) N. Bochsa; (für Orchester:) V. Tommasini.

16 George Harrys (1780–1838), Sohn des Hannoveraner Bankiers Salomon Michael David Harrys. Er schrieb *Paganini in seinem Reisewagen und Zimmer*, Braunschweig, 1830.

17 Der Bericht Heines ist den *Florentinischen Nächten* entnommen; dieses und das folgende Zitat nach: *Sämtliche Schriften*, München, 1975; Bd. 1, S. 575 und 577 ff.

18 Die Skizzen Johann Peter Lysers (1803–1870) von Beethoven, Paganini und Schubert sind weithin bekannt geworden. Seine Erinnerungen an Paganini sind im Anhang wiedergegeben.

19 Diese Fähigkeit, die als »Synästhesie« bezeichnet wird, ist bei Musikern nicht ungewöhnlich.

20 Da Viotti mehrere Violinkonzerte in der Tonart B-Dur komponiert hat, ist es unmöglich, das von Paganini hier gemeinte genauer zu bestimmen.

KAPITEL XIV

Paganinis Ankunft in Paris eilte der Ruhm voraus, den er sich in Straßburg durch seine Konzerte erworben hatte. »Ich kann Dir keine Idee von der Herzlichkeit dieser Straßburger Musikliebhaber geben: damit ich bei meinen beiden Konzerten, die ich in diesem Theater gab, nicht betrogen wurde, haben sich verschiedene Musikliebhaber, [die selbst] Millionäre [sind], an die Kasse gestellt, um die Eintrittskarten zu verkaufen und um die Genauigkeit der Einnahmen zu überwachen und nachzuzählen«, schreibt er am 19. Februar 1831 an Germi. In der Nachschrift zu diesem Brief spielt er auf eine Biographie an, die in Paris veröffentlicht wurde: »Mir gefielen die Notizen über mich, die ich bei dem Autor G. Imbert de Laphalèque, Paris, E. Guyot Editeur, gelesen habe. Lese sie.«[1] Dieses kleine Bändchen von sechsundsechzig Seiten, im Jahre 1830 veröffentlicht, stellt den ersten französischen Augenzeugenbericht über den Violinisten dar. Es wurde mit Sorgfalt und Sympathie für die Persönlichkeit des Musikers geschrieben, auch wenn einige Angaben nicht überprüft worden sind. Es ist schwer zu verstehen, wie es Laphalèque gelingen konnte, so viel Material zu sammeln, ohne je mit Paganini in Kontakt getreten zu sein. Der erste Teil des Bändchens stützt sich, ohne dabei ganz auf Polemiken zu verzichten, auf Fétis und Guhr; als weitere indirekte Quellen dienten dem Autor vermutlich italienische und deutsche Zeitungen, die Berichte über seine Konzerte und biographische Notizen veröffentlichten; auch Schottky, dessen Biographie Paganinis im gleichen Jahr in Prag erschienen war, wurde nicht übergangen.

Am 24. Februar kommt Paganini in Paris an und quartiert sich im Hôtel des Princes ein, das ihm Meyerbeer empfohlen hatte. Niccolò hätte für seinen Aufenthalt keinen ungeeigneteren Zeitpunkt wählen können. König Louis-Philippe hatte gerade beschlossen, die Verwaltung der Oper, deren Defizite ein beängstigendes Ausmaß erreicht hatten, radikal zu reformieren. Paganini, der gehofft hatte, seine Konzerte in diesem Hause zu geben, mußte sich nach anderen Theatern oder Konzertsälen umsehen, wobei letztere nur als Notbehelfe dienen sollten. Zum Glück ernennt Louis-Philippe Dr. Véron[2] zu einer Art Superintendenten aller musikalischen Aktivitäten in Paris und teilt ihm auch die Aufgabe zu, die Pariser Oper in eigener Regie zu leiten.

Nachdem er Rossinis *Otello* mit der Malibran in der Rolle der Desdemona gesehen hat, begibt sich Paganini zum Konservato-

rium, um dort die *Fünfte Symphonie* von Beethoven, von Habeneck[3] dirigiert, zu hören. Während er darauf wartet, die geplanten Konzerte geben zu können, feiert er Wiedersehen mit Rossini, der sich in die Verhandlungen mit Véron einschaltet, um
möglichst gute Bedingungen für Paganini zu ermöglichen. Au
ßerdem trifft Niccolò in Paris Antonio Pacini[4] und seinen alten
Lehrer Paër. Im Hause des Verlegers Troupenas[5] begegnet er den
Sängern Rubini[6] und Lablache[7] sowie Liszt.

In der Zwischenzeit werden geeignete Räumlichkeiten für die
Konzerte gefunden: die Académie Royale de Musique. Hier
spielt Paganini am 9. März, verlangt Preise, die doppelt so hoch
sind wie üblich, und nimmt »brutto« 19080 Francs ein. Das lang
erwartete Ereignis erlebt die Anwesenheit des gesamten musikalischen und intellektuellen Paris: Unter den Anwesenden
sind Théophile Gautier[8], Eugène Delacroix, George Sand[9], die
Kritiker Castil-Blaze[10] und Jules Janin; letzterer wird sich, ohne
mit Tiefschlägen zu sparen, mit Paganini anlegen. Außerdem
waren zugegen Sainte-Beuve und die Musiker Rossini, Pacini,
Cherubini, Auber, Adam, Halévy, Baillot und Meyerbeer. Das
von Habeneck dirigierte Konzert enthielt die Ouvertüre des *Egmont* von Beethoven, eine Arie aus der Oper *Les Abencérages*,
von Adolphe Nourrit[11] gesungen, das *Konzert Nr. 1*, die *Sonata
militare* und die *Variationen über »Nel cor più non mi sento«*
sowie ein Duett aus *Armida* von Rossini, von Nourrit und der
Dorus[12] gesungen, und eine Arie aus *Sigismondo*, ebenfalls von
der Dorus vorgetragen.

Am 13. März schreibt Castil-Blaze im *Journal des Débats*:

> Die ersten zehn Takte des ersten Solos genügten, um das
> wunderbare Talent Paganinis erkennen zu lassen... Dieses
> erste Stück, das von lieblichsten Gesängen durchdrungen ist
> und in dem Züge einer prägnanten Originalität und einer
> bis ins äußerste getriebenen Kühnheit auffallen, deren Ge
> heimnis nur Paganini kennt, denn nur er ist in der Lage, sie
> hervorzubringen, wurde mit tosendem Beifall aufgenom
> men. Ein Adagio von großzügigem und pompösem Stil, das
> harmonische Effekte enthielt, die eines Beethoven würdig
> wären, und das mit Geschmack, Weisheit und Eleganz aus
> geführt wurde, hat die Zuhörer, die sich auf die *tour de
> force* des Virtuosen eingestellt hatten und seinem Cantabi
> le-Stil mißtrauten, mit großer Befriedigung erfüllt. Sie ha
> ben dieses Adagio unter dem doppelten Aspekt der Technik
> und des Ausdrucks bewundert, waren aber noch nicht be-

reit, ihm für Volumen und Klang die Siegespalme zuzuspre-
chen. Das Rondo, lebendig und leicht und von äußerst
schnellen Läufen, von Oktaven, Dezimen und doppelten
Flageoletts geprägt, hat einen Begeisterungssturm ausge-
löst, einen Fanatismus, eine *Follia*, wie die Italiener sagen,
ein Delirium... Eine Militär-Sonate, einzig für die G-Saite
geschrieben und in der die Mozart-Arie »Non più andrai«
auf wirklich bemerkenswerte Weise verarbeitet worden ist,
hat uns den Gegenbeweis erbracht. Die langsame Introduktion dieses wichtigen Stückes hat die ganze Kraft des Klanges zur Geltung kommen lassen, und man durfte eine Abgerundetheit bewundern, eine mitreißende Faszination, einen
einprägsamen und bewegenden Ausdruck, eine Zauberkraft
des Bogens, die wir bereits bei den anderen Kompositionen
festgestellt hatten. Dank seiner Flageoletts kann Paganini
den Tonumfang dieser einzigen Saite fast bis ins Unendliche
ausdehnen (vier Oktaven), und sie wird für ihn zu einer
vollständigen Geige.
Das Konzert und die Sonate sind vom Orchester begleitet
worden; aber die Orchestermusiker haben das dritte Stück
nicht gespielt. Hat Paganini ohne Begleitung gespielt? Aber
nein! Während sich der Gesang »Nel cor più non mi sento«
erhob, unterstützte eine zweite Stimme die Melodie, folgte
ihren Umrissen oder formte neue Ornamente. Es ist nicht
unnötig zu sagen, daß Paganini, um seine Effekte zu variieren, diese beiden Stimmen in verschiedenen Klangfarben
exponiert, von der tiefen zur hohen, zu einer mittleren und
schließlich zu den Flageoletts, ohne dabei die Melodie zu
verändern. Bis heute hatte man gedacht, daß gut ausgeführte Doppelgriffe das »nec plus ultra« der Violinisten darstellten. Paganini geht noch weiter; er gibt sich nicht mit einer
zweiten Stimme zufrieden, sondern will auch noch einen
Baß, und sein Finger verwirklicht dies, indem er die G-Saite
zupft. Und man glaube nicht, daß dieser Baß nur den
Grundton oder die Quinte erreicht, wie es bei den Pauken
der Fall ist; er umfaßt eine ganze Oktave, während die
Melodie fortschreitet und im Arpeggio Terzen hervorbringt, die im hohen Bereich vibrieren. Der zwischenge-
schaltete Orgelpunkt muß einen Ton anstimmen, den die
Violine nicht aus dem Nichts heraus hervorbringen kann,
und die Finger sind so beschäftigt, daß sie nicht die Saite
erreichen können, die diesen Orgelton produzieren sollte.
Paganini dreht am Wirbel, und schon wird a zu b, und er

galoppiert auf das hohe b zu, während das tiefe b ohne die Hilfe der Finger erklingt.

Die Rezension verliert sich dann in technischen Einzelheiten, die eine außergewöhnliche Sachkenntnis verraten. Im übrigen war Castil-Blaze auch Komponist, und obwohl er sich auf die Musikkritik verlegt hatte, arbeitete er mit den besten Musikern seiner Zeit zusammen und war über die technischen und künstlerischen Probleme seiner Zeit stets auf dem laufenden. Die gesamte Pariser Presse stimmt Loblieder auf den italienischen Musiker an, dessen Auftritte man in Paris so sehnlich erwartet hatte. Paganini wurde bereits seit 1831 in Frankreich erwartet, wie es aus dem *Journal des Débats* jenes Jahres hervorgeht; und nicht einmal die um das Doppelte erhöhten Preise für die Eintrittskarten haben die Pariser erschreckt – dies sollte erst kurze Zeit später in England geschehen. Unter den Musikkritikern ist auch der Belgier François-Joseph Fétis, Gründer und Direktor der *Revue Musicale*, an den sich der Genueser Violonist wenden wird, um eine Richtigstellung bezüglich seiner Weigerung, ein Wohltätigkeitskonzert zu geben, und eine Gegendarstellung hinsichtlich der üblichen Gerüchte über seinen Gefängnisaufenthalt und die Affäre Cavanna zu veröffentlichen. Fétis wird in gewisser Weise Vertrauter Paganinis und erfährt von ihm das wertvolle Material, das Stoff für eine Biographie liefert, die 1851 in Paris in Druck gegeben wird; zuvor hatte er einige Essays in der *Biographie universelle des musiciens* (Paris, 1835–1844) veröffentlicht. Der belgische Musikwissenschaftler wird Paganini tadeln, weil er, vielleicht aus Gefälligkeit, in Paris Konzerte von Rode und Kreutzer vorgetragen hat. Fétis schrieb darüber: »Der ungünstige Eindruck, der durch die Ausführung der beiden Konzerte in Paris entstand, war ihm eine Lektion; in der Tat spielte er von da an keine andere Musik mehr als die eigene... Er sagte seinem Sekretär Harrys: ›Ich habe meinen Stil, mit dem ich mich für meine Konzerte einrichte. Wenn ich die der anderen spielen muß, muß ich ihn verändern.‹« Die Behauptung Fétis' kann aber nur vorbehaltlich für die Pariser Konzerte gelten, da gesichert ist, daß Paganini gerade in London Konzerte von Rode vortrug, die er auf besondere Weise abgewandelt und seinem persönlichen Stil und seinen technischen Möglichkeiten angepaßt hatte. Wir erinnern uns, daß in Italien seine »Arrangements« und seine »Willkürlichkeiten«, die auf Kosten der Konzerte von Rode, Kreutzer und Viotti gegangen waren, nicht wenig Erstaunen bei der Kritik hervorgerufen hatten, ohne daß dies Paganini besonderen Eindruck gemacht hätte.

Beim nächsten Konzert am 13. März erlebt Frankreich zum erstenmal die Ausführung des *Konzerts Nr. 4* und der *Variationen über Rossinis »Mosè«*. Über letztere Komposition schreibt Fétis, der bei dem Pariser Vortrag anwesend war:

> Im Gebet des »Moses« zum Beispiel war er dort großartig, wo er die Stimme des Baritons auf der IV. Saite erklingen ließ und ihr dabei einen erhabenen Klang verlieh; aber als er zu der Stimme von Elias kam, eine Oktave höher auf der gleichen Saite, fiel er in eine Sequenz von tremolierten und einzelnen Tönen, die dem guten Geschmack zuwiderliefen. Aber seine wahre Größe offenbarte sich im letzten Teil; hier war er wirklich vortrefflich und rief Begeisterung hervor.

Dem Kommentar Fétis' ist hinzuzufügen, daß vor Paganini die IV. Saite noch nie solche Bedeutung innegehabt hatte und auf so extreme Art behandelt worden war. Dadurch erklärt sich das Interesse und gleichzeitig die Verwunderung der zeitgenössischen Violinisten und Musikkritiker. Für Paganini stellte die IV. Saite zweifellos eines der transzendenten Momente der eigenen Kunst dar, nämlich die Vorführung des Unmöglichen, des Unerreichbaren. Sein Sinn für die absolute Intonierung, die er zu erreichen vermochte, ohne vorher die Saite auszuprobieren, im Augenblick, in dem sein Bogen mit der Saite in Berührung kam – diese Fähigkeit in Verbindung mit seiner Sensibilität und seinem Gehör erlaubte ihm, Wunder zu vollbringen. Und nicht zu Unrecht spricht Paganini selbst – wie seine Kritiker – von »Magie«, also von einem esoterischen Phänomen, das an die Natur des Musikers gebunden ist.

   Die großen Erfolge Paganinis brachten es mit sich, daß er mit der Bitte konfrontiert wurde, Wohltätigkeitskonzerte zu geben. Er wird darum angegangen, anläßlich eines Balls, der für den 11. April vorgesehen ist, ein Konzert zu geben, dessen gesamte Einnahmen für die Armen bestimmt sind. Als Paganini seine Mitwirkung ablehnt, nimmt die Presse die Gelegenheit wahr, um sein Verhalten zu verurteilen. Paganini läßt sich aber nicht einschüchtern; mit Hilfe von Fétis schreibt er einen Brief an »Monsieur Universel«, um klarzustellen, daß für das gleiche Datum ein Konzert von ihm vorgesehen war, auf das er hätte verzichten müssen. Er erklärt sich jedoch bereit, sich für einen anderen Tag (17. April) zur Verfügung zu halten.

   In Paris steht Paganini auch in gesellschaftlicher Hinsicht im Mittelpunkt. In den Briefen, die er in dieser Periode an Germi schreibt, kommt Niccolò auf seine Erfolge zu sprechen: »Es ist überraschend, daß so viele Konzerte, die eines nach dem anderen gegeben werden, in einer so betrüblichen Zeit wie dieser so großen Erfolg haben. Wenn ich letztes Jahr gekommen wäre, hätte ich eine Million einnehmen können.« Paganinis Anspielung auf die »so betrübliche Zeit« bezieht sich zweifellos auf die historischen Ereignisse, die den Machtwechsel und den Übergang zur Zweiten Republik begleiten. Bezüglich der »Million«, die Paganini schätzt und als höchste mögliche Summe seiner Einnahmen ansieht, ist zu sagen, daß sie heute einigen Milliarden [Lire] entsprechen würde.

Wie bereits in der Vergangenheit sind auch in Paris seine Triumphe von unerfreulichen Episoden begleitet. Als er auf dem Boulevard des Italiens spazierengeht, bemerkt Niccolò zufällig in der Auslage eines Geschäfts, in dem Drucke verkauft werden, eine Lithographie, die ihn beim Spiel in einer Zelle porträtiert; in der Folge erlebt er die unangenehme Überraschung, daß diese Lithographie auch in der *Revue Musicale* erscheint. Er wendet sich sofort an Fétis, der für ihn einen Brief auf französisch aufsetzt, in dem er die Episode als erfunden anprangert. Der Urheber der Lithographie, Louis Boulanger[13], entschuldigt sich, und die Angelegenheit hat keine weiteren Konsequenzen. Abgesehen davon wird, ähnlich wie in Wien, auch in Paris eine kleine satirische Komödie gegeben, die den Titel *Paganini en Allemagne* trägt und um die sich Paganini nicht kümmert.

Als sich sein Pariser Aufenthalt dem Ende zuneigt, tritt Pierre-François Laporte, Impresario des King's Theatre in London, der eigens gekommen war, um Paganini unter Vertrag zu nehmen, an ihn heran. Wir erfahren die Einzelheiten dieser Begegnung von Paganini selbst. In einem Brief vom 6. April schreibt er an Germi:

> Laporte, dem Impresario des Großen Theaters von London, der eigens um meinetwillen hergekommen ist, habe ich einen Vertrag versprochen, den ich vorgestern gemacht habe [und in dem ich mich verpflichte, daß ich] mit meinen Konzerten dort Anfang des kommenden Monats beginnen werde und in sechs Wochen nicht weniger als acht gebe; und nach der Saison werde ich nach Schottland und Irland gehen, und wahrscheinlich werde ich im Oktober oder November wieder hierher zurückgekehrt sein, um auch, soweit mir möglich, jene zufriedenzustellen, die mich noch nicht gehört haben.

Und wirklich wird Paganini nach der Konzertreise durch England nach Paris zurückkehren.

Bei dem letzten Konzert, das er in der Hauptstadt gibt, ist auch Ole Bull[14] anwesend, der einen lebendigen Bericht über die Persönlichkeit Paganinis und sein merkwürdiges Verhalten bei seinen Auftritten im Theater geben wird. In diesem lebhaften und abwechslungsreichen Porträt bestätigt er die in mancher Hinsicht ähnlichen Augenzeugenberichte anderer Zeitgenossen (man denke an Heine).

Verglichen mit Ernst, der sich als einzig wahrer Erbe der Technik Paganinis betrachten kann, nimmt Ole Bull einen geringeren Rang ein; als Beweis dafür mag gelten, daß keine einzige seiner Kompositionen der Zeit hat standhalten können. Bull glaubte fälschlicherweise, daß die Übernahme eines weniger gebogenen Steges, der ihm erlaubte, einen Vierklang mit einem einzigen Griff und nicht nacheinander auszuführen, ein Geheimnis darstelle; aber sogenannte Wunder, die an Hilfsmittel gebunden sind und nicht einmal durch eine bestimmte Technik hervorgebracht werden, geschweige denn musikalische Inhalte vermitteln, die über das Handwerkliche hinausgingen, sind keine.

Bevor er Paris verläßt, hat Paganini das Bedürfnis, Habeneck zu danken, und findet folgende Worte:

Ich möchte nicht Paris verlassen, ohne Ihnen meine Dankbarkeit für die Sorgfalt zu bezeugen, die Sie auf das Dirigieren meiner Konzerte verwendet haben, sowie für das Talent, das Sie bei Ihrer Mitwirkung an meinen Erfolgen an den Tag gelegt haben. Der Ruhm des Orchesters der Pariser Oper war mir bereits bekannt, aber Sie haben zusammen mit seinen Mitgliedern meine Erwartungen um ein Vielfaches übertroffen. Einzig in Paris habe ich das erste europäische Orchester finden können, das mir die Möglichkeit gegeben hat, meine Musik so zu hören, wie ich sie geschrieben habe, und mit Vollendung begleitet zu werden. Ich finde keine geeigneten Worte, um Ihnen zu sagen, wie sehr ich Ihre gewaltige Begabung und die all der Künstler, die mir zur Seite gestanden sind, schätze. Ich bitte Sie, meine Dankbarkeit anzunehmen, die Sie bitte an alle Mitglieder Ihres Orchesters weitergeben wollen. Seien Sie versichert, daß ich eine unvergängliche Erinnerung an Sie behalten werde, zusammen mit der Hochschätzung, die ich für Sie und Ihre Mitarbeiter empfinde, denen ich für den Empfang, den Sie mir in Paris bereitet haben, danke. Ich bitte Sie, den

Ausdruck meines tiefsten Respekts und meiner Hochachtung entgegennehmen zu wollen, und unterzeichne als Ihr ergebener Diener, N. P.

Der erste Aufenthalt Paganinis in Paris trug auch dauerhafte kompositorische Früchte. Liszt überarbeitete das Thema des Rondos im *Konzert Nr. 2* und machte es zum Gegenstand einer Fantasie, die den Titel *Grande Fantaisie de Bravoure sur la Clochette de Paganini* erhielt; in dieser Komposition findet Paganinis Virtuosentum eine Entsprechung in der Klaviermusik, wobei den größeren polyphonischen Möglichkeiten des Klaviers Rechnung getragen wird. Auch Liszt hatte versucht, das Unmögliche zu erreichen; dabei hatte er eine Vielfalt von Tönen zu seiner Verfügung, die Paganinis Violine nicht besaß. Aber gleichzeitig entsprach die Hand Liszts der Paganinis, und aus diesem Grund galt die *Grande Fantaisie* als unausführbar, so daß Liszt selbst eine vereinfachte Ausgabe besorgen mußte, die zusammen mit den später ausgearbeiteten Etüden veröffentlicht wurde (1838).

Ende April verläßt Paganini Paris, um nach London zu gehen; aber bevor er sich einschifft, spielt er in Boulogne, Dunkerque, Lille, Saint-Omer und Calais.

Insgesamt gab er auf dieser ersten Konzertreise durch Frankreich innerhalb von drei Monaten neunzehn Konzerte und nahm etwa 153 000 Francs ein.

1 I. de Laphalèque: *Notice sur le célèbre violoniste N. Paganini.* Paris, 1830.
2 Louis Desiré Véron (1798–1867), französischer Arzt. Er gab seinen Beruf auf, widmete sich der Literatur und gründete eine Zeitung, die sich nur kurz hielt. Nachdem er zum Superintendenten der Pariser Oper ernannt worden war, schrieb er zahlreiche Werke über die Pariser Theater.
3 François A. Habeneck der Ältere (1781–1849). Orchesterdirigent. Er führte die Beethoven-Symphonien in Frankreich ein und wurde von Paganini als Dirigent bei seinen Pariser Konzerten sehr geschätzt.
4 Antonio Pacini (1778–1866), Komponist und Verleger. Er führte eine Musikalienhandlung, die mit Erfolg die von Ricordi gedruckten Werke Paganinis verbreitete. Paganini benutzte das Geschäft, das sich am Boulevard des Italiens 11 befand, als Treffpunkt für Begegnungen mit anderen Musikern.
5 Eugène T. Troupenas (1799–1850), Pariser Musikverleger. Er veröffentlichte vor allem Werke von Auber, Halévy und Donizetti.
6 Giovanni Battista Rubini (1794–1854), Tenor, Interpret zahlreicher Opern von Rossini, Donizetti und anderen.
7 Luigi Lablache (1794–1858), italienischer Baß, der vor allem als Rossini-Interpret eine internationale Karriere erlebte.
8 Théophile Gautier wird im *Carneval de Venise* die Erinnerung an Paganini heraufbeschwören (vgl. *Emaux et Camées*).

9 In Sands *Correspondance* taucht der Name Paganinis an verschiedenen Stellen auf. Außerdem schrieb die Sand im März 1830 im *Figaro* einige Artikel über Paganini.

10 Castil-Blaze war das Pseudonym von François-Henry-Joseph Blaze (1784–1857), der als Musikkritiker für Pariser Zeitungen und Zeitschriften arbeitete, unter anderem für das *Journal des Débats*.

11 Adolphe Nourrit (1802–1839), ein international bekannter Tenor, der auf die Interpretation von Rossini-Opern spezialisiert war. Er lehrte Gesang in Paris. Er beging in Neapel Selbstmord, weil er davon überzeugt war, nicht genügend geschätzt zu sein.

12 Julie-Aimée-Josèphe van Steenkiste, bekannt als die Dorus (1805–1896), war eine in Frankreich als Interpretin von Rossini und von französischen Opernkomponisten der Zeit sehr geschätzte Sopranistin.

13 Louis Boulanger (1806–1867), Maler, Anhänger der Romantik und guter Porträtist. Abgesehen von der genannten Lithographie zeichnete er auch eine originelle Skizze, die Paganini beim Dirigieren darstellt.

14 Ole Bull (1810–1880), norwegischer Violinist und Komponist. Er führte als einer der ersten die *Capricci* Paganinis aus und schloß in Paris Freundschaft mit diesem. Sein Zeugnis über den Violinisten wird vollständig im Anhang wiedergegeben.

KAPITEL XV

Nachdem Paganini in London angekommen und in einem Hotel am Leicester Square abgestiegen war, machten ihm die besten Musiker der Zeit ihre Aufwartung – Cramer[1], Costa[2], Mori[3], Moralt[4], Lindley[5], Spagnoletti[6] und Dragonetti, den man später den »Paganini des Kontrabasses« nennen wird.

Mit ihnen spielte Paganini Quartette, während er darauf wartete, sein erstes Konzert in London zu geben, das für den 17. Mai 1831 vorgesehen war. Er lernt auch zwei musikliebende Ärzte kennen, Dr. Billing, der sich um seine Gesundheit kümmern wird, und Dr. Cartwright, einen bekannten Zahnarzt.

In dieser glücklichen Zeit der Vorbereitung, die er in Gesellschaft von Musikern verbringt, die zum größten Teil Italiener sind und ihm sicher auch helfen, sich in dem ihm unbekannten Land, dessen Sprache er nicht spricht, einzuleben, ahnt Paganini nicht im entferntesten, daß seine Gewohnheit, die Preise der Eintrittskarten zu verdoppeln, heftige Polemiken verursachen wird. Sobald die Plakate mit den Angaben der – zugegebenermaßen – überhöhten Preise öffentlich ausgehängt werden, erhebt sich die Presse geschlossen, um den unverzeihlichen Mißbrauch anzuprangern. Die Zeitungen beschränken sich nicht darauf, Paganini anzugreifen, sondern kritisieren auch seinen Impresario Laporte. Das traditionelle britische Phlegma wird für einige Zeit abgelegt, um einem kleinlichen Nationalismus Platz zu machen, der eindeutig xenophobe Züge trägt.

Andere Zeitungen und Zeitschriften nehmen eine gemäßigtere Haltung an. Eine schreibt, daß »im Grunde niemand gezwungen wird, eine Eintrittskarte zu kaufen, wenn sie soviel kostet.« Angesichts dieser unerwarteten Entwicklung, die ihn zu schädigen droht, greift Paganini auf ein klassisches Mittel zurück: Er läßt das erste Konzert »aus gesundheitlichen Gründen« absagen. Nachdem er über sein weiteres Vorgehen nachgedacht hat, läßt er einen Brief an die *Times* schreiben, in dem es heißt:

Da der Tag meines ersten Konzerts im King's Theatre näher rückt, halte ich es für meine Pflicht, indem ich es ankündige, um die freundliche Nachsicht der britischen Nation zu ersuchen, die die Künste so ehrt, wie ich sie respektiere. Da in den anderen europäischen Ländern in den Theatern, in denen ich Konzerte gab, die Preise verdoppelt wurden und da ich nicht die Gepflogenheiten dieser Hauptstadt kenne, in der ich zum ersten Mal bin, hatte ich beschlossen, hier ein Gleiches zu tun. Da ich inzwischen von den Zeitungen darüber informiert worden bin, daß die festgesetzten Preise höher sind als die auf dem Kontinent und da ich diesen Einwand für gerechtfertigt halte, bin ich bereit, dem Wunsch des Publikums stattzugeben, dessen Achtung und guter Wille für mich die schönste Belohnung darstellen.

Auf diesen taktischen Zug, der wohl von Laporte erdacht und von Paganini gewiß nur widerstrebend befolgt wurde, glätteten sich die Wogen, wenngleich der unschöne Zwischenfall unvergessen bleiben und den Maestro in keinem guten Licht erscheinen lassen wird. An Gelegenheiten, seine übermäßige Liebe zum Geld und seinen Geiz bemerkbar zu machen, wird es auch in Zukunft nicht mangeln, auch wenn sie durch das großzügige Geschenk an Berlioz und Paganinis Bereitschaft, Wohltätigkeitskonzerte zu geben, zum Teil wiedergutgemacht werden. Zahlreiche Zeugnisse enthüllen an Paganini die klassische Haltung des Genuesers gegenüber dem Geld: übermäßige Sparsamkeit bei kleineren Ausgaben und unvermutete Großmut bei größeren; dies widerlegt natürlich nicht die sprichwörtliche Redensart »Genuensis ergo mercator« (»Ein Genueser, also ein Händler«), die im übrigen auch dadurch bestätigt wird, daß Paganini sehr genau Buch führt, wie aus seinem berühmten »Libro mastro« hervorgeht, in dem jede, auch die geringste Ausgabe genauestens vermerkt wird. Und warum sollte ein Künstler auch nicht ein guter Verwalter seiner Güter sein?

Der einflußreiche *Observer* nimmt die Entscheidung Paganinis zur Kenntnis, nicht ohne Laporte zu kritisieren, und schreibt am 29. Mai: »Paganini, der berühmte Violinist, hat sich mit Laporte geeinigt und wird zu normalen Preisen spielen. Wie dem auch sei, so haben doch Paganini und Laporte beide geirrt, als sie die Preise verdoppelten, und haben nun ihren Fehler eingesehen, der Laporte zu Lasten gelegt werden muß, der John Bull besser hätte kennen sollen.«

Am 3. Juni 1831 findet also im King's Theatre das erste Konzert statt. Es wird von Michele Costa dirigiert, und es wirken Lablache, der das »Largo al factotum« singt, und andere Sänger mit. Im ersten Teil führt Paganini das *Konzert Nr. 1* aus, im zweiten die *Sonata militare* und die *Variationen* »*Nel cor più non mi sento*«. Trotz der wenig glücklichen finanziellen Voraussetzungen ist der Erfolg groß. So schreibt Chorley[7] in *The Athenaeum*:

Die *Sonata militare*, die auf Mozarts Thema »Non più andrai« basiert, wurde mit unglaublicher Präzision und Ausdruck ausgeführt, trotz der Beschränkungen der IV. Saite, die Paganini mit der gleichen Energie wie die drei anderen nutzt. Der Gebrauch des Bogens und des Pizzicatos sind seine Spezialitäten, und es ist wahrscheinlich, daß sie dies auch bleiben werden. Das Auftreten dieses Hexers scheint geeignet, die Mehrzahl der Violinisten in den Selbstmord zu treiben. Er stimmt seine Violine hoch, und trotzdem erhält er einen sphärischen und abgerundeten Klang, der wirklich unglaublich ist. Seine Musik und sein Stil werden von der Melancholie charakterisiert. Der Ausspruch eines französischen Literaten, nach dem die Traurigkeit immer zerbrechlich sei, kann sehr gut auch auf den Vortrag dieses seltsamen Individuums bezogen werden. Es gelingt ihm geradezu, dem eigenen Instrument eine Art animalischer Sensibilität zu verleihen, und zuweilen entlockt er ihm Weinen und Klagen, die die Wahrhaftigkeit und den Ausdruck haben, die dem physischen Schmerz entspringen... Er ist von irgend jemandem als Scharlatan bezeichnet worden, weil er in einer Tonart spielt, während ihn das Orchester in einer anderen begleitet. Und wenn dies [auch] ein Kunstmittel ist, so stammt es [doch] aus der Zeit von Corelli und ist völlig legitim.

Auch andere Zeitungen und Zeitschriften stimmen Loblieder auf den Violinisten an, ohne dabei zu versäumen, auf Einzelheiten technischer Natur einzugehen – ein Beweis für die ausgezeichnete Ausbildung der englischen Musikkritiker.

So schrieb William Ayrton[8] in *The Harmonicon* über Paganinis Qualitäten: »Sie erfordern eine heftige Neigung zu Musik, Fleiß, Standhaftigkeit, Hingabe und auch eine Fähigkeit, neue Effekte zu erfinden, die in der Geschichte seines Instruments keine Vorbilder haben.«

Bei dieser ersten Konzertreise nach London führte Paganini folgende Kompositionen aus: die *Konzerte Nr. 1*, *Nr. 2* und *Nr. 3*, das *Rezitativ und drei Arien mit Variationen*, die *Sonata militare* und die *Variationen über den »Karneval von Venedig«*.

Für das Konzert, das am 30. Juni 1831 im King's Theatre stattfand, wurde jedoch eine »Großes Konzert in drei Teilen« angekündigt, dessen zweiter Satz folgendermaßen beschrieben wird, wobei wir die Orthographiefehler originalgetreu wiedergeben: »Introduzione Religiose conto corale«. Man weiß nicht, ob der Typograph absichtlich die »canti«, die Gesänge, mit den »conti«, den Konten oder Rechnungen, verwechselt hat, zumal Paganini letztere bevorzugte. Jedenfalls stellt diese Komposition eine Kostprobe eines abgeschlossenen Werks dar, das den Titel *Le Couvent du Mont Saint-Bernard* trägt; der Umstand, daß der Titel französisch ist, kann entweder als Hinweis gelten, daß das Werk in Frankreich geschrieben wurde, oder aber, daß es ursprünglich für eine Aufführung in Frankreich gedacht war.

Ein Auftritt Paganinis in begleitender Funktion wird im Programm seines Konzerts vom 22. Juli dokumentiert, das ein »Rezitativ und Arie, von Madame Pasta gesungen, mit Violinbegleitung von Herrn Paganini« ankündigt. Es wird weder der Komponist der Arie noch das Werk, dem sie entnommen ist, genannt. Eine Lithographie, die in jenem Jahr in London erschien, porträtiert die Pasta beim Singen, begleitet von Paganini und Rossini am Klavier; auch dies bezeugt, daß zwischen den drei Künstlern eine ungewöhnliche Bereitschaft zur Zusammenarbeit herrschte. Man muß allerdings einräumen, daß sich Rossini im Jahr 1831 nicht in London befunden haben kann und daß die beschriebene Zeichnung entweder in Paris entstanden sein muß oder ein Werk der Phantasie ihres Schöpfers war.

Bevor Paganini London verläßt, um in den Norden und nach Irland zu reisen, schreibt er einen langen Brief an Germi (ohne Datum, aber auf den Juni 1831 datierbar), in dem er die Bilanz der in London erlebten Erfolge zieht. Wir geben hier Auszüge aus dem Text, sofern sie sich auf den Londoner Aufenthalt beziehen:

Liebster Freund,
wenn Du die Möglichkeit hast, eines der englischen Blätter zu lesen, wirst Du vielleicht einer Art außerordentlicher Begeisterung gewahr werden, nein, einer beispiellosen Raserei, die ich bei den kalten Briten mit meinem ersten Konzert hervorgerufen habe, das ich am 3. Juni im großen Theater der Italienischen Oper gab.
Wenn ich auch ein Jahr lang schriebe, könnte ich Dir doch nicht den geringsten Teil davon sagen. Das ganze Theater – Parkett, Logen, Galerie – war wie ein sturmgepeitschtes Meer, sowohl durch den Lärm der Stimmen und der Hände als auch durch die wellenförmige Bewegung der Taschentücher und Hüte, die durch die Luft geschwenkt wurden. Sie sagen Sachen, die zu wiederholen mir nicht zukommt: Lese, wenn Du kannst, und Du wirst sehen. Ein solcher Triumph

ist hier beispiellos, wie alle einstimmig sagen, und um so schmeichelhafter für mich, als es mir gelang, mit dem Klang meines Instruments einen schlechten Eindruck zu zerstören, der beim Publikum durch die geänderten Preise entstand, die ich am Anfang für meine Konzerte festgelegt hatte. Ich habe gespielt, und alles Gerede kehrte sich in unvorstellbares Lob um; ja, aus jeder Silbe der Zensur wurde ein Preisgedicht. Das gesamte Publikum war wie durch eine unwillkürliche Bewegung auf die Bänke und Stühle des Parketts gestiegen; oben, in den Logen, hättest Du denken können, daß sie sich mit einem Leukadensprung hinunterstürzen wollten. Die Begeisterung blieb nicht innerhalb der Mauern des Theaters; wo immer ich erscheine, ob in den Straßen oder anderswo, bleiben die Leute stehen, folgen mir und umringen mich. Ich werde einen Satz aus der *Times* wiederholen: Du wirst vielleicht nicht die Hälfte von dem glauben, was ich Dir sage, und ich sage nicht die Hälfte von dem, was ist. Überallhin werde ich eingeladen, von den höchsten Herrschaften, und ich weiß nicht, zu wem ich zuerst gehen soll.

Ich spreche nicht vom Ruhm; es fehlen mir die Worte, Dir eine Idee vom Wohlwollen des Publikums zu geben. Vom König eingeladen, habe ich bei Hofe gespielt, und ich erwarte jetzt einen Ring, da sein Juwelier bei mir war, um an einem Finger Maß zu nehmen, und ich habe ihm den rechten Zeigefinger entgegengestreckt.

Eine Vielzahl von Porträts,[9] von verschiedenen Künstlern angefertigt, ist in allen Geschäften erschienen; sie stellen, die einen mehr, die anderen weniger, meine Physiognomie dar, aber eines, das mir wirklich ähnlich sieht, ist unter den Drucken noch nicht erschienen. Man sieht auch manche possenhafte Karikatur; eine, die mich darstellt, wie ich in einer seltsamen Haltung spiele, während das Notenpult sich entzündet und brennt; eine andere, wie ich eine schöne Frau umarme, wegen eines Gerüchts, das sich verbreitet hatte, daß ich verliebt wäre; eine dritte, wie ich die Violine auf einer Saite spiele, mit einem lustigen Motto darunter, und eine andere mit dem Porträt von Lablache, wie er mit dem Glöckchen klingelt, was er bei einem meiner Konzerte tat. Ich lache mich darüber tot und lasse [sie] gewähren.

Am 4. Juli habe ich im gleichen Theater das achte Konzert gegeben; am einträglichsten war das fünfte. Es war unglaublich voll; sie haben Hunderte von Hörern wegge-

schickt, und mehr als zweihundert Personen waren damit
zufrieden, sich zwischen die Orchestermusiker zu stellen,
die auf die Bühne gegangen waren, um die Stühle im Orchester unten für [je] eine Guinee zu vermieten. In London
hatte man noch nie solch einen Zulauf gesehen. Ich habe ein
Musikstück gespielt und andere Konzerte, die irgendwelche
Künstler in anderen Sälen gegeben haben, und habe mich
mit einem Drittel der Bruttoeinnahmen zufriedengegeben.
Ich habe bei Lablaches Soiree gespielt, für Signor Spagnoletti, 1. Geige, und für einen Kapellmeister, Sig. Hawes[10]. Ich
spielte gratis am Großen Theater für das Wohltätigkeitskonzert der Philharmoniker, Witwen etc., und gratis bei
dem Konzert für die Waisenkinder von London. Montag
werde ich morgens bei dem Konzert von Mr. Torri spielen
und werde ein Drittel der Einnahmen bekommen. Am
Abend werde ich ein Konzert geben, 4 Meilen von der Stadt
entfernt, da ich den Saal von London Tavern bekommen
habe, der etwa 800 Personen fassen kann, und da werde ich
drei oder vier [Konzerte] geben zu einer halben Guinee pro
Eintrittskarte. Freitag, den 15., werde ich das neunte Konzert am Großen Theater geben. Wenn Paganini spielt,
kommt alle Welt gelaufen.

Wie man feststellen kann, verschmähte es Paganini nicht, zu
wohltätigen Zwecken zu spielen und bei Konzerten von Sängern
mitzuwirken, die um seine Mitwirkung baten, um den Saal zu
füllen. Trotzdem ließ es sich manch eine Londoner Zeitung nicht
nehmen, den vorgeblichen Geiz Paganinis ins Feld zu führen und
die traurige Episode der verdoppelten Preise wieder aufzuwär-
men. Im übrigen gibt Paganini in dem oben zitierten Brief an
Germi zu, einen Fehler begangen zu haben. Er geht sogar soweit,
Stühle für eine Guinee zu »vermieten« (für jene Zeiten eine
horrende Summe), um Publikum unterzubringen, das sich nicht
von der Mitteilung »alles ausverkauft« hatte entmutigen lassen.
Die Anklagen wegen seiner Habgier lassen Paganini gleichgültig,
solange sie nicht an seine persönliche Ehre rühren. Andererseits
überliefern einige spätere Berichte eine Episode, die, wenn sie
wahr ist, was von einigen Biographen angezweifelt wird, über die
Mentalität unseres Musikers ziemlich aufschlußreich wäre. Als
ihn der König bat, bei einem privaten Konzert zu spielen, für das
er eine Entschädigung vorgesehen hatte, die die Hälfte dessen
betrug, was Paganini gewöhnlich einnahm, ließ er ihm antworten, daß er sich für weitaus weniger eine Karte für eines seiner

Konzerte besorgen könne. Diese Anekdote muß in Beziehung zu Paganinis Wahlspruch gesetzt werden: »I grandi non temo e gli umili non sdegno« (»Die Großen fürchte ich nicht, und die Bescheidenen verachte ich nicht«), der verdeutlicht, daß er nicht nur aufgrund seines mühsam errungenen Ruhms, sondern auch wegen einer ihm eigenen Haltung, die tief in seinem Genueser-tum verwurzelt war, die Menschen nicht nach ihrem Rang beurteilte.

In London hatte er Gelegenheit, unter den Persönlichkeiten der zeitgenössischen musikalischen Welt auch Moscheles wiederzusehen und zu besuchen, der im Jahr darauf einige Bearbeitungen für Klavier von Paganinis berühmtesten Themen veröffentlichen wird.[11]

Nachdem er einige Konzerte im Norden Englands gegeben hat, schifft sich Paganini auf einem Schiff nach Irland ein, das bezeichnenderweise den Namen *Der Fliegende Holländer* trägt, und geht Ende August in Irland an Land. Sein erstes Konzert in Dublin verursacht ein Mißverständnis: Er verspätet sich, weil er einige Zeit darauf verwendet, sein Instrument zu stimmen, und erregt die Ungeduld des Publikums. Irgend jemand ruft: »Worauf wartest du denn noch?« Als das Publikum lacht, ärgert sich Paganini und verlangt vom Orchesterdirigenten George Smart[12] eine Erklärung. Als dieser keine plausible Erklärung für das unerwartete Verhalten des Publikums geben kann, gerät Paganini in Wut, verläßt die Bühne und verzichtet darauf zu spielen. Aufgebracht schließt er sich mehrere Tage in seinem Hotelzimmer ein, bis ihn das Publikum, das begierig ist, ihn zu hören, dazu überreden kann, aufzutreten. Das Konzert findet am 3. September statt; unter anderem wird das Glöckchen-Rondo vorgetragen, das die Hörer in Entzücken versetzt. Die *Times* aber nutzt die Gelegenheit, um Paganini anzugreifen und sein seltsames Verhalten hervorzuheben. Eine weitere bittere Überraschung erwartet ihn später in Bristol. Ein Brief, mit »Philadelphus« unterschrieben, wird in der Stadt plakatiert, in dem »die Habgier der ausländischen musikalischen Ungeheuer, die England Geld abpressen«, unmißverständlich denunziert wird. Aber dieser Protest bleibt ein Einzelfall, und das Konzert Paganinis erfährt einen in dieser Stadt noch nie dagewesenen Erfolg.

Das Verhalten der Engländer gegenüber dem Genueser Meister spaltet sich also in individuelle Protestaktionen, die keine dauerhaften Spuren hinterlassen, und einhellige Zustimmung, die etwaigen Unmut rasch beseitigt. Die britische Xenophobie wird schnell von der Feststellung zum Schweigen gebracht, daß

Paganini ein einzigartiges Phänomen darstellt, so daß auch finanzielle Fragen bald vergessen werden.

Beim letzten Konzert, das er in Dublin gibt, führt Paganini einige Variationen über ein volkstümliches irisches Thema aus, »St. Patrick's Day«[13] – eine Hommage an das Land, dessen Gast er ist.

Von der Komposition für Violine und Orchester ist der Part der Violine nicht erhalten, und damit fehlt uns jede Möglichkeit, ein Urteil, gleich welcher Art, darüber zu fällen. Sie erscheint nicht in dem berühmten *Elenco*, weshalb man annehmen kann, daß Paganini selbst ihr keine große Bedeutung beimaß. Er hatte sie auch in England mehrere Male gespielt, wobei er sie mal als »Irische Nationalmelodie für die IV. Saite«, mal als »Lieblings-Nationalmelodie« ankündigen ließ. In diesem Zusammenhang muß darauf hingewiesen werden, daß die Konzertankündigungen von wechselnden Angaben begleitet waren; *Le Streghe*, zum Beispiel, werden mal als »Humorvolle Variationen über die Contredanse der Hexen oder komischer Tanz der Hexen um den Nußbaum von Benevento« angekündigt, während die *Variationen über Rossinis* »*Mosè*« geschrieben werden als »Sonate über das Gebet Peters des Einsiedlers mit variiertem Thema« oder als »Sonate über das Gebet des Moses in Ägypten, gefolgt von einem Thema mit Variationen«.

Während sich Paganini noch in Irland befindet, wird sein Name in England von einem gewissen Mr. Collins mißbraucht, der sich »The English Paganini« nennt und in Brighton einige Konzerte gibt, bei denen er Stücke spielt, die die Ausführung von »harmonischen Klängen mit umgedrehten Fingern« vorsehen, ein »Quartett für Violine, bei dem man vier verschiedene Stimmen hören wird« sowie eine Komposition, die den Titel *Am Rande* trägt, mit Variationen auf der IV. Saite, zum Teil mit »dem Bogen zwischen den Knien« ausgeführt.

Offensichtlich hatte jemand versucht, Paganini nachzueifern, aber das Ergebnis war wohl eher eines Jahrmarkts würdig als eines Konzertsaals. Von besagtem Collins hat man seither nie wieder gehört.

Bevor er Irland verläßt, gibt Paganini in den Provinzstädten Carlow, Cork und Limerick weitere Konzert. Nach einem kleinen Abstecher zurück nach Dublin, wo er seine Abschiedssoiree gibt, geht er nach Belfast mit der Absicht, sich nach Schottland einzuschiffen, wo ihn eine große, vom Impresario Freeman organisierte Konzerttournee erwartet.

Bei den Konzerten in Irland wirkte George Smart als Dirigent mit, ein Musiker, der in Großbritannien aufgrund seines nicht unwesentlichen Kulturschaffens erhebliches Ansehen genoß; in Schottland dagegen arbeitete Paganini mit dem Dirigenten Pio Cianchettini[14] und der Sängerin Costanza Pietralia zusammen, über die er später nicht viel Gutes zu sagen haben wird.

In Glasgow angekommen, gibt Paganini drei Konzerte, die mit gutem Erfolg aufgenommen werden, und begibt sich sodann nach Edinburgh. Die Rezensionen, die in den Zeitungen der zwei wichtigsten Städte Schottlands veröffentlicht werden, sparen nicht mit Lob für den Musiker, der zum ersten und letzten Mal vor dem schottischen Publikum auftritt. Diese positive Erfahrung ist es vielleicht, was Paganini dazu bewegt, seine Konzertreise auf weitere Städte auszudehnen und bis in den äußersten Norden zu reisen. Bevor er nach Edinburgh zurückkehrt, spielt er in Ayr, Aberdeen, Dundee und Kilmanrock, allerdings ohne dabei nennenswerte Summen einzunehmen.

In Schottland trägt er dieselben Kompositionen vor wie bei seinen Konzerten in England, mit Ausnahme eines Werks, das er offenbar für das schottische Publikum konzipiert und ihm gewidmet hat: *Scots Wha'hae*. Das Werk, das leider spurlos verschwunden ist, basierte wahrscheinlich auf extemporierten Variationen über ein Volkslied, das auch von Berlioz für die Ouvertüre von *Rob Roy* verwendet wurde. Diese Komposition, die am 18. November 1831 in den Assembly Rooms von Edinburgh vorgetragen wurde, ist mit großer Wahrscheinlichkeit von Paganini für Violine solo improvisiert worden.

Diese Hypothese könnte in dem Umstand Bestätigung finden, daß Paganini Kompositionen, die aus einer Eingebung des Augenblicks entstanden, nicht immer schriftlich festhielt; dies war der Fall, wenn er sich damit »amüsierte«, Sängerinnen zu begleiten, oder wenn er in ein Stück Variationen über irgendein Thema einflocht, das ihm gerade durch den Kopf ging. Diese Angewohnheit Paganinis ist wohl auf die Lehrmeinung des 18. Jahrhunderts zurückzuführen, nach der es dem Virtuosen fernliegen sollte, in schriftlicher Form zu fixieren, was einer Stimmung des Augenblicks entspringt. Es ist dies jedenfalls eine moderne Praktik in dem Sinne, daß der Ausführende und Improvisierende sich ganz der Vergänglichkeit einer Idee überläßt, die entsteht und wieder vergeht, sobald der Ton verklingt.

Obwohl in den Briefen zwischen Juli 1831 und Januar 1832 ein Loch klafft, das wohl aus den vielen Ortswechseln resultiert, die Paganini in dieser Zeit vornimmt, ist es uns dennoch möglich, die Route der Reise zu rekonstruieren, die nach seinem Aufenthalt in Schottland[15] stattfand und durch zahlreiche Städte des Südens und der Mitte Englands führte: Brighton, Bath, Bristol, Exeter, Plymouth und Liverpool, anschließend Manchester, Leeds, Chester, Birmingham, York, Halifax, Sheffield und Hull. Im Jahr 1832 wird in Liverpool eine Broschüre gedruckt, die den Titel *Memoir of Signor Paganini with Critical Remarks of His Performances* trägt und einen guten Teil der Schriften, Essays und Artikel wiedergibt, die in England erschienen. Trotz ihres bescheidenen Umfangs unterstreicht diese Veröffentlichung den Erfolg und die Beliebtheit, die Paganini nicht nur in London, sondern auch in anderen Städten von geringerer kultureller Bedeutung errang.

Während er sich im Januar 1832 in Manchester befindet, erhält Paganini die Nachricht vom Tode seiner Mutter.[16] Er verzweifelt aber nicht darüber und schreibt an Germi über die Wirkung seiner Musik:

Der teuflische Fanatismus, den mein Instrument bei besagten Konzerten hervorgerufen hat, hat uns den Entschluß fassen lassen, sechs weitere zu geben, und ich werde zwei Drittel der Einnahmen erhalten. Ich werde am 20. des kommenden Februars zurück sein, um meinen lieben Achille zu umarmen, den geliebten Jungen, der ausgezeichnet untergebracht ist; aber wenn er erst wieder bei mir sein wird, werde ich ihn nicht mehr [allein] lassen, denn er ist meine Freude... Gib mir eine Vorstellung von der Wohnung oder dem Lustsitz, die Du mir kaufen willst. Zu Deiner Information: Ich werde ein Jahr oder zwei brauchen, um mich auszuruhen, um von gewissen Beschwerlichkeiten zu genesen, die mich melancholisch machen. Die elektrischen Spannungen, die ich spüre, wenn ich mit der magischen Harmonie zu tun habe, schaden mir entsetzlich; aber wenn ich in die Heimat zurückgekehrt sein werde und einige Zeit Dir nahe bin, wird mir dies das Leben verlängern. Dies ist meine Idee: In Paris werde ich die ganze Fastenzeit bleiben, und ich werde bis zum Beginn des Sommers nach London zurückkehren. Ich werde wieder über Frankreich reisen und alle Städte besuchen, um Konzerte zu geben, und werde würdiger in die Heimat zurückkehren und an Deinen Busen eilen. Nachdem ich von London nach Irland abgereist bin, sieh, wie viele Konzerte ich gegeben habe, angefangen beim Festival von Dublin und in anderen Städten Irlands, Schottlands und hier in England. Fünfundsechzig Konzerte, beginnend am 30. August bis zum 14. Januar 1832. Beachte aber, daß ich fünf Wochen lang krank war und keine Konzerte gegeben habe. Also habe ich die fünfundsechzig [Konzerte] in der Zeit von ungefähr drei Monaten gegeben, dabei 30 Städte besucht mit vier Pferden, in Gesellschaft einer Sängerin, der Signora Pietralia, die ich mit dem beigefügten [Schreiben] dem Impresario F. Granara empfehle, damit er sie für den nächsten Frühling unter Vertrag nimmt, da sie Wert darauf legt, Italien wiederzusehen. Ich hatte auch einen gewissen Sig. Cianchettini, Maestro am Cembalo; einen Sekretär, einen jungen und sehr höflichen Engländer, der alleine vorausreiste, um die Konzerte für mich vorzubereiten. Ich hatte in meiner Gesellschaft auch einen Dummkopf, der den Portier machte und einen ausgezeichneten Domestiken [abgab]; und ich habe in London eine wunderschöne Kutsche gemietet. Du kannst Dir keine Vorstellung von den exorbitanten Ausgaben machen, die für besagte Reise notwendig geworden sind; aber zu seiner Zeit werde ich Dir darüber Auskunft geben, und ich werde Dir Sachen über die Gebräuche in diesem Land erzählen, die Dich in Erstaunen versetzen werden. Wer nicht in dieser Gegend gewesen ist, kann nicht genug gelernt haben. Wenn ich zwölf Jahre früher nach London gekommen wäre, hätte ich, und es wäre leicht gewesen, mein Glück gemacht; aber jetzt erkennt man es wegen des Elends, das allerorts herrscht, nicht mehr wieder. Hatte es nur einen Genueser gebraucht, um sich da rauszuhelfen? Du lachst?... Jetzt fragt man nicht mehr, ob sie ihn gesehen haben. Um ehrlich zu sein, tut es mir leid, daß in allen Klassen das Gerücht verbreitet wird, ich hätte den Teufel im Leib. Die Zeitung beschäftigen sich allzusehr mit meiner Gestalt, welche eine unglaubliche Neugier verursacht.

Wir erfahren aus diesem Brief, daß Paganini unter den Auswirkungen einer Mattigkeit zu leiden beginnt, welche die erst kürzlich durchgestandene *tour de force* verursacht hat. Fünfundsechzig Konzerte, die innerhalb von ungefähr drei Monaten und in dreißig verschiedenen Städten gegeben wurden, hätten auch einen Konzertmusiker unserer Tage auf eine harte Probe gestellt, selbst mit schnelleren und bequemeren Fortbewegungsmitteln, wie sie uns heute zur Verfügung stehen. Auf die Kutsche als Transportmittel angewiesen, hatte Paganini im Jahre 1834 einen unglaublichen Reiserekord aufgestellt und sich dabei Mühen und

Unannehmlichkeiten aller Art unterzogen. Es ist nur natürlich, daß er nun das Bedürfnis nach einer ausgedehnten Ruhepause verspürt, die ihm aber nicht vergönnt sein wird. Germi war in der Zwischenzeit beauftragt gewesen, sich um den Ankauf einer Villa zu kümmern, die nach einigem Herumsuchen und Zögern in Gajone in der Umgebung von Parma gefunden war; Parma wird die Stadt sein, in der Paganinis sterbliche Überreste ihre letzte Ruhe finden werden.

Paganini, der seinen Sohn in Paris zurückgelassen hatte, um ihm die anstrengende Reise zu ersparen, kann es kaum erwarten, ihn in die Arme zu schließen und mit nach Italien zu nehmen. Ende Januar ist Paganini noch in London, wo er zufällig einem Musiker des King's Theatre, John Watson, begegnet. Dieser, der am Theater die Stellung eines stellvertretenden Dirigenten innehatte, bietet Paganini seine Dienste als Begleiter an und stellt ihm seine Tochter Charlotte vor, auf die der Violinist bald ein Auge werfen wird. Damit nimmt eine neue Liaison ihren Anfang. Nicht genug, daß auch sie einen unglücklichen Verlauf nehmen wird; ihr Scheitern und dessen bedauerliche Konsequenzen werden von der skandalhungrigen Presse breit ausgewalzt werden.

Paganini bereitet sich darauf vor, England vorläufig zu verlassen und sich auf einer Fähre nach Le Havre einzuschiffen. Er gibt noch ein paar Konzerte auf britischem Boden und gelangt im März nach Paris, als dort eine Choleraepidemie wütet. »Alle fliehen wegen der Choleraepidemie aus Paris«, schreibt er an Germi, »und die Polizei hat mittlerweile mehr als hundertdreißigtausend Pässe ausgegeben. Die wahre Zahl der Toten, die von der Cholera befallen waren, ist, wie aus einer authentischen Notiz hervorgeht, die von ungefähr elftausend; ich amüsiere mich auf dem Friedhof als Zuschauer, wenn sie dort die Opfer beerdigen. Nächsten Freitag werde ich zugunsten der Kranken ein Konzert im Grand Théâtre geben. Der Minister für Handel und öffentliche Angelegenheiten hat mein Angebot für gut befunden und angeordnet, daß das Theater für besagtes Konzert zu meiner Verfügung gestellt wird, und der Impresario hat mir sogar das Orchester und außerdem das gesamte Personal zur Verfügung gestellt; sie werden ein Jahresgehalt bekommen. Rossini ist vor Angst geflüchtet; ich dagegen fürchte nichts, so sehr wünsche ich, der Menschheit nützlich zu sein.«

Im gleichen Brief zieht Paganini die Bilanz der in der Zeit zwischen März 1831 und März 1832 in Frankreich und Großbritannien gegebenen Konzerte: es sind 151, einschließlich der Wohltätigkeitskonzerte.

Die Cholera aber stellt immer noch eine Gefahr dar, und Paganini bleibt nur so lange in Paris, wie es seine Konzerte erforderlich machen. Er beabsichtigt, zusammen mit dem Sohn nach London zurückzukehren. »Wenn ich hier letztes Jahr den Krieg vergessen machte«, schreibt er am 3. Juni an Germi, »so machte ich dieses Mal die Choleraepidemie vergessen. Das Grand Théâtre war acht Abende lang übervoll. Diesen acht Konzerten ging eines voraus, das ich am Théâtre Italien gab. In Paris, Wunder wie anderswo. Der ganze Berufsstand, einschließlich der Kapellmeister, bittet mich, meine Musik drucken zu lassen, und wartet ungeduldig auf meine Methode, um zu lernen oder zumindest zu erfahren, wie die Violine behandelt werden soll; was ich in Genua tun werde, indem ich eine Druckerei gründen werde, um Europa meine Musik, von mir korrigiert, zu übermitteln. Die Künstler würden sich danach verzehren, mich hier niedergelassen zu sehen; aber ich möchte in Deiner Nähe sein und in der Heimat des Kolumbus.«

Natürlich wird auch der Plan, in Genua ein Verlagshaus zu gründen, niemals verwirklicht werden, aber diese Notiz erlaubt uns, das Datum der Erstellung des *Elenco delle musiche da stamparsi*[17] annähernd zu bestimmen, das bereits mehrmals erwähnt wurde und eine wertvolle Informationsquelle bezüglich der Werke darstellt, die Paganini für würdig befand, erhalten zu bleiben.

Am 14. Juni verläßt Paganini Paris und begibt sich nach Boulogne, um dort, eingedenk des guten Empfangs, der ihm hier zuteil wurde, bevor er nach England ging, ein Konzert zu geben. Leider verhindern vorerst einige Probleme administrativer Natur mit den Orchestermusikern diesen Plan, zumal Paganini anfänglich auch nicht bereit ist, nur mit Klavierbegleitung aufzutreten. Doch gibt er dem Protest der Bevölkerung nach und erklärt sich bereit, unter diesen bescheidenen Umständen ein Konzert zu geben.

Ende Juni ist er wieder in London, wo ihn Laporte für eine Konzertreihe am Covent Garden Theatre unter Vertrag nimmt. Dieser zweite Londoner Aufenthalt ist von kurzer Dauer, da Paganini nach Paris zurückkehren will. In der Zeit vom 6. Juli bis zum 17. August gibt er insgesamt zehn Konzerte; von einigen sind die Programme erhalten. Es handelte sich um Konzerte zu normalen Preisen – um genau zu sein: sieben Shilling für die Logen, drei Shilling sechs Pence für das Parterre und zwei Shilling für die Galerie. Wie alle Konzerte in dieser Periode wurden auch diese von George Smart dirigiert; Konzertmeister war Thomas Cooke[18].

Inzwischen hatte Moscheles nach Motiven von Paganini verschiedene Bearbeitungen für Klavier geschrieben, die Nicholas Mori unter dem Titel *Musical Gems* in drei Bänden veröffentlichte. Diese Ausgabe, die von Paganini nicht autorisiert war, bewirkte, daß er sich an das Gericht wandte, um die sofortige Beschlagnahme der Partituren zu erreichen. Mori ließ sich auf eine außergerichtliche Einigung ein, die am 25. Juli 1831 unterzeichnet wurde und die Paganini eine Entschädigung in Höhe von siebzig Pfund Sterling und zwanzig Pfund Sterling für Gerichtskosten garantierte.

Natürlich trug diese Episode dazu bei, die freundschaftlichen Beziehungen zwischen Paganini und Moscheles erkalten zu lassen; andererseits hatte Paganini, dessen Rechte verletzt worden waren, keine andere Wahl, um sie in angemessener Weise zu schützen.

Im September erwägt Paganini, nach Paris zurückzukehren: »Ich beginne, mich zu langweilen«, schreibt er an Germi, »und ich kann den Augenblick nicht mehr erwarten, mich in der Heimat auszuruhen. Und dann dieses England, wenn du wüßtest! Nun kenne ich wohl die Welt. Dieses Jahr kam ich spät in London an. Die Saison war bereits zu Ende; dennoch habe ich am Theater Covent Garden in der Zeit, in der es hätte geschlossen bleiben sollen, 11 Konzerte gegeben. Es bedurfte nur meiner Violine, um es stets voll zu sehen, zumal meine Klänge, nach dem, was sie sagen, wunderbarer denn je zuvor geworden sind; und in besagtem Theater konnte man nicht die Preise ändern, weil es ein Nationaltheater ist – doch darüber nichts mehr. Ich habe eine kleine Tournee gemacht und in kleinen Städten Konzerte gegeben, aber am Samstag rechne ich, nach Paris abzureisen, wo ich mich einige Tage aufhalten werde, um dann eine Tournee durch Frankreich zu machen; die Route werde ich noch zusammenstellen, und Dir werde ich die Städte nennen, die ich besuchen will, um die Blätter in meinem Lorbeerkranz zu mehren.«

Paganini reiste nach Paris ab, nachdem er dem Maler Patten[19] für ein berühmtes Ölgemälde Modell gesessen hat, das »derart ähnlich ist, daß ich meine Zufriedenheit [darüber] nie ganz werde zum Ausdruck bringen können«, wie er ihm persönlich schrieb. Nachdem er gegen Ende September in Paris angekommen ist, begibt er sich kurz darauf wegen einiger Konzerte, die ihm zwanzigtausend Francs einbringen, nach Rouen und Le Havre; danach bleibt er für einige Monate müßig.

»Ich bin der Faulenzerei verfallen; seit zweieinhalb Monaten habe ich weder die Feder noch den Bogen einsetzen können«, schreibt er am 22. Januar 1833. »Ich wurde auch von zwei Erkältungen angefallen; aber jetzt geht es mir besser. Die Kälte hier ist übermäßig; und wegen der Kamine, die Rauch spucken, habe ich mindestens sechsmal das Haus gewechselt. Jetzt geht es mir einigermaßen. [...] Ich glaubte, im Jahre 1834 nach London zurückkehren zu können, aber nein, der Impresario von dort will mich unbedingt dieses Jahr, denn ganz England sehnt mich herbei. Also werde ich in den ersten Tagen des kommenden Aprils dorthin gehen.« Der Brief ist unterschrieben mit »Le Commandeur Baron Paganini, Chevalier de plusieurs ordres«. Dieser seltsame Titel kann damit erklärt werden, daß Paganini erst vor kurzem ein Adelstitel verliehen worden war – von Friedrich IV., Prinz von Salm-Kyrburg, der sich nach einigen politischen Mißgeschicken in Frankreich niedergelassen hatte. Es handelte sich dabei um einen Ritterorden erster Klasse, der vom Vater auf den Sohn vererbt werden konnte, aber keinen Wert hatte; er diente bestenfalls dazu, den Wunsch nach Adelstiteln zu befriedigen, der auch Paganini nicht fremd war, zumal er selbst die Nachricht in einer Pariser Zeitung veröffentlichen ließ, in der er versicherte, er sei zum »Baron von Westphalen« ernannt worden, was bei den echten Aristokraten Belustigung hervorrief, vielleicht auch bei Friedrich IV. selbst. Es ist auch möglich, daß diese Art von Auszeichnung käuflich war oder zumindest ein Objekt von Transaktionen, zumal – laut de Courey – auch Vidocq in die Sache hineingezogen war.

Im Februar ist Paganini immer noch in Paris und müßig, und die Aussichten, Konzerte zu geben, scheinen sich zu verflüchtigen. »Es wird hier schwierig sein, das große Theater, die Académie Royale, zu erhalten, weil der Impresario weiß, daß die anderen Theater für mich zu klein sind«, schreibt er am 11. an Germi und fügt hinzu: »Ich bin von einer dritten Grippe noch nicht genesen; ich hoffe, morgen in der Kutsche ausfahren zu können.« Die Untätigkeit setzt sich fort: »Vier Monate sind es jetzt, daß ich die Violine weder gesehen noch berührt habe, aber heute will ich sie ein wenig zupfen«, schreibt er am 28. Februar und schließt mit der Bitte an Germi, ihm seine »ganz große Viola zu leihen, um sie in London zu benutzen«.

Bereits zu diesem Zeitpunkt trug sich Paganini also mit dem Gedanken, eine Komposition für die Viola zu schreiben, die er auf unvergleichliche Weise beherrschte; im übrigen wird er, nachdem er mit Berlioz Kontakt aufgenommen hat, diesen beauftragen, ein geeignetes Konzert zu komponieren, das vom Auftraggeber nicht für gut befunden wurde. Henriette Smithson, die zu einer Truppe von englischen Schauspielern gehörte, die in Paris auftraten, und die später Berlioz heiraten wird, befand sich in einer finanziellen Notlage, da sie infolge eines Kutschenunfalls, bei dem sie sich ein Bein gebrochen hatte, bettlägrig war. Das gesamte musikalische Paris tat sich zusammen, um ein Konzert zugunsten der Schauspielerin und ihrer Kollegen zu organisieren, die Gefahr liefen zu verarmen. Chopin, Liszt, Hiller, Rubini, Tamburini und die Grisi waren unter den Mitwirkenden des Abends und eine Anzahl von Schauspielern und Sängern, die damals *en vogue* waren. Paganini, der auch um seine Mitwirkung gebeten wurde, lehnte ab. Diese Haltung des Maestros verursachte eine Welle der Empörung, die auch in der englischen Presse widerhallte, die – noch stärker als die Pariser Presse – am Schicksal der britischen Schauspieler Anteil nahm. Paganini wird später einen Brief an die *Times* schreiben, in dem er feststellt, daß er sich nie geweigert habe, Wohltätigkeitskonzerte zu geben, daß ihm aber zum fraglichen Zeitpunkt sein Gesundheitszustand nicht erlaubt habe, an der Veranstaltung teilzunehmen. Diesmal stimmte Paganinis Begründung. Aus der gleichen Zeit stammt eine Mitteilung an Germi, in der es heißt: »Nachdem ich sechs Monate lang nicht gespielt habe, kann ich Dir nicht die Qual beschreiben, die ich empfinde, wenn ich die Schwierigkeit sehe, mich wieder der elektrischen Spannung auszusetzen, um vorzutragen!... Wenn mich mein heftiger Husten befällt, wacht dieser liebe Knabe [Achille] auf, eilt mir zu Hilfe, tröstet mich mit einem unbeschreiblichen Gefühl.«

Bevor Paganini Paris verläßt, gelingt es ihm, ein Konzert in der Opéra zu geben, »und weil der Impresario mir nur die Hälfte der Bruttoeinnahmen geben will, werde ich nur zwei Musikstücke spielen, und es sind die folgenden: 1. Sonate über das Gebet von Moses, gefolgt von einem Thema mit Variationen. Das Ganze auf der IV. Saite. 2. Larghetto und Finale, zusammengesetzt aus Achtelnoten in Doppelgriffen ohne Pause«.

Das Pariser Publikum kannte die beiden Kompositionen bereits; das Konzertallegro »Moto perpetuo« war schon im Juni des vorangegangenen Jahres in Paris vorgetragen worden, wie aus einer Anmerkung hervorgeht, die in die Partitur der Viola hineingeschrieben worden ist und die uns über das Tempo der Ausführung informiert: »2272 Noten in drei Minuten und zwanzig Sekunden.«[20] Heute sind zwei verschiedene Versionen des Stückes erhalten, die sich sowohl hinsichtlich der Gliederung als auch hinsichtlich der Instrumentierung voneinander unterscheiden. In der ersten Version geht dem Allegro ein Andante amoroso voraus, und die Besetzungsliste sieht Streicher und eine Flöte vor, in der zweiten dagegen steht an Stelle des Andante ein Larghetto, auf das Paganini ausdrücklich in seiner Anmerkung hinweist, während sich die Orchestrierung auf sechs Streicher beschränkt.

Es gibt auch eine Klavierbearbeitung des Stücks, die von Paganini selbst besorgt wurde und auf der auch der Name Habenecks steht. Es handelt sich dabei um eine regelrechte *tour de force* für die rechte und die linke Hand, bei der es keinen Augenblick der Ruhe gibt. Die Komposition kopiert das Finale des *Quartetts Nr. 14 für Streicher und Gitarre* und darf nicht mit dem *Moto perpetuo, op. 11* verwechselt werden, das 1851 postum von Schonenberger veröffentlicht wurde. Sie ist im *Elenco* nicht aufgeführt.

Da Paganini einen Vertrag mit Laporte geschlossen hat, muß er sich wieder nach London begeben, denn sonst »würden sie mir einen Prozeß anhängen, der mich [eine] gesalzene [Summe] kosten würde, bei den vermaledeiten Gesetzen jener Welt«; sobald er in London angekommen ist, gibt er sofort ein Wohltätigkeitskonzert, um neuerliche Polemiken zu vermeiden. Dennoch veröffentlicht die *Times* einen giftigen, von M. Moscati unterzeichneten Artikel, auf den Paganini mit einem Brief antwortet, um sich zu rechtfertigen; Moscati aber ändert, nachdem er seine Identität offenbart hat, seine Meinung und schreibt: »Wenn Paganini es wünscht, bin ich in der Lage, mindestens hundert Anekdoten über seine Tugenden zu erzählen.«

Paganini antwortet, und die Auseinandersetzung geht so lange weiter, bis die *Times* dem Austausch von Anschuldigungen ein Ende setzt, indem sie den Kontrahenten mitteilt, daß von nun an alle Mitteilungen nur noch gegen Bezahlung veröffentlicht würden. Moscati gibt sich damit aber nicht zufrieden, sondern läßt einen Brief schreiben, der einfach mit dem Kürzel L. V. signiert ist und in dem er Paganini Unwillen unterstellt, bei einem Konzert zugunsten Berlioz' zu spielen. Danach glätten sich die Wogen, da Paganini zu einem derart unberechtigten Vorwurf nicht Stellung nimmt.

Wenn man von ein paar Konzertreisen in andere englische Städte absieht, bringt der Londoner Aufenthalt vor allem eine Rückkehr Paganinis zur Kammermusik mit sich.

Die *Morning Post* vom 15. Mai 1833 weist auf ein Konzert hin, das im Hause des Doktor Billing gehalten wurde und bei dem ein von Paganini komponiertes *Terzetto concertante für Viola, Violoncello und Gitarre* ausgeführt wurde. Er selbst spielte den Part der Viola, Lindley den des Violoncello und Mendelssohn den der Gitarre, den er »in sehr einfallsreicher Weise« für das Klavier adaptiert hat. Einige Monate später machte sich Paganini an die Komposition des *Terzetts für Violine, Violoncello und Gitarre*.

Die Mutmaßungen, daß das *Terzetto concertante* mit der *Serenade C-Dur* identisch sein könnte, die für die gleiche instrumentale Formation anläßlich der Hochzeit der Schwester Dominica[21] geschrieben wurde, lassen sich durch folgende Überlegungen leicht widerlegen: Erstens sind die beiden fraglichen *Terzette* eng miteinander verbunden, nicht nur durch den Titel und die gleiche Tonart (D-Dur), sondern auch durch eine Schreibart, die sicher weiter entwickelt ist als jene, die die *Serenade C-Dur* charakterisiert; außerdem war diese für eine besondere Gelegenheit konzipiert (eben die Hochzeit der Schwester). Zweitens ist es schwer vorstellbar, daß sich Paganini an eine Komposition erinnert haben soll, die er fünfundzwanzig Jahre zuvor geschrieben hatte und die stilistisch und technisch sehr weit von den beiden *Terzetten* entfernt ist. Es kommt noch dazu, daß die Gliederung der *Serenade C-Dur* (die von Paganini später weder in seinen Briefen noch im *Elenco* je wieder erwähnt wurde) von einer Art »Programm« geprägt wird, das an die Hochzeit der Schwester gebunden ist, während die beiden *Terzette* eine nahezu perfekte Symmetrie in der Abfolge der einzelnen Sätze aufweisen. In Anbetracht dieser Argumente können wir festhalten, daß die Entstehung der beiden Werke auf das Jahr 1833 datiert werden kann.

Bei den beiden *Terzetten* kann man einige Elemente und Merkmale feststellen, die sich unter einen gemeinsamen Oberbegriff einordnen lassen: alternierende Solopassagen, durch die sich die drei Stimmen in einer nicht vorher festgelegten Ordnung emporheben, weshalb die Violine oder die Viola das musikalische Material vorstellt, das dann vom Violoncello aufgegriffen wird. Auch die Gitarre, die für gewöhnlich auf die Rolle des Begleitinstruments beschränkt ist, kann hier in den Vordergrund treten und den beiden anderen Instrumenten die Aufgabe überlassen, ihre Einsätze mit Pizzicati nachzuahmen, so daß die Rollen umgekehrt werden. Die »wichtigen« Instrumente werden also, gemäß einer Gepflogenheit, der Paganini bei vielen Kammerwerken folgt, hintangestellt. So tut sich die Viola, deren Einsätze im *Terzetto concertante* bemerkenswert sind, als Solistin hervor, indem sie ihren unverwechselbaren Klang dort in Erscheinung treten läßt, wo der Komponist beabsichtigt, ihr die Führung zu überlassen. Was das Violoncello betrifft, so nimmt es die Einsätze der Violine oder der Viola auf, wie auch die Gitarre, mit der es sich oft in die elementare Aufgabe teilt, für eine Begleitung in Akkorden zu sorgen, die auf eine Ausführungsart des Basso continuo zurückzuführen ist. Das Hervortreten dieser Instrumente, die der Hauptprotagonistin zur Seite stehen (der Viola oder der Violine), verdeutlicht, daß Paganini beabsichtigte, eine Form des musikalischen Dialogs darzustellen, die den sogenannten »untergeordneten« Instrumenten Geltung verschaffen sollte.

Die zwei Terzette entsprechen also dem Niveau, das schon bei den letzten Quartetten eine Rolle spielte. Vielleicht berücksichtigt das *Terzetto concertante* eine violinistische Neigung, die bereits im abschließenden Satz des *Quartetts Nr. 15* deutlich wurde. Es ist wahrscheinlich, daß dieses Quartett ebenso wie das *Terzetto concertante* eine Art »Generalprobe« für die *Sonate für große Viola* darstellen sollte, die Paganini bei einem seiner letzten Konzerte in London vortragen wird.

Es kann auch gesagt werden, daß der Titel »Terzett«, der diesen beiden Arbeiten gegeben wurde, treffender ist als der Titel »Trio«, weil dieser sich auf das Mittelstück des *Scherzos* oder des *Menuetts* bezieht.

Im Juli 1833 ist Paganini noch immer in London und erfährt von Germi, daß dieser die Villa Gajone in der Nähe von Parma erworben hat; er freut sich darüber und schreibt unter anderem an den Freund: »Die Freude, die ich darüber empfinde, mich als Besitzer der Villa Gajone zu entdecken, ist unglaublich; und eine in Genua und eine andere in Florenz werden mich vollkommen glücklich machen. Der gräßliche Winter in Paris ließ mich sechs Monate lang krank bleiben. Wegen einer Kabale der Boshaften konnte ich hier keine Geschäfte machen; dennoch habe ich mich den Verschwörungen entgegenstellen können und errang durch mein Vorgehen und meine Violine ihre Schmach und meinen Triumph.«

Im gleichen Monat noch gibt Paganini Konzerte im Drury Lane und im Covent Garden Theatre. In letzterem geruht auch die zukünftige Königin Viktoria, das Konzert zu besuchen, die darüber in ihr Tagebuch schreibt: »Paganini spielte Variationen auf wunderbare Weise; er ist ein merkwürdiger Mann.«[22]

Inzwischen hatte Paganini John Watson als Mitarbeiter für

eine lange Tournee, die zwischen August und Oktober stattfinden sollte, engagiert. Wenn man die »Marschroute« des Maestros betrachtet, kommt man nicht umhin, die unglaubliche Anzahl Konzerte, die in mindestens dreiunddreißig verschiedenen Städten gegeben wurden, zu bestaunen. Die auf dieser Konzertreise besuchten Orte sind Leamington Spa, Shrewesbury, Newcastle under Lyme, Liverpool, Salford, Buxton, Preston, Sheffield, Nottingham, Leeds, Manchester, Blackburn, Bolton, Harrowgate, Newcastle on Tyne, Sunderland, Carlisle, Lancaster, Glasgow, Edinburgh. Von hier aus wendet sich Paganini wieder nach Süden und besucht die Städte Berwick, Durham, Stockton on Tees, Whitby, Scarborough, Hull, York, Doncaster, Lincoln, Leicester, Birmingham, Leamington Spa, Reading, Cambridge.

Diese erneute *tour de force*, die Paganini in einem Alter unternahm, das an sich zwar noch nicht besonders hoch ist (er war jetzt fünfzig), in dem er aber bereits an zahlreichen verborgenen und manifesten Gebrechen litt, sollte seine physischen Kräfte – nicht die geistigen – beträchtlich schwächen.

In finanzieller Hinsicht, die Niccolò ja immer sehr am Herzen lag, sollte diese Konzertreise nicht sehr viel einbringen. Aus den uns vorliegenden Dokumenten geht hervor, daß die Nettoeinnahmen einiger dieser Konzerte nicht mehr als ein Zehntel dessen betrugen, was er bei einem Konzert in London verdiente. Paganini hoffte, daß sich mit seiner Rückkehr nach Paris seine finanzielle Situation und sein Gesundheitszustand bessern würden.

Im November 1833 kommt er in der französischen Hauptstadt an, wo sich ihm keine Möglichkeit bietet, ein Konzert zu geben. Sein Gesundheitszustand verschlechtert sich rasch. Am 24. November 1833 schreibt er an Luigi Germi: »Ich bin auf eine Art und Weise krank, daß ich nicht weiß, ob ich wieder gesund werden kann. Da ich lungenkrank bin, haben sie mir Blut abgenommen, und ich kann Dir nichts [darüber] sagen. Ich wäre froh, wenn Du nach Paris kämst.« Diesem Brief fügt Antonio Pacini ein Postskriptum hinzu: »Ich verberge Euch nicht, daß die Ärzte sehr beunruhigt sind. Möge Gott uns vor einem Unglück bewahren.«

Alle Hilferufe, die Paganini an Germi aussandte, wurden von dem Genueser Rechtsanwalt nicht erhört. In dieser Hinsicht kann man vielleicht von einer pragmatischen, an seinem Beruf orientierten Haltung Germis sprechen. Obwohl er über humanistische und musikalische Bildung verfügte, vermochte Germi nicht, an den Wechselfällen, denen sein Freund unterworfen war, Anteil zu nehmen. Er verhielt sich, wie sich ein Rechtsanwalt einem Klienten gegenüber verhält. Die Figur und das Verhalten Luigi Germis müssen im Kontext der vielgestaltigen Beziehung zwischen ihm und dem Violinisten in einem neuen Licht betrachtet werden.

Germi versäumte nie, Paganini mit schriftlichen Ratschlägen zur Seite zu stehen. Wenngleich Paganini eine gewisse Vorliebe für das Geld zeigte, so verließ er sich doch auf Germi oder auf Bankiers, um es sicher und gewinnbringend anzulegen. Seitens Germi besteht ihm gegenüber eine gewisse Gefühlskälte, die zusammen mit der Abneigung gegen Kompromisse jeglicher Art der Genueser Tradition alle Ehre macht.

Inzwischen bessert sich Niccolòs Gesundheitszustand, was wohl auch auf das Fehlen anstrengender Verpflichtungen zurückzuführen ist. Am 14. Dezember 1833 schreibt er an Germi: »Jetzt bin ich wieder gesund. Als ich Dir jenen [Brief] vom 24 [November schrieb], gaben mir die Ärzte und Chirurgen nicht mehr als noch 8 oder 10 Stunden zu leben. Dem Himmel sei Dank, daß ich es überwunden habe.«

Am 22. Dezember geht Paganini ins Konservatorium, um die *Symphonie fantastique* von Berlioz anzuhören. Nach der Aufführung empfängt der französische Musiker den Besuch eines Mannes »mit langen Haaren, durchdringendem Blick, einem eigenartigen und zerstörten Gesicht, ein vom Genie Besessener, ein Koloß unter den Kolossen, den ich noch nie gesehen hatte und dessen Aussehen mich tief erschütterte; er erwartete mich allein im Saal, er hielt mich auf, als ich vorbeiging, um mir die Hand zu geben, er überschüttete mich mit glühenden Lobesworten, die mein Herz und mein Hirn entflammten: Es war Paganini!« Mit diesen Worten beschreibt Berlioz seine erste Begegnung mit dem Violinisten, aus der eine langjährige Freundschaft erwachsen sollte. Es kam auch zu einem Versuch der Zusammenarbeit, der leider scheiterte. Wir erinnern uns, daß sich Paganini eine Viola von Germi hatte schicken lassen, mit der Absicht, sie bei einem Konzert zu spielen. Er trug sich also mit dem Gedanken, eine besondere Komposition für dieses Instrument zu schreiben, das nach einigen Irrfahrten auch ans Ziel seiner Bestimmung gelangt war. Der starke Eindruck, den die Musik Berlioz', der bislang von seinen Landsleuten verkannt worden war, auf Paganini machte, überzeugte ihn, sich an Berlioz zu wenden, damit er ihm ein Konzert für Viola schriebe. So kam es, daß Paganini kurz darauf Berlioz besuchte, der über die Begegnung folgendes berichtet:

Paganini kam mich besuchen: »Ich habe eine wundervolle Viola«, sagte er mir, »ein bewundernswertes Instrument von Stradivari, und ich möchte auf ihr gerne vor Publikum spielen. Aber ich habe keine geeignete Musik. Wollen Sie mir ein Konzert für Viola komponieren? Ich kann diese Arbeit nur Ihnen anvertrauen.« – »Ich kann meine Freude über diesen Vorschlag gar nicht ausdrücken«, erwiderte ich ihm, »aber um Ihren Erwartungen zu genügen und um eine derartige Komposition zu schreiben, mit der ein Virtuose Ihres Kalibers brillieren kann, ist es notwendig, Viola zu spielen, was ich nicht vermag. Ich glaube, daß Sie allein in der Lage sind, das Problem zu lösen.« – »Nein, nein, ich bestehe darauf«, sagte Paganini, »es wird Ihnen gelingen; was mich betrifft, so bin ich im Augenblick allzu leidend, um komponieren zu können; es ist nicht daran zu denken.« Ich versuchte mich also, um dem berühmten Virtuosen einen Gefallen zu tun, darin, ein Konzert für Viola zu schreiben, in dem sie so mit dem Orchester kombiniert wurde, daß diesem nichts von seiner Bedeutung genommen würde, da ich mir sicher war, daß Paganini es mit seiner unvergleichlichen Vortragskunst verstanden haben würde, der Viola gleichermaßen den Hauptpart zu bewahren. Das Konzept erschien mir neu, und bald entwickelte sich in meinem Kopf ein ziemlich guter Plan, und ich widmete mich seiner Verwirklichung.

Sobald das erste Stück geschrieben war, wollte Paganini es begutachten, aber als er die Pausen bemerkte, die der Part der Viola im Allegro aufweist, rief er aus: »So nicht! In diesem Stück schweige ich zu lange; ich muß immer spielen.« – »Hatte ich es Ihnen nicht gesagt?« antwortete ich. »Das, was Sie wollen, ist ein Konzert für Viola, und in diesem Fall sind Sie allein in der Lage, [es] gut für sich selbst zu schreiben.« Paganini antwortete mir nicht, er schien verärgert zu sein und ging, ohne noch etwas über meine Skizze zu sagen.

Die Uneinsichtigkeit, die Paganini in dieser heiklen Angelegenheit bewies, mag aus seiner Haltung rühren, die an das späte 18. Jahrhundert erinnert. Auf jeden Fall verdient die Stradivari-Viola, die er zur Geltung bringen wollte, eine Erwähnung. Der Begriff »große Viola«, den er verwendete, bezog sich zweifellos auf ein Instrument von ungewöhnlicher Länge. Es ist im übrigen bekannt, daß sowohl Amati als auch Stradivari Violen von großen Ausmaßen bauten, die aus ebendiesem Grund die Solisten und Musiker der damaligen Zeit in Verlegenheit brachten. Später wurden die beiden Geigenbauer klüger und verkürzten die Länge ihrer Instrumente. Auch aus einer Zeichnung von Edwin Landseer[23], die Paganini, der ein Instrument spielt, das eine übermäßige Streckung des linken Arms erforderlich macht, von hinten darstellt, geht hervor, daß die von Germi geliehene Viola ungewöhnlich groß war, zumal die Abbildung den Maestro zeigt, wie er sich um das Instrument herumwindet.

Aus musikalischer Sicht ist die Begegnung mit Berlioz doppelt bedeutungsvoll: Einerseits bewies Paganini ein seltenes Feingefühl, als er das bisher übersehene Talent Berlioz' erkannte und sein symphonisches Werk uneingeschränkt lobte; andererseits konnte er in seiner Eigenschaft als Ausführender, die mit der als Komponist eng verbunden war, nicht auf sein schauspielerisches Geltungsbedürfnis verzichten. Er konnte keine Pausentakte ertragen und wollte mit seinem Instrument immer gegenwärtig sein, wobei die Einsätze des Orchesters auf ein Minimum reduziert bleiben sollten. Er hätte sehr gut eine Ausnahme für den jungen Freund machen können, aber wieder einmal besiegte sein Stolz seine Vernunft. Wenn es nicht so gewesen wäre, würden wir Paganini – wenn auch nur indirekt – ein Meisterwerk der Violenmusik verdanken. Unglücklicherweise für Paganini und glücklicherweise für Berlioz ist die Komposition, die Paganini schrieb, die *Sonate für große Viola*, dem *Harold in Italien* von Berlioz auf musikalischer Ebene eindeutig unterlegen, auch wenn sie ihm in technischer Hinsicht überlegen ist; in diesem Stück konnte sich der französische Komponist, frei von den Beschränkungen, die ihm Paganini auferlegt hatte, mit jener Sicherheit bewegen, die sein Genie auszeichnete. Dennoch erinnert etwas an dieser Musik, die sich auf Byron und Italien bezieht, an die Figur Paganinis; Paganini stellte im Grunde genommen eine Art mediterranen »Wanderer« dar, der nicht wie Byron die Poesie hatte, sondern die Violine als Mittel, das ihm erlaubte, er selbst zu sein. Aber warum griff er zu jenem Zeitpunkt zur Viola? Eine Antwort auf diese Frage kann eine Episode geben, die sich einige Zeit zuvor in England ereignet hatte: Die berühmte Guarneri war einem Postboten übergeben worden, der sie aus Versehen hatte fallen lassen, und sie war »auf schwere Weise verletzt«. Paganini, der einige Zeit lang nicht Violine spielen konnte, griff also auf die Viola zurück; anders kann man dieses plötzliche Interesse für ein Instrument, dem er bislang keine große Aufmerksamkeit gewidmet hatte, nicht erklären.

Die beschädigte Geige wurde übrigens den geschickten Händen des Geigenbauers Vuillaume[24] anvertraut mit der Bedingung, daß Paganini persönlich der Reparatur beiwohnen dürfe. Vuillaume nutzte die Gelegenheit, um eine perfekte Kopie von Paganinis Instrument herzustellen, die Paganini später Camillo Sivori schenkte.[25] Als Gegengeschenk erhielt Vuillaume von Paganini eine goldene Schnupftabaksdose, deren Wert aber weit unter dem der kopierten Geige lag.

Anfang März bereitet sich Paganini auf eine Tournee vor, die ihn durch Frankreich und Belgien führen soll, und schreibt in diesem Zusammenhang an Germi: »Die Violine ist gut repariert worden, aber ich habe mich an einem Finger verletzt, dem Mittelfinger der linken Hand, als ich Käse aus Piacenza schnitt; und es war neulich, genau an dem Abend, als ich ein wenig für die versprochenen Konzerte in den bereits angegebenen Städten üben wollte. Aber glücklicherweise wird er sich nicht entzünden, und ich werde dank dem Pflaster, das ich auflegte, nachdem ich ihn habe ausbluten lassen, bald wieder geheilt sein; aber ich werde die Geige nicht vor dem Konzert handhaben können. 1. übermorgen, den 11. März, vormittags in Amiens; 2. am Mittwoch, dem 12., abends in Douai; 3. am Donnerstag, dem 13., in Valenciennes; 4. am Freitag in Mons; 5. am Samstag, dem 15., abends, in Brüssel; 6. Montag, den 17., in Brüssel; 7. Dienstag in Antwerpen; 8. Mittwoch, den 19., in Brüssel; 9. Freitag, den 21., in Gand; 10. Montag, den 24., in Brügge; Mittwoch, den 26., in Dunquerque, dann nach Calais für London.«

Begleitet von einem neuen Diener, dem Luccheser Francesco Urbani, hatte sich Paganini in der Zwischenzeit in einer bequemeren Wohnung in der Rue San Martin 14 eingerichtet, auch deshalb, weil er die Ankunft von John Watson, von dessen Tochter und von Miß Wells erwartete, die bei mehreren Konzerten mit ihm zusammenarbeiten sollten.

1 Franz Cramer (1772–1848), Violinist, Bruder von Johann Baptist. Er war in London als Dirigent und Lehrer tätig.
2 Michele Costa (1808–1884), Orchesterdirigent und Komponist. Er war in London Direktor des King's Theatre.
3 Nicolas Mori (1796–1839), Violinist und Verleger. Er war in London auch als Dirigent tätig. Als Verleger veröffentlichte er einige Partituren von Klavierbearbeitungen von Moscheles, denen Stücke Paganinis zugrunde lagen.
4 Johann Wilhelm Moralt (1774–ca. 1842), Violinist.
5 Robert Lindley (1776–1855), Violoncellist. Er spielte im Duo mit Dragonetti und lehrte an der Royal Academy of Music.

6 Paolo Spagnoletti (1768–1834). Es wird behauptet, sein wirklicher Name sei Paolo Diana gewesen. Er war bei einigen Londoner Orchestern Konzertmeister, gab außerdem Konzerte und Unterricht.

7 Henry Fothergill Chorley (1808–1872), Musikkritiker. Er schrieb für die Zeitschrift *The Athenaeum*, deren Redakteur er 1883 wurde.

8 William Ayrton (1777–1858), Musikkritiker. Er war Redakteur des *Harmonicon*, arbeitete aber auch für andere Zeitschriften. Er gehörte zu den Gründungsmitgliedern der Philharmonic Society.

9 Wie es in Paris geschehen war, wurden auch in London zahlreiche Porträts, Lithographien und Zeichnungen veröffentlicht, die oft zu Humor und Satire tendierten.

10 William Hawes (1785–1846), Orchesterdirigent.

11 *Gems à la Paganini*, Bd. 1, 2 und 3. London, Mori & Lavenue, 1832.

12 George Smart (1776–1867), Organist und Dirigent. Er hatte Kontakt zu Weber und bat ihn, den *Oberon* für das Londoner Covent Garden Theatre zu schreiben. Er dirigierte zahlreiche Paganini-Konzerte in London und Dublin.

13 Dieses lebhafte Motiv im ⅝-Takt stellt heute noch eine Art irische Nationalhymne dar.

14 Pio Cianchettini (1799–1851), Pianist und Begleiter bekannter Sängerinnen, unter anderem der Angelica Catalani.

15 Zu den Konzerten Paganinis in Schottland siehe H. Macdonald: *Paganini in Scotland* in: *Nicolò Paganini e il suo tempo*. Genua, 1982.

16 Teresa Paganini starb am 11. Dezember 1831.

17 Dieses Verzeichnis wird im Anhang vollständig abgedruckt.

18 Thomas Cooke (1782–1848), irischer Dirigent, Sänger und Opernkomponist.

19 George Patten (1801–1865). Das Original des Paganini-Porträts befindet sich zur Zeit im Besitz eines englischen Sammlers. Eine Kopie wird von den Erben Paganinis verwahrt, eine zweite befindet sich im Konservatorium N. Paganini in Genua.

20 Wenn man die Anzahl der Takte und die Dauer des Stücks mit in Rechnung zieht, führte Paganini die Komposition mit einer mittleren Geschwindigkeit von 12 Sechzehntelnoten in der Sekunde aus.

21 Die *Serenade C-Dur*, die für die Hochzeit der Schwester geschrieben wurde, stammt aus dem Jahr 1808.

22 Siehe dazu: *The Girlhood of Queen Victoria*. London, 1912.

23 Sir Edwin Landseer (1802–1873). Er spezialisierte sich darauf, Tiere zu zeichnen, und erlangte damit große Berühmtheit in England.

24 Jean-Baptiste Vuillaume (1798–1875), berühmter Geigenbauer. Er eröffnete im Jahre 1824 eine Werkstatt in Paris und stellte sowohl Instrumente eigener Bauart als auch Kopien von Guarneris und Stradivaris her.

25 Camillo Sivori wiederum schenkte später die ihm übergebene Kopie der Guarneri der Stadt Genua. Sie wird dort heute noch in einer Vitrine aufbewahrt, in der sich auch die Originalguarneri und andere Erinnerungsstücke befinden.

KAPITEL XVI

Verschiedene Biographen, die vermutlich nicht über genug Dokumentationsmaterial verfügten, behaupten, daß die belgische Tournee nicht von Erfolg gekrönt war, aber Battistini hat in einer Untersuchung, die sich ausschließlich mit Paganinis Wirken in Belgien befaßt, das Gegenteil bewiesen.[1] Man muß freilich hinzufügen, daß die Leistungen von Charlotte Watson – die gerade ihr Studium abgeschlossen hatte und achtzehn Jahre alt war – und die der Wells den Anforderungen nicht gerecht wurden.

Es überrascht andererseits, daß Paganini mit unerfahrenen Leuten auftrat und diese obendrein nach seiner Rückkehr nach London bei den letzten Konzerten, die er dort geben wird, mitwirken läßt.

In Mons, der ersten belgischen Stadt, die er besucht, wird er mit begeisterten Beifallsbekundungen empfangen, und laut Presseberichten wird ihm ein Lorbeerkranz zugeworfen und werden ihm improvisierte Verse gewidmet:

> A toi qui nous ravis d'une extase sublime
> à toi qui du talent sus atteindre la cime
> à toi, Paganini! l'être prodigieux!
> l'artiste, le grand homme! à toi la couronne
> que d'hommages et de vœux notre amour environne:
> à toi l'égal des rois et l'émule des Dieux!

> Dir, der du uns mit erhabener Ekstase entzückst,
> dir, der du des Talents Gipfel erklommen,
> dir, Paganini! wunderbares Wesen!
> Künstler, großer Mann! dir den Kranz,
> den unsere Liebe mit Ehrung und guten Wünschen versieht:
> dir, der du Königen gleichst und mit Göttern wetteiferst!

Die Konzerte, die den größten Erfolg verzeichnen konnten, fanden in Brüssel in Anwesenheit des Herrscherhauses und in Gand statt. Die Kritiken berichten von der Begeisterung des Publikums, befassen sich jedoch ebenso wie in Italien kaum mit den vorgetragenen Stücken. Aber da Paganini vor seiner Reise nach Belgien keine neuen Werke komponiert hatte, spielt das in diesem Fall keine Rolle. Dieser Umstand gibt auch Aufschluß über eine gewisse Ermüdung, die von der belgischen Presse – sehr zurückhaltend – bei einigen weniger gelungenen Konzerten festgestellt wurde. Ein weiteres Indiz für Paganinis Erschöpfung ist auch, daß er sich an Berlioz gewandt hatte, damit dieser ihm eine Komposition schrieb; man kann den Schluß ziehen, daß Paganinis körperlicher Verfall durch die anstrengende Tournee (im Lauf eines einzigen Jahres gab er einhunderteinundfünfzig Konzerte) akzeleriert wurde.

In Brüssel hat er Gelegenheit, den Bologneser Gitarristen Marco Aurelio Zani De'Feranti[2] kennen- und schätzenzulernen, dem er eine Erklärung ausstellt, die ihn als »allen Berühmtheiten Europas überlegen« ausweist.

Fétis liefert weitere Informationen über Paganinis Aufenthalt in Belgien;[3] wir erfahren, daß Paganini in Belgien unter anderem die *Variationen über Rossinis »Mosè«*, die *Sonata militare* und die *Variationen über »Nel cor più non mi sento«* vortrug. Auch hat er einiges zu den Leistungen der Sängerinnen und des Orchesters zu sagen, welches Paganini dazu zwang, auf Klavierbegleitung zurückzugreifen. Über die Ausführung der *Sonata militare* schreibt er: »Er zeigte einige Unsicherheit, wenn er gewisse Dinge in Angriff nahm, die ihm nichts sagten. Eine große Unsicherheit – und ich möchte sagen, ein Widerwille – geht besonders aus [seiner Ausführung der] Variationen über das Thema »Nel cor più non mi sento« hervor. Er war über seine Ausführung alles andere als zufrieden, zumal er verschiedene ausließ, um rascher zum Ende zu kommen.«

Es gibt keinen Grund, an Fétis' Worten zu zweifeln, die im übrigen durch Kritiken bestätigt werden und nur veranschaulichen, was bereits über die Erschöpfung des Maestros gesagt wurde.

Wie bereits angedeutet, verschont Fétis auch nicht Miß Wells und Miß Watson, die er als »vorgebliche Sängerinnen« bezeichnet, »die in den Theatern nicht einmal eine Rolle dritter Kategorie spielen könnten und gekommen sind, um die Ohren mit spröden Balladen zu quälen, die an den Ufern der Themse entstanden«. Und wirklich geht aus den wenigen Programmen, die erhalten sind und in denen die beiden Sängerinnen aufgeführt werden, hervor, daß mit Ausnahme einiger Arien von Rossini die ausgeführten Kompositionen Werke von geringer Bedeutung waren. Aber der Wunsch, die beiden Sängerinnen über ein vertretbares Maß hinaus zu fördern, war bei Paganini auf ein einleuchtendes Motiv zurückzuführen: Er hatte sich vor kurzem in Charlotte Watson verliebt. Und deswegen siegte in diesem Fall, wiewohl er sonst hohe Anforderungen an die Sangeskunst seiner Mitarbeiterinnen stellte, das Herz über den Verstand.

Mit dem letzten Konzert in Brügge war die Konzertreise durch Belgien abgeschlossen, und Paganini, der auf dem Weg nach London war, reiste über Frankreich und trat in Dunquerque mit gutem Erfolg auf. Nach seiner Ankunft in London bereitete er sich auf eine Serie von Konzerten vor, die am Theater Adelphi für den 7., den 9. und den 11. April geplant waren, natürlich zu den regulären Preisen, und die dann in den Hanover Square Rooms wiederholt werden sollten. Anschließend geht es in die Provinz (Blackheath und Richmond) und danach nach Norden, nach Gloucester und Liverpool. Bei diesen Konzerten trägt Paganini zum erstenmal die *Sonate für große Viola* vor, die er komponiert hatte, weil er mit Berlioz' Arbeit nicht zufrieden gewesen war. Das neue Werk wurde von der Kritik nur mit Vorbehalt angenommen. Die *Times* vom 28. April 1834 schrieb:

> Einige Passagen auf den tiefen Saiten wurden mit Fülle und Lieblichkeit ausgeführt, und die Arpeggi waren hervorragend gelungen, aber die hohen Töne kamen nicht mit Klarheit und Elastizität heraus, ebensowenig die schnellen Passagen, die, wohl als Folge der den Fingern abverlangten stärkeren Dehnung, mit dem gleichen Effekt ausgeführt schienen, der auch auf der Violine erzielt werden kann. Alles in allem scheint dieses Experiment auf der Höhe von Paganinis Ruhm zu sein.

Die Kritik, die sehr genau die Vorzüge und Mängel dieser ungewohnten Darbietung Paganinis hervorhebt (er spielte zum erstenmal die Viola in der Öffentlichkeit), bestätigt den Eindruck, den die belgische Kritik geäußert hatte, und nahm einen Ton an, der weit entfernt von der Begeisterung war, mit der man Paganini zu anderen Zeiten aufgenommen hatte.

Die *Sonate für große Viola* wies, wiewohl sie als »Experiment« betrachtet wurde, nicht wenige virtuose Züge auf, die eine perfekte Kenntnis der entsprechenden Technik bewiesen; sie stellt eine Bereicherung der nicht allzu vielen Kompositionen für dieses Instrument dar.

An dieser Stelle soll an Rolla erinnert werden, der als erster in Italien seinen Beitrag zur Violenmusik leistete und den frühen Paganini beeinflußte. Aber die Unterschiede zwischen den beiden Musikern sind gewaltig. Rolla fehlte es an der melodischen Eingebung, an der Sanglichkeit, die die Kompositionen Paganinis auszeichnete – auch jene, die wir für unbedeutend erachten. Rolla war ein Techniker des Instruments, aber keine Technik, so perfekt sie auch sein mag, kann das Fehlen der Eingebung wettmachen. Die Werke Rollas für Viola weisen, trotz ihrer formalen Perfektion, eine Kälte auf, die typisch ist für Werke, die zu didaktischen Zwecken geschrieben werden; kein genialer Elan, kein Versuch, die Phrase so abzustimmen, daß sie in Erinnerung bleibt oder daß sie sich dem Zuhörer dauerhaft einprägen könnte. Es handelt sich hier um zwei vollkommen verschiedene, wenn nicht gar gegensätzliche Gefühlslagen, aber Rolla gebührt das Verdienst, das Ansehen eines Instruments verbessert zu haben, das bis dahin fast ausschließlich als Monopol »gescheiterter Violinisten« gegolten hatte.

Die neue Komposition Paganinis konnte dieses Vorurteil ausräumen, obwohl ihre Ausführung nicht wenige Probleme verursachte; die Schwierigkeiten, die dieses Werk aufweist, scheinen auch heute noch eine korrekte Ausführung der schwierigsten Passagen zu verhindern; dies ist auf die schwierige Anlage zurückzuführen, die sich entlang voneinander abgesetzter Abschnitte bewegt, von denen einige eindeutig aus Stücken herrühren, die Paganini früher komponiert hatte. Die sehr kurze Introduktion dient einem Rezitativ als Präludium, das von der Viola gespielt wird und das *Quartett Nr. 14* nachahmt. Es folgt ein Cantabile, das das Thema der *Sonate Nr. 4, op. 2 für Violine und Gitarre* (auch *Die Synagoge* genannt) verwendet und das als Verbindungsglied zur eigentlichen Exposition dient, deren Thema aus der *Sonate Nr. 3 für Violine und Gitarre* (Band III des sog. *Centone*) stammt. All diese Zitate können als Zeichen einer kompositorischen Erschöpfung gedeutet werden, die jedoch angesichts der Behandlung der drei Variationen wiederum in Frage gestellt wird. Die erste erforscht gewissenhaft die klanglichen Möglichkeiten des Instruments; die zweite geht nach einem schmelzenden Rezitativ zu Moll über. In der dritten dagegen greift Paganini zu einer höchst originellen Lösung, die darin besteht, die Weiterführung des Themas der Pikkoloflöte zu überlassen, während sich die Viola darauf beschränkt, eine gehaltvolle Beilage anzubieten, die auf beweglichen und lebhaften Figuren aufgebaut ist. Die Komposition wurde nach kurzer Zeit in Bridgnorth erneut vorgetragen, wo sie als »Sonate, eigens komponiert für das neue Instrument, die Paganini-Viola, oder: Introduktion, Rezitativ, Cantabile für Doppelgriffe und verschiedene Themen« angekündigt wurde. Bei diesem Konzert wirkten auch die Wells und die Watson mit, die auf dem Plakat als »sehr bekannte Sängerinnen« bezeichnet wurden, sowie der Vater der Watson, der auch als Komponist einer »Nordischen Melodie, the Keel Row« firmierte, die im Royal Theatre, in Dublin, Edinburgh und weiteren Städten mit begeistertem Applaus aufgenommen und auf Wunsch jeden Abend dreimal wiederholt worden sei. Und als ob dies alles nicht schon genug gewesen wäre, druckt der Typograph auf dem Plakat auch noch den Namen der Stadt falsch: »Bridnorth« anstelle von Bridgnorth.

Ein Geheimnis umgibt das »neue Instrument, die Paganini-Viola«. Handelt es sich um die Viola, die von Germi ausgeliehen wurde, oder um ein anderes Instrument? Es ist unmöglich, diese Frage eindeutig zu klären. Einem Brief, den Paganini im August 1834 an Germi schickt, fügt er das folgende Postskriptum hinzu: »Ich weiß nicht, ob ich Dir gesagt habe, daß ich in London die berühmteste und schönste Viola von Stradivari gekauft habe.«

Nachdem er eine kurze und finanziell ruinöse Tournee in weitere englische Städte unternommen hat (Blackheath, Richmond, Gloucester, Bridgnorth, Stafford und Liverpool), kehrt Paganini nach London zurück. Als er diesen letzten Aufenthalt in England beenden will, erfährt er, daß sein Pianist John Watson schwer verschuldet ist und ins Gefängnis muß, weil er nicht in der Lage ist, die Schulden zu begleichen. Paganini ist gezwungen, auf ein Konzert zu verzichten. Mit überraschender Großzügigkeit, die vielleicht auf die Beharrlichkeit der Tochter des Pianisten zurückzuführen ist, bezahlt er eine Kaution von fünfundvierzig Pfund Sterling und erreicht die Freilassung des Pianisten. Nicht nur das; um Watson zu helfen, gibt Paganini am 17. Juni im Victoria Theatre ein Konzert, dessen gesamte Einnahmen Charlotte zugute kommen. Zwischen Auftritten der Watson und anderer Künstler spielt Paganini das *Larghetto amoroso*, danach die *Variationen über den* »*Karneval von Venedig*« und läßt darauf zwei unterschiedliche Stücke folgen, die in großem zeitlichen Abstand komponiert wurden: *Le Streghe* und die *Sonata Napoleone*; letztere wird eigenartigerweise sehr unpräzise angekündigt:

> Sonate (zum zweiten Male in England vorgetragen), eigens für Napoleon komponiert und in Gegenwart des Kaisers in Mailand gespielt, auf einer einzigen Saite (der vierten), [und] die das erste Werk darstellt, das je für eine einzige Saite komponiert wurde.

Diese lächerliche Ankündigung enthält mindestens zwei Unwahrheiten. Es ist nicht wahr, daß die Sonate »eigens für Napoleon« komponiert wurde, sondern sie wurde zu seinem Namenstag, für ein Konzert, das für Elisa Bacciocchi in Lucca gegeben wurde, geschrieben; außerdem hat Paganini nie in Gegenwart

Napoleons gespielt, weder in Mailand noch anderswo. Wie dem auch sei, die Geschichte versteht es, die »Fehler« ihrer »Hauptfiguren« (Napoleon und Paganini eingeschlossen) schnell verzeihen zu lassen. Das eigenartige Konzert schloß mit »Extemporierten Variationen [zum ersten Mal ausgeführt] über zwei Spanische Nationalhymnen, nämlich *La Follia* und *Der Fandango*« (wörtliche Übersetzung des englischen Programmzettels).

Diese »neue« Komposition (die anrüchige Praxis Paganinis, seiner Sekretäre und Agenten, seine Kompositionen mit ständig wechselnden Titeln anzukündigen, würde eine eigene Behandlung verdienen) kündet wieder von Paganinis Vorliebe für die Volksmusik, aber auch für Potpourris, für die bereits behandelte Themen wie der *Fandango* abgewandelt und mit anderen, offensichtlich improvisierten Themen kombiniert wurden. Die *Follia* hatte schon andere Komponisten vor Paganini interessiert (der bekannteste war Corelli). Ähnliches gilt für ein *Capriccio über das Thema »Stanco di pascolar«*, das Paganini im Jahre 1832 in London vorgetragen hatte. Obwohl der Komponist des Themas nicht im Programm angegeben wurde, hat man feststellen können, daß es einer Arie für Sopran und Klavier von Viotti entnommen ist.[4] In diesem Fall kann man – ebenso wie in anderen bereits erwähnten Fällen – nicht von »verlorenen« Werken sprechen, da sie nie in geschriebener Form existiert haben.

Nach dem Wohltätigkeitskonzert für Miß Watson, bei dem ihr Vater als Pianist mitwirkte, bereitet sich Paganini auf die Reise nach Frankreich vor. Die Abreise hat alle Merkmale einer Entführung, die auf peinlichste Weise scheitern sollte. Im Einverständnis mit Charlotte arrangiert Paganini alles so, daß die »Entführung« nicht als solche erscheint. Er reist allein nach Boulogne ab und wartet auf das Mädchen, das ihn, ohne daß der Vater davon weiß, dort treffen soll.

Watson aber erfährt von dem Plan und reist der Tochter voraus. Als sie in Frankreich an Land geht, muß sie erleben, daß sie vom Vater und nicht vom »Verlobten« empfangen wird. John Watson beeilt sich, sie nach England zurückzuschicken, und Paganini bleibt beschämt zurück und hofft, daß die traurige Angelegenheit damit erledigt und vergessen ist. Aber nein. Die Tageszeitung von Boulogne, *L'Annotateur*, enthüllt das kühne Abenteuer auf unzweideutige Weise und beschuldigt Paganini, eine Minderjährige entführt zu haben. Der Maestro verlangt die Veröffentlichung einer Erklärung, in der er sich zu beweisen bemüht, daß ihm Miß Watson aus rein künstlerischen Gründen nach Boulogne nachgereist sei und daß dies vorher mit dem

Vater des Mädchens vereinbart worden sei, den er zudem finanziell unterstützt habe. Daraus erwächst eine Auseinandersetzung, in der Paganini versucht, ehrbare Beweggründe ins Feld zu führen, während die Zeitung nicht lockerläßt und ihn mit unschönen Tatsachen konfrontiert. In diesem Fall, dem letzten in Paganinis unglücklichem Liebesleben, war er von guten Absichten gegenüber der jungen Sängerin erfüllt gewesen; er hatte ihr nicht nur einen Ring mit einem zwölfkarätigen Diamanten geschenkt, sondern auch schriftlich versprochen, sie zu heiraten, sobald sie ihm nach New York nachgereist wäre; er schickt sogar seinen Diener Francesco Urbino in die Vereinigten Staaten, um die notwendigen Vorbereitungen zu treffen. Der Vater Charlottes weigerte sich, seine Erlaubnis zu einer Hochzeit zu geben, die von Mittelsleuten arrangiert worden war, wenn er auch, wohl um die Ehre der Tochter zu retten, behauptete, daß »die wahren Beweggründe Paganinis nichts Unehrenhaftes enthalten«. So scheiterte dieser späte Versuch, eine Familie zu gründen. Darüber hinaus schädigt die Episode Paganinis Ruf und macht ihn zum wehrlosen Opfer einer Presse, die sich – zum Teil durch seine eigene Schuld – gegen ihn gestellt hatte. Paganini steht nun endgültig und unwiderruflich seinem Schicksal allein gegenüber.

Nach dieser unerfreulichen Episode wird Paganini bald darauf eine weitere erleben müssen. Sein Körper, von der Krankheit gezeichnet, die ihn ins Grab bringen wird, besitzt nicht länger jenen Mut und Kampfgeist, die bisher Paganinis Reaktionen charakterisiert hatten. Wie jeder gute Genueser ertrug er es schlecht, wenn sein Stolz verletzt wurde, und war zu sehr Individualist, um sich von Umständen und Ereignissen besiegen zu lassen, die seiner Natur zuwider waren.

Aber das Schicksal, das mächtiger war als er und sich seiner Kontrolle entzog, zwang ihn, widrige Geschicke passiv zu ertragen.

Der Verfall Paganinis beginnt in dieser unglücklichen Zeit seiner Karriere, die nunmehr zu einem ebenso langsamen wie unvermeidlichen Niedergang verurteilt ist: Ein doppelter Tod, da er im Tod ebensowenig wie im Leben Frieden finden kann; sein gepeinigter Körper wird die lächerlichsten Irrfahrten durchmachen müssen, bevor er seine letzte Ruhestätte erreicht.

Trotz der Polemiken von Boulogne bleibt Paganini noch einige Monate in der Stadt, er befindet sich in Gesellschaft eines irischen Freundes, Cornelius M. S. O'Donoghue, der auf seine ausdrückliche Einladung hin herbeigeeilt war, um ihm aus der

Klemme zu helfen, in die er sich durch die Watson-Affäre gebracht hatte. Als er nach Paris übersiedelt, wartet dort eine weitere Auseinandersetzung auf ihn. Jules Janin greift ihn in der Zeitung *Journal des Débats* heftig an, weil Paganini erklärt, bei einem Konzert zugunsten der Bauern von St.-Etienne, die zu Opfern einer Überschwemmung geworden sind, nicht mitwirken zu können. Janin spart nicht mit Angriffen und Beleidigungen von erheblicher Schärfe. Paganini antwortet, aber sein Brief wird nicht veröffentlicht; er besteht darauf und erhält schließlich Genugtuung. Die von ihm vorgebrachten Rechtfertigungen sind sehr plausibel. Er gibt zu bedenken, daß er seit drei Monaten kein Konzert mehr gegeben und früher stets bereitwillig bei Wohltätigkeitskonzerten gespielt habe. Auf die Heftigkeit der ihm von Janin entgegengeschleuderten Beschuldigungen antwortet er in beschwichtigendem, manchmal sogar demütigem Ton, bis er sich aus der Auseinandersetzung zurückzieht und darauf verzichtet, sich weiter zu verteidigen. Ein paar Jahre später, als Paganini Berlioz 20000 Franken schenken wird, sieht sich Janin gezwungen, seine Haltung zu überdenken und ihre Unangemessenheit zuzugeben. Die Bitterkeit des Pariser Zwischenfalls wird durch die Aussicht auf eine glückliche Heimkehr in dem Coupé, der Kutsche, die Paganini in England gekauft hat und in der er jetzt zusammen mit dem Sohn nach Genua reisen wird, gemildert.

1 M. Battistini: »Nicolò Paganini nel Belgio« in: *Giornale Storico Letterario della Liguria*. Genua, 1832.
2 Marco Aurelio Zani De'Feranti (1800–1878), Gitarrist und Literat, war seit 1827 in Brüssel. Zuvor hatte er in Europa und in den Vereinigten Staaten Karriere gemacht, wo er Camillo Sivori begleitete. Unter seinen Kompositionen ist auch ein *Carnevale di Venezia*, der offenbar von Paganini inspiriert ist.
3 Fétis, der von Paris nach Brüssel übergesiedelt war, schrieb für die Tageszeitung *L'Indépendant* drei Artikel über Paganini.
4 Die Originalarie von Viotti war für Sopran und Klavier geschrieben worden. Das Thema wird in dem Katalog aufgeführt, den Remo Giazotto im Anhang seiner Biographie des Genueser Musikers (Mailand, 1956) vorstellt.

KAPITEL XVII

Paganini kommt Anfang September 1834 in seiner Geburtsstadt an und bleibt nur kurz dort, um Verwandte und Freunde wiederzusehen. Begierig, die Villa Gajone zu sehen, reist er nach Parma ab. Die von Germi, der für die Transaktion eine Vollmacht erhalten hatte, gekaufte Villa gefällt Paganini, und er richtet sich in ihr ein, um sich zu erholen und zu Kräften zu kommen. Bei der Übergabe der Schlüssel sind sein Anwalt Germi, Marchese Di Negro und der Bankier Luigi Bartolomeo Migone[1] zugegen.

Aber auch dieser Aufenthalt ist nur von kurzer Dauer, denn eine neue Verpflichtung wartet auf Paganini: ein Wohltätigkeitskonzert, das unter der Schirmherrschaft von Marie Louise, der Großherzogin von Parma und Piacenza, stattfindet. Die Großherzogin wird Paganini bald darauf die künstlerische Leitung des Herzoglichen Theaters anvertrauen.[2] Paganini nimmt den Auftrag an, doch sein Gesundheitszustand macht einen Aufschub erforderlich, und das Konzert wird mit einem ansprechenden Programm am 14. November veranstaltet: das Allegro maestoso aus dem *Konzert Nr. 1*, die *Variationen zu »Nel cor più non mi sento«*, das Larghetto amoroso und schließlich die *Maestosa sonata sentimentale*, die offenbar als Hommage an die Großherzogin, die aus dem Haus Habsburg stammt, gedacht war. Auch als er dieser Verpflichtung nachgekommen ist, hat Paganini nicht die Zeit, sich in seiner ruhigen Villa zu erholen. Er erhält eine Einladung, in Genua im Teatro Carlo Felice in Anwesenheit der Königsfamilie zu spielen. Er läßt sich nicht lange bitten und schreibt am 21. November an Germi:

> In Antwort auf Deinen teuersten [Brief]. Ich komme dem Wunsch der erlauchten Herrschaft Bürgermeister mit wahrem Entzücken nach; und obwohl ich mich gesundheitlich ziemlich unpäßlich befinde, werde ich gewiß übermorgen abreisen, um am Montag abend in Genua zu sein. In der Zwischenzeit können sie das Konzert im Teatro Carlo Felice für jenen Abend festsetzen, der Seiner Majestät gefallen wird.

Es erscheint befremdlich, daß Paganini sich in einem Moment, der so kritisch war, uneingeschränkt zur Verfügung stellte. Den Genuesern hatte sich seit vielen Jahren keine Gelegenheit mehr geboten, ihn zu hören; die Nachrichten über seine Triumphe im Ausland waren in der Presse der Stadt immer sofort verbreitet worden. Das Konzert findet am 30. November um sechzehn Uhr statt, vor »nicht weniger als dreitausend Zuschauern«, wie die *Gazzetta di Genova* vom 3. Dezember berichtet, die vergißt anzugeben, welche Kompositionen Paganini für Carlo Alberto[3] und seine Gemahlin vortrug. Glücklicherweise ließ sich das Programm auffinden, das folgende Kompositionen vorsah:

> Konzert in einem Satz, Allegro maestoso
> Variationen über das Thema »Nel cor più non mi sento«
> Sonata marziale
> Larghetto amoroso und Variationen über eine kleine neapolitanische Melodie, »der Karneval von Venedig« genannt

Die Wirkung des Konzerts und der Ruhm Paganinis brachten ihm eine Goldmedaille ein, die die Inschrift »Nic. Paganino Fidicini cui nemo par fuit civique bene merenti« trug. Ferner wurden ihm die üblichen »Gesänge« von zweifelhaftem Geschmack gewidmet, deren Ton an gewisse Libretti von Verdi-Opern erinnert. Paganini antwortet mit einem schwülstigen Brief, in dem er vom »kostbaren Pfand« spricht, das »von meinem Herzen mit kindlicher Ehrfurcht entgegengenommen wird«, und unterzeichnet als »der erlauchtesten Herrschaften demütigster und ergebenster Diener«.

Ungeduldig, nach Parma zurückzukehren, reist Paganini von Genua nach Piacenza. Hier gibt er ein Wohltätigkeitskonzert, bei dem die Sängerin Angela Santini mitwirkt. Er trägt folgende Stücke vor: »Präludium und Capriccio und Rondo brillante«, *Variationen über »Nel cor più non mi sento«, Sonata militare* und »Andante cantabile und Finale vioace in moto perpetuo«. Das Konzert rief enthusiastischen Beifall hervor und wurde mit den üblichen Versen und Hymnen auf Paganini gefeiert. Gegen Mitte Dezember 1834 kommt er in Parma an und spielt dort anläßlich des Geburtstags von Marie Louise am 12. Dezember. Ein Gedicht, das mit dem Namen Giuseppe Paganino unterzeichnet ist, wird ihm zu Ehren mit folgender Überschrift veröffentlicht:

IN DER MUSIK-AKADEMIE
FÜR DAS WEIHNACHTSFEST
IHRER MAJESTÄT
MARIE LOUISE
ERZHERZOGIN VON ÖSTERREICH
DEM EINZIGARTIGEN
VIOLINISTEN
RITTER BARON
NICOLÒ PAGANINO

Es ist besser, über den Inhalt des Gedichts stillschweigend hinwegzugehen, selbst wenn man es als Manifestation des Zeitgeists betrachtet.

Als ob all das Hin und Her nicht schon genug gewesen wäre, muß Paganini nochmals nach Genua zurückkehren, um dem Wunsch des Gouverneurs, Marchese Filippo Paolucci, nachzukommen, der ihn gerne bei seiner Silvesterfeier sehen möchte. Auf der Durchreise macht Paganini wieder in Piacenza Station, um für einen Adligen, den Grafen Angelo Bianchi, »Kammerherr I. M. unserer Herzogin und ein fähiger Violinist«, zu spielen. Bei dem Konzert, das im Palast Maggi-Costa stattfindet, wirken auch Rosamunda Pisaroni[4] und ihre Schülerin Emilia Bonini mit, die zusammen das Duett »Ebben, a te, ferisci« aus der *Semiramis* von Rossini vortrugen, »das darauf der gepriesene Baron Ritter Paganini einzig auf der IV. Saite in einem wunderbaren Solo ausführte«, wie ein Kritiker, der dem Konzert beiwohnte, in der *Gazzetta di Genova* vom 3. Januar 1835 berichtet.

Wenn diese Nachricht stimmt, dann bestätigt sie auch das improvisierende Moment, das bei solchen Gelegenheiten den Vortrag Paganinis kennzeichnete, der frei war von den Fesseln des Geschriebenen.

Nachdem er Piacenza eiligst verlassen hat, kommt Paganini in einem sehr kritischen Augenblick in Genua an: Die Cholera ist ausgebrochen. Das hindert ihn aber nicht daran, ein privates Konzert im Haus des Marchese Paolucci zu geben, das am 2. Januar 1835 stattfindet. Die *Gazzetta di Genova* schreibt darüber: »Der Baron Ritter Paganini, der guten Willens die Einladung annahm, die ihm S. E. ausgesprochen hatte, ließ einige Musikstücke hören, deren überraschende Ausführung in jener auserwählten Gesellschaft ein Gefühl hervorrief, in dem sich Heiterkeit und Bewunderung mischten.« Heiterkeit und Bewunderung? Sind das nicht Ausdrücke, die besser geeignet erscheinen, die Vorstellung eines *Clowns* zu beschreiben? Oder bezog sich der Kritiker auf irgendeinen »Scherz à la Paganini«, der auf der Nachahmung von Tierstimmen beruhte? Angesichts des Umstandes, daß der unbekannte Kritiker nicht einmal eines der von Paganini dieser erlauchten Versammlung dargebotenen Stücke nennt, können wir die Angemessenheit dieser Kritik nicht weiter beurteilen. Kurz darauf, am 5. Januar, gibt Niccolò ein öffentliches Konzert im Teatro Carlo Felice, dessen Einnahmen ausschließlich den Familien der Cholerakranken zugute kommen. Dieser Akt der Großmut wird ihm kurz darauf eine neuerliche

Anerkennung eintragen. Die Società Economica von Chiavari ernennt ihn am 6. Februar 1835 zum korrespondierenden Mitglied.

Paganini bleibt länger in Genua, als er wollte. Vermutlich überzeugen ihn die Unannehmlichkeiten des Winters davon, lieber in Genua zu bleiben, »um seiner schwachen« Gesundheit willen. Er erwägt jedoch, im Frühling nach Parma zurückzukehren, »um die Freunde wiederzusehen, sofern ich mich nicht verpflichte, wie ich schon verhandle, den ganzen März an der Scala [zu sein]«, schreibt er dem Rechtsanwalt Torrigiani und fährt fort: »Wenn sie mir viel Geld geben, nehme ich an, sonst komme ich und amüsiere mich einen Monat lang mit meinen Freunden.«

Von Januar bis Februar 1835 beginnt Paganini, der sich zur Untätigkeit verurteilt sieht, wieder zu komponieren, und er vollbringt dabei überraschende Leistungen. Am 19. Februar schickt er Germi eine Reihe von Variationen mit der folgenden Mitteilung:

> Hier sind die Variationen, um nicht wortbrüchig zu sein und um gleichzeitig Dir und der so liebenswerten Signora Camilla[5] eine glückliche Nacht zu wünschen.

Die Variationen sind Germi gewidmet, der wahrscheinlich ihr Auftraggeber war; dies würde die Bemerkung »um nicht wortbrüchig zu sein« erklären. Diese Variationen übertreffen alle früheren Leistungen. Sechzig an der Zahl, sind sie in drei Teile zu je zwanzig aufgegliedert; sie basieren auf der Melodie des Liedes »Barucabà«[6], die vom Komponisten als »genuesisch« bezeichnet wird.

In Wirklichkeit handelt es sich dabei um ein Spottlied auf das jüdische Hochzeitszeremoniell; als Melodie dient die des Liedes »Minuetto del Re di Sardegna«, die damals überall verbreitet war und sogar auf Flugblättern gedruckt wurde.[7] Das Thema des Lieds ist gedrängt und basiert auf einem Rhythmus im $\frac{3}{4}$-Takt mit gelegentlichem Wechsel in den $\frac{9}{8}$-Takt. Jeder Satz beginnt mit der Exposition des Themas, das in verschiedenen Tonarten aufgenommen wird (zuerst in D-Dur, dann in A-Dur und das dritte und letzte Mal in C-Dur).[8] Das Thema entbehrt eigentlich jeglichen Reizes für eine Variation, wird aber von Paganini mit großem Erfindungsreichtum und viel Phantasie behandelt, was seine große Begabung für das Umwandeln bedeutungsloser Dinge in bedeutungsvolle zeigt. Das Thema wird zu einer sich wandelnden Einheit, die sich vor den expressiven und technischen Leistungen dessen beugt, der wie Paganini die Grenzen des Konventionellen zu überschreiten vermag. Er orientiert sich an der einfachen Variation, wie sie aus dem späten 18. Jahrhundert bekannt ist, fügt Ornamente und Figuren hinzu, um etwas, was ursprünglich nicht interessant war, interessant zu machen. Man wird Zeuge einer großen Vielfalt musikalischer Stimmungen und Situationen, die an die *Capricci* denken lassen – mit dem Unterschied, daß sich diese in einem freieren Raum bewegen und mit Ausnahme des letzten nicht an die Technik der Variation gebunden sind. Von einem beinahe salonfähigen kleinen Walzer (14/III) geht man zur Nachahmung der Hörner über, die in parallelen Terzen und Sexten erklingen (2/II), und zu Fanfaren, die an Blasinstrumente erinnern (13/II, 18/II, 19/III, 15/II), während sich geschmackvolle Imitationen des Dudelsacks in den Variationen befinden (5/II und 17/II), mit einem Orgelpunkt, der ständig von der IV. Saite gehalten wird. Solche Stellen sind charakteristisch für den Stil Paganinis, der Einfallsreichtum und technische Perfektion unter Beweis stellt. Wenn eine geistige Verbindung zu den *Capricci* besteht, die etwa zwanzig Jahre zuvor komponiert wurden, so besteht eine solche auch zum *Balletto campestre*, das drei Jahre später komponiert wird und dessen neunundvierzig Variationen die schöpferische Aktivität des Violinisten auf diesem Gebiet wieder aufnehmen, erweitern und beschließen.

Im April 1835 ist Paganini nach wie vor in Genua, hat sich aber noch nicht völlig erholen können. Er schreibt einem Freund, dem Dichter Gioacchino Ponta[9]:

> Um zum Hospiz des Schmerzes aufzusteigen, leisten die endlosen Treppen meiner Wohnung schlechte Dienste, die Du bald wieder erleben wirst, wenn Deine Genesung meiner Sehnsucht gleichkommt. Ich wurde vom Signor Pietro Isola besucht. Die Freundschaft und die Musen kommen also, um die Härte meines Loses zu mildern; liebliche Gefährtinnen der Kranken, werden sie kommen und für mich das Schicksal als Freundin anrufen.

Dieser Brief an Ponta ist wahrscheinlich der poetischste aller Briefe, die Paganini je geschrieben hat. Es scheint, als hätte er der literarischen Neigung des Empfängers Rechnung getragen, um sehr gewählte Gedanken auszudrücken, denen es nicht an elegischen Tönen fehlt. Der ausgedehnte Aufenthalt Paganinis in seiner Geburtsstadt erlaubte es ihm, diesmal Freunde und Liebhaber seiner Musik in Ruhe zu besuchen. Der Maler Giuseppe

Isola[10] (nicht Pietro, wie Paganini schrieb), der in dem Brief an Ponta erwähnt ist, nutzt die Gelegenheit, um ein Ölporträt von ihm zu malen. Der Vertraute Germi erhält ein großzügiges Geschenk, das die Dankbarkeit des Maestros für seine wertvolle beratende Tätigkeit beweist: 50 000 piemontesische Lire, deren heutiger Wert nicht mehr festgestellt werden kann.

Im Sommer scheint sich der Gesundheitszustand Paganinis deutlich zu bessern; am 28. Juli organisiert Marchese Di Negro eine Veranstaltung zu Ehren des Violinisten, anläßlich deren der Bildhauer Paolo Olivari eine Marmorbüste geschaffen hat, die in der kleinen Villa aufgestellt werden soll.[11] Genueser Dichter und Schriftsteller, allen voran Brignole Sale, schreiben die üblichen Lobeshymnen, die wir lieber übergehen wollen. Laut zeitgenössischen Berichten »setzte sich das Fest immer lebhaft und lustig bis drei Uhr morgens fort«. Paganini aber war nicht unter den Anwesenden.

Ende August begibt sich Paganini nach Novara, um den Freund Rebizzo zu besuchen, der sich in die piemontesische Stadt geflüchtet hatte, um der Cholera zu entgehen. Dann reist er nach Mailand und nach Parma, wo er Germi wiederzusehen hofft, den er gebeten hatte, ihn in der Villa Gajone aufzusuchen. Der Anwalt, in dessen Familie es einen Trauerfall gegeben hat, hatte sich jedoch nach Sarzana zurückgezogen. Von Parma aus beauftragt Paganini den Bankier Migone, von seinem Konto die Summe von eintausend Lire an die Stadtverwaltung von Genua zugunsten der Cholerakranken zu überweisen. Man kann nach dem Grund für diese plötzliche Großzügigkeit fragen, zumal Paganini bei seinen Kritikern als unverbesserlicher Geizhals gilt. Als Erklärung mag der Umstand herangezogen werden, daß Paganini es sich dank gewaltigen Kapitals und bedeutender Renditen zu einem Zeitpunkt, als sein Schicksal bereits besiegelt war, endlich erlauben konnte, großzügig mit seinem Vermögen umzugehen. In diesen Jahren reduziert er seine Konzerttätigkeit, und zwei Jahre lang komponiert er kaum. Die Tatsache, daß er sensibel genug war, um die Veränderung, die in ihm vorging, zu bemerken, wird auch durch sein wachsendes Interesse am Handel mit Musikinstrumenten bestätigt, dem er sich in seinen letzten Jahren vorwiegend widmet; vielleicht hegt er die Hoffnung, daß sein Sohn, der musikalisch nicht allzu begabt ist, nach seinem Tode damit fortfahren würde und sich so vielleicht einen Namen machen könnte. In Parma nahm er auch die Tätigkeit als Dirigent, die er zuletzt in Lucca erfolgreich ausgeübt hatte, wieder auf.

Bereits 1818 hatte Marie Louise das herzogliche Orchester zusammengestellt und zur Festigung einer musikalischen Tradition beigetragen, die in Parma nie unterbrochen worden war. Um ihrer Initiative mehr Glanz zu verleihen, wollte die Großherzogin Paganini zum Mitglied der Kommission des Hoforchesters ernennen. Das Ernennungsdekret wurde am 1. November unterzeichnet und dem Maestro sofort übersandt, der am 4. November in einem Brief an den Kammerherrn Stefano Sanvitale[12] folgendermaßen antwortete:

> Mit dem Gefühl bescheidenster Dankbarkeit habe ich die Nachricht der Ehre erhalten, die I. M. unsere Erlauchte Herrscherin mir damit zu erweisen beliebt haben, mich zum Mitglied der Kommission des Hoforchesters zu ernennen.
> Keinen Hinderungsgrund außer dem meiner Gesundheit kann es dafür geben, daß ich mir nicht die Befriedigung verschaffe, mit Ratschlägen und Beispielen die Künstler zu belehren, aus denen sich das Orchester zusammensetzt, um eines Tages die Nachsicht der Kaiserlichen Prinzessin zu verdienen, der das Geschenk meiner Verehrung darbringen zu wollen ich Eure Hoheit bitte, das ich zu ihren Füßen wiederholen werde, sobald mir diese Gunst gewährt werden wird.

Paganini nimmt dieses Amt, das ihm zu einer Zeit anvertraut wird, als seine Konzerttätigkeit schon sehr nachgelassen hat, sehr ernst. Diese neue Situation wirkt aber nicht seinem Wunsch entgegen, in Europa und in den Vereinigten Staaten zu reisen, vielleicht auch weil er hoffte, in Amerika Miß Watson wiederzusehen, die ihm geschrieben hatte und möglicherweise noch an einer Heirat interessiert war. Sie wird jedoch im Jahr 1837 einen Amerikaner ehelichen. Paganini seinerseits verzichtet auf eine geplante Reise nach Rußland. Er beschäftigt sich weiterhin mit dem Plan, seine Werke drucken zu lassen. Auch diesen Plan sollte er nie verwirklichen, obwohl er noch in einem Brief vom 27. November 1835 an seinen Freund Zaffarini schreibt: »Ich werde Euch sagen, daß es meine erklärte Absicht ist, in nicht allzu ferner Zeit meine Kompositionen, so wie sie sind, zu veröffentlichen und ihnen eine Methode beizufügen, so daß sie zu einer bestimmten Art der Ausführung geeignet sind. Aus diesem Grund und auch, um nicht den Zwischenfall, von dem oben die Rede war, zu erlauben, bin ich immer wachsam hinsichtlich der Verwahrung meiner Musik und werde es immer sein.« Dieser Satz erklärt hinreichend die Ursache der bisherigen Abneigung

Paganinis dagegen, seine Musik drucken zu lassen. In diesem Zusammenhang sei auch daran erinnert, daß Paganini der Ansicht war, daß er der einzige qualifizierte Interpret seiner Musik sei und sie deshalb eifersüchtig hütete und nur selten ihre Veröffentlichung erlaubte. Diese neue Haltung, die wohl aus dem Wissen rührte, daß er nicht mehr in der Lage war, so zu spielen wie früher, erscheint verständlich, besonders wenn man sie mit der von ihm bedachten Notwendigkeit in Beziehung setzt, den Kompositionen »eine Methode beizufügen«, die übrigens nie geschrieben wurde. Auch wenn die moderne Schule des Violinspiels ein so hohes Niveau erreicht hat, daß heute jedes Werk Paganinis ausführbar ist, wäre es sehr interessant und – vor allem für den Historiker – auch sehr nützlich gewesen, über eine »Paganini-Methode« zu verfügen, um die außergewöhnlichen Elemente seiner Technik rekonstruieren zu können. Das Werk Guhrs, so wertvoll es für uns auch sein mag, basiert in erster Linie auf der Beobachtung und kann uns deshalb die Erläuterungen des Autors nicht ersetzen.

Am 12. Dezember, dem Geburtstag der Fürstin, tritt Paganini in Parma sein neues Amt an, indem er die Ouvertüre des *Guillaume Tell* und des *Fidelio* dirigiert, die »Furore machten«, wie er am 23. an Germi schreibt. Im gleichen Brief erwähnt er Ereignisse, die den Eifer und das Interesse zeigen, mit denen Paganini seine neue Tätigkeit ausübt. Er schreibt:

> [...] Maestro Orlandi hat eine sehr große Niederlage eingesteckt. Der Maestro der Chöre ist jener, der den Sängern die Musik einstudiert. Orlandi hat sich nicht einmal ans Cembalo setzen können und war so dumm, daß er bei der ersten Orchesterprobe dirigiert hat, ohne sich zu rühren; es sah aus, als ob er blind, stumm und taub wäre, und deshalb hat der erste Geiger, Signor Ferrara, der von C. Carli und Rolla empfohlen war und der wirklich ein sehr guter Dirigent und Musiker ist, den Maestro vertreten. Danach habe ich Orlandi aus dieser Position genommen und ihn zwischen zwei Kontrabassisten gesetzt, nicht mehr mit dem Titel eines Musikdirektors, sondern mit dem eines Maestros der Partitur, und da steht er nun und dreht die Seiten für sich alleine um, denn die Kontrabassisten lesen ihre eigenen Noten.

Die im Brief beschriebene Episode entbehrt nicht einer gewissen Komik: Der arme Ferdinando Orlandi wird von Paganini getadelt und entfernt, um sich zwischen zwei Kontrabässen wiederzufinden, die wie zwei Kaudinische Joche über ihm stehen. Die Autorität, nach Gutdünken zu walten und zu schalten, besaß Paganini dank seiner Ernennung zum Mitglied der Kommission der Theater. Zweifellos waren sich sowohl der Kammerherr Sanvitale als auch Marie Louise nicht nur seiner künstlerischen Fähigkeiten bewußt, sondern kannten auch sein Organisationstalent und sein Urteilsvermögen. Die Proben, die Paganini in Parma von seinem Können gab und die nicht nur durch seine Briefe, sondern auch durch offizielle Dokumente bezeugt werden, beweisen, daß er auch im modernen Sinne ein Orchesterdirigent war; er war kein Kapellmeister mehr, der am Cembalo sitzt, und auch keine 1. Geige, die die Einsätze mit dem Bogen zeigt, sondern eine autonome und autoritäre Figur, die alle Macht und Befugnisse innehat; dieses Konzept gibt am besten die in Deutschland gebräuchliche Bezeichnung »Generalmusikdirektor« wieder. Zweifellos waren die Kontakte, die er zu ausländischen Orchestern hatte, für ihn sehr wichtig gewesen und hatten ihm geholfen, später das Reglement des herzoglichen Orchesters festzulegen und eine angemessene Haltung für dieses Amt zu finden. Die Ernennung zum Dirigenten verlieh ihm Vollmacht, und er versäumte nicht, unfähige Musiker zu entlassen und dafür andere, die seinen Anforderungen genügten, einzustellen; es war aber auch klar, daß er in dieser Stellung verstärkt Kritik und neuerlichen Anfeindungen ausgesetzt sein würde. Im bereits zitierten Brief an Germi schreibt er: »... Nichts wird ohne meine Zustimmung getan. Von den drei Lektionen, die ich dem Orchester gegeben habe, und dadurch, daß ich bei den Holzblasinstrumenten die Rohrblätter habe austauschen lassen, sind in der Oper *Die Puritaner* ausgezeichnete Wirkungen erwachsen. Nachdem die verschiedenen Geiger geprüft worden sind und ich gefunden habe, daß sie kein [musikalisches] Ohr haben, sind aus dem herzoglichen Orchester und aus dem Theater sieben Personen ausgeschlossen worden.«

Über die Aufführung der Oper von Bellini schreibt er am 5. Januar 1836 an Germi: »Das Orchester [bewirkte] Begeisterung. Ich [bin] glücklich, weil ich erhalten habe, was ich mir nur wünschen konnte. Ich bin jedoch wegen der ehrenhaften Ernennung zum Dirigenten... des harmonischen Körpers als Mitglied der Kommission besagten Theaters... sehr beschäftigt, weil sich ohne meinen Rat nichts bewegt. *Die Puritaner* [ist] schöne Musik; und ich hatte recht zu sagen, daß das Publikum sie nicht sehr beklatschen, aber doch respektieren würde.«[13] Der telegraphische Stil der Botschaft verrät die Inbrunst, die Paganini in diesem glücklichen Moment seines Lebens beseelte, in dem sich auch seine körperliche Verfassung wieder gebessert zu haben schien. Marie Louise, die immer bereit ist, seine Verdienste anzuerkennen, verleiht ihm kraft eines Dekrets, das sie am 3. Januar 1836 unterzeichnet, den Konstantin-Orden von San Giorgio.

In den ersten Februartagen ist Paganini – abgesehen von der Leitung des Orchesters und des Theaters – damit beschäftigt, das neue Reglement zu verfassen, um das ihn Marie Louise ausdrücklich gebeten hatte. Am 5. Februar schreibt er an Germi: »Das Orchester ist, obwohl es noch nicht vollständig ist, dennoch zur Stunde das beste Italiens; die wenigen Lektionen, die ich mit den beiden Ouvertüren von Rossinis *Tell* und Beethovens *Fidelio* gegeben habe, sowie, daß ich die Rohrblätter der Holzblasinstrumente habe austauschen lassen, haben Wunder gewirkt.«

Das Reglement[14] wurde gewissenhaft abgefaßt und Marie Louise vorgelegt. Es ist ein wichtiges Dokument, das in allen seinen Einzelpunkten sehr akkurat ist und mit äußerster Präzision und unmißverständlich die verschiedenen Funktionen und Machtbereiche samt ihren Grenzen umreißt und Strafen und Strafmaß vorsieht; berücksichtigt man den historischen Kontext, in dem es entstanden ist, so handelt es sich zweifellos um einen Normenkatalog, der in einem durchaus »modernen« Geist verfaßt worden ist, auch wenn er dem »1. Dirigenten« die volle und unanfechtbare Autorität verleiht. Dieser letzte Aspekt sorgte bei der Herrscherin und ihren Beratern wohl für einiges Befremden. Dennoch hatte Paganini, indem er die Befugnis des Orchesterdirigenten eindeutig festlegte, große Weitsicht bewiesen:

In allen wichtigen Orchestern in Wien, Berlin, München, London nimmt der Dirigent eine Position ein, die es ihm ermöglicht, den Sängern und dem Orchester seine Gedanken mitzuteilen. Er hat die Partitur vor Augen, die auf einem Klavier oder einem Tischchen liegt, das man, falls erforderlich, mit der linken Hand erreichen kann. Er steht, gibt die Sätze an, markiert die Takte, dient als Chronometer, verständigt mit dem Auge und ist der Mittelpunkt des Ganzen. Der Konzertmeister kann im allgemeinen nicht auf löbliche Weise das Amt des Dirigenten erfüllen; man verlangt von diesem folglich nicht mehr als die Eigenschaft eines guten Ausführenden; der Maestro am Cembalo in der Nähe des Kontrabasses ist wenig nützlich; die zwischen ihm und dem Konzertmeister aufgeteilte Aufgabe schadet der Einheit des Dirigierens. Da jedoch auf dem dirigierenden Maestro alle Verantwortung lastet, erfordert das Amt einen wahren Maestro, der [selbst] Werke geschrieben haben sollte und der mit [jener] Erfahrung ausgestattet sein sollte, aus der jene Frische entsteht, die für ein gutes Dirigieren so notwendig ist.

Die Violen, die Violoncelli müssen beaufsichtigt werden wie die Kontrabässe, aber vor allem das 1. Violoncello verdient besondere Aufmerksamkeit, so daß man [hier] einen in harmonischer und konzertanter Hinsicht erfahrenen Musiker haben muß.

Die Besetzung des idealen Orchesters war nach Paganinis Plan die folgende:

12 Violinen	2 Flöten	4 Hörner	1 Pauke
6 Violen	2 Oboen	2 Trompeten	
5 Violoncelli	2 Klarinetten	3 Posaunen	
5 Kontrabässe	2 Fagotte	1 Serpent oder Tuba	

Die frühere Besetzungsliste, die mit dem Dekret vom Juli 1822 festgesetzt worden war, sah achtundzwanzig Elemente vor. In Paganinis Entwurf wurden alle Blasinstrumente und die Pauke ausgetauscht, und die Zahl der Musiker wurde fast verdoppelt. Es war ein Orchester, das aus siebenundvierzig Elementen bestand, was aus quantitativer Sicht mehr als ausreichend war; zweifellos ist dies die Besetzung, die Paganini für die eigenen Konzerte und die eigenen Kompositionen für Violine vorschwebte, wie es im übrigen – mit einigen Abweichungen – aus den autographen Partituren hervorgeht, die erhalten sind.[15] Sein Vorschlag war also aus unmittelbarer internationaler Erfahrung heraus entstanden. Zu einer Zeit, als die Vorstellung des orchestralen Ganzen noch sehr formbar war, stellte er das Beste dar, was man in Italien machen konnte. Paganini hatte sich allerdings einen umfangreichen Machtbereich reserviert und kam so in den Verdacht des Autoritarismus, was bei Hofe Verdacht und Befürchtungen erregte; dazu muß gesagt werden, daß am Hof durch das umfassende bürokratische System ein Klima herrschte, in dem Verdächtigungen besonders gut gediehen und ins Kraut schossen; so kam es, daß der Hof die tatsächliche Reichweite der von Paganini ersonnenen Neuerungen nicht verstand. Dieser hatte sich auch mit praktischen Problemen auseinanderzusetzen. So mußte er etwa den Violinisten Ferrara ersetzen, der nach Mailand ging, um dort die Stelle Rollas, der mittlerweile zu alt geworden war, zu übernehmen. Paganini versuchte, die Lücke zu schließen, indem er als Ersatz Carlo Bignami[16] vorschlug. Bignami, Dirigent des Orchesters des Theaters von Mantova, eilt herbei, um das ihm von Paganini verliehene Amt zu bekleiden, aber die Gerüchte, die in der Zwischenzeit über das »pharaonische« Projekt des Genuesers entstanden sind und die in der Folge vom Hof eingenommene Haltung lassen Paganinis Initiative bald scheitern. Ein Briefwechsel zwischen Paganini, dem Grafen Sanvitale und Bignami führt zu nichts. Der Violinist aus Cremona, der zugunsten der Stelle in Parma andere Angebote ausgeschlagen hat, ist praktisch ruiniert. Der Hof zog ihm Nicola De Giovanni vor[17] und traf damit eine Entscheidung, gegen die Paganini sofort Protest einlegte, da er von der Versicherung ausgegangen war: »Tout ce que proposera Paganini sera adopté.« (»Alles, was Paganini vorschlägt, wird angenommen werden.«). Er muß widerwillig feststellen, daß er zum Opfer von Ränken geworden ist, und kann nichts anderes tun, als sich aus einer Situation zurückziehen, die jedem Menschen mit Urteilsvermögen unhaltbar erscheinen muß. Er verliert nicht den Mut, sondern spielt mit dem Gedanken, Parma zu verlassen, nach Piemont zu reisen und von da aus weiter nach Paris, wo ihm sein Freund Rebizzo die Möglichkeit bietet, interessante Geschäfte zu machen. Er greift zudem den Plan einer Rußlandreise wieder auf, wo »sie« ihn, wie er Germi schreibt, »mit Ungeduld erwarten«. Paganini trägt sich auch mit der Idee, seine Konzerttätigkeit wiederaufzunehmen, eine Aktivität, die seine körperlichen Gebrechen und die Wechselfälle seines Lebens, das sich dem Ende zuneigt, immer prekärer erscheinen lassen. In Parma hätte er seine Fähigkeiten entfalten können, indem er einem Orchester zu Ansehen verhalf, das unter seiner Leitung bald jenen Ruhm erlangt hätte, den er sich schon lange für ein von ihm geführtes Orchester wünschte. Das Schicksal wollte es, daß die Dummheit der Beamten der emilianischen Stadt und ihre Befürchtungen, die von Marie Louise, einer schwachen Persönlichkeit, geteilt wurden, diesen Traum Paganinis vereitelten. Er reiste also aus Parma ab, um nach Turin zu gehen, begleitet von dem unternehmungslustigen Genueser Francesco Gambaro, der in Parma ein kleines Geschäft aufgebaut hatte, sich mit Paganini anfreundete und für ihn bald zu einem Vertrauten wurde. Es fällt auf, daß Paganini in den verschiedenen Sekretären und Dienern, die er so schnell entließ, wie er sie einstellte, nie wirklich wertvolle Menschen fand, die in der Lage gewesen wären, ihm zur Seite zu stehen und sein nicht immer orthodoxes Verhalten zu verstehen. Die Eigenarten Paganinis erforderten ein Einfühlungsvermögen, das die Sensibilität eines einfachen *valet de chambre* bei weitem überstieg; daher rührt die ewige Unzufriedenheit Paganinis, die man mit jener Beethovens vergleichen kann, der ebenso unfähig war, auf sich aufzupassen, wie die verschiedenen Hausdamen in seinen Diensten.

Im Juli 1836 in Turin angekommen, wo er das Verfahren zur Legitimierung seines Sohnes beschleunigen will, begibt sich Paganini zum Teatro Carignano, um dort den Gitarristen Luigi Legnani[18] anzuhören, der ihm »höchstes Vergnügen« verschafft. Er wird vom Publikum erkannt, und man klatscht ihm Beifall. Darauf besucht er Felice Romani, »den ich äußerst liebenswürdig fand«. Er überlegt mit Legnani, ein Konzert zu geben, aber aus ungeklärten Gründen scheitert das Projekt; Paganini läßt sogar den Vertrag, den er mit dem Gitarristen entworfen hatte, mit einem eigens angefertigten amtlichen Schreiben mit beider Unterschrift »in beiderseitiger Konvenienz« für nichtig erklären. Wahrscheinlich hatte sich Paganinis Zustand erneut verschlechtert (er nimmt wieder beträchtliche Mengen des schädlichen Le-Roy-Abführmittels), so daß es ihm unmöglich war, zusammen mit dem berühmten Gitarristen in Turin aufzutreten.

Ende August begegnen wir ihm in Alessandria, wo er im Hotel Italia wohnt. Der Aufenthalt in der piemontesischen Stadt scheint dem Zweck zu dienen, ein Landhaus, »eine halbe Viertelstunde von dieser Stadt entfernt«, zu kaufen, wohin er sich flüchten kann. Nachdem er aber den Besitz gesehen hat, verzichtet er auf Anraten des Freundes Gambaro darauf, ihn zu erwerben. Er kehrt nach Turin zurück und beginnt einen Briefwechsel mit dem Rechtsanwalt Torrigiani, der beauftragt ist, seine Angelegenheiten in Parma zu verwalten. Natürlich hat die Schmach, die Bignami erleiden mußte, Auswirkungen auf diesen Briefwechsel mit dem Anwalt und auf den mit Bignami selbst, der eine Entschädigung verlangt. Paganini hatte in Parma Kapital investiert und beträchtliche Summen gegen Zins verliehen, und er ist besorgt, ob seine Schuldner zahlen werden, prüft aber auch weitere Investitionsmöglichkeiten. Er ist zudem daran interessiert, eine Destillerie zu bauen, um die hervorragenden Trauben der Region von Parma zu nutzen: »Ich möchte gerne die Menge besagter Trauben wissen«, schreibt er an Torrigiani, »sowie die Menge Weinbrand, die sie wahrscheinlich ergeben, denn wenn diese beträchtlich ist, würde ich nicht versäumen, eine geeignete Maschine zu bestellen.« Paganini unterläßt es nicht, seiner Antipathie gegenüber Sanvitale Ausdruck zu verleihen, den er für Machenschaften verantwortlich macht und ganz offen als »ein Aas« bezeichnet. Eine Sache aber, die ihm in dieser Zeit besonders am Herzen liegt, ist die Legitimierung seines Sohnes; er beauftragt Germi, sich darum zu bemühen und die erforderlichen Unterlagen vorzulegen; er kann sich außerdem der Unterstützung einflußreicher Personen sicher sein.

Im Dezember begibt sich Paganini nach Nizza, wo er Gast des Grafen Ilarione Spitalieri di Cessole[19] ist und wo er am 15., am 17. und am 20. drei Konzerte gibt, bei denen er 7600 Francs einnimmt. Er reist anschließend nach Marseille, um dort weitere Konzerte zu geben, die seiner eigenen Einschätzung nach jedoch nicht zufriedenstellend ausfallen. Er schreibt in diesem Zusammenhang am 22. Januar 1837 an Germi:

> Wenn meine Kräfte nicht minder [stark] wären als mein Geist, wäre ich mit meinem Vortrag auf der Violine bei den drei Konzerten in Nizza sowie bei den beiden, die ich untertags in diesem Theater gab, um 800 Abonnierte ausschließen zu können, die das Recht gehabt hätten, am Abend umsonst zu kommen, zufriedener gewesen. Hier werde ich keine weiteren mehr geben, nachdem ich auf das zweite als letztes verzichtet habe, mit der festen Absicht, bevor ich mein Instrument wieder aufnehme, zuerst meine Gesundheit mit Hilfe eines berühmten deutschen Arztes zu bessern, der mir vollständige Genesung verspricht.

Zuvor hatte er aus Nizza geschrieben: »Meine Violine ist noch ziemlich unzufrieden mit mir, aber mit den anderen 6 oder 8 Konzerten, die ich in Marseille geben werde, wird sie gut schwingen [vor Freude schwingen].« (Der Gebrauch des Ausdrucks »unzufrieden«, auf die Violine bezogen, ist symptomatisch; für Paganini ist seine Violine ein menschliches Wesen, das in der Lage ist, ihm zu zürnen, weil er sich nicht genug um sie kümmert.) Die Unzufriedenheit ist ein weiteres Zeichen seiner Erschöpfung und seiner Unfähigkeit, so wie früher sein Bestes zu geben. Paganinis Zustand verschlechtert sich ausgerechnet in Marseille, so daß er länger hier bleiben muß als vorgesehen und ein Konzert, das er für den Februar in Turin angekündigt hatte, verschoben werden muß. In einem Brief an Germi, den er am 31. Januar schreibt, spricht Paganini von einem »Nervenfieber« und einer »Blasenentzündung«, und er begibt sich in die Obhut des Doktor Spitzer, den er bereits in Mailand kennengelernt hatte und der in Marseille wohnt. Am 21. Februar erhält er endlich eine gute Nachricht: Carlo Alberto hat ihm die Legitimierung des Sohnes gewährt, die Paganini jedoch noch vom Herzogtum Parma bestätigen lassen will. Er beauftragt Germi mit der Angelegenheit und bittet ihn außerdem, einen Testamentsentwurf abzufassen, der das früher niedergelegte Testament für ungültig erklären soll.

Von Marseille kehrt Paganini nach Nizza zurück mit der Absicht, nach Genua und später nach Turin weiterzureisen, »um dem, dem es gebührt, meine Gefühle ewiger Dankbarkeit zum Ausdruck zu bringen, und gleichzeitig die Schuld zu begleichen, die ich gegenüber der Hauptstadt habe«. Als er in Nizza ankommt, wird er von einem rheumatischen Fieber befallen und sieht sich gezwungen, das Bett zu hüten. Auch eine Grippeepidemie verschont ihn nicht. In einem Brief an Germi teilt er ihm ein Hausrezept »für den Katarrhhusten und die Grippe« mit:

> Nimm eine weiße Zwiebel, schäle sie, lege sie, in vier Stücke geschnitten, in einen kleinen Topf, füge zwei Glas Wasser hinzu, lasse es so lange kochen, bis nur ein Glas übrigbleibt. Nehme die Zwiebel heraus, stecke zwei oder drei Unzen Kandiszucker hinein und laß es ein bißchen kochen, dann trinke es schön heiß, denn solch ein Getränk ist erfrischend und balsamisch für die Brust. Ich nehme es abends und morgens zu mir und fühle mich dadurch gut; es öffnet die Luftwege und läßt den Katarrh sich lösen.[20]

In Nizza erwägt er noch, in die Vereinigten Staaten zu reisen, um das Heiratsversprechen zu erfüllen, das er Miß Watson gegeben hatte, und er gibt einer Agentur in Le Havre den Auftrag, die Billetts vorzubestellen, aber diese Absichten werden wieder von seinem Gesundheitszustand zunichte gemacht, der sich zunehmend verschlechtert. Trotzdem versäumt er nicht, sich um seine Geschäfte zu kümmern. Er korrespondiert sowohl mit Torrigiani als auch mit Germi und gibt ihnen Anweisungen, die zu einem Zerwürfnis zwischen den beiden Juristen führen. Im April kehrt Paganini nach Genua zurück und trifft seine Freunde wieder. Germi hat für ihn den Entwurf des Testaments vorbereitet,[21] das am 27. April den folgenden endgültigen Wortlaut erhält:

> Im Jahre des Herrn eintausendachthundertsiebenunddreißig am siebenundzwanzigsten April in Genua.
> Für mein vorliegendes Testament verfüge ich, Nicolò Paganini, Sohn der verstorbenen Antonio und Teresa Bocciardo, wie folgt:
> Erstens – ich verfüge, daß nach dem Verstreichen einer angemessenen Zeit nach meinem Tode zwei Kapitalsummen zusammengestellt werden sollen, die eine von fünfundsiebzigtausend neuen Lire, die andere von fünfzigtausend neuen Lire, oder in unbeweglichen Gütern oder mit Sicherheiten an Immobilien, immer aber mit der notwendigen Vorsicht.

Ich vermache den Nutznieß des ersten Postens von fünfundsiebzigtausend neuen Lire Domenica Passadore, meiner Schwester.

Ich vermache den Nutznieß des zweiten Postens von fünfzigtausend neuen Lire Nicoletta Ghisolfi, meiner anderen Schwester; er soll zeit ihres Lebens gelten.

Ich vermache den Besitz des ersten Kapitals oder dessen Gebrauchs ohne Unterschied an alle Söhne und Töchter besagter Domenica mit der Verpflichtung, das, was sie unter welchem Titel auch immer von mir erhalten haben, dazuzuzahlen, und mit dem Recht, vorher gestorbene Söhne und Töchter zu vertreten.

Ich vermache den Besitz des zweiten Kapitals allen Kindern Nicolettas, mit den oben ausgeführten Bedingungen und Modalitäten.

Vorausgesetzt, daß Signora Antonia Bianchi aus Como mit notarieller Bestätigung erklärt, daß sie keinerlei Recht oder Forderung habe, die sich direkt oder indirekt der Verfügung meines Willens entgegenstellen, vermache ich der gleichen Person eine jährliche Pension von zweihundert neuen Lire auf Lebenszeit, die von Jahr zu Jahr im voraus zu bezahlen sind. Macht sie diese Erklärung nicht, so gilt dieses Legat als nicht verfügt.

Ich verfüge, daß die jährliche Pension von sechshundert neuen Lire an Francesco Bocciardo zeit seines Lebens weitergezahlt wird.

Ich vermache als Legat Eleonora Quilici aus Lucca, Schwester von Anna Bocchianeri, zeit ihres Lebens eine jährliche Pension von sechshundert neuen Lire.

Zu meinem Universalerben setze ich ein und ernenne ich Achille Paganini, meinen geliebten Sohn, mit der Verpflichtung, allen seinen Kindern, sowohl denen, die zum Zeitpunkt meines Ablebens geboren sind, als auch denen, die danach noch geboren werden, jenen Anteil an Gütern zu hinterlassen, den die Gesetze vorsehen, die zum Zeitpunkt der direkten Nachfolge gültig sind und denen ich mich in all jenen Verfügungen, die mit dieser Ersetzung verbunden sind, zu unterwerfen beabsichtige.

Ich erstelle ein Inventar der unbeweglichen Güter, die ich in Parma besitze und die als Villa Gajone bezeichnet wurden, bei dem nichts ausgeschlossen oder ausgenommen ist, samt Landhaus und Zubehör und allem neu Hinzugekauften, was ich zusätzlich zu meinen jetzigen Besitzungen in jener Gemeinde noch zukaufen mag; deshalb verfüge ich, daß mein besagter Sohn Achille Paganini, mein Erbe, die besagten Güter erhalten und an seine Kinder weitergeben soll, an die männlichen Nachkommen in männlicher Linie in der Reihenfolge der Erstgeburt.

Ich beauftrage die Hinterbliebenen, dieses mein Testament dem König vorzulegen, und ich flehe S. M. in aller Bescheidenheit an, diese meine Verfügungen gemäß Artikel sechshundertneunundachtzig und folgende des Bürgerlichen Gesetzbuches für die Staaten Parma, Piacenza etc. gelten zu lassen.

Ich bitte meine Testamentsvollstrecker und den Vormund meines Sohnes, über die Erfüllung dieses meines Willens zu wachen, so daß damit die Gnade der Höchsten Milde erfleht werden möge.

Ich ernenne den Marchese Lorenzo Pareto, Sohn des verstorbenen Marchese Agostino, zum Vormund meines Sohnes.

Ich ernenne zu meinen Testamentsvollstreckern die Herrn Giambattista Giordano, Sohn des Domenico, Lazzaro Rebizzo und Pietro Torrigiani, Sohn des Anwalts Luigi aus Parma.

Ich bitte die Genannten, diesen Auftrag anzunehmen.

Ich erwähne in diesem Testament nicht meinen alten Freund, den Anwalt Luigi Guglielmo Germi, weil er es so gewünscht hat; ich ermahne jedoch meinen Sohn, seinem Ratschlag zu folgen.

Ich verbitte mir jeglichen Prunk bei meiner Beerdigung.

Ich möchte nicht, daß die Künstler für mich ein Requiem spielen.

Es sollen für mich einhundert Messen von den Reverendi Padri Kapuzinern gelesen werden.

Ich vermache meine Violine der Stadt Genua, wo sie auf alle Zeiten verwahrt werden soll.

Ich empfehle meine Seele der unendlichen Barmherzigkeit meines Schöpfers.

Dieses ist mein Testament.

Das Schriftstück scheint in unparteiischem Geist verfaßt worden zu sein: Neben den Verwandten wird auch Eleonora Quilici erwähnt, die er seinerzeit in Lucca kennengelernt hatte; das läßt vermuten, daß die Erinnerung an sie trotz der beträchtlichen Zeitspanne, die inzwischen verstrichen ist, noch sehr lebendig ist; ob aus sentimentalen oder anderen Gründen, mag dahingestellt bleiben. Mit größerer Zurückhaltung wird die Bianchi mit einem Legat *sub conditione* bedacht, offensichtlich als Ergebnis der traurigen Erfahrungen, die er mit den finanziellen Forderungen der Frau gemacht hatte. Germi zählt nicht zu den Erben, da er ja bereits eine beträchtliche Summe erhalten hatte (50000 piemontesische Lire) und nicht im Testament erwähnt werden wollte. Unter den Testamentsvollstreckern sind die Freunde Rebizzo und Torrigiani und Giordano. Rebizzo wird Paganini noch mit dem Pariser Casino, das auf den Namen des Maestros eingetragen ist, in Schwierigkeiten bringen, während Giordano Paganini dabei geholfen hat, die Legitimierung des Sohnes durch Carlo Alberto zu erlangen. Die Stadt Genua schließlich erbt die berühmte Guarneri del Gesù, wird aber viele Jahre warten müssen, bis die Violine endlich in ihren Besitz gelangt, da Achille sie nicht unverzüglich übergeben wird.[22]

Der Umstand, daß er in seiner Geburtsstadt, die er später nicht mehr wiedersehen sollte, sein Testament machte, kann als weiteres Zeichen eines Verfalls gedeutet werden, den Niccolò unausweichlich vorrücken fühlte; es blieben ihm noch drei Jahre zu leben.

Anfang Juni verläßt Paganini Genua, um nach Turin zu reisen, wo er seine Ehrenschuld gegenüber Carlo Alberto begleicht. Er gibt hier am 9. und am 16. Juni zwei Konzerte, deren Einnahmen vollständig den Armen zugute kommen. Die *Gazzetta Piemontese* spricht von einem »hinreißend schönen Abend, [der] jede Erwartung übertraf; das Theater konnte nicht alle, die herbeigeeilt waren, aufnehmen«. Die vorgetragenen Stücke waren: ein Teil des *Couvent du Mont Saint-Bernard*, die *Variationen über Rossinis* »*Mosè*« und die über die irische Melodie »St. Patrick's Day«.

Niccolòs Freund Felice Romani veröffentlichte in der gleichen Zeitung eine Ode an Paganini.[23] Die *Gazzetta Piemontese* nennt nicht das Programm des zweiten Konzerts, sondern beschränkt sich darauf, von »verschiedenen Musikstücken« zu sprechen, »die von Paganini selbst komponiert worden sind, der, wie jeder weiß, ein befähigter Meister des Kontrapunkts und einer der besten Schüler des bekannten Paër ist«.

Die beiden Konzerte brachten zusammen 9885 Lire ein. Diese Summe wurde zwischen den »ehrwürdigen Herren Kuraten der Stadt und des Stadtgebietes [aufgeteilt], um an die Armen ihrer jeweiligen Pfarreien verteilt zu werden«. Nachdem er sich der moralischen Verpflichtung gegenüber dem König ehrenhaft entledigt hat, verläßt Paganini mit seinem Freund Rebizzo Turin, um sich nach Paris zu begeben, ohne zu ahnen, welchen Schwierigkeiten er entgegengeht.

1 Luigi Bartolomeo Migone (1795–1865) verwaltete zusammen mit Germi Paganinis Vermögen in Genua. Er war ein renommierter Bankier, der von Paganini sehr geschätzt wurde.

2 Das alte Teatro Ducale wurde im Jahre 1828 abgerissen und wiederaufgebaut; es erhielt später den Namen Teatro Regio.

3 Carlo Alberto hatte im Jahre 1831 die Nachfolge Carlo Felices angetreten und auch den Titel eines Herzogs von Genua beibehalten.

4 Rosamunda Pisaroni (1793–1872), Sopranistin. Bewunderte Interpretin der Opern von Mayr, Cimarosa, Carafa und Rossini, der ihr *La donna del lago* widmete. Sie wandte sich später dem Alt-Fach zu.

5 Camilla Berretti, Hausdame und Lebensgefährtin Germis, der sie im Jahre 1837 heiratete.

6 Der Ausdruck *barucabà* im Italienischen steht für Lärm und Durcheinander.

7 In Genua hatte die Druckerei Pagano ein Flugblatt verbreitet, das den Text des »Barucabà«-Liedes enthielt.

8 In der von Sikorski besorgten Ausgabe wird die ursprüngliche Anordnung der drei Teile nicht beachtet.

9 Gioacchino Ponta, Genueser Dichter und Librettist, unterhielt eine herzliche Beziehung zu Paganini, dem er einige Gedichte widmete, die in der *Gazzetta di Genova* veröffentlicht wurden.

10 Giuseppe Isola (1808–1893), Genueser Maler. Er lehrte an der Accademia Ligustica di Belle Arti.

11 Die Paganini-Büste ist wahrscheinlich durch die Bombardierung im Zweiten Weltkrieg zerstört worden. Angesichts des minderen ästhetischen Werts des Werkes handelt es sich hierbei jedoch um keinen großen Verlust.

12 Der Graf Stefano Sanvitale (1764–1838) wirkte in seiner Eigenschaft als »Kammerherr« und somit Verwalter des Teatro Ducale als Mittelsmann zwischen Marie Louise und Paganini. Als er sich in finanziellen Schwierigkeiten befand, lieh ihm der Violinist mehrmals beträchtliche Summen.

13 Die Oper *Die Puritaner* war in Parma ein Mißerfolg, wie wir aus der *Gazzetta di Parma* vom 30. Dezember 1835 erfahren.

14 Das Reglement wird im Anhang vollständig wiedergegeben.

15 Man kann die Notwendigkeit nie genug betonen, die Orchesterbesetzung für die Ausführung der Werke Paganinis zu vermindern, besonders, wenn man ihre erste Version berücksichtigt.

16 Carlo Bignami (1808–1848), Violinist und Orchesterdirigent. Nach zahlreichen Ortswechseln kam er zuletzt in seine Geburtsstadt Cremona zurück, um das dortige Orchester zu dirigieren.

17 Nicola De Giovanni (1802–1856), Genueser Violinist, war ein Studienkollege Paganinis gewesen, der über ihn in einem Brief vom 17. September 1832 ein wenig schmeichelhaftes Urteil fällt und unter anderem schreibt: »Ich höre, daß De Giovanni das Geheimnis besitzt, mich in irgend etwas zu übertreffen; er möge daher sofort Bologna verlassen und nach Wien, Paris und London gehen, wo sie ihn richtig beurteilen werden.« Wie immer hat

Paganini auch hier recht. De Giovanni hat kein einziges wichtiges Werk für Violine hinterlassen. Als Violinist zweifellos gut, war er als Komponist unbedeutend.

18 Luigi Rinaldo Legnani (1790–1877). Obwohl er heute als ein »minderer« Musiker angesehen wird, sollte seine Tätigkeit als Gitarrist nicht vergessen werden, da sie in mancher Beziehung an die seines Zeitgenossen Gustavo Carulli erinnert. Die Tatsache, daß Paganini ihm seine Bewunderung bekundet hat, erlaubt nicht, ihn einem untergeordneten Kontext zuzuordnen, vor allem wenn man bedenkt, daß der Violinist nicht sehr zurückhaltend war, wenn es darum ging, harte Urteile über unbedeutende Musiker zu fällen.

19 Ilarione Spitalieri di Cessole, Präsident des Senats von Nizza. Nach dem Tode Paganinis beherbergte er dessen Leiche in seinem Haus in Nizza und sorgte dafür, daß sie nach Genua überführt wurde.

20 Das Rezept stammt aus dem Brief vom 16. März 1837 an Germi.

21 Dieses Testament ersetzte das frühere, das 1828 in Wien geschrieben worden war und folgenden Wortlaut hatte:

»Im Namen der Allerheiligsten Dreifaltigkeit. Ich ernenne als meinen Universalerben Achille Ciro Alessandro, am 22. Juli des Jahres 1825 in Palermo geboren, gemäß der Taufurkunde von unbekannten Eltern, von mir aber vor dem Wiener Magistrat als mein illegitimer Sohn anerkannt. Wenn dieser mein illegitimer Sohn minderjährig oder großjährig ohne legitime Nachfolger sterben sollte, so will ich, daß sein Besitz, den er durch diese Verfügung erhalten hat, meiner Familie zugute kommt, nämlich meinem Bruder und meinen Schwestern als auch meinen Neffen [und Nichten], ihren Kindern, zu gleichen Teilen. Dies alles von meiner eigenen Hand geschrieben und unterzeichnet. Wien, den 10. August 1828. Ritter Nicolò Paganini, Kammervirtuose S. M. des Kaisers von Österreich.«

22 Zu Paganinis Violine siehe den Anhang.

23 Die Ode von Felice Romani ist im Anhang wiedergegeben.

KAPITEL XVIII

Paganini trifft am 21. Juni mit der Absicht in Paris ein, ein wichtiges Geschäft, das bereits in früheren Briefen erwähnt worden war, abzuschließen. Lazzaro Rebizzo war mit einer Gruppe Pariser Spekulanten in Kontakt getreten, die beabsichtigten, einen Salon für Musik und andere Vergnügungen nicht eigentlich »kultureller« Art wie Glücksspiel und andere »ehrliche Unterhaltung« zu eröffnen. Der Salon sollte Casino Paganini heißen, um mit diesem Namen eine zahlreiche Kundschaft anzulocken. Paganini, dessen Stern schon im Niedergang begriffen war, hoffte, daß sich das Casino als guter Griff erweisen würde. Auch gefällt ihm die Vorstellung, seinen Namen in Großbuchstaben auf der Fassade des Gebäudes an der eleganten Rue de la Chaussée d'Antin zu sehen. Er zeichnet, ohne zu zögern, für Aktien im Wert von 30 000 Francs und ist damit einer der Hauptaktionäre. Im letzten Augenblick bittet Rebizzo in Genua – auch auf Betreiben seiner Frau, Bianca Rebizzo De Simoni – darum, in den Kreis der Aktionäre aufgenommen zu werden, und Paganini schießt weitere 30 000 Francs für den Freund vor. Diese Entscheidung, die guten Glaubens und aus Freundschaft gefällt wurde, sollte Paganini teuer zu stehen kommen. Unglücklicherweise wird die Einweihung des »großen Saales für philharmonische Unterhaltung«, die für Oktober vorgesehen war, wegen einer Erkrankung des Maestros »an der Luftröhre« verschoben, wie Paganini am 2. November 1837 an Rebizzo schreibt. Er lädt ihn ein, nach Paris zu kommen, »weil Deine Anwesenheit sehr vonnöten ist, um Deine Angelegenheiten zu regeln«. (Zuvor hatte Paganini an Rebizzos Frau geschrieben, daß ihr Mann »zu den Gründern des Casino Paganini gehöre« und zu seinem »Zensor« ernannt worden sei.)

Paganini leidet zu dieser Zeit an einer Kehlkopferkrankung, die ihn praktisch stumm macht. Während er auf seine Genesung wartet, um an der Einweihungssoiree teilnehmen zu können, schreibt er sowohl an Rebizzo, der sich nicht rührt, weil er wohl ein geschäftliches Fiasko wittert, als auch an Germi, den er damit beauftragt, über das Anwesen Villa Gajone zu wachen, das einige Zeit lang in der Obhut unfähiger Verwalter gewesen war. Paganini besorgt sich auch eine Kopie der Partituren von den Quartetten Beethovens, die er Germi empfiehlt. Endlich wird das Casino am 25. November mit einem Konzert eingeweiht, das der Genueser Cesare Pugni[1] dirigiert und bei dem die Ouvertüre des

Fidelio von Beethoven, eine Kantate von Pugni und die *Konzertstücke* von Weber zum Vortrag kommen. Letztere werden von Clara Loveday gespielt, der Tochter jenes Douglas Loveday[2], bei dem Paganini wohnte und mit dem er bald eine Auseinandersetzung haben wird, die auch in der Presse Widerhall findet. Obwohl der Auftritt Paganinis angekündigt war und die Eintrittspreise wie üblich erhöht wurden, war der Maestro nicht in der Lage zu spielen. Man darf folglich vermuten, daß das Konzert nicht die Aufnahme fand, die die Organisatoren erwartet hatten. Das Scheitern der Unternehmung, die gewiß nicht mit weit professionelleren Pariser Etablissements konkurrieren konnte, war damit besiegelt. Die beharrliche und unheilbare Krankheit hinderte Paganini auch weiterhin daran, als Solist aufzutreten, so daß sich Pugni gezwungen sah, anderweitig Ersatz zu beschaffen. Er engagierte den Chor der Oper und verstieß damit gegen die damals geltenden Gesetze. Danach nahm er die Sängerin San Felice unter Vertrag, honorierte ihre Leistungen jedoch nicht und bewirkte den Zusammenbruch des Unternehmens, das schon unter denkbar ungünstigen Voraussetzungen gegründet worden war. Der Rechtsbruch hatte die Schließung des Salons durch die Pariser Autoritäten zur Folge, und die Sängerin verlangte angesichts des nicht erfüllten Vertrags über ihren Impresario die Bankrotterklärung der Gesellschaft. Im folgenden Prozeß erleidet Paganini einen nicht nur physischen, sondern auch finanziellen Zusammenbruch. Im März 1838 schreibt er an Germi: »...Ich werde Dir nicht sagen, wie sehr ich gelitten habe, und ich sage Dir nichts, damit du Dir keine Umstände machst und mich hier vernichtet vorfindest [...] Die Gesellschaft des Casinos, die aus Dieben und Mördern besteht, steht kurz vor dem Bankrott. Rebizzo wird es eines Tages bereuen, mich so barbarisch behandelt zu haben [...]. Tröste mich, o mein teurer Germi, indem Du mir Deine lieben Zeilen sendest, denn ich habe sie jetzt sehr nötig. Und wenn ich auch die Stimme verloren habe, so habe ich doch noch ein Herz für Dich.« Und später am 28. März: »Wegen neuer Machenschaften jener ruchlosen Diebe der Casino-Gesellschaft habe ich einen Rechtsanwalt entlassen müssen, der, während er so tat, als verteidigte er mich, im Einvernehmen mit besagten [Leuten] seinen eigenen Interessen nachging... Rebizzo, Rebizzo! Er ist die Ursache all dieser Übel.«

Lazzaro Rebizzo hatte den Braten gerochen und hielt sich in Genua versteckt, um nicht in die Schuldenfrage verwickelt zu werden, die ihn ganz persönlich betraf, da er mit Paganinis Geld, das er nie zurückgezahlt hatte, Aktien im Wert von 30 000 Francs erworben hatte. Die nachdrücklichen Forderungen Paganinis, der endlich sein Geld zurückhaben will, um die Schulden, die er in Paris hat, zurückzahlen zu können, werden von dem Genueser Freund lange Zeit ignoriert.

Im Mai hatte sich der Gesundheitszustand Paganinis immer noch nicht gebessert, obwohl er inzwischen verschiedene Kuren ausprobiert hatte und sich sogar direkt an Samuel Hahnemann, den Entdecker der Homöopathie, und an andere berühmte Pariser Ärzte gewendet hatte. »In diesem niederträchtigen Klima kann ich mich nicht erholen«, schreibt er am 19. Mai an Germi und erteilt ihm den Auftrag, Rebizzo eine formelle Aufforderung zustellen zu lassen, 30 000 Francs an ihn zurückzuzahlen. Im Juni gelingt es ihm trotz der hartnäckigen Krankheit und der Sorgen, die ihm durch den schleppenden Verlauf des Konkurses entstehen, zu komponieren, wie es aus einem Brief hervorgeht, den er am 11. Juni an Germi schreibt:

Ich habe zwei große Sonaten mit Variationen komponiert. Ich bin dabei, eine dritte zu komponieren. Ich werde sie dann instrumentieren müssen. Ich muß auch das grandiose Konzert mit dem Glöckchen instrumentieren. Es ist wahr, daß ich keine Konzerte gebe, aber die genannten Kompositionen werden mir Ehre machen und Kapital fruchten.

Dieser Briefausschnitt ist äußerst vage. Was das *Konzert Nr. 2* betrifft, so kann man berechtigterweise annehmen, daß Paganini unter »instrumentieren« eine Durchsicht verstand, denn das *Konzert*, das vor mindestens zehn Jahren fertiggestellt war, war sowohl in Italien als auch im Ausland aufgeführt worden; es könnte aber auch sein, daß Paganini das *Konzert Nr. 5* meinte, von dem er bereits den Part des Solisten komponiert hatte. Er fügte eine Zeile hinzu, auf der er einige Harmonien skizzierte, die noch auszuarbeiten waren. Mit den »großen Sonaten«, die er in dem Brief ankündigt, sind wohl die *Sonata primavera* und das *Balletto campestre* gemeint, während die dritte Sonate, von der hier die Rede ist, zu den Dingen gehört, die er plante, aber – aus welchen Gründen auch immer – nicht verwirklichte. Im übrigen hatte seine Krankheit bereits seine geistigen Fähigkeiten angegriffen; die Folge waren Ungenauigkeiten in der Orthographie und Gedächtnislücken. Von nun an sind die Briefe Paganinis an Germi bezüglich ihres Informationsgehalts nicht mehr verläßlich, es sei denn, es geht um Geld, ein Gebiet, auf dem Paganinis geistige Fähigkeiten erst später nachlassen sollten.

Die *Sonata primavera* wurde nicht instrumentiert, aber das Autograph enthielt einige Vorschläge harmonischer Art, außerdem Bruchstücke des Parts der Pikkoloflöte, der in Anlehnung an die *Variation Nr. 4* geschrieben wurde. Jedenfalls ist die Entwicklung dieser Sonate ziemlich ungewöhnlich, wie es oft bei Kompositionen dieser Art der Fall ist, die auf Variationen eigener Themen basieren und in denen der Exposition des Themas, um den Autor zu würdigen, in der Regel Introduktionen bzw. Präludien vorausgehen, die mit der musikalischen Substanz des eigentlichen Themas nichts zu tun haben. Wenn aber das Thema ein Werk Paganinis ist, befolgt er dieses elementare Prinzip nicht. Eine kurze Introduktion geht über in ein Larghetto cantabile amoroso, auf dem eine Variation basiert, deren Thema von unregelmäßigen Gruppen von Sexten und Dezimen begleitet wird. Eine sehr kurze Rezitativpassage führt zu einem Tema gentile, über das Paganini vier Variationen einflicht, die von einem Finale e Coda abgeschlossen werden. Aber es genügt, die Introduktion zu hören, um zu wissen, daß dieser elegische Ton eine mehr menschliche als musikalische Vorwegnahme eines unrühmlichen Endes darstellt.

Anders, wenn auch aus bestimmten Gründen vergleichbar, ist das *Balletto campestre*, das dieselbe kompositorische Erschöpfung ahnen läßt. Auch bei diesem Werk ist die Instrumentierung nicht viel mehr als ein großes Durcheinander. Der Anfangsteil ist instrumentiert, wenn auch nur in groben Zügen, da Paganini am Seitenrand Anweisungen für die Beteiligung weiterer Instrumente gegeben hat. Auch in diesem Fall ist die Gliederung ziemlich unorthodox, zumal man annehmen kann, daß Paganini sich bei dieser Arbeit nicht nur von musikalischen Faktoren beeinflussen ließ. Das *Balletto campestre* sieht in der Tat nach der Exposition ein Thema vor, das von der Solovioline, die dank des immer identischen Orchesterzwischenspiels regelmäßig kurze Pausen einlegen kann, neunundvierzigmal variiert wird. Die Funktion dieses Zwischenspiels ist nicht nur die, daß sich der Solist ausruhen kann, sondern sie ersetzt auch eine kompliziertere Orchestrierung, die Paganini zuviel Zeit gekostet hätte. Auch dies war also ein Kunstgriff, auf den unser Musiker verfiel, um nicht allzuviel arbeiten zu müssen. Nun hätte sich aber kein Komponist solcher Mittel bedient, wenn er sich in einer anderen Situation als Paganini befunden hätte, der von seiner Krankheit zunehmend eingeschränkt wurde. Gleichzeitig hatte Paganini stets die technischen und expressiven Möglichkeiten der Violine im Sinn, die ihm so gewaltig erschienen, daß er die Mitwirkung des Orchesters für tatsächlich unnötig hielt. Andererseits beweist uns diese Haltung wiederum, daß es Paganini eher um die »Variationen« über ein Thema (von ihm selbst oder einem anderen Komponisten) ging als um Konzerte; es scheint, als hätte er das Gefühl gehabt, für die Konzertliteratur einen Beitrag leisten zu müssen, denn »così fan tutti« – so machen es alle. Deswegen offenbart sich die große technische Kraft und die Macht des Ausdrucks, über die der Violinist immer noch verfügt, weniger im *Konzert Nr. 5* als in diesen letzten Variationen, in denen die Freiheit des Ausdrucks in gewisser Weise durch die Einfachheit der geschlossenen Form eingeschränkt wird, eine Wesenheit also, die sich nicht zu einer Entwicklung eignet, wie sie die Sonatensatzform vorschreibt. Paganini beugt sich diesen Vorschriften, wenn er Sonaten und Konzerte schreibt, aber immer mit dem Gefühl, eine Pflicht zu erfüllen, die seinem Wesen widerstrebt, aber beachtet werden muß, will er sich nicht in den Augen anderer disqualifizieren. Paganini aber will der Violine noch einmal die Rolle zuweisen, die sie bei ihm immer hatte, und sie von den Fesseln der Wiener Klassik befreien. Dies war auch die Folge der Anforderungen und Öffnungen, die er für die *Sechzig Variationen über »Barucabà«* erdacht hatte, auch wenn hierfür kein Orchester vorgesehen war. Diese Variationen stellen ein Feuerwerk von technischen und expressiven Lösungen dar, die in ihrer Gesamtwirkung ein sehr großzügiges und begeisterndes Kunstwerk schaffen, gleichsam, als habe Paganini damit ein musikalisches Testament hinterlassen wollen. Kein Konzert wird je mit diesen Varationen rivalisieren können. Die einzige Kritik, die man an der *Sonata primavera* und dem *Balletto campestre* anbringen kann, betrifft die Titel, die scheinbar entweder von Beethoven oder Frühlingsallegorien inspiriert sind, obwohl die Musik inhaltlich mit beiden nichts gemein hat, außer daß das *Balletto* entfernt an das Thema des »Bal di göb« erinnert, einer Volksweise aus der Gegend von Piacenza.

Es kann natürlich auch sein, daß Paganini, dessen Leben sich jetzt dem Ende zuneigt, sich lieber vom Frühling inspirieren ließ als vom Herbst.

Paganini hält sich immer noch, vom Unglück verfolgt, in Paris auf. Im Juli 1838 erhält er zu seiner Überraschung eine Rechnung des Anwalts Douglas Loveday, dessen Gast er nach seiner Ankunft in der Stadt etwa drei Monate lang gewesen war. Als ein Posten waren in dieser Rechnung auch die Honorare aufgeführt, die der Homöopath Doktor Croserio für die Hilfe forderte, die er dem Violinisten hatte angedeihen lassen.

Niccolò reagiert auf die erschreckend hohe Rechnung, indem er das eigene Honorar für die Musikstunden, die er der Tochter Lovedays gegeben hatte, in Rechnung stellt. Er kommt dabei auf eine Summe von 26 400 Francs. Die Rollen scheinen nun vertauscht zu sein, der Schuldner Paganini wird zum Gläubiger. Loveday, der mit dieser Antwort nicht einverstanden ist, läßt sie in den Pariser Zeitungen abdrucken, um so den Musiker zu diskreditieren, der ohnehin im Ruf steht, geizig zu sein. Aber Paganini läßt sich nicht entmutigen und antwortet dem Anwalt mit einem offenen Brief in der Pariser *Revue et Gazette Musicale* vom 12. August, er weist die Anschuldigungen seines Gegners zurück und konfrontiert ihn mit einer Situation, die sich langsam zu Paganinis Gunsten zu entwickeln beginnt. Man ließ schließlich Gras über die Sache wachsen; soweit bekannt, mußte Loveday seine Forderungen gegenüber einem Kontrahenten, der berühmter war als er, zurückziehen und aufgeben.

Von seinen quälenden Leiden ermattet, bleibt Paganini noch bis zum Jahresende in Paris. Der Briefwechsel mit dem Freund Germi dreht sich um Geldsorgen, denn um Paganinis Finanzen sieht es schlecht aus. Er hat bei der Casino-Affäre 60 000 Francs verloren, zuzüglich jener 30 000 Francs, die ihm Rebizzo immer noch nicht zurückgezahlt hat. Dazu kommen die Ausgaben für die Zeit, in der er keine Einnahmen hatte.

Sein Interesse an Beethoven nimmt zu. Er kauft Partituren, die er Germi weiterschickt (es geht um die Quartette und Quintette. »Die Beethoven-Sammlung hat mich nur sechzig Francs gekostet«, schreibt er ihm am 23. Juli, »hier verkaufen sie die Musik um einen Soldo die Seite.«). In der Zwischenzeit ist ein neuer Diener zu ihm gekommen, Giuseppe Casanova, der sich fürsorglich um ihn kümmert.

Niccolò möchte nun nach Italien zurückkehren, um sich von den »furchtbaren Plagen« zu befreien und dort die »drei großen Sonaten« vorzutragen. »Ich kann die Stunde meiner Abreise nach Genua nicht mehr erwarten«, schreibt er am 3. August, »die Ende dieses Monats stattfinden wird. Ich werde die letzten Quartette Beethovens bei mir haben, die ich Dir so gerne vorspielen würde, und auch die von Spohr. Ich werde auch jene vermaledeiten Quarkravioli mögen.« Aber die heißersehnte Reise nach Italien muß verschoben werden; es ist wieder die Krankheit, die dies erforderlich macht. Paganini läßt sich von Doktor Beneck aus Bordeaux untersuchen, der ihm einige Hausmittel verschreibt, wie aus einem Brief hervorgeht, den er am 16. August an Germi schickt:

Doktor Beneck untersuchte mich gestern abend und ließ mir sehr wenig Hoffnung auf Heilung. Am folgenden Tag schickte er mir [Anweisungen für] eine Diät, die ich halten soll und die darin besteht, viel zu essen und viermal am Tag mit der Gabel, mit einem Kräutertee als Zwischengang bei den besagten Mahlzeiten und einem Wasserguß von fast kochendem Wasser mittels eines Schwammes von den Knien die Beine hinab, abends und morgens.

Er kam nach drei Tagen, um mich erneut zu untersuchen, und da er mich um einiges gebessert befand, sagte er mir, nachdem er mir mehrere Male den Puls gefühlt hatte: »Ihr seid gerettet. Ich werde alle Eure Übel heilen. Es stimmt nicht, daß Eure Lunge befallen ist, noch daß Ihr an einer Verengung am Darm-Rectum leidet. Der Drang, 16 oder 20 Mal am Tag die Toilette aufzusuchen, rührt von der Blasen-lähmung her. Kurz, ich verspreche, Euch gesund wie einen Fisch, dick und stark Europa wiederzugeben; Sie werden zur Toilette gehen wie alle Gesunden, etc. etc. Genannter Arzt läßt sich nicht seine Visiten, sondern die Heilung bezahlen. Wenn er wahr machen würde, was er sagt, würde ich ihm sogar meine Violine geben.

Aber Benecks Kuren haben nur zeitweilig Erfolg, selbst wenn der Arzt nicht müde wird, ihm wunderbare Heilungen zu verspre-chen. Noch einmal muß der Wunsch, nach Italien zurückzukeh-ren, vor den Ratschlägen des Arztes kapitulieren. Paganini hatte von Germi die Villa Paradiso kaufen lassen wollen, die in San Francesco d'Albaro steht, um dort nach seiner Rückkehr nach Genua zu wohnen. Aber auch der Konkurs des Casinos, der immer noch nicht abgeschlossen ist, zwingt Paganini, seinen Aufenthalt in Paris zu verlängern. Dabei kommt es zu einem besonders unangenehmen Zwischenfall: Einer der in die Sache verwickelten Gesellschafter kommt, um ihn zu besuchen, wird aber sofort entfernt; um sich zu rächen, zeigt er Paganini wegen versuchten Mordes an, so daß der Musiker gezwungen ist, noch länger in Paris zu bleiben, da ihm die Polizei verbietet, die Stadt zu verlassen.

Überflüssig zu sagen, daß eine derartige Episode alles nur verschlimmert, zumal Paganini weiterhin unter der Aphonie leidet. Einige Biographen berichten, daß auch Paganinis Violine »verstummt« war und daß sich der Maestro wegen der notwen-dig gewordenen Reparaturen wieder an Vuillaume gewandt hat-te; dieser Umstand wird aber in seinem Briefen nicht erwähnt.

Gegen Ende des Jahres 1838 begibt sich Niccolò, der sich von seinen Leiden etwas erholt hat, zur Uraufführung von Berlioz' *Harold in Italien* und hat Gelegenheit, an den französischen Komponisten heranzutreten, der in seinen *Memoiren* die Begegnung folgendermaßen schildert:[3]

> Das Konzert war soeben beendet; ich war müde, zitterte und schwitzte, als am Orchestereingang Paganini, gefolgt vom Sohn Achille [erschien und] näher trat und lebhaft gestikulierte. Durch die Erkrankung des Kehlkopfs hatte er die Stimme völlig verloren, und wenn er sich nicht an einem ganz stillen Ort befand, konnte nur sein Sohn seine Worte hören oder vielmehr erraten. Er machte dem Kind ein Zeichen, das auf einen Stuhl stieg, das Ohr an den Mund des Vaters brachte und, zu mir gewandt, sagte: »Mein Vater bittet mich, Ihnen zu versichern, daß er in seinem Leben noch nie von einem Konzert so beeindruckt war, daß ihn Ihre Musik erschüttert hat und daß, wenn er sich nicht zurückhalten würde, er sich hinknien müßte, um Ihnen zu danken.« Auf diese seltsamen Worte hin zeigte ich mich ungläubig und verwirrt, aber Paganini ergriff mich an einem Arm und röchelte mit dem, was ihm an Stimme blieb, einige »Ja! Ja!«, schleifte mich ins Theater, wo sich noch viele meiner Musiker befanden, kniete nieder und küßte meine Hand. Es ist nicht nötig, glaube ich, zu sagen, von welcher Bestürzung ich ergriffen wurde; ich berichte den Vorfall, das ist alles.

Nach einigen Tagen wird Berlioz von Achille Paganini ein Brief überstellt, in dem es wörtlich heißt:

> Mein lieber Freund.
> Nachdem Beethoven tot ist, konnte es niemanden als Berlioz geben, um ihn wieder zum Leben zu erwecken; und ich, der ich Eure göttlichen Kompositionen genossen habe, würdig eines Genies, wie Ihr eines seid, halte es für meine Pflicht, Euch zu bitten, als Zeichen meiner Verehrung zwanzigtausend Francs anzunehmen, die Euch vom Herrn Baron Rothschild übergeben werden, sobald Ihr sie von ihm fordert.
> Vertraut mir immer als Eurem liebevollsten Freund
> Niccolò Paganini
> Paris, den 18. Dezember 1838

Das fürstliche Geschenk, dessen heutiger Wert sicher den einiger zehn Millionen Lire übersteigt, war für Berlioz, der zu jener Zeit in sehr ärmlichen Verhältnissen lebte, wie Manna vom Himmel. Die Geste Paganinis fand ein Echo in der Pariser Presse, und der gleiche Janin, der sich einst gegen den Genueser Maestro gewandt hatte, widerrief seinen früheren Kommentar und gestand ein, daß er sich damals geirrt hatte. Dennoch, es fehlte nicht an böswilligen Stimmen, die es als ihre Aufgabe empfanden, Zweifel an der Großzügigkeit des Violinisten anzumelden, und die behaupteten, daß die Berlioz geschenkte Summe dank einer »geheimen« und anonymen Sammlung zusammengekommen und von Paganini unrechtmäßig in seinem eigenen Namen überreicht worden sei. Diese Unterstellungen, die von Berlioz selbst abgestritten wurden, waren frei erfunden, denn es geht aus Paganinis Briefwechsel hervor, daß sich der Maestro zuvor mit seinem Bankier Migone besprochen hatte, damit dieser eine Zahlungsanweisung über zwanzigtausend Francs zugunsten der Bank Rothschilds ausstelle.

Daraus läßt sich ersehen, daß die Pariser Presse seit einiger Zeit Paganini gegenüber eine feindliche Haltung eingenommen hatte und darin so weit ging, daß sie ihm grundsätzlich alles, was er tat, negativ auslegte.

Man kann sich jedoch nach dem Warum dieser Schenkung fragen. Wenn man die psychische Verfassung Paganinis, besonders in seinen letzten Jahren, kennt, kann man nur den Schluß ziehen, daß er lieber bedürftige Freunde unterstützte, die er sehr schätzte, als sich von den Gläubigern ausrauben zu lassen, die in Paris über ihn herfielen. Aus diesem Grund verdient auch der Brief an Berlioz ein paar kurze Randbemerkungen. Der französische Musiker konnte angesichts der großen Unterschiede, die zwischen den zwei völlig verschiedenen Auffassungen von Musik bestanden, nicht wirklich als Nachfolger Beethovens angesehen werden. Es steht jedoch außer Frage, daß der erste »Revolutionär«, dem wir nach dem deutschen Komponisten begegnen, Berlioz war, besonders, wenn man sein Werk in einem erweiterten europäischen Kontext betrachtet und nicht nur im engen Rahmen deutsch-österreichischen Symphonieschaffens. Wenn der frühe Berlioz auch in gewisser Weise von Beethoven beeinflußt war – ersichtlich an den Bezügen zwischen der Ouvertüre seines *König Lear* und der *Neunten Symphonie* und an jenen etwas fragwürdigen Ausführungen, die er in seiner »Programmatik« der Musik am Beispiel der *Sechsten Symphonie* vorstellt und die von Beethoven elegant widerlegt worden sind –, muß man zugeben, daß der französische Musiker sich in seinem reiferen Werk eindeutig von germanischen Versuchungen distanziert hat.

Berlioz war als Musiker frei von den Fesseln der österreichisch-deutschen Tradition, für die die orthodoxe Beachtung des jahrhundertealten Regelkanons im Mittelpunkt des Interesses stand. Die dialektisch angelegte Sonatenstruktur, die von dieser Schule postuliert wurde, berührte Berlioz nicht im entferntesten. Für ihn bedeutete Komponieren vielmehr, sich gegen den Geist der eigenen Zeit zu stellen und diesen im Sinne einer zurückeroberten kompositorischen Originalität zu überwinden. So sah Paganini in ihm das, was er selbst hätte sein können, wenn er das musikalische Genie des französischen Musikers besessen hätte. Anders kann eine derartig bedingungslose und schmeichelhafte Anerkennung nicht erklärt werden.

Vermutlich hatte Paganini aber auch kein ruhiges Gewissen Berlioz gegenüber, weil er seinerzeit bei ihm jenes Konzert für Viola in Auftrag gegeben hatte, das er dann ablehnte, weil es die Viola als obligates Instrument behandelte und es in ihrem Part zu viele Pausentakte gab. Das Werk, das Paganini selbst als Ersatz dafür geschrieben hatte, die *Sonate für große Viola*, die in London wohl vor allem deswegen so erfolgreich gewesen war, weil Paganini dort ohnehin geschätzt wurde, hatte sich gegenüber Berlioz' *Harold in Italien* sehr bescheiden ausgenommen. Als er das Werk in Paris, vom Komponisten dirigiert, hörte, war er sich wohl des großen Unterschieds bewußt, der zumindest auf kompositorischer Ebene zwischen ihm und Berlioz bestand. Auch dieser Umstand könnte eine Geste erklären, die bei einem Mann, dem es auch im Umgang mit den Mächtigen völlig fernlag, Kompromisse zu schließen, ziemlich überraschend erscheint. Öffentlich vor Berlioz niederzuknien war die anrührendste und schönste Tat, die Paganini in seinem Leben vollbrachte. Es war ein Akt, der unmißverständlich bewies, daß Paganinis Urteilsvermögen einen gewissen Grad von Reife erreicht hatte, der es ihm erlaubte, einen Zeitgenossen zu würdigen, den er bisher falsch eingeschätzt hatte. Die Krankheit schränkt den Menschen nicht nur in seinen körperlichen Fähigkeiten ein, sondern schenkt ihm – wohl auch dadurch, daß sie ihn schwächt – die Neigung zur Reflexion und bewirkt so eine Art von geistiger »Gesundheit«. Auch der Wahn kann ein Zeichen des Genies sein, wenn es ihm gelingt, jene Rationalität zu überwinden, die das Alltagsleben bedingt.

Paganinis Irrtum war, daß er zu einem Zeitpunkt, als er sich

allen anderen überlegen fühlte, nicht sofort die Größe Berlioz'
begriffen hatte und darüber hinaus immer von anderen Musikern jene Musik erwartete, die nur er selbst zu komponieren
imstande war. Dies war sein Fehler, ein im Grunde verzeihlicher
Fehler, da er sich zwei Jahre vor seinem Tode dessen bewußt
geworden war, daß er die Musik nicht immer mit seinen parteiischen Augen sehen durfte, sondern daß Musik nur in einem
weitaus größeren Bezugsrahmen verstanden werden kann, in
den auch neue und sehr unterschiedliche Erfahrungen einbezo-
gen werden müssen.[4]

Berlioz seinerseits bekundete seine Achtung vor Paganini,
indem er die *Symphonie mit Soli und Chören Romeo und Julia*
komponierte und Paganini widmete, der sie aber nicht mehr
hören sollte. Der französische Musiker hatte ein Thema gewählt,
das sehr gut zu Paganinis Wesen paßte. So wie in *Harold* gab es
hier Parallelen zur gegenwärtigen Situation in Italien, doch es
ging auch um die Unmöglichkeit, jene Verbindung zwischen den
Menschen, die die Liebe fordert, zu verwirklichen. *Romeo und
Julia* zeichnet, vielleicht unbewußt (obwohl Berlioz zu intelligent
war, um sich bei seinen Kompositionen von unbewußten Ah-
nungen beeinflussen zu lassen), die Geschichte Paganinis nach,
so wie *Harold in Italien* sie für eine Zeit nacherzählte, als sich der
Genueser noch als »Wanderer« betrachten konnte. Ein »Wanderer«, der sich ein Jahr vor seinem Tod dessen bewußt wird, daß es
eine unüberwindliche Grenze gibt, ist kein Wanderer ohne Ziel
mehr, der im Leben noch Hoffnung sehen kann, sondern ein
Sterbender, der nicht mehr die Freiheit der Wahl hat, sondern
fragen muß, was ihm auferlegt ist.

Paganini kann in vielem kritisiert werden, nicht aber in diesem
wichtigem Moment der Einsicht. Paganini, mit allen Mängeln
und Vorzügen eines hundertprozentigen Genuesers, ahnte wohl
das Schicksal, das ihm bevorstand, und wußte um die Notwendigkeit, alte Gewohnheiten abzulegen.

Die Kunde von dem großzügigen Geschenk an Berlioz gelangte auch nach Italien, und Felice Romani schrieb darüber einen
langen Artikel in der *Gazzetta Piemontese* vom 12. Januar 1839,
der mit den bombastischen und geschwollenen Worten endete:

Und ihr, Feinde Berlioz', und ihr, Verleumder Paganinis,
und ihr alle, die ihr dazu neigt, gute Taten zu entstellen,
entstellt ruhig auch diese des berühmten Genuesers: Welche Farbe ihr ihr auch geben möget, es wird die Farbe eurer
Leidenschaften sein. Ich habe sie erzählen und feiern wol-

len, denn die vergangenen Zeiten haben an ihresgleichen keinen Überfluß, und unsere ist an Beispielen nicht reich; zwei außergewöhnliche Männer, die sich im Angesicht ganz Europas die Hand reichen, sind ein Schauspiel, das von der Ehre der Künste und der Künstler kündet; und so könnten die Günstlinge des Glücks Lust verspüren, gegenüber den Genies, die die Not knechtet, diesem Beispiel zu folgen, oder könnten von Neid heimgesucht werden. Was sind schon zwanzigtausend Francs für die, die im Reichtum leben und ihn aus Eitelkeit mit vollen Händen ausgeben? Wissen sie nicht, daß zwanzigtausend Francs die unbekannte Leistung erhöhen, eine neue Verklärung bewirken, ein neues *Gerusalemme liberata*[5] schaffen können?

Paganini war von Felice Romanis Artikel sehr bewegt; in einem Brief aus Marseille an Germi wird er schreiben: »Der göttliche Artikel von Romani über Paganini und Berlioz – als ich ihn las, mußte ich ihn mit dicken Tränen begleiten, die mir die Freude aus den Augen trieb. Wenn Du ihm in meinem Namen dankst, umarme ihn und sage ihm, daß seine Seele allzu schön und allzu groß ist. Es lebe Romani, die Ehre Italiens.«

Paganini ist nun endlich von der Anklage freigesprochen, einen Mordversuch gegen einen ehemaligen Gesellschafter des Casinos verübt zu haben, da, wie er an Germi schreibt, »der Betrug dieses Schurken erkannt worden ist«; der Maestro schickt sich an, Paris zu verlassen, um sich nach Marseille zu flüchten, wo er Gast des befreundeten Anwalts Camillo Brun sein wird. Die Abreise ist nicht nur durch die Krankheit und das mildere Klima der Riviera bedingt, sondern auch durch fundierte Befürchtungen juristischer Natur. Das Pariser Gericht wird bald einen Urteilsspruch verkünden, der Paganini zur Zahlung eines beträchtlichen Geldbetrags zwingen soll. In einem Brief vom 17. Dezember aus Paris an Germi hatte Paganini geschrieben, daß er sich »noch unter Arrest« befinde. Der Begriff »Arrest«, den der Violinist fälschlicherweise verwendet, hatte Germi Sorgen gemacht. Er wußte um die Umstände des Konkurses und um die gerichtlichen Konsequenzen und ist nun bemüht, seinem Freund Schlimmeres zu ersparen, indem er gegen das Urteil des Pariser Gerichts Berufung einlegt und erklärt, notfalls bis vor das Oberste Gericht zu gehen. Das Wort »Arrest« klang in den Ohren des Genueser Juristen unheilvoll. Der Pariser Arrest bedeutete jedoch nichts anderes, als daß Paganini auf Befehl der Polizei seinen Aufenthalt in Paris verlängern mußte, bis diese der abenteuerlichen Räuberpistole des ehemaligen Gesellschafters auf den Grund gegangen war. Um einem tatsächlichen Arrest zu entgehen, der vom Gericht verfügt worden wäre, sobald Paganini beim Bezahlen der Konkursschulden säumig geworden wäre, mußte er zumindest in Frankreich als »mittellos« gelten. Seine Übersiedlung nach Marseille und später nach Nizza, das damals zur Ligurien gehörte, war also durchaus eine Flucht, um den Verbindlichkeiten zu entgehen, die ihn erwarteten, sobald das Urteil erging.

In Marseille wird Paganini von Brun[6] gut untergebracht und kann sich in Ruhe der Kammermusik widmen. In einem Brief vom 26. Januar lädt er Germi ein, zu ihm zu kommen: »Du würdest in meiner Nähe wohnen«, schreibt er, »und wir würden Dir die letzten Quartette Beethovens vorspielen.« Aber die Beschäftigung mit der Musik vermischt sich mit der Beschäftigung mit Hausmitteln, denn im folgenden Absatz schreibt Niccolò: »Ich bitte Dich, das folgende Einreibemittel mit den Händen auf den Körperteil, der vom Rheuma befallen ist, aufzutragen, zur Hälfte Weingeist und zur Hälfte Leinöl, die gut zusammengeschüttelt werden, und es morgens und abends anzuwenden; sich sodann mit altem Papier zu verbinden und darüber Wolle zu tragen; ein solches Mittel heilt in wenigen Tagen.« Und weiter unten: »Am Montag werde ich damit beginnen, meine neue Musik zu instrumentieren.«

In der Marseiller Periode wird sich Paganini in einen *marchand luthier*, einen Lauten- oder besser: Geigenhändler verwandeln und damit einer Neigung freien Lauf lassen, die er viele Jahre zuvor entdeckt hatte und die er an den Sohn weiterzugeben hofft. Achille ist inzwischen einem Internat anvertraut worden, um eine angemessene Bildung zu erhalten. Paganini kümmert sich wieder mehr um seine Schwester Nicoletta und ihren Mann Sebastiano Ghisolfi. Eines Tages erhält er einen Brief von Bignami, der ihn bittet, ihm zu helfen; diese Hilfe wird mittels einer Summe von vierhundert Francs auch sofort gewährt.

Im März, während er damit beschäftigt ist, mit Vincenzo Merighi zu korrespondieren, einem Violoncellisten am Orchester der Scala, mit dem er Fragen des An- und Verkaufs von Streichinstrumenten erörtert, erhält er die Nachricht, daß das Pariser Gericht ihn dazu verurteilt hat, 20000 Francs zu bezahlen, da er »sich geweigert hat, am Casino zu spielen«. Daraufhin schreibt er am 19. des gleichen Monats an Germi: »Also ist es nötig, daß ich mir Notizen mache, um mich zu verteidigen.« Paganini legt über seine französischen Anwälte Berufung ein, mit dem Ergebnis, daß sein Gesuch abgelehnt und die Geldstrafe verdoppelt wird.

Nach seinem Tod wird das Urteil seinem Sohn Achille überstellt, der insgesamt die Summe von 50000 Francs zu zahlen haben wird.

Ohne den Mut zu verlieren, befaßt sich Paganini weiterhin mit dem Handel mit Streichinstrumenten und macht dies sehr professionell, wie der Briefwechsel mit Merighi verrät, aus dem wir hier einige Passagen zitieren:

> Sie lassen in mir das Verlangen entstehen, schöne Instrumente zu kaufen und sie im wahrscheinlichen Falle, daß man mich darum bittet, zu verkaufen. Nun, da Sie sich mit so viel Freundlichkeit dazu bereit erklärt haben, tragen Sie darum Sorge, mir Violoncelli, Violinen und Violen von Stradivari zu kaufen, aber zu einem Preis, der uns beim Verkauf eine Gewinnspanne verschafft. Die Violinen von Amati sind wenig gefragt, aber besorgen Sie mir die [von] Giuseppe Guarneri del Gesù; und daß diese Instrumente heil sein mögen, stark im Holz. Es ist nur recht und billig, wenn ich Ihnen als Entschädigung für Ihre Nachforschungen und freundschaftlichen Besorgungen, die Sie für mich unternommen haben, sowie für die Unannehmlichkeiten, die Sie in Zukunft auf sich nehmen werden, einen proportionalen Anteil des erzielten Gewinns überlasse.
> Die Violine von Barbò, die einst eine hervorragende Stimme hatte, war aber nicht mehr so, als ich sie hörte, und ist auch von kleiner Gestalt [; daher] ist sie, wie mir jener Paradiesengel von Sturioni sagte, mit hundert Louis gut bezahlt, und ich könnte auch nicht zu mehr raten.
> Sie schlagen mir zwei Violinen von Stradivari vor, eine heil und die andere nicht. Um Gottes willen, sprechen Sie mir nicht von Violinen, die repariert sind und sichtbare Schäden haben, sondern schließen Sie Käufe über heile Violinen ab, stark im Holze, die nicht am Steg nachgegeben haben. Und all die anderen unvollkommenen Instrumente überlassen wir den Verkäufern. Zum Beispiel wird es sehr schwer sein, die Violine von Amati, die ich von Ihnen erhalten habe, zu veräußern, da der Klang allzu stark beeinträchtigt ist und auch weil die Amati nicht begehrt sind. Aber, ich wiederhole, ich bin sehr zufrieden.
> Die Decke der Stradivari-Violine hat am Steg nachgegeben, aber es ist ein geringer Schaden, und sie ist sehr schön.

Vielleicht wissen Sie nicht, daß Ihre Violine mit einer Verstärkung vom Ende des Griffbretts bis zum Saitenhalter hin
repariert worden ist, was ihr diese metallische Vibration
nimmt, die für den Hersteller typisch ist. Aber sie ist her-
vorragend, wunderschön und ist mir sehr teuer.
Interessieren Sie sich also dafür, für mich die schönsten
Violinen, Violen, Violoncelli von Stradivari und von Guarneri kaufen zu lassen, wie oben gesagt, denn ich möchte so
gerne bei dieser Unternehmung als Händler von Streichinstrumenten Erfolg haben. Aber dies dürfen Sie niemanden
wissen lassen, denn wenn sie wüßten, daß es Paganini ist,
der kaufen will, würden sie hohe Forderungen stellen.
(Marseille, 20. März 1839)[7]

Die Briefe, die er über seine neue Tätigkeit an Merighi[8] und an
Germi schrieb, werfen nicht nur Licht auf einen Aspekt von
Paganinis Persönlichkeit, der schon Jahre früher zutage getreten
war – seinen Geschäftssinn –, sondern zeugen auch von seiner
genauen Kenntnis der Streichinstrumente. Von der Krankheit an
der Ausübung seiner Kunst gehindert, versucht er, seine Kenntnis
der Materie und sein Gespür für gute Instrumente gewinnbringend einzusetzen. Der große Violinist war ein großer Geschäfts-
mann geworden, der so den finanziellen Verpflichtungen und den
Überraschungen begegnen wollte, die sich aus den Gerichtsver-
handlungen, in die er verwickelt war, noch ergeben konnten.
    Ende April zollt ihm Genua eine weitere, verspätete Anerken-
nung; das Istituto di Musica, das später in ein Konservatorium
umgewandelt werden und seinen Namen tragen wird, ernennt
Paganini zum Primo Accademico Onorario di Merito. Das Diplom trägt die Unterschrift des Präsidenten, jenes Gian Carlo Di
Negro, der zu den ersten gehörte, die sich für Paganini interessiert hatten.
    In Marseille, wo er von Spitzer medizinisch betreut wird,
findet Paganini vorübergehend Besserung; gegen Ende Juni kann
er das *Requiem c-Moll* von Cherubini und die *Missa solemnis*
von Beethoven anhören. Im Juli begibt er sich auf Anraten der
Ärzte nach Balaruc, um sich dort einer Bade- und Fangokur zu
unterziehen, die wirkungslos bleibt. Er reist sodann nach Vernet,
wo er sich vom »renommierten Doktor Lallemand« untersuchen
lassen will. Während ihn Lallemand für »kerngesund« befindet,
wie er am 3. August an Germi schreibt, diagnostiziert ein »anderer berühmter Doktor, der aber den Beruf nicht ausübt, da er ein
weiser Mann von großer Begabung ist«, nämlich Doktor Guil-

laume, bei ihm eine »übermäßige nervöse Reizung, Erkrankung des lumbalen Rückenmarks, [einen] syphilitischen Virus, der den Gaumensegel und vielleicht das Gaumengewölbe befallen hat«. Die Diagnose Guillaumes, die derjenigen Lallemands diametral entgegengesetzt war, mußte für den leidgeprüften Paganini, dem die Kuren in Balaruc und in Vernet keine Linderung gebracht hatten, einen schweren Schlag bedeuten. In ihm wird der Wunsch dringlicher, nach Italien zurückzukehren. Er will Nervi wegen des milden Klimas als Aufenthaltsort wählen, um Germi nahe zu sein, sich am »Geruch der Farinata« zu ergötzen und die letzten Quartette Beethovens zu spielen.

Endlich, in den ersten Oktobertagen, gelangt Paganini nach Genua; soweit es ihm sein Gesundheitszustand erlaubt, kümmert er sich hier, von Germi assistiert, um seine geschäftlichen Angelegenheiten; er beschließt, in Nizza zu überwintern. Drei Briefe, die er am 7., am 19. und am 20. Oktober aus seiner Geburtsstadt schrieb, stellen die einzigen persönlichen Dokumente dieses Genueser Aufenthalts dar. Wir erfahren daraus zumindest mit Sicherheit, daß die Auseinandersetzung mit Lazzaro Rebizzo auf die bestmögliche Art beigelegt wird; die beiden treffen sich in Genua und versöhnen sich, auch wenn wir keine Anhaltspunkte dafür haben, daß Rebizzo die Summe, die ihm Paganini für den Kauf der dreißig Casino-Aktien vorgeschossen hatte, zurückzahlte.

Im November ist Paganini, nachdem er »eine mühsame Reise« hinter sich gebracht hat, in Nizza, wo er feststellt, daß »bezüglich meiner Gesundheit das letzte, was zu verlieren ist, die Hoffnung ist«. Ohne zu verzweifeln, befaßt er sich weiterhin mit seinen Geschäften. Die Erziehung seines Neffen liegt ihm am Herzen, und er erklärt sich bereit, ihm ein Studium an der Universität zu ermöglichen. Dieser seltsame junge Mann schreibt in der Hoffnung, bei seinem Onkel Geld lockerzumachen, einen schwülstigen Brief, in dem er taktlos Anklagen aller Art gegen Germi vorbringt, den er als »Ursache aller meiner Übel« bezeichnet; Niccolò sagt ihm gehörig die Meinung und schließt mit den Worten: »Seid ausdauernd bei Euren Studien, um Doktortitel und Diplom zu erhalten.«

Anfang Januar 1840 erhält Paganini von seinem Rechtsanwalt Double die Nachricht der Verurteilung durch das Pariser Gericht; er schreibt unverzüglich an Germi, der ihm raten soll, ob es angebracht sei, sich sofort an den Obersten Gerichtshof zu wenden. Germi beruhigt ihn in einem Brief vom 17. mit folgenden Worten: »Du hast im Herzogtum Genua und in dem von

Parma keinen Besitz; in beiden Staaten gibt es Gesetze, die die Interessen der Untertanen schützen gegenüber übertriebenen [Urteilen], die zufälligerweise zu ihren Ungunsten von ausländischen Gerichten gefällt werden könnten. Die ausländischen Urteile sind nicht vollstreckbar, wenn der Oberste Gerichtshof sie nicht zu solchen erklärt.« Germi legt sodann dem Freund seine leidenschaftslosen juristischen Ansichten dar und erklärt, er wolle sich vorbehalten, die geeigneten Schritte zu unternehmen, um Paganinis Interessen zu vertreten. Rebizzo wird ihm helfen; er begibt sich nach Nizza, um Paganini beizustehen und Schriftstücke zu beschaffen, die für die Fortführung des Prozesses erforderlich sind. Sogar Berlioz wird beauftragt, sich in Paris mit der Angelegenheit zu befassen. Paganini hofft, Germi wiederzusehen, damit »es ihm gelingen möge, das Unrecht zu rächen, das sie mir in Paris zugefügt haben«, wie er ihm am 1. Februar aus Nizza schreibt, und er fügt hinzu: »Ein köstlicher Augenblick wird es sein, wenn ich Dich in Nizza umarmen werde. Das Zimmer für Dich ist bereit. Die Köchin ist ein Tier, aber wir werden sie den Spieß drehen lassen.« Die Einladung wird nie angenommen werden. Der letzte Briefwechsel mit Germi und mit dem Freund Giovanni Battista Giordano (dem er den letzten Brief vor seinem Tod schreiben wird) zeugt von einer geistigen Klarheit, die alles andere als einen nahen und plötzlichen Tod erwarten läßt. Die überraschende Verschlechterung seines Zustands brachte vielleicht die Köchin oder den Diener, vielleicht auch den Sohn Achille dazu, einen Mönch zu rufen, damit ihm dieser die Tröstungen der Religion erteile; als er den Geistlichen erblickte, machte Paganini, der die Stimme völlig verloren hatte, einige Zeichen, die von diesem falsch verstanden wurden. Als er ein zweites Mal wiederkehrte und von Paganini verlangte, er möge seine Beichte auf eine Tafel schreiben, erhielt er von ihm eine unmißverständliche Absage. Der einfältige Geistliche meldete dies dem Bischof von Nizza. Um fünf Uhr nachmittags am 27. Mai 1840 rief ein plötzlicher und heftiger Hustenanfall eine unstillbare Blutung hervor, und Paganini beendete seinen Erdenwandel, ohne zu ahnen, welchen Wechselfällen sein Leichnam unterworfen sein würde, bevor dieser endlich die verdiente und endgültige Ruhe finden sollte.

Die postume Behandlung, die die kirchlichen Behörden Paganini angedeihen ließen, war so erniedrigend wie paradox. Von Monseigneur Galvani, dem Bischof von Nizza, aufgrund des Zeugnisses des Domherrn Caffarelli zum Ungläubigen erklärt, erhielt Paganini weder eine Totenmesse noch ein Begräbnis in geweihter Erde. Sofort nach dem Tod hatte der Graf von Cessole einen Spezialisten, Dr. Jean Gabal, beauftragt, die Leiche einzubalsamieren, die dann fast zwei Monate lang in Paganinis Wohnung in Nizza blieb, so lange, bis die Gesundheitsbehörde ihre Entfernung anordnete. Der Graf von Cessole ließ den Sarg in den Keller seines eigenen Hauses schaffen, von wo aus er nach Genua transportiert werden sollte. Der Adlige und andere Freunde Paganinis – unter ihnen Germi und Rebizzo – bemühten sich, das vom Bischof verhängte Urteil der Ungläubigkeit revidieren zu lassen. Zu diesem Zweck legten sie Petitionen und Zeugnisse vor, die beweisen sollten, daß der Maestro ein guter Christ und ein praktizierender Katholik gewesen sei. Man wird sich erinnern, daß Paganini am Ende seines Testaments seine Seele »der unendlichen Barmherzigkeit meines Schöpfers« anempfohlen und angeordnet hatte, daß »einhundert Messen von den Reverendi Padri Kapuzinern« gelesen werden sollten; doch auch diese ausdrücklichen Bezugnahmen – die allerdings vielleicht nur deswegen erfolgt waren, weil es damals so üblich war – konnten bei den kirchlichen Behörden keine Meinungsänderung bewirken. Eine Petition, die den staatlichen Genueser Behörden vorgelegt wurde und bis nach Turin ins Innenministerium und gegebenenfalls zu Carlo Alberto gelangen sollte, brachte ebenfalls nicht den Erfolg, den die Freunde Paganinis so hartnäckig zu erreichen suchten. Nach dem Napoleonischen Interregnum, das die Einflußmöglichkeiten der Kirche auf die Angelegenheiten des Staates beträchtlich gemindert hatte, war die Kirche mit der Rückkehr der Monarchie mühelos in ihre frühere Machtposition zurückgekehrt. In dem Herrscher, der im Jahre 1831 auf Carlo Felice, den Gründer des gleichnamigen Genueser Theaters, gefolgt war und dessen mystische Neigungen wohlbekannt waren, hatte sie einen guten Verbündeten gefunden.

Die Zusammenarbeit zwischen Kirche und Staat verlief so effektiv, daß, als die Bittgesuche mit allem Dogmatismus und Eigensinn abgelehnt worden waren, sogar der Presse verboten wurde, »jeglichen sich auf Paganini beziehenden Artikel« zu schreiben. Und wirklich werden die ersten Nekrologe und Nachrufe im Ausland veröffentlicht. Inzwischen wird das Problem weiter verschleppt, ohne daß eine Lösung in Sicht ist; ein neues Gesuch, an den Senat von Nizza gerichtet, kann den traurigen Stand der Dinge nicht ändern. An diesem Punkt bleibt nichts anderes übrig, als sich an den Papst zu wenden. Ein bekannter Genueser Jurist, Avvocato Castellini, wird beauftragt, sich mit Paganinis Sohn Achille in den Vatikan zu begeben, in der Hoffnung, daß die Intervention der höchsten Kirchenautorität die unerträgliche Situation verändern kann. Der Pontifex erteilt dem Erzbischof von Turin und anderen Prälaten den Auftrag, die »Streitfrage« gründlich zu prüfen und ihre Meinung zu äußern. Inzwischen müssen die sterblichen Überreste Paganinis weitere Umzüge über sich ergehen lassen; vom Keller des Grafen von Cessole werden sie in das Lazarett von Villafranca (heute Ville-franche) gebracht und provisorisch in der Nähe einer Ölpresse eingegraben, in der Erwartung, daß die Behörden bald die Über-führung nach Genua gestatten werden.

Im Jahre 1844 erteilt die sardische Regierung endlich die Genehmigung, wohl deshalb, weil Carlo Alberto sich für den weltlichen Aspekt der Angelegenheit interessiert hatte. Die Ge-nehmigung wird erteilt, sofern »man bei der Ankunft und dem Transport besagter Leiche soweit möglich jegliches Aufsehen vermeide und die Angelegenheit vor der Öffentlichkeit verbor-gen halte«. Am 17. April 1844 verfaßt der Graf von Cessole ein Zertifikat folgenden Wortlauts:

Wir bezeugen hiermit zweifelsfrei, daß in diesem Hafen auf dem Schiff Maria Maddalena (sardisch), Besitzer Gio. [van-ni] Batta Resteu, Bestimmungshafen Genua, die Leiche des verstorbenen Baron Niccolò Paganini eingeschifft wurde, die, da sie seinerzeit gemäß allen Regeln der Kunst einbalsa-miert worden ist, in einen pflichtschuldigst verschlossenen Zinksarg gelegt wurde, der von einem Nußbaumholzsarg umgeben ist, der [wiederum] in eine Kiste aus weißem Holz in der Form eines Parallelepipedons gepackt worden ist, die außen mit den folgenden Buchstaben bezeichnet ist – M. D. S. – [und] die von dieser Stadt in Richtung Genua abgeschickt und dort in der Folge unmittelbar zur Villa Paganini in Polcevera überführt wird. Wir bitten alle Beam-ten, Intendanten, Konservatoren und andere Funktionäre des Gesundheitsamtes, dieser Überführung nichts in den Weg zu stellen, da diese Leiche auf eine Art präpariert worden ist, daß sie der öffentlichen wie auch der privaten Gesundheit keinerlei Schaden zufügen kann.

Wenn man von dem amtlichen Stil absieht, in dem das Zertifikat abgefaßt ist und der den Gepflogenheiten der Gesundheitsbehör-de entspricht, fällt sofort die Absicht auf, die Angelegenheit nicht an die Öffentlichkeit dringen zu lassen. Die Überführung der Leiche nach Genua macht alles in allem den Eindruck einer richtigen »Geheimoperation«. Die Überreste Paganinis, die, ohne

Ruhe zu finden, von einem ungeeigneten Ort zum anderen gebracht worden waren, wurden behandelt wie ein gefährlicher politischer Gefangener. Das letzte Unrecht, das dem Maestro zugefügt wurde, der nach großem Leiden verstorben war, der Möglichkeit beraubt, sich mit der eigenen Stimme mitzuteilen, und darauf angewiesen, sich mit Gesten auszudrücken, die nicht immer verstanden wurden, war es wohl, den Toten zu verteufeln und ihm das gelebte Christentum der Nächstenliebe abzusprechen. Mit seinem Verdikt reihte sich der Bischof von Nizza in die Schar der Verleumder Paganinis ein, die ihre Anklagen auf Behauptungen gründeten, die nie geprüft wurden, sondern durch Verdrehungen und Übertreibungen Dritter zustande kamen (es tut nichts zur Sache, daß unter den Zeugen auch die Köchin des Maestros und ihr Liebhaber waren, die jedes Interesse haben mußten, die Gestalt und das Verhalten ihres eigenartigen Herren in Verruf zu bringen). Der schändliche postume Prozeß, den die Kirche Paganini machte, der sich nicht mehr verteidigen konnte, muß auch im historischen Kontext verstanden werden. Die Geschichte aber kann bekanntlich keine mildernden Umstände gewähren, denn die Gegenwart läßt sich nicht mit der Vergangenheit vermengen.

Die Leiche Paganinis, über deren Verbleib noch verhandelt wird, ruht für einige Zeit in der idyllischen Stille des »Häuschens« von Romairone im Ortsteil San Biagio in Polcevera. Inzwischen wendet sich Achille auf Anraten der Freunde seines Vaters an Marie Louise, um die Erlaubnis für die endgültige Überführung nach Parma zu erwirken. Außerdem läßt er eine »versöhnende« Messe in der Chiesa della Steccata in der emilianischen Stadt lesen, um den Bischof dazu zu bewegen, seine Genehmigung zu erteilen.

Nachdem er die erforderlichen Einwilligungen erhalten hat, kehrt Achille nach Val Polcevera zurück, um der Erfüllung der Formalitäten nachzukommen. Die Genueser Gesundheitsbehörde ordnet die Untersuchung der Leiche an, die nach Gajone überführt wird, um – immer noch provisorisch – in der Sakristei der Pfarrkirche beigesetzt zu werden.

Erst im Jahre 1876, nachdem der Spruch des Bischofs von Nizza nachträglich für nichtig erklärt worden ist, kann Achille Paganini die sterblichen Überreste des Vaters auf dem Friedhof von Parma beerdigen lassen. Im Jahre 1893 erhält František Ondříček, der die Stadt besucht, die Erlaubnis, die Leiche des Maestro obduzieren zu lassen, von der mittlerweile nicht mehr viel übrig ist. Im Jahre 1940 wird anläßlich des hundertsten

Todestages eine neuerliche Leichenschau angekündigt. Es wird erzählt, daß, als sich ein Fotograf anschickte, Fotos zu machen, plötzlich ein Gewitter losbrach; der arme Fotograf floh erschrokken und verzichtete darauf, seinen makabren Auftrag auszuführen. Wie dem auch sei – Niccolò hatte gewiß allen Grund, sich im Grabe umzudrehen und eine verdiente Strafe für die zu erflehen, die ihm immer noch keine Ruhe ließen.

Man mag sich fragen, warum die sterblichen Überreste Paganinis nicht nach Genua zurückgekehrt sind. Auf diese Frage gibt es verschiedene Antworten; zunächst die, daß Genua durch seine weltlichen und religiösen Instanzen an den Irrfahrten, die sein berühmter Sohn nach seinem Tod erdulden mußte, schuld war und bewiesen hatte, daß es der geistigen Beweglichkeit die Bürokratie vorzog; zweitens die, daß viele große Genueser aus einer bis heute ungebrochenen Tradition heraus von ihrem Wesen her Nomaden sind und fast immer fern der Heimat sterben, und drittens die, daß der Tod nicht das Wichtigste im Leben eines Menschen ist. Jeder weiß, wann er geboren ist, aber niemand weiß, wann er sterben wird. Auch Paganini wußte es nicht.

Wenn man über die Ereignisse im Leben Paganinis nachdenkt, will es schwerfallen, sich vorzustellen, welchen anderen Lebensweg er wohl eingeschlagen hätte, wäre er nicht die Persönlichkeit geworden, die so großen Einfluß auf die europäische Musik des neunzehnten Jahrhunderts haben sollte.

Da er zu einer internationalen Persönlichkeit geworden war, hätte seine letzte Heimat an jedem beliebigen Ort sein können.

1 Cesare Pugni (1802–1870), Dirigent aus Genua. Er arbeitete in Mailand und in Paris. Nachdem er im Jahre 1851 nach Petersburg übersiedelt war, befaßte er sich vor allem mit der Aufführung von Balletten.
2 Mit Loveday wird Paganini sich bald aus finanziellen Gründen zerstreiten.
3 Op. cit.
4 In den letzten Jahren seines Lebens lernte Paganini nicht nur die Musik von Berlioz schätzen, sondern zeigte – wie bereits erwähnt – großes Interesse für die späten Quartette Beethovens, die er früher als »ziemlich überspannte Musik« bezeichnet hatte.
5 Dies bezieht sich auf Torquato Tassos berühmtes Versepos *La Gierusalemme liberata, overo Il Goffredo*.
6 Camillo Brun, ein guter Freund Paganinis, übte in Marseille den Beruf des Notars aus; darüber hinaus wirkte er als Verbindungsmann und Bote zwischen dem Maestro und seinen Genueser Freunden.
7 Aus dem Briefwechsel mit Merighi geht hervor, daß sich Paganini vor allem

für die Violinen von Guarneri und Stradivari interessierte. Was die von Amati gebauten Instrumente betrifft, so erscheint das Urteil Paganinis unverständlich. Vicenzo Merighi (1795–1849) lehrte auch am Mailänder Konservatorium Cello. Unter seinen Schülern war A. Piatti.

8 Die Briefe Paganinis an Merighi wurden von P. Berri unter dem Titel »Lettere inedite di Paganini« in *Quaderno dell'Istituto di Studi Paganiniani*, Nr. 2. Genua, 1974, veröffentlicht.

ANHANG

*Die »Autobiographie« stellt den ersten Versuch dar, die wichtig-
sten Ereignisse im Leben Paganinis bis zum Jahr 1828, als der
Violinist Mailand verließ und nach Wien reiste, zusammenzu-
fassen. Zusammengestellt wurden diese Notizen von Peter Lichtenthal, der Theaterkritiker, Musiker und Musikwissenschaftler
sowie Redakteur des* Almanacco Musicale, Storico, Estetico,
Umoristico *war, der von Tito Ricordi herausgegeben wurde.*

*Obwohl im Jahre 1828 aufgezeichnet, wurde die »Autobiogra-
phie« erst im Jahre 1853 veröffentlicht, als Paganini bereits seit
dreizehn Jahren tot war.*

*Die »Autobiographie«, die wir hier vollständig wiedergeben,
enthält einige Ungenauigkeiten wie etwa das falsche Geburtsdatum (1784 statt 1782) und ist von einer leichten Selbstverherrli-
chung geprägt; ferner wird dem Anekdotischen große Bedeutung eingeräumt.*

*Die erste Neuveröffentlichung verdanken wir Federico Mom-
pellio, der den Text in der Neuausgabe von G. C. Conestabiles*
Vita di Nicolò Paganini *1940 abdruckte.*

*Die hier wiedergegebene Fassung hält sich an die weiter oben
genannte Ausgabe von Ricordi.*

Autobiographie Paganinis
von ihm selbst vor seiner Abreise nach Wien
am 28. Februar 1828
dem Autor dieses Almanachs in Mailand diktiert.

Niccolò Paganini, in Genua in der Nacht von San Simone im Jahre 1784 dem Antonio und der Teresa (Bocciardi), beide Musikdilettanten, geboren. Mit fünfeinhalb Jahren lernte er von seinem Vater, [einem] Kaufmann, die Violine. Ungefähr zu dieser Zeit erschien der Erlöser seiner Mutter im Traum und sagte ihr, sie könne von ihm eine Gnade erbitten, und sie bat, daß ihr Sohn ein großer Violinspieler werde, was erhört wurde. Mit sieben Jahren lernte er die ersten Grundlagen der Violine vom Vater, der ein Mann mit unmusikalischem Ohr war, aber die Musik leidenschaftlich liebte; nach wenigen Monaten spielte er bereits einige Stücke vom Blatt. Mit achteinhalb Jahren spielte Niccolò Paganini ein Konzert von Pleyel in einer Kirche, dann nahm er, innerhalb von sechs Monaten, 30 Stunden bei Maestro Costa, erstem Geiger bei der Kirchenmusik.

Von da an, bis ungefähr zu seinem elften Lebensjahr, spielte er bei Gottesdiensten aller Art. Im Alter von elfeinhalb Jahren gab er ein großes Konzert im Teatro Sant'Agostino, bei dem die Bertinotti sang. Auf den Rat hin, gute Lehrer zu suchen, brachte ihn sein Vater, als er zwölf Jahre alt war, nach Parma, wo er dem Hofe, Rolla und dem Maestro Paër empfohlen wurde. Als er im Zimmer Rollas ein neues Konzert von diesem fand, spielte es Paganini vom Blatt: Rolla war davon überrascht, und anstatt ihn die Violine zu lehren, riet er ihm, bei Maestro Ghiretti, Neapolitaner, Violinist bei Hofe und berühmter Komponist sowie Lehrer von Paër selbst, den Kontrapunkt zu lernen. In der Tat erhielt Paganini von ihm drei Lektionen wöchentlich, sechs Monate lang. Ghiretti vervollkommnete ihn im Kontrapunkt, indem er ihn ihm mit seiner Feder, ohne Instrument, lehrt, widmete es dann, um ihn zu vervollkommnen, seinem Niveau, [und] er verliebte sich sehr darein, und er überhäufte ihn mit Kompositionslektionen, so daß er unter [seiner Aufsicht] eine Menge Instrumentalmusik komponierte. Zwei Violinkonzerte, in jener Zeit von ihm komponiert, wurden von ihm bei einem Konzert im Gran Teatro ausgeführt, nachdem er in der Sommerresidenz des Herzogs von Parma, in Colorno und in Sala gespielt hatte und von ihm freigebig beschenkt wurde. Der Besitzer einer Violine von Guarnerio sagte ihm: Wenn Ihr dieses Violinstück vom Blatt spielt, schenke ich Euch das Instrument, und Paganini verdiente es sich. In die Heimat zurückgekehrt, komponierte er schwierige Musik, studierte dabei ständig die gewagten, von ihm erfundenen Passagen, um sie beherrschen zu können, und schrieb weitere Konzerte und Variationen. Mit siebzehn Jahren machte er eine Reise durch Oberitalien und die Toskana, und hielt sich lange in Livorno auf, um Musik für Fagott zu komponieren, für einen schwedischen Dilettanten, der sich darüber beklagte, keine schwierige Musik zu finden. In die Ankündigungen seiner Konzerte ließ er immer die Erklärung schreiben, daß er jedes Musikstück, das man ihm vorlegte, ausführen werde. Als er sich einmal zu seinem Vergnügen, ohne Instrument, in Livorno befand, lieh ihm ein Mr. Livron eines, damit er ein Konzert von Viotti spielen konnte; und er machte es ihm dann zum Geschenk. Nachdem er sich wieder in die Heimat begeben hatte, widmete er sich der Landwirtschaft, und für einige Zeit fand er Gefallen daran, die Gitarre zu zupfen. Vier Jahre vor der Krönung Napoleons in Mailand begab sich Paganini nach Lucca für das berühmte Hochamt von Santa Croce; als er gemäß den Statuten geprüft wurde, machten sich alle über seinen langen und straff gespannten Bogen lustig; aber nach der Probe bekam er großen Beifall, so daß die anderen Kandidaten und Konzertmusiker nicht mehr wagten, sich hören zu lassen. Bei einer großen nächtlichen Kirchenmesse rief ein Konzert eine solche Begeisterung hervor, daß alle Mönche nach draußen liefen, um dem Volk zuzurufen, still zu sein.

Die Republik von Lucca ernannte ihn zum Konzertmeister bei Hofe; in dieser Eigenschaft blieb er drei Jahre lang dort und gab dem Bacciocchi Stunden. Da er bei den zwei Konzerten spielen mußte, die dort wöchentlich gegeben wurden, improvisierte er immer über einen Baß, den er für das Klavier schrieb und für den er sich ein musikalisches Thema ausdachte. Eines Tages (es war Mittag) wollte der Hof ein Konzert für Violine und Englischhorn für den Abend. Der Kapellmeister lehnte es ab, da ihm keine wesentliche Zeit mehr blieb; als Paganini [darum] gebeten wurde, komponierte er es mit Orchesterbegleitung in zwei Stunden, und es machte Furore, als es von Paganini und Professor Galli vorgetragen wurde. Um Abwechslung bei den bei Hofe gespielten Sonaten bemüht, nahm er eines Abends zwei Saiten von der Violine ab (die II. und die III.) und improvisierte eine Sonate mit dem Titel *Scena amorosa*, wobei die IV. Saite den Mann (Adonis) und die E-Saite [die I.] die Frau (Venus) vorstellte; und so entstand bei ihm das Spiel auf einer einzigen Saite, denn auf die Glückwünsche der Herrscherin, die ihn fragte, ob er auch auf einer einzigen Saite spielen könne, [antwortete er ihr]: »Gewiß« [...], und komponierte eine Sonate mit Variationen, die er bei dem großen Konzert vortrug, das am Tage von S. Napoleone (13. August) gegeben wurde, und schrieb dann weitere ähnlicher Art. (NB. Die Fürstin Elisa, die manchmal ohnmächtig wurde, wenn Paganini spielte, entfernte sich oft, um andere nicht um das Vergnügen zu bringen, ihn anzuhören.)

Er dirigierte in Lucca noch eine ganze Oper mittels einer Violine mit zwei Saiten und gewann damit eine Wette um ein Essen für fünfundzwanzig Personen. Immer noch an diesem Hofe beschäftigt, reiste er in die Toskana. Bei einem Konzert, das er in Livorno gab, dringt ihm ein Nagel in die Wade ein, so daß er hinkend ins Theater kommt (Gelächter aus dem Publikum); als er sich anschickt zu spielen, fallen ihm die Lichter vom Pult (weiteres Gelächter); als er das Konzert beginnt, reißt ihm die I. Saite; inmitten des Gelächters des Publikums spielte er das Konzert auf drei Saiten und machte Furore.

Er machte drei Reisen durch Unteritalien und spielte dabei Musik jeder Art. Er improvisierte mit Rossini, in Bologna, am Cembalo im Hause Pegnalver (Paganini gesteht, daß Rossini viele Melodien von ihm übernahm). Da in Rom am Karnevalsfreitag keine Konzerte erlaubt waren, schickte ihm der damalige Vikar (später Papst Leo XII.), der ihm die Gnade eines einzigen Konzerts gewährte, als er die Begeisterung sah, die es hervorrief, ein spontanes Lobschreiben, in dem er sagte: Die allergrößte Huld etc., so daß ab sofort alle Freitage für Konzerte freigegeben würden. Er trat auch bei einem Konzert im Palazzo des Grafen Kaunitz, des österreichischen Botschafters, auf. Der Fürst Metternich, der zu jener Zeit in Rom weilte, aber wegen eines Unwohlseins, das ihn befallen hatte, an dem Abend nicht kommen konnte, begab sich am Morgen dorthin: Paganini nahm, um dem Wunsch des Prinzen nachzukommen, die erstbeste Violine zur Hand und trug ein Stück vor, mit dem S. H. sehr zufrieden war, und... [der Fürst] kam ein anderes Mal am Abend. Die Gattin des Ministers sagte ihm: »Sie sind es, der das Fest ausmacht«; und es war bei dieser Gelegenheit, daß Paganini vom Fürsten Metternich freundlich eingeladen wurde, sich nach Wien zu begeben; und er versprach ihm, daß das erste Land nach seiner Ausreise aus Italien die österreichische Hauptstadt sein werde. Diese seine Reise nach Österreich wurde wegen einer den Ärzten unbekannten Krankheit aufgeschoben. Paganini nahm sich damals vor, daß er sich nach seinen Reisen nach Deutschland, Frankreich und England und seiner Rückkehr nach Italien gänzlich der Komposition seiner Konzerte widmen würde.

Das Verzeichnis *Paganinis steht in Zusammenhang mit der von ihm wiederholt geäußerten Absicht, sich um die Veröffentlichung seiner Musik zu kümmern. Dies geht auch aus einem Protestbrief hervor, den er am 28. Oktober 1835 an die* Leipziger Musik-Gazette *schrieb, sowie aus einem weiteren Brief, den er am 27. November des gleichen Jahres an Filippo Zaffarini sandte und in dem es heißt: »Ich werde euch sagen, daß es meine erklärte Absicht ist, in nicht allzu ferner Zeit meine Kompositionen, so wie sie geschrieben stehen, zu veröffentlichen und ihnen eine Schule hinzuzufügen, die ihre Ausführung methodisch erläutert.«*

Paganinis Vorhaben wurde auch davon geleitet, daß bereits Plagiate, Imitationen und Arrangements verbreitet worden waren, die seinen Namen mißbrauchten und die er als nicht aus seiner Feder stammend kenntlich machen wollte.

Das Verzeichnis wird hier vollständig und unverändert wiedergegeben, mit Ausnahme einiger von der Hast diktierten Abkürzungen sowie heute ungebräuchlicher Angaben der Tonart, die durch ihre modernen Entsprechungen ersetzt worden sind.

Das Verzeichnis enthält nur 28 Kompositionen, die Paganini aus seinen erfolgreichsten Stücken ausgewählt hatte. Es verwundert also nicht, daß er in ihm keine vollständigen Konzerte, sondern nur Teile anführt.

Die Kammermusik ist hier überhaupt nicht vertreten, aber die Sonate für Violine und Gitarre, *die* Quartette für Streicher und Gitarre *und die* Capricci *waren bereits von Ricordi veröffentlicht worden, und deshalb erwähnt Paganini sie hier nicht.*

1) Introduktion und Rondo E-Dur
2) Introduktion und Rondo mit dem Glöckchen
3) Introduktion und Polonaise E-Dur
4) Introduktion und Rondo mit der Triangel
5) Introduktion und Variationen über das Thema »Nel cor più«
6) Maestosa sonata sentimentale mit Variationen über ein Thema von Haydn
7) Sonata militare
8) Sonate über das Gebet von Peter dem Einsiedler (oder über *Mosè in Egitto*) und Thema mit Variationen
9) Rezitativ und drei Arien mit Variationen

10) Sonate eines leidenschaftlichen Gesangs und Variationen über ein martialisches Thema

11) Introduktion, Larghetto und Variationen über das Rondo aus der *Cenerentola*

12) Introduktion und Variationen über das Thema aus *Der Karneval von Venedig*

13) Sonate und Variationen über die Contredanse der Hexen am Nußbaum von Benevento

14) Capriccio über das Thema »Là ci darem la mano« und kleine Polonaise mit Variationen

15) Sonate und Variationen über die Kavatine »Di tanti palpiti«

16) Sonate eines Cantabile auf zwei Saiten und Variationen über das Thema von Weigl »Pria che l'impegno«

17) Introduktion und Variationen über eine Mazurka

18) Sonata amorosa e galante mit Variationen über das Thema von Rossini

19) Die 1. Sonate mit Variationen für die vierte Saite, genannt »Napoleone«

20) Introduktion und Fandango mit heiteren Variationen

21) Allegro maestoso des Konzerts Nr. 1 Es-Dur

22) Allegro maestoso des Konzerts Nr. 2 h-Moll

23) Introduktion und Allegro marziale des Konzerts Nr. 3 E-Dur

24) Allegro maestoso des Konzerts Nr. 4 d-Moll

25) Adagio appasionato c-Moll des Konzerts Nr. 1

26) Andante cantabile arioso D-Dur des Konzerts Nr. 2

27) Cantabile spianato A-Dur des Konzerts Nr. 3

28) Adagio flebile con sentimento fis-Moll des Konzerts Nr. 4

ENTWÜRFE EINES REGLEMENTS
FÜR DAS HERZOGLICHE ORCHESTER VON PARMA
UND FÜR EINE IN DIESER STADT ZU ERRICHTENDE AKADEMIE

Im Jahre 1835 war Paganini nach Italien zurückgekehrt und hatte die Villa Gajone in der Nähe von Parma in Besitz genommen. Dies war einer der Gründe, warum Marie Louise den Violinisten damit beauftragte, das herzogliche Orchester zu reorganisieren, das nach Paganinis Wunsch das beste Italiens werden sollte. Der gewichtige Auftrag wurde ausgeführt. Paganini entwarf zwei verschiedene Reglements, in die er auch die Erfahrungen einbrachte, die er auf seinen Reisen mit internationalen Orchestern gemacht hatte. Unter diesem Aspekt sind die beiden Reglements als komplementär anzusehen, da sie einander wechselseitig ergänzen. Marie Louise, die gebildet und selbst Musikerin war, interessierte sich für kulturelle Fragen. Paganini hatte ihr, vermutlich anläßlich ihrer Hochzeit mit Napoleon, eine Sonate gewidmet, die ihren Namen trägt. Marie Louise verwendete sich allerdings später nicht darauf, Paganini ein angemessenes Begräbnis zu ermöglichen. Dies kann vielleicht damit erklärt werden, daß die Herzogin, eine Habsburgerin, sehr katholisch war und gegenüber einem Menschen, der als »teuflisch« bezeichnet wurde und nicht gerade im Ruf der Heiligkeit starb, Zurückhaltung übte.

Diese außergewöhnliche, wenn auch charakterlich schwache Frau war gegenüber Paganini zu seinen Lebzeiten mit Auszeichnungen sehr freigebig. Sie erhob ihn in den Ritterstand des Konstantinordens und bot ihm mehr als einmal Gelegenheit, Konzerte im Herzoglichen Theater von Parma zu geben. Aber eine Verständigung zwischen Marie Louise und Paganini war nur auf einer spezifischen kulturellen Ebene möglich, und die üblichen Hofintrigen sorgten oft für Konflikte zwischen ihnen.

Diese Anmerkungen erscheinen uns wichtig, um die Beziehungen zwischen Paganini und Parma, die kurz, aber intensiv waren, zu erläutern. Diese Beziehungen gereichten beiden zur Ehre, sowohl dem Musiker als auch der Stadt, die er aus seiner Jugend, als er bei Paër und Ghiretti studierte, gut kannte.

Die zwei Reglements enthalten zahlreiche Vorschriften administrativer Art, die vielleicht dem Maestro fremd waren, auch wenn er lieber über Geld als über Musik sprach. Daher erscheint es möglich, daß Graf Sanvitale, Großer Kammerherr bei Hofe und Mittelsmann zwischen Marie Louise und Paganini, den einen oder anderen Beitrag zu den Reglements geleistet hat.

Daß Paganini den Hof von Parma verließ, ist wie gesagt auf Hofintrigen und Unkorrektheiten zurückzuführen – möglicherweise ohne Wissen der Herzogin, die eine sensible und umsichtige Frau, aber außerstande war, sich gegen die korrupten Höflinge durchzusetzen.

Die vom Violinisten vorgeschlagenen Neuerungen hatten einen positiven Einfluß auf das Musikleben einer Stadt wie Parma, die auch heute noch mit Recht behaupten kann, ein außergewöhnlich hohes kulturelles – und nicht nur musikalisches – Niveau zu halten.

Von den Reglements existieren in Parma zwei handschriftliche, nicht autographe Exemplare, die im Konservatorium und im Staatsarchiv aufbewahrt werden. Die beiden Exemplare, von einem Schreiber abgeschrieben, sind beinahe identisch.

Zu Paganinis Zusammenarbeit mit dem herzoglichen Orchester von Parma siehe folgende Veröffentlichungen: G. Silvani: L'Orchestra stabile del Teatro Ducale diretta da Nicolò Paganini (Parma, 1967), G. P. Minardi: L'Orchestra a Parma (Parma, 1982) und M. Dall'Acqua: Paganini e l'Orchestra Ducale di Parma (Parma, 1982).

ENTWÜRFE EINES REGLEMENTS FÜR DAS HERZOGLICHE ORCHESTER VON PARMA UND FÜR EINE IN SELBIGER STADT ZU ERRICHTENDE AKADEMIE, DER MAJESTÄT MARIE LOUISE VOM BARON NICOLÒ PAGANINI IM JAHRE 1836 UNTERTÄNIGST ÜBERREICHT
(Parma, Staatsarchiv)

ENTWURF EINES REGLEMENTS FÜR DAS HERZOGLICHE ORCHESTER VON PARMA

Art. 1 – Das gesamte Orchester wird dem Obersten Musikdirektor unterstehen, dieser wiederum dem Großen Kammerherren.

Art. 2 – Er wird einen Delegierten haben, der ihm bei seinen Obliegenheiten assistieren wird und ihn im Falle der Abwesenheit des Obersten Direktors vertritt.

Art. 3 – Das herzogliche Orchester setzt sich zusammen wie folgt:

Aus einem Obersten Direktor
Aus seinem Vertreter
Aus einem Kapellmeister des Herzoglichen Theaters

Aus einem Bearbeitenden Kapellmeister und Lehrer für Gesang und Kontrapunkt

Aus einem Vertreter für diese beiden Maestri

Aus einem Konzertmeister und Orchesterdirigenten

Aus einem Konzertmeister und Repetitor für Bälle

Aus zwölf Violinisten

Aus zwölf Bratschisten

Aus fünf Kontrabassisten

Aus zwei Flötisten

Aus zwei Oboisten

Aus zwei Klarinettisten

Aus zwei Fagottisten

Aus vier Hornisten

Aus zwei Trompetern

Aus drei Posaunisten

Aus einem Bläser des Serpents oder der Tuba

Aus einem Pauker

Außer diesen Musikern wird es Vertretungen für folgende Instrumente geben:

Eine für das Paar der Flötisten

Eine für das der Oboisten

Eine für das der Klarinettisten

Eine für das der Fagottisten

Eine für das der Trompeter

Eine für die beiden Paare der Hornisten

Im Falle der Abwesenheit eines der drei Posaunisten wird derjenige die Vertretung übernehmen, der das Serpent bläst;

Eine für den Pauker.

Außer diesen wird es die Aspiranten für alle Instrumente, sowohl für die Streich- als auch für die Blasinstrumente geben.

Art. 4 – Der Kapellmeister bei Hofe wird dem Obersten Musikdirektor unterstehen. Seine Aufgaben sind:

1. Die Teilnahme an allen Proben und Ausführungen jeglicher Musik, zu denen er sein Teil beitragen wird, die ihm über den Obersten Direktor zum Dienste des Hofes anbefohlen werden.

2. Er wird sowohl die Vokal- als auch die Instrumentalstükke für jede Gelegenheit bearbeiten, immer bezüglich seines Dienstes bei Hofe.

3. Er wird die Leitung des Musikarchivs innehaben, das am Hofe I. M. besteht.

4. Es obliegt ihm, zu gegebener Zeit dem Obersten Direktor eine Liste der Stücke vorzulegen, die auf den Wunsch des Hofes gespielt werden sollen, und mit zum Konzert gehen, um die Mitarbeit der Besagten zu verbessern.

5. Es unterstehen ihm direkt die Herrschaften Virtuosen Kammersänger I. M.

Art. 5 – Der Vertreter des Kapellmeisters bei Hofe soll Maestro und Organist sein.

Seine Aufgaben sind:

1. Den Kapellmeister zu vertreten, wenn er damit vom Obersten Direktor oder vom Kapellmeister selbst beauftragt wird.

2. Er ist verpflichtet, bei allen Proben anwesend zu sein sowie bei allen Ausführungen von Musik, die im Dienst des Hofes erfolgen werden.

Art. 6 – Der Kapellmeister des Herzogl. Theaters untersteht dem Obersten Musikdirektor.

Seine Aufgaben sind:

1. Als mitarbeitender Assistent bei allen Proben sowohl der Opern als auch der Konzerte, die am Herzgl. Theater gegeben werden [,teilzunehmen].

2. Er ist gehalten, an den *Partituren*, aus denen dem Publikum vorgetragen werden soll, alle Veränderungen vorzunehmen, die notwendig erscheinen können.

Art. 7 Der Bearbeitende Kapellmeister und Lehrer für Gesang und Kontrapunkt wird dem Obersten Musikdirektor unterstehen.

Seine Aufgaben sind:

1. Den Personen, aus denen sich der *Chor* zusammensetzt, Unterricht in Solfeggio und Gesang zu geben.

2. Er wird all jenen Musikern, die dessen bedürftig sein könnten, Lektionen in Harmonielehre erteilen, wobei er sich hinsichtlich der zu verwendenden Lehrmethode mit dem Obersten Direktor zu beraten hat.

3. Er wird jegliches Musikstück, das ihm vom Obersten Musikdirektor vorgelegt wird, harmonisieren und für das Orchester einrichten.

Art. 8 – Der Vertreter dieser beiden Maestri wird Cembalospieler sein.

Seine Aufgaben sind:

1. Den Maestro selbst jedesmal, wenn es ihm vom Obersten Direktor oder vom Maestro selbst befohlen wird, zu vertreten.

2. Es wird seine Pflicht sein, an den Proben für die Musik der Bälle teilzunehmen, und die Fehler zu korrigieren, die ihm in der Partitur auffallen.

3. [Er soll] mit den *Choristen* ihre Opern- oder Konzertstimmen einstudieren und sie bei der Ausführung des Musikstücks dirigieren.

4. Bei allen Proben und Ausführungen von Musik anwesend zu sein, bei denen er verpflichtet ist, dem Kapellmeister zu assistieren, wie es im Art. 6 ausgeführt wird.

5. Die Ämter des Kapellmeisters und Lehrers für Gesang und Kontrapunkt, wenn er nicht anwesend sein wird, auszufüllen.

Art. 9 – Der Orchesterdirektor, Konzertmeister, untersteht direkt dem Obersten Musikdirektor und empfängt von diesem die Befehle für jeglichen Dienst der Einheit, die er leitet.

Seine Aufgaben sind:

1. Er soll dafür sorgen, daß jeder Dienst bestmöglichst erledigt werde und daß die Disziplin sorgfältig gewahrt bleibe. Er wird dem Obersten Dir. der Musik über all jene Vorkommnisse berichten, die seine Machtbefugnis übersteigen.

2. Er wird Abgaben von den Gehältern der Musiker erheben, die in Verhältnis zu ihren Abwesenheiten stehen, wobei er sich an den Art. 3 und folgende zu halten hat. *(Siehe dazu die Strafen, die bei Mißachtung des vorliegenden Reglements zu erteilen sind.)* Wenn diese der Ansicht sind, daß die Vorschrift ungerecht oder schlecht angewendet worden ist, können sie sich an den Obersten Direktor wenden, der den Vorfall nach seinem Ermessen dem Großen Kammerherren berichten kann.

3. Er wird Sorge dafür tragen, daß das Orchester in Übung bleibt, indem er es häufig Quartette, Quintette, Symphonien ausführen läßt; und insbesondere die zwölf berühmten von Beethoven.

4. Er wird die erforderlichen Vorkehrungen treffen, damit die Musiker immer Solostücke bereithalten, damit diese auf jede Anfrage des Obersten Musikdirektors hin bei Konzerten bei Hofe oder im Herzogl. Theater vorgetragen werden können. Zu diesem Zweck wird er jedes Jahr dem Obersten Direktor eine Liste von Stücken vorlegen, die im Laufe dieses Jahres gespielt werden können.

5. Es wird ihm obliegen, zu überwachen, daß alle Instrumente, sowohl die Streich- als auch die Blasinstrumente, in gutem Zustand sind und dazu geeignet, mit Wirkung die Musik wiederzugeben, die die Musiker ausführen sollen.

7. Er wird fünfmal die Woche zwei Lektionen von je einer

Dreiviertelstunde Dauer an zwei Personen geben, die von I. M. dazu bestimmt werden.

8. Er wird dafür Sorge tragen, daß alles, was in diesem Reglement bezüglich der Vertretungen und der Aspiranten angeordnet ist, sorgfältig beachtet wird.

9. Er kann die Rangfolge der Violinisten verändern, wenn die *zweiten* die Parts der *ersten* spielen sollen, und umgekehrt; gleiches gilt für die Bratschisten; und es gilt gleichermaßen, daß sich kein Musiker weigern kann, den Part eines anderen zu übernehmen, auch wenn er dazu ein anderes Instrument spielen muß, wenn es ihm der Dirigent so befiehlt, sofern er in der Lage ist, dies zu tun.

10. Der Kapellmeister des Herzogl. Theaters wird von dem Konzert zu gegebener Zeit dem Obersten Musikdirektor einen Rapport schicken, in dem von den Fähigkeiten der Gesangskünstler, die vom Impresario unter Vertrag genommen worden sind, berichtet wird; und er wird ihn über die Musikwerke informieren, die ausgewählt werden, um zu sehen, ob sie gut gewählt worden sind und sich für die unter Vertrag stehenden Künstler eignen.

11. Es obliegt ihm nicht, bei Bällen zu spielen, da dazu der Konzertmeister und Repetitor zuständig ist, von dem im Art. 3 die Rede war.

12. Zu den Zeiten, in denen das Theater durch Schauspiel-Gesellschaften belegt ist, wird er sich vorher mit dem Obersten Musikdirektor beraten, um aus dem ganzen Orchester 27 Personen auszuwählen, die in der Zeit, in der Schauspiele gegeben werden, bei diesen zu spielen haben.

13. Er wird für die Aufführungen der Schauspiele in dem Archiv, das dem Kapellmeister zugeordnet ist (wie in Art. 4 erwähnt), mindestens 30 Musikstücke auswählen und mehr, wenn dies möglich sein sollte, einschließlich der Symphonien, und das Orchester darin üben, damit es sie so gut wie möglich spielen kann, und einzelne unter den Violinisten darin unterweisen, sie abwechselnd zu dirigieren.

14. In Abwesenheit des Direktors wird der Oberste Direktor unter den Musikern einen auswählen, der an seine Stelle tritt, und in dem Falle, daß der Oberste Direktor abwesend sein sollte und der Direktor ebenfalls, sollte er, bevor er geht, wiederum unter den Musikern einen auswählen, der ihn vertritt.

15. Er wird eine Gesamtaufstellung der Aufteilung des Geldes anfertigen, das in der Schauspielsaison dem obengenannten Orchester zugeteilt wird, und bevor er den jeweiligen Personen

das ihnen geschuldete Geld auszahlt, wird er die Aufstellung dem Obersten Direktor zur Begutachtung vorlegen.

Art. 10 – Der Konzertmeister und Repetitor für die Bälle untersteht direkt dem Orchesterdirektor; er dirigiert diese Einheit sowohl bei den Proben als auch bei der Ausführung bei den Bällen, und es ist seine Pflicht, dafür Sorge zu tragen, daß diese Aufgabe so gut als möglich erfüllt wird.

1. Er wird zusammen mit dem Obersten Musikdirektor aus dem gesamten herzoglichen Orchester jene Musiker auswählen, die ihre Dienste in der Zeit der festlichen Bälle bei Hofe zu leisten haben.

2. Der Repetitor wird für alle Dienste, die anfallen können, wie ein anderer Musiker angesehen und muß sowohl bei den Proben als auch bei der Ausführung von Werken spielen; als Ausnahme gelten jene Fälle, in denen [gleichzeitig] eine Probe für die Bälle stattfindet.

Art. 11 – Die Herren Musiker sind zu Folgendem verpflichtet. Alle Musiker müssen mit Sorgfalt die Befehle ausführen, die von ihren Vorgesetzten ausgesprochen werden, sowohl was die Dienste bei Hofe, als auch was die am Herzogl. Theater betrifft sowie Kirchenmessen, Konzerte und Bälle.

Art. 12 – Es wird keinem der Musiker zugestanden, sich vom Dienst, nicht einmal während der Proben, zu entfernen, ohne dafür einen zwingenden Grund zu haben, der von jemandem, der dazu berechtigt ist, bestätigt wird: Im Falle einer Krankheit muß diese von dem Arzt bescheinigt werden, der dafür zuständig ist.

Art. 13 – Es ist keinem Musiker erlaubt, sich aus diesem Staat zu entfernen, ohne hierzu über den Obersten Direktor die Erlaubnis des Großen Kammerherren erhalten zu haben. Der Oberste Direktor wird von diesem eine Bescheinigung des Orchesterdirektors verlangen, die bestätigt, daß dieser Musiker nicht für den Dienst bei Hofe oder am Herzogl. Theater vonnöten ist.

Art. 14 – Kein Musiker darf sich verpflichten, in der Stadt, in der Umgebung, noch weniger im Ausland zu spielen, wenn er benötigt wird, irgendeinen Dienst bei Hofe oder am Herzogl. Theater zu leisten. Auch wenn es nichts geben sollte, was dem entgegenstünde, ist er immer gehalten, sich zuerst mit der Erlaubnis des Großen Kammerherren zu versehen, die er über den Obersten Direktor erhält, nachdem sich dieser bei dem Orchesterdirektor informiert hat, wie in Art. 13 angegeben.

Art. 15 – Alle Musiker müssen sich zum genauen, vom Di-

rektor, dem Konzertmeister, angegebenen Zeitpunkt im Orchester einfinden. Sobald sie sich auf ihre Plätze begeben haben,
werden sie völlige Ruhe wahren und bereit sein, auf jede Geste
des Dirigenten [zu reagieren]. Ohne daß sie einer nach dem
anderen die Zustimmung erhalten haben, und zwar im Flüster-
ton, können sie nicht präludieren; sie dürfen untereinander weder den Platz noch das Instrument tauschen, ohne dazu die
Erlaubnis oder den Befehl des besagten Dirigenten erhalten zu
haben.

Art. 16 – Weder die Musiker noch die Vertretungen, von
denen in Kürze die Rede sein wird, dürfen das Theater verlassen, ohne dazu die Erlaubnis des Dirigenten erhalten zu haben;
sie werden gleichermaßen um Erlaubnis bitten müssen, wenn es
erforderlich wird, daß sie für kurze Zeit das Orchester verlassen.

Art. 17 – Die Musiker müssen sich zwischen den Akten der
dramatischen Aufführungen genau an ihren Plätzen einfinden,
um die Symphonien auszuführen.

Art. 18 – Es ist keinem Musiker erlaubt, im Orchester einen
Wechsel herbeizuführen, ohne daß dies vom Dirigenten erlaubt
wurde. Der Musiker, der eine Vertretung veranlaßt, wird Sorge
dafür tragen, [den Vertreter] für den Dienst, den er an seiner
Stelle leistet, zu entschädigen.

Art. 19 – Es ist keinem Musiker erlaubt, Personen aus seiner
Familie oder dem Orchester fremde an einen Ort zu führen, an
dem Musik ausgeführt wird, sei es im Dienste des Hofes oder
am Herzoglichen Theater.

Art. 20 – Was in den Art. 15, 16, 17, 18, 19 gesagt worden
ist, gilt auch für jedes Orchester, das in der Saison der dramatischen Aufführungen, von denen in Art. 9 und 12 die Rede ist,
gebildet werden soll.

Art. 21 – Bei Bällen in der Saison der Musikwerke werden
folgende Musiker pausieren, wie folgt: Der Konzertmeister und
der Stimmführer der 2. Violine; der Cellist und der Kontrabas-
sist am Cembalo; es dürfen auch pausieren der 1. Flötist, der
1. Oboist, der 1. Klarinettist und der 1. Hornist, der 1. Trompeter, der 1. Fagottist und der Pauker, gemäß den Anordnungen
des Dirigenten.

Art. 22 – Die Violinisten und die Bratschisten sind verpflichtet, sowohl die ersten Parts als auch die zweiten zu spielen,
nachdem sie sich darüber informiert haben, was der Dirigent
nach Art. 8 und 9 angeordnet hat.

Art. 23 – Alle zweiten in den Paaren der Bläser müssen bereit sein, die Parts des ersten zu spielen, wenn sie dazu vom Orchesterdirigenten aufgefordert werden.

Art. 24 – Am Ende jeden Monats erhält jeder Musiker und jeder Vertreter den zwölften Teil des Gehalts, in der bisher praktizierten Weise.

Art. 25 – Bezüglich der Vertretungen werden die folgenden Anordnungen getroffen:

Es steht jedem Musiker des Staates, der gültige Zeugnisse seiner Befähigung und Sittlichkeit vorlegen sowie belegen kann, daß er Kurse in Solfeggio belegt hat, und der eine oder mehrere Methoden, wie sie befähigte Musiker für das Instrument, das er spielt, veröffentlicht haben, studiert hat, frei, sich um eine Stelle als Vertreter zu bewerben.

Art. 26 – Die Prüfung findet statt unter dem Vorsitz des Großen Kammerherren [hier als Präsident bezeichnet] und in Anwesenheit des Obersten Musikdirektors, der dazu bestimmten Kommission, der Maestri bei Hofe und des Herzogl. Theaters und des Orchesterdirektors sowie desjenigen Musikers, der als Stimmführer jenes Instrument spielt, für das der Bewerber in die Prüfung zu gehen begehrt. Die Maestri bei Hofe und des Herzogl. Theaters, der Orchesterdirektor und der obengenannte Musiker haben beratende Stimme.

Art. 27 – Nach der Prüfung werden die genannten Mitglieder in geheimer Wahl abstimmen; und in dem Fall, daß die Zahl der abgegebenen Stimmen [in beiden Gruppen] gleich ist, wird der Präsident zwei Stimmen haben.

Art. 28 – Bei gleicher Befähigung und Eignung wird der bevorzugt werden, der frühere Dienste geleistet hat.

Art. 29 – Die Vertreter sind integrierender Bestandteil des herzogl. Orchesters; sie sind daher gehalten, sich in vorliegendem Reglement immer bezüglich all dessen zu informieren, was über die Musiker gesagt worden ist, wenn sie an deren Stelle treten sollen.

Art. 30 – Die Vertreter in der Ballsaison werden jene Plätze einnehmen, die ihnen vom Orchesterdirektor zugewiesen werden.

Art. 31 – Jene Vertreter, deren Gehalt L. 600 übersteigt, werden entsprechende Anteile der Prämien erhalten, die vom Hof an das Herzogliche Theater gezahlt werden; jene Vertreter, deren Gehalt niedriger ist als das angegebene, werden vom Hof für die Dienste an I. M. bezahlt werden, und vom Impresario für die Dienste am Herzogl. Theater, gemäß der Tabelle in seinem Vereinbarungsvertrag.

Art. 32 – Sollte eine Stelle als Stimmführer oder Solostimme frei werden, so kann der Vertreter diese Stelle nicht übernehmen, da sie an jenen übergeht, der lange Zeit den Part des zweiten übernommen hat; in dem Fall aber, daß er glaubt, diesem an Befähigung überlegen zu sein, kann er eine Prüfung beantragen, die gemäß den in Art. 26 vorgeschlagenen Richtlinien durchgeführt wird.

Art. 33 – Die Vertreter werden sich für die Ausführungen des Orchesters bereithalten, wenn sie vom Dirigenten dazu herangezogen werden.

Art. 34 – Was die Aspiranten betrifft, so gelten folgende Verfügungen:

Es werden als Aspiranten angenommen, und das heißt, um sich zu qualifizieren, Vertreter zu werden, jene, die Zeugnisse ihrer Befähigung und guten Führung vorlegen und die sich ebenfalls in den besten Methoden geübt haben, die es für das Instrument gibt, das sie spielen. Außerdem werden die Aspiranten ein Zertifikat vorlegen, daß sie einen Solfeggio-Kurs absolviert haben.

Art. 35 – Immer, wenn sie vom Dirigenten für einen Dienst am Herzogl. Theater bestellt werden, dürfen die Aspiranten nicht fehlen, ohne jenen vorher wissen zu lassen, daß sie aus unumgänglichen Gründen verhindert sind.

Art. 36 – Jene Entlohnung, die den Aspiranten für einen geleisteten Dienst gegeben wird, wie hoch sie auch sein mag, wird von dem Dirigenten einbehalten, der sie jedem Aspiranten am Ende jedes Trimesters, und so viermal im Jahr, auszahlt.

Art. 37 – Zu diesem Zwecke wird der Orchesterdirigent ein Register führen, von dem in Art. 9, 16 die Rede ist, in dem die Namen der Aspiranten aufgeführt sind, dieses Register wird am Ende jedes Jahres dem Obersten Musikdirektor vom Orchesterdirigenten vorgelegt werden.

Art. 38 – Die Pflicht des Klavierstimmers ist es, die Instrumente bei Hofe und im Herzoglichen Theater zu stimmen und in hervorragendem Zustand zu erhalten.

Art. 39 – Der Bedienstete Inspizient muß regelmäßig jeden Tag morgens die Anweisungen, die den Dienst am herzogl. Orchester betreffen, vom Großen Kammerherren, vom Obersten Direktor und vom Konzertmeister einholen und sie mit Sorgfalt und Genauigkeit ausführen.

Art. 1 – Die Strafen dürfen nur vom Präsidenten, dem Großen
Kammerherrn, vom Obersten Musikdirektor und vom Orchesterdirigenten verhängt werden.

Art. 2 – Die Strafen dürfen nur in Geldstrafen bestehen, die
von den Gehältern der Musiker abgezogen werden, und nichts
anderes darf bestraft werden als Versäumnisse bei all dem, was
die Musik betrifft; Versäumnisse anderer Art müssen mittels
derjenigen Gesetze bestraft werden, die für die gesamte Gesellschaft gelten.

Art. 3 – Das Fehlen eines Musikers bei einer Probe, bei der er
wegen seines Dienstes bei Hofe oder am Herzogl. Theater spielen
müßte, wird mit dem Verlust des Gehalts zweier Tage bestraft.

Art. 4 – Des Fehlen eines Musikers bei der Aufführung einer
Musik bei Hofe oder am Herzogl. Theater wird mit dem Verlust
des Gehalts einer Woche bestraft.

Art. 5 – Dem Musiker, der in dem einen oder dem anderen in
den Art. 3 und 4 besprochenen Vergehen rückfällig geworden ist,
wird die Strafe verdoppelt.

Art. 6 – Sollte die auferlegte Strafe, die wegen ständigen Fehlens verhängt wurde, so anwachsen, daß sie dem Gehalt eines
ganzen Monats entspricht, so wird der Musiker, sofern I. M.
zustimmt, entlassen.

Art. 7 – Die Verspätung, die auftritt, wenn man sich am
vereinbarten Ort zu einer Probe oder Ausführung einzustellen
hat, wie es bereits in Art. 3 besprochen wurde, wird, wenn sie
mehr als eine Stunde beträgt, als Fehlen betrachtet; ist sie von
geringerem Zeitmaß, so kann der Direktor, der den Grund ab-
wägt, den der Musiker für sie gibt, den Betreffenden entweder
als fehlend erklären oder ihn von der Strafe, die in den Art. 3 und
4 angegeben ist, befreien, je nachdem, ob es sich um eine Probe
oder um eine Ausführung handelt.

Art. 8 – Wenn ein Musiker, die eigenen Pflichten vergessend,
versuchen sollte, die Ausführung eines Musikstückes zu ruinie-
ren, indem er entweder etwas anderes spielt, als was geschrieben
steht, oder aus dem Takt spielt oder unwillig, so kann über ihn
die Strafe des Art. 4 verhängt werden; es soll hier aber nicht die
Rede sein von jenen zufälligen Irrtümern, die jedem Ausführenden unterlaufen können.

Art. 9 – Auf den Repetitor der Bälle, der dem Orchesterdirigenten untersteht, soll das besagte Gesetz ebenfalls angewandt

werden, wobei er wie jeder Musiker des Orchesters angesehen wird.

Art. 10 – Was über die Musiker gesagt worden ist, versteht sich als für die Vertreter wiederholt.

Art. 11 – Die Strafen werden auch für das Fehlen bei den Übungen erteilt, von denen im Art. 9, 4. die Rede war.

Art. 12 – Was die Aspiranten betrifft, so gilt, daß sie, wenn sie wiederholt vom Orchesterdirigenten wegen ihres Fehlens ermahnt worden sind, aufhören, Mitglieder dieses Orchesters zu sein.

Art. 13 – Die Einnahme aus den besagten Strafen wird in eine Kasse fließen, die dazu bestimmt ist, die Fortschritte in der Musikkunst zu fördern, zu ermutigen und zu belohnen; von dieser Kasse wird ausgiebiger in Zusammenhang mit dem Projekt einer Musikakademie, die in dieser Stadt zu errichten ist, die Rede sein.

Bemerkungen
zum vorliegenden Reglement

Nachdem ich E. M. ein neues Reglement für Euer Orchester vorgelegt habe, halte ich es für angebracht, die folgenden Betrachtungen hinzuzufügen:

Wenn es E. M. gefällt, das obengenannte Reglement für gut zu befinden, denke ich, daß es nötig sein wird, die Dekrete abzuändern, die für die Kapellmeister bei Hofe und am Herzogl. Theater bestimmt waren, und sie mit dem zu vereinheitlichen, was über sie in jenem Reglement gesagt worden ist; und bezüglich neuer Personen, die dem herzogl. Orchester angegliedert werden, und jener, deren Gewalt erhöht wird, entweder weil sie ihr Verdienst mehrten oder wegen neuer [ihnen anvertrauter] Aufgaben, müßten Dekrete verfügt werden, daß jene Personen gehalten sind, sich über das erwähnte Reglement in Kenntnis zu setzen.

Die übermäßige Verantwortung des Großen Kammerherren, der sich in einer vollkommen übergeordneten Position befindet und, was sein Amt betrifft, nur E. M. untersteht, hat mir die Idee eines Obersten Musikdirektors eingegeben; indem dieser die Beschwerden, die Bitten, und all das, was Unannehmlichkeiten, die der Große Kammerherr den ganzen Tag entgegennehmen muß, um ein beträchtliches erleichtern, zumal der Große Kammerherr sich heute in ständigem Kontakt mit all jenen befindet, aus denen sich das Orchester E. M. zusammensetzt, angefangen beim Dirigenten desselben und fortschreitend bis zum Cembalostimmer; auf diese Weise wäre die Entfernung, die zwischen dem Großen Kammerherren und den Personen des obengenannten Orchesters überwunden werden muß, weniger empfindlich, während die Einheit der Tat, die für den guten Fortgang in der Ordnung jeder Einheit unentbehrlich ist, vollkommen gewahrt bliebe.

Ich habe es für unumgänglich erachtet, der Gruppe der Musiker die Vertreter an den Blasinstrumenten hinzuzufügen, denn wenn auch das Fehlen einer Person, die ein Streichinstrument spielt, kaum bemerkt wird, da ihr Part von vielen gleichzeitig gespielt wird, macht sich jener notwendig, der unter den Bläsern jenen vertritt, der durch sein Fehlen bei der Ausführung des Stückes eine auffallende Lücke verursachen würde.

Wird die Notwendigkeit der Vertreter anerkannt, so erscheint es nur klug, sie jährlich zu bezahlen, da man Personen sucht, die in der Lage sind, die Parts der Musiker zu übernehmen, und solche, die mit einer nicht alltäglichen Befähigung begabt sind, sonst anderswo ein ehrliches Einkommen suchen würden; dem ist hinzuzufügen, daß sich diese Stadt ansonsten der besten Musiker berauben würde, die unter den jungen Leuten, die sich um die Musikkunst bemühen, heranwachsen, so daß man sich bei völligem Fehlen eines Musikers notwendig ans Ausland wenden müßte, um das Orchester zu vervollständigen.

Ich habe vorgeschlagen, daß die Vertreter in der Zeit der Bälle spielen sollen, denn die Bläser, die viel mehr als die Streicher ermüden, werden es als Erleichterung empfinden, wenn sie während des Balles ausruhen können, und der Dienst beim zweiten Akt der Oper wird sorgfältiger und mit besserer Wirkung ausgeführt werden: gleichzeitig wird daraus den Vertretern nicht geringer Nutzen erwachsen, die auf diese Weise Erfahrungen in jenen Positionen sammeln können, die sie eines Tages einnehmen werden.

Es gibt eine Klasse junger Musiker, die Anlaß zu großen Hoffnungen geben, die aber noch nicht in der Lage wären, mit aller Präzision jeden Musikpart, der ihnen anvertraut werden würde, auszuführen, so daß ich gedachte, aus dieser Klasse eine, wie ich sagen möchte: Nachhut zu machen, für alle denkbaren Fälle, und jene Personen, aus denen sie sich zusammensetzt, als *Aspiranten* bezeichne; von ihnen habe ich im Reglement gesprochen, und da sie nicht feste Gehälter verlangen sollen, werden sie mit jenen kleinen Belohnungen zufrieden sein, die ihnen für geleistete Dienste zuteil werden, wobei es darum geht, sie für die Erfahrung zu belohnen, die sie auf den Orchesterplätzen erwerben, die sie eines Tages einnehmen können.

Zum Inhalt des Art. 4 bin ich angeregt worden, als ich gesehen habe, wie wenig Erfolg man eben wegen der Anordnung der Stücke bei dem Konzert E. M. am Abend des 12. Dezember 1835 hatte, denn es schadet dem brillanten Erfolg der Konzerte jener Art sehr, wenn man zwei gleichförmige Stücke aufeinander folgen läßt, zwei Stimmen gleichen Registers, zwei Instrumente, die gleichen und gleichartigen Klang haben.

Ich gedachte, in einem Orchesterreglement nicht die persönlichen Haftstrafen für die Musiker aufzuführen, zum einen weil es mir scheint, daß man aus ihnen nicht ein Milizkorps machen sollte, zum anderen weil die höheren Autoritäten des Orchesters nicht über die physischen Kräfte verfügen, Haftbefehle ausführen zu lassen, und auch weil die Personen, die solche Strafen verdienen, durch die Gesetze der Gerichte bestraft werden müssen.

Außerdem entspricht es der Gerechtigkeit, daß man die Einnahme aus den Geldstrafen, die über die Musiker verhängt werden, in eine Kasse fließen läßt, die dazu bestimmt ist, die Musikkunst zu fördern, zu ermutigen und zu belohnen; denn es erscheint mir richtig, daß das Geld, das man dem genommen hat, der versucht hat, der Kunst zu schaden, dem als Belohnung dienen soll, der sich in ihr hervortut.

Ich werde, um zu schließen, in wenigen Zügen ein Bild von dem geben, was ich mit dem vorliegenden Reglement zu erreichen trachte. Ein Orchester benötigt jemanden, der es aus der Nähe leitet, und dazu dient der Dirigent desselben; es benötigt jemanden, der aus der Nähe sowohl den Dirigenten als auch das Orchester selbst überwacht; und da dieses Orchester oft mit der übergeordneten Autorität des Großen Kammerherrn kommunizieren muß, wird [die Stelle eines] Obersten Musikdirektors geschaffen: der Große Kammerherr, der bei allen Darbietungen den Vorsitz führen muß, kann sich nicht mit all dem belasten, was im herzoglichen Orchester geschieht, und indem er in seiner Autorität verbleibt, vielmehr in ihr erhöht wird, wird er durch mein Reglement davor bewahrt, in jedem Augenblick aufgesucht zu werden.

Die Musiker, die Vertreter, die Aspiranten bilden das Orchester, das in drei Teile aufgeteilt ist, von denen die beiden letzteren gewährleisten, daß ersterer immer vollständig ist und immer gleichbleibend in der Qualität der Männer, aus denen er sich zusammensetzt.

Der Hauptzweck einer solchen Akademie ist es, die Musikkunst zu fördern; zu diesem Behufe werden im Verlauf des Jahres zwölf *Konzerte* gegeben werden, in einer Räumlichkeit, die von I. M. dazu bestimmt werden wird.

Art. 1 – Die Konzerte werden sich sowohl aus *Vokalwerken* als auch aus *Instrumentalwerken* zusammensetzen, und um diese auszuführen, werden auch Ausländer zugelassen werden, aber nur, sofern diese entweder von anerkannter Befähigung sind oder diese unter Beweis stellen. In der Regel aber werden die Ausführenden der Werke, aus denen sich die *Konzerte* zusammensetzen sollen, unter den Berufsmusikern und Dilettanten der Kunst dieses Staates ausgewählt.

Art. 2 – Das Orchester wird gemeinsam vom Obersten Direktor, dem Orchesterdirigenten und dem Kapellmeister der Akademie zusammengestellt; es wird sich zusammensetzen aus den Musikern dieser Stadt, und die besten Dilettanten der Kunst werden aufgerufen, daran teilzunehmen. Die besagten Personen, nämlich der Oberste Direktor, der Orchesterdirigent und der Kapellmeister, werden die Löhne, die an die Personen des Orchesters zu entrichten sind, die dessen am meisten bedürftig sind, vorschlagen, und der Verwaltungsrat, von dem später die Rede sein wird, wird über sie beraten.

Art. 3 – Die Leitung der Musik wird dem Obersten Musikdirektor und dem Kapellmeister anvertraut werden; diese beiden letzteren werden nach dem Maß der geleisteten Dienste eine jährliche Entschädigung erhalten.

Art. 4 – Die Auswahl der bei den *Konzerten* vorzutragenden Musik, die Anordnung der Werke, die Entscheidung, ob ein Werk oder ein Künstler zugelassen werden soll oder nicht, gebührt dem Obersten Direktor, dem Orchesterdirigenten und dem Kapellmeister, die sich zu diesem Zwecke untereinander absprechen werden.

Art. 5 – Es bedarf einer Körperschaft, die die Interessen dieser Akademie vertritt; zu diesem Behufe muß ein Verwaltungsrat gebildet werden.

Über den Verwaltungsrat

Art. 1 – Dieser Rat, der sich aus den angesehenen Persönlichkeiten dieser Stadt zusammensetzt, wird von I. M. zusammengestellt und wird den Titel einer Direktion der Philharmonischen

Akademie von Parma tragen können, sofern es der besagten M. gefallen will, der Akademie diesen Namen zu geben.

Art. 2 – Unter den Mitgliedern der Direktion sind die folgenden Ämter notwendig: Ein Präsident, drei Inspektoren, ein Schatzmeister und ein Sekretär.

Art. 3 – Es obliegt dem Präsidenten, die Körperschaft, die die Direktion bildet, jedesmal, wenn es die Bedürfnisse der Akademie erforderlich machen, einzuberufen und die zu behandelnden Dinge vorzuschlagen.

Art. 4 – Der Sekretär muß die Verhandlung schriftlich festhalten, sowohl die Vorschläge des Präsidenten als auch die diesbezügliche Besprechung.

Art. 5 – Die drei Inspektoren stehen dem Präsidenten mit Rat in all jenem, was die Akademie betreffen kann, zur Seite und beraten untereinander die Dinge, die besprochen werden. Der Älteste vertritt den Präsidenten in dessen Abwesenheit oder wenn er verhindert ist; sie wachen über den Fortgang der Dinge und kümmern sich um die Sauberkeit des Saales und darum, alle der Akademie gehörenden Gegenstände in gutem Zustand zu erhalten.

Art. 6 – Der Schatzmeister nimmt die Gelder entgegen, die in die Kasse der Akademie fließen, führt Zahlungen aus und führt regelmäßig über die Einnahmen und Ausgaben Buch.

Art. 7 – Der Sekretär versendet auf schriftliche Anordnung des Präsidenten Zahlungen und Einladungen für die Versammlungen der Direktion und legt alle Beschlüsse, die von der Direktion gefaßt werden, schriftlich nieder.

Art. 8 – Die Direktion kann zur eigenen Absicherung I. M. oder an ihrer Statt dem Großen Kammerherren eine Aufstellung der Einnahmen und Ausgaben der Akademie vorlegen.

Art. 9 – An den auf ein Konzert folgenden Tagen wird sich die Direktion versammeln und den Obersten Direktor, den Orchesterdirigenten und den Kapellmeister einberufen, und sie werden sich zusammen über die Preise, die an die Personen zu verleihen sind, die die Werke [...] des besagten Konzertes ausgeführt haben, beraten.

Art. 10 – Sobald die Direktion geschaffen ist, wird es ihre erste Aufgabe sein, ein vollständiges Reglement für die Philharmonische Akademie abzufassen, in das auch die geringsten Dinge aufgenommen werden, die für einen guten Gang der Dinge wichtig sind und die ich aus Liebe zur Kürze in vorliegendem Entwurf übergangen habe.

Art. 11 – Alle Ämter, die die Direktion betreffen, sind Ehrenämter.

Art. 1 – Um den anfänglichen und später sich ergebenden Kosten
der Akademie zu begegnen, wird eine Kasse geschaffen werden,
deren Fond aus den Einnahmen eines großen Konzertes [...]
stammen wird, das die Musiker des Orchesters im Herzogl.
Theater geben sollen. Um sie dann in der Lage zu erhalten, allen
Ausgaben zu begegnen, die im Laufe des Jahres durch die Bedürfnisse der Akademie entstehen werden, wird man Abonne-
ments anbieten, deren Preis von den Herren Mitgliedern der
Direktion festgesetzt werden soll.

1742 – In diesem Jahr entsteht die Guarneri del Gesù.

1802 – Paganini erhält in Livorno das Instrument von einem Mäzen zum Geschenk. (Einige Autoren behaupten, daß Paganini die Guarneri in Parma vom Maler Pasini oder erst später von General Domenico Pino erhielt.)

1828 – In Wien läßt Paganini das Instrument vom Geigenbauer Savicki umarbeiten. Dabei werden der Saitenhalter und das Griffbrett ersetzt.

1833 – Während einer Konzerttournee in Großbritannien erleidet das Instrument, das unvorsichtigerweise dem Kutscher anvertraut worden war, einen verheerenden Sturz. Es wird zur Reparatur dem Geigenbauer Vuillaume in Paris anvertraut.

1837 – Paganini setzt in Genua sein Testament auf. Er vermacht die Violine der Stadt Genua, »damit sie auf immer aufbewahrt werde«.

1838 – Vuillaume vollendet die Reparatur und stellt eine Kopie des Instruments her, die Paganini für 500 Francs an Camillo Sivori abgeben wird; dieser wird das Instrument im Jahre 1894 der Stadt Genua schenken. (Sie wird in einer Vitrine zusammen mit dem Original und anderen Erinnerungsstücken aufbewahrt.)

1851 – Nach einem längeren Briefwechsel zwischen der Stadt Genua und Achille Paganini, in dessen Besitz sich die Guarneri befindet, erfolgt die offizielle Übergabe des Instruments, die durch den unten vollständig wiedergegebenen notariellen Schriftsatz besiegelt wird. Achille Paganini hatte die Guarneri behalten wollen und der Stadt dafür eine Marmorbüste angeboten, die, wie er erklärte, »dauerhafter« sei als die Violine.

Im Jahre achtzehnhunderteinundfünfzig, am Freitag, dem vierten Juli, zu Genua, um sieben Uhr nachmittags in einem der Salons der Wohnung des Signor Bartolomeo Migone, gelegen an der Salita Capuccini außerhalb der Porta Acquasola.

Bestätigt von mir, Giacomo Borsotto, Königlichem Akademischem Notar (...), wohnhaft in dieser Stadt, und in Anwesenheit der untengenannten Zeugen:

sei es einem jeden offenbart,

daß der Baron Nicola Paganini, bester unter den hervorragendsten Violinisten aller Zeiten, mit seinem endgültigen

Letzten Willen, der seinerzeit, am siebenundzwanzigsten April achtzehnhundertsiebenunddreißig, dem Erhabenen Königlichen Senat von Genua vorgelegt wurde und am ersten Juni achtzehnhundertvierzig eröffnet worden und am vierten besagten Monats unter Zahlung von sechs neuen Lire und vierundzwanzig Centesimi vollstreckt worden ist, seine Violine der Stadt Genua (seiner Geburtsstadt) vermacht hat, damit sie dort immer aufbewahrt werde. Als Alleinerben setzte er seinen Herrn Sohn, Achille, ein.

Da das Rathaus noch nicht über einen geeigneten Raum verfügte, um es dort endgültig und in ansprechender Form für immer aufzustellen, da es billig war und sich der Herr Baron Achille vernünftigerweise dazu bereit erklärte, ist es bisher noch nicht zur Übergabe des vermachten Instruments gekommen.

Da der Baron Achille sicherstellen wollte, daß es nicht vertauscht würde, und damit nie Zweifel an der Echtheit aufkommen könnten, wählte er als Verwahrer den Signor Luigi Bartolomeo Migone, damals Stadtdekurion und heute Stadtrat, eine bekanntermaßen verantwortungsvolle Persönlichkeit von weithin anerkannter Ehrbarkeit; nachdem er an besagtem Instrument ein Band von grüner Farbe, versehen mit einem das Wappen Paganinis tragenden Siegel, angebracht hatte, wurde es dem besagten Signor Migone übergeben und in einer Garderobe oder einem Schrank verwahrt, dessen Schlüssel Baron Achille unverzüglich abzog; dieser Schlüssel wurde seitdem von ihm aufbewahrt und wird es noch immer.

Da am heutigen Tage der Stadtrat mit seiner Entscheidung vom vergangenen siebten Juni beschlossen hat, den Delegiertenrat zu beauftragen, in diesem Gebäude einen Raum zu bestimmen, in dem die besagte äußerst kostbare Violine aufbewahrt und gehütet werden kann und nachdem Herr Baron Achille davon überzeugt werden konnte, daß dieser Rat alles mit jeder erdenklichen Sorgfalt und Diskretion ausführen wird, die er auf die Angelegenheit verwendet wünscht: soll dies bestätigt werden von mir, besagtem Königlichem Notar, und den folgenden Zeugen:

einerseits

dem zuvor erwähnten Baron Achille Paganini, Sohn des verstorbenen Nicolò, geboren in Palermo, wohnhaft in

Genua, sowie dem bereits genannten Signor Luigi Bartolomeo Migone, Sohn des verstorbenen Agostino, aus dieser
Stadt gebürtig und dortselbst wohnhaft, in seiner Eigenschaft als Verwahrer in obenerwähnter Form;

und andererseits

dem hochehrenwerten Herrn Baron und Ritter Antonio
Profumo, Sohn des verstorbenen Signor Pietro, Senator und
Bürgermeister der Stadt Genua, dortselbst geboren und
wohnhaft

sowie den hoch ehrenwerten Herren

Rechtsanwalt Antonio Caveri, Sohn des verstorbenen Cesare – Rechtsanwalt Nicolò Federici, Sohn des verstorbenen
Gio. Battista – Marchese Domenico Doria Pamphili, Sohn
des verstorbenen Don Luigi Gio. Andrea, Rechtsanwalt Nicolò Magioncalda, Sohn des noch lebenden Herrn Ritter
Francesco, und Professor Giovanni Ansaldo, Sohn des verstorbenen Giambattista, alle aus dieser Stadt gebürtig und
dortselbst wohnhaft, Mitglieder des Rates, vom Rathaus
erwählt, und Signor Domenico Vernengo, Sohn des verstorbenen Gerolamo, aus dieser Stadt gebürtig und dortselbst
wohnhaft, Vize-Sekretär des genannten Rathauses.
Die Genannten haben alle ihre jeweiligen Erklärungen ab-
gegeben und die Voraussetzungen geprüft, so wie sie die
vorliegende Vereinbarung zu prüfen haben.
Sodann hat Herr Baron Achille den Schlüssel der Garderobe
oder des Schranks vorgelegt, in den die hinterlassene Violine eingeschlossen wurde, und als er geöffnet wurde, befand
sich die besagte Violine auch wirklich darin, die in Anwesenheit der Parteien und Zeugen identifiziert wurde, da sie
ein grünes Band mit unverletztem Siegel trug, das das
Wappen Paganinis aufwies; man hat das Siegel so gelassen,
wie es war, und ein weiteres, das das Stadtwappen trägt,
hinzugefügt sowie eine Karte, auf der sich die Unterschriften aller Parteien und Zeugen befinden.
Danach hat Baron Achille die tatsächliche Übergabe an den
Bürgermeister getätigt, der sie übernommen hat und der
Baron Achille hiermit die endgültige Übergabe quittiert.
Der vorher erwähnte Herr Baron Achille hat die Freundlichkeit besessen, die folgende Erklärung anzufügen:
Herr Baron Achille Paganini bestätigt, daß die jetzt übergebene Violine wahrhaftig die Lieblingsvioline des hochbe-

rühmten Violinisten ist, die dieser ständig in Gebrauch hatte.

Signor Luigi Bartolomeo bestätigt gleichfalls, daß besagte Violine dieselbe ist, die ihm auf vorher beschriebene Weise übergeben wurde.

Signor Giovanni Serra, Sohn des verstorbenen Battista, gebürtig aus Genua und dortselbst wohnhaft, zur Zeit Dirigent des städtischen Orchesters und seit sehr langer Zeit Dirigent des Theaterorchesters, und Signor Filippo Bolognesi, Sohn des verstorbenen Giuseppe, ebenfalls aus Genua gebürtig und dortselbst wohnhaft, Musiker und ausgezeichneter Kenner von Musikinstrumenten, die an diesem Akt in der Eigenschaft von Zeugen teilnehmen, erklären ebenfalls und bestätigen, das genannte Instrument zu kennen, weil sie den Baron Nicola Paganini zu dessen Lebzeiten beständig darauf spielen sahen und weil sie diese Violine unzählige Male geprüft und in der Hand gehabt haben.

Dabei erklärt Signor Serra jedoch, diese Bestätigung nur vorbehaltlich und, da seither viel Zeit vergangen ist, nach seiner Erinnerung geben zu können.

Darum gebeten, habe ich, der Notar, dieses Schriftstück aufgesetzt, verlesen, erklärt und zum eindeutigen Verständnis den Parteien vorgetragen; dies in Anwesenheit der Herren: Rechtsanwalt Cesare Leopoldo Bixio, Sohn des verstorbenen Signor Felice, und Vincenzo Migone, Sohn des verstorbenen Domenico, beide gebürtig aus Genua und dortselbst wohnhaft, der erste in der Strada Carlo Alberto, der zweite an der Piazza Colombo, geeignete, bekannte und vereidigte Zeugen, die zusammen mit besagten Parteien und mir, dem Notar, unterzeichnet haben.

[*Unterschriften auf dem Original:*] A. Profumo – Antonio Caveri – N. Federici – Domenico Doria – Nicolò Magioncalda – G. Ansaldo – Vernengo Dom., Vice Segr. – Barone Achille Paganini – Luigi Bart. Migone – Giovanni Serra – Filippo Bolognesi – Cesare Leopoldo Bixio T. – Vincenzo Migone T.

Giacomo Borsotto, *Notar*

Von Hand geschrieben von Signor Francesco Podestà, einer Person meines Vertrauens, bestehend aus zwei Blättern Stempelpapier und fünf beschriebenen Seiten, dazu die vorliegende.

Gezeichnet: Giacomo Borsotto, *Notar*

Es folgt die Kopie der Einreichungsbetätigung: – Nr. 3516 – 1851 4. Juli – Band 1352 – Blatt 505 – Entlastung wegen Übergabe der Violine von der Stadt Genua an Paganini – Gebühr Lire drei und Centesimi zweiundzwanzig – Genua, den neunten Juli 1851 – Gezeichnet Gio. Lazzarini [...] Für die Konformität der Kopie mit dem Original – Genua, den siebzehnten Juli 1851.

Gezeichnet: GIACOMO BORSOTTO, *Notar*

1900–1901 – Die Stadt Genua erhält für die Guarneri Offerten von Interessenten, die bis zu 100 000 Lire bieten. Ein amerikanischer Sammler bittet darum, das Instrument ausleihen zu dürfen, und bietet als Kaution die Summe von $ 50 000 sowie die Beteiligung an Konzerten in Europa an, die auf diesem Instrument gegeben werden. Die Verwaltung lehnt diese Angebote natürlich ab.

1907 – Es verbreitet sich das Gerücht, daß sich das Instrument nicht in gutem Zustand befinde. Die Stadt ernennt eine Kommission, die erklärt, daß das Instrument »sich in all seinen Teilen intakt und guterhalten befindet«. Bei dieser Gelegenheit werden einige Messungen durchgeführt, die sich aber später als ungenau herausstellen sollen. In der Folge wird das Instrument bei verschiedenen Gelegenheiten von Camillo Sivori, Enrico La Rosa, Jaroslav Kocian und Bronislaw Hubermann gespielt.

1937 – Die Stadt Cremona bittet die Stadtverwaltung von Genua anläßlich der Internationalen Geigenausstellung zum 200. Todestag Stradivaris um die Leihgabe der Guarneri. Der prekäre Zustand, in dem sich das Instrument inzwischen befindet, macht den Eingriff des Geigenbauers Cesare Candi erforderlich, der, nachdem er die Resonanzdecke entfernt hat, die Reparatur ausführt. Nach der Reparatur wird das Instrument vom Violinisten Antonio Abussi geprüft, der am Städtischen Musikinstitut von Genua unterrichtet.

Die Guarneri ist Gegenstand einer Radiosendung, die die Vereinigten Staaten auf Kurzwelle erreicht. Sie wird von dem Violinisten Guilio Bignami gespielt, den Sandro Fuga auf dem Klavier begleitet. Es ist berechnet worden, daß diese Radiosendung von etwa 20 Millionen Menschen gehört wurde.

1954 – In Genua wird der Concorso Internazionale di Violino »N. Paganini« eingerichtet, der alljährlich stattfinden soll. Von diesem Jahr an wird die Geige jedes Jahr kurz vom Sieger gespielt werden.

1971 – Das Instrument wird zum erstenmal nach Paganinis

Tod ins Ausland geschickt. Es wird in Stuttgart ausgestellt und von Renato De Barbieri gespielt.

1982 – Die Violine ist Teil der Paganini-Ausstellung im Museum S. Agostino, die vom italienischen Präsidenten Sandro Pertini eröffnet wird.

1983 – Die Violine reist zum erstenmal in die Vereinigten Staaten. Sie wird im Metropolitan Museum in New York ausgestellt und wird bei einem besonderen Konzert, das Salvatore Accardo in der Carnegie Hall gibt, gespielt.

1986 – Man ist sich wieder über den Zustand des Instruments uneins. Accardo interveniert und empfiehlt, die Violine namhaften Geigenbauern anzuvertrauen. Die Kommission hingegen befindet und erklärt, daß sich das Instrument in einem ausgezeichneten Zustand befinde.

Messungen und Prüfungen an der Guarneri ergeben Verformungen, die dadurch entstanden sein können, daß das Instrument von der Stadtverwaltung verschiedenen Geigenbauern anvertraut wurde.

Die erste vollständige Beurteilung verdanken wir Cesare Candi (1869–1947). Candi ist in Bologna geboren und lernte sein Handwerk bei Raffaele Fiorini. Er ging in jungen Jahren nach Genua, wo er seine eigene Werkstatt aufmachte. Er baute nicht nur Violinen, sondern auch Violen, Lauten und Mandolinen. Aus seiner Schule gingen Giuseppe Lecchi und Lorenzo Bellafontana hervor. Letzterer übernahm von ihm das Amt, die Guarneri instand zu halten, und stellte auch einige Kopien des Instruments her.

Im folgenden geben wir den vollständigen Wortlaut des Berichts von Cesare Candi über die Charakteristiken und Maße der Guarneri wieder:

Der Boden der Violine ist aus zwei Teilen zusammengesetzt; die Zargen bestehen aus sechs Teilen, die an den Enden zusammengefügt sind.
Innen hat sie in den Ecken vier Sockel. Zwei weitere Sockel sind jeweils oben, um den Hals, und unten, um den Saitenhalterknopf zu stützen.
Die Gegenzargen bestehen aus zwölf Teilen, sechs auf der Seite des Bodens, sechs auf der Seite der Decke; sie sind in die Sockel der Ecken auf der Höhe von 6 mm eingefügt, und sie sind 2½ mm dick.
Die Zargen sind 1½ mm dick, so daß die Gesamtdicke der Zargen und der Gegenzargen insgesamt 4 mm beträgt, auf

denen der Boden und die Resonanzdecke aufliegen. Die Höhe der Zargen beträgt oben 30 mm, 30½ mm in der Mitte und unten 31½ mm.

Der Boden, die Zargen und der Hals sind aus Ahornholz, die Resonanzdecke ist aus Tannenholz.

Von der Mitte zu den Außenrändern gezählt, sind die Fasern der Resonanzdecke in Längsrichtung 70 an der Zahl, aber in der Mitte beginnen sie mit einer Breite von $^{6}/_{10}$ mm und verbreitern sich allmählich zu den Seitenrändern hin, wo sie ungefähr 3 mm messen.

In der Breite der halben Decke kann man 70 Fasern zählen.

Auf der gesamten Decke, die 206 mm breit ist, zählt man 140 Fasern.

Die Gesamthöhe des Klangkörpers ist, an den Zargen gemessen, 34,9 mm; die Breite, ebenfalls von den Zargen ab gemessen, ist im unteren Teil 206 mm, in der Mitte 113 mm, oben 169 mm.

Die Länge des Bodens und der Decke ist, gerade gemessen, 354 mm; mißt man sie mit der Wölbung, von außen, wie man es bei Violinen zu tun pflegt, so beträgt sie 357 mm.

Das Maß der beiden F-Löcher beträgt 83 mm für das, welches links ist, wenn man das Instrument von vorne ansieht; das rechte mißt nur 80 mm.

Oben ist zwischen den beiden F-Löchern ein Abstand von 41 mm.

Die gekrümmten Linien in der Zeichnung stellen den Verlauf der Wölbung der Decke und des Bodens dar.

Die Höhe der Schnecke ist, vom Obersattel aus gemessen, 110 mm, auf der Seite mißt sie 34 mm, von vorne 42 mm.

Die Höhe des Wirbels ist 40 mm.

Die Querschnittzeichnung der Violine zeigt das Innere mit den Sockeln, die Gegenzargen, die Dicke des Bodens und der Decke sowie die Gestaltung des Stimmstockes.

Die Farbe des Lackes ist ein orangeschimmerndes Rot, das ins Braune spielt.

Den Bemerkungen Cesare Candis könnte man weitere hinzufügen.

Wie bereits gesagt wurde, ließ Paganini im Jahre 1828 an der Guarneri del Gesù einige Änderungen vornehmen. Insbesondere wurde der ursprüngliche Saitenhalter durch einen anderen ersetzt, dessen Maße sich an die eines Saitenhalters für Violen annähern.

Das Griffbrett ist außerdem kürzer als normal und mißt 260 mm anstatt 270 mm. Die Wölbung ist ausgeprägter (45° statt 40°). Diese Besonderheiten sind sicher auf Anweisungen Paganinis zurückzuführen, der das Instrument seinem Vortragsstil anpassen wollte.

Die Maße der Violine weichen nicht nennenswert von denen der anderen Violinen von Guarneri ab, ausgenommen die Zargen, die hier einige Millimeter höher sind als bei vergleichbaren Instrumenten und zu einer Vermehrung der Klangfülle beitragen. Auch die flache Form der Resonanzdecke, die im übrigen typisch für Guarneri ist und dazu dient, die Vibration zu erhöhen, trägt nicht wenig zur Steigerung der Klangfülle bei.

Eine ausgeprägte elliptische Aushöhlung auf dem unteren Teil der Resonanzdecke, die auf die Reibung des Bartes, der Haare und auch auf die Einwirkung von Schweiß zurückzuführen ist, zeigt, daß Paganini ohne Kinnhalter spielte. Dieses Zubehörteil, das Spohr um 1820 erfand, wurde ursprünglich über der Mitte des Instruments angebracht und nicht wie heute auf der linken Seite.

FRANCESCO BENNATI

Doktor Francesco Bennati aus Mantua lernte Paganini in Italien kennen. Er sah ihn in Wien und später in Paris wieder, wo er ihn auch behandelte. Im Jahre 1831 schrieb er einen ersten medizinischen Beitrag über den Freund, der ihn sehr schätzte. Bennati war einer der wenigen Ärzte – vielleicht sogar der einzige Arzt, der die komplizierte Physiologie Paganinis verstand und beschreiben konnte.

Sein Traktat kann als Grundlage für theoretische Deduktionen dienen, insofern am Objekt selbst keine Untersuchungen mehr durchgeführt werden können. Bisher vertretene Hypothesen aufgrund retrospektiver Befunde sind durchwegs wenig überzeugend. In diesem Zusammenhang gehört auch die Theorie, daß Paganini vom Marfan-Syndrom befallen gewesen sein könnte.[1] Myron R. Schoenfeld, der diese These vertritt, gründet seine Beweisführung allerdings auf eine der weniger glaubhaften Biographien Paganinis[2]; er zitiert auch Bennati, wobei auffällt, daß ihm wohl eine fehlerhafte Übersetzung vorlag, da er von falschen Voraussetzungen ausgeht. Unter anderem wissen wir, daß Paganini nicht sehr groß von Gestalt war und daß seine Hände keineswegs übermäßig lang waren: Der Abstand zwischen dem Handgelenk und der Spitze des Mittelfingers war nicht größer als 18 cm.

Jede Diagnose, die im nachhinein gefällt wird, läuft Gefahr, nicht mehr als eine reine Hypothese zu sein und als solche immer zweifelhaft zu bleiben.

Erst kürzlich wurde behauptet, Paganini wäre an einer Quecksilbervergiftung gestorben, während es als gesichert gilt, daß die eigentliche Todesursache ein Bluthusten war, der auf Kehlkopftuberkulose syphilitischen Ursprungs zurückzuführen ist. Es wäre in der Tat naiv und wenig stichhaltig, wollte man behaupten, das Quecksilber der Syphilisbehandlung habe die Aphonie verursacht, an der Paganini in den letzten Lebensjahren litt und die zuletzt so schlimm geworden war, daß er sich nur noch schriftlich verständigen konnte.

PHYSIOLOGISCHE ANMERKUNGEN
ÜBER NICOLÒ PAGANINI
BERÜHMTER VIOLINIST
AUF FRANZÖSISCH
VON DOKTOR
FRANCESCO BENNATI
AUS MANTUA
UND POSTUM IN DIE ITALIENISCHE SPRACHE ÜBERTRAGEN
NACH EINER
UNVERÖFFENTLICHTEN HANDSCHRIFT
VON DER DRUCKEREI ANDREOLA
1845
DEM HERRN DOKTOR
FRANCESCO CORTESE
VERDIENTER PROFESSOR FÜR ANATOMIE AN DER
KGL. UNIVERSITÄT VON PADUA

Francesco Bennati, ein Arzt aus Mantua, der sich schon früh
mit seinen physiologischen und pathologischen Studien der
Organe der menschlichen Stimme einen Namen gemacht
hatte und dafür von der Kgl. Französischen Akademie der
Wissenschaften zu Recht geehrt wurde, starb in der Blüte
seiner Jahre, im schönsten Lächeln der Hoffnung, am
10. März 1834 in Paris als Opfer einer Katastrophe, an die
man sich nicht ohne Schrecken erinnern kann. Doch um
den Schmerz seiner Mitbürger und all jener, die ihn kannten, zu lindern, möge man an die Taten der Barmherzigkeit
erinnern, die im fremden Land das Krankenbett und den
Sarg des Unglücklichen umrankten. Alles wurde gesammelt, mit geradezu religiöser Ehrfurcht aufbewahrt und
seiner Familie zugesandt, die, als sie die teuren Reliquien
erhielt, die großmütigen Herzen segnete, die wohl ahnten,
welchen Lohn und Trost sie damit spendeten! Unter den
verschiedenen Gegenständen waren auch einige berühmte
Manuskripte in Französisch, das gesamte Werk Bennatis,
eines davon über Nicolò Paganini, den berühmten Violinisten, und über einige Besonderheiten seiner physischen
Konstitution, um eine physiologische Erklärung jener Wunder zu geben, die er allein mit seiner Zaubergeige hervorzubringen vermochte. Diese Schrift sollte vor selbiger Akademie in denselben Tagen vorgelesen werden, in denen der
bedauernswerte Verfasser von seinem Schicksal ereilt wurde. Da diese Manuskripte in einer Geste des Vertrauens an

mich weitergereicht wurden, habe ich für richtig befunden, das vorliegende ins Italienische zu übertragen und zu veröffentlichen, denn auch so kann man dem Namen des tüchtigen jungen Mannes Tribut zollen, indem man sein Verdienst und seine Tugend würdigt, wie es ihnen zukommt.

Euch aber, verehrungswürdiger Professor, widme ich diese Schrift, damit Ihr an diesem Zeichen, sei es noch so gering, erkennen möget, wie sehr ich Euch schätze für das viele, das Ihr in Eurer ehrwürdigen Kunst vollbracht habt und weiterhin vollbringt, und für jene Gaben der Seele, die alle Achtung und Liebe verdient

Eures aufrichtigen Freundes
A. Cristofori

Paganini ist ein Mensch, der wohl in die Schar jener ruhelosen Geister eingereiht werden kann, die dem Theater der Kunst seinen Glanz verleihen und in ihm unvermittelt von Zeit zu Zeit erscheinen, um die Überraschung aller zu bewirken. Sein wunderbares Genie bewegte sich in seinem Schwung auf Wegen, die noch nie begangen wurden, und erreichte so ferne Ziele, daß sogar die größten musikalischen Genies nur staunen konnten. Nichts anderes als sein Name, der so berühmt klingt, ist würdig, für ihn zu stehen; denn auch die köstlichsten Worte und Wendungen, die eine Sprache je hervorgebracht hat, wüßten dem, der ihn nicht gehört hat, jene Überfülle von Schaffenskraft, von Eigentümlichkeit, von Kühnheit nicht zu schildern, die aus dem hervorquellen, was man zu Recht intellektuelle Potenz nennt. Ich werde nicht bei der wunderbaren Wirkung seines Instrumentes verweilen, noch werde ich an den Enthusiasmus rühren, den er bei jedem Volke hervorrief; aber weil ich der Arzt Paganinis bin, werde ich Euch von ihm Physiologisches berichten, wie es in der Natur meines Faches angelegt ist, um zu sehen, ob seine physische Struktur, wenn man sie genau und sorgfältig betrachtet, irgendeine Beziehung zu der Kunst aufweist, in der er es zu einem hohen Grad an Fertigkeit brachte. Nun ich meine Absicht erklärt habe, vertraue ich darauf, daß meine Überlegungen einen nützlichen Beitrag dazu leisten können, die Geschichte Paganinis zu schreiben, über den schon so viele Berichte veröffentlicht worden sind; mit dem Unterschied, daß ich mich nicht in übertriebenen Märchen verlieren werde, um nach der Erklärung für sein wunderbares Talent zu suchen, sondern mich bemühen werde, es aus den Gesetzen seiner Empfindsamkeit und seiner körperlichen Konstitution herzuleiten.

Wer wollte leugnen, was Wissenschaften und Künste gemeinsam zum Wohle der Menschheit bewirken und zur Vervoll-
kommnung der bürgerlichen Ordnung! Wie ließe sich dies
steigern, wäre es möglich, die individuellen physiologischen Voraussetzungen zu entdecken und zu erforschen, und zu fördern!
Aber die unglücklicherweise allzu zahlreiche Schar der Philo-
sophen und Ärzte hat sich auf das Studium dessen verlegt,
was wir private Idiosynkrasien nennen wollen, was sagen soll,
daß vieles in abstrusen Behauptungen seinen Niederschlag findet, obwohl Lavater mit seiner Physiognomik und Gall mit der
Phrenologie soviel Wahres feststellen konnten, daß es fast unmöglich ist, die Berufung zu diesem oder jenem Bereich menschlicher Wissenschaft fehlzudeuten, vorausgesetzt, die Merkmale
sind ordentlich ausgeprägt.

Ich werde solche Verfahren bei meinem besonderen Fall nicht
zur Anwendung bringen; auch werde ich mich nicht lange mit
den Gesichtszügen Paganinis aufhalten und auch nicht mit dem
ziemlich ausgeprägten Höcker im äußeren Winkel seiner Stirn,
dem eben die Musikalität entspricht; ich werde ihn in der Ge-
samtheit seiner physischen Struktur betrachten, die den An-
schein erweckt, so angelegt oder absichtlich so geschaffen worden
zu sein, daß er aus seinem Instrument alles, was ihm beliebt,
hervorholen kann. Dann werde ich entgegen der landläufigen
Annahme meine Schlüsse ziehen: daß er solche Vortrefflichkeit
weniger der ausdauernden Übung als einer besonderen Anlage
verdankt. Ich werde auch nicht bestreiten, daß es für ihn notwendig war, zahlreiche und schwierige Prüfungen zu bestehen,
damit seine ganz besondere Meisterschaft entstehen konnte.
Aber er wäre nicht das, was er ist, wenn er außer der intellektuellen Neigung zur Musik nicht eine besondere Empfänglichkeit der
Organe ausgebildet hätte, die ersterer zur Hilfe eilt. Mit seinem
Gehirn allein wäre er auf den höchsten Thron unter den Komponisten aufgestiegen; aber ohne die Feinheit des Tastsinns und die
besondere Veranlagung des Körpers, der Schultern, der Arme
und Hände wäre er nie der unvergleichliche Paganini geworden.

Kommen wir nun zu der physiologischen und pathologischen
Geschichte, die ihn am meisten betrifft.

Paganini ist von mittlerer Körpergröße. Er ist blaß und mager,
und obwohl er erst 47 Jahre alt ist, macht seine Physiognomie
teils wegen seiner Magerkeit, teils weil ihm Zähne fehlen und
sein Mund eingesunken ist und sein Kinn stärker hervorzutreten
scheint, den Eindruck höheren Alters. Über einem abgezehrten
und langen Hals erhebt sich der voluminöse Kopf, zu dem die

Zartheit der Glieder in lebhaftem Gegensatz steht. Hoch, breit, quadratisch die Stirn; die Nase eine Adlernase im eigentlichen Sinn des Wortes; regelmäßige, bogenförmige Augenbrauen; ein Mund, den man für den Sitz des Geistes und subtiler Wahrnehmungen halten könnte und der stark an den Voltaires erinnert; große, abstehende Ohren von ausgeprägter Form; lange schwarze Haare, die unfrisiert auf die Schultern fallen – dies sind die besonderen Merkmale, die dem Gesicht Paganinis eine charakteristische Ausprägung verleihen, die bis zu einem gewissen Grad die Originalität seines Genies abbildet.

Man hat behauptet, daß die Empfindung physischen Schmerzes den Zügen Paganinis den Charakter wilder Melancholie verleihe, deren Ursache vielleicht der Lebensüberdruß sei; ich kann aber erklären, daß sich alle täuschen, die so denken, da ich mehrmals Zeuge seiner Heiterkeit gewesen bin, seiner Beschwingtheit, seiner Fröhlichkeit mit den Freunden, der Selbstvergessenheit, der er verfiel, [...] wenn er sich seinem kleinen Achille in kindlichem Spiel hingab. Ich lernte ihn zuerst in Italien kennen, freundete mich mit ihm in Wien enger an, wo ich ihn einige Monate lang ärztlich versorgte; seit gut zehn Jahren schon schenkt er mir sein Wohlwollen, und deshalb sage ich nachdrücklich, daß keiner von ihm besser zu sprechen versteht als ich, da es keinen seiner Lebensumstände gibt, den ich nicht kenne. Und niemand anderem als einem Freund konnte es zukommen, alle Einzelheiten zu sammeln, die erforderlich sind, um seine physiologische Konstitution hinsichtlich der Gesundheit oder der Krankheit zu studieren. Nur ein Freund konnte ihn gründlich analysieren, um die Anlage seines Körpers und seiner Glieder kennenzulernen; ohne dies könnte sich ein Mensch kein Bild des wunderbaren Mechanismus machen, durch den sie sich in Bewegung setzen. Aber bevor ich an diesen Mechanismus rühre (der, unter musikalischem Aspekt betrachtet, mir Stoff für eine weitere Schrift geben wird), der meiner Ansicht nach einen großen Teil jenes Geheimnisses darstellt, dessen alleiniger Meister Paganini ist, will ich von anderen Einzelheiten berichten, die von noch größerer Bedeutung sind.

Ich sagte kurz zuvor, daß ich in der Entwicklung seiner Empfindsamkeit und der Vollkommenheit seines musikalischen Organs einen hinreichenden Grund für soviel Vortrefflichkeit finde; denn diese kann man meiner Ansicht nach durch Übung allein niemals erlangen. Sprechen wir also über Paganinis physiologische und pathologische Geschichte.

In seiner Kindheit wie auch in vorgerücktem Alter gingen

seine Beweglichkeit ebenso wie die Erregbarkeit seines nervösen Systems ins Extreme; und alle Krankheiten, unter denen er litt, komplizierten sich mit außergewöhnlichen Phänomenen, die jener gleichen Quelle entsprangen. Mit vier Jahren leidet er an Röteln, die, bei anderen Kindern meist milde verlaufend, bei ihm einen gefährlichen Grad erreichen. Das nervöse System ist so stark erschüttert, daß eine Katatonie hervorgerufen wird, die ihn einen ganzen Tag lang in einem Zustand scheinbaren Todes läßt. Seine Familie glaubt ihn verschieden; das arme Kind, in eine weiße Stola gehüllt, soll schon auf die Bahre gelegt werden, als eine leichte Bewegung den Anwesenden verrät, daß es noch am Leben ist. Mit sieben Jahren erkrankt er an Scharlach, was die Nerven nicht weniger schrecklichen Prüfungen unterwirft, denn auch im Verlauf dieser Krankheit folgen Krämpfe, Schüttelkrämpfe und spastische Krämpfe aufeinander, Phänomene, die ihn auch danach noch heimsuchen sollten. Ich lenke die Aufmerksamkeit der Physiologen auf diese beiden Fieberexantheme, unter denen er in seiner Kindheit litt, und auf den Anteil, den das nervöse System daran nahm. Die Hautfunktionen begannen in dieser Zeit außerordentlich aktiv zu werden, so sehr, daß man sagen kann, daß genau daraus die folgenden Krankheiten entstanden sind. Seine Haut nämlich ist äußerst fein und an jeder Stelle mit vorzüglicher Empfindsamkeit bedacht; sie ist sehr leicht zum Transpirieren geneigt; sie trieft im Sommer vor Schweiß und ist im Winter von der leichtesten Ursache feucht. Das nervöse System und die Haut harmonieren untereinander so sehr, daß das Vergnügen, Musik zu hören, oder das tiefe Gefühl, das er empfindet, wenn er selbst sie aus seiner Violine hervorlockt, ihn so bewegt, daß sein ganzer Körper davon angenehm benetzt ist. Eine derartige Veranlagung der Haut prädisponiert ihn für Erkältungen und die daraus entstehenden katarrhalischen Infekte, von denen er sich in den atmosphärischen Wechselfällen nie hat befreien können, obwohl er seit einiger Zeit die gute Gewohnheit angenommen hat, zur Vorbeugung Flanell zu tragen. Die Schleimhäute [...] des Kehlkopfs, der Bronchien, der Blase wurden in besonderer Weise nacheinander von lebhaften Reizungen befallen, deren Folgen immer wieder von neuem in Erscheinung treten. Das Lungenparenchym war mehrmals entzündet. In seinem vierzehnten Jahr versetzte ihn in Parma eine Pleuropneumonie in einen sehr schlechten Zustand, aus dem ihn nur viele Aderlässe und viele entzündungshemmende Mittel befreien konnten. In der Folge hatte er sehr unter Hämorrhoiden zu leiden, die von Tenesmen begleitet waren; von dieser Krankheit wird er sich mittels einer klugen Diät und Bädern befreien. Er hatte sich einige Jahre lang einer hinreichend guten Gesundheit erfreut, als er im Jahre 1826 in Neapel an Syphilis erkrankte, die ihm eine Reizung der Prostata bescherte, nicht ohne daß in der Folge die Verdauungsfunktionen gestört wurden. In dieser Zeit ergriff ihn auch katarrhalisches Fieber mit erstickendem Husten, der ihn noch in der Rekonvaleszenz quälte und den nur die üblichen krampflösenden Mittel in Schranken weisen können. Er war gerade genesen, als seine Stimme schwach wurde und sein Kehlkopf schmerzte. Der Arzt befand, daß er schon ins erste Stadium der Kehlkopftuberkulose eingetreten sei, während es sich vielleicht nur um eine einfache nervöse Erkrankung gehandelt haben mag; und zu Recht oder Unrecht glaubend, daß sie einen besonderen Ursprung habe, hoffte er, ihr mit einer ebenfalls besonderen Kur beizukommen. Dies aber war ein unkluger Beschluß; denn in der Folge begann der Magen, sich zu entkräften, das Zahnfleisch schwoll an, die Zähne wurden schlecht und fielen aus, ohne daß jedoch die als Kehlkopftuberkulose bezeichnete Krankheit die geringste Besserung zeigte. Dies war ein schlimmes Unglück; aber ein anderes unangebrachtes und starkes Mittel trug dazu bei, es über die Maßen anwachsen zu lassen, ein Mittel, das sich Paganini zwei ganze Jahre lang aus eigenem Beschluß verabreichte, das Abführmittel, besser: Brech- und Abführmittel von Le Roy. Müde, denn es waren alle Mittel fehlgeschlagen, die ihm italienische und deutsche Ärzte verschrieben hatten, gereizt, weil er merkte, daß er jeden Tag die Tage zählte, die ihm zu leben blieben, hatte der unglückliche Paganini sich von Hausmitteln einen Aufschub erhofft, den ihm die medizinische Vernunft nicht mehr versprechen konnte; und das Hausmittel bot sich ihm in der Gestalt des drastischen Mittels von Le Roy dar.

Oh! hatte es nicht bis zum Jahre 1828 große Wunder gewirkt, als ich, der ich damals in Wien war, meines Landsmanns gewahr wurde? Oder, um ehrlicher zu sein, hatte es nicht den gewohnten Schaden verursacht? Gleichwohl war der arme Paganini zu einem derart beklagenswerten Zustand abgesunken, daß er schlimmer nicht hätte sein können. Der erste Rat, den ich ihm gab, war, jene verhängnisvollen Ampullen wegzuwerfen; sodann riet ich ihm, sich an eine angemessene Diät und an lindernde Mittel zu halten. Es dauerte nicht lange, und die Erkrankung zumindest des Kehlkopfes schien sich zu bessern. Ich muß jedoch gestehen, daß seine Abgezehrtheit und der leichte Husten anhielten; beinahe pflichtete ich schon der Meinung der italienischen und deutschen Ärzte bei, die den armen Paganini bereits zum Schwindsüchtigen abgestempelt hatten. Doch seine Brust war noch nie mit jenem Instrument untersucht worden, das, vom berühmten Laënnec erfunden, später der medizinischen Diagnose so große Dienste leistete; so dachte ich mir, da dieses sicherste Kriterium noch nicht erbracht war, sei unser Urteil noch nicht völlig gesichert, und die unglückselige Prognose könne auch falsch sein. In der Tat war Paganini, obwohl unsere Meinung auf den rationalen Phänomenen gründete, die der Lungentuberkulose zugeschrieben werden, nicht tuberkulös: was ich bewies, als er in Paris mich neuerlich um meine Dienste bat. Aber da ich daran zweifelte, daß er sich von meinem Urteil beruhigen ließe, schlug ich selbst vor, daß einer meiner Kollegen, Dr. Miquel, hinzugezogen würde, der mehr als ein anderer im Gebrauch des Stethoskops und in der sorgfältigsten Diagnose der Brusterkrankungen erfahren ist. Dieser untersuchte gemeinsam mit mir den Kranken, und nach den eingehendsten Nachforschungen teilte er zur großen Erleichterung des Kranken und zum Trost vieler seiner Freunde ganz und gar meine Meinung. Worauf ich gerne jene Dinge berichten möchte, die aus der Prüfung des Brustkorbs hervorgegangen sind.

Der Brustkorb Paganinis ist eher eng und rund, etwas weiter auf der linken Seite als auf der gegenüberliegenden, oben ziemlich abgeflacht. Das Abklopfen, an jedem Ort vorne und hinten durchgeführt, ergibt überall einen klaren und gleichartigen Klang, der im übrigen wegen der Magerkeit auf einer Seite besser als auf der anderen klingt. Richtig und leicht ist die Atmung, aber die rechte Seite weitet sich stärker als die linke. Der Unterschied im geringeren Durchmesser dieser Seite und im Spiel der Rippen muß jener Pleuropneumonie zugeschrieben werden, die Paganini in seinem vierzehnten Jahr in Parma durchmachte. Rein und vesikulär ist das Atemgeräusch. Und ob ich ihn unter den Schlüsselbeinen untersuche oder unter den Achseln oder in den Vertiefungen ober- und unterhalb der Schulterblätter – es entsteht nie ein Rasselgeräusch. Kein anderes Geräusch als das normale ist wahrzunehmen, sowohl wenn er spricht, als auch wenn er vom Husten ergriffen wird. Bei der Auskultation läßt sich morgens, wenn er vom Bett aufsteht, ein leichtes verschleimtes Rasseln am Bronchialstamm hören; aber dieses verschwindet, sobald der Schleim ausgehustet ist, mit dem sich diese Gänge von Zeit zu Zeit verstopfen. Nichts Erwähnenswertes trafen wir in der Gegend des Herzens an, außer daß über dem Brustteil, der der rechten Herzkammer entspricht, ein etwas zu tönendes Geräusch zu hören ist. Es hat aber nie Anzeichen gegeben, daß sich dieser Hohlraum über die normalen Grenzen hinaus ausgeweitet hätte.

Aus diesen Gründen kann man nicht nur gegen die Meinung vieler halten, daß Paganini nicht tuberkulös ist, sondern auch, daß seine Schleimhäute im Brustkorbbereich völlig gesund sind. Wenn er mager ist, ist er es nicht durch die Tuberkulose, sondern weil es seiner besonderen Natur entspricht; darüber kann man sich nur freuen, denn wenn er nicht so gebaut wäre, wäre er nicht der Paganini, der er ist. Wenn nämlich sein Nervenmark im Zellgewebe vergraben läge, dann wäre es nicht so empfindsam und würde weniger mit den Saiten seiner Violine zusammenarbeiten, und Arme und Körper könnten nicht vibrieren, wenn sie von der Fettleibigkeit gelähmt wären.

Bei jedem Violinisten sind zwei auffällige Eigenschaften zu beobachten; die erste ist die Methode, die so beschaffen ist, daß sie ein jeder nachahmen kann, da sie nur vom Intellekt abhängig ist; die zweite ist die Art, sich zu halten, die fast immer von den individuellen physischen Gegebenheiten bedingt ist, und wer sie kopieren wollte, der liefe Gefahr, sich lächerlich zu machen. Der Grund hierfür ist klar, da die Natur oder die Erziehung oder beide den Gliedern eines Künstlers Neigungen einprägen, die andere nicht nachempfinden können. Wenn man von Paganini spricht, so kann mit diesem Beispiel gut die Wahrheit meiner Annahme vorgeführt werden. Seht, wie er die Violine nimmt und sie in die richtige Lage bringt und wie er die Arme anordnet; und sagt mir bei Eurer Treu, ob es denn einen Künstler gäbe, der ihn je nachahmen könnte! Und wer, der diese Kombinationen von Klängen herstellen wollte, könnte sich dabei fast die Ellbogen vor der Brust kreuzen und würde von selbst die Haltung einnehmen, die solcher Meisterschaft entspricht?

Das linke Ohr hört viel lebhafter als das rechte, und es ist jenes, dem die Halteweise des Instruments entspricht. Die Ohrmuschel scheint mit der Absicht geschaffen zu sein, eine große Menge von Schallwellen zu empfangen. Breit und tief ist die Muschel, die Vorsprünge sind ausgeprägt, die Ohrleiste und die Vorleiste treten hervor. Das Ohr könnte mit einem Wort nicht weiter noch besser proportioniert, noch klarer ausgeprägt sein. Übrigens verdienen die Krümmung der Knorpel, aus denen sich die Muschel zusammensetzt, und die Öffnung des äußeren Gehörgangs besondere Erwähnung: welche, anstatt fast kreisförmig und geöffnet zu sein, sich von oben nach unten ziemlich verbreitert, was Grund zur Annahme gibt, daß der innere Gang wohl geräumig sein müsse. Herr Dr. Deleau jr. hat zusammen mit mir dieses einzigartige Ohr untersucht und hat mir freundlicherweise seine Beobachtung mitgeteilt. Als Paganini blies und schluckte, verschloß ich ihm Nase und Mund, und er klagte über ein unangenehmes und auch etwas schmerzhaftes Gefühl im Inneren des Ohres, was, wie jeder weiß, von dem starken Druck herrührt, den die Luft auf das Trommelfell ausübt. Aber dieses Gefühl ist bei ihm stärker, als man es im allgemeinen empfindet, und so soll es wohl auch sein, wenn man den vergleichbaren Aufbau des inneren und äußeren Ohres berücksichtigt, die Menge an Luft, die diese Höhlungen enthalten können, und die Empfindlichkeit des Trommelfells.

Seit Paganini begonnen hat, zu hören und zu denken, hat er sich mit Leib und Seele der Musik verschrieben, so eindeutig, ausschließlich, unwiderstehlich war die Berufung. Er wäre auch gegen seinen Willen Musiker geworden, wenn das Ich der Neigungen sich je vom Ich des Willens trennen könnte. Wenn ich ihn auf seine ersten Jahre anspreche, so erinnert er sich, daß er, immerhin als vierjähriges Kind, schon soviel vom musikalischen Rhythmus verstand, daß es seinem Vater auffiel, daß er aber beim Mandolinenspiel nicht den richtigen Ton zu treffen verstand. Im Knabenalter dann und als Ausführender oder auch Komponist war er ganz in die Kunst [vertieft] und wuchs in ihr mit einem prophetischen Gefühl, daß sein entstehendes Genie ihn eines Tages zu einem wohl weit ferneren Ziel führen würde. Dann waren die Fortschritte so rasch, daß er selbst heute nicht genau sagen könnte, auf welche Weise sie bewerkstelligt wurden. In seiner so großen Spontaneität verstand sogar er selbst nichts [davon]; so gewann er von Tag zu Tag mehr an Terrain, mit einem Sinn für die Kunst, der immer feiner wurde, beinahe ohne daß er selbst merkte, wie es ihm in die Seele eindrang. Und nicht anders verhält sich das Genie, das nicht aus Anstrengung und Mühe entsteht, sondern frei und gebieterisch aus Überlegungen und Gedanken hervorbricht, die zu erhabener Größe heranwachsen, weil eine verborgene Flamme sie nährt und stetig drängt.

Und es schmerzt wohl, daß seine frühesten Werke verloren sind. Mit sieben Jahren hatte er bereits eine Sonate und andere musikalische Arbeiten komponiert, die ihm das Lob der Einsichtigen eintrugen. Jung, wie er war, ließ er sich bereits bei den akademischen Wettbewerben sehen, die ihm dann so viele große Triumphe einbringen sollten.

Das Gehör dieses Künstlers erreicht den höchsten Grad musikalischer Feinheit. Inmitten des betäubenden Lärms der

Schlaginstrumente, in einem Orchester, wie groß es auch sein möge, genügt ihm die leichte Berührung des Fingers, um seine Violine zu stimmen. Unter den gleichen Umständen beurteilt er auch die Dissonanzen eines der am wenigsten lauten Instrumente, sogar auf beträchtliche Entfernung; und oft beweist er, welches und wie groß die Vollkommenheit seines musikalische Organs ist, indem er auf einer verstimmten Violine richtig spielt.

Die wunderbare Musik durchflutet ihn. Ich weiß von ihm selbst, daß das Glockenspiel [der Kirchtürme], das in Italien gebräuchlich ist, als er fünf Jahre alt war, manchmal in seiner Seele eine liebliche Freude und manchmal ein seltsames Gefühl der Melancholie hervorrief und daß er in der Kirche nicht die Orgel spielen hören konnte, ohne sich zu Tränen gerührt zu fühlen. Mag er auch schwach und kränklich sein: Ein erster Strich mit dem Bogen ist wie ein elektrischer Funke, der ihn zu neuem Leben erweckt. Seine Nerven vibrieren wie die Saiten einer Violine, und sein Hirn ist von keinem anderen Gedanken besessen als dem, die Ergriffenheit seiner musikalischen Seele auszudrücken. Sein Instrument und er selbst werden eins, und zwei Stunden lang lebt er nur durch seine Violine. Aus jenem Instrument springen die Funken seiner Seele; über jenes befiehlt er souverän, und dann werden seine Glieder von einem unwiderstehlichen Willen beherrscht und zwingen ihre eigene Natur, sich dem zu fügen, was die verzehrenden Klänge hervorrufen, die aus seinem Innersten zu ihm sprechen.

So ist Paganini!

1 Siehe *Journal of the American Medical Association*, Vol. 239, vom 2. 1. 1979.
2 R. de Saussine: *Paganini*. Westport, 1954.

Hector Berlioz

Diese folgenden Erinnerungen an Paganini wurden von Berlioz in Les Soirées de l'Orchestre *im Jahre 1852 veröffentlicht. Sie stammen aus der Zeit, in der die beiden Musiker einander des öfteren in Paris sahen.*

Diese Schrift Berlioz' ist von einer besonderen Ausgewogenheit und unterscheidet sich von anderen zeitgenössischen Berichten, in denen das anekdotische Element oft überwiegt; dies hat

wohl seinen Grund in der Persönlichkeit Paganinis, die zu Anek-
doten herauszufordern schien.
*   Um die Lektüre zu erleichtern, beschränken sich die Anmer-*
kungen auf solche, die zum Verständnis des Textes unerläßlich
sind.

Ein sehr witziger und geistreicher Mann, Choron[1], sagte, als er
von Weber sprach: »Er ist ein Meteor.« In gleicher Weise könnte
man von Paganini sagen: »Er ist ein Komet«, denn noch nie
erschien am Himmel der Kunst ein flammender Stern unbere-
chenbarer und verursachte auf seiner unermeßlichen Bahn mehr
Erstaunen, mit einer Art von Schrecken gepaart, bevor er für
immer verschwand. Wenn man den Dichtern oder den Gedanken
der Allgemeinheit Glauben schenken soll, so erscheinen die Ko-
meten der physischen Welt nur in jenen Zeiten, die den schrecklichen Unwettern vorausgehen, die den menschlichen Ozean
aufwühlen.

Weder unsere Zeit noch das Auftreten Paganinis bieten sich
an, diese Tradition zu widerlegen. Dieses außergewöhnliche Genie, das in seiner Art einzig ist, entwickelte sich in Italien zu
Beginn einer der wichtigsten Epochen der Geschichte; er spielte
in jenem Augenblick am Hofe einer der Schwestern Napoleons,
als das Imperium seinen feierlichsten Moment erlebte, er bereiste triumphierend Deutschland, als der große Mann in seinem
Grabe schlief, er hatte seinen Auftritt in Frankreich, als eine
Dynastie zusammenbrach, und mit dem Ausbruch der Cholera
kam er in Paris an.

Der Schrecken, der von der Epidemie hervorgerufen wurde,
war machtlos – zuerst gegen die Neugier, dann gegen die Begeisterung, die die Menge zu Paganini hinzog; man vermag kaum
an ein so starkes Gefühl zu glauben, wie es der Virtuose unter
solchen Voraussetzungen zu entfachen imstande war. Indem
Paganini die Vorstellungskraft und das Herz der Pariser auf so
neuartige und gewaltige Weise beeindruckte, ließ er sie den Tod
vergessen, der über ihren Köpfen lauerte. Im übrigen war alles
dazu angetan, sein Ansehen zu mehren: sein seltsames und
faszinierendes Aussehen, das Geheimnis, das sein Leben umgab,
die Gerüchte der Verbrechen, deren ihn seine Feinde mit dum-
mer Dreistigkeit bezichtigten, und die Wunder einer Begabung,
die allen herkömmlichen Ideen durch die Mißachtung des Konventionellen den Kampf ansagte; er kündigte das Unmögliche an
und verwirklichte es. Dieser unwiderstehliche Einfluß Paganinis

wirkte sich nicht nur auf die Dilettanten und die Künstler aus; die Prinzipien der Kunst selbst waren ihm unterworfen. Man erzählt, daß Rossini, dieser große Taschenspieler der Begeisterung, für ihn eine Art von Leidenschaft empfand, die mit Angst vermischt war. Meyerbeer folgte Paganini auf seinen Wanderungen durch den Norden Europas auf dem Fuße und wurde immer begieriger auf die Beweise seiner außergewöhnlichen Begabung.

Zu meinem Bedauern kenne ich das unermeßliche musikalische Können Paganinis nur durch die Berichte anderer; ein schicksalhaftes Zusammentreffen von Zufällen hat bewirkt, daß er nie in Frankreich aufgetreten ist, wenn ich mich dort befand, und es schmerzt mich, eingestehen zu müssen, daß ich ihn trotz der zahlreichen Begegnungen, die ich mit ihm in den letzten Jahren seines Lebens hatte, nie gehört habe. Ein einziges Mal, nach meiner Rückkehr aus Deutschland, spielte er in der Oper, aber da ich wegen eines heftigen Unwohlseins das Bett hüten mußte, war es mir unmöglich, sein Konzert zu besuchen, das, wenn ich mich nicht irre, das letzte der ganzen Serie war. In der Folge zwang ihn die Erkrankung des Kehlkopfes, die ihn ins Grab bringen sollte, im Verein mit einer Nervenkrankheit[2], die ihm keine Entspannung erlaubte und sich ständig verschlimmerte, dazu, auf Auftritte vor Publikum zu verzichten. Aber weil er die Musik leidenschaftlich liebte, die für ihn zu einer wahren Notwendigkeit geworden war, nahm er in den seltenen Augenblicken, in denen er weniger litt, seine Violine auf, um die Trios und Quartette Beethovens bei Konzerten zu spielen, die spontan und als geheime Versammlungen organisiert wurden und bei denen die Ausführenden die einzigen Zuhörer waren. Bei anderen Gelegenheiten, wenn ihn die Musik ermüdete, zog er aus seiner Mappe eine Sammlung von Duetten, die er für Violine und Gitarre komponiert hatte und die niemand kennt,[3] und nachdem er in dem deutschen Violinisten Sina, der heute noch in Paris spielt, einen würdigen Kollegen gefunden hatte, spielte er die Gitarre, der er nie zuvor gehörte Wirkung verlieh. Und die beiden Konzertmusiker – Sina, der bescheidene Violinist, und Paganini, der unvergleichliche Gitarrist – verbrachten so lange Abende, zu denen niemals jemand anderer zugelassen wurde. Schließlich war die Kehlkopftuberkulose so weit fortgeschritten, daß er die Stimme vollständig verlor; von da an mußte er auf jeden geselligen Umgang verzichten. Und es war ein Wunder, wenn man, das Ohr an seine Lippen bringend, noch ein paar Worte verstehen konnte. Wenn ich mit ihm in Paris spazieren-

ging an den Tagen, an denen ihm die Sonne Lust machte, aus
dem Haus zu gehen, trug ich ein Heft und einen Bleistift bei mir;
Paganini schrieb ein paar Worte über das Thema, das er in der
Unterhaltung behandeln wollte; ich versuchte, mein Bestes zu
geben, und dann nahm er wieder den Bleistift und unterbrach
mich mit Reflexionen, die in ihrer Kürze oft sehr interessant
waren. Auch der taube Beethoven bediente sich eines Heftes, um
die Gedanken seiner Freunde aufschreiben zu lassen; der stumme Paganini verwendete es, um die eigenen Gedanken mitzuteilen. Einer jener Sammler »um jeden Preis«, die die Salons der
Künstler frequentieren, hat sich, so fürchte ich, jenes Heft »ausgeliehen«, welches meinem berühmten Gesprächspartner diente;
zumindest ist mir, seit Spontini es sehen wollte, nicht gelungen,
es wiederzufinden.

Ich bin oft aufgefordert worden, jene Episode im Leben Paganinis zu erzählen, bei der er sich mir gegenüber sehr großzügig
zeigte,[4] und Ereignisse und Dinge, die über das Gewohnte im
Leben der Künstler vor und nach ihm hinausgehen; all dies ist
heute allen bekannt und meiner Ansicht nach von großem Interesse, doch man wird die Verlegenheit verstehen, die ich empfinden würde, wenn ich darüber berichten müßte, und man wird
mir verzeihen, wenn ich mich dessen enthalte.

Ich halte es auch nicht für notwendig, die lächerlichen Anschuldigungen, die schimpflichen Verleumdungen und die falschen Behauptungen, die über das edle Verhalten Paganinis in
der genannten Angelegenheit in Umlauf sind, aufzuzählen. Nie
aber fanden Kritiker schönere Lobesworte, nie zuvor fand die
Prosa Janins erhabeneren Ausdruck als bei dieser Gelegenheit.
Der italienische Dichter Romani schrieb ebenfalls später in der
Gazzetta Piemontese beredte Seiten, die Paganini bewegten, als
er sie in Marseille las. Er hatte vor dem Pariser Klima flüchten
müssen; als er nach Marseille kam, erschien ihm das der Pro-
vence noch ärger; er begab sich nach Nizza und richtete sich dort
ein, wo er von seinesgleichen empfangen wurde, umgeben von
der liebevollen Fürsorge eines reichen Melomanen, eines Virtuosen, dem Grafen von Cessole. Doch mehrten sich seine Leiden,
auch wenn er sich noch nicht in Lebensgefahr glaubte. Von
seinen Briefen ging ein Gefühl tiefer Traurigkeit aus. »Wenn
Gott es will«, schrieb er mir, »werde ich Euch im nächsten
Frühjahr wiedersehen. Ich hoffe, daß mein Zustand sich hier
bessern möge; die Hoffnung ist das, was man zuletzt verliert.
Adieu. Möget Ihr mich so gerne haben wie ich Euch.«

Ich sah ihn nie wieder. Einige Jahre später, als auch ich das laue Klima des sardischen Meeres nutzen sollte, um mich von den Anstrengungen einer arbeitsreichen Musiksaison in Paris zu erholen, und gerade von Villefranche nach Nizza zurückkehrte, zeigte mir der junge Fischer, der mich ruderte, nachdem er die Ruder plötzlich hatte fallen lassen, am Ufer eine kleine, isoliert stehende Villa, deren Aussehen etwas Eigentümliches hatte. »Habt Ihr je«, sagte er zu mir, »von einem Herrn reden hören, der Paganini hieß und der so gut auf der Violine spielte?«[5] – »Ja, mein Junge, ich habe von ihm reden hören.« – »Nun, mein Herr, dort drüben hat er nach seinem Tod drei Monate lang gewohnt.«

Es scheint in der Tat, daß seine Leiche während des langwierigen Streites zwischen seinem Sohn und dem Bischof von Genua in jenem Gebäude verwahrt worden war. Es war dies ein Streit gewesen, der um das Ansehen des Genueser und Piemonteser Klerus willen nicht so lange hätte dauern dürfen und dessen Ursachen, auch aus der Sicht der strengsten Orthodoxie, nicht die Bedeutung hatten, die man ihnen verleihen wollte, denn Paganini starb beinahe unvermittelt. In der Nacht, die auf diese Spazierfahrt nach Villefranche folgte, als ich im Turm von Ponchettes[6] schlief, der wie ein Schwalbennest an einem Felsen zweihundert Fuß über dem Meer angebracht ist, erhob sich der Klang einer Violine, die die *Variationen über den »Karneval von Venedig«* von Paganini spielte, bis zu meinem Zufluchtsort, als stiege er aus den Meereswellen. In diesem Augenblick träumte ich gerade, was mir der junge Fischer zuvor am Tag gezeigt hatte: das Totenhaus... Ich erwachte plötzlich... ich lauschte eine Weile, während mein Herz klopfte... Meine Gedanken wurden statt klarer immer wirrer... Der *Karneval von Venedig!*... Wer außer ihm konnte diese Variationen kennen? War es ein Adieu aus dem Jenseits, das er mir gab?

Setzt E. T. A. Hoffmann an meine Stelle: Welch bewegende und phantastische Elegie hätte er in dieser eigentümlichen Situation geschrieben! Es war aber der Graf von Cessole, der mir einsam, am Fuße des Turms stehend, eine galante Serenade darbrachte.

Diese berühmten Variationen über die venezianische Melodie sind Teile jener Werke Paganinis, die der Verleger Schonenberger[7] kürzlich in Paris veröffentlich hat; ich glaube an dieser Stelle nachdrücklich bestätigen zu müssen, daß die von Ernst über das gleiche Thema[8] ihnen überhaupt nicht gleichen.

Unter den anderen Werken des Maestros, die der französische Verleger gerade der gierigen Neugier der Musiker ausgeliefert hat, betrübt es, nicht *Die Fantasie über das Gebet des Moses* zu finden, eine Komposition, mit der nach Ansicht aller Paganini die bewegendsten Gefühle erweckt. Zweifellos behält es sich Herr Achille Paganini vor, sie bald in der vollständigen Sammlung der Werke seines Vaters erscheinen zu lassen, welcher zu Recht den Druck nicht voreilig erlaubte, denn trotz der raschen Fortschritte, die in der Violinkunst dank Paganini erfolgt sind, sind Kompositionen dieser Art aus technischer Sicht für den größten Teil der Violinisten noch nicht zu bewältigen; wenn man sie analysiert, kann man kaum begreifen, wie ihr Komponist je vermocht haben mag, sie zu spielen. Man müßte ein ganzes Buch schreiben, um alle neuen Effekte aufzuführen, die Paganini für seine Werke erfunden hat, die erfindungsreichen Vorgehensweisen, die edlen und großartigen Formen, die Besetzungen, die vor ihm noch nie eingesetzt worden sind. Seine melodische Erfindung lebt von der großen italienischen Tradition, die bei ihm mit stärkerer Leidenschaft erfüllt ist, als sie die schönsten Opernkompositionen seines Landes kennen. Seine Harmonien sind immer klar, einfach und erstaunlich klangvoll.

Er hat es verstanden, die Klangfarbe der Solovioline hervorzuheben und in den Vordergrund zu stellen, indem er die vier Saiten einen halben Ton höher als die der Violinen des Orchesters stimmte; das hat ihm erlaubt, auch in brillanten Kreuztonarten zu spielen, während ihn das Orchester in weniger brillanten B-Tonarten begleitete. Was er beim Einsatz seiner einfachen und doppelten Flageolettöne entdeckte, der Pizzicati mit der linken Hand, der Arpeggien, der Bogenschläge, der schnellen Läufe, das alles übertrifft jegliche Erwartungen, zumal seine Vorgänger ihm darauf keinerlei Hinweis geliefert hatten.

Paganini gehörte zu jenen Künstlern, von denen man sagen muß: »Sie sind, weil sie sind, und nicht, weil andere vor ihnen kamen.« Unglücklicherweise hat er seinen Nachfolgern nicht den Funken übermitteln können, der diese jähen Fortschritte der Technik belebt und »sympathisch« gemacht hätte. Man legt die Idee vor, man zeichnet die Form vor, aber man kann nicht den Sinn der Ausführung festlegen; es ist das Genie, die Seele, die lebendige Flamme, deren Verlöschen eine Dunkelheit zurückläßt, die um so finsterer ist, je heller das Licht der Flamme schien. Und dies ist der Grund, daß nicht nur die Werke der großen Virtuosen etwas verlieren, wenn sie nicht von ihrem Urheber gespielt werden, sondern auch die der großen Komponisten nur noch einen Teil ihrer Kraft besitzen, wenn der Urheber nicht ihre Ausführung als Dirigent leitet.

Das Orchester in Paganinis Kompositionen ist brillant und

energisch, ohne dabei lärmend zu sein. Er setzte die große Trommel häufig in den Tutti-Passagen ein, mit einem ungewöhnlichen Feingefühl. »Das Gebet des Moses« hat Rossini so geschrieben, wie er es immer macht, indem er die Trommel gutmütig im *forte* schlagen läßt. Paganini hat sich, als er seine *Fantasie* über das gleiche Thema komponierte, wohl gehütet, es ihm gleichzutun. Am Anfang der Arie »Dal tuo stellato soglio« betont Rossini die vorletzte Silbe; aber Paganini, der den melodischen Akzent auf der darauffolgenden Silbe weitaus effektvoller findet, läßt das Instrument bei ihr einsetzen, und die Wirkung, die aus dieser Änderung entsteht, ist meiner Ansicht nach viel besser und origineller.

Eines Tages hat jemand, der Paganini zu dieser Komposition gratulierte, gesagt: »Man muß aber auch sagen, daß Rossini ein sehr schönes Thema geliefert hat.« – »Das spielt keine Rolle«, antwortete Paganini, »er hat darin nicht meinen großen Trommelschlag gefunden.«

---

1 Alexandre-Etienne Choron (1771–1834), französischer Theoretiker, befaßte sich vor allem mit polyphoner Musik, über die er zahlreiche Traktate schrieb.

2 Es handelte sich nicht um eine Nervenkrankheit im eigentlichen Sinne, sondern um Symptome der vorerwähnten Kehlkopftuberkulose.

3 Wahrscheinlich bezieht sich Berlioz hier auf Opus 2 und Opus 3, die von Ricordi im Jahre 1820 veröffentlicht wurden, wenn nicht auf den sogenannten *Centone di Sonate*, der um 1828 komponiert wurde und nur in Form eines Manuskripts existiert.

4 Anspielung auf das Geschenk von 20000 Francs, das Berlioz von Paganini erhielt.

5 Laut Berlioz sagte der Bootsmann »sonnait« statt »jouait«.

6 Heute befindet sich darin ein Schiffahrtmuseum.

7 Der Pariser Verleger Schonenberger veröffentlichte 1851 zahlreiche Werke Paganinis unter Beteiligung Achilles.

8 Die *Variationen* von Ernst wurden in Italien von Francesco Luca ohne Datumsangabe veröffentlicht. Dem Beispiel Paganinis Folge leistend, ließ Ernst der Exposition des Themas eine freie Introduktion mit Klavierbegleitung vorausgehen, die in den folgenden Variationen sowohl hinsichtlich der Tonart als auch hinsichtlich des Rhythmus identisch ist, wie es ja auch bei den gleichnamigen Variationen Paganinis der Fall ist, mit dem Unterschied, daß die Violine einen Halbton höher gestimmt wird, also in Es erklingt, aber in der Lage D ist.

In noch jungen Jahren spielte Ole Bull die Capricci Paganinis, die ihm in der Ausgabe von Ricordi 1820 geschenkt wurden. Im Winter des Jahres 1831 lernte er in Paris Paganini persönlich kennen, als er ihm von seinem Landsmann, dem norwegischen Bankier Sind, vorgestellt wurde. Die Schrift Bulls hat den Vorzug, sich nicht nur bei äußeren und anekdotischen Einzelheiten aufzuhalten, sondern sich mit Paganinis Technik zu befassen; dabei bestätigt Ole Bull – und erweitert zuweilen – die Urteile anderer zeitgenössischer Violinisten. Der hier abgedruckte Bericht wurde erstmals postum von seiner Ehefrau Sara in Ole Bull. A Memoir (Boston, 1882) veröffentlicht.

Man kann Paganini nur verstehen durch das Studium und die Beurteilung der Melodie und der Kunst, ihr Leben und Ausdruck zu verleihen. Und ohne Kenntnis der italienischen Vokalkunst ist es unmöglich, seinen Vortragsstil zu beurteilen. Als Zeitgenosse der Pasta, der Pisaroni, Rubinis und der Malibran kam Paganini diesen gleich und spielte mit seiner Violine viele Arien, die von diesen Künstlern vorgetragen worden waren; damit rief er bei ihnen einen Beifall hervor, der den des Publikums um einiges überstieg. Sein Stil war so originell, und die Mittel, die er bei der Realisierung seiner Effekte einsetzte, waren so verschiedenartig, seine Musik war so reich an immer neuen und neuartigen Episoden, daß sich die Violinisten seiner Zeit darob befremdet zeigten.

Zahlreiche Violinisten hielten nichts davon, die Geheimnisse der Violine und den Geist der Melodien oder die Prinzipien des Fingersatzes und die Vielzahl der Klangfarben und Ausdrucksmöglichkeiten zu studieren, da sie alles, was sie weder verstanden noch ausführen konnten, als »Tricks« oder »Arten, für das Volk zu spielen« ansahen. Es ist noch keine Komposition geschrieben worden, die an Schönheit, Originalität oder Schwierigkeit der Ausführung mit seinen 24 *Capricci* wetteifern könnte. Sie bleiben unübertroffen. Liszt bearbeitete einige davon für Klavier, und dies auf wahrhaft meisterliche Art. Paganinis Spiel hatte ihn so stark beeindruckt, daß er seine Fantasie über das Hauptthema des Glöckchen-Rondos schrieb. In seinem Nachruf auf Paganini, der in Paris erschien, stellt er ihn über alle anderen Virtuosen. Weil einige Kompositionen Paganinis eine Stimmung erfordern, die höher als üblich war, war es notwendig, daß die Saiten feiner waren, damit sie der verstärkten Spannung besser standhielten und so eine freie Vibration erzeugten. Für bestimmte Effekte derart gestimmt, nahmen die Saiten ein besonderes Timbre und einen durchdringenden Klang an, besonders die IV. Saite, die er auf c′ erhöhte.[1] Die Violinisten der Zeit verwendeten dicke Saiten. Es scheint, als ob sie die Kraft und die Qualität des Klanges als Ergebnis einzig der Muskelkraft betrachtet hätten und daher der Saite ein Gewicht aufzwangen, das deren Vibrationen verzögerte. Die dicken Saiten erzeugten sicher einen kraftvollen, aber auch gröberen Klang, der mehr Anstrengung erforderte, so daß das unangenehme Reiben des Bogens zusammen mit dem Ton selbst gehört werden konnte. Die Feuchtigkeit und die Wärme des Saals verursachten häufig das Reißen der I. Saite während des Vortrags. Nach Paganini ging man allgemein dazu über, dünnere Saiten zu verwenden.

Der Stil von Paganinis Bogenführung und das Hervorbringen des Klanges gründeten sich auf Tartini. Er hielt den Oberarm in Kontakt mit dem Körper, vollzog die Bogenstriche vor allem mit dem Arm und hielt das Handgelenk sehr beweglich. Sein eigenartiger Körperbau erlaubte ihm, die Ellbogen mit Leichtigkeit zu überkreuzen. Wenn er spielte, wurde der linke Ellbogen nach rechts verschoben. Diese einzigartige Beweglichkeit half ihm sehr bei seinen unglaublichen Höhenflügen und machte, daß Passagen, die anderen unmöglich sind, für ihn ein Kinderspiel waren. Die Saiten seiner Violine waren ziemlich hoch über dem Griffbrett angebracht; das erlaubte ihm, die Passagen in *forte* mit großer Wirkung und ohne jene falsche und laute Vibration auszuführen, die durch die Kraft entsteht, mit der man die Saiten am Griffbrett niederdrücken muß. Aufgrund seines engen Brustkorbs und der eigenartigen Art, die Violine zu halten, fiel es ihm leicht, die hohen Töne zu erreichen. Er berührte die Saiten auf dem oberen Ende des Griffbretts mit der gleichen Leichtigkeit, mit der andere Violinisten in der ersten Lage spielen. Sein Bogen war entsprechend dem alten italienischen Stil der posttartinianischen Periode gebaut. Wenn er die richtige Spannung hatte, war die Stange beinahe gerade. Als Vuillaume ihn sah, platzte er fast vor Lachen und fragte ihn, wie er es fertigbringe, mit einem solchen Gerät zu spielen. Als Paganini ihm den Bogen zur Reparatur brachte (der obere Teil war zerbrochen), bot ihm Vuillaume an, einen neuen zu bauen, aber Paganini war über das Angebot so verärgert, daß er es ablehnte und sagte, er würde nie mit einem anderen Bogen spielen können. Paganini leistete Hervorragendes bei der Ausführung einfacher Melodien, indem er dem Klang die Eigenschaften der menschlichen Stimme verlieh, indem er Kontraste von Licht und Schatten erzeugte und einen Ausdruck schuf, der abwechselnd klagend, fröhlich, brillant oder phantastisch war. Er war unübertrefflich im Pizzicato mit der linken Hand, in den Arpeggio-Passagen, im Tremolo und mit Springbogen. Er war der erste, der die Regeln für die Ausführung der künstlichen Flageoletts festlegte; die zahlreichen Passagen für Flageoletts und Flageoletts in Doppelgriffen beweisen seine wunderbaren Fähigkeiten auf diesem Gebiet.

Zu seiner Zeit wurde von den Ausführenden verlangt, daß sie die Kompositionen der großen Meister nicht nur mit Eleganz und edlem Stil spielten, sondern daß sie auch in der Lage sein müßten, alles darin Vorkommende zu bewältigen und Verzierungen und harmonische Variationen anzubringen. Vor Paganini hatte noch kein Komponist die Kadenzen niedergeschrieben, sondern sie waren dem Talent des Ausführenden überlassen.

Die Gerüchte, die in Wien in Umlauf waren, denen zufolge er nur ein Scharlatan wäre, kamen seinem ersten Auftritt in dieser Stadt zuvor. Infolge dieses Vorurteils war sein erstes Konzert kaum besucht. Aber nach dem ersten Teil war der Eindruck, den er auf die wenigen Zuhörer gemacht hatte, so überwältigend, daß die Musiker, die im Theater gewesen waren, in Cafés und Hotels stürzten und riefen, daß er ein Phänomen sei und daß niemand versäumen dürfe, ihn zu hören. Infolgedessen war das Theater während des zweiten Teils des Konzerts fast voll. Danach waren über ihn wegen des Erfolges, den er erzielt hatte, und aus Eifersucht Gerüchte aller Art in Umlauf. Man sagte, als seine Mutter im Sterben lag, er habe sie ihren letzten Atemzug auf seine Violine aushauchen lassen; er sei ein Verbrecher, der viele Jahre im Gefängnis verbracht habe, wo er als einzige Gesellschaft die Violine gehabt hätte; er habe mit der Zeit alle Saiten verschlissen bis auf die IV., und daher rühre die Fähigkeit, fast jedes Stück auf ihr auszuführen. Es nützte ihm nichts, daß er noch nie im Gefängnis gewesen war. Es half auch nichts, daß er einen Brief der Mutter veröffentlichte, um zu beweisen, daß sie noch am Leben war, und um die Geschichte über den Tod der Mutter aus der Welt zu schaffen.

Bei einer Soiree, die 1830 in Paris vom Musikverleger Troupenas gegeben wurde, gab Paganini in Anwesenheit von Rossini, Tamburini, Lablache, de Bériot und der Malibran eine der eindrucksvollsten Demonstrationen seiner Begabung. Die Malibran forderte ihn heraus, nachdem sie eine ihrer Arien gesungen hatte, worauf er ihr antwortete: »Wie könnte ich es wagen, den Handschuh aufzuheben, wenn Ihr den Vorteil der Schönheit und einer unvergleichlichen Stimme habt?« Seine Weigerung half ihm nicht. Alle Anwesenden, die ahnten, daß eine solche Gelegenheit sich nicht noch einmal bieten würde, bestanden lauthals darauf und hatten ihn schließlich soweit, daß er sich die Violine bringen ließ. Nach einer Introduktion, in der gelegentlich das Thema der Malibran zitiert wurde, führte er es ganz aus und fügte ihm weitere Koloraturen hinzu, weshalb die Zuhörer, überrascht und begeistert, nicht zögerten, ihn als großen Meister anzuerkennen. Ich habe von diesem Ereignis durch zahlreiche Personen, die zugegen waren, gehört, und die Malibran selbst legte Wert auf die Feststellung, daß er der Sieger des Wettstreits gewesen war.

Paganinis letztes Konzert in Paris fand 1832 in der Großen Oper statt. Er spielte drei Stücke. Habeneck, Professor des Konservatoriums, ergriff zu dieser Gelegenheit den Taktstock.[...]

Soweit ich mich erinnern kann, trug Paganini sein *Konzert Nr. 2 h-Moll* vor, das das Glöckchen-Rondo enthält, zwei Variationen über die Österreichische Nationalhymne von Haydn und schloß mit dem *Moto perpetuo*. Das Publikum pflegte zu klatschen, sobald er aus den Kulissen hervortrat (ich sehe die Szene noch vor mir). Wenn man bemerkte, daß sein Schatten sich näherte, klatschte das Publikum wie immer, war aber überrascht, daß er nicht kam; an seiner Stelle erschien ein schwarz gekleideter Herr, der ein Pult trug, das er in der Nähe des Dirigenten auf die Bühne stellte. Dann wurde ein weiterer Schatten bemerkt, und der Applaus begann wieder. Ein Mann in Livree erschien und trug zwei Kerzen, die er an dem Pult anbrachte und anzündete, dann verschwand er unter dem Lachen des Publikums. Dann kam wieder der, der zuerst erschienen war, der dieses Mal das Manuskript in der Hand hielt. Das Publikum klatschte von neuem, weil es ihn für Paganini hielt. Schließlich bemerkte man einen weiteren Schatten. Es war wirklich Paganini, aber es gab keinen Applaus, denn er wurde nicht erkannt, bis er sich in den Lichtern der Rampe zeigte. Er deutete einen förmlichen Gruß an, der von einer Kontraktion der Gesichtsmuskeln begleitet wurde, als ob er von dem stillen Empfang überrascht sei. Er hatte sich in einem anderen Zimmer aufgehalten und wußte nichts von der lustigen Szene, die sich vor seinem Erscheinen auf der Bühne abgespielt hatte. Im selben Moment erhob Habeneck den Taktstock, um dem Orchester den Einsatz zu geben, aber Paganini schüttelte den Kopf. Dann nahm er den Bogen zusammen mit der Violine in die linke Hand und versenkte die Rechte in die Tiefen seiner Fracktasche; er zog ein Paar Handschuhe dunkelgrüner Farbe daraus hervor, die er in die linke Hand nahm. Er schüttelte nochmals den Kopf und zog, nachdem er die Taschen durchsucht hatte, ein riesiges, weißes Taschentuch hervor, das er zur linken Hand überwechseln ließ, wobei er diese Bewegung mit einem Gemurmel der Unzufriedenheit begleitete. Eine weitere Erforschung der Taschen brachte eine braune Schachtel zutage, die er mit einem Lächeln besah und zu den anderen Sachen tat, die er bereits in der linken Hand hielt. Er wiederholte die gleichen Bewegungen, als er das Taschentuch und die Handschuhe zurück in die Tasche tat; dann öffnete er die Schachtel und nahm eine Brille heraus, dachte dann einen Moment nach, wie um die folgende Bewegung abzuwägen. Schließlich setzte er, den Bogen mit der rechten Hand haltend und sich leicht verbeugend, die Brille auf und schaute zufrieden in die Runde. Aber wie hatte er sich verändert! Die Brillengläser waren von dunkelblauer Farbe und verliehen seinem abgezehrten Gesicht einen gespenstischen Ausdruck; sie sahen aus wie zwei große Löcher. Den Fuß anhebend und sofort wieder auf den Boden setzend, gab er das Signal für den Beginn.

Jenes Konzert war als das letzte der Pariser Saison angekündigt worden, und im Publikum verbreitete sich die Ahnung, daß niemand diese eckige Gestalt und dieses Gesicht wiedersehen würde oder die wunderbaren Hexereien seiner Violine je wieder zu hören bekommen würde.

---

1 Bull ist hier ein Irrtum unterlaufen. Bei den Kompositionen für die IV. Saite wurde diese gewöhnlich auf b erhöht.

CHARLES DANCLA

Charles Dancla (1817–1907), französischer Violinist, Lehrer und Komponist, war von Cherubini dazu ermutigt worden, bei Baillot und Halévy Kontrapunkt zu studieren. Er war ein kultivierter und anspruchsvoller Musiker, der in Paris in verschiedenen Bereichen tätig war und sich auch mit Kammermusik befaßte (er spielte mit Liszt). Von 1857 bis 1892 lehrte er am Pariser Konservatorium.

Im Jahre 1830, im Alter von dreizehn Jahren, hatte er Gelegenheit, Paganini bei verschiedenen Konzerten in Paris zu hören.

Dieses Erlebnis beeindruckte ihn sehr stark, und er bewunderte seine erstaunliche Technik, wenn er sich auch dem Urteil seiner Zeitgenossen in Frankreich anschloß, die der Meinung waren, daß der Genueser Musiker nicht in der Lage sei, die Musik anderer zu interpretieren. Seine Erinnerungen an Paganini sind in dem Bändchen Notes et Souvenirs *erschienen, das 1894 veröffentlicht wurde; 1898 wurde eine zweite, erweiterte Ausgabe des Werkes gedruckt. Die darin berichteten Dinge haben sich mehr als sechzig Jahre früher ereignet. Dancla beweist, daß er ein gutes, lebhaftes Gedächtnis besitzt, dem die Jahre nichts anhaben konnten; seine Erinnerung ist aber auch deshalb so wach, weil die Musik Paganinis, die er damals in Paris hörte, einen so starken Eindruck auf ihn gemacht hatte.*

Leider erinnert man sich heute an den französischen Violinisten nur wegen seines Lehrwerks, während sein kompositorisches Werk, das von Cherubini gelobt wurde, völlig vergessen ist.

Mit dreizehn Jahren hörte ich Paganini. Er war ein seltsamer Mann, war aber auf außerordentliche Weise mit einer erstaunlichen Technik begabt. Welche Genauigkeit, welche Sicherheit bei den Läufen, welche Wärme des Klanges!

Er war in der Ausführung seiner Kompositionen unnachahmlich, aber Werke von Viotti, Rode und Kreutzer lagen seinem nervösen und unruhigen Temperament weniger. Für eine Interpretation von Viotti, die eine außergewöhnliche Vielfalt von Nuancen verlangt, ist der funkelnde Bogen Baillots unerläßlich. Dennoch war es nicht möglich, zwischen diesen beiden großen Künstlern Vergleiche zu ziehen. Sicher war Paganini nicht in der Lage, das erhabene *Quartett d-Moll* von Mozart oder das *Septett* von Beethoven auszuführen; andererseits hätte sich Baillot bei der diabolischen Ausführung von Paganinis Musik nicht wohl gefühlt. Nicht, daß es Baillot an Technik fehlte, sondern es entsprach seinem Wesen, das zu vermeiden, was er als »gewöhnliche Exzentrizität« bezeichnete.

Ich sehe immer noch Paganini vor mir, und seine Violine klingt auch heute noch in meinen Ohren.

Ich kann mich nicht enthalten, meinen Lesern zu berichten, daß Baillot jedesmal, wenn ein Violinist Pizzicati mit der linken Hand, Obertöne und Springbogen in Staccato-Legato ausführte, sein Gesicht in den Händen verbarg.

Paganini beeindruckte mich mit der Ausführung seines *Kon-*

zerts Nr. 2, in dem Flageoletts in Doppelgriffen vorkommen; für den ersten Satz des *Konzerts Nr. 3* hatte er die vier Saiten der Violine um einen Halbton höher gestimmt; in der »Fantasie über Moses« war die IV. Saite auf b gestimmt worden, was dem Ton eine sanfte und eindringliche Klangfarbe verlieh; in den *Variationen über »Nel cor più non mi sento«* schließlich spielten die Pizzicati mit der linken Hand eine dominierende Rolle.

Was mich außerdem noch beeindruckte, war das Springen des Bogens, der aus einer gewissen Höhe fallen gelassen wurde, die Saiten peitschte und mit dieser Technik Tonleitern von drei oder vier Oktaven mit erstaunlicher Klarheit ausführte, nach oben wie nach unten.

Auf meine jugendliche Einbildungskraft machte diese Ausführung Paganinis, die gleichzeitig teuflisch und erhebend war, so großen Eindruck, daß ich die ganze Nacht kein Auge schließen konnte.

Für Paganinis Konzerte war das Orchester auf der Bühne plaziert. Als ich den letzten Satz des *Konzerts Nr. 2* hörte, saß ich neben Urhan, dem berühmten Violinisten, der die Aufgabe hatte, in Antwort auf das fis des Solisten das Glöckchen zu schütteln. Ich konnte also Paganini aufmerksam beobachten. Was mich sofort überraschte, war die Stellung der Finger der linken Hand, die wie ein kräftiger Schraubstock auf das Griffbrett drückten. Als er die Oktaven mit dem ersten und dritten Finger ausführte, was ihm erlauben sollte, Dezimenläufe auf dem oberen Teil des Halses folgen zu lassen, waren die Finger auf präzise und senkrechte Weise gesetzt und wurden nicht angehoben, wenn nicht gerade um soviel, wie unbedingt notwendig war. Jene Stellung der Finger, die unerläßlich ist, um eine perfekte Intonation zu erhalten, wurde von mir nur bei Vieuxtemps bemerkt.

Einige haben gesagt, daß Paganini ein Meteor war, der keinerlei Spuren hinterlassen würde. Ich versichere, daß diese Behauptung falsch ist und auch ungerecht, denn Paganini hat heute wie damals den einsichtigen Violinisten, die diese neuen, für seinen Stil typischen Effekte übernommen haben, einen gewaltigen Dienst geleistet.

Um die gesamte Palette der Technik zu beherrschen, ist es notwendig, die Gewandtheit der Finger zu entwickeln, und ich bin der Ansicht, daß es hierfür notwendig ist, außer den Werken von Bach, Tartini, Locatelli, Campagnoli und anderen, neuen wie alten, ernsthaft die *Capricci* von Paganini zu studieren, die ein Meisterstück darstellen, ein monumentales Werk der Violinschule.

Die Hände Paganinis waren breit und lang, die Finger dabei sehr biegsam, lang und mager, so daß sie ihm ermöglichten, sie seitlich mit Leichtigkeit um das Doppelte oder Dreifache ihrer Breite auszustrecken. Die künstlichen Flageoletts in Doppelgriffen, die Läufe in Terzen und Sexten, die nachweislich wegen der Streckung, die sie erfordern, für kleine Hände nur schwer ausführbar sind, waren für ihn eine Kleinigkeit.

Wenn er eine Begleitung mit dem Pizzicato der linken Hand spielte und die Melodie mit dem Bogen, dann hatte der kleine Finger beim Zupfen der Saiten, auch wenn die anderen Finger in Position waren, eine erstaunliche Kraft. Darüber hinaus spielte Paganini trotz des Überschwangs, mit dem er eine Phrase in Angriff nahm, immer perfekt im Takt. (Die Violinisten, die lange Hände und biegsame Finger haben, die eine große Streckung möglich machen, können sich an einige der teuflischen Kompositionen Paganinis wagen wie zum Beispiel die Variationen über »God save the King« und »Non più mesta«.) Wie Fétis sagte: »Es gibt in der Musik keinen Ausdruck, wenn man nicht im Takt spielt, und wenn man ihn ständig ändert, zerstört man damit eines der wichtigsten Mittel, um bestimmte Effekte herzustellen. Nur der Rhythmus macht, daß sich die Musik belebt oder beruhigt, und nicht das Accelerando oder Ritardando.«

Comtesse de la Motte-Langhon

Das folgende ist eines der wenigen »Porträts« von weiblicher Hand. Die anderen Zeugnisse von Frauen, von George Sand zum Beispiel und von Lady Morgan, haben anekdotischen Charakter und tragen wenig dazu bei, die Beschreibung der Persönlichkeit Paganinis zu vertiefen.

Wenn die französische Adlige auch die abgenutzten Klischees aufnimmt, versteht sie doch, ihnen neue Seiten abzugewinnen; die »Häßlichkeit« des Musikers wird in ihrer Beschreibung durch seine Kunst mehr als wettgemacht.

Auch der Vergleich Paganinis mit dem Teufel wird zum wiederholten Male aufgegriffen, doch dies sollte der Verfasserin angesichts der »Mythologie« des neunzehnten Jahrhunderts nicht zur Last gelegt werden.

Dieser Bericht ist dem Buch Révélations d'une femme de qualité sur les années 1831–1832 *(Brüssel, o. J.) entnommen.*

Ich hatte mir mein eigenes Bild von diesem Künstler gemacht. Ich dachte mir, daß sein Genie sich in seinen physischen Zügen widerspiegeln müsse und daß er, wenn er auch nicht schön wäre, auch nicht häßlich sein könnte. Ich war in der Tat überrascht, als ich einen Mann mit einem schiefen Körper erblickte, mit einem langen und quadratischen Gesicht, riesigen Ohren und Haaren, die ihm nach der erneuerten Mode des Direktoriums zu beiden Seiten des Kopfes herabfielen; die Nase und der Mund harmonierten mit der übrigen Person, und die tiefliegenden Augen, die von einem dunklen Feuer glühten, trugen dazu bei, seinem Aussehen etwas Satanisches zu verleihen, das mich dazu brachte, sofort auf seine Füße zu schauen, um zu sehen, ob sie gespalten wären.

Solchermaßen erschien mir Paganini, eine bizarre Persönlichkeit mit tiefgründigen Gefühlen, phantastischen Einfällen und von lebhafter und ungezügelter Vorstellungskraft, der mit seinem Bogen Poesie entstehen ließ, der sich des Wahren wie des Falschen bediente, des Natürlichen wie des Gekünstelten, gleichzeitig ein genialer Mensch und ein Scharlatan. Es scheint, als genügte es ihm nicht, sich durch sein Talent von den anderen zu unterscheiden, so daß er diesem die außergewöhnlichen Ereignisse eines wundersamen Lebens hinzuzufügen trachtete.

Er unterhielt sich geistreich über Dinge, die außerhalb seiner Kunst lagen, aber wenn er von der Violine sprach, dann entflammte er in lebhaftester Begeisterung und wurde von ungewolltem Zittern befallen. Ich war fasziniert und sah seine Häßlichkeit nicht mehr. Aber etwas ganz anderes geschah mit mir, als ich in der Oper die göttlichen Klänge seines Instruments hörte; es schien mir, als würde ich in eine andere Welt entführt; es schien mir, als würden in mir neue Empfindungen entstehen. Es war ein Moment der Extase. Von ihm hätte ich mir alles erwartet. Und wenn der Teufel erschienen wäre, hätte mich das überhaupt nicht überrascht.

David d'Angers

Die Paganini-Büste des großen Bildhauers David d'Angers stellt mit Sicherheit für das neunzehnte Jahrhundert das bemerkenswerteste Werk dieser Art dar. Sie diente auch als Vorlage für die Abbildung Paganinis auf einem berühmten Medaillon.

In den Carnets *des französischen Bildhauers, die 1958 postum in Paris veröffentlicht wurden, finden sich auch einige Seiten, die zwischen 1831 und 1832 geschrieben wurden und auf denen die Begegnungen ihres Autors mit Paganini beschrieben werden. Der Violinist wird beim Konzert wie privat nicht nur mit dem Auge des Künstlers, sondern auch introspektiv gesehen, was zweifellos Einfluß auf die Entwicklung des Bildnisses hatte. Trotz der Bemerkungen, die David in seinen* Carnets *über den tragischen Ausdruck Paganinis macht, wird dieser in der Skulptur idealisiert und veredelt. Es mag nicht wenig befremdlich erscheinen, daß Paganini in seinen Briefen weder Namen noch Werk von David d'Angers erwähnt, während er zur gleichen Zeit dem englischen Maler George Patten einen Brief schreibt, in dem er das Ölporträt lobt, das dieser von ihm in London gemalt hatte.*

In einem Brief vom 23. September 1832 aus London bittet Paganini den Konsul Heath, »meine Büste nach Genua an die Adresse des Herrn Rechtsanwalts Luigi Guglielmo Germi befördern zu lassen«. Es konnte sich hierbei nicht um das Werk David d'Angers' handeln, das es nur in einem einzigen Exemplar gibt; die Büste ist in Frankreich geblieben und wird heute noch im Museum der Stadt Angers aufbewahrt.

Wenn Paganini sein Violinspiel beendet und damit bei den Zuschauern Ausrufe und Schreie hervorgerufen hat, die man unmöglich beschreiben kann, berührt er seine Stirn mit der Hand, wie um den Sitz seines Genies zu verraten. Er macht äußerst unbeholfene Gesten. Er kommt auf die Bühne, als ob er von etwas geschoben würde, was ihn unterjocht. Es scheint, als ob der Geist eine tyrannische Macht über den allzu geschwächten Körper ausübte. Er lacht nie, besitzt zuviel Genie. Wenn man von einem großen Genie elektrisiert ist, sind sofort alle Zuschauer solidarisch, so, als ob sie sich schon sehr lange kennen würden. Man spricht mit seinen Nachbarn, und alle werden Freunde. Wenn Paganini langsam und nicht in gerader Linie auf die Bühne kommt, sondern in diagonaler, ebenso übrigens, wenn er sich wieder zurückzieht, dann erschüttern ihn die Applause so sehr, daß er nicht mehr weiß, zu welcher Tür er hinausgehen kann. Einmal fehlte wenig, und seine Nase wäre gegen den Türpfosten gestoßen. Wenn es der Körper ist, der den Geist beherrscht, dann ist er aufmerksamer; ist das Gegenteil der Fall, so ist er nachlässig. Man weiß, daß die geistvollen Männer unbeholfen und ungeschickt sind; die Glieder sind Instrumente, deren sie sich nicht zu bedienen wissen. Wenn Paganini spielt, dann verleihen die Finger der linken Hand den Saiten verblüffende Töne. Sie werden vom Bogen gepeitscht, der die Luft zu zerreißen scheint und dabei Töne erweckt, die durch den Kontakt mit den Fingern entstanden sind. Als Dirigent sind seine Gesten äußerst gebieterisch.

Heute bin ich ihn besuchen gegangen. Er saß auf einem Sofa, so, als wäre er von großer Anstrengung erschöpft. Sein Sohn spielte in seiner Nähe, sprang ihm auf den Rücken, rollte auf dem Teppich herum und zog ihm eine Feder durch die Haare. Er war ein Löwenjunges, das mit einem alten Löwen spielte.

Paganini geht langsam, besitzt aber eine feurige Seele. In seiner Wohnung herrscht eine große Unordnung. Es handelt sich hierbei im übrigen um eine italienische Gewohnheit.

Als ich ihm sage, daß ich möchte, daß er den Kopf nach vorne oder zur Seite beugt, wie einer, der Violine spielt, antwortet er mir: »Ja, weil meine Innerlichkeit meine Äußerlichkeit prägen soll.« Er befand meine Absicht, eine Büste von Rossini mit dem Kopf nach vorne, wie bei einem, der zuhört, zu skulptieren, für sehr gut. Während meine Skizzen immer ähnlicher wurden, sprang Paganinis Sohn und bewegte sich, wie es manche Wesen tun, die von der Musik belebt werden.

Eines Morgens, als ich Paganinis Haus betrat, hörte ich langgezogene und klagende Töne, die aus dem Schlafzimmer drangen. Es schien mir, als hörte ich die Stimme eines jungen Mädchens, das gerade ermordet wird. Ich öffnete die Tür des Zimmers und sah Paganini, der auf der Violine spielte.

Der Violinist bewegt sich vor allem dann langsam und lustlos, wenn es ihm kalt ist. Es scheint, als ob ihn die Wärme eine andere Verhaltensweise annehmen ließe. An diesem Morgen hat er die Violine aufgenommen. Kaum hatte er einen Finger auf eine der Saiten gelegt, so sprangen diese [...] und schlugen ihm so stark ins Gesicht, daß er blutete. Er zeigte mir die Wunde und warf das Saitenstück weg (das ich aufgehoben habe).

Ich werde nie den Gesichtsausdruck vergessen, den Paganini hatte, als er sich einige Zähne hatte ziehen lassen. Doktor Bennati kommt und fragt ihn: »Was ist mit dir geschehen?« – »Ich habe mir einige Zähne ziehen lassen, und jetzt will ich sie mir alle herausnehmen lassen.« Als er dies sagte, hatte er einen schrecklichen Ausdruck angenommen, wie er es oft tat, der seinem Gesicht ein wildes Aussehen verlieh. »Aber du bist verrückt!« sagt Bennati zu ihm. »Warum hast du es getan?« – »Ich

sage dir, daß ich ein schöner Mann werden und mir neue Zähne
einsetzen lassen will, weil ich so will.« Dann verfiel er in ein
langes und ausgedehntes Gelächter, das in nichts dem Lachen
anderer Menschen glich und das an das krampfhafte Röcheln
eines kranken Magens erinnerte. Gleichzeitig troff ihm das Blut
aus den Mundwinkeln und verlieh seinem Gesicht einen furchtbaren Ausdruck.

Nichts ist schrecklicher, als ihn lachen zu sehen und dabei ein
Gesicht zu beobachten, das eher ein Gefühl tyrannischer Wut
ausdrückt, das sein Lachen ausbrechen läßt. In jenem Moment
trug er auf dem Haupt eine eigentümliche Kopfbedeckung mit
auf dem Kopf verknoteten Ecken, die ihm ein phantastisches
Aussehen verlieh.

JOHANN PETER LUDWIG LYSER

*Lyser (1803–1870) lernte Paganini 1830 in Hamburg kennen,
als der Violinist in der Hansestadt eine Reihe von Konzerten gab,
und erhielt die Erlaubnis, ihn auch privat in einer Serie von
Bleistiftzeichnungen zu porträtieren, die bald wegen ihrer Unmittelbarkeit und der Lebendigkeit des Ausdrucks berühmt wurden.*

*Lyser wurde von Heine, Schumann und Mendelssohn sehr
geschätzt. Obwohl er taub geworden war, gelang es ihm, den
Klang der Instrumente nach den Stellungen der Finger zu interpretieren.*

*Er veröffentlichte seine Erinnerungen an Paganini in der
Nr. 88 der Zeitschrift* Originalien *im Jahre 1830.*

*Das Bild, das er darin von Paganini gibt, wendet sich dem
Phantastischen zu; in diesem Sinne erweist sich Lyser als Schüler Heines.*

> Jeder hat hier im Lebenskreise
> Eigne Manier und eigne Weise!
> Ich habe hier stets fröhlich zu sein;
> Vivat die Mädchen! Vivat der Wein!

Paganini gab mir einen herzhaften Kuß, und ich mußte niesen,
denn der Kuß schmeckte ganz verdammt nach Spaniol – und
dennoch glaubte ich nicht, daß mir ein größerer Gefallen damit

geschehen wäre, wenn mich, statt des Meisters Nicolò, jene
schöne Amazone, die alle Morgen an meinem Hause vorbeireitet, und die ich schon seit vier Wochen heimlich anbete – geküßt hätte.

In der That, der Spaniolkuß des Ritters von der Geige hat
gewissermaßen einen »Ritter von dem heiligen Geist« aus mir
gemacht; ich sehe besser als sonst, und dennoch bin ich um
nichts kälter geworden, im Gegentheil, ich fühle mich erhoben, daß sich auf's Neue mir der Satz bestätigte: »Um ein
wahrhaft großer Künstler zu seyn, ist es unerläßlich, daß man
ein froher Mensch ist«, trotz allem Schicksalsjammer und allen
grausen Verhängnissen, woran wir Deutsche dermalen den
Narren gefressen haben; von wegen unseres vielbelobten
blind-gläubigen Enthusiasmus. Es ist doch eine spaßhafte Sache um unsere heutige Kunstbegeisterung! – Ist es nicht zu
läugnen: daß Manche unserer Zeitgenossen Vieles zu Tage
fördern, was mit Recht als Viel, ja wahrhaft großartig anerkannt werden darf, so bleibt es doch auch eben so gewiß, daß
der Enthusiasmus, wo er losgelassen wird, im Verhältnis zu
dem Geleisteten, überschwenglich ist – denn der Deutsche begnügt sich nicht, wie der Italiener und Franzose, mit dem sogenannten Furore, welcher der Sache, und nur der Sache, gilt,
und damit basta – nein! der gründliche Deutsche nimmt Alles
mit, was auch nur auf die entfernteste Weise damit zusammenhängt – gehörte es auch nicht mit dazu.

Ich zweifle sehr, daß unsere Nachkommen – selbst unsere
fernsten – unserm Jahrhundert jemals die Ehre erzeigen werden, es das große zu nennen; aber Umfang werden sie ihm
gewiß nicht absprechen, wenn nur einige wenige Bruchstücke
von unsern vielen Zeitschriften bis dahin sich erhalten – Nein!
Umfang nicht! Wie den Ritter Fallstaff das viele Seufzen, so
hat uns der Enthusiasmus aufgebläht, zum Zerplatzen.

Begibt es sich übrigens auch dann und wann – und es begibt
sich oft – daß wir hie und da mit der Nase derb anstoßen, so
schadet das doch nichts. Wir reiben uns gemüthlich die
schmerzhafte Stelle, lächeln sauersüß, und sprechen bedächtlich: Es muß da irgendwo eine tiefe ironische Bedeutung vorhanden seyn; und der gründlichste Enthusiasmus beginnt auf's
Neue ob der ungeheuren Ironie.

Also, wie im Allgemeinen, erging es meinen lieben Landsleuten auch, als der Ritter Paganini auftrat. –

Sein Spiel erregte – mit Recht – Enthusiasmus, aber in seiner Persönlichkeit, wie in seiner Lebens- und Handlungsweise fand sich vieles, was uns arme bedächtige Nordländer gewaltig vor den Kopf stoßen mußte – man hätte das Räthsel sehr einfach lösen können durch das Wort: Paganini ist Italiener. – Aber das paßte nicht zu unseren Hochgefühlen – zu unserer tiefen Bedeutung – drum her mit der Ironie, mit der Todeslust, dem Schicksalsdrange, nebst etlichen grausen Verhängnissen, Gift – Dolch – Strick zum Aufhängen – Hurrah! der finstre Mann, in Märchen eingehüllt, der *deutsche* Paganini ist fertig.

Aber wie ist der wirkliche?

Ich habe während des Ritters Aufenthalt hieselbst Gelegenheit gehabt, ihn so ziemlich genau kennen zu lernen, und ich kann versichern, daß er über sein deutsches Conterfey von Herzen lacht; in der That erscheint es aber auch als eine gräuliche Carrikatur, wenn man es mit dem Urbilde vergleicht.

Paganini ist ein *italienischer* Künstler – ein italienischer Künstler aber wird nie ein Kopfhänger oder Menschenfeind werden – wird er's, so hat es mit der Künstlerschaft ein Ende. – In Paganini's Character ist nichts Ueberschwengliches. Sein Herz hängt »mit derber Lebenslust« an dieser Erde und an allem, was sie zu bieten vermag. – Die Begeisterung für seine Kunst läßt ihn, so mächtig sie sich äußert, dennoch nichts anderes, so geringe es seyn mag, gering achten, sobald es ihm Genuß verspricht. Als ich ihm das Thema seines Rondo's mit dem Glöckchen aufschrieb, warf er seine Mütze lustig auf den Tisch, küßte mich derb ab, nahm dann eine gewaltige Prise, und leerte ein tüchtiges Glas Madeira auf einen Zug; und ich bin gewiß, daß dieser Moment an ihm nicht vorüber ging, ohne eine neues Thema in seinem Innern erklingen zu lassen, das vielleicht bald Europa mit Entzücken erfüllt – oder mit Entsetzen; denn die Anregung zum Schaffen war da für ihn; – und hierin liegt der Unterschied zwischen dem Künstler und dem Alltagsmenschen.

Paganini ist einer der wunderlichsten, ja barockesten, aber auch gewiß einer der großartigsten Erscheinungen, wie sie nur immer im Laufe eines Jahrhunderts über die Erde schreiten – doch Geheimnisvolles ist nichts an ihm. – Er gleicht nicht dem wildbewegten tobenden Meere, sondern dem ruhigen klaren See. – Ist es aber nicht eben dieser, in welchem Himmel und Erde mit ihren Millionen Wundern sich widerspiegeln?

Eine neue schöne Welt ging uns auf. – Wir glaubten uns unter Italiens lachenden Himmel, unter die duftenden Orangen- und Myrthenwälder versetzt – unser wonnetrunkenes Auge schweifte über den im Abendstrahl flammenden Golf hinüber zum Vesuv – wir hörten die lustigen Tänze des ewig jugendlichen, neapolitanischen Fischervolks, das heimliche Liebesflüstern der vornehmen Mandoline – Paganini spielte!

Und umdüsterte sich auch der Himmel und erbebte der Berg, und schäumte das Meer – bald doch ward Alles wieder ruhig und prangte schöner wie je; und Tanz und Lieder begannen auf's Neue, denn Italien ist Europa's Garten und seine Menschen sind die heitersten. J.[ohann] P.[eter] L.[udwig] Lyser

FELICE ROMANI

Der große Librettist war Genueser wie Paganini. In seiner Eigenschaft als Leiter der Gazzetta Piemontese *schrieb er zahlreiche Rezensionen von Paganinis Konzerten in Turin. Anläßlich des letzten, das Paganini am 9. Juni 1837 im Teatro Carignano ausschließlich zugunsten der Armen gab, um sich bei Carlo Alberto für die Legitimierung seines Sohnes Achille zu bedanken, veröffentlichte Romani eine »Canzone«, die er dem Genueser Freund widmete. Sie wurde zuerst in der* Gazzetta Piemontese *veröffentlicht und 1841 in Turin zusammen mit den »Liriche« gedruckt. Das Gedicht besteht aus 13 Stanzen von elfsilbigen Versen, die sich auf nicht immer konstante Weise reimen.*

Wenn man sie nicht mit den Augen ihrer Zeit betrachtet, kann einem die »Canzone« von Romani wie eine ungeordnete Ansammlung von Metaphern und Gemeinplätzen erscheinen, die zu übertriebener Lobpreisung tendieren. Aber das Gedicht hat zumindest das Verdienst, mittels Anmerkungen, die zum Teil vom Autor stammen, an Kompositionen Paganinis zu erinnern, die bei dieser oder früheren Gelegenheiten ausgeführt worden sind.

Die »Canzone« wurde 1936 von Federico Mompellio neu veröffentlicht.

Wir haben es vorgezogen, uns an die erste Fassung zu halten, so wie sie in der Gazzetta Piemontese *erschienen ist.*

FÜR NICOLÒ PAGANINI
BEIM GROSSEN VOKAL- UND INSTRUMENTALKONZERT,
DAS ZUGUNSTEN DER ARMEN
AM ABEND VON FREITAG, DEM 9. JUNI 1837
IM TEATRO CARIGNANO GEGEBEN WURDE:

I

Oh, sei mir nur gegeben einer der vielen
Flüchtigen Töne, die du mit dem Bogen ausschüttest
Wie Sturzbäche ätherischen Glanzes!
Oh, fliegende Lüfte, bringt ihr sie vielleicht,
Von diesem Kloster, wo sie verstreut wurden,
Zum Himmel, der jede Harmonie bewahrt?
Oh, auf welches Liebesgestirn
Legt ihr sie, um süßer und froher zu machen
Die Bahnen seiner heiteren Hoffnung?
Ach! könnt ich aus jener reinen Ader
Unsterblicher Konzerte schöpfen!
Könnt ich hineintauchen, darin schwimmen, zufrieden
Wie eine Möwe im Meer oder ein Schwan im See!

II

Ach! eitler Wunsch! Doch vom tiefen Grund,
Der ihn hienieden plagt, löst sich der Mensch,
Er hinterläßt nichts, was nicht auch vergänglich,
Und nur die Erinnerung bleibt von ihm.
Von dieser wenigstens, von dieser
Würden wir beglückt, wenn mehr nicht bliebe,
Noch wird sie je verlorengehen, o Paganini;
Und die göttlichen Zahlen,
Die deinen gerührten Saiten entsprangen,
Werden uns im Herzen und in der Seele klingen,
Wie vergangenes Gut, das man doch noch hört.

III

Ich, wenn ein Dichter die Hoffnung nähren kann,
Daß trotz Neid oder hohem Alter
Meine Lieder ferne Tage erreichen werden,
Ich, ich werde die Erinnerung
Von so seligem und ruhmreichem Abend
Unverbrüchlich Kindern und Enkeln überliefern,
Sie werden von Genies vernehmen,
Wunderdinge von Kunst und Natur erfahren,
So daß die Nachgeborenen Neid spüren werden:
Sie werden erfahren, daß er unseren Augen
Als irdisches Geschöpf erschien,

Aber ein Genie war dem Intellekt, ein Engel des Chores,
Dem Herrn der goldenen Harfe Hymnen darbietend.

IV

Man wird sagen, daß er, gleich dem Steuermann,
Dem die Welt so eng und öde erschien,
Den Ozean um eine größere bat,
Mit erhabenem Gedanken eine Welt voraussah,
Durch neue Harmonien vergrößert
Oder eine Welt, die einem Gott die Hand reichte:
Man wird sagen, daß fern,
So weit die Flüge des Adlers reichen
Der Kühne als erster ankommen wird;
Tausend vom höchsten zum niedrigsten
Soll der Raum messen, und unbekannte Pole
Und hundert Geheimnisse sollen überraschen,
Damit die Schöpfung im Einklang um ihn kreisen möge.

V

Man wird sagen, daß er, von seinem Lauf zurückgekehrt,
Dem Titan gleicht, der dem kalten Lehm
Das Flämmchen brachte, das der Sonne entführte,
Daß er das verlass'ne Instrument ergriff,
Und den funkelnden Blick darauf gerichtet,
Ihm mit dem Blick sagte: Ich gebe dir Leben:
Bei der Berührung meiner Finger
Wirst du antworten, so wie das Herz
Der Macht der Gefühle folgt, die es prägen;
Eine erhabene Stimme wirst du haben,
Wie sie von der Sterblichen Lippe nicht erklingt;
Du wirst Sinne und Sprache haben und Farben,
Mehr als der Regenbogen am Himmel
    und die Blumen auf der Erde.

VI

Es werden die Völker staunen, jenseits der Alpen
    und der Meere,
Und die Mutter der Gesänge, Italien, auch sie,
Über die Kostbarkeit der ungewohnten Melodien,
Wie die Traker staunten, als sie, geführt
Von der beseelten Leier einer Göttin,
Als erste brüderliche Bande knüpften;
Sie staunten, daß tausend stolze Musikschöpfer

Ein so fernes Ziel gesetzt hatten,
    das nicht übertreten werden durfte;
Aber sie bewunderten höchste schöpferische Macht,
Vom Bogen gegeben,
Und dem neuen Vergleich unbeweglich und taub,
Erschien an jeder Saite ein Schlüssel.

VII

Wie viele Stimmen haben die Erde und der Himmel
    und die Woge,
Wieviel Laute der Schmerz, die Freude und der Zorn,
Sie alle nimmt ein gehöhltes Holz in seinem Schoße auf.
Wenn jetzt die Luft klingt und sich vermengt
Mit den nächtlichen Seufzern der Äolsharfe,
Mit dem Klagen der Luft in Zweigen und Blättern:
Nun ist es der Hirte, der löst:
Der Hirtengesang, der die Herde versammelt,
Oder der Sänger, der zum Reigen lädt,
Oder die Jungfrau, die ihre Nöte
Dem schweigenden Monde klagt;
Nun ist's die Pein eines Herzens,
    von einem Herzen getrennt,
Nun der Scherz, nun die Laune und der Kuß
    und das Lachen.[1]

VIII

Dann plötzlich bewegt und schüttelt
Ein neues Gestirn das verrückte Instrument,
    und es zittert und braust
Wie die Sturmböen und die streitenden Winde.
Und es erhebt sich ein Tumult und ein Lärm von Rädern,
Ein Geschrei von Verfolgung und Flucht
Und die Angst war Gemenge und Niederlage.
Sodann der Himmel sich verdunkelt,
Als ein langer Schlaf zur Klage verführt,
Dann ein rasches Erwachen zum Ruhmestag;
Es ist die Siegeshymne,
Die in Städten und Schlössern widerhallt,
Und das schnelle Nahen des Triumphes,
Und tausend Stimmen, in einer Stimme vereint.

IX

Hört, hört![2] Von der geweihten Glocken

Gemessenen Schlägen gerufen, geht das fromme Volk
Zur alten Basilika hin;
Und zwischen den rauchenden Aromen und den stillen
Lichtern silberner Lampen murmelt
Ein schmerzlicher Donner den Psalm Zions:
Dann ertönt imbrünstig das fromme
Klagelied der Betenden, und es erklingen
Chöre von Jungfrauen und Knaben;
Dann von den Orgeln die Klänge, und
In die Hosiannas der Liebe, Treue, Hoffnung
Mischt sich ein Echo, ein Hauch, ein Gemurmel
Wie von Flügeln, die die Gebete zu Gott tragen.

X

Hört, hört![3] Wie sich zum flammenden Herrn,
Der aus dem Dornbusch sprach, ein Psalm erhebt
Der auf den Pharao erzürnten hebräischen Familie;
Während im Rücken hoffärtig
Der Feind drängt, betäubt das Getöse
Der trüben Grenze die Steine.
Und siehe da, die eriträische Welle,
Wo die Meere sich öffnen
    und den frommen Getreuen des Moses
Durchgang bieten;
Jetzt, jetzt, der Wellen Zorn
Stürzt über dem sündhaften Ägypten zusammen;
Und wider hüben und drüben nun hallen
Die Gesänge der Geretteten
    und die Schreie der Verlorenen.

XI

Oh, hört weiter... Mit den heitersten Konzerten
Können euch die beseelten Saiten beglücken,
Mit schnellen Läufen und kühnen Flügen.
Und die Genies werden euch Festmahle anbieten
Und Geselligkeit und die harmonische
Freude, die zur Musik gehört;
An den blühenden Gestaden von Mergellina
Werden wir schöne Neapolitanerinnen
Leichte Tanzschritte flechten sehen,
Den adriatischen Gondoliere
Von den Strahlen der heiteren
    Sterne singen sehen,

Den Älpler von Helvetien und den Schotten
Die Lieder des Geburtslandes erinnernd.

XII

Ach! einen Augenblick noch.[4] Es gibt unter allen
Eine sanfte und erquickende Saite,
Geweiht der Liebe der grünen Erina[5],
Saite, die trotz so langer Kämpfe,
Solchen Unglücks, so wild und so rastlos
Der Elenden dennoch von Hoffnung spricht;
In der abendlichen Luft
Flüstert sie die alte Ballade,
Freude für die Jungen und für die Greise;
Sie räumt aus den Herzen der Tapferen
Sogar den Haß ihrer Feindin,
Und zwischen Kränzen und Kelchen sagt sie laut:
Perle des Ozeans, du bist immer noch schön.

XIII

Lied, auf jener hohen Saite sind Noten,
die nur das kühne Genie ersinnen kann,
Das sie spannt und lockert;
Aber Italien wird sie eines Tages freudig vernehmen.

---

1 *Präludium für Violine solo, gefolgt von einem Allegro brillante etc.* (Anm. von F. Romani).
2 *Kirchenmusik, mit Glöckchenbegleitung etc.* (Anm. von F. Romani). [Es handelt sich um *Le Couvent du Mont Saint-Bernard.* Anm. des Autors.]
3 *Das Gebet des Moses in Ägypten mit variiertem Thema etc.* (Anm. von F. Romani).
4 *Irisches Lied, St. Patrick's Day*, der Tag des heiligen Patrick (Anm. von F. Romani).
5 *Erina:* Italianisierung von *Erin*, dem Namen Irlands in gälischer Sprache.

Der folgende lange Artikel, der von Felice Romani am 12. Januar 1839 in der Gazzetta Piemontese *veröffentlicht und später in der* Gazzetta di Genova *nachgedruckt wurde, nahm das Geschenk der Summe von 20000 Francs, das Paganini Berlioz gemacht hatte, zum Anlaß für eine Verteidigung Paganinis. Diese Episode* hatte Romani Gelegenheit gegeben, über die beiden Künstler zu schreiben, die einander sehr schätzten. Paganini hatte sich mittlerweile als Ausführender eigener Werke einen Namen gemacht. Berlioz dagegen hatte wenig Ruhm geerntet, denn er war seiner Zeit voraus. Romani findet Gefallen daran, das Gegensätzliche der beiden Künstler herauszuarbeiten.

Nachdem er den Artikel gelesen hatte, schreibt Paganini am 17. Februar 1839 aus Marseille an Germi: »Der göttliche Artikel von Romani über Paganini und Berlioz! Als ich ihn las, trieb mir die Freude die Tränen aus den Augen. Danke ihm in meinem Namen, umarme ihn und sage ihm, daß seine Seele zu schön und zu groß ist. Es lebe Romani, die Ehre Italiens!«

Auch Paganinis Urteil tendiert zur Übertreibung. Aber in seinem Beitrag beweist Romani, auf der Höhe seiner Zeit zu sein, indem er die Verdienste beider Musiker würdigt, die in manchem von den Zeitgenossen nie wirklich verstanden worden sind.

Die menschliche Bosheit hat sich so oft schon an Paganinis Privatleben die Krallen gewetzt, es hat ihr gefallen, so viele Einzelheiten nach ihrer Phantasie zu erzählen, zu kommentieren, auszumalen, so viele Dinge, über die sich niemand Gedanken gemacht hätte, wäre er ein gewöhnlicher Mann, daß in diesen Tagen, da die Kunde einer guten Tat, die ihn aufs höchste ehrt, zu uns gelangte, gar manche, die sie vernahmen, lächelten, als hätten sie einen Witz oder ein beißendes Epigramm gehört. Paganini soll einem Künstler, Berlioz, in einem Augenblick der Begeisterung zwanzigtausend Francs geschenkt haben! Ist denn das die Möglichkeit! Es ist nicht nur möglich, sondern wahr; und wer den Zeitungen keinen Glauben schenken mag, schenke diesen wenigstens Berlioz selbst, der den Hergang ehrlich erzählt, so, wie es sich ereignet hat.

Das Glück oder welche geheimnisvolle Macht auch immer, die das Leben der Genies lenkt, ist so launisch, daß deren Schicksal oft von Leuten abhängt, die ihnen im Lauf ihrer Karriere begegnen: Dem einen gibt es einen Freund, dem anderen einen Rivalen; dem einen ein Hindernis, das seinen Triumph noch glorreicher macht, dem anderen eine Hürde, die ihm den Mut raubt und ihn vom Ziel abbringt: Bonaparte vor den Mauern von Ptolemäa oder bei der Begegnung mit Philippeaux, Kolumbus in Santa Fé, der einen Geistlichen zur Seite hat, der ihn berät und Isabella von Kastilien für ihn einnimmt; den Abenteuern des Tasso dient die Liebe einer Prinzessin, dem Unglück des Metastasio liegt die einer Sängerin

zugrunde. Nun hat das Glück aus noch mehr Grillenhaftigkeit in
Paris bewirkt, was man nicht oft erlebt: daß ein großes Genie
einem Meister hilft, ohne daß einer dem anderen die Lorbeeren
neiden würde – mit einem Wort, es hat Paganini und Berlioz
zusammengebracht.

Wer Paganini ist, muß nicht mehr gesagt werden, da er bereits
seit vielen Jahren den ersten Platz im Reich der Musik einnimmt: Wer Berlioz ist, werde ich kurz erzählen.

Berlioz ist ein Franzose aus dem Dauphiné, voller Wissen und
Phantasie; wie ein junger Mann, der von der Schönheit einer
Frau ergriffen ist und alles daransetzt, sie zu gewinnen, so verliebte er sich schon in frühen Jahren in die Musik, und sie
widersetzte sich ihm so lange, bis er sich zu ihrem Herren
aufschwang. Der berühmte Le Sueur war sein Lehrer; die größten Komponisten Europas dienten ihm als Vorbild. Eine feierli-
che Messe für die heilige Cäcilia, komponiert für die versammelten Orchester vieler Pariser Theater, eine heroische Szene mit
großen Chören, ausgeführt von bewundernswerten Künstlern
des Konservatoriums, der Große Preis von Frankreich, den er am
Institut de France errang und der mit einer Pension von dreitausend Francs verbunden ist und ihn zu mindestens einer künstlerischen Reise alle zwei Jahre verpflichtete, besonders nach Italien, der Königin der Kunst, verkündeten Frankreich, daß es
einen hervorragenden Meister mehr hatte und auf ihn viele und
schöne Hoffnungen setzen könne. Und diese Hoffnungen wurden nicht enttäuscht. Berlioz sah viel, verglich beide Schulen
miteinander und schuf sich eine eigene, die er durch seine Art zu
komponieren prägte: Er gab der Musik die Sprache der Poesie; er
wollte die Noten bildhaft, ohne die Hilfe der Worte; er verschmolz die Melodie in der Harmonie; dieser Fusion verlieh er
alle Gefühlsnuancen des Dramas. Eine phantastische Symphonie, eine Episode aus dem Leben eines Künstlers, eine andere, die
den Titel »Pilgerschaft des jungen Harold« trägt, die Ouvertüre
von *Les Francs-Juges*, ein Werk, das bisher noch nicht aufgeführt
worden ist, und die Totenmesse, die auf Anordnung der französischen Regierung bei der Trauerfeier für General Damrémont,
der vor den Mauern von Konstantinopel gefallen ist, gespielt
wurde, sind gewaltige Kompositionen, die das umfassende Wissen von Berlioz bezeugen, den hohen Anspruch seiner Schule
rechtfertigen und den Neid entwaffnen mußten, diese perverse
Helferin der Mittelmäßigkeit, die Steine auf die Anhöhen wirft,
auf die zu steigen ihr nicht gegeben ist. Endlich das große Werk
mit dem Titel *Benvenuto Cellini*, das kürzlich in der königlichen

Musikakademie vorgestellt wurde, dessen Libretto, das auf einzigartige Weise verwoben ist, von zwei bedeutenden französischen Dichtern verfaßt wurde – Auguste Barbier und Léon de Vailly –, das so gewaltig war, daß es jegliche Vorstellung übertraf, und das, wie es mit außergewöhnlichen Dingen oft geschieht, sich leidenschaftliche Fürsprecher und leidenschaftliche Feinde schuf; alle Kritiker nahmen Stellung; in allen Zeitungen waren Freunde und Gegner. Und das mußte so sein, da es sich nicht nur um Berlioz als Komponisten handelte, sondern auch um Berlioz als Literaten; denn ein solcher ist er; er lieferte dem *Corrispondente* und der *Rassegna Europea* seine Beiträge; und er schrieb in der *Europa Letteraria* unter den Namen von Alexandre Dumas, von Norvins, von Bayer und von anderen bedeutenden Schriftstellern, und er war Mitarbeiter der *Italia Pittoresca*; und er ist immer noch in der Zeitung *Débats* Verfasser der besten Artikel, die sich mit der Kunst der Musik befassen. Ein unbequemes und gefährliches Amt, denn wenn es einem Manne von freimütigem und unabhängigem Wesen sowie großer und lebhafter Intelligenz zufällt, wird dessen Urteil tausend Leidenschaften entfachen, tausend Rivalitäten, tausend Empörungen. So ist Berlioz.

Nun hat das Glück diesem Mann, der allein mit seinem Genie gegen tausend Gegner zu kämpfen hat, jemanden gesandt, der ebenso edelmütig ist wie er, der wie er den Kampf des Genies gegen die Menge gewohnt ist, der mit Beharrlichkeit und Wissen allen Widrigkeiten einer kühnen Karriere getrotzt hat, dessen Adlerblick einen Geist, der zu Großem fähig ist, erkannt hat. Und dieser Mann sagte ihm: Nur Mut, und du wirst im Kampfe siegen. Und damit auch das Volk lernte, ihn zu schätzen, warf er das Gewicht seiner Autorität zusammen mit dem Gewicht des Goldes in die Waagschale, und er rief der Menge zu: Achtet ihn, weil auch ich ihn achte. Dieser Mann, diese edle Seele, ist Nicolò Paganini.

Ich wollte, ich dürfte hier den Brief abschreiben, in dem Berlioz soeben einem Freund von seinem Abenteuer berichtete.

Paganini, durch die Wiederholung des *Benvenuto* in Extase versetzt! Paganini, voller Rührung bei der zweiten Symphonie des *Harold*! Paganini, der, der Stimme beraubt, vor Berlioz niederkniet und seinen kleinen Sohn zum Dolmetscher seiner Gefühle macht! Paganini, der zwei Tage später an Berlioz den folgenden Brief schrieb:

»Meine lieber Freund.
Nachdem Beethoven tot ist, konnte es niemanden als Berlioz geben, um ihn wieder zum Leben zu erwecken; und ich, der ich Eure

göttlichen Kompositionen genossen habe, würdig eines Genies, wie Ihr eines seid, halte es für meine Pflicht, Euch zu bitten, als Zeichen meiner Verehrung zwanzigtausend Francs anzunehmen, die Euch vom Herrn Baron Rothschild übergeben werden, sobald Ihr sie von ihm fordert.

Vertraut mit immer als Eurem liebevollsten Freund

Niccolò Paganini
Paris, den 18. Dezember 1938«

Man muß sich in Berlioz' Lage versetzen, in seinen Seelenzustand, seine Selbstkenntnis und seine Verehrung für Paganini nachempfinden, um zu ahnen, was er beim Lesen dieses Briefes fühlte. Er erquickte ihn ... und erfüllt von Dankbarkeit und Freude, lief er zu Paganini und fand ihn zurückgezogen und ruhig im Billardzimmer, und beide umarmten sich, vor Rührung weinend, und so blieben sie lange Zeit stehen, ohne Stimme, ohne Worte. Der erste, der zu sprechen versuchte, war Berlioz. »Still«, unterbrach ihn Paganini, »ich bin viel zu glücklich; dies ist der Moment der größten Freude, die ich je in meinem Leben erfahren habe. Sie haben mir völlig neue Empfindungen verschaft, und ich konnte und durfte für einen Mann wie Sie nicht weniger tun.« Dann, indem er sich die Augen trocknete, schlug er mit der Faust auf den Billardtisch und brach in Lachen aus. »Ah! ah! ah! ich bin froh, froh zu denken, daß all jene Schufte, die gegen Euch schrieben und sprachen, nicht mehr so kühn sein werden: denn sie wissen, daß ich von Musik etwas verstehe und nicht leicht zufriedenzustellen bin.«

In diesen letzten Worten offenbart sich die edle Absicht Paganinis: das Geschenk der zwanzigtausend Francs ist sozusagen die Rinde, unter der sich die größere Wohltat für den Künstler versteckt, es ist der goldene Rahmen um das Diplom eines Großen, von einem gleichfalls Großen verliehen.

Und ihr, Feinde Berlioz', und ihr, Verleumder Paganinis, und ihr alle, die ihr dazu neigt, gute Taten zu entstellen, entstellt ruhig auch diese des berühmten Genuesers: welche Farbe ihr ihr auch geben möget, es wird die Farbe eurer Leidenschaften sein. Ich habe sie erzählen und feiern wollen, denn die vergangenen Zeiten haben an ihresgleichen keinen Überfluß, und unsere ist an Beispielen nicht reich; zwei außergewöhnliche Männer, die sich im Angesicht ganz Europas die Hand reichen, sind ein Schauspiel, das von der Ehre der Künste und der Künstler kündet; und so könnten die Günstlinge des Glücks Lust verspüren, gegenüber den Genies, die die Not knechtet, diesem Beispiel zu folgen, oder könnten vom Neid heimgesucht werden. Was sind schon zwanzigtausend Francs für die, die im Reichtum leben und ihn aus Eitelkeit mit vollen Händen ausgeben? Wissen sie nicht, daß zwanzigtausend Francs die unbekannte Leistung erhöhen, eine neue Verklärung bewirken, ein neues Gerusalemme liberata schaffen können? O! nein, sie wissen es nicht.

Franz Xaver Schnyder von Wartensee

Der Schweizer Komponist Schnyder (1786–1868) lernte Paganini 1830 in Frankfurt kennen und spielte oft privat im Salon Speyer mit ihm. Seine Memoiren, die in einer handschriftlichen Fassung in der Schweiz aufbewahrt werden, wurden von Pietro Berri ins Italienische übersetzt und 1962 veröffentlicht.[1]

Dieser Beitrag bestätigt und unterstreicht, was in früheren wie auch späteren Berichten über das Verhalten des Mannes und des Künstlers Paganini gesagt worden ist über sein Äußeres, das Schnyder in fast allzu realistischer Manier skizziert, und die Willkürlichkeiten, die er in seine Interpretation Beethovens und anderer Komponisten entfließen ließ.

Paganini interessierte sich sehr für die Glasharmonika, die Schnyder vorzüglich zu spielen verstand, weil ihn die ätherischen und harmoniereichen Klänge dieses Instruments faszinierten, für das Mozart sogar zwei Stücke geschrieben hat.

Paganini hatte in ganz Europa Erstaunen und Bewunderung für sein instrumentales Virtuosentum erregt. Auf seiner triumphalen Reise machte er in Frankfurt halt, wo er nacheinander zwölf Konzerte gab, vor einem immer gefüllten Saal. Sein Äußeres war von abstoßender Häßlichkeit. Ein üppiger schwarzer Haarschopf fiel ihm auf die schmalen Schultern; sein abgezehrtes Gesicht war ausdruckslos; sein magerer Leib wurde von dünnen Beinen getragen, was einen langsamen und unsicheren Gang zur Folge hatte. Sein reizbarer, unfreundlicher, rauher Charakter verhinderte jede Vertrautheit mit ihm. Aber wenn er sein Instrument nahm, um eines seiner meisterlichen Konzerte oder seine Improvisationen über den *Carnaval de Venise* auszuführen, die so sehr mit gewaltigen Schwierigkeiten und lieblichen Verzierungen gespickt sind, und das Publikum ihm mit angehaltenem Atem zuhörte, achtete niemand mehr auf die Häßlichkeit des Mannes, weil die göttliche Kunst wichtiger war.

Schnyder sprach mit dem bizzarren und geheimnisvollen Virtuosen im Hause Speyer-Seligmann, das Paganini sehr gern besuchte und wo er sich gelegentlich ausnahmsweise dazu herbeiließ, den Part der 1. Violine in einem Quartett zu übernehmen oder mit Madame Speyer eine Beethoven-Sonate für Klavier und Violine zu spielen.

Nicht alle wissen, daß Paganini auch ein Gitarrist ersten Ranges war, da er es nicht für der Mühe wert hielt, sich vor Publikum als solcher zu produzieren. Seine Quartette für Gitarre, Violine, Viola und Violoncello waren angenehm melodisch, aber bar jeglicher kontrapunktischer Finessen.

Diese Kompositionen wurden bei den Abenden im Hause Speyer eine nach der anderen vom Blatt gespielt, wobei Paganini die Violine übernahm, während Schnyder auf Wunsch und zur Zufriedenheit des Komponisten auf dem Klavier den ungeeigneten und schlecht geschriebenen Part der Gitarre spielen sollte. Paganini konnte es nicht ertragen, daß man sowohl nach dem ersten Allegro als auch nach den anderen Sätzen die Instrumente stimmte und den nächsten Satz anspielte. Wenn zufällig das Andante von einer anderen Tonart war als das vorausgegangene Allegro, so modulierte der Virtuose mit verfeinertem und erfahrenem musikalischen Sinn auf der Violine die vier Noten des Grundakkords und gab so den Auftakt des nächsten Satzes.

Der Orchesterdirigent Guhr besuchte regelmäßig die Soireen des Hauses Speyer und verfolgte mit größtem Interesse die Ausführungen jener Quartette. Da er den Ruf genoß, geschickt vom Blatt zu spielen, bat er einmal Schnyder, ihm auf dem Klavier den Gitarren-Part spielen zu lassen; Schnyder war einverstanden, und Guhr kam mit dem Part, der alles andere als leicht war, glänzend zurecht, konnte dabei aber dem solchermaßen erlesenen Publikum nicht sein pianistisches Virtuosentum vorführen, bis es ihm im fatalen Moment gelang, *à tout prix* seine Absicht in die Tat umzusetzen. Am Ende des ersten Allegros schwelgte er in brillanten Läufen auf der Tastatur. Er schmückte sich dann mit einem großzügig bemessenen Spiel der Arme, wobei er ständig ins Publikum schielte, um zu sehen, ob sein Virtuosentum auch angemessen gewürdigt werde. Paganini hegte eine besondere Abneigung gegen diese Improvisationen, und seine Grimassen waren beredter Beweis dafür. Er konnte das Improvisieren und Ausprobieren mit Intervallen nicht ertragen, weil sein Klangempfinden dadurch gestört wurde. Leise sagte er zu Guhr: »Ne touchez pas!« Guhr tat, als hätte er nichts gehört, und fuhr fort zu improvisieren. Paganini ermahnte ihn ein zweites Mal: »Ne touchez pas!« Guhr hörte entweder nicht oder tat so, als höre er nicht, und fuhr mit seinen extemporierten Übungen fort. Da erhob sich Paganini von seinem Sitz und ging entschlossen auf Guhr zu. Mit finsterem Blick und gerötetem Gesicht schrie er dem Pianisten ins Ohr: »Eh bien, ne touchez pas! Je vous dis!« Guhr sprang bestürzt auf, ging vom Klavier weg und gab das Improvisieren auf. Das Mißgeschick versäumte nicht, einige Lacher im Publikum hervorzurufen.

An einem dieser Abende wurde das wunderschöne *Trio G-Dur (op. 1, Nr. 2) für Klavier, Violine und Violoncello* von Beethoven gespielt. Paganini, der es noch nicht kannte, spielte auf zauberhafte Weise die Violine. Am Ende des ersten Satzes nahm er die Blätter vom Pult, rollte sie zusammen, tat, als ob er sie zerreißen wolle, und sagte: »Wenn ich Beethoven wäre, dann würde ich diesen häßlichen Wisch vernichten.« Schnyder gab seiner Verwunderung darüber Ausdruck, daß diese faszinierende, wohlklingende Komposition Paganini nicht gefalle, der doch mit verfeinerter Sensibilität und durchdringendem Verständnis die klassischen Werke von Mozart, Haydn und Beethoven spielte. Er erlaubte sich außerdem von Zeit zu Zeit Willkürlichkeiten, wie zum Beispiel in der *Sonate F-Dur für Klavier und Violine* von Beethoven (op. 24), in deren letztem Satz er an einer gegeben Stelle das Thema in den Bereich der Flageoletts transponierte.

Während eines Essens, zu dem Herr Speyer geladen hatte, sagte ein Geschäftspartner Paganinis, der soeben nach Frankfurt gekommen war, zum Virtuosen: »Ich bin wirklich froh, endlich das Glück zu haben, sie zu hören. Wo auch immer ich ankam, hatten Sie schon Ihr Konzert gegeben und waren abgereist!« Dieser Fremde meinte, ihm damit ein großes Kompliment zu machen. Paganini sah es aber nicht so, da er sich von einer gewissen Gewöhnlichkeit, die dieser Art zu reden anhing, verletzt fühlte, und die Sicherheit des Fremden, ihn bei dieser Gelegenheit spielen zu hören, bewegte ihn dazu, überhaupt nicht zu spielen. Nachdem sie gegessen hatten, versammelten sich die Gäste im Salon. Paganini dagegen zog sich in einen benachbarten Salon zurück, wohin ihm Speyer folgte, um dann sofort in den Salon der Gäste zurückzukehren und dort in betrübtem Ton festzustellen: »Paganini ist es schlecht geworden.« Einige der Anwesenden bemerkten: »Ach, er hat zuviel und zu schnell gegessen, es wird gleich wieder vorbei sein.« Speyert kehrt zu

Paganini zurück, erscheint dann wieder im Salon, mit so betrübtem Gesicht, daß sich alle um ihn scharen und ihn mit Fragen bombardieren: »Hat Paganini noch nicht gebrochen?« – »Warum versucht er nicht, sich zu übergeben?« – »Fühlt er sich nicht schon befreit?« – »Nein«, antwortete der Hausherr, »Paganini hat mich gerade angefleht, ihn mit meiner Kutsche nach Hause zu bringen.« – »Oh, das werden Sie nicht tun«, rief eine zartbesaitete Dame. Aber sie hatte noch nicht ausgesprochen, als man schon die Kutsche hörte, die den trotzigen Violinisten zu seinem Hotel brachte. Der Fremde hatte wohl Pech. Er war sicher gewesen, sich am herrlichen Spiel Paganinis erbauen zu können, und mußte statt dessen sein Bündel schnüren, ohne ihn gehört zu haben.

In einem Theater, das unvorstellbar voll war, improvisierte Paganini einmal 30 bis 40 virtuose Variationen über den *Carnaval de Venise*, eine bekannte Melodie mit ständigem Wechsel von der Tonika zur Dominante. Das fand der Bratschist Wolf nicht sehr lustig, der nichts anderes zu tun hatte, als *cis – d – d – cis* abwechselnd in Doppelganzen und in Viertelnoten zu spielen, und dies endlich vergaß, um verzückt dem Solisten zu lauschen. Dieser Umstand hatte für die Komposition an sich nicht die geringste Bedeutung, aber Paganini, dessen Beziehungen zu dem Orchester schon ziemlich gespannt waren, war über die Ablenkung des Bratschisten verärgert, ging bis an die Rampe und schrie den verblüfften Wolf an: »Ce n'est pas cela!« und bewegte sich nicht von dort weg, bis der Ärmste, der buchstäblich vor Angst verging, wieder mit seinen *cis – d – d – cis* weitermachte. Darauf fühlten sich einige verdiente Dilettanten, die sich im Publikum befanden, verpflichtet zu sagen: »Die Passage muß von außerordentlicher Schwierigkeit sein, wenn ein so hervorragender Instrumentalist des Frankfurter Orchesters sie nicht spielen konnte, ohne Fehler zu machen.«

Die reichen Eltern von Ferdinand Hiller gaben ein großes Festessen, um dem Sohn zu ermöglichen, sich den Gästen nach dem Essen als Pianist von großer Begabung vorzustellen. Zu dieser Zeit las man nichts anderes in den Zeitungen als Artikel, die Paganini und sein Virtuosentum priesen, und man glaubte, daß solche Artikel frei erfunden oder vom Virtuosen selbst geschrieben worden seien. Als man im Hause Hiller gerade darüber sprach, wurde im gleichen Augenblick ein Brief aus Wien zugestellt, in dem die Bestätigung für all das Wunderbare, das über Paganini geschrieben wurde, gegeben und gesagt wurde, daß es niemandem gelungen sei, sich über die Art und Weise klarzuwerden, auf die solche Hexereien vollbracht werden konnten. Als er in Frankfurt entdeckt

wurde, war noch nicht bekannt, daß das Geheimnis Paganinis
darin bestand, die G-Saite auf einen anderen Ton zu stimmen.
Paganini fühlte sich in Frankfurt so wohl, daß er dort mehrere
Monate blieb.

1 P. Berri: *Paganini-Documenti e Testimonianze*. Genua, 1962. (Der Text
  wurde aus dem Italienischen rückübersetzt, da das Originalmanuskript nicht
  einsehbar ist.)

Kein Verzeichnis der Werke Paganinis kann im absoluten Sinn als vollständig und exakt gelten, auch dieses nicht. Paganini hat es fast immer versäumt, seine Werke zu datieren. Ihr Entstehungsdatum kann zwar – wenn auch manchmal nur mit annähernder Sicherheit – aus seinen Briefen abgeleitet werden, aus den in Zeitungen und Zeitschriften veröffentlichten Ankündigungen sowie den Programmzetteln, doch läßt sich anhand letzterer nur das Datum der Erstaufführung feststellen. Folglich sind solche Datierungen nicht hundertprozentig zuverlässig.

Eine wichtige Hilfe bei der Bestimmung der Entstehungszeiten bietet der *Catalogo Tematico*, der von Maria Rosa Moretti und Anna Sorrento zusammengestellt wurde.

Das vorliegende Verzeichnis ist auf dem Stand von Ende 1989. Der Autor möchte an dieser Stelle an die wertvolle Mitarbeit erinnern, die Danilo Prefumo bei der Ausgabe von 1978 leistete, und Adriano Sebastiani danken, der einen wichtigen Beitrag zur vorliegenden Ausgabe leistete.

Der Autor ist dankbar für jeden Hinweis auf eventuelle Fehler und Auslassungen, die ihm bei der Erstellung dieses Verzeichnisses unterlaufen sind.

Das Verzeichnis soll über jedes Werk folgende Informationen geben:
a) – Entstehungsdatum;
b) – Widmung;
c) – Erstaufführung;
d) – Erstveröffentlichung;
e) – Aufbewahrungsort des Manuskripts.

Das Verzeichnis ist nach Genres gegliedert.
Die eindeutig datierbaren Werke werden nicht als erste aufgeführt.

Sind Daten nicht verifizierbar, so werden sie weggelassen.

I KONZERTE

1. Konzert e-Moll für Violine und Gitarre

Entstehungsdatum: vor 1815. Erste Veröffentlichung: Istituto di Studi Paganiniani, Genua, 1973. Orchestrierung von Federico Mompellio. Manuskript: Violinstimme und Gitarrenstimme nicht autograph: Istituto di Studi Paganiniani, Genua.

2. Konzert Nr. 1 Es-Dur für Violine und Orchester, op. 6
Entstehungsdatum: 1816. Erste Veröffentlichung: Schonenberger, Paris, 1851. Manuskript: Solostimme, nicht autograph; Partitur (ohne Solostimme), autograph; Orchesterstimmen: Biblioteca Casanatense, Rom, MS. 5560−61−62.

3. Konzert Nr. 2 h-Moll für Violine und Orchester, op. 7
Entstehungsdatum: 1826. Erste Veröffentlichung: Schonenberger, Paris, 1851. Manuskript: Solostimme, autograph; Partitur (ohne Solostimme), autograph; Orchesterstimmen: Biblioteca Casanatense, Rom, MS. 5563−64−65.

4. Konzert Nr. 3 E-Dur für Violine und Orchester
Entstehungsdatum: 1826. Manuskript: Solostimme, autograph; Partitur (ohne Solostimme), autograph; Orchesterstimmen: Biblioteca Casanatense, Rom, MS. 5647.

5. Konzert Nr. 4 d-Moll für Violine und Orchester
Entstehungsdatum: 1829−30. Erste Ausführung: Frankfurt, 26. April 1830. Manuskript: Solostimme, autograph; Orchesterstimmen: Biblioteca Casanatense, Rom, MS 5648. Partitur (ohne Solostimme), autograph, Staatsbesitz.

6. Konzert Nr. 5 a-Moll für Violine und Orchester
Entstehungsdatum: 1830. Erste Ausführung: Siena, 13. September 1958. Erste Veröffentlichung: Accademia Chigiana, Siena, 1959. Orchestrierung von Federico Mompellio. Manuskript: Solostimme, autograph: Biblioteca Casanatense, Rom, MS. 5649.

II Werke für Violine und Orchester

1. Sonata Napoleone mit Variationen auf der IV. Saite
Entstehungsdatum: 1805−1809. Erste Veröffentlichung: Ricordi, Mailand, 1940. Bearbeitung für Violine und Klavier von Michelangelo Abbado. Manuskript: Solostimme, autograph; Gitarrenstimme, autograph; Klavierstimme, autograph; Orchesterstimmen: Biblioteca Casanatense, Rom, MS. 5577−8.

2. Polonaise mit Variationen
Entstehungsdatum: vor November 1810. Erste Veröffentlichung: Schott's Söhne, Mainz 1952. Bearbeitung für Violine und Klavier von G. von Albrecht. Manuskript: Solostimme, auto-

graph: Biblioteca Casanatense, Rom, MS. 5580. Es fehlen Partitur und Orchesterstimmen.

3. Sonata Maria Luisa mit Variationen auf der IV. Saite
Entstehungsdatum: ca. 1810. Erste Ausführung: Bergamo, 1813. Manuskript: Solostimme, autograph; Gitarrenstimme, autograph: Biblioteca Casanatense, Rom, MS. 5587. Es fehlen Partitur und Orchesterstimmen.

4. Le Streghe – Variationen über ein Thema aus dem Ballett »Il noce di Benevento« von F. X. Süßmayr, op. 8
Entstehungsdatum: November–Dezember 1813. Erste Ausführung: Mailand, Teatro Carcano, 15. Dezember 1813. Erste Veröffentlichung: Schonenberger, Paris, 1851. Manuskript: Solostimme, autograph; Klavierstimme, autograph: vollständige Partitur, nicht autograph; Orchesterstimmen: Biblioteca Casanatense, Rom, MS. 5566–57.

5. Sonate mit Variationen über das Thema »Pria che l'impegno« aus der Oper »L'Amor marinaro« von J. Weigl
Entstehungsdatum: 1818. Erste Veröffentlichung: Universal Edition, Wien, 1922. Bearbeitung für Violine und Klavier. Manuskript: Solostimme, autograph; Orchesterstimmen: Biblioteca Casanatense, Rom, MS. 5591–92.

6. Gebetssonate, auf der IV. Saite, über das Thema »Dal tuo stellato soglio« aus »Mosè in Egitto« von G. Rossini
Entstehungsdatum: 1818–1919. Erste Veröffentlichung: Schuberth, Hamburg, 1855. Manuskript: Orchesterstimmen: Biblioteca Casanatense, Rom, MS. 5573. Der Verbleib der Partitur und der Solostimme ist nicht bekannt.

7. Variationen über das Rondo »Non più mesta accanto al fuoco« aus der Oper »La Cenerentola« von G. Rossini, op. 12
Entstehungsdatum: 1819. Erste Ausführung: Neapel, Teatro dei Fiorentini, 31. August 1831. Erste Veröffentlichung: Schonenberger, Paris, 1851. Manuskript: Solostimme, nicht autograph; Partitur (ohne Solostimme), autograph; Orchesterstimmen: Biblioteca Casanatense, Rom, MS. 5570–71.

8. Tarantella
Entstehungsdatum: 1819–1826. Erste Veröffentlichung: Zimmermann, Frankfurt/M., 1956. Bearbeitung für Violine und Gi-

tarre. Manuskript: autographe Partitur mit Solostimme: Deutsche Staatsbibliothek, Berlin.

9. *I Palpiti, Variationen über das Thema »Di tanti palpiti« aus der Oper »Tancredi« von G. Rossini, op. 13*
Entstehungsdatum: 1819. Erste Veröffentlichung: Schonenberger, Paris, 1851. Manuskript: Harfen- (oder Klavier-)stimme, autograph; Orchesterstimmen: Biblioteca Casanatense, Rom, MS. 5572. Der Verbleib der Solostimme und der Partitur ist nicht bekannt.

10. *Maestosa sonata sentimentale – Variationen auf der IV. Saite über Haydns Hymne »Gott erhalte Franz den Kaiser«*
Entstehungsdatum: Mai–Juni 1828. Erste Ausführung: Wien, Hoftheater, 27. Juni 1828. Manuskript: Solostimme, autograph; Partitur (ohne Solostimme), autograph; Klavierstimme, autograph; Orchesterstimmen: Biblioteca Casanatense, Rom, MS. 5585–86.

11. *La Tempesta, dramatische Szene auf der IV. Saite von J. Panny und Paganini*
Entstehungsdatum: Mai–Juli 1828. Erste Ausführung: Wien, Redouten-Saal, 24. Juli 1828. Manuskript: Solostimme, autograph; Orchesterpartitur, von J. Panny komponiert: Biblioteca Casanatense, Rom, MS. 5595–96–97.

12. *»God save the King« – Variationen über die englische Nationalhymne, op. 9*
Entstehungsdatum: März–April 1829. Erste Ausführung: Berlin, 29. April 1829. Erste Veröffentlichung: Schonenberger, Paris, 1858. Manuskript: Solostimme, nicht autograph; Partitur, nicht autograph: Biblioteca Casanatense, Rom, MS. 5568. Der Verbleib der Autographen ist nicht bekannt.

13. *Warschau-Sonate, mit Variationen über eine Mazurka von J. Elsner*
Entstehungsdatum: Mai–Juni 1829. Erste Veröffentlichung: Schott, Mainz, 1951. Manuskript: Solostimme, autograph; es fehlen die Partitur und die Orchesterstimmen: Biblioteca Casanatense, Rom, MS. 5598.

14. *Der Karneval von Venedig, Variationen über das Liedchen »O Mamma, mamma cara«, op. 10*

Entstehungsdatum: November–Dezember 1829. Erste Veröffentlichung: Schonenberger, Paris, 1851. Manuskript: Orchesterstimmen: Biblioteca Casanatense, Rom, MS. 5. Solostimme und Klavierstimme, autograph, die nur das Thema und die ersten 12 Variationen der insgesamt 20 enthalten: Bibliothèque Nationale, Paris.

15. Moto perpetuo B-Dur
Entstehungsdatum: ca. 1831–1832. Erste Veröffentlichung: Universal Edition, Wien, 1922. Bearbeitung für Violine und Klavier. Manuskript: autographe Partitur unvollständig; Klavierstimme, autograph; Orchesterstimmen: Biblioteca Casanatense, Rom, MS. 5589–90–5636–5594.

16. Moto perpetuo C-Dur, op. 11
Entstehungsdatum: 1835. Erste Veröffentlichung: Schonenberger, Paris, 1851. Manuskript: Solostimme, autograph: New York Public Library, New York. Gitarrenstimme, autograph: Biblioteca Comunale, Trento. Der Verbleib der autographen Partitur ist nicht bekannt.

17. La Primavera – Sonate mit Variationen
Entstehungsdatum: ca. 1838. Erste Veröffentlichung: Schott's Söhne, Mainz, 1952. Bearbeitung für Violine und Klavier, besorgt von G. von Albrecht. Manuskript: Solostimme, autograph: Biblioteca Casanatense, Rom, MS. 5582.

18. Balletto campestre oder Variationen über ein heiteres Thema, vom Orchester fortgeführt
Entstehungsdatum: ca. 1838. Manuskript: Partitur, auch die Solostimme enthaltend, autograph, Biblioteca Casanatense: Rom, MS. 5574.

III ANDERE WERKE MIT ORCHESTER

1. »Von Nicolò Paganini für Mr. Henry« – Konzertstück für Horn, Fagott und Orchester
Widmung: »à Mr. Henry«. Entstehungsdatum: ca. 1831. Manuskript: autographe Partitur, die die beiden Solistenstimmen enthält: Biblioteca Casanatense, Rom, MS. 5642.

2. Le Couvent du Mont Saint-Bernard, für Violine, Orchester und Männerchor
Entstehungsdatum: 1828–1832. Manuskript: Part der Solostimme, autograph; Partitur (ohne die Solostimme), autograph; Orchesterstimmen: Biblioteca Casanatense, Rom, MS 5564, 75, 76

3. Sonate für große Viola, Viola und Orchester
Entstehungsdatum: 1834. Erste Ausführung: London, 28. April 1834. Erste Veröffentlichung: Zimmermann, Frankfurt/M., 1985. Bearbeitung für Viola und Gitarre. Manuskript: Solostimme, autograph; Partitur (ohne Solostimme), autograph; Gitarrenstimme, autograph; Orchesterstimmen: Biblioteca Casanatense, Rom, MS. 5598.

IV Werke für Violine solo

1. Sonate A-Dur für Violine solo
Manuskript: nicht autographes Exemplar: Cassa di Risparmio di Genova e Imperia.

2. Inno patriotico
Manuskript: nicht autographes Exemplar: Istituto di Studi Paganiniani, Genua.

3. Tema variato
Manuskript: nicht autographes Exemplar: Istituto di Studi Paganiniani, Genua.

4. Sonate C-Dur für Violine solo
Widmung: »A S. A. S. F. la Principessa Elisa«. Entstehungsdatum: 1805–1809. Erste Veröffentlichung in: *Über Paganini's Kunst die Violine zu spielen* von K. Guhr, Mainz, 1830. Manuskript: Biblioteca Casanatense, Rom, MS. 5600.

5. Capricci, op. 1
1) E-Dur, 2) h-Moll, 3) e-Moll, 4) C-Dur, 5) a-Moll, 6) g-Moll, 7) a-Moll, 8) Es-Dur, 9) E-Dur, 10) g-Moll, 11) C-Dur), 12) As-Dur, 13) B-Dur, 14) Es-Dur, 15) e-Moll, 16) g-Moll, 17) Es-Dur, 18) C-Dur, 19) Es-Dur, 20) D-Dur, 21) A-Dur, 22) F-Dur, 23) Es-Dur, 24) a-Moll.
Widmung: »Alli Artisti« (dt.: »Den Künstlern«).

Entstehungsdatum: vor 1818. Erste Veröffentlichung: Ricordi, Mailand, 1820. Manuskript: Ricordi, Mailand.

6. *Nel cor più non mi sento (Variationen I)*

Entstehungsdatum: 1821. Erste Veröffentlichung: Zimmermann, Frankfurt/M., 1960. Manuskript: Deutsche Staatsbibliothek, Berlin.

7. *Nel cor più non mi sento (Variationen II)*

Entstehungsdatum: ca. 1827. Erste Veröffentlichung in: *Über Paganini's Kunst die Violine zu spielen* von K. Guhr, Mainz, 1830. Manuskript: Verbleib unbekannt.

8. *Caprice d'Adieu*

Widmung: »A mon ami Mr. E. Eliason«. Entstehungsdatum: ca. 1833. Erste Veröffentlichung: Wessel & Co., London; Schott, Mainz; Farrenc, Paris, August 1833. Manuskript: Verbleib unbekannt.

Anmerkung zu den Werken für Violine solo

Es existieren noch weitere Manuskripte Paganinis für Violine solo; es handelt sich dabei meist um unvollendete Entwürfe, die keinen künstlerischen Anspruch erheben können, oder um sehr kurze Stücke, die er auf seiner Konzertreise durch Europa in den Jahren 1828–1834 als Zeichen der Wertschätzung oder Freundschaft verschenkte. Von gewisser Bedeutung ist das *Präludium G-Dur*, das in verschiedenen Manuskripten existiert, die verschiedenen Personen gewidmet sind: einem Herrn Limburgher, auf den 16. Oktober 1829 datiert (Leipzig); Ferdinand Baake, mit dem Datum des 21. Oktober 1829 versehen (Halberstadt); Bürgermeister Francke mit dem Datum des 25. Oktober 1829 (Magdeburg). In der gleichen Tonart, aber mit dem Titel *Capriccio* versehen, existiert eine weitere Kopie, die sich im Besitz des Senators G. Treccani degli Alfieri von Mailand befand. In die Tonart A-Dur transponiert, wird das Thema auch auf einem Albumblatt wiedergegeben, das die autographe Datierung »London, 25. August 1831« trägt. Dieses Albumblatt ist im Besitz der Boston Public Library, während die anderen, über deren Existenz wir aus Versteigerungskatalogen wissen, sich in Privatbesitz befinden.

Auch von dem berühmten Glöckchen-Rondo machte Paganini autographe Albumblätter, die er an Freunde und Bewunderer verschenkte. Eines von diesen, das das Datum »Prag, am 16. Dezember 1828« trägt, wurde J. M. Schottky geschenkt, der es in seinem Buch *Paganini's Leben und Treiben* veröffentlichte. Ein weiteres autographes Exemplar, das kürzlich versteigert wurde, trägt das Datum »Leipzig, am 16. Oktober 1829«.

Es sollen auch noch zwei Werke für Violine solo erwähnt werden, über die wir keine Informationen mehr haben. Das erste ist der *Spanische Fandango*, eines der Lieblingswerke Paganinis, das er sehr oft spielte. Von dieser Komposition wissen wir, daß Paganini sie bei einem Konzert in Modena am 21. Dezember 1800 ausführte und in den folgenden Jahren immer wieder vortrug; der Programmzettel eines Londoner Konzerts kündigt ihre Ausführung für den 17. August 1832 an. Das Werk erscheint auch in Paganinis *Elenco...* und trägt dort die Nummer 20 – »Introduktion und Fandango mit heiteren Variationen«. Das Werk war aber schon in der postumen Manuskriptsammlung von 1851 nicht mehr aufgeführt, denn Conestabile nennt es nicht in dem Verzeichnis der unveröffentlichten Kompositionen Paganinis, die sich im Besitz von Achille Paganini befanden.

Das zweite ist ein Werk, das ebenfalls von Paganini häufig gespielt und im *Elenco...* mit der Nummer 9 geführt wurde: das »Rezitativ und drei Arien mit Variationen«. Es ist nicht möglich, festzustellen, ob diese Arien mit Variationen einzig auf der IV. Saite, die ab 1815 in den Konzertprogrammen Paganinis erscheinen, die gleichen sind, die von Ricordi gedruckt wurden und denen eine Klavierbegleitung von Gustavo Carulli hinzugefügt worden ist; der Programmzettel eines Londoner Konzerts gibt an, daß sie auf den drei Arien Paisiellos – »Deh cari venite«, »Nel cor più« und »Di certi giovani conosco l'arte« basieren, die nicht identisch sind mit denen, die von Ricordi veröffentlicht wurden. Auch über den Verbleib des Manuskripts dieses »Rezitativs und drei Arien mit Variationen« ist nichts bekannt.

V WERKE FÜR VIOLINE UND KLAVIER

1. Cantabile D-Dur
Entstehungsdatum: ca. 1822–1824. Erste Veröffentlichung: Universal Edition, Wien, 1922. Manuskript: autographe Partitur: Biblioteca Casanatense, Rom, MS. 5599.

2. 4 Nocturnes a quartetto für Violine und Klavier
Manuskript: Violinstimme und Klavierstimme, nicht autograph:
Pierpont Morgan Library, New York.

3. Divertimenti concertanti (unsicher)
Erste Veröffentlichung: G. M. Meyer, Braunschweig, ca. 1829
bis 1833. Manuskript: Verbleib unbekannt.

*4. Variationen über 3 Arien von G. Carulli für Violine auf der
IV. Saite und Klavier* (unsicher)
Erste Veröffentlichung: Ricordi, Mailand. Manuskript: Verbleib
unbekannt.

VI Werke für Violine und Gitarre

1. Duetto amoroso
Erste Veröffentlichung: Schott, Mainz, 1952. Bearbeitung für
Violine und Klavier. Zimmermann, Frankfurt 1981: Version für
Violine und Gitarre. Manuskript: autographe Partitur: Biblioteca
Casanatense, Rom, MS. 5623.

2. »Carmagnole« mit Variationen
Entstehungsdatum: ca. 1795. Erste Ausführung: Genua, 1795.
Erste Veröffentlichung: Istituto di Studi Paganiniani, Genua,
1980.

3. 6 kleine Duette
Erste Veröffentlichung: Zimmermann, Frankfurt/M., 1977. Manuskript:
nicht autographes Manuskriptexemplar (Violin- und
Gitarrenstimme): Konservatorium N. Paganini, Genua.

4. Duett G-Dur
Manuskript: nicht autographes Manuskriptexemplar (Violin-
und Gitarrenstimme): Konservatorium N. Paganini, Genua.

5. Sonate für Rovene E-Dur
Manuskript: autographe Partitur: Bibliothek des Konservatoriums
A. Boito, Parma; nicht autographes Manuskriptexemplar
(Violin- und Gitarrenstimme): Konservatorium N. Paganini, Genua.

6. 6 *Duette*

Erste Veröffentlichung: Schott, Mainz, 1954. Bearbeitung für Violine und Klavier mit dem Titel *Duetti fiorentini*, Bearbeitung für Violine und Gitarre, Zimmermann, Frankfurt, 1971. Manuskript: nicht autographes Exemplar (Violin- und Gitarrenstimme): Biblioteca Casanatense, Rom. Nicht autographes Exemplar (Violin- und Gitarrenstimme): Konservatorium N. Paganini, Genua.

7. 33 *Sonaten*

Während des Aufenthalts in Lucca komponiert (ca. 1805–1809) und in sechs einzelnen Bänden versammelt, von denen der erste drei Sonaten enthält und die folgenden je sechs Sonaten.

Die Manuskripte wurden 1980 von der Bibliothèque Nationale in Paris erworben und sind nicht autograph, ausgenommen die Gruppe von Sonaten im Band d. Der Verbleib der Autographen der übrigen Sonaten ist unbekannt.

a) 3 Sonaten
Widmung: »A S. A. S. F. la Principessa Elisa [Bacciocchi]. Manuskript: nur die Gitarrenstimme, MS. 19226.

b) 6 Sonaten
Widmung: »A Madama Frassinet«. Erste Veröffentlichung: Zimmermann, Frankfurt/M., 1977. Manuskript: MS. 19229.

c) 6 Sonaten
Widmung: »A Madame Frassinet«. Erste Veröffentlichung: Istituto Nazionale per la Storia della Musica, Rom, 1985. Manuskript: MS. 19230.

d) 6 Sonaten
Widmung: »A Felice I Principe di Lucca e Piombino«. Erste Veröffentlichung: Istituto Nazionale per la Storia della Musica, Rom, 1985. Manuskript: 19225–27.

e) 6 Sonaten
Erste Veröffentlichung: Istituto Nazionale per la Storia della Musica, Rom, 1985. Manuskript: 19232.

f) 6 Sonaten
Widmung: »A S. A. S. la Principessina Napoleone«. Erste Veröffentlichung: Istituto Nazionale per la Storia della Musica, Rom, 1985. Manuskript: 19233.

8. Eintritt des Adonis in den Palast der Venus
Entstehungsdatum: Lucca, 1805–1808. Manuskript: Bibliothèque Nationale, Paris, MS. 19228.

9. 6 Sonaten, op. 2
Widmung: »Al Signor Delle Piane«. Entstehungsdatum: 1805–1809. Erste Veröffentlichung: Ricordi, Mailand, 1820. Manuskript: autographe Violin- und Gitarrenstimme: Ricordi, Mailand.

10. 6 Sonaten, op. 3
Widmung: »Alla ragazza Eleonora«. Entstehungsdatum: 1805–1809. Erste Veröffentlichung: Ricordi, Mailand, 1820. Manuskript: autographe Violin- und Gitarrenstimme: Ricordi, Mailand 1820.

11. Cantabile und Walzer E-Dur, op. 12
Widmung: »Al bravo Ragazzino Sig. Camillo Sivori«. Entstehungsdatum: ca. 1824. Erste Veröffentlichung: Universal Edition, Wien, 1922. Bearbeitung für Violine und Klavier: Zimmermann, Frankfurt/M., 1981, Version für Violine und Gitarre. Manuskript: Violin- und Gitarrenstimme, autograph: Biblioteca Casanatense, Rom, MS. 5622.

12. 18 Sonaten (Centone di Sonate)
Entstehungsdatum: 1828 und ff. Erste Veröffentlichung: Zimmermann, Frankfurt/M., 1955, 1975 (nur Band I und II), MS. 5626. Vollständige Ausgabe in Faksimile: ERI, Turin, 1983, herausgegeben von B. Cagli.

13. 60 Variationen über »Barucabà«, op. 14
Widmung: »Al suo amico Sig. Avvocato Germi«. Entstehungsdatum: Februar 1835. Erste Veröffentlichung: Schonenberger, Paris, 1851.

Anmerkung zu den Werken für Violine und Gitarre

Der Umstand, daß *Cantabile und Walzer* unter der Nummer zwölf geführt wird, läßt vermuten, daß Paganini zuvor elf andere komponiert habe. Paganini erwähnt dieses und die vorangegangenen Stücke in einem Brief vom 23. November 1823. Doch die Erben von Camillo Sivori, dem diese Stücke gewidmet waren, haben nie etwas über die Autographen Paganinis verlauten lassen, die sich in ihrem Besitz befinden, so daß diese Stücke nicht angemessen katalogisiert werden können. In seinen Anmerkungen zu *Vita di Nicolò Paganini* von G. C. Conestabile zitiert Federico Mompellio auch eine Sammlung von sechs kleinen Sonaten für Violine und Gitarre, die auf dem Deckblatt den folgenden Titel trug: »Kleine Sonate für Violine mit Gitarrenbegleitung, dem Knaben Camillo Sivori von Nicolò Paganini gewidmet – zum ersten Male vorgetragen in Genua im Hause des Sig. Antonio Sivori, den 15. März 1824, begleitet vom hochverehrten Professor, dem genannten Sig. Nicolò Paganini«. Mompellio zufolge besitzt Professor Franzoni aus Parma eine Abschrift des Autographs dieser Sonatinen.

Die Biographen Camillo Sivoris, darunter Adele Pierrotet und L. Belgrano, erwähnen auch ein *Concertino* für Violine und Gitarre, das Paganini für Sivori geschrieben haben soll. Dieses Konzert erwähnt Paganini in einem Brief vom 18. Juni 1823 an Germi. Auch von dieser Komposition wissen wir weiter nichts. Sie ist nicht mit dem *Konzert e-Moll für Violine und Gitarre* identisch, das kein »Concertino« ist.

VII WERKE FÜR GITARRE UND VIOLINE

1. Sonata concertata für Gitarre und Violine
Widmung: »Alla Sig.a Emilia Di Negro«. Entstehungsdatum: 1803. Erste Veröffentlichung: Zimmermann, Frankfurt/M., 1951. Manuskript: Partitur, autograph; Violinstimme, autograph; Violin- und Gitarrenstimme nicht autograph: Biblioteca Casanatense, Rom, MS. 5624. Violin- und Gitarrenstimme, nicht autograph: Konservatorium N. Paganini, Genua.

2. Große Sonate für Gitarre mit Violinbegleitung
Entstehungsdatum: 1803–1804. Erste Veröffentlichung: Zimmermann, Frankfurt/M., 1955. Manuskript: Partitur, autograph: Biblioteca Casanatense, Rom, MS. 5625.

VIII WERKE FÜR GITARRE SOLO

1. Lodovisca-Symphonie D-Dur
Entstehungsdatum: ca. 1800. Erste Veröffentlichung: Zimmermann, Frankfurt/M., 1989. Manuskript: Biblioteca Casanatense, Rom, MS. 562.

2. Fünf Stücke

Entstehungsdatum: 1800. Erste Veröffentlichung: Servini e Zerboni, Mailand, 1987. Manuskript: Biblioteca Casanatense, Rom, MS. 5621.

3. 37 Sonaten

Widmung: Die Sonaten Nr. 26 und 27 sind der »Signora Marina« gewidmet; die Sonate Nr. 34 ist der »gentilissima Signora Emilie Denegri« (richtig: Emilia Di Negro) gewidmet. Erste Veröffentlichung: Die ersten Sätze der Sonaten Nr. 1, 3, 7, 13, 17, 19, 21, 26, 27, 28, 31, 32, 34 und 35 und der zweite Satz der Sonate Nr. 8 sind von Zimmermann, Frankfurt/M., in *26 Originalkompositionen für Gitarre allein*, 1925 veröffentlicht worden. Die Sonaten Nr. 16 und 23 sind von B. Tonazzi herausgegeben und von Berbèn, Ancona, 1971 veröffentlicht worden. Der zweite Satz der Sonate Nr. 32 ist von P. Boulatoff und Siegfried Behrend bei den Editions Musicales Transatlantiques, Paris, 1977, veröffentlicht worden. (Gesamtausgabe: Servini e Zerboni, Mailand, 1986.) Manuskript: Die Autographen all dieser Kompositionen, mit Ausnahme des zweiten Satzes (Walzer) der Sonate Nr. 32, der im Besitz des Sammlers Oscar Shapiro aus Washington ist, befinden sich in der Biblioteca Casanatense, Rom, MS 5607–17.

4. 12 Stücke ohne Numerierung

a) Menuett und Rondo allegro E-Dur
b) Andantino C-Dur
c) Allegretto A-Dur
d) Allegretto A-Dur und Menuett a-Moll
e) 2 Walzer und Kleines Rondo C-Dur
f) Walzer E-Dur und Andantino C-Dur

Erste Veröffentlichung: die unter f) aufgeführten Stücke sind von den Editions Musicales Transatlantiques, Paris, 1977, veröffentlicht worden. Alle anderen Stücke sind unveröffentlicht.

Manuskript: Die Autographen a, b, c, d, e sind in der Biblioteca Casanatense, Rom, MS. 5608, 11, 16, 19, 20. Die Autographen (f) sind im Besitz des Sammlers Oscar Shapiro, Washington.

5. 6 Sonatinen

Erste Veröffentlichung: die Sonatine Nr. 1 und der erste Satz der Sonatine Nr. 5 sind von Zimmermann, Frankfurt/M., 1925 in der Sammlung *26 Originalkompositionen für Gitarre allein* veröffentlicht worden. Manuskript: die Autographen der Sonatinen

1–5 befinden sich in der Biblioteca Casanatense, Rom, MS. 5618, 19, 13. Die Sonatine Nr. 6 ist im Besitz des Sammlers Oscar Shapiro, Washington.

6. *Menuett, das Dida und Perigordino ruft*
Widmung: »Alla Signora Dida«. Erste Veröffentlichung: in *26 Originalkompositionen für Gitarre allein*, Zimmermann, Frankfurt/M., 1925. Manuskript: autograph: Biblioteca Casanatense, Rom, MS. 5606.

7. *43 Ghiribizzi*
Entstehungsdatum: ca. 1820. Erste Veröffentlichung: die Nummern 9, 26, 27, 29, 31, 33 und 38 sind in *26 Originalkompositionen für Gitarre allein*, Zimmermann, Frankfurt/M., 1925 veröffentlicht worden. Die Nummern 24 und 25 sind von den Editions Musicales Transatlantiques, Paris, 1977, veröffentlicht worden. Gesamtausgabe: Ricordi, Mailand, 1984. Manuskript: autograph: Biblioteca Casanatense, Rom, MS. 5603.

8. *Marsch E-Dur*
Erste Veröffentlichung: Editions Musicales Transatlantiques, Paris, 1977. Manuskript: autograph: Biblioteca Casanatense, Rom, MS. 5604.

9. *Gespräch zwischen einer Alten und einer Jungen* (unsicher)
Erste Veröffentlichung: Zimmermann, Frankfurt, 1964. Manuskript: Verbleib unbekannt. Das Autograph soll sich im Besitz des Professors Romolo Ferrari, Modena, befinden.

10. *Fünf Stücke* (unsicher)
1) Scherzo C-Dur
2) Sonatine C-Dur
3) Rondo C-Dur
4) Allegretto E-Dur
5) Menuett E-Dur
   Erste Veröffentlichung: Ricordi, Mailand, 1975. Manuskript: Verbleib unbekannt.

Anmerkung zu den Werken für Gitarre solo

Im Verzeichnis der Werke für Gitarre solo sind die verschiedenen Skizzen und Entwürfe ebensowenig aufgeführt wie die Fragmente (z. B. ein Allegretto C-Dur, das nur acht Takte lang ist und in dem einzigen Gitarren-Autograph enthalten ist, das sich nicht in der Biblioteca Casanatense befindet, sondern im Besitz des Sammlers Oscar Shapiro, Washington).

IX Werke für Mandoline

1. Menuett für Mandoline (»per l'Armandorlino«) E-Dur
Erste Veröffentlichung: Zimmermann, Frankfurt/M., 1973. Manuskript: Autograph: Accademia Filarmonica, Bologna.

2. Serenade für Mandoline (»per l'Armandorlino«) und Gitarre g-Moll
Erste Veröffentlichung: Zanibon, Padua, 1979. Manuskript: autographe Partitur: Verbleib unbekannt. Das Faksimile der Partitur wurde in einem Versteigerungskatalog reproduziert.

X Kammermusik

1. Serenade F-Dur für zwei Violinen und Gitarre
Erste Veröffentlichung: Berbèn, Ancona, 1971. Manuskript: autographe Partitur: Bibliothek des Konservatoriums von Santa Cecilia, Rom. Die einzelnen Stimmen, nicht autograph: Biblioteca Casanatense, Rom, MS. 5631.

2. Terzett a-Moll für zwei Violinen und Gitarre
Erste Veröffentlichung: Zimmermann, Frankfurt, 1981. Manuskript: Einzelne Stimmen, nicht autograph: Biblioteca Casanatense, Rom, MS. 5631.

3. Serenade C-Dur für Viola, Gitarre und Violoncello
Widmung: »A Madamigella Dominica Paganini«. Entstehungsdatum: 1808. Erste Veröffentlichung: Servini e Zerboni, Mailand, 1990. Manuskript: autograph: Biblioteca Casanatense, Rom, MS. 5628. Die einzelnen Stimmen, nicht autograph: Istituto di Studi Paganiniani, Genua.

4. 3 Quartette für Violine, Viola, Violoncello und Gitarre, op. 4
Nr. 1) a-Moll (op. 4 Nr. 1)
Nr. 2) C-Dur (op. 4 Nr. 2)
Nr. 3) A-Dur (op. 4 Nr. 3)

Widmung: »Alle amatrici« (»den Liebhaberinnen«); das Genueser Exemplar des Manuskripts trägt die Widmung: »der Schwester Nicoletta«. Entstehungsdatum: ca. 1813–1815. Erste Veröffentlichung: Ricordi, Mailand, 1820. Manuskript: Autographen: Casa Editrice Ricordi, Mailand. Handschriftliche, nicht autographe Exemplare der *Quartette Nr. 1* und *2*: Konservatorium N. Paganini, Genua.

5. 3 Quartette für Violine, Viola, Violoncello und Gitarre, op. 5
Nr. 4) D-Dur (op. 5 Nr. 1)
Nr. 5) C-Dur (op. 5 Nr. 2)
Nr. 6) d-Moll (op. 5 Nr. 3)
Widmung: »Alle amatrici«. Entstehungsdatum: ca. 1813–1815. Erste Veröffentlichung: Ricordi, Mailand, 1820. Manuskript: Autographen: Ricordi, Mailand. Handschriftliches, nicht autographes Exemplar des *Quartetts Nr. 4 D-Dur*: Istituto di Studi Paganiniani, Genua.

5. 9 Quartette für Violine, Viola, Violoncello und Gitarre
Nr. 7) E-Dur
Nr. 8) A-Dur
Nr. 9) D-Dur
Nr. 10) A-Dur
Nr. 11) H-Dur (ex Nr. 2)
Nr. 12) a-Moll
Nr. 13) F-Dur
Nr. 14) A-Dur
Nr. 15) a-Moll
Widmung: Das *Quartett Nr. 7* ist der Marchesa Caterina Raggi Pallavicini gewidmet; *Nr. 8* dem Marchese Filippo Carrega; die *Nr. 9–14* sind Luigi Guglielmo Germi gewidmet. *Nr. 15* trug ursprünglich die Widmung an den Marchese Gio Batta Crosa, die später gelöscht wurde. Entstehungsdatum: Ende 1817 bis Juli 1820. Erste Veröffentlichung: *Quartette Nr. 7, 9, 11*: Zimmermann, Frankfurt/M., 1956, 1979, 1984. *Quartette Nr. 8, 10, 14, 15*: Istituto Nazionale per la Storia della Musica, Rom, 1980. Manuskript: autographe Exemplare der *Nr. 8, 10, 14* und *15*, nicht autographe Exemplare der *Nr. 7, 9, 11, 12* und *13*: Biblioteca Casanatense, Rom, MS. 5632, 33, 35, 36. Nicht autographe Exemplare der *Nr. 10, 11, 12, 13* und *14*: Library of Congress, Washington.

7. »Terzetto concertante« D-Dur für Viola, Gitarre und Violoncello
Entstehungsdatum: 1833. Erste Veröffentlichung: Zimmermann, Frankfurt/M., 1955. Manuskript: autograph: Biblioteca Casanatense, Rom, MS. 5629.

8. Terzett D-Dur für Violine, Violoncello und Gitarre
Entstehungsdatum: 4. August 1833. Erste Veröffentlichung: Zimmermann, Frankfurt/M., 1955. Manuskript: autograph: Biblioteca Casanatense, Rom, MS. 5631.

Anmerkung zu den Trios und Quartetten mit Gitarre

Paganini hat mit Sicherheit für Camillo Sivori *6 Sonaten für Violine mit Begleitung von Gitarre, Viola und Violoncello* geschrieben. Der gegenwärtige Besitzer dieser Werke ist unbekannt; der amerikanische Sammler O. Shapiro hat vor kurzem eine Bratschen-Stimme, die vorher in Besitz von Professor Franzoni aus Parma war, versteigern lassen.

XI Kammermusik für Streicher

1. 3 Ritornelle für 2 Violinen und Baß
Manuskript: nicht autographes handschriftliches Exemplar: Biblioteca Casanatense, Rom, MS. 5601.

2. 3 Duetti concertanti für Violine und Violoncello
Widmung: »Agli Amatori«. Manuskript: autograph: Biblioteca Casanatense, Rom, MS. 5601.

3. Sonate »a violino scordato« und 2 weiterer Violinen
Manuskript: Das Werk war in Besitz des Herrn Hoepli, Mailand. Der gegenwärtige Besitzer ist unbekannt.

4. Divertimenti für 2 Violinen und Bass
Widmung: »Al Generale Milhaud«. Entstehungsdatum: Winter 1804. Manuskript: nicht autographes handschriftliches Exemplar: Konservatorium N. Paganini, Genua.

5. 3 Quartette für 2 Violinen, Viola und Violoncello
Widmung: »A Sua Maestà Re di Sardegna e Duca di Genova«.

Entstehungsdatum: ca. 1815. Erste Veröffentlichung: Istituto Nazionale per la Storia della Musica, Rom, 1976. Manuskript: autograph: Biblioteca Casanatense, Rom, MS. 5602.

6. *»Nel cor più non mi sento«, für Violine mit Begleitung von Violine und Violoncello*
Widmung: »Al mio caro Luigi G. Germi chez lui«. Entstehungsdatum: ca. 1820. Erste Veröffentlichung: Zanibon, Padua, 1977. Manuskript: autograph: The British Library, London.

7. *Rondo für Violine und Violoncello*
Entstehungsdatum: 25. August 1831. Manuskript: autograph: Memorial Library of Music, The Stanford University Libraries, Stanford, Califonia, U.S.A.

8. *Introduktion und Thema mit Variationen für Violine und Streichquartett* (op. unsicher)
Erste Veröffentlichung: Francesco Lucca, Mailand o. J. Manuskript: nicht autographes handschriftliches Exemplar, mit Überschrift und Tempoangaben auf schwedisch: Kunglinga Musikaliska Akademiens Bibliotek, Stockholm.

9. *Sonate für 2 Violinen und Violoncello op. postum* (unsicher)
Erste Veröffentlichung: Schott, Mainz 1860. Das Stück erschien auch als Bearbeitung für Violine und Klavier und für zwei Violinen. 1960 wurde es von Electio Edition in einer Bearbeitung für Violine und Gitarre veröffentlicht. Manuskript: Verbleib unbekannt.

10. *6 Präludien für 2 Violinen und Baß* (unsicher)
Erste Veröffentlichung Giovanni Canti, Mailand o. J. Manuskript: Verbleib unbekannt.

XII VOKALMUSIK

1. *Canzonetta für Singstimme und Gitarre*
Manuskript: autograph: Biblioteca Casanatense, Rom, MS. 5645.

2. *»Ghiribizzo vocale« für Sopran und Orchester*
Manuskript: autograph: Biblioteca Casanatense, Rom, MS. 5648.

3. »Sul margine d'un rio« für Sopran und Klavier
Manuskript: autograph: Museo del Teatro alla Scala, Mailand.

4. »E' pur amabile« für Sopran und Klavier
Widmung: »Alla Contessa Wimpffen nata Baronessa d'Eskeles«.
Entstehungsdatum: 5. August 1828. Manuskript: Gesellschaft
der Musikfreunde, Wien.

*5. »Quel Jour Heureux«, patriotischer Gesang für Solostimme,
Männerchor und Klavier über einen Text von G. Harrys*
Entstehungsdatum: Juni 1830. Erste Veröffentlichung: Bach-
mann und Nagel, Hannover, 1830. Manuskript: autograph:
Kestner-Gesellschaft, Hannover.

6. »La farfalletta« für Singstimme und Klavier (unsicher)
Manuskript: das Manuskript war im Besitz von Marc Pincherle,
Paris. Es gibt Zweifel an seiner Authentizität.

Anmerkung zu den Vokalwerken

An dieser Stelle muß noch das kleine Stück *Dolci d'amor pene*
erwähnt werden, eine autographe Bearbeitung Paganinis für
Singstimme und Klavier einer Romanze des französischen Komponisten A. de Beauplan (1790–1853). Das Werk befand sich in
der Sammlung Reuther. Der derzeitige Besitzer ist unbekannt.
Es wurde behauptet, es existiere noch ein weiteres Vokalwerk
von Paganini, eine Kantate *Inno all'armonia*, die Paganini angeblich 1819 für die Società degli Orfei in Mailand komponiert
haben soll. In Wirklichkeit aber handelt es sich hierbei um das
Werk eines Namensvetters, Ercole Paganini (1770–1825).

ANHANG
Unvollständige Werke für Violine und Orchester
(fehlende Solostimme)

*1. Sonata militare – Variationen auf der IV. Saite über das
Thema »Non più andrai« aus der Oper »Die Hochzeit des Figaro« von W. A. Mozart*
Entstehungsdatum: 1824. Manuskript: Orchesterstimmen: Biblioteca Casanatense, Rom, MS. 5588.

2. Potpourri

Entstehungsdatum: 1819. Manuskript: Orchesterstimmen: Biblioteca Casanatense, Rom, MS. 5581.

3. Sonata appassionata

Entstehungsdatum: 1829. Manuskript: Partitur (ohne Solostimme), autograph; Orchesterstimmen: Biblioteca Casanatense, Rom, MS. 5584.

4. Sonatine und kleine Polonaise

Entstehungsdatum: 1829. Manuskript: autographe Partitur, die Solostimme enthaltend, unvollständig, Orchesterstimmen, Biblioteca Casanatense, Rom, MS. 5594.

5. Sonata amorosa galante

Entstehungsdatum: 1830. Manuskript: autographe Partitur (ohne Solostimme), unvollständig: Biblioteca Casanatense, Rom, MS. 5583.

6. St. Patrick's Day

Entstehungsdatum: 1831. Erste Ausführung: Dublin, September 1831. Manuskript: Orchesterstimmen: Biblioteca Casanatense, Rom, MS. 5579.

Diese Bibliographie führt nur selbständige Publikationen auf, die zwischen 1830 und der Drucklegung dieser Biographie (1990) in Buchform erschienen sind.

Essays und Artikel aus Zeitschriften sind in den Anmerkungen aufgeführt.

Wir empfehlen ferner folgende Quellen zu konsultieren: Atti del Seminario dell'Istituto di Studi Paganiniani *(Genua, 1982) und* Atti del Congresso Internazionale »N. Paganini e il suo tempo« *(Genua, 1982). Eine weitere interessante Quelle stellen auch die* Quaderni dell'Istituto di Studi Paganiniani *dar, die seit 1972 in Genua erscheinen.*

Für Fragen allgemeiner Art empfehlen wir, die Enzyklopädien DEUMM, Treccani, Grove *und* Larousse *zu konsultieren.*

G. Harrys: *Paganini in seinem Reisewagen und Zimmer.* Braunschweig, 1830.

J. M. Schottky: *Paganini's Leben und Treiben als Künstler und als Mensch.* Prag, 1830.

K. Guhr: *Über Paganini's Kunst, die Violine zu spielen.* Mainz, Paris, Antwerpen, 1830.

I. de Laphalèque: *Notice sur le célèbre violiniste Niccolò Paganini.* Paris, 1830.

F. Bennati: *Notice physiologique sur Niccolò Paganini.* Paris, 1831.

G. E. Anders: *Niccolò Paganini, sa vie, sa personne, et quelques mots sur son secret.* Paris, 1831.

Anonymus: *Memoir of Signor Paganini with Critical Remarks on His Performances.* Liverpool, 1832.

G. Sarrut, B. Saint Edmé: *Biographie des hommes du jour: Niccolò Paganini.* Paris, 1836.

G. C. Conestabile: *Vita di Nicolò Paganini da Genova.* Perugia, 1851.

F. J. Fétis: *Notice biographique sur Nicolò Paganini suivie de l'analyse de ses ouvrages et précédée d'une esquisse de l'histoire du violon.* Paris, 1851.

E. Polko: *Nicolò Paganini und die Geigenbauer.* Leipzig, 1876.

J. G. Prod'homme: *Paganini.* Paris, 1907.

J. Kapp: *Paganini, eine Biographie.* Stuttgart, Berlin, Leipzig, 1913.

A. Bonaventura: *Nicolò Paganini.* Rom, 1923.

J. Pulver: *Paganini the Romantic Virtuoso*. London, 1936.

G. C. Conestabile: *Vita di Nicolò Paganini. Nuova edizione con aggiunte e note di F. Mompellio*. Mailand, 1936.

R. de Saussine: *Paganini le magicien*. Paris, 1938.

J. Pizzetti: *Paganini*. Turin, 1940.

M. Tibaldi Chiesa: *Paganini, la vita e l'opera*. Mailand, 1940.

P. Berri: *Il calvario di Paganini*. Savona, 1941.

F. Farga: *Paganini, der Roman seines Lebens*. Zürich, 1950.

T. Valensi: *Paganini*. Nizza, 1950.

G. de Courcy: *Paganini, the Genoese*. Norman, 1957.

J. Powrozniak: *Paganini*. Krakau, 1958.

W. G. Armando: *Paganini*. Hamburg, 1960.

M. Codignola: *Arte e magia di Nicolò Paganini*. Mailand, 1960.

G. de Courcy: *Nicolò Paganini: Chronology of His Life – Chronologie seines Lebens*. Wiesbaden, 1961.

J. M. Jampolskij: *Nicolò Paganini*. Moskau, 1961.

P. Berri: *Paganini – Documenti e Testimonianze*. Genua, 1962.

J. E. W. Spronk: *Bijdrage tot de biografie van N. Paganini*. Gorinchem, 1965.

E. Neill: *Nicolò Paganini. La vita attraverso l'opera, i documenti e le immagini*. Genua, 1978.

L. Sheppard, H. Axelrod: *Paganini*. New York, 1979.

A. Cantù: *I 24 Capricci e i 6 Concerti di Paganini*. Turin, 1980.

P. Berri: *Paganini* (a cura di M. Monti). Mailand, 1982.

C. Casini: *Paganini*. Genua, 1982.

M. R. Moretti, A. Sorrento: *Catalogo tematico delle musiche di N. Paganini*. Genua, 1982.

E. Neill: *Catalogo della mostra paganiniana (1982)*. Genua, 1982.

E. Neill: *N. Paganini. Epistolario*. Genua, 1982.

D. Prefumo, A. Cantù: *Le opere di Paganini*. Genua, 1982.

A. Kendal: *Paganini. A Biography*. London, 1983.

A. Cantù: *Invito all'ascolto di Paganini*. Mailand, 1988.

INHALTSVERZEICHNIS

Knaur Klassisch

(2436)

(2446)

(2398)

(2418)

(2397)

(2378)

Kulturgeschichte

(4836)

(4833)

(3660)

(4092)

(4866)

Biographien

(2363)

(2344)

(2372)

(2355)

(2361)

(75003)

Biographien

Egon Cäsar Conte Corti

Ludwig I. von Bayern

Mit zahlreichen Abbildungen

(2301)

Edward Lucie-Smith

Johanna von Orleans

Mit 22 Abbildungen

(2305)

Egon Cäsar Conte Corti

Metternich und die Frauen

Mit zahlreichen Abbildungen

(2334)

HENRI TROYAT

IWAN DER SCHRECKLICHE

DEUTSCHE ERSTAUSGABE

(2337)

HERMANN SCHREIBER

Marie Antoinette

(2401)

ALVISE ZORZI

MARCO POLO

(2341)

Knaur ®

All that Jazz

(2415)

(2413)

(2412)

(2414)

Historische Romane

Knaur® Noah Gordon
Roman
Der Medicus

(2955)

Knaur® Edward Rutherfurd
Sarum
Roman

(3005)

Knaur® Amin Maalouf
LEO AFRICANUS
Roman

(3256)

Knaur® James A. Michener
Mazurka
Roman

(1513)

Knaur® Siegfried Obermeier
...und baute ihr einen Tempel
Roman um Ramses II.

(2870)

RICHARD OSBORNE

ROSSINI
Leben und Werk
380 Seiten, 16 Seiten Schwarzweiß-Bilder,
Leinen mit Schutzumschlag

Ein Komponist
wird neu entdeckt.

Richard Osbornes Gesamtdarstellung
von Rossinis Leben und Werk basiert
auf einem soliden Fundament
von neuen biographischen
und musikwissenschaftlichen
Dokumenten.

LIST